高等院校经济管理类专业"互联网+"创新规划教材

国|际|经|济|与|贸|易|系|列

国际贸易（第3版）

International Trade

朱廷珺/主　编

安占然　郭鹏辉　郭界秀/副主编

北京大学出版社
PEKING UNIVERSITY PRESS

内 容 简 介

本书对国际贸易学作了系统性论述，全书由 12 章组成，内容包括国际贸易理论、贸易政策和贸易体系三个模块。为方便学生学习时把握重点、开拓视野和深化研究，每章均设置有教学目标、教学要求、本章小结、关键术语、拓展阅读、复习思考题等板块，并通过导入案例、专栏等国际流行形式交代时代背景、政策内容、争论焦点，引入概念体系，建立分析框架等。较之第 2 版，本版及时追踪了贸易理论前沿动态和贸易政策变革趋势，讨论了全球价值链、TPP、TTIP、新一代贸易政策、"一带一路"等热点问题。同时，更加注重学习方法的培养和综合素质的提升，加强了理论思辨能力、政策解读能力、现实问题分析能力和职业操作技能的训练力度。

本书可作为高等院校国际贸易课程的教学用书，同时也可供国际商务工作者参考使用。

图书在版编目(CIP)数据

国际贸易/朱廷珺主编. —3 版. —北京：北京大学出版社，2016.8
（高等院校经济管理类专业"互联网+"创新规划教材）
ISBN 978-7-301-27261-9

Ⅰ.①国… Ⅱ.①朱… Ⅲ.①国际贸易—高等学校—教材 Ⅳ.①F74

中国版本图书馆 CIP 数据核字（2016）第 155820 号

书　　　名	国际贸易（第 3 版） Guoji Maoyi
著作责任者	朱廷珺　主编
策划编辑	王显超
责任编辑	葛　方　刘　丽
标准书号	ISBN 978-7-301-27261-9
出版发行	北京大学出版社
地　　址	北京市海淀区成府路 205 号　100871
网　　址	http://www.pup.cn　新浪微博:@北京大学出版社
电子邮箱	编辑部 pup6@pup.cn　总编室 zpup@pup.cn
电　　话	邮购部 010-62752015　发行部 010-62750672　编辑部 010-62750667
印刷者	北京虎彩文化传播有限公司
经销者	新华书店
	787 毫米×1092 毫米　16 开本　25.75 印张　597 千字 2007 年 9 月第 1 版　2011 年 8 月第 2 版 2016 年 8 月第 3 版　2024 年 8 月第 6 次印刷
定　　价	68.00 元

未经许可，不得以任何方式复制或抄袭本书之部分或全部内容。
版权所有，侵权必究
举报电话：010-62752024　电子邮箱：fd@pup.cn
图书如有印装质量问题，请与出版部联系，电话：010-62756370

第3版前言

《国际贸易》(第2版)已经使用了四年多。这几年,我们面临的形势和时代特征都发生了较大的变化。从全球范围看,世界经济处于深度调整期,国际商务政策变革期、全球治理的洗牌期和力量整合期;从国内角度看,我国已经进入经济新常态,目前仍处于经济增长换挡期、前期刺激政策的消化期和结构调整的阵痛期,同时也是比较优势的转换期、开放型经济新体制的构建期、"一带一路"倡议机遇期;高等教育正面临转型发展和综合改革攻坚期、人才需求结构调整和人才培养机制的创新期。党的十八大和十八届三中全会精神以及近几年教育部提出的一系列新精神、新要求,高校综合改革的深入推进,以及专业人才培养质量的国家标准的制定,都将目光聚焦于提高人才培养质量和办学水平上。内涵发展、转型发展、创新机制、提升质量、突出特色以及素质教育、实践育人等词汇成为这个时代高等教育最响亮的主题词,也将成为"十三五"时期人才培养工作的着力点。

2014年2月26日,国务院常务会议部署加快发展现代职业教育,明确提出要"引导一批地方本科院校向应用技术型高校转型",5月2日,《国务院关于加快发展现代职业教育的决定》第六条提出,"独立学院转设为独立设置高等学校时,鼓励其定位为应用技术类型高等学校",这意味着部分地方本科院校向应用技术型高校转型发展已经成为国家决策。我国各省、自治区、直辖市教育行政部门已经陆续推出转型试点意见或方案。"转型"意味着围绕和贯穿"产教融合、校企合作"这条主线,来明确办学定位和人才规格定位、调整学科专业结构、重构课程体系等基本问题。国际贸易作为财经类专业的主要课程,如何适应新形势和新要求,如何重新评估课程地位、科学合理设计课程内容、加强职业和技能导向,是摆在我们教师面前的重要而迫切的使命。

这些年,我校国际贸易教学团队一直致力于应用型商科人才培养模式创新的探索和实践。自2007年联合其他院校教师编写《国际贸易》第1版以来,团队先后于2009年推出《国际商务》,2011年推出《国际贸易》第2版,2012年出版研究生层次使用的《国际贸易前沿问题》,2014年修订并于2015年年初出版《国际商务》第2版。2011年我在对外经济贸易大学挂职任校长助理期间,思考了应用型人才培养的体系建设问题,并频繁地与同行交流心得。我们希望在国际贸易和国际商务专业本科和硕士层次上,能够顺应国际经贸新形势和行业人才需求的变化,以就业和岗位要求为导向,精准对接国家战略,适应区域和行业要求,通过建立符合行业需要的专业教学标准体系,构建应用型人才教学标准、课程体系以及实践教育教学体系,推动各学段紧密对接,达到纵向分层和横向拓宽的目的,落实本科生与研究生教材内容精准衔接的构想。上述教材一改传统从概念到概念的写法,采用了案例导入、专栏补充、数据支持、思考题和拓展阅读引导等新颖方式,符合"翻转课堂"理念,广受赞誉和欢迎,被全国多所高校使用,并多次重印。2014年10月30日,我们以省级特色专业建设点(国际贸易专业)为依托,举办了"新丝绸之路经济带"与商科人才培养大型论坛,邀请了甘肃省高校经管院长联谊会的专家以及市场营销协会、陇台经贸交流协会的企业家，共商应用型商科人才培养大计，获得良好反响，被《中国日报(中文版)》报道。

在广泛征求校内外、省内外同行和学生意见建议的基础上，我们适时引入"互联网+"、"大数据"等新理念和新手段，推出《国际贸易》(第3版)。本版的主要变化是在降低理论部分难度的同时，适当补充了新新贸易理论、全球价值链、外包、贸易利益分配等前沿理论，增加了新一代国际贸易政策以及开放型经济新体制方面的新内容和新战略，更新了数据、案例和专栏(包括中国加入《贸易便利化协定》、德国大众公司汽车尾气丑闻、TPP达成协议等新近的事件)。

各章的主要变化如下：

第1章：重新编写了基本概念，更新了中国和世界贸易数据，添加了开放型经济新体制的相关内容，用专栏形式介绍了"一带一路"。

第2章：原来的2.5节变为2.4节；增强理论的思想性、趣味性以及现实意义，降低了现代经济学方法分析的难度。

第3章：作了较大幅度的更新，遵循了第2章的原则。

第4章：4.3节变为4.4节；将H-O-S定理和S-S定理分别单独作为一节予以介绍。

第5章：新增了"异质性企业贸易理论"介绍。

第6章：将世界投资波动、全球移民趋势及我国技术进口现状的最新情况进行了介绍，并以专栏形式介绍了"负面清单"。

第7章：补充了美国加入TPP的意图、美国2012年双边投资协定、我国加强进口若干意见等内容。

第8章：原来的8.5节调整为8.4节，主要变化是以导入案例的方式介绍了《2015年关税实施方案》，并从小国和大国角度介绍了关税的经济效应。

第9章：原来的9.7节调整为9.5节，主要变化是从"WTO+"和"WTO-X"角度对非关税壁垒进行了重新划分和介绍。

第10章：更新了专栏。

第11章：原来的11.5节调整合并为11.4节，原来的11.3节和11.4节合并为11.2节，原来的11.2节调整为11.3节；并添加了"东亚区域经济一体化"内容。

第12章：增加了WTO与区域贸易协定关系、多哈回合谈判新进展、中国接受WTO《贸易便利化协定》等内容。

本版显著的特色是，以二维码的形式嵌入了图文、文本和视频形式的拓展资源，以开拓学生的专业视野。

本书由兰州财经大学朱廷珺教授任主编，由兰州财经大学国贸学院安占然教授、郭鹏辉副教授以及河南财经政法大学国贸学院郭界秀博士任副主编，郑州轻工业学院经济管理学院教师田珍博士、兰州财经大学长青学院教师张丽娟、李文臻参与修订，执笔撰写了部分内容。具体编写分工如下：朱廷珺负责设计大纲，撰写前言、第1章、6.1节、7.1和7.3节、9.1节、12.2.4，对各章拓展阅读，复习思考题，部分专栏、文字、表格、信息作了修改和补充，并最终定稿；安占然撰写10.2节，11.1节，12.1和12.2节；郭鹏辉撰写第2～第4章，并协助主编做了大量校对、修改工作；郭界秀撰写第5章、6.2～6.4节，8.2～8.4节；田珍撰写11.2～11.4节，12.3和12.4节；张丽娟撰写9.1.3节，9.2～9.5节；李文臻撰写 7.2 节，8.1 节，10.1 和 10.3 节，并参与了部分专栏的撰写。

  我们由衷地感谢同行的文献支持和精神鼓励！感谢第 2 版使用者提出的宝贵意见和建议！感谢在第 2 版编写中作出重要贡献的于宾博士，他从高校走向实务部门后依然关心着应用型财经人才培养和教材建设工作。感谢北京大学出版社编辑们的辛勤劳动。

  真诚期待各位同行和读者提出宝贵意见和建议，以便我们进一步修订完善本书，共同建设一本高质量的教材。

朱廷珺

2015 年 12 月 3 日

【精彩汇总】

目　　录

第1章　导论 1
　1.1　国际贸易的产生与发展 2
　　1.1.1　国际贸易发展的历史进程 2
　　1.1.2　中国对外贸易发展的
　　　　　历史回顾 6
　1.2　国际贸易学研究的基本问题与方法 12
　　1.2.1　国际贸易的动因与结果 12
　　1.2.2　贸易政策的原因与结果 17
　　1.2.3　学习国际贸易学的
　　　　　意义与方法 18
　1.3　国际贸易的基本概念 21
　　1.3.1　贸易分类 21
　　1.3.2　贸易规模 22
　　1.3.3　贸易结构 23
　　1.3.4　贸易条件 25
　　1.3.5　贸易依存度 26
　本章小结 26

第2章　古典贸易理论 31
　2.1　古典经济学对重商主义的批评 33
　　2.1.1　产生背景 34
　　2.1.2　早期和晚期重商主义 36
　　2.1.3　主要观点及政策主张 39
　　2.1.4　评价 41
　　2.1.5　古典经济学对重商主义学说的
　　　　　批判 42
　2.2　绝对优势理论 44
　　2.2.1　产生背景 44
　　2.2.2　假设条件 45
　　2.2.3　基本原理 46
　　2.2.4　进一步分析说明 47
　　2.2.5　评价 49
　2.3　比较优势理论 49
　　2.3.1　产生背景 50

　　2.3.2　假设条件 51
　　2.3.3　基本原理 51
　　2.3.4　进一步分析说明 52
　　2.3.5　一般均衡分析 54
　　2.3.6　评价 56
　2.4　相互需求原理 56
　　2.4.1　产生背景 56
　　2.4.2　基本原理 57
　　2.4.3　评价 61
　本章小结 61

第3章　新古典贸易理论：基本模型 64
　3.1　要素禀赋理论 66
　　3.1.1　产生背景 67
　　3.1.2　基本概念 68
　　3.1.3　假设条件 71
　　3.1.4　基本原理 72
　　3.1.5　进一步分析说明 73
　　3.1.6　一般均衡分析 74
　　3.1.7　评价 77
　3.2　对 H-O 理论的实证检验 78
　　3.2.1　"里昂惕夫之谜" 78
　　3.2.2　进一步的检验 79
　　3.2.3　对"里昂惕夫之谜"的解释 80
　本章小结 84

**第4章　新古典贸易理论：扩展与
　　　　应用** 86
　4.1　要素价格均等化定理 88
　　4.1.1　基本内容 88
　　4.1.2　进一步分析说明 90
　　4.1.3　评价 91
　4.2　斯托尔珀-萨缪尔森定理 92
　　4.2.1　基本内容 92

4.2.2　进一步分析说明 92
　　4.2.3　意义 98
4.3　特定要素模型 99
　　4.3.1　基本框架 100
　　4.3.2　国际贸易与收入分配 102
　　4.3.3　应用分析 103
　　4.3.4　意义 105
4.4　经济增长与国际贸易 105
　　4.4.1　生产要素增加、技术进步与经济增长 106
　　4.4.2　经济增长的贸易效应 109
　　4.4.3　经济增长中的"放大效应"和可能出现的负面影响 112
本章小结 116

第 5 章　当代贸易理论 119

5.1　当代国际贸易的新发展 121
　　5.1.1　同类产品之间贸易量增加 121
　　5.1.2　发达国家之间贸易规模扩张 122
　　5.1.3　产业领先地位不断转移 123
5.2　不完全竞争、规模经济与国际贸易 125
　　5.2.1　不完全竞争与国际贸易 125
　　5.2.2　外部规模经济与国际贸易 127
　　5.2.3　内部规模经济与国际贸易 133
5.3　需求决定的贸易模式 140
　　5.3.1　需求偏好的决定因素 140
　　5.3.2　需求偏好差异与国际贸易 143
　　5.3.3　重叠需求理论 143
5.4　产品生命周期理论 145
　　5.4.1　模仿滞后假说 145
　　5.4.2　产品生命周期理论概述 146
本章小结 151

第 6 章　生产要素流动与国际贸易 153

6.1　国际资本流动与国际贸易 154
　　6.1.1　国际资本流动的方式与主体 154
　　6.1.2　国际资本流动的贸易效应 161
6.2　国际劳动力流动与国际贸易 168
　　6.2.1　国际劳动力流动的福利变动 168
　　6.2.2　移民的其他外在成本和收益 171
6.3　国际技术流动与国际贸易 174
　　6.3.1　国际技术转移的方式与特点 174
　　6.3.2　国际技术转移对商品贸易的影响 178
6.4　要素流动与服务贸易 179
　　6.4.1　服务贸易概述 180
　　6.4.2　要素流动对服务贸易规模与结构的影响 183
本章小结 184

第 7 章　国际贸易政策 187

7.1　贸易政策的目标 188
　　7.1.1　贸易政策的含义、划分及意义 188
　　7.1.2　贸易政策的目标及不相容性 190
7.2　贸易政策的理论基础 192
　　7.2.1　自由贸易政策的理论依据 192
　　7.2.2　保护贸易政策的理论依据：传统观点 194
　　7.2.3　保护贸易政策的理论依据：现代观点 199
　　7.2.4　保护贸易政策的其他理论观点 202
　　7.2.5　公平贸易政策的福利效应 204
　　7.2.6　管理贸易政策的理论依据 206
　　7.2.7　贸易政策演进趋势下我国的对外贸易策略 208
7.3　贸易政策的制定、选择与调整 211
　　7.3.1　贸易政策制定中的政治经济学 211

目录

- 7.3.2 贸易政策选择的原则及约束条件 215
- 7.3.3 贸易政策调整的原则和方式 218
- 7.3.4 贸易政策在贸易战略中的运用：以中国为例 220
- 本章小结 224

第8章 进口保护政策：关税 227

- 8.1 进口税的贸易调节方式 230
  - 8.1.1 进口关税分类 230
  - 8.1.2 关税税则 238
  - 8.1.3 选择关税征收方法 240
  - 8.1.4 调整税率与关税结构 242
- 8.2 关税的经济效应 243
  - 8.2.1 贸易小国的关税效应 243
  - 8.2.2 贸易大国的关税效应 245
- 8.3 关税税率的决定 247
  - 8.3.1 最优关税 247
  - 8.3.2 关税报复与关税循环 250
  - 8.3.3 关税的减让效应 252
- 8.4 关税结构与有效保护率 255
  - 8.4.1 有效保护率 256
  - 8.4.2 关税结构安排的原则 258
- 本章小结 260

第9章 进口保护政策：非关税壁垒 262

- 9.1 非关税壁垒概述 263
  - 9.1.1 历史变迁 263
  - 9.1.2 非关税壁垒的特征与类型 264
  - 9.1.3 WTO+与WTO-X 266
- 9.2 进口配额 267
  - 9.2.1 进口配额的类别 267
  - 9.2.2 进口配额的经济效应 269
  - 9.2.3 进口配额与关税的比较 270
  - 9.2.4 自愿出口限额 272
- 9.3 相机保护措施 275
  - 9.3.1 反倾销 275
  - 9.3.2 反补贴 279
  - 9.3.3 紧急保障措施 281
- 9.4 WTO+背景下的其他非关税壁垒 284
  - 9.4.1 进口许可证制 284
  - 9.4.2 绿色壁垒 284
  - 9.4.3 技术性贸易壁垒 288
  - 9.4.4 海关估价制度 290
  - 9.4.5 原产地规则 290
- 9.5 WTO-X背景下的非关税壁垒 291
  - 9.5.1 劳工标准壁垒 292
  - 9.5.2 知识产权 293
  - 9.5.3 WTO-X背景下的其他非关税措施简释 295
- 本章小结 297

第10章 鼓励出口与出口限制政策 300

- 10.1 鼓励出口的主要措施 302
  - 10.1.1 出口补贴 302
  - 10.1.2 价格支持 305
  - 10.1.3 商品倾销 306
  - 10.1.4 外汇倾销 307
  - 10.1.5 出口信贷 307
  - 10.1.6 出口信贷国家担保制 308
  - 10.1.7 鼓励出口的组织和服务措施 309
  - 10.1.8 区域开放 309
- 10.2 出口管制 312
  - 10.2.1 出口关税 314
  - 10.2.2 出口配额 315
  - 10.2.3 出口行业的生产税 316
- 10.3 国际卡特尔 318
- 10.4 贸易制裁 321
  - 10.4.1 贸易制裁的经济效应 322
  - 10.4.2 影响贸易制裁成败的因素 324
- 本章小结 326

第11章 区域经济一体化与国际贸易 330

- 11.1 区域经济一体化概述 332
  - 11.1.1 区域经济一体化的内涵 332

11.1.2 区域经济一体化的组织形式 ... 333
11.2 区域经济一体化的理论基础 ... 337
    11.2.1 关税同盟理论 ... 337
    11.2.2 大市场理论 ... 342
    11.2.3 协议性国际分工原理 ... 343
11.3 世界主要区域一体化组织 ... 344
    11.3.1 欧盟 ... 344
    11.3.2 北美自由贸易区 ... 347
    11.3.3 APEC ... 349
    11.3.4 东亚区域经济一体化 ... 353
    11.3.5 中日韩自由贸易区 ... 355
11.4 区域经济一体化与全球经济一体化 ... 356
    11.4.1 对区域经济一体化持积极态度的观点 ... 357
    11.4.2 对区域性经济集团持反对意见的观点 ... 358
本章小结 ... 359

第 12 章 多边贸易体制 ... 362

12.1 多边贸易体制的发展历程 ... 363
    12.1.1 GATT ... 364
    12.1.2 GATT 主导下的多边贸易谈判 ... 366
    12.1.3 乌拉圭回合与 WTO 的产生 ... 368
12.2 WTO ... 370
    12.2.1 WTO 的地位、宗旨和职能 ... 370
    12.2.2 WTO 的基本原则 ... 372
    12.2.3 WTO 的组织机构和运行机制 ... 375
    12.2.4 WTO 与区域贸易协定关系 ... 379
12.3 多哈回合 ... 381
    12.3.1 多哈回合谈判的主要议题 ... 381
    12.3.2 多哈回合谈判进程 ... 382
    12.3.3 中国对多哈回合谈判的建设性作用 ... 386
12.4 中国与 WTO ... 387
    12.4.1 中国复关与入世的历程 ... 387
    12.4.2 中国加入后的权利与义务 ... 388
    12.4.3 中国加入 WTO 后的成就和启示 ... 389
本章小结 ... 392

参考文献 ... 397

第 1 章 导 论

教学目标

本章为全书的导论。引导学生迅速迈入本课程的知识殿堂,是导论课的任务。介绍课程的任务、研究对象、基本框架、分析工具、学习方法,是导论课不可缺少的内容。国际贸易学的导论课,其总体目标是把握国际贸易学的体系和研究方法。具体要求是,学生应掌握国际贸易学的基本框架以及研究方法,熟练掌握国际贸易入门概念的含义,并能运用其分析国际贸易的形势,深刻理解中国参与国际分工的重要意义。本章的总体目标是把握国际贸易学的体系和研究方法。

教学要求

知识要点	能力要求	相关知识
国际贸易的产生与发展	熟悉国际贸易的入门概念,深刻理解中国参与国际分工的重要意义,探讨外贸发展方式转变的内涵和重大战略意义	丝绸之路、地理大发现、殖民贸易、工业革命、朝贡贸易、贸易增长方式的转变、"一带一路"、开放型经济新体制
国际贸易学研究的基本问题与方法	熟悉国际贸易学的基本框架和基本理论问题,掌握不同阶段贸易理论研究的方法,体会"差异"的内涵	贸易的动因、贸易利益、贸易产生的基础、抽象法、生产可能性曲线、社会无差异曲线、自省
国际贸易的基本概念	熟练掌握国际贸易的入门概念,初步学会应用这些概念分析经贸形势	贸易分类、贸易规模、贸易结构、贸易条件、贸易依存度

1.1 国际贸易的产生与发展

真正意义上的国际贸易是在何时、何种条件下产生的？中国对外贸易发展经历了怎样的历史变迁？世界贸易发展和中国对外贸易发展过程有何差异？对中国而言，有何经验教训？这是本节将要介绍、回答并提醒大家思考的问题。

1.1.1 国际贸易发展的历史进程

1. 古代的"地区间贸易"

最早的国际贸易，更确切地说是"地区间贸易"，大约产生于公元前100年前后。当时各地区之间交换的物品主要有罗马的亚麻布、金银铜锡、玻璃，印度的香料宝石和中国的丝绸。对国际贸易的第一次大推动是中世纪后期的西欧势力扩张。11~13世纪，十字军通过多次东征夺得了地中海，从而使地中海再一次成为欧亚大陆贸易的海上通道。到了14世纪，整个欧洲已形成了几个主要的贸易区，地中海、北海与波罗的海、汉萨地区、不列颠地区之间的贸易往来非常密切。与此同时，以中国、朝鲜和日本为主的东亚贸易区与以印度为主的南亚贸易区在亚洲形成。13~14世纪，东西方之间的陆路贸易依赖"丝绸之路"，海上贸易通道主要从地中海经红海和印度洋到达印度，或者从波斯湾经阿拉伯海到达印度。亚洲输往欧洲的商品主要有中国的丝绸、瓷器和茶叶，印度的珠宝、蓝靛、药材和地毯，以及东南亚的香料。欧洲销往亚洲的主要是羊毛、呢绒和金属制品，但欧洲处于贸易逆差地位。总之，在15世纪前，国际贸易只是当时经济生活的一个补充，且处于不连续不稳定的状态。

2. 地理大发现与殖民贸易

14世纪末到15世纪，由于土耳其奥斯曼帝国的崛起及其对小亚细亚、巴尔干半岛和埃及的占领，从欧洲通往波斯、印度和中国的商路几乎中断了。欧洲人为了寻找新的贸易通道，在航海技术的支持下，开始了远洋探险活动。1492年，哥伦布发现美洲新大陆；1497年，达·伽马绕过好望角到达南亚西海岸，打通了通往欧洲的新航路；1519年，麦哲伦到达菲律宾群岛，这些标志性事件以及后来的一系列新航线的开辟，发现了大片欧洲人从未到过的新土地。

"地理大发现"对欧洲乃至世界经济贸易发展产生了深远的影响。一方面，它使欧洲的经济发生了巨大的变化，出现了商业革命，商业性质、经商技术以及商业组织方面发生了巨大变革。欧洲人消费到了来自美洲的咖啡、烟草和可可等，欧洲的产品也可销往更多的国家和地区，贸易促进了专为交换而进行的生产的专业化分工，各国不同的产品价格所带来的巨大利润进一步推动了为牟利而进行的国际贸易。为适应新的大规模贸易活动而建立起来的新型合股公司，动员了大量资金从事商业投机，以荷兰、英国的东印度公司和荷兰、法国的西印度公司为代表的新型商业组织的诞生，标志着国际贸易走出了单枪匹马的时代并成为一个以牟利为目的的巨大的新型产业。另一方面，"地理大发现"引发了长达两个世纪的殖民扩张和殖民贸易，推动了洲与洲之间的贸易。在葡萄牙占领非洲、西班牙占领美洲后，荷兰也加入了殖民扩张的行列。16 世纪末，英国人开始远征印度。到 18 世纪中期，英国先后战胜了葡萄牙、西班牙、荷兰以及法国，占领了北美、西印度群岛、亚洲和非洲的大片土地，成为世界上最大的殖民帝国。英国和法国的东印度公司和荷兰的西印度公司专门从事殖民贸易。欧洲向美洲输出制造品，输入黄金、白银以及烟草、棉花、粮食等，从亚洲及东方各国进口香料、丝织品、茶、咖啡等，初步形成了以西欧为中心的世界市场。同时，欧洲人从事的奴隶贸易，不仅牟取了巨额利润，而且为在美洲生产商品和原料提供了大量的廉价劳动力。总之，这段时期的国际贸易流向仍然主要受自然资源和生产技能的影响。

3. **工业革命与世界贸易格局**

欧美之间的贸易大大促进了欧美国家以分工交换为基础的市场经济的形成和经济实力的加强。从 18 世纪 60 年代开始，欧美国家逐渐形成了资本主义的生产关系，并先后发生了工业革命。工业革命大大提高了劳动生产率，促进了交通的发展，彻底改变了各国和世界的自然经济结构，使国际分工和国际贸易成为人类经济活动中的必要组成部分。从此，国际贸易的发展速度大大加快，制成品贸易、农产品贸易的比重都大大增加了。世界日益成为一个经济整体，并形成了一个由西欧、北美国家生产和出口制成品，其余国家生产和出口初级产品并进口欧美制成品的国际分工和世界贸易格局。国际贸易的基础已不仅仅是各国的天然资源，决定贸易模式的因素越来越偏向技术。

【参考视频】

4. **战后世界贸易的迅速发展**

第一次世界大战和第二次世界大战导致世界经济萧条和贸易规模倒退。第二次世界大战后，第三次科技革命的兴起极大地促进了生产力的发展，生产的专业化和国际化趋势不断加强，各国之间的相互依存关系日益加深，国际分工进入深化发展的新时期，工业国与工业国之间的分工居于主导地位，各国工业部门内部的分工日益深化，发达国家之间各个工业部门内部的国际分工采取了产品专业化、零部件专业化、工艺流程专业化等更加细分化的形式。而工业国与农业国之间的国际分工格局在削弱。伴随战后国际分工的新发展，国际贸易也呈现出一些新的特点。

(1) 国际贸易发展速度超过历史水平。在第三次科技革命的作用下，在投资国际化和贸易自由化的推动下，战后国际贸易取得重大发展。世界货物贸易额从 1950 年的 607 亿美元增加到 2005 年的 206 700 亿美元，增加了 340 倍；国际服务贸易额从 1985 年的 3 775 亿美元增加到 2005 年的 47 750 亿美元，增加了 13 倍。随着世界经济增长的放慢和美国"9·11"恐怖事件的冲击，2001 年货物贸易出现 5%的负增长，服务贸易出现 1%的负增长，但从 2002 年起，国际贸易出现恢复性增长。2004 年，世界货物贸易出口额达到 88 800 亿美元，服务贸易额达到 21 000 亿美元，分别比上年增加 21%和 16%。2005 年，世界货物出口、进口值均首次突破 10 万亿美元，其中出口总值为 101 590 亿美元，进口总值 105 110 亿美元，均增长 13%；服务贸易出口总值 24 150 亿美元，进口总值 23 600 亿美元，均增长 11%。2008 年，世界货物出口总额达到 160 700 亿美元，进口总额达到 164 220 亿美元，世界服务贸易出口总额达到 37 779 亿美元。

世界贸易在 2009 年受国际金融危机影响降幅超过 10%之后，2010 年出现恢复性的高增长，增长率达 13.9%，为 1980 年以来的最高水平。但由于全球经济复苏缓慢，2011—2013 年世界贸易增速又大幅减缓，2012 年、2013 年世界贸易与世界经济增速基本持平，维持在 2.2%～2.3%[①]。

2014 年上半年全球货物贸易出口金额(包括重要的转口贸易)达 93 190 亿美元，同比增长 2%，略低于上年平均水平。其中第一季度出口比上年同期增长 1.5%，第二季度比上年同期增长 2.6%。2014 年前三季度全球货物贸易出口额达 140 530 亿美元，同比增长 2.2%，略高于 2013 年 2.1%的平均水平。全球服务贸易在第一季度和第二季度进出口增长率同时分别达到了 6%和 7%的水平，不低于 2013 年 6%的平均水平。总体来看，2014 年世界贸易呈现以下特点：商业服务贸易增长速度仍然快于货物贸易，虽然发达国家和地区仍然是主要的货物贸易进出口地，但是发展中国家贸易增长速度更快，北美地区货物贸易逆差最大，美国是全球最大的货物贸易进口国，同时也是全球最大的商业服务贸易出口国。欧洲和北美洲的商业服务贸易在全球仍占据绝对的优势[②]。

国际贸易的迅速发展使世界经济更加紧密地联系在一起，各国对国际贸易的依存度也空前提高。在战后的大多数年份中国际贸易的增长速度都快于世界经济的增长速度，贸易在世界范围内充分发挥了互惠互利的作用，生产要素在世界范围内的流动性不断增强，大大提高了资源的配置效率，使整个世界的福利水平得到很大提高。目前世界各国的对外贸易依存度都有所提高。1991 年美国的出口依存度约为 11%，加拿大约为 25%，比利时为 73%，中国的出口依存度为 20%。而根据世界贸易组织(World Trade Organization，WTO)和国际货币基金组织(International Monetary Fund，IMF)的数据测算，2003 年全球平均贸易依存度接近 45%。其中，发达国家的平均贸易依存度达 38.4%，发展中国家的平均贸易依存度达 51%。

(2) 发达国家一直是国际贸易的主体国家。战后随着制造品贸易的数量和种类的增加，发达国家之间的贸易量和占世界贸易的比重也都在不断提高。20 世纪 60 年代初，北美、西欧和日本之间的贸易量占当时世界贸易总量的比重不足 40%。1983 年这一比重增加到 41%，1993 年为 47%左右；到了 2000 年，世界贸易总额的将近 50%发生在欧美发达国家和日本之间。发达国家在世界货物贸易出口中的比重在 1950 年为 60.7%，1980 年为 63.6%，2003 年为 64.5%。与此同时，发展中国家的比重分别为 33.0%、29.0%和 32.4%，东南欧和独联体国家分别为 6.4%、7.4%和 3.1%。到 2005

---

① (转自【皮书数据库】：陶丽萍，2014 年世界贸易形势分析及 2015 年展望，中国与世界经济发展报告(2015)，2014 年 12 月，9 页，http://www.pishu.com.cn/skwx_ps/databasedetail?SiteID=14&contentId= 3398909&contentType =literature&type =&subLibID=)

② (转自【皮书数据库】：裴长洪，2014 年世界贸易分析与展望，国际经济分析与展望(2014～2015)，2015 年 03 月，18 页，http://www.pishu.com.cn/skwx_ps/databasedetail?SiteID=14&contentId= 3804942 &contentType=literature&type=&subLibID=)

年，美国、日本、欧洲联盟(以下简称欧盟)三大经济体的出口贸易量占世界商品出口贸易总量的36.5%，进口贸易量占世界商品进口贸易总量的45.7%。全部发达国家占2005年世界贸易总量的71.6%，而50个最不发达国家仅占世界商品贸易的0.8%。

但是，金融危机以来发达经济体国际贸易有所放缓。2013年发达经济体的进口需求不足(-0.2%)。在出口方面，发达经济体仅实现了1.5%。其中，欧洲经济持续衰退，以及欧元区经济体较高的失业率，使得欧洲整体和欧盟28国的进出口增长分别为1%和4%。美国的进出口增长较上年出现倒退局面，2013年进口出现"零增长"，而出口增长仅为2%。英国由于2012年出口增速为负，2013年的出口增长高达15%[①]。

(3) 产业内贸易迅速增长。战后国际贸易发展的突出特点是同类产品内贸易比重的不断上升，无论从发达国家还是发展中国家来看，同类产品间的贸易都有很大的发展。随着发达国家在世界贸易中地位的上升，发达国家间相互贸易的比重以及同类产品间贸易的比重都在不断增长，各国产业内贸易在各自总体贸易额和与发达国家间的贸易额中所占的比重一般均超过50%。从产业内贸易的商品结构上来看，制成品产业内贸易的比重要远高于初级产品，发达国家间制成品贸易中有一半以上都是产业内贸易。由于受自身产品结构的制约，发展中国家产业内贸易水平远不如发达国家，但是受世界经济一体化以及跨国公司全球化生产不断扩张的影响，尤其在加工贸易的推动下，发展中国家的产业内贸易增长迅速。

(4) 科学技术在国际贸易中的作用日益加强。战后科技进步不仅丰富了世界贸易的内容，也改变了世界贸易的模式。战后科技革命的迅猛发展使国际分工形式和结构发生了巨大变化，不仅使国际交通和通信条件得到改进，还创造出了一大批新设备、新工艺和新材料，资本国际化和生产国际化趋势进一步加强，拓宽了国际分工的领域。科学技术的发展不仅强化了传统的产业间分工和合作，而且也促进了产业内的分工与合作，部门内分工得到发展，部门内合作有了加强。企业生产可以更好地利用规模经济的好处，使世界范围内的资源优势和技术优势得到有效结合，使世界生产能力得到充分利用。

技术进步带来的生产力水平提高和设备工艺的更新改变了产品生产的投入系数，使产品本身特征发生了巨大变化，一方面表现为产品物质形态的变化，另一方面表现为产品的异质性的加强。科技进步还使企业的生产条件、贸易环境和内部控制力发生了变化，这要求企业必须对其生产经营行为进行调整，这种调整主要表现在生产经营的规模化、内部化和外部化的加强。国际竞争的日益激烈使科学技术的作用得到充分体现，为保持和提高各自的竞争地位，无论是从国家层次还是企业层次来看，科研开发上的资金和人员投入都在不断增加。全世界高新技术产品的出口额占制成品出口额的比重从1990年的17.44%上升到2007年的18.13%[②]。

另外，战后国际贸易的发展还表现在服务贸易的迅速发展、跨国公司的发展、多边贸易体制作用的增强、区域一体化的发展等方面，我们将在后续有关章节中介绍。

---

① (转自【皮书数据库】：马涛，国际贸易形势回顾与展望，2015年世界经济形势分析与预测，2015年01月，16页，有改动，http://www.pishu.com.cn/skwx_ps/databasedetail?SiteID=14&contentId=3507367&contentType=literature&type=&subLibID=)

② 世界银行 WDI 数据库，引自国家统计局网站：http://www.stats.gov.cn/tjsj/qtsj/gjsj/2009/t20100415_402634707.htm。

1.1.2 中国对外贸易发展的历史回顾

1. "丝绸之路"与中国古代对外贸易发展

自古以来,中国人民不仅创造了灿烂的文化,开拓了辽阔的疆域,而且早就洞察到贸易在财富增长和财政积累中的重要作用,几乎历代都有贸易繁荣的记录。古代的对外贸易促进了古代中国与世界经济交流,对人类生产发展和文明进步作出了重大贡献。西汉时,中国同西亚和欧洲的通商关系开始发展,中国的丝和丝织品经"丝绸之路"运到西亚。唐朝时期,长安是亚洲的主要经济文化中心,中国经陆路和海路与亚洲、欧洲各国往来,开展对外贸易。唐政府在广州设市舶司管理对外贸易。这一时期贸易的重点是亚洲,交往对象主要是朝鲜、日本、天竺、波斯、大食等。"安史之乱"后,由于陆上丝绸之路阻塞,中西交通转而以海道为主,这一转变给泉州港等沿海港口的发展带来了机遇。五代十国时期,福建地区相对稳定,泉州港获得进一步发展。自1087年宋朝中央政府在泉州设立市舶司起,泉州港的对外贸易就进入新的历史时期。南宋偏安东南,经济重心南移,泉州港的对外贸易开始超过广州港,成为当时中国最大的对外贸易港口。南宋造船业进步,罗盘针应用于航海,对外贸易大大发展,对外贸易东达日本、朝鲜,西至非洲一些国家。元朝疆域辽阔,国力强盛,对外贸易更加繁荣。明朝初期,郑和下西洋,到达非洲东海岸和红海沿岸,促进了明朝海上贸易的发展。明朝中后期至清朝实行闭关政策,古代对外贸易开始进入萧条时期。

2. 闭关自守与"朝贡贸易"

【参考图文】

所谓朝贡贸易,就是通过两国官方使节的往返,以礼物赠答进行交换的贸易方式。在中国古代,每一次官方使节的往返都伴随着礼物的"交易"。例如,明朝规定:"凡贡使至,必厚待其人;私货来,皆倍偿其价。"这样的朝贡贸易自然会使各国纷纷来"贡",其结果则是明王朝"岁时颁赐,库藏为虚",只好对来贡者的时间、次数加以限制。当然,在朝贡贸易中,中国王朝并不是无所要求,更不是不讲回报。只是在这一贸易体系中,政治动机大于经济目的,奢侈消费的需求大于对商业利润的追求。他们的根本动机是造就"四海宾服,八方来仪"的宏大场面。《明实录》记载,朝贡在于体现中国作为世界的中心,四方各国从属于中国的理想,而中国的皇帝成为天下共主,即"君临万邦"。为了吸引外国使节团,早在洪武年间,贸易即被当作诱饵,并规定官方与他们贸易要"厚往薄来"。朱元璋为了推行这个制度,颁行了严格的"海禁令",禁止中国人私自渡航到海外,也禁止外国朝贡使节团以外的任何船只到中国来。而中外贸易的形式,只能是由外邦使节在特定时间和地点,在明朝官员监督下公开进行。明朝之前,中国皇帝在接受外邦使团朝贡的同时,朝廷允许民间与这些使团进行自由贸易。然而,这一朝贡与贸易分开的做法,在明初即演变为政府的垄断事业,而民间贸易的管道,也因为朝贡贸易制度而被完全封死。

不过,郑和下西洋使洪武时期停滞的海外交流得以恢复,它加强了中国和海外地区的交流和联系。而当明朝政府财政不足以支撑时,郑和下西洋的壮举也就难以继续。在朝贡贸易每况愈下的背景下，明政府并没有改变以官方贸易为主，严禁民间贸易的态度。在民间，自明英宗之后，朝贡贸易的功能逐渐被走私贸易所取代，并在15世纪后期成为中外交易的主要管道，明朝此时也走向了衰落。

3. "鸦片贸易"与列强迫使下的对外开放

鸦片作为嗜好品大量输入中国始于17世纪。18世纪末期，英国等资本主义国家先后完成了工业革命，加速向全球扩张，以建立资本主义的世界市场。当时，中国仍然是一个闭关锁国的封建国家，自给自足的自然经济占主导地位。为了打开中国的大门，西方列强向中国展开了罪恶的鸦片贸易，并发动了鸦片战争。1773年，英国东印度公司直接经营鸦片，揭开了真正鸦片贸易的序幕。这种贸易以鸦片战争为界限，分为前后两期。鸦片战争前，清政府多次颁布禁烟诏谕，但东印度公司或将鸦片在印度售给英印散商，由港脚商人用船只运入广州销售，或经过设在港口外的趸船中转后再运入内地。同时，鸦片商人还向中国缉私官吏行贿。通过这些方法，鸦片的走私贸易在鸦片战争前发展极快。在英国东印度公司垄断权取消以后，鸦片输入中国更多。英美商人最初到广州交易，以货易货范围有限，从中国输出的丝绸和茶叶主要是用运进的现金采购，后来销售鸦片所获得的大量现金便可用于支付丝绸、茶叶等货价款。进口鸦片数量猛增后，西方殖民主义者销售鸦片所得现金超过备办回程货物的需要，而中国则从现金入超转化为现金出超。由于白银外流数量激增，银钱比价出现银价不断上涨和钱价不断下跌的趋势。鸦片大量输入，不仅使几百万中国人染上吸食鸦片的恶习，在身体和精神上受到严重的毒害，而且也使中国的社会经济和国家财政遭受重大的破坏和损失。19世纪30年代后期，中国除少数在鸦片走私贩运中的获利者外，包括统治阶级在内的国内各阶级都反对鸦片进口。因此，道光十九年(1839年)正月，清政府派钦差大臣林则徐到达广州，严厉执行禁烟谕旨。但是英商拒不接受中国方面的规定，最后英国政府还以遏制贸易、危害英国臣民为借口发动了侵略中国的鸦片战争。

鸦片战争后，1842年，英国强迫中国缔结《南京条约》和《虎门条约》，使英国殖民主义者取得了打开中国门户所需要的一切条件。英国侵略者在和约谈判中一再企图用威胁利诱的方法使中国承认鸦片贸易的合法化。在这种活动失败以后，就听任私商走私鸦片，并且加以庇护，借此来迫使中国就范。鸦片战争后的鸦片贸易，以香港为走私基地，长江以南沿海各个口岸都可作为走私据点；新签订的不平等条约更给走私非法活动以法律保护。因此其规模更大，活动也更猖獗。在1858年英法等国强迫中国签订的《中英通商章程善后条约》中，规定鸦片以"洋药"名义进口，从此鸦片一直作为合法进口商品在中国行销近60年。

1840年后中国的贸易政策基本上被控制在西方列强手中。在列强的要求下，中国开放了从广州、福州、上海等沿海城市到伊犁、张家口、重庆等内陆城市共20多个通商口岸，并设立租界，允许外国人居住通商并享有特权。中国的海关也基本由外国人掌管，中国的关税税率必须与西方列强协商才能实施，税率大幅度下降，平均只有5%～6%。同时，外国资本开始进入中国。19世纪末20世纪初，中国的大门被西方列强彻底打开，中国的对外贸易成为西方资本主义世界市场的一个组成部分。

此后，在列强的不断侵略下，清王朝、北洋军阀政府和国民党政府先后对外签订了许多丧权辱国的不平等条约，除给予侵略者割地赔款、开辟租界、在华驻军、领事裁判等政治军事特权外，还给予协定关税、海关管理、内河航运、兴建铁路、设立银行、开矿设厂等各种经济控制特权。中国的主权与领土完整遭到严重破坏，中国对外经济贸易也丧失了独立自主的权力，完全被帝国主义和官僚买办资产阶级所控制和垄断，帝国主义在中国大肆掠夺资源，倾销产品，通过不等价交换，对中国人民进行残酷的压榨和剥削。

4. 1949 年后的中国对外贸易发展

中华人民共和国成立以来，我国对外经济贸易经历了两次巨大的历史性变化：一是中华人民共和国成立后，确立了社会主义独立自主的对外经济贸易，结束了旧中国不平等、受剥削的对外经济贸易历史；二是改革开放以来，对外经济贸易作为对外开放基本国策的重要内容，取得了举世瞩目的巨大成就。

中华人民共和国成立后，取消了帝国主义在华特权，没收了官僚资本，对外经济贸易的独立自主权回到了人民手中。在解放区已经开展的对外贸易基础上，进一步采取了一系列重大措施，全面建立起社会主义的对外经济贸易。首先，摧毁了帝国主义在华特权及其对中国对外经济贸易的控制。对国民党政府与外国政府所签订的各项条约和协定进行审查，废除一系列不平等条约，取缔了帝国主义在华攫取的经济特权，收回了长期为帝国主义霸占的旧海关，建立起人民的新海关，改革海关制度，把对外经济贸易的独立自主权牢牢地掌握在人民手中。其次，没收对外经济贸易中的官僚资本，并逐步对私营进出口商进行社会主义改造。人民政府接管了国民党政府的对外经贸机构，如中央信托局、输出入管理委员会，以及四大家族的官僚资本外贸企业，并对所接管企业进行了民主改造和重新组织，使之转变为社会主义国营外贸企业。人民政府按照"对内的节制资本和对外的统制贸易"的方针，在国家统制的基础上，对私营进出口商实行利用、限制和改造的政策，通过逐步对其进行生产资料所有制的社会主义改造，引导其走社会主义道路。在 1956 年资本主义工商业社会主义改造的高潮中，私营进出口商迅速实现了全行业公私合营，外经贸领域生产资料所有制的社会主义改造到此基本完成。

同时，新中国逐步建立起国家统一管理的社会主义对外经济贸易。1949 年 10 月，中央政府即设立了中央贸易部，内设国外贸易司管理新中国的对外贸易，1952 年又专设了对外贸易部。在中央贸易部和对外贸易部的统一领导下，先后组建了地方对外贸易管理机构，确立了国家对对外贸易进行统一管理的机构体系。在此基础上，国家陆续颁布了一系列统制全国对外经济贸易活动的法令和法规，制定了有关的具体规定和实施办法，把全国的对外贸易置于国家集中领导和统一管理之下。从 1950 年起，国家还先后成立了一批国营专业外贸公司，统一经营对社会主义国家的全部贸易及对资本主义国家重要物资的对外贸易。

我国对外贸易的经营和管理也由新中国成立初期的国家统制对外贸易政策，到 1957 年后适应国民经济转入计划经济，形成了国营外贸公司集中统一经营，国家对外贸公司实行指令性计划管理和统收统支、自负盈亏，管理和经营一体化的高度集中的对外贸易体制。对外贸易被看作社会主义扩大再生产的补充手段，局限于互通有无、调剂余缺。经过改革开放以来的市场取向改革，我国对外贸易制度逐步与国际接轨，对外贸易成为我国国民经济的重要组成部分和经济增长的重要推动力量。

在对外贸易关系方面，20 世纪 50 年代，由于西方资本主义国家对我国采取敌视、封锁政策，我国对外贸易的主要国际市场是苏联和东欧社会主义国家。当时，我国根据恢复和发展国民经济的需要，本着"积极协作、平等互利、实事求是"的方针，积极开展对苏联、东欧国家和其他友好国家的贸易和经济合作，不断突破西方国家的封锁、禁运，对医治我国战争创伤，恢复和发展国民经济起到了积极作用。例如，当时我国通过贸易和使用苏联政府贷款从苏联和东欧国家引进了156项重点建设项目的成套设备和技术，建设了一批钢铁、电力、煤炭、石油、机械、化工、建材等骨干企业，为我国的工业化打下了初步基础。那时，我国同其他社会主义国家的贸易额占全国对外贸易总额的比重，1951年为52.9%，1952年至20世纪50年代末都在70%以上，其中对苏联的贸易额约占全国对外贸易总额的50%。50年代，我国还为逐步发展同亚非民族独立国家的贸易关系，发展祖国内地同港澳地区的贸易和努力开拓同西方国家的民间及政府贸易，进行了卓有成效的努力。我国同亚非国家贸易关系的发展，增进了亚非国家同中国的友谊，促进了亚非国家民族经济的发展；我国保证对港澳地区的供应，积极扩大对港澳出口及经港澳转口贸易，开辟了反封锁、禁运的新战线；我国继1950年同瑞典、丹麦、瑞士、芬兰建立外交和贸易关系后，又利用各种机会和途径，争取和团结其他西方国家工商界及开明人士，以民促官，推动了我国同日本、西欧等西方国家的民间以至官方贸易。

1960年，随着中苏关系的变化，我国对苏联和东欧国家的贸易急剧下降，新中国的对外贸易遭遇了第一次较大的挫折。在这一形势下，我国对外贸易的主要对象开始转向资本主义国家和地区。我国在坚持内地对港澳地区长期稳定供应，积极发展同亚非拉民族独立国家贸易关系的同时，进一步打开对西方国家的贸易渠道。经过努力，我国同日本和西欧的贸易取得了突破性进展。中日贸易由20世纪50年代的民间贸易转入60年代的友好贸易和备忘录贸易。1963年，我国同日本签订了第一个采用延期付款方式进口维尼纶成套设备合同，打开了西方国家对中国的技术封锁。1964年，我国与法国建交，中法两国政府间贸易关系迅速发展，带动西欧开展对华贸易的热潮。到1965年，我国对西方国家贸易额占全国对外贸易总额的比重由1957年的17.9%上升到52.8%。

1966年，我国对外贸易遭到严重的干扰和破坏，遭遇了新中国成立后的第二次挫折。20世纪70年代前期，国际环境发生了有利于我国的变化。1971年联合国恢复我国的合法席位，1972年美国总统尼克松访华，中美发表《中美联合公报》，并在正式建交前恢复了贸易关系。之后，我国对外关系取得了重大进展，西方国家纷纷同我国建立外交关系或使外交关系升格。中日邦交实现了正常化，中国与欧共体建立正式关系，我国对外贸易的国际环境明显改善，对外贸易额迅速增长。然而，我国对外贸易的全面恢复和持续、快速发展，还是社会主义市场经济体制建立，特别是2001年12月正式加入WTO之后。

从新中国成立到1978年，我国对外贸易在几经曲折中向前发展，为国民经济的恢复和发展作出了贡献。1950年，我国对外贸易总额11.35亿美元，其中出口5.52亿美元，进口5.83亿美元。到1978年，我国对外贸易总额发展到206.38亿美元，其中出口97.45亿美元，进口108.93亿美元。2013年我国取得世界第一货物贸易大国的地位。据海关统计，2014年，我国进出口总值为4.30万亿美元，同比增长3.4%，其中出口总额为2.34万亿美元，同比增长6.1%，进口总额为1.96万亿美元，同比增长0.4%。贸易顺差3 824.6亿美元，同比扩大47.3%(表1-1)。

表 1-1　2006—2014 年中国进出口总体情况　　　金额单位：亿美元

年份	进出口总额	增速(%)	出口总额	增速(%)	进口总额	增速(%)	贸易差额
2006	17 604.39	23.8	9 689.78	27.2	7 914.61	19.9	1 775.08
2007	21 765.72	23.6	12 204.56	26.0	9 561.16	20.8	2 643.40
2008	25 632.60	17.8	14 306.93	17.3	11 325.67	18.5	2 981.26
2009	22 075.35	-13.9	12 016.12	-16.0	10 059.23	-11.2	1 956.89
2010	29 740.01	34.7	15 777.54	31.3	13 962.47	38.8	1 815.07
2011	36 418.64	22.5	18 983.81	20.3	17 434.84	24.9	1 548.97
2012	38 671.19	6.2	20 487.14	7.9	18 184.05	4.3	2 303.09
2013	41 603.08	7.6	22 100.19	7.9	19 502.89	7.3	2 597.30
2014	43 030.37	3.4	23 427.47	6.1	19 602.90	0.4	3 824.56

资料来源：中国海关统计

同时，我国的进出商品结构也在不断优化。新中国成立初期，我国出口商品的 80%以上是初级产品，反映中国当时的经济结构和生产水平。"一五"计划后，我国工业迅速发展，出口商品结构发生较大变化，但直到 20 世纪 70 年代，初级产品出口占我国出口总额的比重仍在 50%以上。随着我国工业生产的发展，在出口商品构成中工业制成品的比重不断上升。1978 年，工业制成品出口占出口总额的 45.2%，2006 年这一比重上升到 94.5%，我国已实现了由主要出口初级产品向主要出口制成品的历史性转变。2014 年，我国工业制成品占出口总额的 95.2%，较 2013 年提高 0.1 个百分点，占比连续三年提高。装备制造业成为出口的重要增长点，铁路机车、通信设备出口增速均超过 10%。七大类劳动密集型产品出口 4 851 亿美元，增长 5%。生物技术产品、航空航天技术产品、计算机集成制造技术产品等高新技术产品进口增速均在 15%以上。消费品进口 1 524 亿美元，增长 15.3%，占进口总额的 7.8%，较 2013 年提高 1 个百分点。

我国的贸易伙伴由 1978 年的几十个发展到如今的 227 个国家和地区，与传统市场的经济贸易关系稳步推进，与新开拓市场的经济贸易关系不断增强。

知识链接

党的二十大报告提出，要实行更加积极主动的开放战略，构建面向全球的高标准自由贸易区网络，加快推进自由贸易试验区、海南自由贸易港建设，共建"一带一路"成为深受欢迎的国际公共产品和国际合作平台。我国成为一百四十多个国家和地区的主要贸易伙伴，货物贸易总额居世界第一，吸引外资和对外投资居世界前列，形成更大范围、更宽领域、更深层次对外开放格局。

当前，世界多极化、经济全球化进一步发展，国际政治经济环境深刻变化，创新引领发展的趋势更加明显。我国改革开放正站在新的起点上，经济结构深度调整，各项改革全面推进，经济发展进入新常态。党的十八届三中全会对全面深化改革做出系统部署，强调"构建开放型经济新体制"。开放型经济新体制的总体目标是，加快培育国际合作和竞争新优势，更加积极地促进内需和外需平衡、进口和出口平衡、引进外资和对外投资平衡,逐步实现国际收支基本平衡,形成全方位开放新格局,实现开放型经济治理体系和治理能力现代化,在扩大开放中树立正确义利观,切实维护国家利益,保障国家安全,推动我国与世界各国共同发展,构建互利共赢、多元平衡、安全高效的开放型经济新体制[①]。

推动共建丝绸之路经济带和21世纪海上丝绸之路的愿景与行动

远古的丝绸之路,承载着中国文化交流的纽带,连接着来自东方和西方的货品,创造了人类文明交流的传奇与佳话。2013年,习近平总书记在出访中亚和东南亚国家期间,先后提出共建"丝绸之路经济带"和"21世纪海上丝绸之路"的重大倡议。"一带一路"是依靠中国与有关国家既有的多边贸易体制,旨在利用古代"丝绸之路"的历史符号,主动地发展与沿线国家的经济合作伙伴关系。2015年3月28日,国家发改委、外交部、商务部联合发布《推动共建丝绸之路经济带和21世纪海上丝绸之路的愿景与行动》,这表明"一带一路"正从倡议逐步走向落实。"一带一路"建设将以政策沟通、设施联通、贸易畅通、资金融通、民心相通为主要内容,为沿线国家发展和世界经济注入新动力。

1. 时代背景

当今世界正发生复杂深刻的变化,国际金融危机深层次影响继续显现,世界经济缓慢复苏、发展分化,国际投资贸易格局和多边投资贸易规则酝酿深刻调整,各国面临的发展问题依然严峻。共建"一带一路"顺应世界多极化、经济全球化、文化多样化、社会信息化的潮流,秉持开放的区域合作精神,致力于维护全球自由贸易体系和开放型世界经济。共建"一带一路"旨在促进经济要素有序自由流动、资源高效配置和市场深度融合,推动沿线各国实现经济政策协调,开展更大范围、更高水平、更深层次的区域合作,共同打造开放、包容、均衡、普惠的区域经济合作架构。共建"一带一路"符合国际社会的根本利益,彰显人类社会共同理想和美好追求,是国际合作以及全球治理新模式的积极探索,将为世界和平发展增添新的正能量。

共建"一带一路"致力于亚欧非大陆及附近海洋的互联互通,建立和加强沿线各国互联互通伙伴关系,构建全方位、多层次、复合型的互联互通网络,实现沿线各国多元、自主、平衡、可持续的发展。"一带一路"的互联互通项目将推动沿线各国发展战略的对接与耦合,发掘区域内市场的潜力,促进投资和消费,创造需求和就业,增进沿线各国人民的人文交流与文明互鉴,让各国人民相逢相知、互信互敬,共享和谐、安宁、富裕的生活。

当前,中国经济和世界经济高度关联。中国将一以贯之地坚持对外开放的基本国策,构建全方位开放新格局,深度融入世界经济体系。推进"一带一路"建设既是中国扩大和深化对外开放的需要,也是加强和亚欧非及世界各国互利合作的需要,中国愿意在力所能及的范围内承担更多责任义务,为人类和平发展作出更大的贡献。

2. 框架思路

"一带一路"是促进共同发展、实现共同繁荣的合作共赢之路,是增进理解信任、加强全方位交流的和平友谊之路。中国政府倡议,秉持和平合作、开放包容、互学互鉴、互利共赢的理念,全方位推进务实合作,打造政治互信、经济融合、文化包容的利益共同体、命运共同体和责任共同体。

"一带一路"贯穿亚欧非大陆,一头是活跃的东亚经济圈,一头是发达的欧洲经济圈,中间广大腹地国家经济发展潜力巨大。丝绸之路经济带重点畅通中国经中亚、俄罗斯至欧洲(波罗的海);中国经中亚、西亚至波斯湾、地中海;中国至东南亚、南亚、印度洋。21世纪海上丝绸之路重点方向是从中国沿海港

---

① 根据中共中央、国务院于2015年9月发布的《关于构建开放型经济新体制的若干意见》整理。

口过南海到印度洋,延伸至欧洲;从中国沿海港口过南海到南太平洋。

根据"一带一路"走向,陆上依托国际大通道,以沿线中心城市为支撑,以重点经贸产业园区为合作平台,共同打造新亚欧大陆桥、中蒙俄、中国—中亚—西亚、中国—中南半岛等国际经济合作走廊;海上以重点港口为节点,共同建设通畅安全高效的运输大通道。中巴、孟中印缅两个经济走廊与推进"一带一路"建设关联紧密,要进一步推动合作,取得更大进展。

"一带一路"建设是沿线各国开放合作的宏大经济愿景,需各国携手努力,朝着互利互惠、共同安全的目标相向而行。努力实现区域基础设施更加完善,安全高效的陆海空通道网络基本形成,互联互通达到新水平;投资贸易便利化水平进一步提升,高标准自由贸易区网络基本形成,经济联系更加紧密,政治互信更加深入;人文交流更加广泛深入,不同文明互鉴共荣,各国人民相知相交、和平友好。

3. 合作重点

沿线各国资源禀赋各异,经济互补性较强,彼此合作潜力和空间很大。以政策沟通、设施联通、贸易畅通、资金融通、民心相通为主要内容,重点在以下方面加强合作。其中,投资贸易合作是"一带一路"建设的重点内容。着力研究解决投资贸易便利化问题,消除投资和贸易壁垒,构建区域内和各国良好的营商环境,积极同沿线国家和地区共同商建自由贸易区,激发释放合作潜力,做大做好合作"蛋糕"。具体包括:扩大相互市场开放,提高贸易便利化水平,挖掘新的贸易增长点;依托边境经济合作区、跨境经济合作区、境外经贸合作区等平台,扩大双向投资规模;深化各种形式的区域次区域合作,积极探讨建设新的自由贸易区;依托双边经贸联委会、混委会等合作机制,与沿线国家加强沟通,共同推动实施一批重大合作项目,让合作成果尽早惠及沿线各国人民。

中国与"一带一路"沿线国家合作具有较好的基础。2014年,中国与沿线国家的货物贸易额达到1.12万亿美元,占中国货物贸易总额的26%。初步预计,未来10年这一数字有望翻一番,突破2.5万亿美元。2014年,中国企业在沿线国家非金融类对外直接投资达到125亿美元,占全国的12.2%,承包工程完成营业额达到644亿美元,占全国的45.2%。中国承接"一带一路"沿线国家服务外包合同金额和执行金额分别为125亿美元和98.4亿美元,同比增长25.2%和36.3%。其中承接东南亚国家的服务外包执行金额53.8亿美元,同比增长58.3%。

1.2 国际贸易学研究的基本问题与方法

国际贸易学主要包括贸易理论和贸易政策的研究。其中,贸易理论回答的基本问题是贸易模式和贸易利益,具体回答贸易产生的动因、贸易的结构、贸易的结果即利益的来源与分配;贸易政策相应回答的基本问题是贸易政策的原因与效果。学习国际贸易学需要正确的方法。本节将对这些问题进行概括性介绍,先给出一个总体框架,待后续章节学习后,再返回来阅读本节内容,理解会更深刻。

1.2.1 国际贸易的动因与结果

国际贸易基本理论回答的是贸易的原因与结果。各国之间为什么发生贸易?在怎样的情况下才发生国际贸易?什么因素决定国际贸易的结构?对这些"原因"的解释,就构成贸易的动因问题,也可以说是贸易的基础问题。同时,贸易理论还要回答贸易发生后的结果,即贸易的各种利益或影响,这些问题包括:贸易利益表现在哪些方面?利益如何分配?给本国生产者和消费者带来多大影响?短期影响是什么?长期影响是什么?从古典比较优势理论诞生以来，经济学家们就从未停止过对上述问题的深入探索。

1. **国际贸易原因：从供给和需求及其互动关系角度进行解释**

国际贸易的基本原则是低价进口、高价出口。所以，只有当产品在国家间存在价格差异时才会发生贸易。那么，是什么造成国家间的价格差异呢？对此的不同解释就构成了不同的国际贸易理论模型。

(1) 从供给方面即从生产成本角度解释。李嘉图的比较优势理论认为，国际贸易发生的原因是劳动生产率相对差别以及由此产生的相对成本差异，建立在比较优势理论基础上的要素禀赋理论又进一步从生产要素比例的差别来阐释贸易的原因。另外，技术差距论以不同国家之间的技术差距为分析前提，认为技术差距和模仿时滞决定了现实的国际贸易格局。产品生命周期理论则认为，一个新产品的技术发展大致有三个阶段：创新阶段、成熟阶段、标准化阶段。不同国家在产品生命周期各个阶段上的比较优势的变化决定了该国在国际贸易中的地位。规模经济理论认为，只要规模经济存在，即使是两个技术水平和资源条件完全相同的国家，也可以发生专业化分工和贸易。发达国家之间的许多贸易，不是以传统的比较利益为依据的专业化分工的结果，而是以规模经济为主的专业化分工的产物。

(2) 强调需求因素对贸易产生和贸易结构的影响。林德尔(1961)运用"人均收入水平"这一概念，论述了需求偏好相似对国际贸易地理结构和产品结构的影响。他认为，平均收入水平是影响需求结构的最主要因素。平均收入水平差异是国际贸易的潜在障碍，一国虽在某种产品的生产上有相对优势，但其他国家因平均收入水平差别太大而对它没有什么需求，国际贸易就无从发生。两国人均收入水平相同，其需求结构就相似，两国间贸易的可能性就最大。因此，需求偏好相似是产业内贸易的保证。

(3) 从供给与需求的互动关系角度解释贸易新现象。张伯伦模型试图从产品差别化与消费需求和规模经济的相互影响来解释产业内贸易发生的原因：发达国家日益增多的产业内贸易现象是由于各国生产者为了利用规模经济的优势来降低单位生产成本，仅生产几种反映国内大多数人偏好的差别产品，并出口部分产品满足国外少数人的偏好，而国内少数人的其他偏好则通过进口差别产品去满足。新H-O模型以产品的垂直差异性为基础，分析了产业内贸易发生的原因：只要具有垂直差异性的产品都有市场消费需求，两国就会发生产业内分工与贸易，资本丰裕的国家会出口资本密集程度较高的高质产品，而劳动丰裕的国家会出口资本密集程度较低的低质产品。新张伯伦模型则将分析建立在解释水平差异产品的产业内贸易上：在产品具有水平差异性并且生产的平均成本递减的情况下，即使两个生产成本完全相同的国家也能发生产业内贸易，并通过贸易提高两国的经济福利水平。

2. **国际贸易利益：动态考查利益的来源并揭示贸易损失的可能性**

传统上，贸易理论在假定技术不变和资源储备不变的情况下回答贸易的利得与分配。第二次世界大战后，随着理论研究的范围、深度和所使用方法的不断拓展、深化和更新，对比较优势的研究也逐渐由静态分析发展为动态分析。越来越多的经济学家开始运用标准的H-O模型分析开放经济中的长期均衡发展问题，特别是比较优势的长期决定因素。由于动态比较优势研究将贸易理论与经济增长和发展问题结合了起来，因此在一定程度上摆脱了静态分析的纯理论性和短期分析的局限性。

(1) 指出贸易得益与损失并存的原因。传统贸易理论认为，按比较优势进行国际分工对各国都有利益可得。贸易利益来自专业化生产效率的提高。而当代新贸易理论则认为，贸易利益不仅来自于比较优势利益，而且存在以下潜在得益：生产效率效益，即贸易使报酬递增的产业由于市场的扩大而扩大，规模经济增加、生产效率提高；生产集中，即贸易使报酬递增的产业，集中于世界上效率最高的国家生产，使商品价格下降；生产的合理化，即贸易的开展增加了不完全竞争产业的竞争，减少了垄断利润，缓和了价格扭曲，使资源配置更加优化；产品多样性，即贸易使世界市场远大于国内市场，可选择的变体增多，福利增多。

新贸易理论同时也指出了一国贸易受损的可能性，并提醒各国在此情况下重视贸易利益分配不公的问题。该理论认为，当贸易使得本国以递增规模生产的行业和高度垄断的行业收缩，而贸易带来的其他利益不足以弥补这种收缩带来的规模经济和垄断利润损失时，贸易使本国受损。这说明，参加贸易并不总能得到利益。

均衡动态贸易理论认为，长期内，如果一个国家要促进本国比较劣势部门的发展，必然会因贸易量的缩减而遭受福利损失。这一结论对发展中国家而言是难以接受的，而且也无法解释世界经济发展史上落后国家跳跃式发展的现实。

(2) 将贸易、技术与经济增长纳入同一分析框架。将贸易、技术进步和增长融入同一分析框架，是当代国际贸易理论研究的前沿领域。[①]20 世纪 80 年代以来的研究是沿着两条道路前进的：一是将技术视为一个外生变量，沿着李嘉图模型，从动态的角度分析技术对各国福利水平和贸易模式的影响；二是把技术作为一个内生变量，研究技术变动、国际贸易和经济增长三者之间的互动关系。前者以 1985 年马库森和斯文森提出的差异条件下的贸易模式为代表，说明了发达工业国之间或产业内的贸易，它尚未摆脱传统的阴影。后者受罗默内生增长理论的影响，赋予了国际贸易理论研究以崭新的内容。新贸易理论认为，技术变动有两个源泉：一是主动地、经过专门研究开发而产生，称为"技术革新"；二是被动地、通过贸易等经济行为接受"技术外溢"学来的，称为"干中学"。技术外溢可分为国外技术外溢和国内技术外溢。一般而言，前者外溢的速度慢于后者，且前者作用的结果有可能改变一国的原有比较优势，而后者在成本增长速度高于或等于劳动生产率增长速度的前提下，有可能强化原有的贸易模式。其理论创新之处在于揭示了"干中学"、技术创新与国际贸易之间的互动关系，一国要维护或塑造其竞争优势、改善贸易地位，必须积极接受"技术外溢"，同时应努力促进本国技术创新。关于内生技术创新、国际贸易和经济增长问题，保罗·克鲁格曼在 1990 年有一段精彩的论述："经济增长是新理论，目前处在一个非常相似于六年前国际贸易新理论所处的境况。在这一点上，新思想已经带来了一个令人兴奋的新概念，为谈论过去被多数专业所忽视的话题提供了充满生机的语言。"[②]

【参考图文】

表 1-2 简要概括了国际贸易主要理论模型的代表人物和主要结论，请读者注意

---

① 海闻：《国际贸易理论的新发展》，《经济研究》1995 年第 7 期，第 68 页。
② 保罗·克鲁格曼：《克鲁格曼国际贸易新理论》，黄胜强译，中国社会科学出版社，2001 年版，第 176 页。

体会贸易模式与各种"差异"的关系。

表 1-2 贸易理论假设和结论的比较

理论类型	基本假设	主要结论	理论研究的代表人物	经验研究的代表人物
传统贸易理论	企业和产品同质性，完全竞争市场，规模报酬不变	比较优势和要素禀赋的差异是产生国际贸易的主要原因，产业间贸易是国际贸易的主要模式	Ricardo(1817); Heckscher 和 Ohlin(1920s); Samuelson、Rybczynski，Venek(1950~1960s); Jones, Bhagwat, Findlayi, Deardorff(1960s~1970s)	Leontief(1950s); Leamer(1970s); Trefler, Davis, Weinstein(1990s)
新贸易理论	企业同质性，产品差异化，不完全竞争市场，规模经济	市场结构的差异、规模经济和产品差异化推动了贸易的产生，产业内贸易是国际贸易的主要模式	Dixlt 和 Stiglitz(1970s); Either、Lancaster、Krugman、Helpman、Brander，Markusen (1980s); Brander, Spencer, Dixit, Grossman (1980s); Grossman, Helpman(1990s)	Grubel, Lloyd(1975s); Dixit(1980s); Levinshon(1990s); Feenstra, Hanson(1980s~1990s); Feenstra, Hanson(2000s)
新新贸易理论	企业异质性，产品差异化，不完全竞争市场，规模经济	企业异质性的假定使企业面临不同的贸易抉择，主要解释了企业内贸易、产业间贸易以及不同企业异质性的根源	Melitz, Antras, Eaton, Helpman, Bernard, Baldwin, Jensen, Yeaple(2000s)	Bernard 和 Jensen(1990s~2000s); Melitz, Yeaple, Helpman(2000s)

资料来源：朱廷珺，李宏兵. 异质企业假定下的新新贸易理论：研究进展与评论. 国际经济合作，2010，(4)。

专栏 1-2

新新贸易理论之"新"

以20世纪50年代为界，我们大致可以将21世纪以前的国际贸易理论划分为传统贸易理论和新贸易理论两个阶段。传统贸易理论的发展有两条线索：一条是以亚当·斯密(1776)为代表的绝对优势说，当代经济学称其为内生比较利益说；另一条是以李嘉图(1817)为代表的外生技术比较优势说和赫克歇尔-俄林(Heckscher，1919; Ohlin，1933，简称 H-O)为代表的禀赋比较优势说。其主要的理论核心是以技术的绝对和相对差异来解释国际贸易的动因以及国际贸易双方的福利分配，进而指出国际贸易模式应该是发达国家和发展中国家的垂直贸易。然而，从20世纪70年代中后期开始，以格鲁贝尔、劳埃德、迪克西特、斯蒂格利茨(Grubel and Lloyd, 1975; Dixit and Stiglitz, 1977)等人的产业内贸易理论和以克鲁格曼、布兰德和斯宾塞(Krugman, 1979, 1980; Brander and Spencer, 1981)等提出并发展的战略贸易理论为代表的新贸易理论(New Trade Theory)，打破了传统贸易理论的规模报酬不变、完全竞争市场和同质产品的假设，提出了规模报酬递增和不完全竞争条件下的产业内贸易模式。与传统贸易理论相比，新贸易理论很好地解释了第二次世界大战以后发达国家之间的产业内贸易规模远大于发达国家与发展中国家之间的产业间贸易规模的现象。

自 20 世纪 90 年代以来，许多学者通过大量实证分析发现，国际贸易其实是一种相对稀少的企业行为，并非一国所有的企业都选择对外贸易。研究结果表明，即使在同一产业内部，也存在着出口企业和非出口企业在劳动生产率、资本技术密集度和工资水平上的显著差异，并且同一产业内部企业之间的差异可能比不同产业之间的差异更加显著，所以，无论在规模还是生产率方面，企业都是异质的。基于此，许多学者对新贸易理论体系及其对现实贸易的解释能力产生了质疑，于是，新贸易理论被称为"旧的新贸易理论(The Old New Trade Theory)"(Krugman, 2009)。

随着贸易实践和贸易理论研究的不断深入，以企业异质性为前提假设，以异质性企业贸易模型(Trade Models With Heterogeneous Firms)和企业内生边界模型(Endogenous Boundary Model of the Firm)为代表的"新新贸易理论"(New-New Trade Theory)便应运而生。"新新贸易理论"的概念最早是由 Baldwin 于 2004 年提出(Baldwin and Nicoud, 2004)，但是较早的文献，如 Bernard(2003)等、Melitz(2003)和 Antras(2003) 都对该贸易理论做了相关论述，只是未将其命名为"新新贸易理论"而已。该理论打破了传统贸易理论和新贸易理论关于企业同质性的假设，基于异质企业视角将贸易理论的研究引入到一个异质企业的微观分析框架中，从而为国际贸易理论的研究开拓了新的空间。

在解释新贸易实践过程中，新新贸易理论的研究思路主要有两条：一条是以 Melitz(2003)为代表的异质企业贸易模型；另一条是以 Antras(2003)为代表的企业内生边界模型。

与传统贸易理论和新贸易理论相比，新新贸易理论至少具有以下创新之处。

1. 逼近现实的企业异质性假定对贸易实践具有更强的解释力

我们知道，李嘉图的比较成本论和赫克歇尔-俄林的要素禀赋论这些传统贸易理论只是单纯地从技术差异或要素禀赋的差异来分析贸易动因，但是，它无法回答国家间技术、要素禀赋差异较小甚至无差异情形下贸易发生的机理，这个缺陷由新贸易理论予以弥补。然而，正如杨小凯等人一针见血指出的那样，新贸易理论无法解释为什么企业一开始不直接选择国际贸易，而偏要从国内贸易开始(杨小凯，张永生，2001)。

如今，经济学家紧密联系"不同的出口企业与非出口企业同时存在于同一产业内部"这个贸易现实，以企业生产率异质为由，解释了不同企业从事国际贸易的原因，回答了为什么有的企业会从事出口贸易而有的企业则只从事国内贸易。由此可以看出，新新贸易理论关于企业异质性的假定，是对传统贸易理论和新贸易理论的一次重大改进，它使国际贸易理论对现实的贸易实践具有更强的解释力，也拉近了理论与现实的距离。

2. 企业内生边界论为企业参与全球化生产和贸易模式的选择提供了新的理论依据

近年来，关于贸易模式的探讨主要集中在国际生产控制与加工贸易问题上，应该说填补了贸易模式理论的空白。格罗斯曼和赫尔普曼(Grossman and Helpman, 2002)将格罗斯曼-哈特和哈特-摩尔(Grossman-Hart and Hart-Moore, 1990)的不完全合约模型(GHM 模型)引入贸易理论，基于跨国公司的视角分析了中间产品投入的所有权安排和贸易模式选择问题。而 Feenstra、Hanson(2002，2003)则进一步从中国大的加工贸易企业出发，以加工企业所有权和中间产品采购权的归属为划分标准，将加工贸易的贸易模式划分为四种，即外方同时拥有所有权和采购权；中方同时拥有所有权和采购权；外方拥有采购权，中方拥有所有权；外方拥有所有权，中方拥有采购权。这些研究发展了新贸易理论关于贸易模式的研究，并为后来任务贸易(Trading Tasks)的提出和发展打下理论基础(Grossman and Hansberg, 2008)。

尽管如此，上述研究在分析跨国公司外包(Outsourcing)的区位和模式选择时抽象了企业的边界问题，并且在分析企业边界时没有考虑企业规模和生产率等方面的异质性，因此也就无法解释开展贸易后企业间的"竞争淘汰"效应和"规模变化"效应，也无法解释开展贸易后为何有的企业规模会壮大而有的企业则被淘汰出局。而新新贸易理论将产业组织理论和合约理论的概念融入贸易理论，提出了企业边界问题。该理论在跨国公司中间投入品贸易占全球贸易份额不断上升的国际背景下，分析了企业如何在不同国家进行价值链分配和贸易模式选择——是通过 FDI 在企业边界内进口中间投入品,还是以外包形式从独立供货企业手中采购中间投入品,并将贸易模式的研究从产业视角引入到企业内生边界视角,从而为企业全球化生产和贸易模式的选择提供了新的理论依据。这就是说,这个空白是新新贸易理论填补的。

(资料来源:朱廷珺,李宏兵. 异质企业假定下的新新贸易理论:研究进展与评论. 国际经济合作,2010,(4).)

1.2.2 贸易政策的原因与结果

一国为什么要采取保护贸易政策?怎样选择贸易政策和选择什么政策工具?贸易政策实施后会产生哪些影响?对这些问题的回答就构成了国际贸易政策理论的主要内容。

传统贸易理论十分强调自由贸易的正确性和重要性。自由贸易主张建立一套具有严密逻辑的理论框架基础。对这一理论的精确表述包含在福利经济学第一定理中,即"完全竞争是有效率的",这意味着干预只会降低效率。福利经济学第二定理以及相关的政策主张则进一步断言,任何分配目标都可以通过财富或收入的再分配得到最好的实现,效率目标则可由自由竞争市场完成。但从 15 世纪的重商主义开始,历经李斯特的幼稚产业保护理论,凯恩斯主义的超保护贸易政策主张,都从不同角度阐述了保护贸易的合理性和必要性。新贸易理论家们认为,如果抛弃了模型中的这些理想化假设(不存在外部性和公共产品,可自由获得相关信息以及所有产品和服务都存在着市场),市场有效的结论就值得怀疑了。

有一种看法认为,复杂的假设只是为了方便得出正确的结论。但在克鲁格曼看来,这恰恰反映了人们还不具备精确地描述偏离完全市场会发生什么情况的能力[①]。另一位著名的新贸易理论家詹姆斯·布兰德也说,"如果能稍微偏离标准理论,向现实世界靠近一些的话,我们就能得出政府干预政策的依据[②]"。

布兰德、克鲁格曼等人指出,"积极的贸易政策"可以比自由贸易更能使一国受益并使其竞争对手承担损失。在不完全竞争市场上,如果某个部门存在大量的租,那么,从理论上讲,可以通过贸易政策使本国获得更多的租。办法就是通过保护或补贴政策,阻挡外国厂商的进入,减少竞争,从而增加本国租的份额,提高国民收入;通过政策使国家获得更多的"外部经济"。比如扶持高新技术产业的发展,从而为社会其他部门的劳动和资本带来更多的收益。当然,在实施保护贸易政策中,还有许多问题需要实证支持:本国实行扶持政策是否会提高国民收入?外国实施的贸易政策对本国造成了产业的此消彼长变化,会不会降低本国的国民收入?进一步说,经济中是否存在劳动和资本能直接获得比它们在其他地方更高的报酬?或者,对经济的其他部门带来特殊利益的"战略性"活动呢?

应当说,战略贸易政策模型和接踵而至的辩论扩展了国际贸易实证理论的范畴,这些研究修改了贸易理论的制度内涵,对贸易政策的政治经济学和相关的产业政策产生了永久的影响。贸易理论的改造,与公共选择理论结合,开辟了经济学家与政治学家之间的对话,双方都发现了广泛的共同基础。战略贸易政策理论对美国 20 世纪 90 年代的贸易政策具有

---

① [美]保罗·克鲁格曼. 战略性贸易政策与新国际经济学. 海闻等译,北京:中国人民大学出版社,2000:17.

② [美]保罗·克鲁格曼. 战略性贸易政策与新国际经济学. 海闻等译. 北京:中国人民大学出版社,2000:32.

重大影响力，同时，也影响了欧洲联盟条约的内容(第 130 条款及 130f 条款中的产业政策内容)[①]。

总之，一定的贸易理论是一定的贸易政策产生的基础，相应来说，一定的理论在很大程度上是特定的贸易政策和贸易实践的反映和总结。国际贸易理论发展的历史就是一部理论和政策、理论和实践相结合的历史。

1.2.3 学习国际贸易学的意义与方法

1. 学习国际贸易学的意义

学习国际贸易学是自身对未来生存条件、实现个人价值、服务社会的一种投资和建设。作为一个劳动者，在世界广阔的舞台上追求自身收益最大化，大概是每一位学子的心愿。进入世界市场的方式可以采取商品贸易，可以采取知识服务，也可以采取要素流动。无论哪种方式，需要我们了解国际贸易学的基本理论和政策，因为它可以帮助我们回答这些方式发生的条件和利益所在。如果你即将成为一名商业人士，当你置身于经济全球化之中，了解各国对外贸易所依据的理论和政策背景，懂得各国企业经营战略或者贸易战略，有助于制定正确的企业战略，有助于打好开展国际合作的基础。如果你即将成为一名政府官员，了解国际经济的发展趋势，掌握贸易政策制定的理论依据和科学方法，有助于制定当地或者国家经济发展战略，有助于管理好自己所在的部门和国家。如果你是一位非专业人士，学习国际贸易学，有助于拓展兴趣、完善自己的知识体系，更有助于训练你自己分析问题、解决问题能力。

2. 学习国际贸易学的方法

国内外许多著名学者都曾说过，国际贸易的专业性很强，不是一门容易学好的课程，需要我们具有多方面的知识准备和掌握科学的方法论。

(1) 经济学知识储备。国际贸易理论是国际经济学中非常重要的一个部分，其基础是微观经济学。因此，有人将国际贸易学称为开放条件下的微观经济学或国际微观经济学。由于国际贸易至少涉及两个国家或地区的两种产品交流问题，因此贸易问题的讨论比微观经济学要复杂得多。同时，贸易政策理论分析中还涉及福利经济学的知识和政治经济分析方法，需要我们打好这些知识基础。

(2) 工具的掌握。为了能够让读者直观地了解国际贸易学的主要结论，经济学家主要在笛卡尔坐标系上讨论两个国家两种产品的国际贸易问题，如果超过两个国家和两种产品，则需要借助代数方法，这就要求我们学会理顺各变量之间的因果关系，然后描述这些关系。在国际贸易分析中，我们常常采用局部均衡和一般均衡分析方法，其主要分析工具分别为供给曲线和需求曲线、生产可能性曲线和社会无差异曲线。例如，为了说明本国能够出口什么和需要进口什么，必须首先研究本国的生产能力，故生产可能性曲线就成为有力的工具。类似地，经济学中的其他工具常常被经济学家引入国际贸易学研究中，需要我们很好地掌握。

---

① [美]大卫·格林纳韦. 国际贸易前言问题. 冯雷，译. 北京：中国税务出版社，2000：125-128.

(3) 正确的方法论。首先要有历史唯物主义的方法论。要学会从当时的历史条件看待过去的理论，<u>历史虚无主义</u>是不可取的。同时，要学会"自省"，即站在特定的角度，如站在别人的角度去理解其提出的观点，这样有助于吸收各种理论的合理内核。当然，理论联系实际是格外重要的。没有对实际的理解，很难真正理解理论本身。

【参考图文】

学习导论课的几个环节

导论课要把握好"问题—框架—方法—解释—再提问"五个环节，逐一展开讲解，引导学生进入本课程的体系。

(1) 所谓问题，就是有意识地提出本课程要回答的若干基本问题，引起学生的兴趣，让学生尽可能去"遐想""猜想""推演"。

(2) 所谓框架，就是要交代这些基本问题所安排的内容体系。通常"国际贸易学"讲授的内容包括贸易理论、贸易政策、贸易体系三个模块。贸易理论部分着重回答贸易的基础(动因)和模式、贸易利益分配(结果)问题，同时要回答要素流动对贸易模式和利益的影响。本部分应注意调整内容的布局，尽可能克服一些教材注重理论流派(研究生阶段需要加强)介绍而忽视基本问题的分类回答的缺陷。贸易理论可以高度概括为"原因+结果"，即"基础+利益"：克鲁格曼在《国际经济学》中概括贸易为"贸易模式+贸易利益"；马歇尔在1879年《对外贸易与国内价值的纯理论》一文中概括为贸易的"动因+贸易条件+贸易利得与分配"。由此我们可以将基本理论问题概括为"动因+贸易的结构(模式)+贸易利益的来源与分配"。贸易政策部分，应着重回答贸易政策存在的原因与结果。教材不可能花费大篇幅讲解，有必要在课堂上补充一些基本理论和热点问题，以便与研究生阶段的学习内容相衔接。贸易体系问题主要指的是国际贸易中的地区和多边问题。如何从理论上回答区域一体化和多边贸易组织存在的必然性和必要性以及两者之间的关系，是许多教材的缺陷，教师应采取适当的形式补充到位，给出人们关心而又不易从别的教科书上获取的基本理论问题及其答案。如果给非国际贸易专业的学生开设国际贸易课程，还可视课时适当补充企业微观贸易活动的运作实务内容，力求简明扼要地勾勒出贸易流程，介绍贸易合同的要项，并注意吸收最新国际贸易惯例。

(3) 所谓方法，主要指回答这些问题时经济学家采用了什么方法。导论课有必要先交代一下，学生在随后的学习过程中慢慢体会采用这些方法的道理。如主流理论采用抽象法，将世界抽象为两个国家，将产业部门抽象为两个。这里要注意贸易"纯理论"的概念。马歇尔在1879年的《对外贸易与国内价值的纯理论》中称古典国际贸易理论为"纯理论"，其特点是研究国际贸易中的"真实因素"(Real Factors)而不是货币因素。在目前的国际经济学中，纯理论已经扩大到包括整个新古典的贸易理论在内。根据目前的定义，国际贸易纯理论是透过"货币的面纱"，有关研究那些决定国际分工和国际贸易并增加世界福利的真实因素的长期理论。这些真实因素主要包括资源的可得性及其质量、生产技术和爱好等，而抽象掉像汇率变动、通货膨胀和国际资本流动等货币因素对贸易的影响。纯理论是一个长期理论，因为它是充分就业的前提下的长期均衡理论[①]。简单地可以认为，纯理论就是剔除物价变动因素和汇率因素，只研究物物交换的一般贸易原理。包括贸易的动因、贸易条件和贸易利得及分配。实际上，后来的学者基本上围绕着上述问题进行深化研究，

---

① 罗志如，范家骧，厉以宁，等. 当代西方经济学说(下册). 北京：北京大学出版社，1989：662.

并形成国际贸易学理论部分的核心内容。我们应该强调 2×2(国家，产品)方法的意义(两个国家的假设意义，在一般意义上解释贸易产生的机理)，然后拓展到 2×2×2(国家、产品、要素)和 N×M×J(国家、产品、要素)。

国际贸易理论是国际经济学中非常重要的一个部分，其基础是微观经济学，是开放条件下的微观经济学。在国际贸易分析中，我们常常采用局部均衡和一般均衡分析方法，局部均衡的主要分析工具分别为供给曲线和需求曲线，加上生产者剩余和消费者剩余的方法；一般均衡的分析方法为生产可能性曲线和社会无差异曲线以及相对价格线(也称作等价值线、消费可能线、预算约束线等)。比如，为了说明本国能够出口什么和需要进口什么，必须首先研究本国的生产能力，故生产可能性曲线就成为有力的工具。类似地，经济学中的其他工具常常被经济学家引入国际贸易学研究中，这都需要我们很好地掌握。

国际贸易学兼有实证和规范的特点，因而在研究和学习的过程中，应该分清哪些内容属于实证的范畴，哪些内容属于规范的部分。在实证研究中，进行什么样的假定？使用什么样的概念和定义？建立什么模型？在规范研究中，价值标准是什么？具体的政策建议又是什么？做到这一点，无疑可以对国际贸易学的理解更深一个层次。

在交代了经济学家的研究方法后，还需要提醒学生学习本课程的方法论。首先要有历史唯物主义的方法论。要学会从当时的历史条件看待过去的理论，历史虚无主义是不可取的。同时，要学会"自省"，即站在特定的角度，站在别人的角度去理解别人提出的观点，这样有助于吸收各种理论的合理内核。当然，理论联系实际是格外重要的。没有对实际的理解，很难真正理解理论本身。

这里特别要强调的是，要注意国际贸易学发展过程的历史与逻辑的一致性。无论是一个国家(或地区)的经济活动还是国际经济活动，其规模、内容、形式都有一个从小到大，从简单到复杂，从比较单一到多样化的发展过程。这种过程，便是国民经济发展史和国际经济发展史。作为对一般经济活动和国际经济活动进行理论阐释与概括的一般经济理论和国际经济学理论，也有一个发展的过程。从开始比较简单、粗糙和零碎，发展到后来的复杂、精密和体系化。这便是经济学说史和国际经济学说史。目前流行的国际贸易理论，都有其历史渊源，都是对过去理论修正和发展的产物，或多或少地留有过去理论的痕迹。然而，国际贸易学毕竟不是国际经济学说史。它并不是通篇都按照严格的历史顺序去介绍国际经济学理论，而主要依循分析框架中内在逻辑的要求，将各种理论置于视野中。这样，就不可避免地会在阐述中出现历史与逻辑不一致的问题。这当然不是历史发生了什么误会或逻辑出了什么问题，而完全是为了建立国际贸易学分析框架的需要使然。碰到类似情形，需要我们对所接触到的理论，不但要有逻辑的认识还要有历史的认识。例如该理论出现的历史背景，与其他理论的关系，判明该理论在国际贸易学乃至经济学发展史上的地位，更为深刻地去理解该理论的功能及其局限性。

(4) 所谓解释，在导论课当中需要简单地提示一下本课程的主要结论，形成本课程的基本知识框架，再在以后课堂讲授中详细展开论述。就本课程而言，可以提醒甚至反复念叨国际贸易的几个重要定理，几个著名模型对贸易原因与利益分配问题的解释。学习到一定阶段，才可以用图表的形式予以归纳，也可以将本节表1-2的内容进行扩展。

(5) 所谓再提问，是为了巩固、深化、升华和拓展。提出问题是为了提高认识水平和研究能力，可以在每堂课后、每章节后、单元后和总复习中进行。问题的设计很重要，既要注意一般性与特殊性的结合，还要注意训练历史与逻辑相统一的能力。当然，导论课只需要交代一下将来要做的这个环节即可，让学生有心理准备，真正的再提问环节在每章、单元、总复习中实施，达到不断升华和拓展之功效。

资料来源：朱廷珺：《讲授〈国际贸易学〉需要把握好的几个问题》；载于傅德印主编：《加强教学研究，提高教学质量》，甘肃人民出版社，2008年第1版，第140～153页。

3. 从事国际贸易活动需要的素质

国际贸易活动是在空间非常广阔的世界市场上进行，进出口过程中时刻存在着远远高于国内贸易的自然、政治、价格、信用、汇兑、运输诸方面的风险，同时，由于贸易结算涉及不确定因素多、各国海关制度纷杂、运输手续繁多、商业习惯多样性等，因此国际贸易远比国内贸易复杂。

所以，开展国际贸易需要具备的条件是非常多的。从外销员个人素质角度看，要具备完备的专业知识，包括外语①、法律、营销、金融、保险、财务、商品、运输等知识。从企业经营的角度来讲，建立良好的商业信誉，掌握准确的商业情报，拥有雄厚的资金来源，建立完善的组织机构，尊重各国的风俗习惯，抵御风险和应变能力等，都是从事国际贸易活动不可或缺的素质和条件。

1.3 国际贸易的基本概念

本节主要介绍贸易分类、贸易规模、贸易结构、贸易条件、贸易依存度等几个基本概念。

1.3.1 贸易分类

1. 按从事贸易的角度分为对外贸易和国际贸易

对外贸易(Foreign Trade)是指一个国家或地区同其他国家或地区进行商品和劳务的交换活动，一些岛国如英国、日本等也常用"海外贸易"(Oversea Trade)这一概念。包括货物与服务的对外贸易称其为广义对外贸易，不包括服务在内则称为狭义对外贸易。

国际贸易(International Trade)是指国家之间商品和劳务(Goods and Services)的交换活动，是世界各国之间国际分工的表现形式，它反映了世界各国在经济上的相互联系。从国际(世界)范围内来看，这种商品交换活动，即国际贸易，是由各国的对外贸易构成的。

2. 按商品流向分为出口贸易、进口贸易和过境贸易

出口贸易又称输出贸易(Export Trade)，是指本国生产或加工的商品输往国外市场销售。从国外输入的商品，未在本国消费，又未经本国加工而再次输出国外，称为复出口或再输出贸易(Re-Export Trade)。

进口贸易又称输入贸易(Import Trade)，是指将外国商品输入本国市场销售。输往国外的商品未经消费和加工又输入本国，称为复进口或再输入贸易(Re-Import Trade)。

过境贸易(Transit Trade)是指某种商品从甲国经乙国输往丙国销售，该商品的输入和输出对乙国而言即为过境贸易。这种贸易对乙国来说，既不是进口，也不是出口，仅仅是商品过境而已。过境贸易并没有商品买卖行为，货物在过境国不进行任何加工和改变。过境贸易分为直接过境贸易和间接过境贸易两种类型：直接过境贸易是指凡外国商品到达国境

---

① 欧盟委员会公布的一份调查结果显示，欧盟中小企业约有10%因外语障碍痛失商机(见《国际商报》2007年2月28日第8版)。

后,并不存放在海关仓库,而是在海关的监管下通过国内交通线在国境内另外地点再次输出国外,包括在本国港口不卸货由原船运往国外、由一艘船转装到另一艘船、由一列火车转装到另一列火车等形式。间接过境贸易是指外国商品运到本国国境后,先存放在海关仓库,但并未加工就从仓库提出再次运出国境。间接过境贸易发生可能性也比较大,主要因为商品运出后未成交;商品需要重新包装;货主不愿立即卖出而存放在仓库等。

3. 按贸易参加者情况分为直接贸易、间接贸易和转口贸易

直接贸易(Direct Trade)是指货物生产国将货物直接出口到消费国,消费国直接进口生产国的货物时两国之间发生的贸易,即由进出口两国直接完成的贸易。

间接贸易(Indirect Trade)是指商品生产国不直接向消费国出口,商品消费国也不直接从生产国进口,而经由第三国商人来完成贸易,这种形式的国际贸易称为间接贸易。

转口贸易(Entrepot Trade)是指商品生产国和消费国通过第三国进行的贸易,对第三国而言就是转口贸易。在转口贸易中,商品在第三国可以进行简单的加工,如重新包装、简单装配等业务活动。这时的第三国虽是出口国,却不是生产国,虽是进口国但不是消费国。转口贸易又可分为两种:一为直接转口贸易,商品从生产国直接运往消费国,但转口商人参与商品的交易过程,分别与生产国的出口商和消费国的进口商订立买、卖合同;一为间接转口贸易,商品由生产国输入转口国,再由转口国商人负责向消费国输出。从事这种贸易的大多数国家或地区是因为地理位置优越、运输便利、贸易限制较少,如伦敦、鹿特丹、中国香港、新加坡。

4. 按统计标准分为总贸易体系和专门贸易体系

总贸易体系(General Trade)又称一般贸易体系,是以货物通过国境作为统计对外贸易的标准。凡是进入本国国境的货物一律记为进口,称为"总进口"(General Import);凡是离开本国国境的货物一律计为出口,称为"总出口"(General Export),两者之和为总贸易额。

专门贸易体系(Special Trade)又称特殊贸易体系,以关境作为统计对外贸易的标准。关境是指一国海关法规全部生效的领域。所以关境与国境可能存在不一致,如保税区和自由贸易区的存在使国境要大于关境,而几个国家结成关税同盟,对外统一征收关税,内部则自由贸易互免关税,此时关境要大于国境。

1.3.2 贸易规模

通常用对外贸易额表示贸易规模。一定时期内(通常为一年)一国从国外进口商品的全部价值,称为进口贸易总额或进口总额。一定时期内一国向国外出口商品的全部价值称为出口贸易总额或出口总额,两者相加即为对外贸易额。

从世界范围看,由于一国的出口就是另一国的进口,为不重复计算,通常用世界各国的出口总额之和表示国际贸易额。

为避免价格等因素影响贸易规模的真实性,通常还用对外贸易量(即以不变价格计算的反映贸易规模的指标)表示贸易规模。

计算公式为

$$出口贸易量=出口额÷出口价格指数$$

第1章 导　论

$$进口贸易量=进口额÷进口价格指数$$

进口额、出口额和进出口额都是用来观察一个国家对外贸易总规模的指标，反映进出一国国境的货物总金额。出口总额与进口总额之差叫净出口，它从总体上反映一国的外贸余额。当出口总额大于进口总额，差额是正数则称为顺差，反之称为逆差。货物净出口和服务净出口是国内生产总值的组成部分之一。进出口规模受国内外供求、国际收支水平、汇率水平、贸易壁垒等多种因素影响。

我国目前的进出口统计范围包括对外贸易进出口货物，来料加工进出口货物，国家间、联合国及国际组织无偿援助物资和赠送品，华侨、港澳台同胞和外籍华人捐赠品，租赁期满归承租人所有的租赁货物，进料加工进出口货物，边境地方贸易及边境地区小额贸易进出口货物(边民互市贸易除外)，中外合资、合作外商独资企业进出口货物和公用物品，到、离岸价格在规定限额以上的进出口货样和广告品(无商业价值、无使用价值和免费提供出口的除外)，从保税仓库提取在中国境内销售的进口货物以及其他进出口货物。其中，出口货物按离岸价格统计，进口货物按到岸价格统计。

【参考图文】

1.3.3　贸易结构

对外贸易结构是指构成对外贸易活动的要素之间的比例关系及其相互联系，包括贸易活动主体之间、客体之间以及主体和客体之间的比例关系，主要表现为贸易商品结构、贸易方式结构、贸易模式结构和贸易地区结构等。贸易结构反映了该国或地区的比较成本优势、资源优势与规模优势。贸易结构具有层次性、区域性和动态性等特征。

1. 贸易商品结构

贸易商品结构是指一定时期内(通常为一年)各类商品进出口贸易在一国进出口贸易中的构成或地位，通过计算各类商品的进出口贸易额在一国对外贸易额中所占的比重来表示。它反映该国的经济发展水平、产业结构状况以及资源禀赋状况。通常政府文件所说的贸易结构即指贸易商品结构。

从理论上可以将贸易商品分为有形商品和无形商品，相应来说，贸易也可分为有形商品贸易和无形商品贸易。我们把实物商品的进出口称为有形贸易(Visible Trade)或有形商品贸易(Tangible Goods Trade)，或简称货物贸易(Goods Trade)。

货物贸易的整体结构是指初级产品与制成品在货物贸易出口与进口中所占的地位，通常以其所占比重表示，用以表示产业结构的变化和经济发展水平。联合国《国际贸易标准分类》(Standard International Trade Classification，SITC)将进出口商品分为10大类，其中，第0～第4类为初级产品，第5～第8类主要为工业制成品，第9类为未分类。初级产品(Primary Product)是指食品和主要供食用的活动物、饮料及烟草、非食用原料、矿物燃料、润滑油及有关原料，以及动植物油脂等产品。工业制成品(Industrial Finished Products)是指化学品及有关产品、各种原料制成品、机械及运输设备、杂项制成品以及没有分类的其他产品。

【参考图文】

无形贸易(Invisible Trade)，指一切不具备物质自然属性的商品(无形商品)的国际交换活动，包括运输、保险、金融、旅游、技术转让等劳务的提供与接受以及其他非实物形态的进出口。有形商品的进出口须经过海关手续，从而表现在海关的贸易统计上，是国际收支的主要构成部分；无形贸易虽然也构成国际收支的一部分，但因不经过海关手续，通常不显示在海关的贸易统计上，而显示在一国的国际收支平衡表上。

站在全球角度看，国际贸易商品结构(Composition of International Trade)是指一定时期内各类商品在整个国际贸易中的构成，用各类商品的贸易额在整个世界出口贸易额中所占的比重来表示。

2. 贸易方式结构

贸易方式结构是指各种贸易方式在一国贸易方式中所占的比重(地位)及其相互联系。贸易方式即交易的具体做法，如一般贸易、加工贸易、易货贸易、补偿贸易等。

传统意义上的一般贸易指的是单纯或绝大部分使用本国资源和材料进行生产和出口的贸易方式。通常主要指一国境内企业单边进口或单边出口货物的交易形式，但投资设备、捐赠等除外。

加工贸易是指国内企业从境外进口全部或部分原辅材料、零部件、元器件、配套件、包装物料等，经加工或装配后，将成品或半成品复出口的交易形式。该项业务主要包括来料加工和进料加工两种贸易方式。

加工贸易与一般贸易在货物来源、企业收益、税收等方面存在区别：一般贸易货物主要来自本国的要素资源，而加工贸易货物主要来自国外的要素资源；从事一般贸易的企业获得的收益主要来自生产成本或收购成本与国际市场价格之间的差价，而从事加工贸易的企业实质上只收取了加工费；一般贸易的进口要缴纳进口环节税，出口时在征收增值税后退还部分税收，加工贸易进口料件不征收进口环节税，而实行海关监管保税，出口时也不征收增值税。

3. 贸易地区结构

贸易地区结构也可称贸易地理结构、地区分布和空间结构，它包括外部区域结构和内部区域结构。外部区域结构即为国别结构，也称贸易地理方向或贸易国别分布，是指一定时期内各国、各地区、各国家集团在一国对外贸易中所占的地位，通常用它们对该国的进出口额占该国进出口总额的比重来表示。该指标指明一国出口商品的去向和进口商品的来源，从而反映该国的贸易伙伴。贸易内部区域结构是从国内经济的地理分布角度观察进出口贸易分布情况。如中国的东、中、西地区或者各省、自治区、直辖市在中国贸易总额中所占的比重。

4. 贸易模式结构

贸易模式结构是指以某种分工形式为基础所进行的对外贸易活动。一般可分为产业间贸易和产业内贸易两种，前者是以对外垂直分工为基础，即基于比较优势或要素禀赋差别所进行的贸易；后者是以对外水平分工为基础，即基于产品差别和规模经济所形成的贸易。贸易模式结构是指产业间贸易和产业内贸易在一国对外贸易模式中所占的比重及其相互间的关联。

综上所述，贸易商品结构反映一个经济地区与其他经济地区进行地区分工的比较优势产品是什么，它与贸易方式结构、模式结构一起体现该经济地区在国际分工中的地位。对外贸易区域结构表明一个贸易主体作为一个经济地区与其他经济地区的联系性，实质上反映了该经济地区在世界劳动地区分工格局中与哪些国家或地区进行了地区分工。

影响贸易结构演变的因素主要有交通、通信、区位条件、地缘政治、参与国际分工的形式以及经济地区的层次和类型等。

1.3.4 贸易条件

1. 价格贸易条件

价格贸易条件(Price Terms of Trade)也称为国际相对价格、商品贸易条件(Commodity Terms of Trade)或纯物物交换的贸易条件(Net Barter Terms of Trade)，通常简称为贸易条件(Terms of Trade，TOT)。

一个国家的贸易条件被定义为该国出口商品价格与进口商品价格之比，其经济含义为每出口1单位本国商品所交换到的外国商品的数量。

在计算一国的贸易条件时，因为出口商品的种类众多，不存在单一的出口商品价格或进口商品价格，可以通过价格指数来计算贸易条件。用 P_X 表示出口商品价格指数，P_M 表示进口商品价格指数，价格指数是许多商品价格的加权平均数。如果有 n 种出口商品，m 种进口商品，用 x_i 表示第 i 种出口品在总出口中所占的比重，m_j 表示第 j 种进口品在总进口中所占的比重。价格贸易条件的公式可以表示如下：

$$NBTT = P_X / P_M$$

$$P_X = \sum_{i=1}^{n} P_i \cdot x_i$$

$$P_M = \sum_{j=1}^{m} P_j \cdot m_j$$

价格贸易条件的变化趋势通常用来反映一个国家贸易利益的动态变化。如果某个国家贸易条件改善了，表明该国每出口1单位本国商品能够换回更多的外国商品；如果贸易条件恶化了，表明该国每出口1单位本国产品能够换得的外国商品变少了。

2. 收入贸易条件

价格贸易条件表示的是单位出口商品所能换得的进口商品的数量。有人认为价格贸易条件并不能准确反映一国贸易利益的总量变化。如果进口商品价格 P_M 不变，一国出口产品价格 P_X 下降了，该国的价格贸易条件 P_X/P_M 就会恶化。如果本国出口商品是富有价格弹性的，出口品价格的下降会大大增加本国产品的出口量，结果可能使得本国的出口总收入提高。如果出口总收入提高了，一国所能买到的进口品的总量也会增加，在这种情况下我们不能简单地认为贸易条件恶化是一件坏事。这就发展出了收入贸易条件(Income Terms of Trade，ITT)的概念。

收入贸易条件表示的是一国的出口总收入所能买到的进口商品的总量。用 X 表示该国的出口数量(指数)，收入贸易条件的公式为

$$ITT = (P_X / P_M) \cdot X = (P_X \cdot X) / P_M$$

1.3.5 贸易依存度

对外贸易依存度又称对外贸易系数。以一国对外贸易额同该国 GNP(Gross National Product，国民生产总值)或 GDP(Gross Domestic Product，国内生产总值)的比率来表示，用以反映一国经济发展对对外贸易的依赖程度。通常以一国出口额同该国 GNP 或 GDP 的比率表示出口系数，以一国进口额同该国 GNP 或 GDP 的比率来表示进口系数，对外贸易依存度一般通过进口系数和出口系数来反映，也可以用一国对外贸易总额与该国 GNP 或 GDP 计算出来的比率直接反映。

一般来说，一国对外贸易依存度直接受经济发展水平及自然资源拥有状况、对外经济政策、国内市场容量等因素的影响。

本 章 小 结

"地理大发现"对欧洲经济以及世界贸易发展具有重要的影响。一方面，使欧洲的经济发生了巨大的变化，出现了商业革命。另一方面，引发了长达两个世纪的殖民扩张和殖民贸易，推动了洲与洲之间的贸易。工业革命大大提高了劳动生产率，促进了交通的发展，彻底改变了各国和世界的自然经济结构，使国际分工和国际贸易成为人类经济活动中的必要组成部分。国际贸易的基础已不仅仅是各国的天然资源，决定贸易模式的因素越来越偏向技术。

古代中国的对外贸易促进了中国与世界经济的交流，对人类生产发展和文明进步作出了重大贡献。明朝中后期至清朝实行闭关政策，对外贸易开始进入萧条时期。朝贡贸易体系的政治动机大于经济目的，奢侈消费的需求大于对商业利润的追求。19 世纪末 20 世纪初，中国的大门被西方列强彻底打开，中国的对外贸易成为西方资本主义世界市场的一个组成部分。

中华人民共和国成立以来，我国对外经济贸易经历了两次巨大的历史性变化。一是中华人民共和国成立后，确立了社会主义独立自主的对外经济贸易，结束了不平等、受剥削的对外经济贸易历史；二是改革开放以来，对外经济贸易作为对外开放基本国策的重要内容，取得了举世瞩目的巨大成就。

共建"一带一路"倡议顺应了世界多极化、经济全球化、文化多样化、社会信息化的潮流，秉持开放的区域合作精神，致力于维护全球自由贸易体系和开放型世界经济。十八届三中全会强调的构建开放型经济新体制，既是对中国 35 年开放型经济探索经验的继承与发展，也是改革开放在制度层面的具体化。

国际贸易学主要包括贸易纯理论和贸易政策的研究。其中，纯理论回答的基本问题是贸易模式和贸易利益，具体回答贸易产生的动因、贸易的结构、贸易的结果即利益的来源与分配；贸易政策相应回答的基本问题是贸易政策的原因与结果。

在国际贸易分析中,我们常常采用局部均衡和一般均衡分析方法,其主要分析工具分别为供给曲线和需求曲线、生产可能性曲线和社会无差异曲线。

对外贸易有不同的分类,按从事贸易的角度分为对外贸易和国际贸易,按商品流向分为出口贸易、进口贸易和过境贸易,按贸易参加者情况分为直接贸易、间接贸易和转口贸易,按统计标准分为总贸易体系和专门贸易体系。

衡量一国对外贸易规模的大小有两个指标:一是对外贸易额,它是以金额表示的一国对外贸易规模大小;二是对外贸易量,它是剔除价格变动因素后反映一国对外贸易规模数量的变化情况。

对外贸易结构是指构成对外贸易活动的要素之间的比例关系及其相互联系,包括贸易活动主体之间、客体之间以及主体和客体之间的比例关系,主要表现为贸易商品结构、贸易方式结构、贸易模式结构和贸易地区结构等。贸易结构反映了该国或地区的比较成本优势、资源优势与规模优势。贸易结构具有层次性、区域性和动态性特征。

一个国家的贸易条件的经济含义为每出口 1 单位本国商品所交换到的外国商品的数量;收入贸易条件表示的是一国的出口总收入所能买到的进口商品的总量。

对外贸易依存度用以反映一国经济发展对对外贸易的依赖程度。一国对外贸易依存度直接受经济发展水平及自然资源拥有状况、对外经济政策、国内市场容量等因素的影响。

关键术语

地理大发现、殖民贸易、奴隶贸易、互通有无、对外开放、"一带一路"、开放型经济新体制、贸易动因、贸易结果、新新贸易理论、贸易发展方式转变、贸易额、贸易量、净出口、直接贸易、间接贸易、转口贸易、过境贸易、总贸易、专门贸易、贸易结构、贸易地理方向、贸易伙伴、贸易模式、贸易条件、贸易依存度

拓展阅读

[美] 查尔斯·P. 金德尔伯格. 世界经济霸权 1500—1990. 高祖贵,译. 北京:商务印书馆.
[英] 马克·布劳格,等. 经济学方法论的新趋势. 张大宝,等译. 北京:经济科学出版社,2000.
传奇翰墨编委会. 丝绸之路:神秘古国. 北京:北京理工大学出版社,2011.
海闻,[美]P·林德特,王新奎. 国际贸易. 上海:上海人民出版社,2003.
季铸. 国际贸易导论. 北京:经济科学出版社,2007.
石广生. 中国对外经济贸易改革和发展史. 北京:人民出版社,2013.
宋则行,樊亢. 世界经济史. 北京:经济科学出版社,1993.
佟家栋,周申. 国际贸易学. 北京:高等教育出版社,2003.
许斌. 国际贸易. 北京:北京大学出版社,2009.
姚曾荫. 国际贸易概论. 北京:人民出版社,1987.
张金水. 应用国际贸易学. 北京:清华大学出版社,2002.

【参考图文】

朱廷珺，王怀民，郭界秀，等. 国际贸易前沿问题. 北京：北京大学出版社，2012.
朱廷珺. 西部地区建设"一带一路"的关键环节[J]. 中国国情国力. 2015(4).

复习思考题

1. 世界贸易发展和中国对外贸易发展过程有何差异？中国的对外贸易早于西欧国家，但为什么过去中国对外贸易的发展速度和规模都不及西欧？
2. 中华人民共和国成立后，对外贸易发展经历了怎样的变化？促进我国对外贸易发展的主要因素有哪些？
3. 什么是"一带一路"？其合作重点是什么？
4. 我国为什么要构建开放型经济新体制？其对我国对外贸易的发展有何影响？
5. 各国间为什么会发生贸易？国际贸易理论是从哪些方面加以解释的？
6. 研究贸易结构具有什么意义？
7. 根据表1-3和表1-4的数据，推算其上一年的数据，并分析中国的贸易模式结构和贸易伙伴变化，探讨这种变化的深层次原因。同时，建议同学们经常关注商务部网站和国家统计局网站发布的统计数据，跟踪中国对外贸易发展形势，并深入探讨转变外贸发展方式的重大意义和切入点。

表1-3　2014年货物进出口总额及其增长速度

指标	金额(亿元)	比上年增长(%)
货物进出口总额	264 334	2.3
货物出口额	143 912	4.9
其中：一般贸易	73 944	9.6
加工贸易	54 320	1.8
其中：机电产品	80 527	2.6
高新技术产品	40 570	-1.0
货物进口额	120 423	-0.6
其中：一般贸易	68 162	-1.0
加工贸易	32 211	4.5
其中：机电产品	52 509	0.7
高新技术产品	33 876	-2.2
进出口差额(出口减进口)	23 489	—

(资料来源：2015年2月26日国家统计局发布的《中华人民共和国2014年国民经济和社会发展统计公报》。)

表1-4　2014年对主要国家和地区货物进出口额及其增长速度

国家和地区	出口额(亿元)	比上年增长(%)	进口额(亿元)	比上年增长(%)
欧盟	22 787	8.3	15 031	9.7
美国	24 328	6.3	9 764	3.1
东盟	16 712	10.3	12 794	3.3

续表

国家和地区	出口额(亿元)	比上年增长(%)	进口额(亿元)	比上年增长(%)
日本	9 187	-1.4	10 027	-0.5
韩国	6 162	8.9	11 677	2.8
俄罗斯	3 297	7.2	2 555	3.7
印度	3 331	10.7	1 005	-4.6

(资料来源：2015年2月26日国家统计局发布的《中华人民共和国2014年国民经济和社会发展统计公报》。)

8. 美国施加巨大压力要求人民币升值，运用出口条件说明：人民币升值为什么有助于美国减少对华贸易逆差？

9. 学习方法实训：阅读下列材料，请同学们扮演不同角色尝试训练。如果是国际贸易专业的学生，随后要开设实务课程，建议大家学习时参考这种角色训练方法。此外，本书第12章中涉及多边或者双边谈判，也可可以参照这种模式训练。

国际贸易是复杂的商务活动，也是非常规范的商务活动。联合国、国际商会、各国立法机构或商业团体，对国际贸易活动制定了公约、惯例与法律、法规，使各国的商人们在进行贸易时有规可依。开设国际贸易实务及其相关课程，就是学习这些通行的贸易规则，这就好比"交规"考试，通过考试，才能上路驾车。实务课的训练，犹如驾校师傅带徒弟，需徒弟亲自扮演司机角色上车驾驶才有效果。训练的目的有二：一是增强实战能力；二是提升理论修养。这里仅以当事人的利益追求为核心展开训练。

首先把国际贸易中的当事人梳理清楚，特别要把各个当事人的利益追求和关心的问题提出来。

国际货物买卖可能涉及的当事人很多，贸易经营者(买方、卖方)、运输人、保险公司、银行、检验与公证机构、领事馆、仲裁机构或法院都各自扮演着不同的角色。其中，买方和卖方是国际贸易的主体。总的来说，买方希望尽早或及时得到所订购的货物，卖方希望在货物发运前就得到货款或发货后立即收回货款，即从贸易中获利是买卖双方的共同目的。但由于买卖双方处于交易的两端，他们所关注的侧重点是有差别的。

例如，对买方而言，下面一系列问题都是会常遇到的。如果为圣诞节准备的商品推迟到12月中旬才到达港口，错过了销售旺季怎么办？或者到货不足怎么办？此时，就可以告诉学生，买方首先关注的是到货时效和数量。接下来可能遇到的问题是，买方收到的货物品质和状况与合同不符。如果货物运到时已经毁损，因而无法使用或者销售怎么办？仅此一问，就可以提醒学生在将来的贸易实践中，留心这些可能发生的问题给自己带来的损失。更为细致的问题还有：谁来承担运费和保险费用？在什么地点卸货？支付的安全性怎么保障？一连串的问题，对扮演买方角色的同学来说，不注意思考、不用心演绎就走不出角色。

反过来，扮演卖方角色的同学，怎么训练他呢？同样，提出或者让学生思考卖方所关注的问题。首先向学生提问的第一个关注点是付款的确定性，即如何规避结算风险与费用。当卖方是商品的制造商时，他已经为出口商品的制造垫付了产品的开发、原材料、零部件、劳动力以及其他费用，所以卖方当然希望买方预付货款，或是在他发货后立即就能得到买方的偿付；但是如果卖方的货物不太畅销，或是买方只能在获得信贷后才能购买货物，而且在卖方发货后还需要一段时间比如60天对方才能付款，这中间出现风险怎么办？由谁来支付融资费用？特别是当卖方发运了货物而得不到付款怎么办？其次是交货数量以及货物状况。卖方希望他发运的货物与对方收到的相等，如果卖方发运了1 000件商品而买方却声称仅收到900件该怎么办？一定要卖方来补齐这个差额吗？卖方还希望确保货物运达时状况良好(即买方可以使用或能够转售)，如果运达的货物损坏了或者由于冷冻装置失灵而使易腐烂的货物在运输途中变质怎么办？如果买方声称他因运到的货物不能使用或再销售给他人而拒绝支付货款怎么办？第三，卖方非常关心运输费用与运输详情，特别是合同条款规定由卖方负责将货物运至买方仓库或买方国家港口的运输时，如果货物在运输途中丢失或损坏怎么办？如果货物在公海上被海盗抢走了怎么办？如果交易的货物是易腐烂的，卖方更要担心如果他在没有得到预付货款或付款担保的情形下就发货，买方知道货物如果不及时提取就会腐坏变质，便以此扣住货物作抵押，要求降低货物售价，这时又该怎么办？第四，保险问题。货物在运输途中的保险费用也是卖方关心的问题，特别是合同条款规定由卖方负责保险直至买方收到货物或到达目的港为止时。如果货物在保险公司承保责任以外出了问题怎么办？第五，货币风险。如果合同中规定的货币在合同签订日和付款日之间贬值，这将减少卖方出售商品所获得的收益。

上述买卖双方角色扮演训练后，立即让学生换位思考。既然买卖双方的利益追求存在差异，在国际贸易中，希望对方应该尽怎样的义务才能比较满意地、顺利地完成一笔交易呢？这样，学生基本上就能够自己归纳出买卖双方的主要义务了，如提交货物和单据是卖方的一项主要义务。此时教师告诉学生，具体在哪里和在什么时间交货由特定的贸易术语和合同确定。这样，学生就会很用心注意后面的内容。卖方在交付了货物以后，还要移交单据和转移货物的所有权，单证包括提单、发票、保险单、装箱单、商检证、领事签证、原产地证明等。然后，在不同的价格术语下，再进行扩展和细化教学，学生就容易掌握得多。

这种角色训练，有助于理解合同条款签订所要注意的问题。比如上述提到的单证移交，关系到双方当事人的利益，在合同中必须做出明确规定。

(资料来源：安占然：《〈国际贸易实务〉课程教学中的"角色训练"》，载于傅德印主编：《加强教学研究，提高教学质量》，甘肃人民出版社，2008年第1版，第171～174页。)

第 2 章 古典贸易理论

教学目标

本章介绍古典经济学对重商主义的批判和其对贸易问题的认识，初步回答三个基本理论问题：国际贸易产生的原因是什么？贸易模式如何决定？贸易利益如何体现？

教学要求

知识要点	能力要求	相关知识
重商主义	熟悉重商主义的历史背景，掌握其基本思想、政策做法和局限所在，并能够科学评价重商主义的历史地位	资本原始积累、贸易顺差、货币差额论、贸易差额论
绝对优势理论	熟悉绝对优势理论产生的历史背景，掌握其基本原理，能够利用它分析现实中的贸易基础、贸易模式和贸易利益	劳动生产率、劳动成本、劳动价值论、绝对优势、贸易互利性
比较优势理论	掌握比较优势的含义及其所揭示的重要原理，理解劳动生产率与出口模式之间的重要关联，能够用 RCA 指数判断一国的贸易竞争力	相对优势、相对劳动生产率、相对劳动成本、机会成本、生产可能性曲线、相对价格、社会无差异曲线
相互需求原理	掌握国际相对价格的上下限和原因，以及国际相对价格的变化如何影响贸易利益的分配	相互需求方程式

中国的比较优势与中国高铁

如同美国、德国、俄罗斯曾经在海洋时代落后于世界，中国广大的内陆地区也曾经由于交通运输效率低下，无法发挥比较优势。

20世纪90年代以来，虽然中国同欧洲之间的"亚欧大陆桥"已经没有政治和意识形态上的障碍，但是中国的很多货物除了通过东部海运之外，仍然不能直接运输到中部和欧洲南部，居然还要向北再通过俄罗斯的铁路线运输到欧洲。这样的运输条件显然无法充分发挥中国的比较优势。事实上，古老的"丝绸之路"沿途地区的自然资源非常丰富，如山西省的煤炭资源，陕西和新疆的石油，甘肃的铜、铝等有色金属。在技术方面，中国内陆地区也有独特的优势。比如西部核工业基础、重化工业技术、航空航天和军事工业技术等。还有，中西部丰富的劳动力资源也是潜在的财富要素和比较优势。所有优势的发挥，都离不开高效率的内陆运输条件。尤其是在东西方"亚欧大陆桥"打通，对欧洲贸易与日俱增，中国东南沿海加工制造业迫切需要转移的情况下，如果不把铁路修好，中国的财富创造潜力仍然难以有效发挥。

正是在这样的形势逼迫下，中国的高速铁路网已经与载人航天、探月工程等一道成为强国战略的重要组成部分。通过引进、学习、消化德、日等相关领域发达国家的先进技术，并在此基础上完成二次创新，中国的高速铁路建设在很短的时间内取得了辉煌的成绩，建立了具有自主知识产权的全球领先的技术体系，成就了世界交通运输发展史上的奇迹。高铁的"中国速度"在全球范围传为美谈，引得美国、日本等先行者以及印度等追赶者加紧制定本国的高铁规划。

2008年8月1日，我国第一条时速突破300公里的高速铁路——京津城际铁路开通运营，随后武广、京沪、京广、哈大高铁相继开通，在短短4年多的时间内，中国高铁从无到有，运营总里程即将突破1万公里，稳居世界第一。在2012年年底，我国《中长期铁路网规划》中的高铁"四纵"干线已经全部贯通，其中京哈高铁纵贯东北三省，实现了东北亚经济圈核心地带与环渤海经济圈的"无缝对接"；京广高铁贯穿环渤海经济圈、中原经济区、武汉都市圈与珠三角经济区；京沪高铁连接"环渤海"和"长三角"两大经济区；沿海高铁大动脉也已基本成型。目前中国高速铁路网络已经覆盖超过75%的直辖市、省会及计划单列市。

四通八达的高速铁路网一方面极大地方便了旅客的出行，活跃了沿线地区的人员流动，刺激了零售业、旅游业等相关消费需求；另一方面通过分担既有客货混运线路的运力压力，承接了产业梯次转移，对区域经济的发展产生了重大的拉动作用。与此同时，高铁将商务旅客的出行时间压缩了50%以上，大大提高了人力资本的使用效率，并有效抑制了高企的运输成本对全社会物价水平的影响

除了高铁之外，中国内陆的高速公路也已经遍布全国，联通覆盖大部分中小城市，极大地促进了我国内陆地区的人员和资源运输效率。

经典的国际贸易理论告诉我们：自由的贸易环境和低廉的贸易成本是比较优势充分发挥的必要前提，除了贸易政策等制度性因素的制约以外，比较优势发挥作用的一大阻碍就是货物和资源的运输费用等贸易成本。而今，高速铁路网和高速公路网的逐步建成如同为中国这一"全球制造中心"装配上了最先进的流水线，实现了中国内陆地区巨大的劳动力、土地供给潜力与海外广阔市场的无缝对接，中国经济增长的下一轮动力将由此爆发。

(资料来源：滕泰. 民富论：新供给主义百年强国路. 北京：东方出版社，2013：94-97.)

几个世纪以来，人们对政府是否应该允许国家之间展开贸易争论不休。这一争论一直

持续到今天，并且一直是在两种观点之间展开的：一种观点认为，允许自由贸易对各个国家和整个世界来说都是有利的；另一种观点则认为，国际贸易至少会使某些人的境况变得更差，应当实行贸易保护。这两种观点在一定程度上都有其正确的一面。主流贸易理论主张自由贸易，但贸易保护行为也一直存在于各国的政策实践中。

　　国际贸易会极大地影响一国人民的生产和生活状况。我们可以想象一个国家根本不与其他国家开展贸易往来的情况，我们说这样的国家处于"封闭条件"下。想象一个这样的国家很容易，但真要生活在一个这样的国家中却十分困难。美国是当今世界上唯一的超级大国，技术最发达且幅员辽阔，资源和物产十分丰富。但如果没有贸易，作为能源消费大国的美国将得不到足够的石油和其他能源，石油价格将更加昂贵，能源消耗必将减少。美国本土生产石油和其他能源的厂商将会很高兴，在这些行业中就业的人也会很高兴；但汽车的消费者和在汽车行业中就业的人，以及靠能源取暖过冬的人却会很不高兴。如果美国不能从其他国家进口服装等其不占优势的产品，美国消费者将承担更高的生活成本，其能够消费的商品数量和种类将大为减少；从出口方面讲，波音公司只能在美国销售飞机，美国农民只能在美国销售农产品。在上述各种情况下，贸易的开放或限制都将会使一部分人获益，另一部分人受损。具体到每个人，更多贸易还是更少贸易之间的差别将会影响到他的就业、报酬和生活成本。因此，人们总是对限制还是鼓励贸易争论不休就不足为奇了。

　　国际贸易理论主要研究各国为什么要参与国际贸易，参与国之间如何分工以及各国参与国际贸易的结果如何等。

　　在本书部分章节中，我们将通过对两种情况进行比较来考察国际贸易如何产生和运作，以及将产生什么样的影响：一种情况是政府不允许进行贸易，在生产和消费上实行"自给自足"，我们说这样的国家处于"封闭条件"；第二种情况是政府对贸易不加任何干预和限制，实行自由贸易政策，我们说这样的国家处于"开放条件"。当然，以上两种情况都是为了方便理论分析而作出的简化或假设。完全的"闭关锁国"和完全的自由贸易在当今现实世界中都是不存在的。学习完本书理论部分后，我们就能够回答以下 4 个贸易领域的关键问题。

　　(1) 国家之间为什么要进行贸易，即贸易为什么能够在国家之间产生？也就是贸易产生的原因、基础或动因是什么？一国应该进口什么？出口什么？贸易模式如何确定？

　　(2) 贸易会如何影响一国在具体产品上的生产和消费？进口或出口一种产品能否给一国带来净利益？即用局部均衡分析贸易的影响或利益。

　　(3) 贸易会如何影响一国的总体福利状况？一国从贸易中受益或受损的判断是从何种意义上做出的？这是对贸易利益的一般均衡分析。

　　(4) 贸易如何影响经济福利或收入在国内不同集团之间的分配？哪些集团将从贸易中获利，哪些集团从贸易中受损？

2.1　古典经济学对重商主义的批评

　　首先，必须说明的是重商主义并不属于古典经济学。由于古典经济学是在对重商主义进行批判的过程中产生的，而且重商主义作为最早的资产阶级经济学说和对外贸易学说，曾一度产生过重要影响。因此，在学习古典贸易理论之前，我们必须先要了解重商主义。

重商主义(Mercantilism)又称为重商制度(Mercantile System)、商业制度(Commercial System)，体现了16～18世纪前半期这一历史时期社会经济思想的主流。它大约产生于15世纪末期，盛行于16～17世纪，18世纪下半期因工业革命的发生而逐渐消沉。重商主义的经济思想主要是通过一些政治家、巨商大贾、律师、牧师和哲学家们在从事商业、工业和行政工作的过程中提出来的，因时间、地点不同，观点也不尽一致，我们称其为重商主义学说。重商主义中的"商"是指对外经商，故重商主义学说实质上是重商主义对外贸易学说，它是对资本主义生产方式准备时期的最初理论考察。

2.1.1 产生背景

资本原始积累的典型形式发生于英国，它始于15世纪末16世纪初，完成于18世纪下半期。所有西欧国家都经历过资本原始积累过程，这一过程虽然各有特点，但都是充满了征服、压迫、掠夺和屠杀等暴力行径的历史过程。西欧重商主义产生的原因是多方面的，政治、经济和文化等方面的巨大的变化均为它的出现提供了客观基础。

1. 经济条件

(1) 商业资本①成为社会资本的支配形态。15世纪末，西欧封建自然经济的生产方式的衰落加快，资本主义商品经济的生产方式迅速成长，西欧各国陆续进入资本积累时期。商品货币关系的发展，使城市手工业进一步扩展，促进了手工业生产和农业生产的增长，推动了工业与农业、城市与乡村的社会分工，加强了一国内不同地区间的经济联系，逐步形成了统一的国内市场。社会的经济结构由中世纪的封建社会向商业社会蜕变，自给自足的"庄园"经济转向为以交换为主的城市经济。商人在手工业的发展、城市与乡村间的交换、以及国内市场形成过程中城市与城市之间的经济联系中起着重要的中介作用，商人的地位也因经济结构的改变受到社会的重视，商业资本成为社会资本的支配形态。很多商人成为社会上很得势的人，贵族、教士和社会各界人士都愿意与他们结交，把他们看作是社交活动中的绅士。

(2) 地理大发现引起了商业革命。地理大发现对整个人类历史的进程产生了巨大影响，引起了"商业革命"②，从而使西欧率先过渡到资本主义时代，并在世界历史舞台上扮演重要角色。随着美洲的发现和麦哲伦的环球航行，以意大利城市为中心的地中海贸易转向南美洲、亚洲和非洲，开辟了新的世界市场。新航路的开辟，带来了海外殖民扩张和商业市场的扩大，欧洲与亚洲、非洲、美洲之间建立了直接的商业联系，使局限在各自狭隘范围内的区域贸易扩展为世界贸易，并最终形成了以

---

① 商业资本是专门从事商品买卖，独立发挥资本职能，以获取商业利润为目的的一种资本形式。
② "商业革命"的主要内容是：世界市场的形成，商品种类和商品流通量的增加，商路和商业中心的转移以及商业经营方式的发展。

西欧为中心的世界贸易网，从而为新兴资产阶级开辟了更广阔的活动舞台。在欧洲市场上汇集了来自各大洲的商品，如美洲的烟草、可可，非洲的咖啡、象牙，亚洲的香料、茶叶、丝绸。商品不仅种类繁多，而且流通量剧增。意大利的威尼斯、热那亚等商业城市逐渐衰落，代之而起的是大西洋沿岸的里斯本、塞维利亚、安特卫普和伦敦。主要商路和国际贸易中心从地中海沿岸转移到大西洋欧洲沿岸。此外，商业经营方式发生了变化，股份公司、证券交易所、银行信贷业、保险业等相继兴起，使已经萌芽的资本主义得以迅速发展。马克思认为，由于地理上的发现而在商业上发生的并迅速促进了商人资本发展的大革命转向南美洲、亚洲和非洲，开辟了新的世界市场。世界市场的扩大，给商业、航海业和工业的发展以前所未有的刺激。商业和商业资本的发展使社会分工更加扩大，进一步促使商品需求的增长，加速了商品生产的扩展，从而推动了对外贸易的迅速发展。对外贸易发展使得西欧各国积累了大量货币资本，进一步推动商业资本的发展和壮大，极大地促进了新的资本主义生产方式的产生。在资本主义生产关系成长的过程中，商业支配着产业，流通支配着生产，商业资本的力量远远超过了产业资本，这就决定了资产阶级最初的经济学说必然是一种代表商业资本利益的、以流通过程为中心的理论。

2. 政治条件

(1) 中央集权国家的兴起。当时西欧国家处于封建王权和封建领主割据统治下，每个国家又都分成众多邦国，它们各自为政，不服从中央政府的号令。在这种封建割据的条件下，封建领主们为了敛财往往在各自的领地边境设置贸易壁垒，任意征收货物的入境税、交易税，不仅增加了商业活动的成本，也给贸易活动带来种种不便，严重地妨碍了商业资本的发展。为了扫除封建割据对商品生产和交换的限制，新兴的城市资产阶级要求建立一个中央集权的国家来消除这些封建壁垒，使国内市场能适应商品经济的发展。与此同时，封建国王也需要削弱封建领主的力量来加强自己的权力。八次十字军的东征使诸侯及骑士伤亡惨重，导致中世纪联邦的衰落，国王权力因而大增，取得了地方的征税权，强而有力的君主改变了昔日领主的地位，国王的权力逐步增强。中央集权国家建立后，国王出于维护王权的考虑，迫切需要消除各地的封建割据，为了维持国家的运转、增加财政收入也迫切地需要商业资本的支持。在这种情况下，中央集权国家与商业资本的利益高度一致了起来。集权国家利用行政手段消除封建壁垒，采取各种措施和政策，支持商业活动。毫无疑问，中央集权国家的形成及实施的政策，为商业资本的进一步发展铺平了道路，对重商主义的形成起到了重要的作用。

(2) 对外扩张。一方面，商人阶层为了扩大贸易范围，追求商业利润，需要借助国家政权开辟海外殖民地，以控制海外市场。另一方面，西欧封建王朝为了巩固政权，扩充实力，纷纷提出富国强兵的要求，建立强大的海军参与海外殖民地的开拓和发展对外贸易成了封建国家的首要选择。无论是军事征服还是维持庞大军队和宫廷豪华生活的开支，都需要大量的货币，而开拓殖民地和开展对外贸易可以带来大量的贵金属。于是追求贵金属便成为国家目标，国家政策的考虑日益集中在贸易问题上。在当时的条件下，西欧各国陆续开展了对外贸易，结合着海盗行径与对殖民地人民残酷血腥掠夺的对外贸易过程，西欧各国积累了大量的货币资本，商业资本得到了迅速发展和壮大，大大促进了资本主义生产方式的成长和确立，对外贸易是资本原始积累的重要手段之一。

3. 文化条件

经济的发展不仅加强了商人的实力地位，也摧毁了那些阻挡商业扩展的制度与传统观念，特别是那些仍旧以宗教信条为基础的社会思想的残余，带来了新兴资本主义的思想意识。14 世纪，文艺复兴运动在意大利兴起，之后扩大到欧洲其他国家。文艺复兴运动高扬人文主义的旗帜，借助自然科学的成就，反对中世纪的禁欲主义，强调个人的需要和个人的权利。其以"尊重人、关心人"的人道主义思潮给长期生活在中世纪黑暗宗教统治下的人们以强烈的精神震撼与思想启迪。人们呼吁解除一切宗教束缚，保护个人权利和人格，恢复人的健康感情，让人的智力自由发展，用人的意志来考察一切事物，以科学代替教条，以人权代替神权。文艺复兴运动使人们开始正视和追求自身的物质利益和精神利益，从而引起社会公众对财富积累的热忱关注，并进而演化为"拜金主义"。同时，随着商人地位的提高，人们开始用商人的价值尺度而非牧师的宗教尺度来衡量是非曲直。航海家哥伦布对黄金的追逐、戏剧家莎士比亚对黄金的歌颂，既反映了早期重商主义迷恋黄金的思想状态，也表达了支持重商主义珍视货币财富的信念。这是重商主义产生的又一重要原因。

重商主义的学说和政策就是在上述历史条件下，为适应当时社会经济的发展要求而在西欧各国出现的。

2.1.2 早期和晚期重商主义

早在 14 世纪末 15 世纪初，重商主义的思想萌芽就已出现。例如，英国在理查二世统治时期(1377～1399 年)，国王向伦敦铸币所人员征询意见时问，应采取什么手段帮助英国摆脱财政困境？铸币所人员回答说，英国没有金银矿藏，所有的金银都是从外国输入的。如果我们使向外国购买的商品少于我们出售给外国的商品数量，那么大量的金银就会从外国流向英国。这个回答反映了商业资本对货币的迫切需要，其中已经包含了后来重商主义的基本思想。

重商主义在其发展历程中经历了两个历史阶段。大约从 15 世纪到 16 世纪中叶为早期重商主义，16 世纪下半期到 17 世纪为晚期重商主义。无论是早期还是晚期重商主义，都把货币看作财富的唯一形态，把货币多寡看作衡量国家富裕程度的标准，但是在如何增加货币上，它们却有不同的主张。

1. 早期的重商主义(货币差额论)(15 世纪～16 世纪中叶)

早期重商主义代表在英国是约翰·海尔斯(John Hales，？—1571)和威廉·斯塔福德(1554—1612)。他们的代表作是 1581 年以 W. S. Gentleman 的笔名出版的《对我国同胞某些控诉的评述》。该书主张"多卖少买或不买"，反对铸造不足值货币，以防货币流出国，提倡关税保护等。法国早期重商主义代表是安徒尼·德·孟克列钦(Antoine- de Montchretien，1575—1622)。1615 年他出版了《献给国王和王后的政治经济学》一书，这是经济学史上首次使用"政治经济学"一词。他用该词只是要表明，他研究的不是"家庭管理"的经济学，而是整个国家的经济问题，包括商业、工场手工业、航海业、国家政策等。

早期重商主义者都只着眼于货币的增加，极力强调国家利益在于增加货币，认为任何的进口都会导致金银的外流，任何的出口都可以使金银增加，因此主张少买(不买)多卖，每一笔交易都保持顺差,以获得金银,同时主张政府通过行政手段禁止本国金银流出。例如,海尔斯讲道:"我们必须时刻注意,从别人那里买进的不超过我们出售给他们的,否则,我们自己将陷于穷困,他们将日趋富足。" 恩格斯曾形象地指出:"他们彼此对立着,就像守财奴一样,双手抱住他的心爱的钱袋,用嫉妒和猜疑的眼光打量着自己的邻居"[①]。

早期重商主义将重心集中在对金银货币的增加和管制上,故称"重金主义",马克思则称其为"货币主义"或"货币差额论"。

2. 晚期的重商主义(贸易差额论)(16 世纪下半叶～17 世纪晚期)

英国晚期重商主义的代表有托马斯·孟(Thomas Man,1571—1641)、约瑟夫·柴尔德(Josiah Child,1630—1699)等人。托马斯·孟所著《英国得自对外贸易的财富》(在他去世后的 1664 年发表)可以说是晚期重商主义的代表作。该书针对早期重商主义者对东印度公司在对外贸易中输出大量货币的责难,提出了贸易差额论原理。

专栏 2-1

托马斯·孟

托马斯·孟是英国晚期重商主义的杰出代表,是英国东印度公司的董事和政府贸易委员会的委员。他在 1621 年出版了《论英国与东印度公司的贸易》一书,此书后来被他彻底改写,在 1664 年以"英国得自对外贸易的财富"为书名出版。这是一部阐述重商主义原则最著名的著作,在出版后的一百多年里被称作"重商主义的圣经"。

在托马斯·孟生活的时代,英国的商业和工业已经有了很大的发展。早期重商主义的原则和当时所实行的政策已经不能适应英国资本主义发展的要求。在当时英国对外贸易中起重要作用的东印度公司,深感原始的货币制度和政策的束缚,要求突破政府规定的某些限制:主张不仅应该多卖,而且应该大量地买;提出国家不仅不应禁止而且应该允许货币输出国外,以便扩大对外国商品的购买。因此,当早期重商主义抨击东印度公司在对外贸易中大量输出货币时,托马斯·孟为了反驳这种抨击,说明东印度贸易是英国财富的重要源泉,写了上述著作。马克思在评价托马斯·孟的《论英国与东印度公司的贸易》时指出:"它攻击当时在英国作为国家政策还受到保护的原始的货币制度,因而它代表重商主义体系对自己原来体系的自我脱离。"[②]

托马斯·孟认为对外贸易才是使国家致富的手段,而国内商业只是对外贸易的辅助。"对外贸易是增加我们财富和现金的通常手段,在这一点上我们必须时时谨守这一原则:在价值上,每年卖给外国人的货物,必须比我们消费他们的多。[③]"

托马斯·孟十分重视发展航运业和转口贸易。他认为,出口的商品如果是用本国自己的船只运输,不仅会得到货物在本国的售价,还可以加上商人的利润、保险费用和将货物运往海外的运费,从而使国家收入增多。托马斯·孟特别热衷于发展转口贸易:"譬如我们运出十万英镑到东印度去购买那里的胡椒并运回本国,再从本国输往意大利或土耳其,在那些地方一定至少可以获得七十万英镑。至于商人在那些长途

---

① 恩格斯:《政治经济学批判大纲》,见《马克思恩格斯全集》(第 1 卷). 北京:人民出版社,1956:596。
② 马克思:《〈批判史〉论述》,见《马克思恩格斯全集》(第 20 卷). 北京:人民出版社,1971:252—253.
③ [英]托马斯·孟. 英国得自对外贸易的财富. 袁南宇,译. 北京:商务印书馆,1997:4.

航行里额外用在运输、工资、食料、保险、利息、关税、征课以及其他等项的支出,仍然全部都是国王和王国所得的收入。"①

此外,托马斯•孟非常热衷于发展同距离遥远的殖民地国家主要是亚洲国家之间的贸易。他公开承认,英国人是靠亚洲人民而发财致富的。他还十分关切本国工业和手工业的发展,他认为生产者人数越多,生产出来的产品就越多,可以输出的商品也越多,"因而在人数众多和技艺高超的地方,一定是商业繁荣和国家富庶的②"。同时他还提出了保护关税的主张。

托马斯•孟已经认识到把货币投入到流通中的必要性,认为输出货币与输出货物同样有利。如果把货币保存起来不仅不能使货币增多,而且还会引起国内物价高涨。相反地,把货币投入流通,不断地购买,又不断地把购买到的商品通过有利可图的时机在国外市场出售,就可以换回比先前多得多的货币。由此可见,托马斯•孟对货币在贸易中的作用和意义的理解,比早期重商主义者更进一步,他已经开始注意到货币作为资本的职能。

(资料来源:朱廷珺. 国际贸易. 2版. 北京:北京大学出版社,2011:30—31.)

法国晚期重商主义主要代表人物是让•巴蒂斯特•柯尔培尔(Jean Baptiste Colbert)。他是路易十四的财政大臣,是一个重商主义实践家,曾制定并推行一系列重商主义政策,尤其是大力发展工商业。积极鼓励与严格管理国内企业可以说是柯尔培尔主义(即法国晚期重商主义)的一个特点。

让•巴蒂斯特•柯尔培尔

让•巴蒂斯特•柯尔培尔(1619—1683),最初是路易十四年幼时的执政者马扎里尼的助手之一,后来是路易十四的财政大臣。他把当时法国的财政经济大权集中到自己手里,在当政期间坚决采取和推行了一整套完整的重商主义经济政策。因此,这个时期的法国重商主义又被称为"柯尔培尔主义"。柯尔培尔没有留下什么著述,其思想主要体现在当时他为法国制定的一系列政策上。

柯尔培尔认为国内拥有的货币数量决定着国家财富,决定着该国的军事和政治势力。同时,他认为西欧流通的货币总额是一定的,法国为了致富就必须从其他国家掠夺货币。在他看来,只有发展对外贸易才能使法国富裕,而国内贸易只是对外贸易的辅助力量。在对外贸易中,柯尔培尔认为必须实现顺差。为了保证有可供出口的商品,柯尔培尔采取各种办法鼓励本国工场手工业的发展,如聘请外国工匠,给工场手工业者发放贷款和提供各种优惠条件,其中包括免服兵役、自由选择信仰等。

在鼓励本国商品出口的同时,柯尔培尔还努力缩减外国商品进口,但对工业原料如羊毛、铁、锡、铅等鼓励。柯尔培尔实施保护政策,确立了保护关税的税率。例如,1667年,他把英国和荷兰呢绒的税率提高了一倍,花边和饰带等装饰品的税率也提高了一倍。

柯尔培尔认为贸易就是常年的战争,一个国家的海军力量永远同它的贸易成正比,所以他积极发展法国的海军业。在他的倡导下,法国建立了庞大的海军和商船队,成立了许多经营对外贸易的公司,加强了对殖民地的掠夺和剥削;与荷兰进行商业战争,与英国在印度展开角逐,并想控制整个北欧的贸易。柯尔培尔使法国走上了扩大远洋贸易和殖民扩张的道路。

(资料来源:朱廷珺. 国际贸易. 2版. 北京:北京大学出版社,2011:31.)

---

① [英]托马斯•孟. 英国得自对外贸易的财富. 袁南宇,译. 北京:商务印书馆,1997:15.
② [英]托马斯•孟. 英国得自对外贸易的财富. 袁南宇,译. 北京:商务印书馆,1997:12.

与早期重商主义不同，晚期重商主义者的着眼点从直接控制金银的输出输入转移到了对贸易的控制上，反对国家限制货币输出，认识到把金银留在钱柜里就会变成死钱，没有什么意义，而是应当把货币投入到国际流通中去，允许金银输出以扩大对外国商品的购买，主张"货币产生贸易，贸易增加货币"，但必须保持贸易总额的顺差，使更多的货币流入国内。其目的仍然是要保证有更多的货币流回本国，只不过其视野比早期重商主义更加开阔和长远。托马斯·孟指出："凡是我们将在本国加之于外人身上的，也会立即在他们国内制成法令而加之于我们身上的……因此首先我们就将丧失我们现在所享有的可以将现金带回本国的自由和便利，并且因此我们还要失掉我们输往各地许多货物的销路，而我们的贸易与我们的现金一块消失。"恩格斯对晚期的重商主义评价道："人们开始把自己的金币当作诱鸟放出去，以便把别人的金币引回来。"

晚期重商主义者的基本原则是发展对外贸易，扩大商品输出，限制商品输入。其特点是通过调节商品运动，达到积累货币财富的目的。晚期重商主义者的这种思想被称为"贸易差额论"。为了发展对外贸易实现贸易顺差，晚期重商主义者支持西欧一些主要国家采取扶植和鼓励制造出口品的工场手工业发展的政策，所以马克思又把晚期重商主义称为"重工主义"。早期重商主义与晚期重商主义的区别见表2-1。

表2-1 早期重商主义与晚期重商主义的区别

区别	早期重商主义	晚期重商主义
时期	15世纪～16世纪中叶	16世纪下半叶～17世纪晚期
他称	货币差额论或重金主义	贸易差额论或重工主义
政策主张	在多卖少买中主张少买(不买) 限制金银货币输出	在多卖少买中主张多卖 反对限制，允许适量货币输出作诱鸟

资料来源：李良波. 国际贸易概论. 成都：电子科技大学出版社，2007：50，有改动。

早期和晚期重商主义的差别，实际上反映了资本主义发展初期不同阶段的不同特点和要求。在早期重商主义时期，商品流通刚刚发展，信用制度尚未建立起来，流通中需要大量的贵金属。因此，早期重商主义认为，国家在任何时候都必须保证货币收入大于货币支出，力求用贮藏的形式积累货币，因而主张采取各种措施保证货币的不断增加。在晚期重商主义时期，贸易已很发达，工场手工业已发展起来，因此，晚期重商主义者认为在一定时期内，国家从对外贸易中获得的货币入不敷出是可以允许的，只要贸易的结果是货币最终能够流回国内；同时，并不一定要求所有对外贸易都是顺差，只要对外贸易总额中出口大于进口，就能保证有更多的货币财富流回本国。这种观点充分显示出把货币作为资本的职能，货币已被看作增加货币的手段，而货币只有在运动中才能不断增多。

由于贸易差额论与商业资本的要求最相适应，因此，马克思称晚期重商主义是真正的重商主义。

2.1.3 主要观点及政策主张

1. 主要观点

重商主义的经济思想主要由商人、官员、牧师和哲学家等提出和倡导，观点和政策主

张虽各异,但对一些基本问题的认识却有共同点:

1) 金银货币才是一国真正的财富

金银货币与一般商品不同,它可以换取任何商品,满足任何欲望;金银货币的增加会带动生产发展,促进投资和增加就业,因而只有金银货币才是真正的财富。

2) 对外贸易是财富增值的真正源泉

重商主义认为除金银矿的开采之外,金银货币只能从对外贸易中获得。国内贸易只会使货币在不同人之间转手,并不会使国家的金银货币总量增加,只有对外贸易才能使一国金银财富的绝对量不断增加。

3) 贸易顺差是一国取得和保持财富的最好手段

一国通过对外贸易增加金银货币的关键是坚持多卖少买的原则。因为,国与国之间的经济交往是一种零和博弈,即一方所得为另一方之所失。对于国际贸易,贸易盈余是贸易所得,而贸易赤字为贸易所失,因此,重商主义主张贸易要实现盈余。在当时的金属本位币制度下,贸易盈余意味着贵金属的净流入,这将有助于缓解货币缺口,保持贸易顺差,使国外的金银流入国内,以增加国家财富。

4) 主张国家积极干预经济,实行贸易保护政策

重商主义主张国家干预经济活动,要求政府用法律手段保护国内工商业,为其提供各种便利条件,促其加速发展,扩大对外贸易。

2. 政策主张

在这些基本观点的指导下,重商主义者都在不同程度上提出实行贸易保护政策。

1) 金银货币管制政策

金银货币和管制政策主张严禁金银输出,贵金属一旦进口以后,就必须留在国内。当时许多国家如英国、西班牙和葡萄牙等,就根据早期重商主义者的主张,采取了一系列措施、颁布了各种法令,甚至规定严厉的刑罚,禁止货币输出国外。例如,英王爱德华四世于 1478 年把输出金银定为大罪。西班牙则最为严厉,输出金银者最高可判死刑。在禁止货币外流的同时,这些国家又想方设法吸取外国货币。政府通过法令,规定外国商人必须将出售货物所得的全部货币用于购买当地的商品。但晚期的贸易差额论者的货币政策有所松动。

2) 奖出限入政策

奖出限入政策主张国家控制对外贸易,通过奖出限入政策促进出口,减少进口,实现贸易顺差,积累货币财富。例如,进口方面禁止奢侈品、限制一般工业制成品;出口方面鼓励出口制成品代替出口原料。国家还加强了对外贸易的管制,采取措施对本国和外国商人实行严格管理。例如,英国就规定过一整套条例,规定本国和外国商人只能在指定的市场进行交易。英国出口商人运到规定的外国市场上的货物是羊毛、皮革、锡、铁皮以及其他普通商品,他们从外国商人那里换到的必须是各种必需品。国家还设立了一些专门机构,监督羊毛输出时是否照章缴纳了出口税,商人在卖出商品时收回的货币中必须包括一部分外国货币或金属,以便运回英国。

3) 鼓励和支持本国工业发展

保持贸易顺差的关键在于本国能够多出口竞争力强的工业制成品,因此重商主义主张

实施鼓励国内工业发展的政策。例如，当时英国政府通过《职工法》，鼓励外国技工的移入，以《行会法》奖励国内工场手工业的发展。另外，要发展工场手工业，就必须有足够的劳动力，因而晚期重商主义鼓励迅速增加人口，以解决当时工场手工业中劳动力不足的问题。

4) 保护关税政策

重商主义的早期发展阶段便开始实行保护关税政策，晚期阶段已成为扩大出口，限制进口的重要手段，如进口工业制成品课以重税，进口原材料减免关税，出口工业制成品减免关税等。

重商主义贸易政策最早出现于意大利，后来在西班牙、葡萄牙、荷兰实行，最后在英国、法国、德国、俄国先后实行。在实行重商主义贸易政策过程中，各国的政策重点不同。在法国表现为积极促进工场手工业的发展；在西班牙、葡萄牙表现为殖民地贸易；在荷兰是航海和中间贸易；在英国则比较全面，除上列各项外，还包括农业内容。

2.1.4 评价

在中世纪，封建神学统治着人们的意识形态，基督教会的思想在经济学中也占十分重要的地位，教会对以赚取利润为目的的商业和贸易活动持否定态度。重商主义者从人文主义①思想出发，抛弃了从神学观点来观察经济现象的方法，主张用人的观点，更确切地说是用商人的观点来研究一些事物和社会经济生活的一切现象。他们反对中世纪经院哲学家维护自然经济和反对货币财富的观点，而把注意力放在论证与商品货币关系有关的"世俗利益"上。重商主义摆脱了宗教伦理观念的束缚，冲破了宗教法典的禁区，开始对社会经济现象进行实际的研究。该学说促进了商品货币关系及工场手工业的发展，对早期资本主义生产方式的确立起到了积极的推动作用。重商主义的一些保护贸易的观点和政策，如通过高关税保护国内市场以发展本国工业等观点，给后来的保护贸易理论很多的启示。

但是，重商主义学说的缺陷和不足也是明显的。首先，它把经济活动局限于流通领域，忽视了生产领域创造财富的基础性作用，未能揭示财富产生和积累的真正源泉。其次，重商主义的财富观是狭窄的，甚至是错误的。它把货币和财富混为一谈，以货币为标准去衡量一个国家的富强程度。再次，重商主义是建立在错误的财富观之上的，只把货币当作财富而没有把交换所得的产品包括在财富之内，从而把国际贸易中双方的等价交换看作"零和游戏"或一得一失。

尽管重商主义思想有许多错误和局限，但他们提出的许多概念和做法，如"贸易差额""奖励出口""进口替代"等，为后人研究国际贸易理论与政策打下了基础，有些做法至今仍在采用。其关于进出口对国家财富影响的看法，对后来凯恩斯的国民收入决定模型亦有启发。重商主义者"开始为国际贸易的一般理论奠定基础，该理论是在十八世纪的最后几十年和十九世纪的最初几十年形成的②"。

---

① 人文主义以"人"为中心，用人性来对抗封建的神性，用人权来反抗神权，用个性自由来反对宗教道德规范的束缚。人文主义实际上是适应资本主义生产关系的产生和成长而出现的资产阶级意识形态。

② [奥地利]约瑟夫·熊彼特. 经济分析史第一卷. 北京：商务印书馆，2001：558.

2.1.5 古典经济学对重商主义学说的批判

如前所述,在经济学发展史上将西欧资本主义发展的15～17世纪称为重商主义时期,人们对经济问题的关注主要集中在商业关系上,并且把商业看作是整个资本主义经济体系的核心,而对生产过程和生产关系则没有予以应有的重视。然而,随着资本主义经济关系的发展,资本主义制度进入了成长时期,生产成为了资本主义社会经济关系的主题,流通变为生产的一个要素。生产在整个经济关系中的基础作用越来越突出地显示出来,流通作为生产的构成要素则依赖于生产。生产决定交换和消费,劳动创造价值等观念逐渐占据了经济学研究的主导地位。这就导致了重商主义的逐渐瓦解和新的经济学理论的产生,即以资本主义生产为研究对象的资产阶级古典经济学的产生。

古典经济学

古典经济学(Classical Economics)又称古典政治经济学、资产阶级古典政治经济学,是指1750—1875年这一段政治经济学创立时期除马克思主义政治经济学之外的所有政治经济学。它是凯恩斯理论出现以前西方经济思想的主流学派,一般认为它是由亚当·斯密在1776年开创。实际上,它的起源是以大卫·休谟(David Hume)[前古典时期最重要的经济学家,在他的《政治论》(1752)中最重要的是《论货币》、《论利息》、《论商业》和《论贸易平衡》]的有关著作出版为标志,以亚当·斯密的代表作《国民财富的性质和原因的研究》出版为奠基。

古典政治经济学以资本主义生产过程为主要研究对象,它围绕劳动价值论,通过研究资本主义生产过程,阐述了市场经济的基本原则,揭示了资本主义经济发展的基本规律。它从经济学的角度阐述了如何更好地促进社会生产力的发展、更多地增加社会财富、增进社会福利等理论问题。

现代西方经济学的系统性发展源自亚当·斯密,他是古典政治经济学的主要创立者。古典政治经济学还有其他一些代表性人物,如威廉·配第、大卫·李嘉图、托马斯·马尔萨斯、皮埃尔·布·阿吉尔贝尔、魁奈、西斯蒙第、穆勒、萨伊等。一般来说,该学派相信经济规律(特别如个人利益、竞争等)决定着价格和要素报酬,并且相信价格体系是最好的资源配置办法。

(资料来源:张长伟,周义顺. 从传统到现代:西方社会福利观的演变与转型. 北京:中国社会出版社,2013:67. 有删减。)

1. 亚当·斯密对重商主义财富观的批判

亚当·斯密认为重商主义限制金银的国际流动、囤积金银货币、财富即为金银的种种观念是错误的思想。他指出金银货币只是为交换提供便利的工具,在国际贸易只占总的商业活动很小一部分时,黄金的跨国流动不大会伤害一个国家。一个聪明的国家不会愚蠢到不顾自己的实际需要而一味地囤积金银。过多的闲置资金是死的资本,而死的资本不可能为我们带来财富。因而,金银货币只是财富的一般代表而不是真正意义上的有用财富,金银的有用性在于不断地在国际上流动,通过买进和卖出的交换媒介作用实现财富的增加,一国储备金银货币应该适度而不应是囤积,这个适度就是一国实际需要的数量。亚当·斯密正是在对重商主义这种错误思想的批判中得出：一国真正的财富创造不是金条或银块，不是国家拥有货币的多寡，而是源自社会中土地与劳动等生产要素的产出与分配，并最终表现为人们所拥有的实实在在的财产，这是衡量一个国家相对富裕程度的真正标尺。因为商品除了用来交换货币以外还有其他用途，而货币除了用来购买商品以外，不能用于其他用途。一个真正繁荣的国家是通过对外贸易不断扩大国内生产的国家，而不是为了获得金银货币而限制贸易的国家。即使在今天，亚当·斯密的观点也是正确的，当一个国家为储备世界货币而贸易并大大超过其实际需要数量时，会给一国经济带来沉重的负担和积弊以及经济体内的系统风险，最终会制约和拖累一国财富的增长进程。

2. 亚当·斯密对重商主义增强国家力量观点的批判

重商主义者认为，为了增强国家实力，必须对经济实施管制。而亚当·斯密指出，政府必须减少干预，在自由放任的经济环境中，个人各自追求自身的利益最大化，其结果不自觉地符合于社会的最大利益。因为"利己主义"即"经济人"假说是亚当·斯密整个经济理论研究的出发点。亚当·斯密认为人的本性都是自私自利的，人们进行经济活动就是要追求物质财富。"无论是谁，如果他要与旁人做买卖，他首先就要这样提议：请给我以我所需的东西吧，同时，你也可以获得你所要的东西……我们每天所需要的食物和饮料，不是出自屠户、酿酒家或烤面包师的恩惠，而是出自他们自利得打算。①""各人都不断地努力为他自己所能支配的资本找到最有利的用途。固然，他所考虑的不是社会利益，而是他自身的利益，但他对自身利益的研究自然会或者毋宁说必然会引导他选定最有利于社会的用途。②"这是由于"他受着一只看不见的手的指导，去尽力达到一个并非他本意所要达到的目的……他追求自己的利益，往往使他能比在真正出于本意的情况下更有效地促进社会的利益"③。因此，"奖出限入"的政策会扭曲资源配置，不能使国家物质财富的产出达到最大，国家应该实行自由放任的经济政策。"……似乎必须把不列颠宣布为自由港，并对国际贸易不加任何阻碍。如果可能使用其他方法支付政府的费用，应该停止一切的税——关税、消费税等。应该准许和一切国家通商与进行贸易的自由，应该准许和一切国家买卖任何东西。④"

3. 亚当·斯密对重商主义借贸易顺差聚敛财富观点的批判

重商主义认为国际贸易是一种"零和博弈"，即一方受益必定使另一方受损，据此把国际贸易的作用归结为取得贸易顺差。而亚当·斯密则根据大卫·休谟提出的"硬币流量调整机制"⑤的原理，批评重商主义借贸易顺差聚敛财富的企图是一厢情愿、徒劳无益的。斯密认为，如果重商主义者真能如愿地从海外贸易中取得大量金银，在社会商品总量不变的前提下，势必会引起本国物价上涨，本国商品将丧失同国外商品竞争的价格优势，不仅本国的贸易顺差难以为继，还必须对外支付金银货币来弥补随之而来的贸易逆差。因此，重

---

① [英]亚当·斯密. 国民财富的性质和原因的研究(上卷). 北京：商务印书馆，1974：13～14.
② [英]亚当·斯密. 国民财富的性质和原因的研究(上卷). 北京：商务印书馆，1974：25.
③ [英]亚当·斯密. 国民财富的性质和原因的研究(上卷). 北京：商务印书馆，1974：27.
④ 坎南. 亚当·斯密关于法律、警察岁入及军备的演讲. 商务印书馆，1991：220.
⑤ 建立在货币数量论基础上的"硬币流量调整机制"认为：商品的一般价格水平=货币存量/商品数量.

商主义者企图通过保持贸易顺差为本国积累金银的做法是徒劳无益的。另外，亚当·斯密认为为了保护和增加金银储量而限制进口时，就意味着国内消费者的选择减少，他们不能从众多的国外生产者那里挑选可能更加物美价廉的产品，而只能面对国内的厂商。因此，限制进口的政策是不可取的，它不会给一国民众带来更多的福利，反而牺牲了他们的利益。

2.2 绝对优势理论

绝对优势理论(Theory of Absolute Advantage)，又称绝对成本说(Theory of Absolute Cost)、地域分工说(Theory of Territorial Division of Labor)。所谓绝对优势，是指某两个国家之间生产某种产品的劳动成本的绝对差异(或劳动生产率的绝对差异)，即一个国家所耗费的劳动成本绝对低于另一个国家(或一个国家的劳动生产率绝对高于另一个国家)。绝对优势理论是最早的主张自由贸易的理论，由英国古典经济学的主要代表人物亚当·斯密创立。

2.2.1 产生背景

从17世纪末到18世纪中叶，随着国内外市场的扩大，资本主义工场手工业，特别是纺织工业有了很大发展，在英国社会经济中的地位越来越重要。工场手工业的劳动分工日益专业化，技术不断革新，已为机器的发明创造了前提。

【参考图文】

到18世纪60年代，工业革命首先在棉纺织业中蓬勃展开了。18世纪，资本主义农业也迅速发展。"圈地运动"已经由议会给予了合法的形式，规模比上个世纪更加巨大，同时资本主义农场日益增加。农民大量破产，不断为资本主义工业的发展提供大批的廉价劳动力。随着资本主义生产的发展，英国的对外贸易也迅速发展。到18世纪中叶，英国不仅夺得了海上霸权，而且成了最大的殖民帝国。与殖民地进行掠夺式的贸易，给英国资产阶级带来了空前高额的利润，积累了巨大财富。到18世纪中叶，英国的典型资本主义社会阶级结构已经形成。社会基本明显地分为地主阶级、资产阶级和无产阶级。然而，这时无产阶级还没有成为一支独立的政治力量，还没有威胁到资产阶级的生存，社会的主要矛盾还是地主阶级与资产阶级之间的矛盾。英国产业资产阶级的力量虽然有了增长，参与了政权，但是土地贵族、商业金融贵族和大资产阶级的代表仍在议会里占统治地位，担任了一切重要的政府职务。在经济生活中仍然保留很多限制措施，一些早已过时的法令，如关于学徒身份、居住资格等法令仍在继续起作用。这些法令源于行业和同业公会制度，而为小手工业者和同它有联系的商人所继续奉行。不仅这样，政府还颁布了一些新的限制生产的法令，妨碍了各种新技术和新方法的采用。所有这一切束缚了产业资本在国内的自由发展，不利于产业资产阶级的成长。同时，依据重商主义原则而制定的关税保护制度这时已变成了英国资产阶级向外扩张的障碍。英国资本家由于经济力量的增长，已经不害怕其他国家资产阶级的竞争了。所以对于英国资产阶级来说，自由竞争和自由贸易已经成为压倒竞争对手、发展对外贸易的有力武器了[①]。

---

① 鲁友章，李宗正．经济学说史(上册)．北京：人民出版社，1979：154—156．

此时处在青年时期的英国资产阶级为了清除前进道路上的障碍,迫切需要一个自由的经济学说体系为它鸣锣开道。亚当·斯密的《国民财富的性质和原因的研究》(也称《国富论》)就是在这个时期,背负着这样的阶级历史任务问世的。此书出版后,立刻成为英国产业资产阶级锐利的思想武器,不但对英国资本主义的发展直接产生了重大的促进作用,而且对世界资本主义的发展来说,恐怕没有任何其他一部资产阶级的经济学著作曾产生过那么广泛的影响。

亚当·斯密

1723年6月,亚当·斯密出生于苏格兰法夫郡的寇克卡迪。父亲在他出生前几个月去世,童年体质孱弱多病,又无兄弟姐妹,一生未曾娶妻。

幼年的亚当·斯密在学校中以对书籍的热爱和超人的记忆而引人注目。亚当·斯密在寇克卡迪度过了中小学生活。工场手工业和外贸相当发达的寇克卡迪,使亚当·斯密对苏格兰社会有了一个朦胧的认识。

1737年,亚当·斯密以出色的成绩进入格拉斯哥大学学习。1740年,亚当·斯密作为斯内尔奖学金的获得者被推荐到牛津大学深造。1748年秋,他担任爱丁堡大学讲师。1749年他便写过一份经济学讲义。在1750—1751年冬天,他讲授过一学期经济学。1751年,他被选为格拉斯哥大学逻辑学教授。从1752年起,他又继承他的老师——哈奇森博士任该校的道德哲学教授,直到1764年辞去教授为止。

1759年4月,亚当·斯密以"道德情操论"为题出版了他的伦理学著作。随后,在格拉斯哥最后4年的学术研究,向着两个重点方向发展。其一,继续深入研究伦理道德理论;其二,加强了对法学和政治经济学的研究。

1764年2月~1766年10月的欧洲大陆之行,他访问了法国和瑞士的一些重要城市,考察了各地经济、政治和社会状况,开展了广泛的学术交流活动,从中搜集了不少思想资料。经济理论方面,对亚当·斯密影响较大的是魁奈和杜尔哥。在巴黎期间,亚当·斯密还曾将他正在创作的《国富论》一书的某些观点,征求过魁奈、杜尔哥等重农主义者的意见。

1776年3月9日,《国富论》这部经济学巨著问世。亚当·斯密在《国富论》中创立了富国裕民的古典经济学体系,这在经济思想史上具有划时代的意义。

1790年7月7日,亚当·斯密在爱丁堡与世长辞。

(资料来源:[英]亚当·斯密. 道德情操论. 蒋自强,钦北愚,朱钟棣,等译. 北京:商务印书馆,1997. 译者序言。)

2.2.2 假设条件

要了解绝对优势理论首先要了解绝对优势理论的假设条件。需要说明的是这些假设条件是后来的经济学家为了理论分析的简便而对绝对优势理论进行的补充。

(1) 两个国家,两种产品,只有一种要素投入——劳动,即 $2\times2\times1$ 模型。两国两产品的假设是为了简化分析,将劳动作为唯一的要素投入是为了坚持劳动价值论。

(2) 两个国家在两种产品上的生产技术不同,即两国的劳动生产率不同,这是绝对优势理论所要揭示的国际贸易产生的原因。

(3) 生产要素可以在国内不同地区、不同部门间自由流动,但不能在国家之间流动。

(4) 规模报酬不变,排除了因规模报酬差异引起国际贸易的可能。

(5) 完全竞争的市场。各国的产品价格等于其平均成本,生产成本的优势就等同于价格优势。

(6) 两国的需求条件完全相同，或者忽略需求方面的影响。

(7) 不存在运输成本和各种贸易壁垒。

2.2.3 基本原理

1. 分工可以提高劳动生产率

亚当·斯密认为，人类有一种特殊的倾向，"这种倾向就是互通有无，物物交换，互相交易①"，这就产生了分工。为什么？我们先思考这样一个问题，假设有一个裁缝和一个鞋匠，由于职业和分工的原因，裁缝在制作衣服上的劳动生产率高于鞋匠，同时鞋匠在制作鞋子方面的劳动生产率高于裁缝。对于裁缝和鞋匠及他们的家庭成员来说，同时需要衣服和鞋子这两种消费品。那么，他们应该怎样为自己和家人取得鞋子和衣服？有两种方法：①自给自足，每个人都同时生产衣服和鞋子这两种产品，没有分工和交换；②专业分工与商品交换结合，即裁缝专门缝制衣服，鞋匠专门制作鞋子，然后裁缝用自己生产的一部分衣服交换鞋匠生产的一部分鞋子。哪种方法更好？也许在你的心中已经有了一个答案。我们先看看亚当·斯密是怎么说的："如果一件东西购买所花的费用比在家里生产要小，就应当去买而不要在家里生产，这是每一个精明的家长都知道的格言。裁缝不为自己制作鞋子，鞋匠不为自己缝衣服，农场主既不打算为自己做鞋子，也不打算为自己缝衣服，他们都感到应把自己的全部精力集中用于比他人处于有利地位的职业，然后用自己的产品去交换其他产品，会比自己生产一切物品更有利。②"

亚当·斯密认为，这种适用于国内家庭间分工的原则同样适用于国家之间的分工。"在每一个私人的家庭中它是精明的事情，在一个大国的行为中就很少是荒唐了。如果外国能以比我们制造还便宜的商品供给我们，我们最好就用我们有利地使用自己的专业生产出来的物品的一部分向他们购买。③"他举了一个例子："在苏格兰，也可以在温室中种植葡萄，甚至同样可以酿造出上等美酒，但它的成本要比国外高出30倍。在这种情况下，如果为了鼓励苏格兰生产葡萄酒而禁止外国酒的进口，显然是愚蠢的行为。④"

那分工对一个国家有什么作用呢？亚当·斯密认为，一国增加国民财富的主要原因是靠提高劳动生产率，而要提高劳动生产率，首先又要靠分工的发展。亚当·斯密根据他对手工工场的实际观察，以制扣针的手工工场为例进行说明。他指出，当时制扣针的手工工场里，一人抽铁线，一人拉直，一人切截，一人削尖铁线的一端，一人磨另一端，以便装上圆头，做圆头又需有两三种操作，装回头、涂色以及包装，都是专门的工作。这样，扣针的制造分为18个工序。如果有10个工人，每人分担一两项，一天能做成扣针48 000枚，每人平均4 800枚。如果只由一个工人连续完成18道工序，有的人甚至做一枚都不容易。因此，他认为由于分工，劳动生产力增加到4 800倍。亚当·斯密认为分工能提高劳动生产率是出于三方面的原因："第一，劳动者的技巧因业专而日进；第二，由一种工作转到另

---

① 晏智杰. 西方经济学说史教程. 北京：北京大学出版社，2013：94.
② [英]亚当·斯密. 国民财富的性质和原因的研究(下卷). 北京：商务印书馆，1974：28.
③ [英]亚当·斯密. 国民财富的性质和原因的研究(下卷). 北京：商务印书馆，1974：28—29.
④ [英]亚当·斯密. 国民财富的性质和原因的研究(下卷). 北京：商务印书馆，1974：29—30.

一种工作，通常须损失不少时间，有了分工，就可以免除这种损失；第三，许多简化劳动和缩减劳动的机械的发明，使一个人能够做许多人的工作。①"

知识链接

党的二十大报告提出，深度参与全球产业分工和合作，维护多元稳定的国际经济格局和经贸关系。全球产业分工（Global Industrial Division of Labor）指的是在全球范围内，根据各国或地区的比较优势，将生产过程中的不同环节分配到不同的国家或地区进行生产和加工。通过这种方式，全球各国能够最大化利用自身的资源和优势，提高生产效率和经济效益。

2. 分工与交换的原则是绝对优势

亚当·斯密认为，每个国家由于自然禀赋或者后天的人为因素，都会在一些产品的生产上具有绝对有利的条件，即生产成本绝对低或者劳动生产率绝对高，而在另外一些产品的生产上具有绝对不利的条件。每个国家都应当把自己的资源集中到对自己绝对有利的产品的生产上去，放弃对自己具有不利条件的产品生产，然后在专业化生产的基础上彼此进行国际贸易，这样对各国都是有利的。

综上所述，绝对优势理论的基本原理是：分工可以提高劳动生产率，每个国家应集中生产并出口那些本国具有绝对优势的产品，进口那些本国不具有绝对优势(或具有绝对劣势)的产品，这样比每种产品都生产更有利，因而一国政府应采用自由贸易政策。

2.2.4 进一步分析说明

1. 绝对优势的判定

在上述内容中提到的"成本""有利的条件""优势"等说法，到底是从哪种角度作出判定的？我们已经知道，古典经济学是建立在劳动价值论基础上的，劳动是唯一的要素投入，绝对优势理论当然也要坚持劳动价值论。我们是从"劳动生产率"或"劳动成本"的角度对以上问题作出判定的。我们用下面的数学例子论述绝对优势理论，并解释"劳动生产率"和"劳动成本"的问题。

假设英国和葡萄牙两个国家生产两种产品——酒和毛呢，只有一种要素投入，那就是劳动(坚持劳动价值论)，这样的两个国家、两种产品，即"$2\times 2\times 1$"假设。

"劳动成本"与"劳动生产率"是同一个问题的两个方面。

1) 劳动成本

劳动成本是指单位产出所需投入的劳动量，即总成本与总产量之比。

如表 2-2 所示，生产 1 单位酒，英国每年需要耗费 120 个劳动力，葡萄牙每年需要耗费 80 个劳动力，即获得同样的产出量，葡萄牙耗费的劳动成本低于英国，则我们称葡萄牙在酒的生产上具有绝对优势，英国在酒的生产上具有绝对劣势。

同理，生产 1 单位的毛呢，英国每年需要耗费 70 个劳动力，而葡萄牙每年需耗费 110 个劳动力，即获得同样的产出量，英国耗费的劳动少于葡萄牙，则我们称英国在毛呢的生产上具有绝对优势，葡萄牙在毛呢的生产上具有绝对劣势。

---

① 晏智杰. 西方经济学说史教程. 北京：北京大学出版社，2013：94.

表 2-2 英国和葡萄牙劳动成本情况

国家\单位产量所需劳动人数	1 单位酒所需劳动人数（人·年）	1 单位毛呢所需劳动人数（人·年）
英国	120	70
葡萄牙	80	110

2) 劳动生产率

劳动生产率是指单位劳动投入量能够生产的产出量，即总产量与总成本之比。

由表 2-2 可以推出表 2-3。根据表 2-3 可知，英国 1 个劳动力一年能生产 1/120 单位的酒，葡萄牙 1 个劳动力一年能生产 1/80 单位的酒，即耗费同样多的劳动力，葡萄牙的产出比英国多，葡萄牙的劳动生产率高于英国，则我们称葡萄牙在酒的生产上具有绝对优势，英国在酒的生产上具有绝对劣势。

同理，英国 1 个劳动力一年能生产 1/70 单位的毛呢，葡萄牙 1 个劳动力一年能生产出 1/110 单位的毛呢，即耗费同样多的劳动力，英国的产出比葡萄牙多，英国的劳动生产率高于葡萄牙，则我们称英国在毛呢的生产上具有绝对优势，葡萄牙在毛呢的生产上具有绝对劣势。

表 2-3 英国和葡萄牙劳动生产率情况

国家\1 个劳动力一年产量	酒产量(单位)	毛呢产量(单位)
英国	1/120	1/70
葡萄牙	1/80	1/110

2. 分工与贸易利得

按照绝对优势理论，英国应集中生产并向葡萄牙出口毛呢，葡萄牙应集中生产并向英国出口酒。分工后的结果见表 2-4。

表 2-4 分工后英国和葡萄牙及世界的生产总量

国家\产量及所需劳动人数	酒产量(单位)	所需劳动人数(人·年)	毛呢产量(单位)	所需劳动人数(人·年)
英国	0	0	2.7	190
葡萄牙	2.375	190	0	0
世界	2.375	190	2.7	190

那么这种专业化分工和贸易的结果是否真的对两国都有利？

首先，从世界的总产量上来说(表 2-4)，分工后全世界的酒产量增加了 0.375 单位，毛呢产量增加了 0.7 单位，整个世界的状况变好了。

其次，开展国际贸易，两国的福利水平得以提高。假设国际交换比例为 1 单位酒=1 单位毛呢[①]。

如表 2-5 所示，这时英国消费者比分工前(封闭条件下)多消费 0.7 单位毛呢；葡萄牙消费者比分工前(封闭条件下)多消费 0.375 单位酒。这种消费的增加，就是国际分工与国际贸易的利益体现。

表 2-5　贸易后英国和葡萄牙及世界的消费总量

国家 \ 消费量	酒消费量(单位)	毛呢消费量(单位)
英国	1	1.7
葡萄牙	1.375	1
世界	2.375	2.7

2.2.5　评价

首先，亚当·斯密的绝对优势理论是建立在劳动价值论基础上的，其对社会经济现象的研究从流通领域转到生产领域，第一次从生产角度阐述了国际贸易产生的根本原因。其次，该理论揭示了国际分工和专业化生产能够提高劳动生产率，并将劳动分工的思想扩大到国际范围，提出了参加国际分工、开展自由贸易对所有参加国都有利的见解，从而否定了重商主义关于国际贸易是一种"零和游戏"的看法。两次，亚当·斯密将国际贸易纳入了"自由放任"的市场经济理论体系，是对国际贸易问题的第一次科学考查。

但绝对优势理论也有很大的局限性，第一，亚当·斯密关于交换的倾向产生了分工的观点是错误的，他在这里颠倒了分工和交换的关系。第二，该理论无法全面解释先进与落后的国家之间的贸易。如果一个国家在两种产品的生产上都有绝对优势，而另外一个国家都处于绝对劣势，那么这两个国家之间还能够产生贸易吗？在亚当·斯密时代，许多人担心荷兰在所有产品的生产上都比英国有效率；在今天，许多发展中国家很可能在所有产品的生产上都落后于发达国家，这些发展中国家是否应该闭关自守？它们还能与发达国家之间展开贸易吗？开展贸易后，它们还能够获得相应的利益吗？此类问题将由大卫·李嘉图的比较优势理论回答。

2.3　比较优势理论

比较优势理论[②](Theory of Comparative Advantage)，又称比较成本说(Theory of Comparative Cost)。所谓比较优势，是指一国在两种商品生产上较之另一国均处于绝对劣势，但劣势的程度不同，则该国在劣势程度小的商品上具有比较优势；另一国在两种商品生产上都具有绝对优势，但优势的程度不同，则该国在优势程度大的商品上具有比较优势。虽

---

① 国际交换比例的问题将在 2.4 节进一步讨论。
② 也被译作"相对优势""相对成本""相对利益""比较利益"等。

然比较优势理论是在绝对优势理论基础上发展起来的，但大卫·李嘉图在其 1817 年出版的《政治经济学及赋税原理》一书中论证了国际贸易的基础是比较优势而非绝对优势。

2.3.1 产生背景

18 世纪末到 19 世纪初，由于工业革命，英国的工业生产急剧增长，从 1770 年到 1820 年大约增长四倍，出现了许多新的城市和工业中心。机器生产大大促进了劳动生产率的提高，给英国资产阶级提供了数量巨大、成本低廉的商品，使他们能够扩大向外输出。19 世纪初，英国的出口总额空前增加，英国开始成为"世界工厂"，英国资产阶级的对外侵略和殖民掠夺也大为加强了。

与此同时，英国人口急剧增加，随之产生对粮食的巨大需求，英国从粮食出口国转变为进口国。英法战争期间，拿破仑对英国的封锁一度造成英国粮食进口中断，引起其国内的极大恐慌。1815 年战争刚刚结束，英国政府便颁布"谷物法"，规定国内小麦价格必须高于一定水平时才允许进口，而且这个价格限额在不断地提高，意在保护国内农业发展、保障粮食安全。

"谷物法"实施后不久，英国粮食价格高涨，地租猛增，地主贵族成为主要受益者，对工业资产阶级却非常不利。因为①国内居民对工业品的消费因吃粮开支增加而相应减少；②工业品成本因粮价上涨而提高，削弱了工业品的国际竞争力；③因限制谷物进口而招致的国外报复，亦不利于英国工业品出口。

于是，英国工业资产阶级和地主贵族阶级围绕"谷物法"的存废展开了激烈的斗争。围绕"谷物法"存在两种观点：一种观点从国家安全与稳定的角度出发，认为英国必须对农业实施适度保护，这种观点的代表人物是马尔萨斯。马尔萨斯认为安全比财富更重要，一个国家如果将农产品的供应寄托在外国身上，遇到战争或其他紧急情况时处境就会很危险；另一种观点主张废除"谷物法"，实行自由贸易，这种观点的代表人物是大卫·李嘉图。大卫·李嘉图认为，随着社会的发展，谷物价格和工人的名义工资会不断上涨，从而引起利润降低。要避免这种情况，并维持资本积累和工业扩张的可能性，唯一的办法就是开放对外贸易和允许进口农产品的竞争。英国不仅要从外国进口粮食，而且要大量进口，因为英国在纺织品生产上所占的优势比在粮食生产上的优势还大。故英国应专门发展纺织品生产，以其出口换取粮食，取得比较利益，提高商品生产数量。

围绕"谷物法"的争论持续了多年，1846 年英国废除了"谷物法"。

正是在这种场争论中，大卫·李嘉图形成了自己的观点，其在继承和发展了亚当·斯密的理论的基础上，于 1817 年出版了《政治经济学及赋税原理》一书，提出了以自由贸易为前提的比较优势理论，进一步发展了英国古典政治经济学，为自由贸易提供了一个一般性的理论基础。

专栏 2-5

大卫·李嘉图(1772—1823)出生于伦敦一个有钱的交易所经纪人的家庭里。他早年受的教育极不完备，从 14 岁起就跟随他的父亲从事交易所的活动。当他由于交易所的投机活动而致富，25 岁左右便成为拥资

百万英镑的大资产者后,才开始致力于学习和科学研究。他最初热衷于自然科学。1799年,他阅读了亚当·斯密的《国富论》,从此对政治经济学问题产生兴趣。

19世纪初,在英国工业资产阶级与地主阶级之间激烈的阶级斗争中,李嘉图始终坚决地站在工业资产阶级的立场。他在1809年写了第一篇经济学论文《黄金的价格》,并在文中抨击英格兰银行滥发纸币的政策。其关于通货问题的一系列著作明显反映了工业资产阶级的利益。他尖锐批评英格兰银行的政策,要求恢复银行券兑现,制止通货膨胀。

除了货币信用问题外,李嘉图也极其关心当时工业资产阶级与地主阶级激烈争执的另一个问题,即"谷物法"的存废问题或农业保护问题。他在1815年出版了《论谷物低价格对资本利润的影响:证明限制进口的不合时宜——兼评马尔萨斯最近的两本著作〈地租的性质和发展的研究〉和〈对限制外国谷物进口政策的看法的依据〉》。在这本著作中,李嘉图对地主阶级思想家马尔萨斯维护"谷物法"的论据进行了猛烈抨击,指出有利于地主阶级的谷物价格高昂引起利润降低,使群众状况恶化,并阻碍生产力的发展和技术的进步。在1822年出版的《论对农业的保护》一书中,李嘉图的论点进一步发挥。在这部著作中,他竭力反对旨在禁止外国廉价谷物进口的关税政策。李嘉图关于农业的著作,反映了当时工业资产阶级最迫切的要求,即降低商品的生产费用、争取廉价谷物和其他农产品的自由进口。

1817年,李嘉图的主要著作《政治经济学及赋税原理》(以下简称《原理》)出版了,而他以前的著作只能算是这部著作的准备。《原理》出版不久,就为李嘉图博得了一流经济学家的名声。当时的工业资产阶级在李嘉图的《原理》这部著作中,找到了反对地主阶级的尖锐的理论武器。

在《原理》发表后两年,即1819年,李嘉图被选为英国议会下院议员。他在议会中不仅辩论经济问题,也辩论政治问题。他竭力主张议会改革,坚持自由贸易,反对"谷物法",建议降低粮价和减低租税,并提倡若干民主要求。

李嘉图参与了"谷物法"的争论,他的许多观点正是在这场辩论中形成的。

(资料来源:鲁友章,李宗正.经济学说史.上册.北京:商务印书馆,1979:237-241.

许斌.国际贸易.北京:北京大学出版社,2009:27.)

2.3.2 假设条件

比较优势理论与绝对优势理论的假设条件基本相同,只不过绝对优势理论强调的是生产技术(劳动生产率)的绝对差别,而比较优势理论强调的是生产技术(劳动生产率)的相对差别。

2.3.3 基本原理

李嘉图继承了亚当·斯密的"分工可以提高劳动生产率的观点",但对其作了进一步的发展。亚当·斯密提出绝对优势理论时假设:裁缝和鞋匠都有自己的绝对优势,他们将"全部精力集中使用到比邻人处于某种有利地位的方面,而以劳动生产物的一部分或同样的东西,即其一部分的价格,购买他们所需要的其他任何物品[①]"。李嘉图却认为:"如果两人都能制造20%鞋和帽,其中一个人在两种职业上都比另一个人强一些,不过制帽时只强1/5或20%,而制鞋时则强1/3或33%,那么这个较强的人专门制鞋,而那个较差的人专门制帽,岂不是对于双方都有利么?[②]"

[①] [英]亚当·斯密.国民财富的性质与原因的研究(下卷).郭大力,王亚南,译.北京:商务印书馆,1974:28.

[②] [英]大卫·李嘉图.政治经济学及赋税原理.郭大力,王亚南,译.北京:商务印书馆,1962:114.

李嘉图将个人之间的精明选择推广到国家之间，认为如果两个国家相比较，若一国在两种产品的生产上与另一国相比均处于绝对劣势，只要该国可以专业化生产并出口其绝对劣势相对较小的产品(即其具有比较优势的产品)，同时进口其绝对劣势相对较大的产品(即其具有比较劣势的产品)；另一国两种产品的生产均处于绝对优势，只要该国可以专业化生产并出口其绝对优势相对较大的产品(即其具有比较优势的产品)，同时进口其绝对优势相对较小的产品(即其具有比较劣势的产品)；两国仍有可能产生互利贸易。这就是比较利益的基本原理，即"两优相权取其重，两劣相权取其轻"。

2.3.4 进一步分析说明

1. 比较对优势的判定

1) 相对劳动成本

如表 2-6 所示，英国在酒和毛呢的生产上都是劣势，但劣势程度不同。英国在酒的生产上耗费的劳动是葡萄牙的 1.5 倍，在毛呢的生产上耗费的劳动是葡萄牙的 1.11 倍，则我们称英国在毛呢的生产上相对于酒的生产具有比较优势，在酒的生产上相对于毛呢的生产具有比较劣势。

同理，葡萄牙在酒和毛呢的生产上都是优势，但优势程度不同。葡萄牙在酒的生产上耗费的劳动是英国的 2/3，在毛呢的生产上耗费的劳动是英国的 9/10，则我们称葡萄牙在酒的生产上相对于毛呢的生产具有比较优势，在毛呢的生产上相对于酒的生产具有比较劣势。

表 2-6 英国和葡萄牙劳动成本情况

国家 \ 1单位产量所需劳动人数	1单位酒所需劳动人数（人·年）	1单位毛呢所需劳动人数（人·年）
英国	120	100
葡萄牙	80	90

2) 相对劳动生产率

如表 2-7 所示，英国在酒和毛呢的生产上都是劣势，但劣势程度不同。在英国 1 单位劳动力生产的酒产量是葡萄牙的 2/3，生产的毛呢产量是葡萄牙的 9/10，则我们称英国在毛呢的生产上相对于酒的生产具有比较优势，在酒的生产上相对于毛呢的生产具有比较劣势。

同理，葡萄牙在酒和毛呢的生产上都是优势，但优势程度不同。在葡萄牙 1 单位劳动力生产的酒产量是英国的 1.5 倍，生产的毛呢产量是英国的 1.11 倍，则我们称葡萄牙在酒的生产上相对于毛呢的生产具有比较优势，在毛呢的生产上相对于酒的生产具有比较劣势。

表 2-7 英国和葡萄牙劳动生产率情况

国家 \ 1单位劳动力产量	1单位劳动力的酒产量(单位)	1单位劳动力的毛呢产量(单位)
英国	120	100
葡萄牙	80	90

3) 机会成本

1936年哈伯勒用机会成本理论解释比较优势理论。一种商品的机会成本是生产额外一单位这种产品所放弃的另外一种产品的产量。当一国在一种商品的生产上具有较低的机会成本时，该国在该商品的生产上就具有比较优势。

如表2-8所示，英国为了多生产1单位酒需要增加120个劳动力投入，而这120个劳动力也可以生产1.2单位毛呢，即英国每增加1单位酒的生产，就意味着放弃了1.2单位毛呢的生产，1.2单位毛呢就是英国生产1单位酒的机会成本；另外，0.83单位酒就是英国生产1单位毛呢的机会成本。

同理，葡萄牙为了多生产1单位酒需要增加80个劳动力投入，而这80个劳动力也可以生产0.88单位的毛呢，即葡萄牙每增加1单位酒的生产，就意味着放弃了0.88单位毛呢的生产，0.88单位的毛呢就是葡萄牙生产1单位酒的机会成本；另外，1.12单位酒就是葡萄牙生产1单位毛呢的机会成本。

表2-8　英国和葡萄牙机会成本情况

国家 \ 1单位产量机会成本	生产1单位酒的机会成本	生产1单位毛呢的机会成本
英国	1.2单位毛呢	0.83单位酒
美国	0.88单位毛呢	1.12单位酒

无论用相对劳动成本、相对劳动生产率，还是用机会成本来判断，结果都是一致的：英国具有生产毛呢的比较优势，葡萄牙具有生产酒的比较优势。

2. 分工与贸易互利性

按照比较优势理论，英国应该集中生产并出口毛呢，葡萄牙应该集中生产并出口酒。分工后的结果见表2-9。

表2-9　分工后英国和葡萄牙及世界的生产总量

国家 \ 产量及所需劳动人数	酒产量（单位）	所需劳动人数（人·年）	毛呢产量（单位）	所需劳动人数（人·年）
英国	0	0	2.2	220
葡萄牙	2.125	170	0	0
世界	2.125	170	2.2	220

那么这种专业化分工和贸易的结果是否真的对两国都有利？

首先，从世界的总产量上来说(表2-9)，分工后全世界酒产量增加0.125单位，毛呢产量增加0.2单位，整个世界的状况变好了。

其次，开展国际贸易，两国的福利水平得以提高。假设国际交换比例为1单位酒=1单位毛呢。

如表2-10所示，这时英国消费者比分工前(封闭条件下)多消费0.2单位毛呢；葡萄牙消费者比分工前(封闭条件下)多消费 0.125 单位酒。这种消费的增加,就是国际分工与国际贸易的利益体现。

表 2-10　贸易后英国和葡萄牙及世界的消费总量

国家 消费量	酒消费量(单位)	毛呢消费量(单位)
英国	1	1.2
葡萄牙	1.125	1
世界	2.125	2.2

2.3.5　一般均衡分析

关于比较优势情形下的贸易利益我们还可以用一种新的分析贸易利益的方法——一般均衡分析,这也是解释比较优势理论的现代方法。

亚当·斯密和李嘉图的理论中都假设劳动是唯一的生产要素,而且一国内部的所有劳动都是同质的,因此,生产产品的机会成本是固定不变的。在固定机会成本下,一国的生产可能性曲线是一条直线①。

甲国的生产可能性曲线为 AB,假设 X 商品的相对价格为 $P=P_x/P_y=1/2$,乙国的生产可能性曲线为 $A'B'$,假设 X 商品的相对价格为 $P=P_x/P_y=2$,甲乙两国在发生贸易前,分别在 E、E' 点生产和消费。甲国生产 X 商品的机会成本是 $1/2$ 单位 Y,乙国生产 X 商品的机会成本是 2 单位 Y,甲国 X 商品的相对成本低,拥有生产 X 的比较优势;乙国则相反,拥有生产 Y 的比较优势。

如果两国进行分工和贸易,根据比较优势理论,甲国会专门生产 X 商品,乙国则专门生产 Y 商品。假设国际市场上 X 商品的相对价格为 $P=P_x/P_y=1$,即 1 单位 X 可以交换 1 单位 Y。X 商品的相对价格高于甲国的国内价格,因此,甲国愿意出口;该价格低于乙国的国内价格,乙国也愿意进口。甲国在 A 点进行生产,出口 AC 单位的 X 商品,按国际交易比价换回 CD 单位的 Y 商品,在 D 点消费,我们称 ACD 为甲国的贸易三角形;乙国在 A' 点进行生产,出口 $A'C'$ 单位的 Y 商品,按国际交易比价换回 $C'D'$ 单位的 X 商品,在 D' 点消费,我们称 $A'C'D'$ 为乙国的贸易三角形。可见,两国通过分工和贸易,都达到了比贸易前更高

---

① 生产可能性曲线指的是一国充分利用其现有技术和资源所能生产的两种产品(X 和 Y)的不同数量的所有组合。由于技术水平和资源总量是给定的,要增加一种产品(X)的生产,就必须从另外一种产品(Y)的生产中抽调资源,从而引起另外一种产品(Y)的产量减少。这就产生了一个新概念,即产品的边际转换率。产品的边际转换率指每增加一个单位的某种产品(X)的生产所需要放弃另外一种产品(Y)的数量,其几何意义为生产可能性曲线的斜率的绝对值。产品的边际转换率也可以看作为增加一个单位的某种产品的生产而产生的机会成本。在古典贸易理论中,由于劳动是唯一的要素投入且劳动生产率固定,产品的边际转换率或机会成本是不变的,生产可能性曲线斜率不变,是一条直线。新古典贸易理论中,由于新古典经济学假设存在边际产量递减规律,所以产品的边际转换率递增,生产可能性曲线的斜率的绝对值递增,图形表现为生产可能性曲线向右上方凸出。在当代国际贸易理论的 Kemp 模型(分析产业内贸易的成因)中,由于规模经济的作用,产品的边际转换率递减,生产可能性曲线向原点凸出。

的福利水平(无差异曲线提高)，两国都从国际分工和国际贸易中获得了利益。

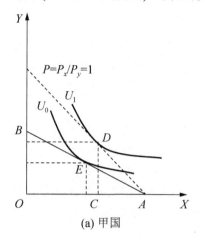
(a) 甲国

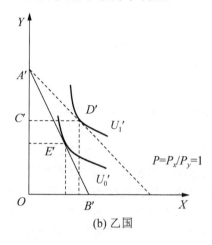
(b) 乙国

图 2.1 固定成本下的贸易利益

在上文中，甲、乙两国按照比较优势进行了完全的专业化分工，即甲国只生产 X 商品，不生产 Y 商品，而乙国只生产 Y 商品，不生产 X 商品。需要指出的是，这里有一个隐含的假设：两国的规模大小相似。如果一国比另一国大得多，在两国分别集中生产一种产品后，小国集中生产的产品将不能满足两国的消费需求，因此，完全的国际专业化分工在大国和小国之间将无法发生，大国只能进行不完全分工。

专栏 2-6

显示性比较优势

古典和新古典贸易理论认为，贸易模式取决于比较优势。但是，如何衡量一国在某类产品上是否具有比较优势呢？由于在实际操作中，我们很难获取各国各类产品的生产成本和生产技术资料，因此人们常用显示性比较优势指数(Revealed Comparative Advantage Index，RCA 指数)，即用实际的贸易状况来间接表现各国生产领域的比较优势。也就是说，比较优势决定贸易模式，贸易模式是对比较优势的反映，其依然暗含着各国需求偏好相同的假设。

RCA 指数由美国经济学家巴拉萨(Balassa)1965 年提出，旨在定量地描述一个国家内部各个产业(产品组)相对出口的表现。通过 RCA 指数可以判定一国的哪些产业更具出口竞争力，从而揭示一国在国际贸易中的比较优势。所谓 RCA 指数是指一个国家某种商品出口额占其出口总值的份额与世界出口总额中该类商品出口额所占份额的比率，用公式表示为

$$RCA_{ij} = (X_{ij}/X_{tj}) \div (X_{iw}/X_{tw})$$

式中　X_{ij} 表示国家 j 出口产品 i 的出口值，X_{tj} 表示国家 j 的总出口值；X_{iw} 表示世界出口产品 i 的值，X_{tw} 表示世界总出口值。

一般而言，RCA 值接近 1，表示中性的相对比较利益，无所谓相对优势或劣势可言；RCA 值大于 1，表示该商品在国家中的出口比重大于在世界的出口比重，则该国的此产品在国际市场上具有比较优势，具有一定的国际竞争力；RCA 值小于 1，则表示在国际市场上不具有比较优势，国际竞争力相对较弱。

(资料来源：朱廷珺. 国际贸易. 第 2 版. 北京：北京大学出版社，2011: 56.)

2.3.6 评价

大卫·李嘉图所提出的比较优势论,曾为英国工业资产阶级争取自由贸易提供了有利的理论武器,而自由贸易政策促进了英国生产力的迅速发展,使英国成为"世界工厂",该理论为世界各国参加国际分工和国际贸易的必要性作了理论上的证明,是西方国际贸易理论的基础。

【参考图文】

【参考图文】

但是该理论也有其局限性:①其许多假设前提与经济现实条件不相符,削弱了其适用性;②根据比较优势理论,比较优势相差越大则发生贸易的可能性越大,那么在发达国家与发展中国家就最容易展开贸易,但当今主要发达国家之间的国际贸易却不能很好的用比较优势理论解释;③该理论所揭示的贸易各国所取得的利益是静态的利益、短期的利得,不符合各国动态发展的现实和发展长期利益的目标;④该理论对互利贸易的范围、贸易利得的分配等问题,却未触及。

2.4 相互需求原理

2.4.1 产生背景

亚当·斯密的绝对优势理论和李嘉图的比较优势理论都是从供给角度解释了国际贸易产生的原因是由于劳动生产率的不同,并论证了贸易互利性原理。但他们没有说明国际交换比例如何确定,或者说两国之间应该按照一个什么样的比例展开交换。针对上述问题,另一位古典经济学家约翰·穆勒(John Mill,1806—1873)提出了"相互需求原理",从需求角度进一步完善了古典贸易理论。

约翰·穆勒是英国19世纪最有影响力的经济学家,他的父亲詹姆斯·穆勒是李嘉图的密友,对李嘉图经济学研究给予了很大的帮助和影响。约翰·穆勒自幼跟随其父和李嘉图学习经济学,深得李嘉图真传,是李嘉图经济理论的主要继承者之一。其主要经济学著作是《论政治经济学中几个未解决的问题》(1844年)和《政治经济学原理及其在社会哲学上的若干应用》(一般称为《政治经济学原理》,1848年),后一本书在很长一段时间内被英国经济学界奉为经济理论的圣经,直到19世纪末边际学派兴起。他在国际贸易理论上的最大贡献就是对李嘉图的比较优势理论作了进一步发展,对两国间交换比例的确定和贸易利益在各国间的分配等问题进行了研究,并且在《政治经济学原理》中提出了"相互需求方程式"或"相互需求原理"。

专栏 2-7

约翰·穆勒

约翰·穆勒,英国著名经济学家、哲学家、政治学家、逻辑学家。其父亲是詹姆斯·穆勒(James Mill,1773—1836)。

约翰·穆勒是李嘉图学说体系的追随者,而他接受李嘉图学说竟然始自年少之时,这完全得自他的父亲詹姆斯·穆勒的教诲。这位父亲本人就是李嘉图的密友和经济学上的学生，并对李嘉图学说的传播和最终的解体起过很大作用。他对儿子约翰·穆勒的教育尤其严格，儿子的聪明好学也着实令父亲对他深为器重。在父亲的教育下，小穆勒3岁开始学希腊文，8岁开始学拉丁文，并开始接触几何与代数，9岁开始阅读古希腊文学与历史作品，10岁读完古希腊哲学家柏拉图和德摩斯提尼的原著，12岁开始学习逻辑，熟读亚里斯多德的逻辑学著作；尤其有重要意义的是，13岁时，在父亲的指导下，他开始阅读李嘉图的《政治经济学及赋税原理》，接着又阅读了亚当·斯密的《国富论》。

他还有幸受到李嘉图的直接教诲，这当然也是由于其父亲和李嘉图有着不寻常的交往，在李嘉图时常来家作客、谈论经济学和哲学问题时，小穆勒不免也要插上几句，父辈的这种亲密关系和理论观点无疑对他产生了重要影响。穆勒14~15岁(1820年5月~1821年7月)时曾同英国大哲学家边沁之弟同游法国，其间除学习法文外，还听了有关化学、植物学和高等数学等方面的课程；他还有机会在萨伊家中住过一段时间。法国日益高涨的民主自由气氛，萨伊的自由主义经济学，对年轻穆勒的经济思想的形成无疑都会有一定影响。

1823年5月，穆勒经父亲介绍到东印度公司通信检查署当秘书，他在此公司一直任职到1858年该公司解散，前后长达35年之久，官至检察官(1856年)。在东印度公司任职期间，穆勒一边工作一边学习，而且很早就在著作与学术活动中崭露头角。

1825年，19岁的穆勒开始发表讨论商业政策与货币政策的论文，之后穆勒就走上了学术研究之路。1844年穆勒发表了他第一部经济学论文集《论政治经济学的几个未解决的问题》，该书讨论的主要问题包括国际贸易、消费对生产的影响、生产性和非生产性劳动、利润和工资的关系等。全书的论述完全继承了李嘉图、他的父亲的学说，只在某些方面对前人的学说有所引申或更明确的表述。1848年穆勒的著作《政治经济学原理及其在社会哲学上的若干应用》(又称《政治经济学原理》)被奉为经济理论的圣经，政治经济学必读的教科书，一直到1890年马歇尔的《经济学原理》问世其垄断地位才被取代。

对穆勒对人类思想文化的卓越贡献，思想家们给予了高度的评价。

"自从穆勒去世后过去的五十年中，还没有出现一位学者，对同代人的思想的影响有象他那样深远。……对于变革，除了达尔文外，他比任何其他思想家发挥了更大的影响。……没有人能怀疑，穆勒提高了与他同时一代人的精神境界，这是同代人中没有其他人能做到的。"

"约翰·穆勒的《政治经济学原理》在学术界享有的持久地位，稳如磐石，能做到这一点的科学著作为数甚少。固然，亚当·斯密更具有启发性，马尔萨斯更富于独创性，李嘉图更有条理性，可事实依然是，穆勒知道如何总结这三个人的发现，知道如何把这些发现首尾一致地联结在一起，使普通人对其有所了解。他的伟大不在于为后人发现了真理，而在于充分表达出了当时人们所信赖的那些真理。……不管整个经济理论发生什么样的变化，穆勒的著作都将永远具有不朽的重要意义。"

(资料来源：[英]约翰·伊特维尔，[美]默里·米尔盖特，彼得·纽曼. 新帕尔格雷夫经济学大辞典(第4卷). 北京：经济科学出版社，1992.)

2.4.2 基本原理

1. 国际交换比例的上下限

前面我们在讨论绝对优势理论和相对优势理论时，只是假定了一个国际交换比例，如讨论绝对优势理论时，我们假设"1单位酒=1单位毛呢"，但为什么要选择这样一个比例？我们可不可以把这个比例确定在别的水平上？这个水平是不是可以任意选择？

穆勒认为，参与贸易的各国在展开贸易之前在各自国内存在着一个统一的国内交换比例,这个国内交换比例是在封闭条件下形成的。开展贸易之后,又会形成一个国际交换比例(又叫贸易条件)。国际交换比例与两国封闭条件下的国内交换比例不同,但又有密切的联系,原因在于两国的国内交换比例构成了国际交换比例的上下限。穆勒的举例方式与李嘉图不同,李嘉图用的是投入模式(劳动成本模式),即每生产一单位的产品需要投入多少人/年的劳动;穆勒用的是产出模式(劳动生产率模式),即投入一定量的劳动可以生产出多少数量的产品。

假设英国和德国两个国家生产的两种产品分别是毛呢和麻布,两国的劳动生产率见表2-11。

表2-11 英国和德国的劳动生产率情况

国家	1人/年的产量 毛呢产量(码)	麻布产量(码)
英国	10	15
德国	10	20

我们看到,在同样的劳动时间(1个人劳动1年)里,英国可以生产10码毛呢或15码麻布,德国可以生产10码毛呢或20码麻布。如果没有国际贸易,根据劳动价值论,两国的国内交换比例分别如下:

英国:10码毛呢=15码麻布($P_{英}$=1∶1.5)

德国:10码毛呢=20码麻布($P_{德}$=1∶2)

那么,开展国际贸易之后两国间的国际交换比例会怎样呢?我们先来确定国际交换比例所处的上下限或者范围,再分析影响其具体水平的因素。根据比较优势原理,我们发现英国在毛呢的生产上具有比较优势,英国应集中生产并出口毛呢;德国在麻布的生产上具有比较优势,德国应集中生产并出口麻布。下面我们看国际交换比例会处在一个什么样的范围内。

首先,毛呢换麻布的比例不可能低于10码毛呢=15码麻布,因为对英国来讲,10码毛呢在国内可以换到15码麻布,如果到国际市场上反而换不到15码麻布了,英国肯定不会参与这样的国际贸易。想要让英国参与国际贸易,在国际市场上10码毛呢换到的麻布数量必须大于15码。

其次,毛呢换麻布的比例不可能高于10码毛呢=20码麻布,因为对于德国来讲,在国内只要20码麻布就可以换到10码毛呢,到了国际市场上却要更多的麻布才能换到10码毛呢,德国肯定不会参与这样的国际贸易。想要让德国参与国际贸易,在国际市场上交换到10码毛呢所需要的麻布数量必须小于20码。

综上所述,如图2.2所示,在国际市场上10码毛呢换到的麻布数量不能低于15码,也不能大于20码。国际交换比例必须介于封闭条件下的两国国内交换比例之间。到此,我们成功地确定了国际交换比例的上下限,只有国际交换比例处在这样的上下限或范围之内时,国际贸易才具有互利性。

那么,国际交换比例的具体数字或具体水平应如何确定?在我们的例子中,10码毛呢在国际市场上交换到的麻布数量到底应该是16码、17码、18码还是19码或者别的有小数点的数字？要回答这一问题就必须考虑两国之间的相互需求状况。

2. 贸易利得的分配

根据比较优势原理，国际贸易会使参加贸易的各国都得到好处，但贸易利益是怎样在两国之间进行分配的？哪个国家从中得到的利益多，哪个国家从中得到的利益少？约翰·穆勒认为，贸易利益总量的大小取决于两国国内交换比例之间的差别幅度。如前面英德贸易的例子中，两国国内交换比例分别为"10码毛呢=15码麻布"和"10码毛呢=20码麻布"，两国之间每进行10码毛呢的贸易就会产生5码麻布的贸易利益。

如图2.3所示，当国际交换比为1∶1.6时，10码的毛呢可换回16码的麻布，则英国多得了1码的麻布，德国节约了4码的麻布，德国的贸易利得大于英国的贸易利得，这一国际交换比对德国有利。

同理，当国际交换比为1∶1.9时，10码的毛呢可换回19码的麻布，则英国多得了4码的麻布，德国只节约了1码的麻布，德国的贸易利得小于英国的贸易利得，这一国际交换比对英国有利。

通过以上分析表明，贸易利益的分配取决于具体的国际交换比例，该比例越接近于本国国内交换比例，对本国越不利，本国分得的贸易利益越少，本国的贸易条件越差。

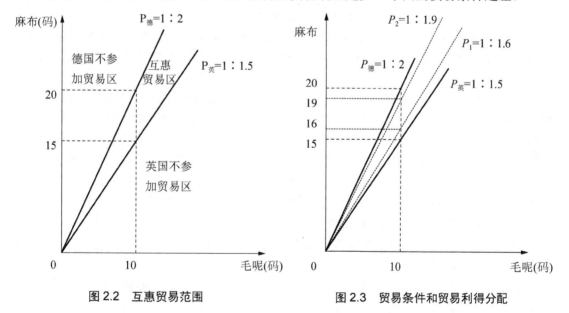

图2.2　互惠贸易范围　　　　　　　图2.3　贸易条件和贸易利得分配

3. 相互需求方程式

约翰·穆勒认为，国际交换比例由两国间相互对对方产品的需求强度决定。什么叫相互需求？约翰·穆勒认为，在国际贸易中，一国出口的商品实际上构成了购买对方商品的手段，也就是说一国的出口供给形成的同时也就形成了对对方产品的进口需求，所以需求总是相互的。国际价值规律受国际供求均衡规律的影响，两种商品的交换比例的确定，必须满足进口值与出口值相等的条件。"一国的生产物总是按照该国的全部输出品足以抵偿该国的全部输入品所必需的价值，与其他国家的生产物相交换。①"这种相互需求方程式要求在两个国家之间进行的贸易中商品价值经过自行调整，使需求等于供给，一个国家出售的商品，同样也是它所要购买的基金，即一方的全部商品供给能力构成了另一方的全部商品需求能力，一方的需求等于另一方的需求。对此，约翰·穆勒用前面的例子进一步做了说明。

我们前面讲过，国际交换比例应介于"10 码毛呢=15 码麻布"与"10 码毛呢=20 码麻布"之间，但具体是这两者之间的哪个数量？这取决于两国之间的相互需求状况。假设在开始的时候，两国之间的交换比例是 10 码毛呢=17 码麻布，如果在这一交换比例下，英国对德国麻布的需求量是 17 000 码，而德国对英国毛呢的需求量是 10 000 码，那么这一交换比例就可以确定下来成为两国间稳定的交换比例。因为：

$$10\ 000：17\ 000=10：17$$

如果两国之间的相互需求状况发生了变化，那么这一国际交换比例也必须发生相应的变化。假如由于某种原因，英国对德国麻布的需求量减少了，由 17 000 码减少到 13 600 码，也就是英国不是那么需要德国的麻布了，或者说英国对德国麻布的需求强度下降了；而德国对英国毛呢的需求量没有发生变化，还是 10 000 码，这时 10：17 的国际交换比例就不能使相互需求方程式继续平衡了，因为：

$$10\ 000：13\ 600>10：17$$

当然，如果英国减少麻布需求量的同时，德国也减少了对英国毛呢的需求量，如从 10 000 码减少到 8 000 码，因为 8 000：13 600=10：17，那么 10：17 的原国际交换比例可以继续维持下去。

由于英国只需要 13 600 码麻布，按照 10：17 的国际交换比例，它只愿意向德国提供 8 000 码毛呢，而德国对毛呢的需求却是 10 000 码。为了得到 2 000 码对毛呢的额外需求，德国不得不出一个更高的价格，如按照 10 码毛呢=18 码麻布的价格向英国购买毛呢。

同时，在这一新的交换比例下，由于毛呢的价格提高，德国对毛呢的需求将会有所下降，如从 10 000 码下降到 9 000 码；同时由于麻布价格的下跌，英国对麻布的需求量会有所上升，如从 13 600 码上升到 16 200 码。这样，就形成了又一个新的国际交换比例，使得相互需求方程成立，即 9 000：16 200=10：18。

一旦两国之间的相互需求状况再次发生变化，这一交换比例的稳定性就会再度受到破坏，从而发生新的变化。

通过以上分析，我们可以将相互需求原理表述为：在两国两产品模型中，两国对对方产品的需求强度就确定了这两种商品在两国之间的交换比例，同时在这一交换比例下每一国的出口量正好等于对方国家的进口量，从而实现了贸易平衡。随着两国之间需求状况的不断变化，国际交换比例也会不断发生变化，但它总会处于两国国内交换比例确定的范围之内。

---

① [英]约翰·穆勒. 政治经济学原理. (下卷). 北京：商务印书馆，1991：125.

另外我们还看到，两国对对方产品的需求强度对国际交换比例的形成有重大影响。哪一国对对方商品的需求强度大，国际交换比例就越不利于该国；反之，对对方商品的需求强度越小，国际交换比例就越有利于该国。在上例中，英国对德国产品的需求强度下降了，或者相应的，德国对英国产品的需求强度相对提高了，交换比例由10∶17变为10∶18，更接近德国国内的交换比例，这一比例显然有利于英国而不利于德国。

2.4.3 评价

西方经济学家对约翰·穆勒的相互需求原理给予很高的评价，认为约翰·穆勒从需求的角度分析了国际贸易为双方带来利益的范围，说明了贸易利益的分配，强调需求因素在决定商品的国际交换比率上的重要作用。在一定程度上丰富和发展了比较优势理论，使其更趋于完善。相互需求原理对后人也产生了很大的影响，新古典经济学家马歇尔在此基础上继续研究后提出了<u>相互需求曲线</u>(Reciprocal Demand Curve)，又叫提供曲线(Offer Curve)，同样对国际贸易理论的发展作出了重大贡献。

【参考图文】

但该理论的局限性表现在其抛弃了劳动价值论，认为本国产品价值决定于它的生产成本，而外国产品价值由国际交换比例决定。

本 章 小 结

本章介绍了重商主义和古典经济学对贸易问题的认识，初步回答了三个问题：①国际贸易产生的原因是什么？②贸易模式如何决定？③贸易利益如何体现？

重商主义认为，一国在贸易上的收益只能建立在其他国家受损的基础上，主张限制进口，鼓励出口。

亚当·斯密在对重商主义进行批判的基础上，提出了"绝对优势理论"，认为国际贸易产生的原因在于各国劳动生产率的绝对差别。该理论第一次科学地考察了贸易的基础和模式，并论证了"贸易互利性原理"，但绝对优势理论也有很大的局限性，那就是无法解释全面先进与全面落后的国家之间的贸易。

大卫·李嘉图提出了比较优势理论，认为国际贸易产生的原因在于各国劳动生产率的相对差别而不是绝对差别。比较优势理论是一个具有普遍适用性的理论，现代经济学家通常用新古典经济学的一般均衡框架来阐释它。

绝对优势理论和比较优势理论只分析了贸易的基础、模式和利益，并没有说明国际交换比例是如何决定的。约翰·穆勒提出了"相互需求原理"，认为国际交换比例介于两国国内交换比例之间，具体位置或数字取决于相互需求强度的大小，国际交换比例越接近一个国家的国内交换比例，贸易利益的分配对该国越不利。

关键术语

贸易基础、贸易模式、贸易利益、资本原始积累、重商主义、货币差额论、贸易差额论、绝对优势、贸易互利性、比较优势、一般均衡、完全专业化、机会成本、国际交换比、相互需求原理

[英] 托马斯·孟. 英国得自对外贸易的财富. 袁南宇, 译. 北京: 商务印书馆, 1997.
[美] 丹尼斯·R. 阿普尔亚德, 小艾尔佛雷德·J. 菲尔德, 史蒂芬·L. 柯布. 国际经济学(第6版). 赵英军, 译. 北京: 机械工业出版社, 2010.
胡寄窗. 西方经济学说史. 上海: 立信会计出版社, 2000.
胡永刚. 贸易模式论. 上海: 上海财经大学出版社, 1999.
李欣广. 理性思维: 国际贸易理论的探索与发展. 北京: 中国经济出版社, 1997.

1. 重商主义者的贸易观点是什么？他们的财富观念与现在有何不同？重商主义的做法是否已经完全过时？你能否在当今贸易现实中看到重商主义的影子？
2. "如果一个国家生产率的增长无法跟上贸易伙伴的步伐，该国将很快失去国际竞争力，任何产品的出口将变得不可能，该国的生活水平也会因此而下降。"运用本章所学理论对该观点作出评价。
3. 表 2-12 是古典贸易模型中的劳动投入。

表 2-12　古典贸易模型的劳动投入

劳动投入 国家	1 双鞋(小时)	1 加仑葡萄酒(小时)
意大利	6	4
瑞士	8	4

根据表 2-12 回答
(1) 为什么存在贸易基础？
(2) 两个国家出口的产品分别是什么？
(3) 国际交换比例应介于什么样的范围内？
4. 根据相互需求原理回答，在什么样的条件下两国会进行国际贸易？贸易的利得会如何分配？
5. 案例分析

美国经济学家贝拉·巴拉萨提出的 RCA 指数是反映产品出口比较优势的代表性指标，运用该指标可测度我国产业比较优势因素变化对产业结构升级的影响。为了能更好地研究我国产业比较优势影响的行业差异，我们按照要素密集度将我国制造业划分为技术密集型产业、中度技术资本密集型产业、中度技术劳动密集型产业、资本密集型产业、中度资本密集型产业、劳动密集型产业六大类，并计算这些各细分行业

的 RCA 指数。

计算结果表明，1992—2009 年，我国劳动密集型产业 RCA 指数最高，是最具比较优势的产业，但其数值逐渐呈下降趋势，从 1992 年的 2.4 逐渐下降到 2009 年的 1.6 左右。与此同时，中度技术劳动密集型产业，比较优势较快，其 RCA 指数从 1992 年的 0.45 上升到 2009 年的 1.41，从比较劣势行业转变为比较优势行业，并有逐渐取代劳动密集型产业，成为我国最具比较优势产业的趋势。由此可见，随着我国比较优势因素的变化，我国比较优势行业变化的差异也越来越明显。未来，随着我国人力资本培育、技术水平的提高，中度技术劳动密集型行业有望成为最具比较优势的行业。

与此同时，经过 30 多年对外开放和国际分工的深化，我国产业结构调整也受比较优势因素变化的影响，呈现较为明显的中度技术劳动密集的特征。1993 年至今，我国中度资本密集型产业、资本密集型产业和资源型产业占工业比重变化不大，基本保持在 5%～7%。技术密集型产业工业比重最低，仅为 1.6% 左右，且各年变化幅度不大。变化幅度较大的是中度技术劳动密集型产业、中度技术资本密集型产业和劳动密集型产业，其中度技术劳动密集型产业占工业比重上升最为显著，从 1993 年的 25.7% 上升到 2010 年的 32%，其间 2003 年高达 33.4%；劳动密集型产业占工业比重整体呈下降趋势，1994 年最高为 25.75%，此后一直呈下降趋势，2007 年达到最低点，占工业比重仅为 16.1%，下降近 10 个百分点，2010 年逐渐回升至 21%。中度技术资本密集型产业占工业比重则从 1993 年的 17.4% 下降到 2010 年的 15%。从整体来看，我国工业内部产业结构也逐渐由劳动密集型为主逐渐向以中度技术劳动密集型为主过渡，产业发展的技术密集度逐渐提升，产业结构优化态势明显。

(资料来源：盛朝迅. 比较优势动态化与我国产业结构调整：兼论中国产业升级的方向与路径[J]. 当代经济研究，2012，(09)：65.)

思考：

(1) 你认为一国比较优势动态变化的原因有哪些？

(2) 根据第 1 章"贸易结构"的概念，回答中国产业比较优势的动态变化会对中国未来的出口贸易产生的影响。

第 3 章 新古典贸易理论：基本模型

教学目标

本章介绍新古典贸易理论的基本模型——要素禀赋理论(H-O 理论)，着重分析要素禀赋对国际贸易产生的重要影响，通过引入"里昂惕夫之谜"，引导学生进入 H-O 理论的实证检验领域，从各种角度解释"谜"出现的原因。

教学要求

知识要点	能力要求	相关知识
要素禀赋理论	了解世界主要国家的要素禀赋状况和贸易模式，求证两者之间的关系是否符合 H-O 理论	要素禀赋、要素丰裕度、要素密集度、H-O 理论、贸易利益的一般均衡分析
对要素禀赋理论的实证检验	学会从多种角度看待国际贸易的成因，深刻理解现实中国际贸易的复杂性	里昂惕夫之谜、研究与开发要素说、需求偏好说、要素密集度逆转、关税壁垒说、自然资源说、人力资本说

第3章 新古典贸易理论：基本模型

现实中，不同的产品生产所需要的要素投入比例不同，表3-1表示的是1992年美国不同产业中的资本劳动投入比例。我们看到，石油及煤制品、化学制品、纸及纸制品等行业的资本劳动投入比例远远高于其他产业，服装和其他纺织品产业的资本劳动投入比例是最低的。

表3-1 1992年美国一些产业的资本/劳动比例

商品名称	标准产业分类(SIC)	资本/劳动(美元/雇员)
食品及同类产品	20	74 875.76
烟草制品	21	167 636.84
纺织品	22	44 051.59
服装和其他纺织品	23	8 274.03
木制品	24	39 134.64
家具和设备	25	21 735.51
纸及纸制品	26	171 729.68
印刷品和出版物	27	37 691.24
化学制品	28	192 593.45
石油及煤制品	29	468 085.66
橡胶和各类塑料产品	30	52 122.09
皮革制品	31	12 465.88
石材、黏土及玻璃制品	32	84 056.74
原料金属工业	33	123 594.93
金属制品	34	43 408.40
工业机械及设备	35	49 949.85
电子及电气设备	36	54 582.36
交通运输设备	37	67 846.68
工具及相关产品	38	47 725.27
各种制造业	39	22 638.58

(资料来源：①U.S. Department of Commerce, Bureau of the Census, 1992 Census of Manufactures: General Summary, table 1-3b and 1-4；②[美]丹尼斯·R. 阿普尔亚德，小艾尔佛雷德·J. 菲尔德，史蒂芬·L. 柯布. 国际经济学(第6版). 赵英军，译. 北京：机械工业出版社，2010：108—110.)

从表中能否看出美国的贸易结构？为什么？

新古典经济学是19世纪70年代由"边际革命"开始而形成的一种经济学流派。【参考图文】

它在继承古典经济学经济自由主义的同时,以边际效用价值论代替了古典经济学的劳动价值论,以需求为核心的分析代替了古典经济学以供给为核心的分析。

与古典经济学不同,新古典经济学认为生产中至少有两种或者两种以上的要素投入。新古典经济学与古典经济学所考察的要素投入数量不同,其关于投入产出关系的认识也不同。在一种要素投入的情况下,投入产出关系是不变的,如古典贸易理论中我们假设劳动生产率或劳动成本是固定的,产品生产中的边际产量、边际成本和边际转换率也都是不变的。因为劳动是唯一的要素投入,它的边际产量不受其他要素投入量的制约,边际产量递减规律在这里是不存在的。

但如果有两种或者两种以上的要素投入时,单一要素的投入产出关系要受到其他要素投入量的影响。以小麦的生产为例,要生产小麦,不仅需要劳动要素,还需要土地。一个单位的劳动力一年能生产多少小麦?这取决于有多少土地与这一单位的劳动力相搭配。如果其他要素的投入量不变,随着一种生产要素投入量的增加,每增加一单位的这种要素所带来的产量增量即边际产量是递减的,这就是"边际产量递减规律"。

从以"劳动价值论"为基础的古典经济学过渡到新古典经济学,不仅是要素数量的变化,而且其分析方法也变为一般均衡的分析方法。其研究的内容不仅包括贸易的原因、模式和结果,还包括收入分配、要素价格及经济增长等方面的内容。新古典经济理论的发展为国际贸易研究开辟了新的领域,提供了新的工具,并建立了比较完整的国际贸易理论体系。

3.1 要素禀赋理论

新古典贸易理论中,最有影响的应是要素禀赋理论。它由瑞典经济学家 E. F. 赫克歇尔(Eli F. Heckscher)提出,经其学生贝蒂尔·俄林(Bertil Ohlin)发展,因此被称为要素禀赋理论(即 H-O 理论)或赫克歇尔-俄林模型(即 H-O 模型)。

赫 克 歇 尔

埃利·赫克歇尔(1879—1952),瑞典著名经济学家、经济史学家,乌普萨拉大学哲学博士,曾任斯德哥尔摩商学院经济统计学教授和斯德哥尔摩经济史教授。作为瑞典著名经济学家,赫克歇尔以其杰出的生产要素禀赋论闻名于世。在赫克歇尔的学术生涯中,他将大部分精力投入经济史研究。"要素禀赋论"是他在长期潜心研究各国及瑞典经济史过程中逐渐形成的。赫克歇尔的博士论文《瑞典经济发展中铁路的重要性》就是研究经济史问题的。1929 年,赫克歇尔创建斯德哥尔摩经济史研究所,并任第一任所长,成为瑞典经济史研究的创始人。赫克歇尔对经济史有独特理解,强调经济理论的重要性,对经济史的研究兼有经济学家和统计学家的特点。其对经济史的研究主要涉及两个方面:一是对欧洲各国政府干预经济的历史研究;二是对瑞典经济史的研究。代表作主要有《重商主义》、《大陆体系》、《世界大战经济》、《1914—1925 年的瑞典货币政策》和《瑞典经济史》等。赫克歇尔于 1931 年出版的《重商主义》一书曾被认为是他最重要的经济史著作。他通过选择典型国家经济政策加以分析,从而使该书成为"作为欧洲共同体问题的重商主义经济政策史论"。

俄 林

贝蒂尔·俄林(1899—1979年)，瑞典著名经济学家和政治学家，以《贸易理论》一文获得经济学博士学位，是当代瑞典学派的奠基人和主要代表人物。1977年，俄林获诺贝尔经济学奖。1917—1919年，俄林进入斯德哥尔摩商学院学习，师从赫克歇尔。俄林曾任丹麦哥本哈根大学经济学教授，斯德哥尔摩大学商学院教授。其主要论著有《国际贸易理论》(1924)、《对外贸易与贸易政策》(1925)、《地区间贸易与国际贸易》(1933)、《资金市场与利率政策》(1941)、《经济活动的国际布局(论文集)》(1977)等。此外，俄林还以专家身份为联合国、国际联盟等国际组织撰写研究报告，主要有1931年的《世界经济萧条的进程与阶段》、1955年的《欧洲经济合作社会观》。1969—1975年，俄林担任诺贝尔经济学奖委员会主席。

俄林在经济学上的主要贡献在于他提出的生产要素禀赋理论，这一学说奠定了现代国际贸易理论的基础，并使他获得了诺贝尔经济学奖。瑞典皇家科学院认为，俄林的古典研究《地区间贸易和国际贸易》使他被认为是现代国际贸易理论的创始人。其理论显示，生产要素将决定国际贸易与国际分工的格局，并且说明了国际贸易对资源配置、相对价格与收入分配的影响。俄林指出地区间贸易与国际贸易的相似与差异之处，并且说明了国际贸易与产业区位之间的关系。俄林在现代西方经济学史上的第二大贡献是其在经济稳定政策方面的成就。从20世纪30年代起，俄林长期致力于建立宏观经济理论，注重研究总有效需求水平同总供给的关系。此外，他在区域经济学、通货膨胀和超充分就业问题的研究中也作出了贡献。

(资料来源：唐海燕，毕玉江. 国际贸易学. 上海：立信会计出版社，2011：61-62.)

3.1.1 产生背景

古典经济学告诉我们，劳动是创造价值和造成成本差异的唯一要素，古典贸易理论将国际贸易产生的原因归结于各国劳动生产率的绝对或相对差异。然而，随着资本主义生产关系的确立以及工业革命的开展并最终完成，资本逐渐成为一种重要的生产要素，产品生产不再由单一要素决定。另外，到19世纪末20世纪初，技术在国家之间的传播已经不是很困难的事情了，国家之间尤其是发达国家之间的劳动生产率水平越来越接近。随着各国间劳动生产率差异的缩小甚至消失，国际贸易还会继续进行下去吗？另外，在现实中，亚当·斯密和李嘉图贸易理论只能部分地解释贸易产生的原因，有些贸易现象它是无法解释的。例如，加拿大向美国出口木材产品，不是因为加拿大木材产品的劳动生产率高于美国，而是在人口稀少的加拿大，人均森林面积高于美国。因此，除了劳动生产率的差异以外，国际贸易还有没有赖以产生的其他基础？

1919年，瑞典经济学家赫克歇尔发表了题为《外贸对收入分配的影响》的论文，提出了建立在相对资源禀赋和生产中要素比例差异基础上的比较优势理论，但没有引起人们的重视。其学生俄林在这篇文章的基础上作了进一步的研究，在1933年出版的《区域贸易和国际贸易》一书中，更周密地分析了资源禀赋差异引起的贸易及国际贸易对收入分配的影响，全面阐述了新古典贸易理论的基本框架。

后该理论经P·萨缪尔森(Paul Samuelson)、W. 斯托尔珀(Wolfgang Stolper)、T. M. 雷布金斯基(T. M. Rybczynski)、J. 凡内科(Jaroslav Vanek)、R. 琼斯(R. Jones)等人的补充完善，在要素禀赋与贸易模式的关系，要素禀赋与产出、与要素价格的关系，产品价格与要素价格的关系等方面，形成了完整的理论体系。李嘉图的比较利益理论认为，由于各国劳动生产率不同，生产产品的劳动成本也不相同，这是产生国际贸易的直接原因。而要素禀赋论认为,劳动成本差异并没有从根本上解释国际贸易产生的原因。因此,该理论以劳动生产率相同为出发点,力图从新的角度解释国际贸易产生的原因[①]。

3.1.2 基本概念

1. 要素禀赋(Factor Endowment)

要素禀赋指一个经济体所拥有的各种生产要素的总量。由于历史、自然条件、地理位置以及经济发展水平等原因,各经济体所拥有的生产要素禀赋情况是不相同的,有的国家自然资源丰富,有的国家劳动资源丰富。这些差异决定了各经济体之间产出成本的差异,进而形成国际贸易的基础。

专栏 3-2

一些国家拥有的资源占世界资源总量的比例情况

表 3-2 给出了 1993 年不同国家和地区三种资源总量在世界总资源中占的份额,美国在资本和熟练工人方面占有较大份额,在非熟练工人方面占有较小份额;中国在熟练工人和非熟练工人方面占有较大份额,但在资本方面所占份额较小。

表 3-2　1993 年不同国家和地区的资源占有率　　　　　　　　　单位:%

国家/地区	资本	熟练工人	非熟练工人	总资源
美国	20.8	19.4	2.6	5.6
欧盟	20.7	13.3	5.3	6.9
日本	10.5	8.2	1.6	2.9
加拿大	2.0	1.7	0.4	0.6
其他经合组织国家	5.0	2.6	2.0	2.2
墨西哥	2.3	1.2	1.4	1.4
拉美其他地区	6.4	3.7	5.3	5.1
中国	8.3	21.7	30.4	28.4
印度	3.0	7.1	15.3	13.7
东欧(包括俄罗斯)	6.2	3.8	8.4	7.6
石油输出国组织	6.2	4.4	7.1	6.7
世界其他地区	2.5	4.0	10.0	8.9
总计	100.1	100.1	100.2	100.1

资料来源:Elaboration on W.R. Cline, Trade and Income Distribution, Washington D.C.: Institute for International Econormitrics. 1997:183—185。

【参考图文】

---

① 贾金思,郎丽华,姚东旭:国际贸易·理论·政策·实务. 北京:对外经济贸易大学出版社,2013:47-48 页,有改动。

2. 要素丰裕度(Factor Abundance)

在 H-O 理论中，要素禀赋是用要素丰裕度来刻画的。要素丰裕度是指一国所拥有的各种生产要素的丰富程度。它是一个相对的概念，必须通过国家之间的比较。比较的方法有两种，一种是数量比较，另一种是价格比较。

1) 数量比较

通过比较两国可供利用的生产要素的实物数量来确定其要素丰裕程度。如果国家 1 的资本劳动供给比例超过国家 2 的资本劳动供给比例，即：

$$(K_1/L_1) > (K_2/L_2) \text{ 或 } (L_2/K_2) > (L_1/K_1)$$

式中 K 表示资本；L 表示劳动。

那么国家 1 就是资本相对丰裕而劳动相对稀缺的国家，国家 2 就是劳动相对丰裕而资本相对稀缺的国家。在两个国家、两种要素的情形下，如果一个国家是资本丰裕的，那么另外一个国家必然是劳动丰裕的。要素丰裕度也是从相对意义上衡量的，我们关注的是要素的相对供给比例，而不是要素的绝对数量。我们通常认为美国是资本丰裕的国家，但表 3-3 的数据说明，美国的资本/劳动比例(K/L)低于日本、德国、加拿大和法国，与这 4 个国家比起来，美国变成劳动丰裕资本稀缺的国家了；但与意大利、西班牙和英国相比，美国是资本丰裕劳动稀缺的国家。

2) 价格比较

通过比较两国可供提供的生产要素的相对价格来确定其要素丰裕程度。劳动要素的价格就是工资，用 w 表示；资本要素的价格是利润，用 r 表示。如果国家 1 的资本相对价格低于国家 2，或国家 2 的劳动相对价格低于国家 1，即

$$(r_1/w_1) < (r_2/w_2) \text{ 或 } (w_2/r_2) < (w_1/r_1)$$

那么国家 1 就是资本相对丰裕的，国家 2 就是劳动相对丰裕的。

数量比较关注要素的可获得性或供给，价格比较则关注要素的价格。两者之间的区别是，价格比较不仅反映了要素供给状况，还反映了要素的需求状况，因为要素价格是由要素的供给和需求两方面的力量共同决定的。两者之间也存在联系，如果忽略要素需求的影响，那么数量比较和价格比较得出的结论应该是一致的。也就是对于资本丰裕的国家来说，同时存在较高的 K/L 比例和较低的 r/w 比例；对于劳动丰裕的国家来说，同时存在较高的 L/K 比例和较低的 w/r 比例。在现实中，人口较多的国家如中国和印度，劳动力的价格即工资相对较低；在资本丰裕的发达国家如美国、日本等，其市场化的利率也较低。

专栏 3-3

一些国家的资本/劳动供给比率

表 3-3 给出了 1997 年一些发达国家和发展中国家每个工人占用的资本存量，也就是资本/劳动比率。人均资本存量是以 1990 年的美元价格衡量的，从而使各国间具有可比性。从表 3-4 中可以看出，发达国家的 K/L 高于发展中国家，相对来说发达国家是资本要素丰裕的，而发展中国家是劳动要素丰裕的。美国虽然是世界上最发达的国家，但其人均资本存量要低于许多其他发达国家，如日本、德国、加拿大和法国。

表 3-3　1997 年一些国家的人均资本存量(1990 年美元价格)

发达国家	1997 年 K/L	发展中国家	1997 年 K/L
日本	77 429	韩国	26 635
德国	61 673	智利	17 699
加拿大	61 274	墨西哥	14 030
法国	59 602	土耳其	10 780
美国	50 233	泰国	8 106
意大利	48 943	菲律宾	6 095
西班牙	38 897	印度	3 094
英国	30 226	肯尼亚	1 412

资料来源：A Heston, R. summers, B Aten. Penn World Table Version 6.1, 2002(10)。

3. 要素密集度(Factor Intensity)

要素密集度指生产产品时所需要的各种生产要素的投入比例。它也是一个相对的概念，必须通过产品之间的比较。不同产品的生产中所需要的各种生产要素的投入比例不同，有些产品生产中需要投入较多的资本和较少的劳动，而有的需要投入较多的劳动和较少的资本。表 3-1 给出了 1992 年美国 20 个产业中的资本劳动投入比例，它们各不相同。

在一个只有两种商品(X 和 Y)和两种要素(资本 K 和劳动 L)的世界中，如果生产 Y 时的资本劳动投入比例大于生产 X 时的资本劳动投入比例，即：

$$K_Y / L_Y > K_X / L_X \text{ 或 } L_X / K_X > L_Y / K_Y$$

我们说 Y 产品是资本密集型的，X 产品是劳动密集型的。例如，如果钢铁生产中的 K/L 大于棉布生产中的 K/L，那么钢铁就是资本密集型产品，棉布就是劳动密集型产品。

要素密集度是从相对意义上进行定义的，一方面，我们关注的不是生产过程中生产要素的绝对投入量，而是其相对投入比例；另一方面，要素密集度只能通过两种产品的比较来判断，不存在绝对"劳动密集型产品"或"资本密集型产品"。我们也许通常认为汽车是资本密集型产品，那是与日常生活中的多数商品比起来，它的确是资本密集型的。但与飞机、巨型计算机、核反应堆比起来，至少某些低档型号的汽车就可能会变成劳动密集型产品。

补充说明一点，"要素密集度"方面的定性与"生产要素可以相互替代"之间并不矛盾。假设汽车是资本密集型产品，服装是劳动密集型产品。同样生产一定量的汽车或服装，在生产中都可以使用较多的资本和较少的劳动，也可以使用较多的劳动和较少的资本，这取决于资本和劳动两种要素的相对价格状况。但无论要素相对价格如何变化，无论资本和劳动之间怎么替代，汽车中的资本劳动比例始终高于服装。也就是说，要素之间的相互替代程度是有限的，还不足以使得产品的要素密集度发生逆转。

专栏 3-4

美国各产业的要素密集度以及比较优势与劣势

表 3-4 给出了 1994 年美国制造业统计局公布的美国前十大资本密集型产业与前十大技术密集型产业，这是美国具有明显比较优势的产业，还给出了美国具有比较劣势的前十大劳动密集型产业。

表 3-4 1994 年美国各产业的要素密集度

前十大资本密集型产业	前十大技术密集型产业	前十大劳动密集型产业
烟草	火箭推动设备与零件	灰口制钢铸造
香料与香精	分析仪器	产业结构
谷类早餐食品	火箭驱动设备	纺织品
湿面粉研磨	搜索与导航设备	机器刺绣
狗粮、猫粮	轧钢设备	除胶鞋外的鞋
农用化学品	报纸	皮手套
烘焙咖啡	飞机	木壳电视机和收音机
除白兰地外的蒸馏酒	电子设备及部件	纺织袋
药品制剂	光学仪器及镜片	特殊染料、工具、皮夹和家具
工业煤气	机床、金属切割设备	造船及船舶维修

资料来源：①J Romalis. Factor Proportions and the Structure of Commodity Trade American Economics Review, 2004: 67—97；②多米尼克·萨尔瓦多. 国际经济学. (第 9 版). 杨冰，译. 北京：清华大学出版社，2008：105—106，111。

3.1.3 假设条件

H-O 理论是建立在一系列假设条件之上的，这些条件包括以下几个方面。

(1) 两个国家，两种产品，两种要素。新古典贸易理论关于要素数量的假设不同于古典贸易理论，该假设也被简称为 "2×2×2" 假设。

(2) 两个国家的生产技术完全相同，即同种产品在两国的生产函数相同。排除了由技术差异引起国际贸易的可能，以便集中关注要素禀赋的影响。

(3) 两种产品的要素密集度不同。在两个国家、两种要素(资本与劳动)和两种产品(X 和 Y)的条件下，必然有一种产品是资本密集型产品，另一种产品是劳动密集型产品。如果 X 产品是资本密集型的，那么无论在哪个国家 X 都是资本密集型产品；如果 Y 产品是劳动密集型的，无论在哪个国家 Y 都是劳动密集型产品。同样的产品在不同的国家具有相同的要素密集度，即排除要素密集度逆转的可能。

(4) 两种产品的生产都是规模报酬不变的，排除因规模经济引起国际贸易的可能。

(5) 在一个国家内部，生产要素可以完全自由流动；在国家之间，生产要素不能流动。

在一个国家内部，同样的要素在各个地区和各个部门得到的报酬相同。由于生产要素不能在国家之间流动，一方面不同国家之间存在要素价格差异，这构成了产品价格差异的基础；另一方面排除了要素流动替代商品流动的可能。

(6) 两国的生产资源得到了充分利用，要增加一种产品的生产就必然减少另外一种产品的生产。在几何图形上表现为，两国的生产点将落在生产可能性边界上。

(7) 两国生产要素供给既定不变，排除了要素禀赋的变动性。

(8) 产品市场和要素市场为完全竞争市场。即两国的商品生产者、消费者都不能左右商品价格。

(9) 两国的需求偏好相同，即排除需求差异引起国际贸易的可能。

(10) 不存在运输成本、关税和非关税壁垒等阻碍贸易自由进行的因素。

3.1.4 基本原理

1. 国家间的商品相对价格差异是产生国际贸易的直接原因

在没有运输费用的假设下，商品从价格低的地方流向价格高的地方，商品经营者便会从中获利，进出口国都会在这种国际贸易中获利。

2. 国家间的生产要素相对价格差异决定了商品相对价格的差异

商品相对价格为什么不同？因为商品价格等于生产函数与生产要素价格之乘积，在各国生产技术相同的假设条件下，各国要素相对价格的差异决定了两国商品相对价格存在差异。

3. 国家间的生产要素相对供给不同决定生产要素相对价格的差异

俄林认为，在要素供求决定要素价格的关系中，要素供给是主要的。在各国要素需求一定的情况下，各国不同的要素禀赋对要素相对价格产生不同影响：相对供给较充裕的要素的相对价格较便宜，而相对供给较稀缺的要素的相对价格较昂贵。因而，要素相对价格差异是由要素相对供给不同决定的。

正如俄林所述："……在生产各种物品的便利条件方面，禀赋的(地区)差别也很大。原因之一是生产要素的供应有所不同。某一地区可能富含铁砂和煤，但只有少量的小麦耕地，而另一地区麦地很多但缺少矿产资源的供应。显然，同后者相比，前者较适宜于生产铁砂，不太适于生产小麦。是某一地区的生产要素的比例来决定适合于生产什么样的具体产业……澳大利亚同英国相比具有较多的耕地，较少的劳力、资本和矿藏，因而澳大利亚更适于生产那些需要大量耕地的产品；而英国在生产需要相当大量其他要素的产品方面具有比较优势……"①

综上所述，H-O 理论是：由于两国要素禀赋的不同，导致要素相对供给能力的不同，引起商品相对生产成本的不同，进而导致商品相对价格的不同。根据比较优势原则，一国应集中生产并出口要素密集度和要素丰裕度一致的产品，即一国应出口密集使用其丰裕要

---

① [瑞典]贝蒂尔·俄林. 地区间贸易和国际贸易. 王继祖, 等译. 北京：首都经济贸易大学出版社，2001：5.

素生产的产品,进口密集使用其稀缺要素生产的产品。

总的来看,李嘉图的比较优势理论和俄林的要素禀赋理论都是从供给方面来论证贸易发生的原因,但两者有着根本区别。李嘉图从劳动价值论的观点出发,认为各国之间的比较成本差异是由于国际间生产的特点不同和劳动生产率的差别所造成的。而 H-O 理论则放弃了劳动价值论,采用供求理论体系,研究多种生产要素的禀赋、替代、组合及价格关系。H-O 理论认为,各国之间比较成本差异在于各国之间生产要素禀赋的不同和生产各种商品所使用的各种生产要素密集度不同。

3.1.5 进一步分析说明

1. 对要素丰裕度和密集度的判定

假设甲乙两国同时生产 X 产品和 Y 产品。

已知生产每单位 X 产品需投入 6 单位资本,2 单位劳动力;生产每单位 Y 产品需投入 2 单位资本,4 单位劳动力。

甲国每单位资本价格为 20 美元,每单位劳动力价格为 100 美元;乙国每单位资本价格为 10 美元,每单位劳动力价格为 60 美元(表 3-5)。

按照上述给定条件,可计算出生产每单位产品的成本如下。

表 3-5 甲乙两国生产 X 产品和 Y 产品生产成本情况

国家	X 产品		Y 产品		资本单价(r)（美元）	劳动力单价(w)（美元）	单位成本($rK+wL$)（美元）	
	K	L	K	L			X 产品	Y 产品
甲国	6	2	2	4	20	100	320	440
乙国					10	60	180	260

要素丰裕度判定:在甲国,$r/w=1/5$;在乙国,$r/w=1/6$,即甲国资本的相对价格比乙国资本的相对价格要高,故甲国是劳动力相对丰裕的国家,乙国是资本相对丰裕的国家。

要素密集度判定:X 产品的要素密集度为 $K_X/L_X=3$,Y 产品的要素密集度为 $K_Y/L_Y=1/2$,即 X 产品的资本密集程度相对于 Y 产品要高,故 X 产品是资本密集型产品,Y 产品是劳动密集型产品。

2. 分工与贸易互利性

根据要素禀赋理论,甲乙两国应该生产并出口要素丰裕度和要素密集度一致的产品,即甲国应当生产并出口 Y 产品,进口 X 产品;乙国应当生产并出口 X 产品,进口 Y 产品。

在甲国,1 单位 Y 产品的相对价格为 440 美元/320 美元=11/8,即 1 单位 Y 产品可换 11/8 单位 X 产品;在乙国,1 单位 Y 产品的相对价格为 260 美元/180 美元=13/9,即 1 单位 Y 产品可换 13/9 单位 X 产品。因为 11/8<13/9,所以甲国 Y 产品相对价格低于乙国 Y 产品相对价格,故根据相互需求原理,甲国出口 1 单位 Y 产品可换回更多的 X 产品。

同理,乙国出口 1 单位 X 产品可换回更多的 Y 产品。

3.1.6 一般均衡分析

1. 贸易的互利性

假设有中国和美国两个国家，中国是劳动要素丰裕的国家，美国是资本要素丰裕的国家；两种产品汽车(Q)和服装(F)，汽车和服装的生产中同时使用资本(K)和劳动(L)两种生产要素。汽车是资本密集型产品，服装是劳动密集型产品。根据 H-O 理论的预测，中国具有生产劳动密集型产品服装的比较优势，美国具有生产资本密集型产品汽车的比较优势；中国应该向美国出口服装，美国应向中国出口汽车。

中美两国比较优势和生产能力的差异，在几何图形上体现为生产可能性曲线的"偏向性"。中国服装的生产能力高于美国，那么中国的生产可能性曲线在"服装"轴上的截距大于美国；美国汽车的生产能力高于中国，美国的生产可能性曲线在"汽车"轴上的截距就大于中国。这是一种不太严谨但比较直观的表示比较优势的方法：如果两国的资源全部用于生产服装，中国生产得比美国多；如果两国的资源全部用于生产汽车，美国生产得比中国多。

由于生产能力不同，而我们又假设两国的需求条件相同，这样中美两个国家封闭条件下的国内相对价格就会不同：美国汽车的相对价格低于中国，或者说中国服装的相对价格低于美国，即 $(P_Q/P_F)_{美} < (P_Q/P_F)_{中}$ 或 $(P_F/P_Q)_{中} < (P_F/P_Q)_{美}$。这种相对价格差异完全来自两国生产能力和比较优势的差异。如图 3.1 所示，AA' 表示中国的生产可能性曲线，E_A 表示的就是中国在封闭条件下的一般均衡情况；BB' 表示美国的生产可能性曲线，E_B 表示的就是美国在封闭条件下的一般均衡情况。

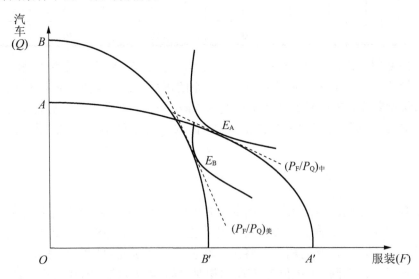

图 3.1 中美两国封闭条件下的一般均衡

按照前面讨论过的相互需求原理，开展贸易后的国际相对价格介于封闭条件下的国内相对价格之间。开展贸易后，中国服装的相对价格将会上升，汽车的相对价格将会下降；美国服装的相对价格将下降，汽车的相对价格将提高。展开贸易后，两个国家按照国际相对价格展开交换,所以在开放条件下国内相对价格就等于国际相对价格。国际相对价格是由两国贸易均衡决定的,这里把它当作外生变量看待。

在开放条件下,两国可以分"两步走"实现社会福利水平的最大化。第一步是确定最优生产点,实现货币收入的最大化;第二步是确定最优消费点,实现社会福利水平的最大化。图3.2表示的就是开放条件下中美两国的一般均衡状况。

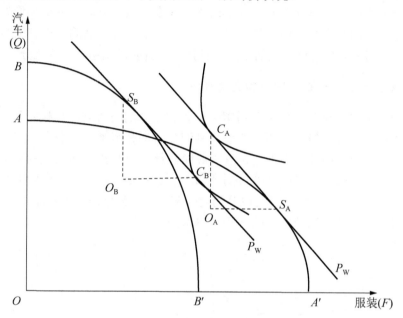

图 3.2　开放条件下中美两国的一般均衡

在开放条件下,中美两国的最优生产点是各自生产可能性曲线与国际相对价格线的切点 S_A 和 S_B,这个最优生产点也是使得两国实现最大化货币收入的点。通过最优生产点的国际相对价格线,就是两国开放条件下的预算约束线。在这个预算约束下,两国的最优消费点为 C_A 和 C_B 点,最大化的社会福利水平由较高的社会无差异曲线代表,贸易使得两国的社会福利水平都得到了提高,贸易互利性原理得以证明。

在开放条件下,最优生产点与最优消费点不再重合。一国的消费不仅可以通过本国的生产来满足,还可以进口;一国的生产也不再完全由本国来消费,还可以出口。生产量与消费量之间的差额就是贸易量。在图 3.2 中,对于中国来说,服装的生产量超过消费量的部分 $O_A S_A$,就是中国服装的出口量;而中国汽车的消费量超过生产量的部分 $O_A C_A$ 就是中国汽车的进口量。△$C_A O_A S_A$ 称为中国的贸易三角,它的两条直角边分别表示进口量和出口量,斜边的斜率绝对值表示国际相对价格。同样的道理,△$C_B O_B S_B$ 是美国的贸易三角。在只有两个国家的前提下,两国按照同样的国际相对价格展开贸易,且一个国家的出口量就是另外一个国家的进口量。两个国家的贸易三角为全等三角形。

2. 不完全的国际分工

在前面对绝对优势理论或相对优势理论的表述中,有"集中生产并出口"的说法,"集中生产"表示的是一国的全部资源都用来生产具有绝对优势或相对优势的产品,而不生产任何绝对劣势或相对劣势的产品,即分工是完全的。

但在新古典贸易理论中,因为存在边际产量递减规律,所以两种产品之间的边际转换率递增。边际转换率递增也可以看作是机会成本递增,随着某种产品(如服装)生产量的增加,每增加一个单位的这种产品的生产所需要放弃的另外一种产品(如汽车)的数量是递增的。由于边际转换率或机会成本是递增的,在几何图形上就表现为生产可能性曲线向右上方凸出。机会成本的递增限制了专业分工调整的程度。通过上面的分析我们看到,展开分工后每个国家仍然同时生产两种产品,只不过是扩大了优势产品的生产和缩减了劣势产品的生产,但没有完全放弃劣势产品的生产。在新古典贸易理论中,专业化分工是不完全的。

3. 贸易利益的分割:分工所得和交换所得

图 3.3 显示的是中国参与贸易前后国际贸易利益分割的情况。在封闭条件下,中国的最优生产点和最优消费点都是 E 点,所能达到的社会福利水平由社会无差异曲线 U_0 表示。在开放条件下,中国的最优生产点为 S 点,最优消费点为 C 点,最大化的社会福利水平为 U_1。开放贸易的结果是中国的社会福利水平由 U_0 提高到 U_1,这就是中国参与国际分工和国际贸易的总利益。这个总利益又可以分为两个部分:一部分来源于商品相对价格的变化,称为交换所得;一部分来源于生产的调整,称为分工所得。

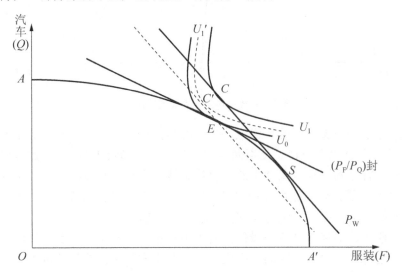

图3.3 国际贸易利益的分割

先看交换所得,假设展开贸易后中国不改变自己的生产状况,仍然在封闭条件下的最优生产点 E 点上生产,但是不再按照原来的国内相对价格展开交换,而是按照国际相对价格展开交换。通过 E 点的国际相对价格线 EC' 就是此时中国面临的预算约束,最优消费点为 C',所实现的社会福利水平为 U_1'。中国仍然是出口服装进口汽车,因为服装的相对价格提高而汽车的相对价格下降了,即使生产结构没有调整,这种相对价格的变化仍然可以使得中国的福利水平提高。中国的社会福利水平由 U_0 提高到 U_1',这就是交换所得。此时生产和分工状况并没有改变,交换所得完全来源于产品相对价格的变化。

再看分工所得,因为服装是中国的优势产品而汽车是中国的劣势产品,展开贸易和分工后，中国应该增加服装的生产同时减少汽车的生产，这就是生产或分工的调整。通过分工的调整，中国的生产点由 E 点移动到 S 点，预算约束由 EC' 向外扩张到 CS，最优消费点为 C 点。分工的调整使得中国充分发挥了自己的比较优势，使得中国的社会福利水平由 U_1' 进一步提高到 U_1，这就是分工所得。分工所得不是来源于相对价格的变化，而是来源于生产结构和专业分工的调整。

专栏 3—5

静态比较优势

比较优势思想始终是国际贸易理论的核心。虽然经济学家们已经在理论上从各个方面证明了比较优势理论的有效性(Deardoff, 1979、1980、2004)，但是关于比较优势问题的讨论并没有结束。根据比较优势理论，各国要素禀赋的不同形成不同的比较优势，各国根据自己的比较优势参与国际分工，能够实现自身福利最大化，整个世界也能够实现帕累托最优(Robinson, 1956; Findlya, 1970)。然而世界各国经济发展的现实表明：最近半个多世纪以来，发达国家和发展中国家经济发展的差距越来越大，发达国家凭借自己在资本、技术方面的优势完全垄断了高技术产业，在国际分工中占据了主导地位，在世界财富的分配中占据了相当的份额；而发展中国家始终局限于初级产品的生产，在非常低的层次上参与国际分工，在国际分工中处于被支配的地位，陷于贫困落后的境地。没有国家愿意始终集中于初级产品的生产，每个国家都希望能够通过采取种种措施提升自己的技术能力，改变自己的比较优势，从而进入比较高级的产业，在国际经济竞争中占据优势地位。

问题是：发达国家和发展中国家目前的比较优势是如何形成的？到底哪些因素决定比较优势的形成和演变？发展中国家又应该采取什么样的战略和政策提升自己的比较优势，在更高的层次上参与国际分工，以促进自己产业结构的升级和经济的发展？这需要在两个方面做出回答：①比较优势本身是如何演变的，比较优势的动态演变取决于什么因素；②各国(特别是发展中国家)能够采取什么样的政策和措施影响和决定自己的比较优势，使自己的比较优势能够向着有利于自己的方向发展。遗憾的是，不论是李嘉图模型还是 H-O 理论，考虑的都是静态比较优势。随着时间的推移，各国的比较优势必然会发生变化。相应的计量分析(Balassa, 1979; Berman etc., 1998; Proudman and Redding, 2000; Landesmann and Strehrer, 2001; Redding, 2002)也表明：随着时间的推移，各国的贸易模式、专业化分工模式以及背后的比较优势都发生着变化。显然静态的比较优势需要作出相应的扩展来分析比较优势本身的动态演变。

(资料来源：代谦，别朝霞. 人力资本、动态比较优势与发展中国家产业结构升级[J]. 世界经济，2006(11): 70-84.)

3.1.7 评价

首先，H-O 理论的确解释了造成各国比较优势从而产生贸易的一个主要原因，也就是资源禀赋的差异。即使在以工业产品贸易和发达国家之间的贸易为主要组成部分的今天，仍然存在着以资源禀赋差异为基础的贸易，尤其是<u>在发展中国家和发达国家进行的贸易中</u>。

其次，H-O 理论也存在局限性。在现实中，许多国家之间的贸易基础不一定是

【参考图文】

资源禀赋上的差异。尤其是第二次世界大战结束以来，技术差异和规模经济的存在是产生国际贸易的重要原因。

最后，H-O 理论关于贸易模式、贸易结果以及贸易对生产、消费和收入分配的影响的分析对我们理解国际贸易依然十分重要。

3.2 对 H-O 理论的实证检验

H-O 理论提出后逐渐被人们接受，与比较优势理论一起成为解释国际贸易的主流理论，也成为主张自由贸易的重要理论依据。第二次世界大战以后，一些经济学家利用经验数据对该理论进行检验，以考察其结论是否符合国际贸易现实。令人惊奇的是，若干检验结果并不支持 H-O 理论，甚至出现了相反的结果。其中，最早也是最具影响力的检验是里昂惕夫(Wassily W. Leontief)在 1953 年完成的对美国 1947 年贸易结构的检验。

3.2.1 "里昂惕夫之谜"

第二次世界大战结束后，美国作为世界上最发达的国家，被普遍认为是资本丰裕的。按照 H-O 理论的预测，美国应该出口资本密集型产品，进口劳动密集型产品。或者说，美国出口产品的资本劳动投入比率应高于进口产品的资本劳动投入比率。但是，20 世纪 50 年代中期，俄裔美国经济学家里昂惕夫依据美国的实情对 H-O 模型提出了质疑，即著名的"里昂惕夫之谜"(又称"里昂惕夫悖论")。他发现美国平均每 100 万美元的出口商品换取同等数额的进口替代商品时，出口商品含有的劳动力远远高于资本(表 3-5)。

表 3-5 1947 年美国每 100 万美元出口商品和进口替代品对美国国内资本和劳动力的需求情况

	出口	进口替代商品	进口/出口
资本(美元)(K)	2 550 780	3 091 339	
劳动(年人工)(L)	182	170	
资本/劳动力(K/L)	14 010	18 180	1.30

专栏 3-6

瓦西里·W. 里昂惕夫

瓦西里·W. 里昂惕夫是俄裔美国人，著名经济学家。他生于俄国彼得堡，曾就读于列宁格勒大学和柏林大学，1925 年在柏林大学获得经济学、哲学博士学位，1973 年诺贝尔经济学奖，1927—1930 年在德国 Kiel 经济研究所工作。1931 年移居美国，曾任哈佛大学教授，在哈佛期间兼任美国劳工部顾问等多种政府职务。1975 年里昂惕夫获任大学经济分析所所长。代表作为《投入产出经济学》，收录了他 1947—1965 年公开发表的 11 篇论文，其中有两篇主要研究国际贸易，即《国内生产与国际贸易：美国地位的再审查》(1953)和《要素比例和美国的贸易结构：进一步的理论与经济分析》(1956)。里昂惕夫在经济学上的贡献在于发展了投入-产出法，并应用于重要的经济学问题研究。投入-产出法分析的核心是线性化假设之下表示部门间购进和售出的相互依存关系的投入产出表。该方法主要用于经济计划和经济预测,其基本的数学工具是矩阵代数。20 世纪 40 年代发展起来的大型、高速数字计算机技术,使投入-产出法的实际应用具备了现实条件。

(资料来源:胡代光,高鸿业. 西方经济学大辞典. 北京:经济科学出版社,2000:1188.)

3.2.2 进一步的检验

"里昂惕夫之谜"提出后,立即引起了各国经济学家的兴趣,他们纷纷用里昂惕夫的方法对其他国家的贸易结构进行研究。

日本经济学家立元和一村在 1959 年对日本的贸易结构进行了研究,结果发现日本虽为劳动要素丰裕的国家,但其出口产品为资本密集型产品,进口为劳动密集型产品,也出现了"里昂惕夫之谜"。对此,这两位经济学家的解释是,当时的日本介于发达国家和发展中国家之间,相对于发达国家而言,日本属于劳动丰裕的国家;而相对于发展中国家,日本属于资本丰裕的国家。根据统计结果,日本对发展中国家出口资本密集型产品,对发达国家出口劳动密集型产品,但由于日本对发展中国家的出口量占其出口总量的 75%,所以最终加总计算的结果是日本出口资本密集型产品。立元和一村还分析了日本对美国的贸易结构,发现日本向美国出口劳动密集型产品,从美国进口资本密集型商品,这一结果是支持 H-O 理论的。

1961 年,民主德国经济学家斯托尔珀和 K. 罗斯坎普(K. Roskamp)对民主德国的贸易结论进行了分析,得出了民主德国出口资本密集型产品的结论,原因是民主德国与"经济互助委员会"成员间的贸易占其贸易总量的 75%,而与苏联和东欧各国相比民主德国是资本丰裕的国家,符合 H-O 理论。

加拿大经济学家沃尔(Wahl)在 1961 年对加拿大的贸易结构进行分析,发现加拿大出口资本密集型产品而进口劳动密集型产品,加拿大与美国之间的贸易占了其贸易总量的大部分,且与美国相比加拿大属于劳动丰裕而资本稀缺的国家,所以不支持 H-O 理论,在加拿大的贸易结构中也存在着"里昂惕夫之谜"。

印度经济学家 R. 巴哈德瓦奇(R. Bharadwaj)在 1962 年对印度的贸易结构进行了分析,结果是印度进口资本密集型产品出口劳动密集型产品,支持 H-O 理论。但他在单独计算印度与美国之间的贸易结构时发现,印度向美国出口的是资本密集型产品,从美国进口的是劳动密集型产品,显然与 H-O 理论相反。

韩国经济学家宁永基(Youngil Lim)在 1976 年对韩国 1968 年的贸易结构进行了研究,发现韩国是出口资本密集型产品进口劳动密集型产品的。由于韩国劳动丰裕资本稀缺,该验证结果不支持 H-O 理论。韩国每年进口大量的农产品,如果将这些农产品剔除,单独计算进出口中工业品的要素投入,则发现韩国出口劳动密集型产品,进口资本密集型产品。

1987 年,鲍温(Bowen)、利默尔(Leamer)和斯维克斯卡斯(Sveikauskas)使用 27 个国家的 12 种要素和多种产品温 1967 年的贸易、要素投入需求和要素禀赋数据进行考察,最终发现 H-O 理论只在部分情况下成立。布雷彻(Brecher)和乔杜里(Choudhri)在 1993 年的研究发现美国与加拿大之间的贸易情况支持 H-O 理论。1994 年亚德里安·伍德(Adrian Wood)关于发达国家和发展中国家基于所拥有的技术和土地不同而进行贸易的研究,以及世界银行 1995 年的研究支持了 H-O 理论。1996 年詹姆斯(James)和埃尔姆斯利(Elmslie)关于发达工业国之间制造品贸易的调查也为 H-O 理论提供了新的证明。

哈里根(Harrigan)和扎克拉塞克(Zakrajsek，2000)运用大量发达国家和发展中国家 1970—1992 年的数据，考虑到了国家间的技术差异后，证明要素禀赋是可以解释比较优势的。戴维斯(Davis)和温斯坦(Weinstein，2001)运用 10 个国家(美国、日本、德国、法国、英国、意大利、加拿大、澳大利亚、丹麦及荷兰)及世界其他地区 1970—1995 年 34 个部门的贸易数据，在考虑不同国家间技术及要素价格的差异、非贸易商品的存在及运输成本后，指出国家在可预测的程度上出口相对丰裕且便宜的要素密集型产品。特弗勒(Trefler)和周(Zhou，2005)利用 41 个发达国家和发展中国家的投入-产出数据，也得出了"禀赋作为比较优势的来源"的经验证据。

可见，通过各国经济学家的验证，有些国家的贸易模式是符合 H-O 理论的，有的国家则与 H-O 理论的预测相反。虽然"里昂惕夫之谜"在检验中多次出现，但许多研究尤其是近年来的研究也为 H-O 理论提供了有力支持。众多检验既没有完全肯定 H-O 理论，也没有完全否定 H-O 理论。为什么会出现里"昂惕夫之谜"？经济学家们提出了各种各样的学说对此进行解释，这些学说极大地丰富和发展了国际贸易理论。

3.2.3 对"里昂惕夫之谜"的解释

H-O 理论是建立在一系列假设条件下的，这些假设条件是为了方便理论分析而设立的，但在现实中却未必能够得到满足。经济学家们在解释"里昂惕夫之谜"时，较多地考虑到了这些在理论分析中被忽略的现实因素，从而使得分析国际贸易问题的角度更加丰富多样且贴近现实。

1. 劳动效率说

劳动效率说是里昂惕夫本人的解释。各国的生产要素禀赋不仅有数量上的不同，而且也存在着质量上的差异。"谜"之所以产生，可能是由于美国工人的效率比其他国家高，大约是其他国家的 3 倍。例如，根据 1947 年的数据，将美国工人数量乘以 3 进行调整之后，美国就是一个劳动要素"相对丰裕"的国家，出口劳动密集型商品，进口资本密集型商品，完全符合要素禀赋理论。美国工人的效率比其他国家高的原因主要是美国企业的管理水平较高，工人所受的教育和培训较好，以及人们进取精神较强的结果。

在 H-O 模型中，生产要素被简单地分为劳动、资本或土地，而并没有将这些要素再进一步细分。事实上，同一要素之间会有很大的不同。就劳动而言，劳动技能的高低在各国之间也像在个人之间那样有很大区别。

但是，后来的研究并没有证实里昂惕夫的美国劳动效率是他国 3 倍的假定。实际上，一般认为美国劳动效率确实高于外国，但幅度可能只有 1/5 到 1/4。另外，承认各国间要素生产效率的差异，又同赫克歇尔和俄林在论述要素禀赋理论时所强调的要素同质性的基本假定矛盾。因此，里昂惕夫本人并没有对"谜"给出合理的解释。

2. 人力资本说

里昂惕夫的解释虽然没有成功说明"里昂惕夫之谜"产生的原因，却提出了一个新的分析问题的角度，也就是为什么美国工人的劳动生产率比其他国家高？经济学家认为，这是因为美国对劳动力投入了更多的教育和训练资本，这些资本可以被视为人力资本。J. B. 克拉维斯(J. B. kravis)首先注意到，美国出口部门工人的工资率高于进口替代部门，这就说明美国出口部门的人力资本投入高于进口替代部门，如果把人力资本也计算到商品生产的资本投入中去，那么"里昂惕夫之谜"就会消失。唐纳德·基辛(Donald Keesing, 1966)运用1962年的资料对美国等14个国家进出口行业中的熟练、非熟练劳动比例进行了比较，认为美国出口商品所使用的熟练劳动比例比进口商品要高(54.6%：42.6%)。他认为美国具有相对丰富的熟练劳动和专门技能，美国出口的是技术密集程度较高的产品，而不是单纯的劳动密集型产品。他还发现，资本丰裕的国家通常出口技能密集型产品，资本稀缺的国家通常出口非熟练劳动密集型产品。其他学者的研究也支持了基辛的基本观点。鲍德温(Baldwin, 1971)发现与进口竞争产业相比，美国出口产业中受过13年或13年以上教育的工人比例较高；而进口竞争产业中大部分工人仅接受过8年或8年以下的教育。斯特恩(Stern)和马斯库斯(Maskus, 1981)发现1958—1976年美国产业的净出口规模与产业中使用的人力资本数量呈正相关关系，与产业中使用的劳动数量呈负相关关系。

越来越多的西方经济学家把劳动技能看成是人力资本，并将人力资本与物质资本等同对待。那么人力资本应如何测算？就是把熟练劳动收入高于非熟练劳动收入的部分进行资本化，通过除以利息率，看多大数量的资本能够获得与高出的收入相等的利息，这个资本量就是人力资本的数量。例如，工人A的年薪比工人B高出1万元，年利率为10%，那么我们就说工人A包含着10万元的人力资本，其年薪高出工人B的部分实际上是人力资本的报酬。同样的10万元，即使不投资在人力资本上而是存入银行，每年也能得到1万元的利息收入。

肯林在1965年运用上述方法将美国熟练劳动与非熟练劳动之间的收入差距进行人力资本换算，然后将得到的人力资本加到物质资本投入中，结果发现"里昂惕夫之谜"消失了。但鲍德温在1971年用同样的方法进行计算，结果发现"里昂惕夫之谜"依然存在。

可见，人力资本是一个新的研究角度，而且人力资本的估算是困难的。

3. 自然资源说

该解释认为，H-O理论在分析问题的过程中，只考虑到了资本与劳动这两种要素，这是不全面的。在实践中，很多产品的生产中还会用到大量的自然资源，属于自然资源密集型产品。当把自然资源考虑进来后，"里昂惕夫之谜"就变得好解释了。在其他国家，自然资源比较丰富，开采起来比较容易，不需要投入过多的资本，所以在这些国家生产这些自然资源密集型产品就不需要过多的资本，表现为劳动密集型产品；但是在美国，自然资源匮乏且开采起来比较困难，想获取资源就必须投入大量的资本。例如，在中东各国获取同样的石油花费的成本肯定比在美国低得多，这样在美国生产的资源密集型产品就表现为资本密集型产品。

M. A. 迪伯(M.A.Diab)在1956年进行的研究中发现了以下两个问题：

(1) 美国的进口竞争产品中有65%需要使用大量的自然资源，出口产品中只有15%需要使用大量自然资源。

(2) 使用大量自然资源的商品生产中资本劳动比率要高于使用较少资源的商品的资本劳动比率。

迪伯得出两个结论：

(1) 美国自然资源缺乏且资源品质较差。

(2) 美国需要大量进口使用自然资源的产品，这些产品在美国是用大量资本生产出来的，表现为美国进口资本密集型产品。也就是说，美国进口的资本密集型产品实际上是资源密集型的。

里昂惕夫也发现，美国进口产品之所以是资本密集型的，一个原因就是美国是大量矿产的进口国。这些产品既使用大量的自然资源，也使用大量的非人力资本。在出口方面，美国出口的农产品相对来说主要使用的是土地和大量的劳动力，美国进口的自然资源密集型产品恰恰资本劳动比率较高，美国出口的自然资源产品恰恰资本劳动比率较低，从而造成美国出口劳动密集型产品进口资本密集型产品的现象。根据迪伯的学说，里昂惕夫在 1956 年把 19 种需要使用大量自然资源的产品从进口项目中剔除，重新进行了计算，结果发现美国出口资本密集型产品，进口劳动密集型产品，"里昂惕夫之谜"消失了；詹姆斯·哈蒂根 (James Hartigan，1981)对美国 1947 年和 1951 年的贸易情况进行里昂惕夫式的检验，同样发现剔除自然资源密集型行业后，"里昂惕夫之谜"消失了。但 1971 年鲍德温采用相同的方法把使用大量自然资源的产品剔除之后，发现美国进口品的资本/劳动比率大为降低，但仍然高于出口产品的资本/劳动比，"里昂惕夫之谜"依旧存在。

4. 研究开发要素说

以格鲁伯(W. Gmber)、梅尔塔(D. Meita)和维农(R. Vernon)为代表的经济学家们则是将所谓"研究与开发要素"(Research and Development Factor，R&D 要素)引入了对一国贸易结构和商品流向的研究。他们研究了美国工业中的研究与开发投资同对外贸易商品结构的相互关系，主要是从技术角度来解释里昂惕夫之"谜"。

格鲁伯等人将当时美国的 19 个工业部门依研究与开发投资占销售额的比重和科学家、工程师占全部从业人员总数的比重，由低到高依次排列。他们从中发现，居于前列的交通运输产业、仪器仪表产业、化学产业和非电子机器制造产业等工业部门的销售额占美国制造业销售总额的 39.1%，它们的出口额占美国工业制成品出口总额的 72%，它们的研究与开发投资额占美国研究与开发投资总额的 89.4%。据此，格鲁伯等人得出了美国工业中研究与开发投资相对较为集中，因而技术水平相对较高的工业部门，同时又是美国的主要出口生产部门的结论。

结合研究与开发投资在对外贸易结构中的地位与作用，格鲁伯等人认为，美国正是根据由"R&D 要素"相对丰裕决定的在科学技术以及高科技产业上的比较优势，生产并出口"R&D 要素"密集程度相对较高的高科技产品，同时进口"R&D 要素"密集程度相对较低的其他商品。美国的对外贸易结构和商品流向符合 H-O 理论的基本要求。

5. 要素密集度逆转

这一学说由罗纳德·琼斯(R. Jones)提出。H-O 理论的假设前提中排除了要素密集度逆转的情况，但在现实中却无法避免要素密集度逆转的发生。由于各国的要素禀赋和要素相对价格不同，它们在生产同一种产品时可能会采用不同的方法，会更

【参考图文】

多地投入本国丰裕且便宜的要素,较少使用本国稀缺且昂贵的要素,这就产生了要素密集度逆转的可能。要素密集度逆转指的是这样一种情况:同样的产品在不同的国家或不同的要素相对价格下,表现出不同的要素密集度。某一特定的商品在劳动丰裕的国家是劳动密集型产品,在资本丰裕的国家是资本密集型产品。

以小麦的生产为例,中国的农业生产长期采用人工密集、精耕细作的劳动密集型的生产方式,大型农业机械(资本要素)投入较少,而劳动力投入较多;在美国的农业生产中,较少依靠人力,而大型的农业机械等资本品使用较多。这就意味着同样是小麦,在中国是劳动密集型产品,在美国就成为资本密集型产品。

(1) 如果中国向美国出口小麦,在中国人看来,我们是劳动丰裕的国家,出口的恰好是劳动密集型的产品小麦,符合 H-O 理论;但在美国人看来小麦是资本密集型产品,他们是资本丰裕的国家,为什么要从中国进口?于是里昂惕夫之谜就出现了。

(2) 如果是美国向中国出口小麦,在美国人看来他们出口的是资本密集型产品小麦,符合 H-O 理论;而在中国看来,进口的是劳动密集型产品,也出现了"里昂惕夫之谜"。在要素密集度逆转的情况下,不论贸易流向如何,总有一国符合 H-O 理论,而另一国则出现"里昂惕夫之谜"。

里昂惕夫在计算美国出口商品的资本劳动投入比例时,用的是美国的投入产出数据;对于美国的进口商品,他用的也是美国生产该类产品的资本劳动比例,而不是该商品在出口国国内实际生产时所使用的资本劳动比例。美国对要素密集度的定义与世界其他国家可能不同,对贸易模式的检验结果很可能是:美国出口商品 A,该商品在别的国家是资本密集型的而在美国是劳动密集型的;美国进口商品 B,该商品在国外是劳动密集型的而在美国本土是资本密集型的。

要素密集度逆转在现实中出现的可能性有多大?最早对此进行实证检验的是明哈斯(B.S.Minhas)。他在 1962 年的研究中发现,1/3 的研究样本中存在要素密集度逆转。明哈斯的研究结果受到了里昂惕夫的质疑,里昂惕夫(1964)认为明哈斯的数据来源有偏差,在纠正了这些偏差之后,出现要素密集度逆转的情况只有 8%。另一位经济学家鲍尔(Ball,1966)对明哈斯的结果进行了重新检验,发现要素密集度逆转在现实中确实鲜有发生。由此可见,用要素密集度逆转解释"里昂惕夫之谜"理论上可行但缺乏现实基础。

6. 需求偏好说

H-O 理论假设参与贸易的两个国家需求偏好完全相同,这就忽略了需求模式对相对价格从而对各国贸易模式的影响。需求偏好说从需求偏好差异的角度解释"里昂惕夫之谜"产生的原因。

这种解释假定,美国偏好资本密集型产品,而美国的贸易伙伴偏好劳动密集型产品。美国对资本密集型产品的偏好抬高了资本密集型产品的价格,以至于美国资本密集型产品的价格过高,失去了在资本密集型产品上的比较优势;因为美国并不偏好劳动密集型产品,以至于美国的劳动密集型产品价格较低,结果就使美国的比较优势从资本密集型产品的生产转移到了劳动密集型产品的生产方面。同理,美国的贸易伙伴对劳动密集型产品的偏好抬高了其国内劳动密集型产品的价格,从而削弱了他们在劳动密集型产品上的比较优势,其偏好程度较低的资本密集型产品却价格较低,最后使这些国家在资本密集型产品的生产上具有比较优势。

需求偏好说有一定的道理，但是国家之间的需求结构差异如此之大似乎是不太可能的。

7. 贸易壁垒说

【参考视频】

H-O 理论假设国际贸易是完全自由的，不存在<u>贸易壁垒</u>等阻碍因素。但现实中国际贸易并不完全自由，各个国家都或多或少地实行贸易保护，这些贸易保护行为很可能会影响到现实中的贸易模式。

假设美国的确是资本丰裕而劳动稀缺的国家，如果国际贸易是完全自由的，美国的确应该出口资本密集型产品而进口劳动密集型产品。但在现实中，因为劳动密集型产业是美国的劣势产业，所以美国会运用各种贸易壁垒限制劳动密集型产品的进口，以对劳动密集型产业进行保护，维持劳动密集型产业的就业水平，这就使得美国进口的劳动密集型产品大为减少，进口品的劳动密集程度降低；另一方面，美国的贸易伙伴也会限制来自美国资本密集型产品的进口。同时，美国为了保持技术优势，会对高技术产品的出口实行限制，而高技术产品基本上都属于资本密集型产品，这就会减少美国资本密集型产品的出口，使得出口品的资本密集程度降低。克拉维斯在 1956 年进行的一项研究中指出，美国劳动密集型产品的进口确实受到更高的进口壁垒的限制。鲍德温(1971)的研究也发现，美国对产值中劳动力含量(或称为就业含量)高于平均水平的产品，尤其是对包含非农业非熟练劳动的产品进口限制是最多的。

有人认为，如果是自由贸易，美国会进口更多的劳动密集型产品，出口更多的资本密集型产品，"里昂惕夫之谜"就可能消失。但对于这一学说，难以进行实证检验，因为没有人知道完全取消贸易限制后的情况究竟是什么样的。另外，即使这一学说是正确的，也不能否定 H-O 理论。因为如果否定了 H-O 理论关于自由贸易的假设，也就不能运用 H-O 理论进行贸易模式的推导了。

本 章 小 结

19 世纪末 20 世纪初，新古典经济学逐渐形成。在新古典经济学的框架下，建立起了比较完整的新古典贸易理论体系。与古典贸易理论相比，新古典贸易理论的变化主要体现在以下两个方面：

(1) 在两种要素的基础上分析生产成本。

(2) 采用一般均衡的方法分析贸易模式、利益及其他问题。

新古典贸易理论的基本模型由瑞典经济学家赫克歇尔和俄林提出，认为国际贸易产生的原因在于各国生产要素不同和产品的要素密集性不同。根据要素禀赋理论，每个国家应该生产并出口那些密集使用本国丰裕要素生产的产品，进口密集使用本国稀缺要素生产的产品。国家的要素禀赋和产品的要素密集度都是从相对意义上进行衡量的。

第3章 新古典贸易理论：基本模型

在一般均衡分析中，国际贸易的利益体现在社会福利水平的提高上。贸易利益可以分为两个部分：交换所得和分工所得。交换所得来源于产品相对价格的变化，分工所得来源于生产结构的调整。新古典贸易理论中的专业化分工是不完全的，这一点不同于古典贸易理论。

H-O理论一经提出，立刻与比较优势理论一起成为主流的国际贸易理论，也构成了自由贸易的理论基础。但里昂惕夫在20世纪50年代用美国数据进行统计检验的结果却不支持H-O理论，该发现被称为"里昂惕夫之谜"。此后众多经济学家的检验结果既没有完全支持H-O理论，也没有完全否定H-O理论。经济学家们从需求偏好、要素密集度逆转、贸易壁垒、人力资本和自然资源等角度对"里昂惕夫之谜"进行解释，极大地丰富和发展了国际贸易理论。

关键术语

新古典贸易理论、H-O理论、要素密集度、要素禀赋、"里昂惕夫之谜"、要素密集度逆转、人力资本

拓展阅读

[瑞] 贝蒂尔·俄林. 地区间贸易和国际贸易. 王继祖，译. 北京：首都经济贸易大学出版社，2001.

[美] 保罗·克鲁格曼，茅瑞斯·奥伯斯法尔德. 国际经济学(第5版). 海闻，蔡荣，郭海秋，译. 北京：中国人民大学出版社，2002.

[美] 丹尼斯·R. 阿普尔亚德，小艾尔佛雷德·J. 菲尔德，史蒂芬·L. 柯布. 国际经济学(第6版). 赵英军，译. 机械工业出版社，2010.

胡永刚. 贸易模式论. 上海：上海财经大学出版社，1999.

金哲松. 国际贸易结构与流向. 北京：中国计划出版社，2000.

【参考图文】

复习思考题

1. "世界上一些最贫穷的国家找不到什么产品来出口。在这些国家里，没有一种资源是充裕的。不用谈资本，也不用说土地，在一些又小又穷的国家，甚至连劳动也不充裕。"这句话对吗？生产要素"丰裕"的含义是什么？

2. 简述H-O理论的基本内容。

3. H-O理论在哪些方面发展了贸易理论？与古典贸易理论有什么不同？

4. 甲、乙两国生产要素丰裕程度不同，所以生产要素的价格也不同。甲国每单位资本价格为5元，每单位劳动力的价格为1元，乙国每单位资本价格为1元，每单位劳动力价格为3元，假设两国生产水平一样，即生产每单位鞋子均需10单位资本和1单位劳动力，生产每单位棉布均需1单位资本和10单位劳动力。试用H-O理论说明两国如何分工并开展国际贸易。

5. 查找数据，说明改革开放以来中国的要素禀赋(K/L)发生了什么样的变化。

6. 什么是"里昂惕夫之谜"？有哪些学说能够解释里昂惕夫之谜？

第 4 章 新古典贸易理论：扩展与应用

教学目标

本章是对第 3 章所讲的 H-O 模型的扩展。通过学习要素价格均等化定理、"斯托尔珀-萨缪尔森定理"和特定要素模型，重点分析国际贸易影响国内不同要素所有者的利益。同时，介绍经济增长影响一个国家贸易和福利的机理。

教学要求

知识要点	能力要求	相关知识
要素价格均等化定理	掌握 H-O-S 定理的基本内容和国际贸易对要素价格的影响，科学看待要素价格均等化定理	H-O-S 定理、要素的相对价格、要素的绝对价格
斯托尔珀-萨缪尔森定理	掌握 S-S 定理的基本内容和长期条件下国际贸易中商品价格对要素价格及收入分配的影响，能够将以上理论用于对现实问题的分析	S-S 定理，最优要素投入量
特定要素模型	认识生产要素不能完全自由流动的现实；掌握国际贸易对特定要素和公共要素收益的影响，以及它们之间的利益分配情况；能够用特定要素模型分析要素增长的影响	特定要素、公共要素、收益分配、名义收益、实际收益
经济增长与国际贸易	掌握经济增长的源泉，以及不同类型经济增长的贸易效应和福利效应；认识到经济增长中的两个潜在危险	平衡增长、不平衡增长、出口扩张型增长、进口替代型增长、小国、大国、贸易条件、荷兰病、福利恶化型增长

第4章 新古典贸易理论：扩展与应用

关于北美自由贸易协定中赢家和输家的预测

当美国、墨西哥和加拿大展开关于北美自由贸易协定(North American Free Trade Area，NAFTA)的谈判时，美国的一个主要议题就是自由贸易会对美国不同族群的生计产生怎样的影响。

由于美国和加拿大在劳动、资本、土地方面的要素禀赋相似，而且两国在1989年就签订了自由贸易协定，两国不希望NAFTA对美加贸易产生明显的影响。然而，墨西哥却是另外一种截然不同的情况。美国和加拿大都拥有相对丰裕的高素质劳动力供给，包括科学家、工程师、经理人、机械师和其他专业人员。而墨西哥则缺少具有熟练技能的劳动力，它拥有大量的半熟练和不具备任何技能的劳动力。另外，资本在美国和加拿大相对丰裕，而在墨西哥则相对稀缺。最后，墨西哥的土地和气候有利于很多蔬菜和水果的生长，却不适宜生产谷物。

有了上述简单的观察，我们可以较为清楚地评估出在美国和墨西哥的贸易协议中，谁是赢家，谁是输家。墨西哥的工业被看作是对美国的最大挑战。墨西哥的工业发展缺乏丰富的企业家和经理人，但却拥有大量的半熟练和不熟练的劳动力供给。从其不需要大量的资本投入这点看，墨西哥的企业甚至更加具有竞争力。

首先被认为会因此受益的是墨西哥小型的但具有标志性的服装产业。实际上，服装制造业的工人把自己看成是特定要素，其专业技能和特定处境使得他们无法转移到其他生产部门中去工作。

与服装制造业相类似的行业有皮革制造业、家具制造业和建筑原料行业(石材、黏土和玻璃制造业)。上述每一行业都需要一些原料类要素投入(木材、布料、皮革、原石，等等)，比升级到更高层次制造过程少得多的资本以及一大批基础劳动力。

在农业方面，专家预测劳动密集型的水果和蔬菜作物产业会在墨西哥扩张，因而在美国呈收缩状态。这些产品包括冷冻蔬菜，如花椰菜和球花甘蓝，以及柑橘属作物，如用于冷冻橘汁的橘子。不出意料地，佛罗里达州的柑橘种植者和加利福尼亚州的鳄梨种植者反对这项贸易协议。作为拥有特定要素(柑橘和鳄梨果园)的业主，他们的土地没有其他的用途可供选择。

另一方面，美国的农产品是资本密集型产品而不是劳动密集型产品，因此被看作是能够从该协定中获益的。其中较为显著的农产品例子是谷物(人食用以及动物饲料用)和油菜籽。这些农作物在生产中运用了大量的农机设备，同时当地适宜作物生产的广袤的土地和理想的气候条件让这些优质的谷物和豆类作物能够以世界上最富竞争力的价格打入墨西哥市场。所以，在墨西哥国内，玉米的种植者都反对这项协定。

第二类让美国对开放与墨西哥的自由贸易感到担心的产业是中级和初级制造业，包括汽车制造业，一些工业用机器制造业，如水泵、柴油发动机、电动机等，以及金属编织制品产业，如螺丝钉、金属扣件等。虽然这些产业需要更多的资本，但它们在美国已经是发展很完善的产业了。如需要的话，科技研究和产品开发都可以在美国进行，而真正的批量生产可以转移到墨西哥。

美国的许多汽车工人害怕北美市场开放后，美国的汽车制造业会将资本转移到拥有大量廉价的半熟练和不熟练劳动力的墨西哥去。美国汽车工人把这一将来可能的改变对他们现有工作的影响看成是灰暗而负面的，因而他们成为最激烈反对北美自由贸易协定的团体之一。

(资料来源：詹姆斯·格伯. 国际经济学(第4版). 汪小雯，黄春媛，聂巧平，译. 北京：机械工业出版社，2009: 45-46.)

请注意，本章所讲的斯托尔珀-萨缪尔森定理，以及特定要素模型是怎样分析这一影响的。

在第 3 章中我们提到，要素禀赋理论是新古典贸易理论中最有影响的理论，它全面阐述了新古典贸易理论的基本框架。完整的要素禀赋理论主要是由四大定理组成：H-O 定理，该定理研究和预测要素禀赋对贸易模式的影响；H-O-S 定理，即赫克歇尔-俄林-萨缪尔森定理，又称要素价格均等化定理，研究国际贸易对要素价格的影响；S-S 定理，即斯托尔珀-萨缪尔森定理，研究国际贸易中商品价格对要素价格及收入分配的影响；雷布金斯基定理，研究经济增长的影响。

本章我们将对新古典贸易理论的这些扩展和应用做一简要介绍。

4.1 要素价格均等化定理

4.1.1 基本内容

在赫克歇尔和俄林提出要素禀赋理论的同时，他们也作出了"要素价格均等化"推论。赫克歇尔认为，生产要素价格在理论上将趋于完全均等化；俄林认为，生产要素价格均等化只是一种趋势，因为由于产业定位以及由此发生的对生产要素的需求，不可能与各区域生产要素的配置完全适应，即使实现了生产要素价格的完全均等化，贸易将停止，各国将又回到封闭状态，原有的相对价格差异又将出现，贸易继续恢复。两人对此都没有严格的数学证明。

保罗·萨缪尔森

保罗·萨缪尔森 1915 年生于美国印第安那州加里城，美国著名经济学家。1935 年芝加哥大学学士、1936 年哈佛大学硕士、1941 年哈佛大学博士。其博士论文《经济理论的运营意义》(The Operation Significance of Economic Theory)获哈佛大学威尔斯奖。在 1947 年美国经济学会年会上，学会会长保罗·道格拉斯把美国第一届克拉克奖章授予萨缪尔森，并预言萨缪尔森将在经济学领域前途无量。1970 年萨缪尔森荣获诺贝尔经济学奖。萨缪尔森曾任麻省理工学院经济学助理教授、副教授、经济学教授、客座教授，1945 年任弗莱切法律与外交学院国际经济关系教授。此外，萨缪尔森还曾担任美国计量经济学学会会长、经济学学会会长、国际经济学学会会长和终生荣誉会长，并在一系列政府机构和公司任经济顾问和研究员。

萨缪尔森在经济学领域的贡献普遍而深远。瑞典皇家科学院认为萨缪尔森"不仅以严谨的方法改写了许多经济理论，而且在古典经济理论领域作出了一些突破性贡献"。其主要贡献在于：以对应原理把静态经济学和动态经济学紧密结合起来；把乘数理论与加速原理相结合阐发了经济周期模型；以显示偏好理论改造了消费理论基础；发展和修改了国际贸易理论的一些重要定理，诸如要素价格均等定理、时际效率定理、大道定理等，并澄清了公共物品在资源配置理论中的地位。主要著作有：《经济分析基础》(Foundations of Economic Analysis)、《经济学》(Economics)、《线性规划与经济分析》(Linear Programming and Economic Analysis)，与多夫曼、索洛合著《经济学文选》(Readings in Economics)、《萨缪尔森科学论文选》(The Collected Scientific Papers of Paul A. Samuelson)。萨缪尔森作为新古典经济学和凯恩斯经济学综合的代表人物，其理论观点体现了西方经济学的正统的理论观点，并且成为西方国家制定经济政策的理论基础。20 世纪 70 年代，西方国家的"滞胀"困境使萨缪尔森的经济理论受到了来自各方面的挑战，以萨缪尔森为代表的经济理论的正统地位发生动摇。虽然如此，但西方国家的经济仍然离不开萨缪尔森的经济理论。萨缪尔森也从其他学派(货币学派、理性预期学派、供给学派)的经济理论中吸收了许多重要观点，修正和完善自己的理论，使之适合于经济情况的瞬息万变。

(资料来源：胡代光，高鸿业．西方经济学大辞典．北京：经济科学出版社，2000：1201．)

在 H-O 理论的基本框架下，1976 年萨缪尔森对"要素价格均等化定理"进行了严格证明。要素价格均等化定理认为：

自由贸易不仅使得两国的商品价格相等，而且使得两国的生产要素价格相等，即两国的工人能够获得相同的工资率，两国的资本能够获得相同的利润率[①]，而不管两国的要素供给与需求模式如何。

也就是说，在 3.1 节里中美贸易的例子中，中美两国之间的贸易最终将使得两国的工资率相等，利润率也相等。不仅相对工资相等，而且绝对工资也相等。由于这一结论是建立在 H-O 理论基础之上的，所以也被称为"赫克歇尔-俄林-萨缪尔森定理"(H-O-S 定理)。

专栏 4-2

工业国家真实工资水平的接近

表 4-1 显示了发达工业国家制造业的小时工资随时间推移而向美国工资水平靠拢的情况。外国的平均工资(未加权)占美国工资的比率从 1959 年的 27%上升至 1970 年的 43%，1983 年的 65%，1990 年的 90%，直到 2000 年的 97%。我们不能一看到这种趋势就马上接受要素价格均等化定理。虽然这一时期国际贸易的迅速扩大可能是导致工资水平趋同的主要原因，其他因素的作用也不能忽视，如其他国家与美国之间科技水平差距的缩小，其他国家劳动力增长慢于美国，以及劳动力的国际流动等。

表 4-1　发达工业国家制造业小时工资与美国的比率(%)

年份 国家	1959	1970	1983	1990	2000
日本	11	24	51	86	111
意大利	23	42	62	79	85
法国	27	41	62	102	91
英国	29	35	53	85	84
德国	29	56	84	103	121
加拿大	42	57	75	84	90
未加权平均	27	43	65	90	97
美国	100	100	100	100	100

资料来源：Calculated from indices from： IMF，International Financial Statistics; OECD，Economic Outlook; UN，Monthly Bulletin of Statistics ;and U.S. Bureau of Statistics.

[①] 这里的"工资率"、"利润率"强调的是单位要素的收益，是用货币表示的一个市场价值概念，而不是通常理解的百分比。

同样，这些情况也不能否定要素价格均等化定理。因为如果没有国际贸易，工资水平的国际差异要比现在大得多。

(资料来源：[美]多米尼克·萨尔瓦多. 国际经济学(第9版). 杨冰，译.
北京：清华大学出版社，2008: 117.)

4.1.2　进一步分析说明

仍然用 3.1 节里中美贸易的例子来说明要素价格均等化定理的逻辑。

在贸易前，中美两国处在封闭条件下的一般均衡状态中。因为中国劳动丰裕资本稀缺，而美国资本丰裕劳动稀缺，所以中国劳动密集型产品(服装)的相对价格低于美国，而美国资本密集型产品(汽车)的相对价格低于中国。开展贸易后，中国向美国出口劳动密集型产品，美国向中国出口资本密集型产品。

开展贸易后，中国国内密集用本国丰裕生产要素(劳动)生产的服装产品价格相对汽车产品价格上涨，即中国$(P_F/P_Q)_{中}$上涨，因此中国将生产更多的服装。当中国生产资本密集型的汽车转向劳动密集型的服装时，会释放较多的资本和较少的劳动。服装生产扩张后，对劳动总需求增加，对资本总需求减少。假定要素供给不变，则中国要素相对价格$(w/r)_{中}$上升。由于劳动价格上涨，资本价格下降，中国两个行业均使用资本代替劳动，两个行业的资本(K/L)均会提高。但中国服装产品产量增加，汽车产品产量下降。

美国也会发生类似的调整。贸易后，美国国内汽车产品价格上涨，服装产品价格相对下降，即$(P_F/P_Q)_{美}$下降，因此美国将增产汽车产品，减产服装产品。劳动密集型的服装减产后，将释放较多劳动和较少资本。汽车生产扩张后，对劳动的总需求减少，对资本总需求增加。由于要素供给不变，则美国要素相对价格$(w/r)_{美}$下降，美国两个行业都会使用劳动代替资本，两个行业的资本劳动比率(K/L)均会下降。

从世界角度看，开展贸易前，中国服装产品相对价格$(P_F/P_Q)_{中}$低于美国服装相对价格$(P_F/P_Q)_{美}$，中国劳动要素相对价格$(w/r)_{中}$低于美国劳动要素相对价格$(w/r)_{美}$。开展贸易后，在商品市场，$(P_F/P_Q)_{中}$上涨，$(P_F/P_Q)_{美}$下降，直至两者都等于国际市场价格$(P_F/P_Q)_{世}$；在要素市场，$(w/r)_{中}$上升，$(w/r)_{美}$下降，直至两者相等于国际市场要素价格(图4.1)。综上所述，国际贸易将提高劳动丰裕国家劳动的相对价格，降低资本丰裕国家劳动的相对价格；提高资本丰裕国家资本的相对价格，降低劳动丰裕国家资本的相对价格。

以上阐述的是相对要素价格均等，而不是绝对要素价格均等的过程。绝对要素价格均等意味着，自由贸易会使贸易两国同类劳动的实际工资率相等，使两国同类资本的实际利润率相等。已知贸易相对要素价格相等，产品市场和要素市场都是完全竞争的，再补充以下假设：各国使用相同的生产技术，在

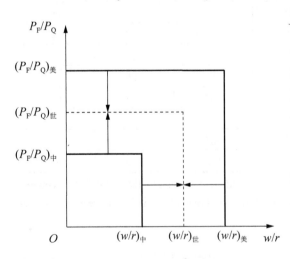

图 4.1　要素价格均等化

第4章 新古典贸易理论：扩展与应用

所有商品生产过程中均保持规模报酬不变。这样贸易就会使同质要素的绝对收入相等。

由此可知，如果在世界范围内，生产要素在供求关系影响下可以完全自由流动(即信息充分、无法规约束、无运输成本)，那么生产要素将被充分有效地利用，这样，世界要素价格应趋于均等。贸易作用于对要素的需求，而要素流动作用于对要素的供给，这两种作用都会使同质要素的绝对收入完全相同。

综上所述，要素价格差异是产品价格差异的基础，产品价格差异又构成了国际贸易的基础。随着贸易的展开，两国间的要素价格差距逐渐缩小。只要还存在一点要素价格差异，两国的产品价格差异就会继续存在，国际贸易就会继续扩大，产品价格就会继续调整，生产要素在部门间会继续流动，要素的边际产量就会继续调整。这些调整的结果最终将消除两国间的产品价格差异和要素价格差异。具体到前面中美贸易的例子上，中国工资提高的同时美国工资下降，中国资本利润下降的同时美国资本的利润上升，最终结果将是中美两国的工资相等，利润也相等。

4.1.3 评价

一方面要素价格均等化定理证明了在各国要素价格存在差异以及生产要素不能通过国际间自由流动直接实现资源最佳配置的情况下，国际贸易作为要素国际流动的替代，可以间接实现世界范围内资源的最佳配置，最终实现要素价格的均等化。另一方面，要素价格的均等是以商品价格的均等为先决条件的。现实中，由于运输成本和一些贸易壁垒的存在，各国的商品价格难以达到一致，因此，国际间要素价格均等化在现实中一般难以实现。

例如，中国改革开放30多年来，劳动密集型产业得到极大发展，使得中国的就业水平和工资水平提高，缩小了中国工人与其他国家工人的收入差距。这一事实可以在一定程度上证明要素价格均等化定理的正确性。但是我们又看到各国之间的要素收益依然存在巨大差距，即使是同质要素，在各国也不能得到相同的收入。同样的工人、同样的职业，在欧美国家拿到的工资与在中国拿到的工资差别就很大。

另外，要素价格均等还要求生产技术条件必须完全一样，这也是一个比较苛刻的条件。

因此，生产要素价格均等化定理的"化"字强调的是一种动态趋势和过程，而不是一种静态的最终结果。无论是在理论上，还是在现实中，生产要素价格均等化定理都具有非常重要的启示意义。

专栏 4-3

生产要素流动与商品流动的关系

生产要素流动与商品流动之间存在着替代和互补关系。所谓替代，是指生产要素国际流动与商品国际流动可以互相替代，商品在国家间的流动可以替代生产要素的国际流动；相反，生产要素的国际流动也可以替代商品的国际流动。按照要素禀赋理论推断，国际商品流动实际上是对生产要素流动的替代，通过国家间的商品交换，不仅商品的价格，而且生产要素的价格都会趋于均等化。在商品流动的条件下，无须生产要素的国际流动。但实际上，由于市场的不完全或垄断因素的存在，生产要素价格均等趋势受到了阻碍，客观上产生了以生产要素国际流动来替代商品国际流动的现象。

生产要素流动与商品流动除了具有完全替代关系外，还可能存在互补关系，即通过生产要素国际间的流动，一国生产的增加大于另一国生产的减少，这时，生产要素国际流动的经济利益大于国际贸易的利益，存在着互相补充的关系。在小岛清模型(详见第6章)中，他所论述的国际投资不仅包括资本的流动，而且还包括技术、经营知识和管理技能等要素的流动。生产函数较先进的国家向较落后的国家转移生产要素能扩大贸易量。综上所述，资本及其带来的其他要素的直接流动扩大了贸易，生产函数不同的国家生产条件也不相同。生产条件较优的国家把较充裕的资本、较先进的技术和较高的经营管理知识从一国转移到另一国，能扩大两国的贸易量和增加收益。

(资料来源：喆儒. 国际贸易理论与政策. 北京：人民邮电出版社，2011：149-150.)

4.2 斯托尔珀-萨缪尔森定理

4.2.1 基本内容

斯托尔珀和萨缪尔森于1941年11月在《经济研究评论》上联名发表了《贸易保护与实际工资》的论文，提出了斯托尔珀-萨缪尔森定理(Stolper-Samuelson Theorem)，简称S-S定理。论文实际上集中研究了关税等保护主义政策措施对国内收入分配的影响。在现实的经济生活中，需要获得保护的只能是那些较密集地使用本国相对稀缺的生产要素的产业部门。如果关税等保护主义政策措施使某种要素密集使用的商品的相对价格提高，必将导致该种商品密集使用要素的价格趋于上升，而另一种要素的价格趋于下降。因此，在实际的收入分配中，受到保护的那种要素的所有者处于相对有利的地位，另一种要素的所有者处于不利的地位。

但S-S定理后来被运用于解释一般意义上国际贸易中商品价格对要素价格及收入分配的影响：某一种商品相对价格的上升，将导致该商品生产中密集使用的生产要素的实际报酬上升，而另一种要素的实际报酬下降。

4.2.2 进一步分析说明

1. 基本框架

S-S定理在H-O定理的基础上提出，其分析和成立也必须满足H-O模型的全部假设条件，同时还假设两种商品都是最终产品。

工资是劳动要素的价格、报酬或收益，利润是资本要素的价格、报酬或收益。在产品市场和要素市场是完全竞争的市场条件下，厂商要实现利润最大化，其最优要素使用量或要素需求应满足以下条件：

$$W = P \times MP_L$$
$$R = P \times MP_K$$

W表示以货币衡量的劳动要素的价格，即货币工资率或名义工资率；R表示以货币表示的资本价格，即名义(货币)利润率。P表示产品价格，MP_L表示劳动的边际产量，MP_K表示资本的边际产量。边际产量与要素投入量有关。我们在这里依然假定存在着"边际产量递减规律"，在技术水平和其他要素投入不变的前提下，随着某

第4章 新古典贸易理论：扩展与应用

一种生产要素投入量的连续增加，每增加一个单位的这种要素所带来的产量增量即边际产量是递减的。要素的边际产量随自身投入量的增加而下降，随着其他要素投入量的增加而上升。例如，资本投入量增加了，一方面会使得资本的边际产量下降，另一方面也会使得劳动的边际产量上升。

从以上最优要素投入公式可以看出，要素的名义价格或收益等于产品价格乘以该要素的边际产量，即边际产品的市场价值。因此，要素价格或收益的影响有两个渠道：①产品价格(P)的变化；②边际产量(MP_L 或 MP_K)的变化。国际贸易会直接影响到产品价格，进而影响生产要素的价格；在生产要素可以在国内自由流动的情况下，国际贸易还会引起生产结构调整和生产要素在各部门间的流动，改变各种产品生产中的要素投入组合，影响边际产量(MP_L 或 MP_K)，进而改变要素价格。

我们从 3.1 节中美贸易的框架出发，即汽车是资本密集型产品，服装是劳动密集型产品；中国是劳动丰裕而资本稀缺的国家，美国是资本丰裕而劳动稀缺的国家；只有两种要素，那就是资本和劳动。我们站在中国的立场上展开分析。

要素的流动情况会有三种情况，在短期内，生产要素不会在各部门之间进行流动；在中期内，劳动力可以流动，但资本无法流动；在长期内，资本和劳动力都是可以自由流动的。S-S 定理所研究的是长期情况。

专栏4-4

国际贸易与生产要素收益

1. 短期影响

在短期内，劳动和资本都没有足够的时间在各部门之间流动，所以各部门的资本和劳动投入量就不会发生变化，劳动和资本的边际产量也就不会发生变化。贸易只能通过产品价格的变动来影响要素收益。对于中国来说，参与贸易后，服装的价格(P_F)上升，汽车的价格(P_Q)下降。参与贸易后，中国国内出口部门(服装)和进口部门(汽车)要素收益的变化情况可以用以下关系说明：

出口部门(服装)：

$$W_F(\uparrow) = P_F(\uparrow) \times MP_L(不变)$$
$$R_F(\uparrow) = P_F(\uparrow) \times MP_K(不变)$$

进口部门(汽车)：

$$W_Q(\downarrow) = P_Q(\downarrow) \times MP_L(不变)$$
$$R_Q(\downarrow) = P_Q(\downarrow) \times MP_K(不变)$$

由于中国出口服装进口汽车，造成服装价格上升和汽车价格下降，中国服装部门的工资和利润都会上升，而中国汽车部门的工资和利润都会下降。因此，在短期内，价格上升的部门(出口部门)中所有的要素都会因贸易而获益，价格下降部门(进口部门)中所有的要素都会因贸易而受损。

2. 中期影响

短期内生产要素根本来不及流动，长期内所有的生产要素都可以完全自由流动，中期是处在这两种状态之间的一种折中情况。在中期内，有的要素可以自由流动，其他要素无法流动。一般来说，劳动力的流动速度快于资本。所以我们假设在中期内，劳动要素可以在各部门间自由流动，而资本要素无法流动。

我们先看各部门的要素供给情况。生产要素会从收益低的部门流向收益高的部门。在短期内，服装部门(出口部门)的工资上升,进口部门(汽车部门)的工资下降。在中期内,劳动要素能够在各部门间自由流动。为了追求高工资和高收益,劳动要素会从汽车部门向服装部门转移。

从要素需求的角度看,产品价格的变化将引起各部门的产量调整。服装的价格上升了,服装部门的生产就要扩大,对生产要素的需求量就会提高;汽车价格下降,汽车部门的产量就会减少,对生产要素的需求量也会减少。

资本不流动而生产要素流动的结果会使各部门的资本劳动投入比例发生变化。在出口部门(服装部门),资本投入量没有变化而劳动投入量增加了,该部门会使用更多的劳动来替代相对不足的资本,结果是资本的边际产量上升,劳动的边际产量下降。进口部门(汽车部门)资本投入量没有变化而劳动投入量减少,从而使资本的边际产量下降,劳动的边际产量提高。相对于贸易之前,国际贸易对各部门工资和利润的中期影响可以表述为

出口部门(服装):

$$W_F(?) = P_F(短期\uparrow) \times MP_L(中期\downarrow)$$
$$R_F(\uparrow) = P_F(短期\uparrow) \times MP_K(中期\uparrow)$$

进口部门(汽车):

$$W_Q(?) = P_Q(短期\downarrow) \times MP_L(中期\uparrow)$$
$$R_Q(\downarrow) = P_Q(短期\downarrow) \times MP_K(中期\downarrow)$$

因此,相对于贸易之前,在中期内,价格上升的行业(出口行业)中的不流动要素继续受益,其收益不仅因为短期内产品价格的提高而提高,还因为中期内其边际产量的提高而提高;价格下降的行业(进口行业)中的不流动要素会进一步受损,其收益不仅因为产品价格的下降而下降,还因为中期内其边际产量的下降而下降。两个部门中流动要素的收益不确定。

(资料来源:朱廷珺. 国际贸易(第2版). 北京:北京大学出版社,2011:90-91.)

在长期内,所有的生产要素都可以在各部门之间自由流动。各行业的要素投入比例会进一步调整。在达到新的均衡点之前,出口行业的生产会继续扩大,进口行业的生产会继续萎缩,生产要素会继续从报酬低的部门流向报酬高的部门。

在中美贸易中,劳动要素和资本要素会从中国进口行业(汽车)流向出口行业(服装)。问题是,中国的汽车部门是资本密集型生产,所使用的资本劳动投入比例较高,当汽车生产减少时,释放出来的资本较多而劳动力较少;而服装部门是劳动密集型生产,服装生产扩大过程中产生的对劳动的需求大于对资本的需求。简单地说,汽车生产萎缩释放的资本多劳动少,服装生产扩大需要的劳动多而资本少。两个部门产量调整和生产要素自由流动的结果是,整个社会的劳动力由于服装生产的扩大而变得相对不足,资本则因为汽车生产的萎缩变得相对过剩。

在生产要素可以相互替代的情况下,相对过剩的资本就会变得相对便宜且容易获得,这部分过剩的资本会被两个部门的生产同时吸收。在这种情况下,无论是服装生产还是汽车生产,都会使用比贸易前更多的资本来替代相对不足的劳动力。结果是,两个部门的资本劳动比例(K/L)都比贸易前有所增加。两个部门劳动的边际产量会由于资本投入的增加而提高,资本边际产量则因为资本的相对过剩而下降。国际贸易对各行业工资和利润的长期影响可以表示为:

出口部门(服装):

$$W_F(\uparrow) = P_F(短期\uparrow) \times MP_L(长期\uparrow)$$

$$R_F(?) = P_F(短期\uparrow) \times MP_K(长期\downarrow)$$

进口部门(汽车):

$$W_Q(?) = P_Q(短期\downarrow) \times MP_L(长期\uparrow)$$

$$R_Q(\downarrow) = P_Q(短期\downarrow) \times MP_K(长期\downarrow)$$

在长期内,与贸易之前相比,出口行业的工资(W_F)不仅由于产品价格的上升而上升,还由于劳动边际产量的提高而进一步上升;进口部门的利润(R_Q)不仅由于汽车价格的下降而下降,还由于资本边际产量的下降而进一步下降。但国际贸易对出口行业利润(R_F)和进口行业工资(W_Q)的影响似乎不确定。对于出口部门的利润来说,产品价格提高了,资本的边际产量却下降了,两者的乘积是上升还是下降?也就是与贸易前相比,出口行业的利润到底是上升还是下降?我们很难直接确定。同样的问题也存在于进口部门的工资上。

在这里,我们放弃详细的数学证明,只用简单的经济学逻辑来加以说明。

我们知道,资本和劳动在长期内可以在各部门间完全自由流动,这种自由流动将消除部门间的要素价格差异,使得同样的要素在不同的部门得到的报酬相等。我们还知道,两个部门的工资率和利润率在贸易前也是相等的;参加贸易后,两个部门的工资和利润率在长期内也必须相等。因此,如果贸易后长期内出口部门(服装)的工资(W_F)是上升的,那么进口部门(汽车)的工资(W_Q)也一定是上升的,且上升的幅度相同。也就是说,在进口部门,劳动边际产量(MP_L)上升所产生的正面影响一定会超过产品价格(P_Q)下降的负面影响,使得汽车工人的工资(W_Q)比贸易前有所提高。

同样,由于在长期内进口部门(汽车)的资本利润率(R_Q)是下降的,所以服装部门的利润率(R_Q)也是下降的,且两者下降的幅度相同。只有这样才会使得贸易后长期内服装部门的利润率(R_Q)与汽车部门的利润率(R_Q)相等。也就是说,服装部门资本边际产量(MP_K)下降的负面影响将超过服装价格(P_F)上升的影响,两者变动的综合影响就是作为其乘积的R_F会下降。经过以上推理,国际贸易对中国要素收益的长期影响将是

出口部门(服装):

$$W_F(\uparrow) = P_F(短期\uparrow) \times MP_L(长期\uparrow)$$

$$R_F(\downarrow) = P_F(短期\uparrow) \times MP_K(长期\downarrow)$$

进口部门(汽车):

$$W_Q(\uparrow) = P_Q(短期\downarrow) \times MP_L(长期\uparrow)$$

$$R_Q(\downarrow) = P_Q(短期\downarrow) \times MP_K(长期\downarrow)$$

以上推理过程可以归纳到表4-2中,中间"贸易后"一栏中的"="对于我们的推理意义重大。

表4-2 贸易前后中国汽车部门和服装部门的要素收益状况

贸易前	贸易后(长期)	推理得出
$W_F = W_Q$	$W_F(\uparrow) = W_Q(?)$	$W_F(\uparrow) = W_Q(\uparrow)$
$R_F = R_Q$	$R_F(?) = R_Q(\downarrow)$	$R_F(\downarrow) = R_Q(\downarrow)$

结论：长期情况下，在出口产品生产中密集使用的生产要素(本国丰裕要素)价格提高，在进口产品中密集使用的生产要素(本国稀缺要素)价格降低，而不论这些生产要素在哪个部门中被使用。即，如果一个国家是劳动丰裕而资本稀缺的，在长期内国际贸易将使得该国劳动要素的报酬提高，资本要素的报酬下降。这一结论称为"斯托尔珀-萨缪尔森定理"(S-S 定理)。

2. 放大效应与实际收益变动

通过前面的分析我们知道，国际贸易使得出口品价格提高，出口品生产中密集使用的要素价格提高；进口品价格下降，进口品生产中密集使用的生产要素价格下降。斯托尔珀和萨缪尔森不仅分析了国际贸易对本国各种生产要素收益的影响，而且分析了这种影响的大小。在《贸易保护与实际工资》一文中，斯托尔珀和萨缪尔森指出，通过关税保护，美国相对稀缺要素(劳动)收益(工资)的提高幅度会超过进口竞争产品(劳动密集型产品)的价格上涨幅度，从而使得实际工资上升。换句话说，他们认为生产要素价格的变动幅度会超过产品价格的变动幅度。虽然斯托尔珀和萨缪尔森分析的是保护贸易对要素收益的影响，但其原理也可以用于分析开放贸易对要素收益的影响，只不过是变动方向相反而已。我们在这里关心的是变动的"幅度"而不是方向。美国经济学家罗纳德·琼斯进一步论证了这种效应。

从生产要素的需求公式 $W = P \times MP_L$，$R = P \times MP_K$ 可以看出，国际贸易对要素收益的影响通过两个渠道实现：产品价格的变动和要素边际产量的变动。要素货币价格(名义价格)的变化率就等于产品价格的变化率加上要素边际产量的变化率[①]。我们接着前面对中国要素收益的分析逻辑，因为汽车部门工资的变化幅度与服装部门工资的变化幅度是相同的，知道了服装部门工资的变化也就知道了汽车部门及整个中国的工资变化，所以我们选用服装部门的工资变化代表长期内中国的工资变化：

$$W_F(\uparrow) = P_F(\text{短期}\uparrow) \times MP_L(\text{长期}\uparrow)$$

在前面长期影响的分析中，中国劳动要素报酬(用 W_F 代表)的提高来源于服装价格(P_F)的上升和劳动要素边际产量(MP_L)的提高。名义工资的上升率应该是服装价格的提高率和劳动生产率的提高率之和。如果服装价格上升 5%，劳动边际产量提高 4%，那么名义工资将上升 9%。由此可见，工资的上涨幅度($\hat{W}$)大于服装价格的上涨幅度($\hat{P}_F$)，它们的符号都是正号。

另一方面，也可以用汽车部门资本价格的变动代表整个中国资本价格的变动。对于中国的稀缺要素资本来说，汽车的价格下降和资本边际产量的下降同时使得资本的价格(用 R_Q 代表)下降，即 $R_Q(\downarrow) = P_Q(\text{短期}\downarrow) \times MP_K(\text{长期}\downarrow)$。资本价格的下降率等于汽车价格的下降率加上资本边际产量的下降率，所以资本价格的下降幅度($\hat{R}$)大于汽车价格的下降幅度($\hat{P}_Q$)。这里的"幅度"是用绝对值定义的，因为它们的符号是负的。

通过以上分析，参与国际贸易后中国产品价格与要素价格之间的变动幅度关系可以表示成以下不等式：

[①] 数学原理如下：如果 $z = x \cdot y$，则变动量为 $dz = y \cdot dx + x \cdot dy$，变动率为 $\dfrac{dz}{z} = \dfrac{y \cdot dx + x \cdot dy}{x \cdot y} = \dfrac{dx}{x} + \dfrac{dy}{y}$。

$$\hat{W} > \hat{P}_F > 0 > \hat{P}_Q > \hat{R}$$

如果中国服装的价格上升1%，工资的上升幅度就会超过1%；如果中国汽车的价格下降1%，名义利润率的下降幅度就会超过1%。要素价格的变动幅度大于产品价格的变动幅度，这就是"放大效应"。$\hat{P}_F > \hat{P}_Q$ 反映了服装价格相对价格(P_F/P_Q)的上升，因为服装相对价格的变动率等于服装价格的变动率减去汽车价格的变动率，即 $\hat{P}_F - \hat{P}_Q > 0$[①]。

专栏4-5

国际贸易是否增加了美国的工资差别

在过去20年间，国际贸易是否增加了美国以及其他工业国家熟练工人和非熟练工人之间的工资差别？答案是肯定的，但是国际贸易也许不是主要原因。首先我们来看一些事例。1979—1993年，美国高中毕业生的平均真实工资下降了20%多，大学毕业生的工资则上涨了11%，这导致熟练工人和非熟练工人之间真实工资差别的大幅增加。根据另一项研究，1973—1996年，美国大学毕业生和高中毕业生的真实工资差别增加了63%，我们的问题是，国际贸易在多大程度上导致了这一差别的增加？

关于这个问题有很多争论，一些经济学家，如伍德(Wood，1994，1995，1998)、博哈斯和雷米(Borjas and Ramey，1994)、萨克斯和沙茨(Sachs and Shatz，1994，1996，2001)、罗德里克(Rodrik，1997)以及芬斯特和汉森(Feenstra and Hanson，2001)认为过去20年间，新兴工业国家制成品出口的增长是美国工资差别增加和西欧失业的主要原因。

另外一些经济学家，如克鲁格曼和劳伦斯(Krugman and Lawrence，1994)、巴格瓦蒂和克斯特斯(Bahgwati and Kosters，1994)、克鲁格曼(1995，2000)、斯劳特和威格尔(Slaughter and Wagel，1997)以及经合组织(1998)则指出，工业国家从低工资国家进口的非石油产品仅占工业国家国内生产总值的大约3%，因而贸易不可能是过去20年美国非熟练工人真实工资大幅下降和西欧失业大幅增长的主要原因。他们承认国际贸易确实为工业国家非熟练工人带来了麻烦，但是贸易对于美国熟练工人和非熟练工人之间真实工资差别的增加只起了很小的作用(不超过10%~15%)。这些差别的增加也许是由于技术的改进，如自动化和计算机化，从而使美国和欧洲对非熟练工人的需求大幅减少。

表4-3 美国工资差异的原因

工资差异原因	影响程度(%)
技术进步	37.7
贸易	10.1
停滞的最低工资	7.2
工会衰落	4.4
移民	2.9
无法解释的原因	37.7

资料来源：At the Heart of the Trade Debate: Inequity. The Wall Street Journal. 1997(10), A2.

---

① 如果 $z = \dfrac{y}{x}$，则 z 的变动量为 $\mathrm{d}z = \dfrac{x \cdot \mathrm{d}y - y \cdot \mathrm{d}x}{x^2}$，$z$ 的变动率为 $\dfrac{\mathrm{d}z}{z} = \left(\dfrac{x \cdot \mathrm{d}y - y \cdot \mathrm{d}x}{x^2}\right) \bigg/ \left(\dfrac{y}{x}\right) = \dfrac{\mathrm{d}y}{y} - \dfrac{\mathrm{d}x}{x}$。

上述论述似乎证明了这样的观点：国际贸易加速了旨在节约(非熟练)劳动的技术创新，从而间接影响对非熟练工人的需求和他们的工资。但在过去20年间，国际贸易对工业国家非熟练工人的需求以及这些工人的工资只有很小的直接影响。4-3表显示了1995年影响美国工资差别的因素。

(资料来源：[美]多米尼克·萨尔瓦多. 国际经济学(第9版). 杨冰,译. 北京：清华大学出版社，2008：115.

4.2.3 意义

S-S定理告诉我们，国际贸易使一国出口商品价格上升，出口商品生产中密集使用的生产要素即该国的丰裕要素的报酬将会提高，而进口商品中密集使用的要素即该国的稀缺要素的报酬将会下降，因而表明：

(1) 自由贸易有利于该国的丰裕要素所有者。

(2) 如果一国对进口商品征收关税，征税的结果是使进口商品的价格上升，必然导致该国稀缺要素的报酬上升，而丰裕要素的报酬下降。

(3) 国际贸易虽然能提高整个国家的福利水平，但并不是对每一个人都有利，在一部分人在收入增加的同时，另一部分人的收入却减少了。国家贸易会对一国要素收入分配格局产生实质性的影响，这也恰恰是为什么有人反对自由贸易的原因。

专栏 4-6

国际贸易与国内收入差距

H-O理论提出，一国出口那些密集使用本国丰裕要素生产的产品，进口那些密集使用本国稀缺要素生产的产品。把这一贸易理论扩展到对要素价格的影响，就有了斯托尔珀-萨缪尔森定理。该定理指出，在展开国际贸易的情况下，一国丰裕要素所有者的收入会提高，而稀缺要素所有者的收入会降低。这就隐含地提出了贸易增长与国内收入差距扩大之间的某种联系。

例如，在美国，熟练工人是其丰裕要素，非熟练工人是其稀缺要素，但熟练工人的工资依然高于非熟练工人的工资。国际贸易的结果将是提高熟练工人的收入，而降低非熟练工人的收入。国际贸易不是恰好使得本来存在的收入差距更大了吗？通过深入调查美国要素收入的情况，可以找到收入差距扩大的证据。在1979年，至少获得学士学位、年龄等于以及大于25岁的全职男性雇员比那些不超过高中学历的同类雇员薪水高49%；到了1989年，这种高出部分上涨到了89%[1]。

我们面临的问题是：工资差距在多大程度上是由贸易的增长造成的？大多数研究成果表明，贸易是导致收入分配差距扩大的一个原因，但不是主要原因。博尔哈斯(Borjas)、弗里曼(Freeman)和卡茨(Katz)计算的结果是，1983—1988年美国大学毕业生与高中毕业生间工资差距的8%~15%是由贸易和移民进入美国这两个因素共同造成的，其中大部分归因于贸易因素。另一些研究则发现一些轻微影响。弗里曼总结认为："对非熟练劳动需求的下降导致美国工资差距不断扩大或者欧洲失业率的不断上升中，贸易的影响仅能解释其中的10%~20%。"

其他经济学家则对这种贸易对收入差距仅有较小影响的结论持不同看法。亚德里安·伍德(Adrian Wood)认为，发展中国家之间的贸易增长导致了发达国家内部收入不平等的日益加剧；他

---

① [美]丹尼斯·R. 阿普尔亚德，小艾尔佛雷德·J 菲尔德，史蒂芬·L 柯布. 国际经济学(第6版). 赵英军，译. 北京：机械工业出版社，2010：136.

认为发达国家对非熟练劳动的需求被大大低估了。如果发达国家自行生产劳动密集型产品来替代发展中国家的进口产品，对低技能工人的需求比想象中要多得多。

可见，国际贸易与国内收入差距之间的关系是一个充满争议的问题。在看待贸易增长与收入分配差距扩大之间的关系时，我们还必须考虑以下问题：

(1) 根据斯托尔珀-萨缪尔森定理，要素价格的变化与密集使用这些要素的商品价格变化的方向是相同的。一国进口的是密集使用本国稀缺要素生产的产品，进口使得该类产品的价格下降，并使得本国稀缺要素的价格下降；一国出口的是密集使用本国丰裕要素生产的产品，贸易后该类产品价格上升，丰裕要素的价格也会提高。然而有研究指出，近年来非熟练劳动密集型商品相对于熟练劳动密集型商品来说，价格并没有出现明显的下降。既然国际贸易没有影响到产品价格，至少没有对非熟练劳动密集型产品的价格产生不利的影响，又怎么会引起要素价格的不利变动呢？

(2) 在发达国家，相对于非熟练劳动，对熟练劳动需求的增加并不局限于贸易相关产业，实际上几乎所有的产业都会涉及。如果贸易引起了非熟练劳动价格的下降，那么非贸易行业应该增加对非熟练劳动的使用量，因为非熟练劳动更便宜了。事实并非如此，在所有行业，熟练劳动相对于非熟练劳动的使用比例都提高了。在现代经济条件下，由于技术进步，各个行业对熟练劳动的需求都普遍提高了。

(3) 除了贸易和技术进步的影响外，非熟练劳动收入的下降可能有其他原因。比如在美国，非熟练劳动移民的流入，工会组织影响力的下降，实际最低工资水平的下降(最低名义工资上涨速度小于物价水平的上涨速度)等。

(资料来源：朱廷珺．国际贸易．第2版．北京：北京大学出版社，2011：96-97.

4.3 特定要素模型

前面所介绍的H-O定理及其扩展实际上是一种长期分析，是在长期条件下，从供给面来探讨要素禀赋与国际贸易的关系。同时，我们假设只有两种要素两种产品，产品与要素的种类相等。但是如果要素种类多于产品(行业)的种类，比如说三种要素和两种产品，贸易对生产和收入分配又会产生什么样的影响呢？这需要用"特定要素模型"(即2×2×3)加以说明。这个模型假定两个国家都只生产两种产品；劳动可以在两个部门间流动，是一种流动要素；其他要素则是特定的，只能被用于生产某种特定产品，即假定某些要素是特定用以某些行业的，这些要素是不可在行业之间流动的。例如，粮食生产使用土地和劳动两种要素，而机器生产使用资本和劳动两种要素。实际上，在这个例子中，土地和资本都属于特定要素，只不过这里要素的特定性与时间无关。

特定要素模型是保罗·萨缪尔森和罗纳德·琼斯创建发展的。根据特定要素模型所得出的结论是：贸易对一国流动要素的影响是不明确的，而将有利于该国生产出口商品的非流动要素，而不利于该国生产进口竞争商品的非流动要素。

我们假设有两种产品：粮食(G)和机器(M)；三种要素：资本(K)、劳动(L)和土地(T)。粮食的生产需要土地(T)和劳动(L)两种要素，机器的生产需要资本(K)和劳动(L)两种要素。劳动要素可以在粮食和机器两个部门之间自由流动；但资本和土地不具有任何流动性，土地只能用于生产粮食，资本只能用于生产机器。我们把劳动要素称为公共要素，它是两个部门的生产中都会用到的；土地和资本称为特定要素，它们只能适用于某个特定部门的生产。

4.3.1 基本框架

1. 生产函数与要素需求

我们仍然假设生产要素是充分就业的，所有的土地都投入到粮食的生产中，所有的资本都投入到机器的生产中。劳动作为公共要素被同时分派到两个部门中，但哪个部门用得多，哪个部门用得少还不确定。$\bar{L}$ 表示既定的劳动要素总量，L_G 表示粮食生产中使用的劳动量，L_M 表示机器生产中使用的劳动量。两个部门的生产函数可以写成：

$$Q_G = f(\bar{T}, L_G)$$
$$Q_M = f(\bar{K}, L_M)$$

且

$$\bar{L} = L_G + L_M$$

由于特定要素(T 和 K)的数量是不变的，所以粮食和机器的产量实际上是各自劳动投入量的一元函数，其生产函数在几何图形上可以表示为图 4.2 的形状。生产曲线往右上方倾斜，表示总产量随着劳动投入量的增加而增加；随着劳动投入的增加，产量曲线越来越平坦。也就是斜率递减，表示在特定要素投入量($\bar{T}$ 和 $\bar{K}$)不变的条件下，劳动的边际产量是递减的。

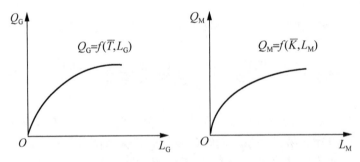

图 4.2 粮食和机器的生产函数

在完全竞争条件下，厂商的最优要素投入应使得边际产品的市场价值等于要素名义价格。在这里，粮食和机器两个部门的劳动使用量应满足以下条件：

$$W_G = P_G \cdot MP_G(L)$$
$$W_M = P_M \cdot MP_M(L)$$

W_G 表示劳动要素在粮食生产部门取得的价格或报酬，即粮食部门的名义工资或货币工资；P_G 表示粮食的价格；$MP_G(L)$ 表示劳动在粮食部门的边际产量，它是 L 的减函数。W_M 表示机器部门的货币工资；P_M 表示机器的价格；$MP_M(L)$ 表示劳动在机器部门的边际产量，它同样是 L 的减函数。

由于边际产量递减规律，在其他要素投入量不变的条件下，随着劳动投入量的增加，劳动的边际产量是递减的。而产品价格是由完全竞争条件下产品市场的供求均衡决定，不会发生变化。所以，在给定产品价格的前提下，劳动需求曲线是一条往右下方倾斜的曲线。粮食部门和机器部门的劳动需求曲线可以表示为图 4.3。纵轴代表货币工资水平，横轴代表劳动使用量。我们也可以把这样的需求曲线称为货币工资下的劳动需求曲线。

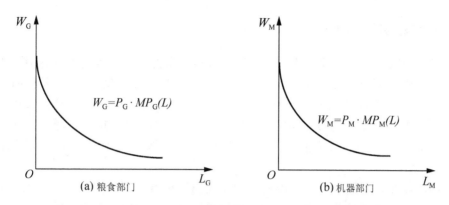

图 4.3　给定产品价格下粮食部门和机器部门的劳动需求曲线

2. 公共要素在两个部门间的分配

我们可以将以上两个部门的劳动需求曲线合并到一张图中，新坐标系中横轴的长度代表既定的劳动总量 $\bar{L}$。

在生产要素可以自由流动的情况下，两个部门中的工资必须相等。否则，劳动要素就会从工资低的部门流向工资高的部门。在图 4.4 中，在粮食部门的劳动使用量为 L_G，机器部门的劳动使用量为 L_M 时，劳动要素在两个部门间的分配就达到了均衡状态，且 $\bar{L}=L_G+L_M$。此时所有的劳动要素都得到了利用，不存在任何闲置和短缺。两个部门的工资都为 W^*，劳动不会在部门之间进一步流动，因为无论在哪里得到的报酬都是一样的。

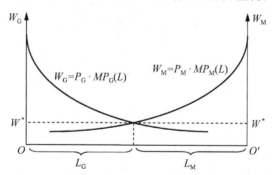

图 4.4　作为公共要素的劳动在两个部门间的分配

3. 特定要素与公共要素之间的利益分配

给定生产函数、特定要素的数量以及公共要素劳动的使用量，我们就会得到产品的生产量；如果进一步给定产品的价格，我们就会知道所生产的产品的市场价值——生产者的总收益。我们现在需要知道这个总收益是如何在特定要素和公共要素之间分配的。

图 4.4 也反映了各种生产要素的收益。其中工资水平(W^*)以下的面积代表的是两个部门的劳动总收益，其中 $W^*\times L_G$ 为粮食部门的劳动收益，$W^*\times L_M$ 为机器部门的劳动所得。工资水平线 W^* 以上，劳动需求曲线以下的部分分别表示特定要素的收益。W_G 以下 W^* 水平线以上的三角形面积是土地的总收益，W_M 以下 W^* 水平线以上的三角形面积是资本的总收益。

4.3.2 国际贸易与收入分配

分析了单一国家的特定要素模型后，现在要转而研究特定要素模型中的国际贸易。

如果一国由封闭走向开放，那么两种产品的价格都会发生变化。出口品的价格提高，出口部门对公共要素的需求曲线上升；进口品的价格下降，进口部门对公共要素的需求曲线下降。公共要素的配置状况发生变化，出口部门占用的公共要素增加，进口部门占用的公共要素减少。公共要素的名义价格变动不确定，取决于两个部门要素需求曲线的移动幅度。

如上例，现在开展贸易了，一国进口粮食而出口机器。那么粮食的价格就会下降，粮食部门对劳动要素的需求曲线将下降；机器价格提高，机器部门对劳动的需求曲线上移。如图 4.5 所示。对公共要素配置和特定要素收益的影响是，粮食部门占用的劳动减少，土地要素的实际收益(地租)下降，名义收益也下降[①]；机器部门占用的劳动增加，资本要素的实际收益(利润)上升，名义利润也上升[②]。名义工资的变化是不确定的，取决于两条曲线的相对移动幅度，图 4.5 中劳动要素价格(名义工资)略有上升。

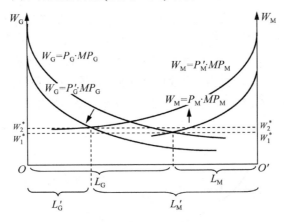

图 4.5　开放贸易对公共要素配置的影响

开放贸易对各种要素收益的影响如下。

(1) 公共要素的名义收益变化不确定。但其变化幅度小于出口品价格的变化(上升)幅度，也小于进口品价格的变化(下降)幅度，所以用出口品衡量的实际收益下降，用进口品衡量的实际收益上升。

(2) 出口部门占用的公共要素增加，产量增加；进口部门占用的公共要素减少，产量减少。

(3) 出口部门的特定要素收益上升，进口部门的特定要素收益下降，无论是名义收益，还是实际收益，都是如此。

---

① 粮食部门的劳动投入减少，导致实际地租下降；且粮食价格因进口而下降，名义地租(实际地租乘以粮食价格)自然也会下降。

② 机器部门的劳动投入增加，导致资本的实际收益上升；且机器价格因出口上升的，所以资本的名义收益(实际收益乘以机器价格)也上升。

4.3.3 应用分析

1. 进口限制的影响:"谷物法"的经济学分析

我们分析一种由自由贸易变动到进口限制的情形。这样做,一是为了简化分析,二是因为这正好与李嘉图时代英国"谷物法"争论的情形相贴近。

假设对于英国来说,粮食是其进口竞争产品,机器是其出口产品。假设英国本来是实行自由贸易的,粮食和机器的国内市场价格都等于国际市场价格。给定了机器和粮食的价格,也就给出了一种两部门生产的均衡状态,以及各部门内特定要素和公共要素的利益分配状态。这种初始状态如同图 4.4 所示,只不过这时的产品价格等于国际市场价格。

但是英国现在对粮食进口实行限制,限制的结果是使得国内粮食价格提高了,高于国际市场价格。粮食价格的提高使得粮食部门对公共要素(劳动)的需求曲线向上移动,表示对于同样数量的劳动要素,粮食生产者愿意支付更高的价格;或者同样的劳动要素价格下,粮食生产者对劳动要素的需求量增加。机器依然是自由出口,所以机器的价格不变,机器部门劳动需求曲线的位置也是不变的,如图 4.6 所示。

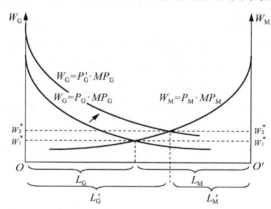

图 4.6 进口限制对公共要素价格和配置的影响

限制进口的结果是提高了粮食的价格,使得粮食部门的劳动需求曲线向右上方移动。劳动市场均衡时的名义工资率由 W_1^* 提高到 W_2^*,名义工资的上升幅度小于粮食价格提高的幅度[①],但机器的价格不变。所以,以粮食衡量的实际工资(W/P_G)下降,以机器衡量的实际工资(W/P_M)上升。公共要素在两个部门之间的配置状况也发生了变化,粮食部门占用的公共要素劳动增加,由 L_G 增加到 L_G';机器部门占用的劳动要素减少,由 L_M 减少到 L_M'。

公共要素在两个部门之间配置状况的变化也会影响到两个部门特定要素的收益。从图 4.6 看出,粮食的进口限制使得粮食部门中占用的公共要素劳动增加,而机器部门中占用的劳动减少。所以粮食部门中特定要素(T)的名义收益(地租)上升,实

---

① 粮食价格提高的幅度由 $W_G = P_G \cdot MP_G$ 曲线垂直向上移动的幅度代表。

际收益(地租)也会上升[①]；机器部门中特定要素(K)的名义收益下降，粮食的价格提高，机器的价格不变，所以不论用粮食衡量还是用机器衡量，资本的实际收益都是下降的。即限制粮食进口使得地租增加，资本利润减少，无论是名义的还是实际的。

以上分析可以看作是对"谷物法"争论的经济学分析，我们看到，限制粮食进口提高了工资，降低了机器部门特定要素(K)的收益(利润)，不利于资本家的利润积累和再投资，这就是当时工业资产阶级竭力反对"谷物法"的原因；而粮食进口增加了粮食部门特定要素(T)的收益(地租)，所以作为土地要素所有者的地主贵族反对废除"谷物法"，主张继续限制粮食进口。特定要素模型对要素配置、要素价格、各部门产量和收益分配的分析，在今天依然具有重要的启示意义。

2. 特定要素增长的影响

在这里，我们假设粮食部门中的特定要素——土地(T)的数量增长了，公共要素(L)和机器部门中特定要素(K)的数量不变。这会对要素的配置和收益分配产生怎样的影响？

因为土地的数量增长了，在粮食生产中有了更多的土地与劳动搭配，所以粮食部门中劳动的边际产量会增加，边际产量的这种增加是由外生变量的变化引起的，所以粮食部门劳动的边际产量曲线会向上移动，粮食部门的劳动需求曲线也会向上移动，该状况类似于图 4.6 分析的粮食价格上升的影响。

特定要素土地的数量增长后，劳动的价格(名义工资)上升，因为产品价格并没有变化，所以实际工资也会上升。粮食部门的劳动投入量增加，机器部门的劳动投入量减少。土地的名义收益(地租)增加，即使产品价格不变，实际地租也会增加。但土地数量也比以前多了，所以我们无法确定平均地租的变化。资本的名义收益和实际收益都会下降。

某部门特定要素增长的结果是：

(1) 公共要素的名义收益提高，因为产品价格不变，所以实际收益也会提高。

(2) 该部门占用的公共要素增加，产量也增加；另外一个部门占用的公共要素减少，产量也会减少。

(3) 该部门特定要素的名义总收益和实际总收益都会增加，但平均收益的变化不确定；另外一个部门特定要素的名义收益和实际收益都会下降。

3. 公共要素增长的影响

如果特定要素(土地和资本)的数量不变，公共要素劳动的数量增加了，又会产生怎样的影响？

如图 4.7 所示，公共要素劳动的数量增长使得劳动市场的规模扩大了，在图形上表现为劳动数量轴更长了。机器部门的劳动需求曲线向右平移[②]。由于产品价格和生产函数并没有发生变化，所以两部门对劳动要素的需求曲线并没有发生变化，仅仅是参照了新的坐标

---

① 粮食部门中劳动投入增加了，实际地租上升；粮食价格因为进口限制而提高，所以名义地租(实际地租乘以粮食价格)也上升了。

② 劳动数量轴向左、向右或同时向左右扩展都是可以的，两条劳动需求曲线分别向左、向右或同时向左右移动都可以。

原点而已。过剩的劳动力会给劳动市场带来压力。如果工资维持现行水平,新增加的劳动力就无法就业,过剩的劳动力给市场工资带来向下的压力。劳动市场调整的结果将是名义工资下降,因为产品价格不变,实际工资也会下降。新增加的劳动力分别被两个部门吸收利用,两个部门的劳动投入都会增加,但增加的幅度取决于各自的"$W=P\cdot MP_L$"条件。因为两个部门中使用的劳动要素都增加了,且产品价格没变,所以两个部门特定要素的名义收益和实际收益都会增加。

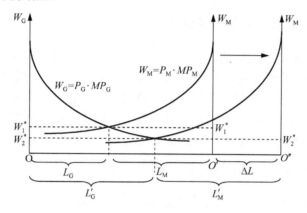

图 4.7 公共要素增加的影响

公共要素增长的结果如下:

(1) 公共要素的名义收益下降,用实物表示的实际收益也会下降,因为产品价格是不变的。

(2) 两个部门公共要素(劳动)的投入量都会增加,两个部门的产量也都会增加。

(3) 两个部门特定要素的实际收益和名义收益都会增加。

4.3.4 意义

特定要素模型揭示了不同部门或行业对贸易政策所持态度的原因。资本归股东所有,自由贸易将会使出口部门的资本家(或厂商主)受益,进口部门的资本家受损。因此,两个部门的资本家对自由贸易持相反的态度。对于两个部门的劳动者来说,他们对自由贸易的态度不一定。因此,在制定贸易政策时,常会有来自不同部门的势力进行游说。来自于出口部门拥有特定要素的利益集团会鼓动政府采取更为自由的贸易政策,而来自于进口替代部门拥有特定要素的利益集团则会极力鼓动政府采取严厉的贸易限制措施。

4.4 经济增长与国际贸易

迄今为止,我们讨论的贸易模型都是静态的,即在给定一国要素禀赋、技术和偏好的情况下,讨论一国的贸易模式和贸易利益。然而,随着一国资本的积累、人口的增长、教育的发展普及、国家间的要素流动(如国际投资、移民等)和新土地的开垦,一国的生产要素数量会发生变化;此外,技术水平也是不断提高的,可能因为自主研发,也可能是因为来自外部的技术转移或者技术外溢;随着收入水平的提高或者对外交流的进行,一国的偏好也会发生变化。要素禀赋、技术和偏好随着时间变化,该国的生产能力、贸易规模和社会福利也会随着时间动态变化。

在这一节,我们对前面的 H-O 模型进行动态化扩展,以体现上述变化。我们在这里仍然假设需求偏好不变,集中关心生产能力方面的变化。这种变化有两个来源:一是要素禀赋的变化;二是技术的变化。它们对生产能力、贸易和福利状况的影响方式在原理上是相同的。在这两个来源中,我们更关注要素禀赋的变化。

4.4.1 生产要素增加、技术进步与经济增长

在现实中生产要素是非同质的。但为了简化分析,在这里我们依然假设生产要素具有同质性,我们就得到了两种要素,即资本(K)和劳动(L)。在现实中,虽然还有许多其他要素,如自然资源、土地、企业家才能等,但我们忽略它们的存在。两种要素的假设使得我们可以方便地利用平面几何图形分析我们的问题。我们还假设有两种产品,X 是劳动密集型产品,Y 是资本密集型产品。在这里,经济增长表现为一国生产能力的扩大或提高。

1. 随着时间变化的劳动增长与资本积累

随着时间的推移,资本的积累或劳动数量的增长将引起一国生产能力的扩大,这种扩大在几何图形上表现为生产可能性曲线向外扩张或移动。扩张的形状和幅度取决于资本和劳动的相对增长幅度。经济增长的三种类型如图 4.8 所示。

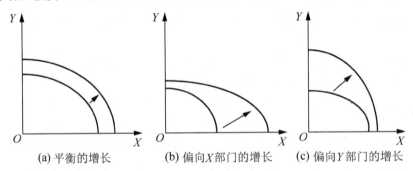

图 4.8 经济增长的三种类型

如果资本和劳动两种要素按照相同的比例增加,那么生产可能性曲线将按照两种要素的增长率同比例地在两个方向(X 和 Y)上外移。这被称作"平衡的增长",意味着资本密集型产品(Y)和劳动密集型产品(X)的生产能力得到了相同幅度的提高。

但在现实中,资本增长和劳动增长的比率通常是不一样的,这就产生了"不平衡增长"。

如果只有劳动要素增加了,在劳动密集型产品生产能力提高的同时,资本密集型产品的生产能力也会提高,因为劳动在一定程度上可以替代资本。但是劳动密集型产品(X)生产能力的提高幅度将大于资本密集型产品(Y)。在几何图形上表现为,生产可能性曲线在横轴(X)上扩张的幅度大,在纵轴(Y)上扩张的幅度小。

反之,如果只有资本要素增长了,或者资本要素的增长率高于劳动要素,那么资本密集型产品和劳动密集型产品的生产能力都会提高,但是资本密集型产品(Y)生产能力的提高幅度要高于劳动密集型产品(X)。在几何图形上表现为,生产可能性曲线在纵轴(Y)上扩张的

幅度大,在横轴(X)上扩张的幅度小。

与贸易问题结合起来,不平衡的增长又分为两种类型"出口扩张型增长"和"进口替代性型增长"。"出口扩张型增长"是指一国具有比较优势的部门(即出口部门)所密集使用的生产要素(本国丰裕要素)增长较快,这种增长也被称作"亲贸易的"或"顺贸易的";"进口替代型增长"是指一国不具有比较优势的部门(即进口竞争部门)所密集使用的生产要素(本国稀缺要素)增长较快,也被称作"反贸易"或"逆贸易"的。在后面考察经济增长的贸易效应时,我们就是分这两种情况展开分析的。

国家与地区在生产要素禀赋上的相对变化

表 4-4 给出了各国与地区 1973 年和 1993 年资本、技能劳动、非技能劳动要素禀赋的变化情况。表中最重要的变化是美国、欧盟、东欧(包括俄罗斯)资本相对份额的大幅下降以及其他国家与地区资本相对份额的上升。美国与欧盟在这段时间资本的绝对量肯定是上升的,但上升的幅度小于其他国家与地区,所以相对份额是下降的。东欧(含俄罗斯)面临资本绝对量的下跌。这意味着工业国家资本相对密集型产品的比较优势在 1973—1993 年这一段时间削弱了,只有日本与加拿大的情况与之相反;发展中国家在资本密集型产品上的优势则上升了。我们还可以看出,所有发达国家在技能密集型商品上的比较优势在这段时间是下降的,只有加拿大的情况相反;最后,工业国家及在非技能密集型商品上的比较劣势上升。

表 4-4　以占世界总量百分比表示的 1973 年和 1993 年各国要素禀赋的变化(年平均百分比)

国家/地区	资本		技能劳动		非技能劳动	
	1973 年	1993 年	1973 年	1993 年	1973 年	1993 年
美国	27.0	20.8	23.1	19.4	3.4	2.6
欧盟	25.5	20.7	17.5	13.3	7.6	5.3
日本	7.3	10.5	13.4	8.2	2.0	1.6
加拿大	1.7	2.0	1.4	1.7	0.5	0.4
其他经合组织国家	5.7	5.0	2.8	2.6	2.2	2.0
墨西哥	1.6	2.3	0.7	1.2	1.0	1.4
其他拉美国家	6.0	6.4	2.9	3.7	4.7	5.3
中国	4.4	8.3	15.4	21.7	29.0	30.4
印度	2.8	3.0	5.4	7.1	15.2	15.3
亚洲其他国家	1.8	3.4	3.8	5.3	8.5	9.5
东欧(含俄罗斯)	9.9	6.2	8.0	3.8	9.9	8.4
石油输出组织国家	2.7	6.2	2.3	4.4	6.1	7.1
世界其他国家	2.6	2.5	2.3	4.0	8.5	10.0
总计	100	100	100	100	100	100

(资料来源:Elaboration on W. Cline, Trade and Income Distribution (Washington, D. C.: Institute for International Economics, 1997: 83-185.)

一些国家资本/劳动比率的变化

表 4-5 给出了 1979—1997 年按 1990 年美元价格计算的人均资本存量。在这段时间内,工业国家中的加拿大、西班牙、美国、德国和日本的工人人均资本存量的增长率要快于法国、意大利和英国。在发展中国家,韩国的这一指标增长了两倍多;而肯尼亚的指标是下降的。相对于表格中所有其他国家,除肯尼亚外,美国在资本密集型产品上的比较优势是下降的。

表 4-5 1979—1997 年一些国家的资本/劳动比率变化

国　家	人均资本存量(美元)		变化率(%)
	1979 年	1997 年	
日本	64 218	77 429	20.6
德国	50 487	61 673	22.2
加拿大	45 294	61 274	35.3
法国	53 901	59 602	10.6
美国	40 366	50 233	24.4
意大利	43 876	48 943	11.5
西班牙	29 384	38 897	32.4
英国	27 041	30 226	11.8
韩国	13 002	26 635	104.8
智利	10 784	17 699	64.1
墨西哥	13 681	14 030	2.6
土耳其	8 976	10 780	20.1
泰国	3 144	81 06	157.8
菲律宾	4 072	6 095	49.7
印度	2 135	3 094	44.9
肯尼亚	2 518	1 412	-43.9

资料来源:A. Heston, R. Summers, B. Aten, Penn World Table Version 6.1,October 2002, Auther's calculation on preliminary results, excludes residential construction capital; 转引自:[美]多米尼克·萨尔瓦多. 国际经济学. 第9版. 杨冰,译. 北京:清华大学出版社,2008:177-179。

2. 雷布津斯基定理

在分析生产要素增长问题时有一条重要的定理,就是雷布津斯基定理。该定理认为,在商品相对价格、生产技术和需求偏好不变的前提下,一种生产要素的增加会导致密集使用这种要素的产品的产量增加,另外一种产品的产量减少。即如果劳动要素增加了,劳动密集型产品的产量将会增加,同时资本密集型产品的产量将会减少;反之亦然。

这里的产量变化强调的是一般均衡状态下的均衡产量(由最优生产点代表)的变化,不同于上面提到的生产能力(由生产可能性曲线代表)的变化。

3. 技术进步

在现实中，不仅不同生产要素的增长幅度不同，而且技术进步也表现出不同的偏向性。在这里我们采用约翰·希克斯的定义，将技术进步分为中性的技术进步、劳动节约型技术进步和资本节约型技术进步三种类型。技术进步使得要素的生产率提高，要素生产率的提高相当于要素数量的"倍增"。

【参考图文】

在中性技术进步下，资本的生产率与劳动生产率同比例增加。中性技术进步对生产能力的影响相当于两种要素的同幅度增长，导致平衡的增长；劳动节约型技术进步下，劳动要素生产率的提高幅度大于资本生产率，其对经济增长的影响相当于劳动要素数量的增长，导致偏向劳动密集型产品的不平衡增长；在资本节约型技术进步下，资本生产率的提高大于劳动生产率的提高，资本生产率的提高相当于资本数量增长，导致偏向资本密集型产品的不平衡增长。

4.4.2 经济增长的贸易效应

为了分析经济增长的贸易效应，我们按照国家在国际市场上的地位不同，分为贸易小国和贸易大国。小国进出口量的变动不会影响国际相对价格或贸易条件。对于贸易小国来说，其进出口量在国际市场上只占很小一部分，其进出口量的变动不会影响国际市场的供求状况和均衡价格。即其出口量增加不会引起出口产品的国际市场价格下降，其进口量的扩大也不会引起进口产品国际市场价格的提高。小国只能按照既定的国际市场价格展开贸易，而这个既定的国际市场价格是由整个世界贸易的供求均衡决定的。

对于大国来说，其进出口量占国际市场上总贸易量的很大一部分。从而其进出口量的变动将会对国际市场上的供求状况产生举足轻重的影响，进而影响产品的国际相对价格和贸易条件。大国的出口量扩大，将会引起国际市场上这种产品供给量的明显增加，从而使得其出口品的国际市场价格下降；大国的进口量增加，将会引起国际市场上这种产品需求量的明显上升，从而使得其进口品的国际市场价格提高。大国进出口量的变动会影响产品的国际市场价格，产生一种"贸易条件效应"。这种"贸易条件效应"与大国经济增长的类型有关。

下面继续借用 3.1 节的中美两国贸易的例子展开分析。中国是劳动丰裕而资本稀缺的国家，服装是劳动密集型产品，汽车是资本密集型产品。我们站在中国的立场上进行分析。

1. 小国情形

1) 出口扩张型增长

假设中国劳动要素的数量增长了而资本数量不变，或者劳动要素的增长幅度高于资本要素的增长幅度，那么中国在劳动密集型产品上的比较优势会进一步扩大，发生了"出口扩张型增长"。在发生出口扩张型增长后，生产可能性曲线向外移动，但在横轴(代表服装数量Q_F)上扩张的幅度较大，在纵轴(代表汽车数量Q_Q)上扩张的幅度较小，如图 4.9(a)所示。

假设中国是国际市场上的小国,其进出口量的变动不会引起国际市场的价格(即贸易条件 P_F/P_Q)变动。发生出口扩张型增长后,中国面临的国际相对价格并没有发生变化,新的国际相对价格线与原来的国际相对价格线斜率相同。因为国际相对价格不变,雷布津斯基定理在此得以成立。

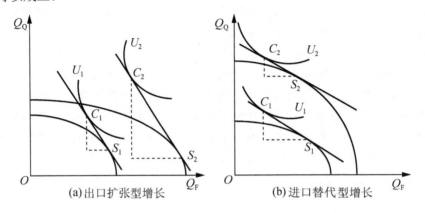

图4.9　小国经济增长的贸易效应

发生出口扩张型增长后,中国的最优生产点由 S_1 移动到 S_2,社会福利水平由 U_1 提高到 U_2。根据雷布津斯基定理,劳动要素的增长使得中国服装的产量扩大,汽车的产量减少。中国本来就具有生产劳动密集型产品服装的比较优势,劳动要素的增长进一步加强了这种优势,使得出口扩大;而进口部门生产的萎缩增加了对进口产品汽车的需求,使得进口增加。无论是进口量还是出口量都比以前增加,中国的"贸易三角"扩大了。

发生出口扩张型增长后,中国的社会福利水平提高了,社会福利水平的提高完全来源于经济增长。

2) 进口替代型增长

假设中国的劳动数量不变,资本数量增加了。这就缓解了中国在资本密集型产品汽车上的比较劣势,出现了"进口替代型增长"。如图4.9(b)所示。

进口替代型增长同样使得中国的生产可能性曲线向外扩张,但进口竞争部门(汽车)生产能力提高的幅度更大。因为中国只是国际贸易中的小国,进口替代型经济增长同样不会引起国际相对价格的变化。根据雷布津斯基定理,汽车的产量将会增加,服装的产量将会减少。

发生进口替代型增长后,最优生产点由 S_1 移动到 S_2,最优消费点由 C_1 移动到 C_2,社会无差异曲线由 U_1 移动到 U_2,中国的社会福利水平提高了。由于进口替代品(汽车)生产能力的提高,使得中国的比较劣势降低,对国外进口产品的需求减少;另一方面,出口品(服装)生产能力的下降使得出口能力下降,造成出口减少。因此,中国的"贸易三角"缩小了。

虽然贸易的规模减少了,但这种减少是市场调节而不是人为扭曲的结果,所以经济增长仍然使得中国的社会福利水平提高。这种福利水平的提高既来源于生产能力的提高,也归功于自由贸易下生产要素的有效利用。

2. 大国情形

大国与小国的区别在于,大国进出口量的变化将会对国际市场上的供求关系产生举足轻重的影响,从而影响国际市场价格。如果是大国发生了出口扩张型增长,那么该国出口能力的扩大将使国际市场上这种商品的供给明显扩大,从而引起该产品国际市场价格的下降和该国贸易条件恶化。如果大国发生了进口替代型增长,该国的进口量的减少会使得国际市场上对该商品的需求明显减少,引起进口品国际市场价格的下降,该国的贸易条件改善。由于大国的经济增长改变了国际相对价格,所以雷布津斯基定理的前提条件受到了破坏,两个部门的产量变化不确定。

1) 出口扩张型增长

假设中国是国际市场上的大国,现在中国的劳动要素增加了,就发生了出口扩张型增长。中国服装的出口能力扩大,造成国际市场上服装的相对价格下降和中国的贸易条件恶化。如图 4.10(a)所示,大国发生出口扩张型增长之后,由于贸易条件恶化,其面临的新的国际相对价格线变得更平坦了。社会福利水平由 U_1 提高到 U_3。图中的虚线代表小国发生出口扩张型增长时的国际相对价格和社会福利水平(U_2)。我们看到,大国发生出口扩张型增长后社会福利水平提高的幅度小于小国。原因在于,一部分经济增长的利益被贸易条件的恶化所抵消。

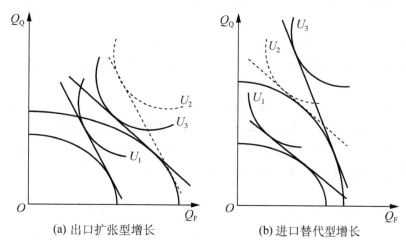

(a) 出口扩张型增长　　　　(b) 进口替代型增长

图 4.10　大国经济增长的贸易效应

按照雷布津斯基定理,劳动要素的增长会产生一种力量,使得汽车生产萎缩和服装生产扩大;但在大国条件下,汽车的相对价格上升(服装相对价格下降)又会产生另外一种力量,使得汽车生产扩大(服装生产减少)。汽车和服装产量的具体变化取决于国际相对价格的变化幅度。如果国际相对价格只发生很小的变化,或者说贸易条件只有轻微的恶化,那么汽车生产仍然萎缩,服装生产仍然扩大。但如果贸易条件恶化的幅度很大,那么汽车生产反而会扩大,服装生产反而会萎缩,即后面的那种力量超过前面的那种力量。所以,在大国发生经济增长的条件下,两种产品产量的最终变化是不确定的。雷布津斯基定理在大国条件下不能成立,因为"相对价格不变"的前提条件被破坏了。

2) 进口替代型增长

大国发生进口替代型增长后,由于其比较劣势得到了缓解,其进口量将会减少。但因为该国是国际市场上的大国,国际市场上的进口需求将会有明显的减少,使得这种商品在国际市场上的相对过剩而价格下降,该国的贸易条件得到改善。

在图 4.10(b)中,社会福利水平由 U_1 提高到 U_3。虚线代表小国发生进口替代型增长后的国际相对价格和社会福利水平(U_2)。大国发生进口替代型增长后社会福利水平提高的幅度大于小国。大国社会福利水平的提高不仅来源于经济增长,还来源于贸易条件的改善。

在大国发生进口替代型增长的情况下,雷布津斯基定理同样不能成立。因为资本要素的增长更有利于汽车生产成本的下降,所以倾向于扩大汽车的生产和减少服装的生产;但服装相对价格的提高又倾向于扩大服装的生产和减少汽车的生产。所以,两种产品的产量变化是不确定的,取决于国际相对价格的变化幅度和上述两种力量的对比。

4.4.3 经济增长中的"放大效应"和可能出现的负面影响

1. 经济增长中的放大效应

在"斯托尔珀-萨缪尔森定理"中,提到了产品价格变动引起要素价格更大变动的"放大效应"。琼斯也证明了要素增长导致密集使用该要素的产品产量更大增长的"放大效应"。

根据雷布津斯基定理,在产品相对价格不变的条件下,一种要素的增长将导致密集使用该要素的产品生产扩大,另外一种产品的产量减少。但这种产品产量增加的幅度有多大?如果一个国家劳动力增长了 10%,该国劳动密集型产品的产量会增加多少?小于10%,等于10%,还是大于10%?在这里不进行严格的数学证明,只是从经济学逻辑上说明这个问题。

根据前面的假设,服装是劳动密集型产品,汽车是资本密集型产品。假设中国的劳动力增长了10%,而资本的数量不变。根据雷布津斯基定理,在产品相对价格不变的条件下,服装的产量会扩大,汽车的产量会减少,汽车的产量减少就意味着一部分劳动力和资本要转移出来,转移出来的这些劳动力和资本怎么办?在充分就业的假设下,它们只能是被服装部门的生产所吸收。

汽车产量的下降不仅意味着新增加的劳动力全部用于生产服装,而且原有汽车生产中的一部分劳动力也转移到了服装的生产中。服装生产部门中雇佣的劳动力的增长幅度会超过劳动力总量的增长幅度(10%)。在生产技术不变的条件下,服装部门的资本增长幅度应与劳动力增长幅度一致,这样才能维持原来的资本劳动投入比例。由于汽车是资本密集型产品,其产量减少时释放出来的资本较多而劳动力较少。当转移到服装部门的资本足以雇佣该部门新增加的劳动力时,这种转移就会停止。总之,服装部门的劳动力增长超过10%,而且这些劳动力得到了汽车部门释放出来的资本的搭配,所以服装产量的增长幅度超过了10%。

在我们上面的例子中,服装产量的增长率($\hat{Q}_F > 0$)大于劳动要素的增长率($\hat{L} > 0$),劳动要素的增长率($\hat{L}$)大于资本要素的增长率($\hat{K} = 0$),资本要素的增长率($\hat{K}$)大于资本密集型产品汽车产量的增长率($\hat{Q}_Q < 0$)。即

$$\hat{Q}_F > \hat{L} > \hat{K} = 0 > \hat{Q}_Q$$

产品相对价格不变的条件下,如果一种生产要素相对于另外一种生产要素增加了,那么密集使用这种要素的产品产量会以更大比例增加,同时另外一种产品的产量下降。

知识链接

党的二十大报告提出,要依托我国超大规模市场优势,以国内大循环吸引全球资源要素,增强国内国际两个市场两种资源联动效应,提升贸易投资合作质量和水平,加快建设贸易强国。中国作为发展中国家,通过积极参与全球贸易和产业分工,能够利用国际市场扩大出口、引进技术和资本,从而提升经济增长的速度和质量。

2. "荷兰病"与"福利恶化型增长"

一般来说,不管是哪种类型的经济增长,都会或多或少地提高社会福利水平。例如,在大国发生出口扩张型增长的一般情况下,经济增长的好处并没有完全被贸易条件的恶化所抵消,社会福利水平仍然是有所提高的。但在某些极端情况下,不平衡的增长会对本国产生不利影响。

一种情况是"<u>荷兰病</u>":即一个行业的扩张(通常是自然资源或能源行业)导致其他行业(通常是制造业)的萎缩。20世纪60年代,荷兰大规模开发北海的石油和天然气资源,使得大量资本和劳动力流向石油和天然气行业,造成荷兰制造业的出口和生产相对萎缩。经济学家将这种现象称为"荷兰病"(Dutch Disease)。这种情况后来也在挪威、英国等国发生过。

【参考视频】

另一种可能带来不利影响的增长是"贫困化增长"或"福利恶化型增长"(图4.11),由美国经济学家<u>巴格瓦蒂</u>于1958年提出。这种增长不但对本国经济没有好处,还会使得社会福利水平下降。"福利恶化型增长"的原因是贸易条件的大幅恶化。大国发生了出口扩张型增长后,如果贸易条件恶化带来的损失超过了经济增长带来的利益,该国的社会福利水平就会恶化。

【参考图文】

当然,这种情况很少出现。要发生"福利恶化型增长",必须满足以下两个条件:

(1) 首先是大国发生出口扩张型增长,因为只有大国的出口扩张型增长后才会造成贸易条件恶化。

(2) 在国际市场上,这种产品必须是缺乏需求价格弹性的,需求量不会因为价格的下降而增加很多,也不会因为价格的上升而减少太多。当这种产品的出口供给增加引起价格下降时,需求量并没有因价格下降而增加多少,产品的过剩会使得价格继续下降到很低水平。

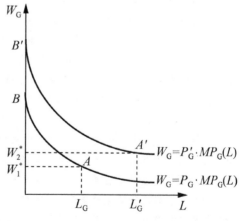

图4.11 福利恶化型增长

在现实中,虽然有不少出口增长造成贸易条件恶化的现象,但真正使整个社会福利水平恶化的情况很少。"福利恶化型增长"只是从理论上提出了这样的一种可能性,也在实践中为各国制定经济发展战略指明了一种应该避免的结果。

最后,我们把经济增长对国际贸易的影响列在表4-6中,作一下综合对比。

表 4-6　经济增长与国际贸易

增长类型 \ 国家类型	小　国	大　国
进口替代型增长	国际相对价格不变； 进口行业的生产扩张； 出口行业生产萎缩； 社会福利水平提高	进口品的国际相对价格下降，贸易条件改善； 雷布津斯基定理不再成立，产量变化不确定； 社会福利水平提高，且提高的幅度大于小国
出口扩张型增长	国际相对价格不变； 进口行业的生产萎缩； 出口行业的生产扩张； 社会福利水平提高	出口品的国际相对价格下降，贸易条件恶化； 雷布津斯基定理不再成立，产量变化不确定； 一般情况下，社会福利水平提高，但提高的幅度小于小国； "福利恶化型增长"的特殊情况下，社会福利水平下降

"荷兰病"

开发新的出口资源有时也会带来问题，一个例子是"福利恶化型增长"，即对于出口国来说，出口的扩张会使得世界市场价格下跌，并最终使该国的福利恶化。另一个例子被称为"荷兰病"，这是根据荷兰在北海开发新的天然气资源所碰到的问题命名的。

当时的情况是荷兰已经是一个工业化国家，但随着 20 世纪 60 年代巨大的天然气储量的发现，其国内生产发生了巨大变化：天然气出口越多，生产出口产品的制造业就越萧条。尽管当时有两次石油冲击，使包括天然气在内的石油价格暴涨，荷兰因此发了一笔横财。但这好像更加剧了荷兰的经济滑坡。人们把这种情况称为"荷兰病"。不过，"荷兰病"并不只出现在荷兰，后来的一些新开发了自然资源的国家(包括英国、挪威、澳大利亚、墨西哥和其他一些国家)好像也都感染上了类似的经济病状。

在许多情况下，新开发的自然资源所获得的意外收益确实会造成对原有出口产业生产和盈利的不利影响，也会因为同样的原因而发生非工业化现象，即新兴部门从传统的工业部门吸走资源而使其出现萎缩。造成这种情况的原因之一是新兴部门支付的工资高、利润高，因此劳动和资本都从传统的工业部门流入新兴的自然资源部门。

也可以从另外一个角度解释这种现象。自然资源出口的增加，使该国获得了更多的外国货币，因而该国货币在外汇市场上升值。货币升值使外国消费者面临更昂贵的价格，因而减少对该国商品和服务的需求，造成对该国传统出口品的需求下降以致这些部门出现萎缩。从长期看，贸易总是要保持平衡的，增加了一种产品的出口，就要增加进口或者减少另外一种产品的出口，传统的出口部门成了牺牲品。之所以指责自然资源的开发和出口是其他传统工业萎缩的罪魁祸首，是因为传统上人们假设工业是一个国家繁荣的关键。

(资料来源：海闻. 国际贸易. 上海：上海人民出版社，2003. 138.)

3. 经济增长与贸易条件的进一步讨论：发展中国家视角

上面关于经济增长的贸易效应及福利效应的分析，为我们研究经济增长、贸易与生活水平之间的相互关系提供了有力的理论工具。技术进步与要素积累(尤其是资本积累)，对提高一国福利水平的重要性毋庸置疑。在人口及劳动力增长较快的国家，如果想提高人均收入水平，在劳动力之外还需要资本积累、技术进步等其他因素发挥作用。

在分析经济增长的福利效应时，经济增长对贸易条件的潜在影响方式是不能忽视的重要因素。虽然大多数发展中国家并不是一般经济意义上的大国，但许多国家在一些初级产品上却是重要供给者，足以影响世界价格水平。首先，基于这些商品生产扩张的经济增长可能会引起贸易条件恶化。虽然现实中"福利恶化型增长"很少出现，但贸易条件恶化显然会减少经济增长和贸易带给发展中国家的好处。这一点为发展经济过程中采用多样化和工业化战略提供了有力支持。通过多样化和工业化战略，可以减少贸易条件恶化的可能性，并降低对少数几种商品出口创汇的依赖程度。

其次，要注意的是经济增长可能会导致对最终产品相对需求的变化。一般来说，在收入增加时，各种不同档次商品的需求变化是可以预见的，可以用收入弹性来描述它们的变化方式。例如，初级产品尤其是农产品的需求收入弹性往往小于1，工业制成品的需求收入弹性往往大于1。从一般意义上说，发展中国家往往出口劳动和土地密集型商品之类传统产品，进口工业制成品，传统出口行业的增长会带来一种"顺贸易效应"。也就是说，发生在传统部门的经济增长带来收入增长，收入增长使得对工业品(富有收入弹性)的进口需求有更大幅度的增长，这不利于发展中国家的收支平衡和币值稳定[①]。

最后，从更广义的视角看，对那些依靠初级产品出口获得外汇收入的国家，与其进口的工业制成品的价格相比，出口产品的国际价格上涨要缓慢得多，部分原因是两者不同的收入弹性。贸易条件的恶化在短期内会减少经济增长的利益，并且由于削弱进口制成品的能力，还降低了未来的增长率。一些经济学家，如劳尔·普雷维什(Raul Prebisch, 1959)、汉斯·辛格(Hand Singer, 1950)和冈纳·缪尔达尔(Gunnar Myrdal, 1956)指出，很长时间以来由于处于竞争的劣势地位，发展中国家的贸易条件在不断下降。他们认为这不仅是因为两类商品不同的需求特征，而且还因为技术进步的价格效应。发展中国家的技术进步往往被认为会导致商品价格下降；而在发达国家，技术进步则会带来生产要素报酬的提高，而不是制成品的价格下跌。由于初级产品的价格和收入弹性都小于制成品，与发达国家相比，如何保持国际相对价格稳定对发展中国家来说是一个潜在的重要问题。

【参考图文】

专栏 4-9

中国经济孕育"三新"：新业态、新产业、新主体

2015 年 3 月 11 日，国家统计局对外公布 1~2 月主要经济数据显示，经济运行仍在放缓，下行压力加大。但也要看到，增速放缓是在"三期叠加"影响持续加深的情况下发生的，符合新常态下经济增速换挡的客观规律，符合一国经济进入到中高收入阶段后增速回落的普遍规律。中国

---

① 引起固定汇率国家的贸易逆差和浮动汇率国家的汇率贬值。

经济结构在分化调整中正发生深刻变化，支撑经济稳定增长的积极因素也在积累。中国经济的市场新主体正在形成，新业态正在涌现，新动力正在孕育，经济发展动力转换势头明显。

与互联网有关的新业态继续高速扩张。1~2月份，全国网上商品和服务零售额4 751亿元，同比增长44.6%，其中网上商品零售额3 991亿元，占社会消费品零售总额的比重达到8.3%，同比增长47.4%，增速比社会消费品零售总额快36.7个百分点。旅游文化等新产业较快发展。春节黄金周期间，全国实现旅游收入1 448.3亿元，比去年同期增长14.6%。2月份，全国电影票房收入40.5亿元，同比增长25.4%，票房收入首次超过美国。高附加值高技术含量的新产品快速增长。1~2月份，动车组产量399辆，同比增长78.1%；节能环保相关产品增长较快，仅大气污染防治设备就增长了21.1%。新市场主体不断涌现。1月份，全国新登记注册市场主体115.6万户，同比增长14.4%；注册资本(金)2.21万亿元，增长92.6%。其中，新登记企业34.8万户，增长37.7%。

经济下行压力加大与转型升级优化并存，传统动力明显减弱与新兴动力不断孕育并存，这些都是趋势性的深刻变化。尽管与传统产业、传统企业相比，"三新"的个头还小，还不足以抵消传统行业增速下降产生的缺口。但是，只要我们坚持全面深化改革，为大众创业、万众创新创造好的环境，我们完全有可能实现经济长期保持中高速增长、稳步迈向中高端水平的"双中高"目标。

(资料来源：http://www.chinafair.org.cn/china/News/45127_600.html)

本 章 小 结

第2章开始时我们提出了国际贸易理论要回答的四个问题。在学习本章之前，前面的三个问题基本上都得到了解答。但第四个问题，也就是国际贸易如何影响收入分配的问题尚未得到回答。在H-O理论的基础上，经济学家进一步回答了国际贸易对本国要素收益和国际要素收益差距的影响、经济增长对国际贸易的影响等问题，进一步发展和完善了新古典贸易理论。到目前，我们基本上完成了对四个问题的回答。

在H-O理论的基本框架下，国际贸易不仅使得两国的产品价格相等，而且还使得两国的要素价格相等，即两国的工人都能获得相同的工资率，两国的资本(或土地)也都能获得相同的利润率(或地租)。这就是"要素价格均等化定理"。

国际贸易会影响国内生产要素的价格(收益)。在长期内，出口行业中密集使用的生产要素(本国丰裕要素)报酬提高，进口行业中密集使用的生产要素(本国稀缺要素)报酬降低。这一关于国际贸易对要素收益长期影响的结论被称为"斯托尔珀-萨缪尔森定理"。

在特定要素模型中有三种要素投入，包括两种特定要素和一种公共要素。国际贸易使出口部门的特定要素受益，进口部门的特定要素受损。公共要素的收益变化是不确定的。

经济增长通常是不平衡的，分为出口扩张型增长和进口替代型增长两种类型。经济增长的贸易效应和福利效应与一个国家在国际市场上的地位有关。小国的经济增长不会引起国际市场的价格变动，社会福利水平的提高幅度等于经济增长的幅度。大国的经济增长将会引起国际市场价格的变动。进口替代型增长会使大国的贸易条件改善，使社会福利水平提高的幅度超过小国；出口扩张型增长会使大国的贸易条件恶化，使社会福利水平提高的幅度小于小国。

一般情况下，无论是小国还是大国，经济增长都会使得社会福利水平提高。但在极端情况下，大国的出口扩张型增长有可能使得贸易条件的恶化幅度超过经济增长的幅度，造成社会福利水平的恶化，这就是"福利恶化型增长"。"荷兰病"是雷布津斯基定理在现实中的极端表现，同样会给一个国家带来不利影响。

关键术语

要素价格均等化定理(H-O-S 定理)、斯托尔珀-萨缪尔森定理(S-S 定理)、特定要素模型、不平衡增长、出口扩张型增长、进口替代型增长、雷布津斯基定理、"荷兰病"、福利恶化型增长

 拓展阅读

[美] 保罗·克鲁格曼，茅瑞斯·奥伯斯法尔德. 国际经济学. (5版). 海闻，蔡荣，郭海秋，译. 北京：中国人民大学出版社，2002.

[美] 丹尼斯·R. 阿普尔亚德，小艾尔佛雷德·J. 菲尔德，史蒂芬·L. 柯布. 国际经济学. (第6版). 赵英军，译，机械工业出版社，2010.

胡永刚. 贸易模式论. 上海：上海财经大学出版社，1999.

李荣林. 动态国际贸易理论研究. 北京：中国经济出版社，2000.

许斌. 国际贸易. 北京：北京大学出版社，2009.

朱廷珺，王怀民，郭界秀，等. 国际贸易前沿问题. 北京：北京大学出版社，2012.

复习思考题

1. 简评要素价格均等化理论。
2. 什么是斯托尔珀-萨缪尔森定理？在现实中我们如何运用该理论指导我国的对外贸易？
3. 早在 2000 年，美国国会就是否给予中国永久正常贸易地位一案进行表决，在美国国内引起了很大争议，各方都在努力进行游说活动。反对该议案的主要是工会组织，支持的主要是大公司。结合本章内容，分析各方立场不同的原因。
4. "自由贸易将使穷国受损而富国受益。"讨论并评价这种说法。
5. 查找数据，说明我国主要的进口和出口商品有哪些，在哪些商品的进出口上我国可以称得上"大国"，在进口和出口过程中我们应注意什么问题。
6. 案例分析。

提到资源型城市，很多经济学家都会想到"荷兰病"，这是最早出现在欧洲，靠资源致富的城市的通病，又称为"资源诅咒"，主要的表现是能源产业的发展抑制了其它产业的发展，当资源枯竭时出现大量失业，经济长期低迷。

"凡是资源型城市几乎都有这样的问题，在财富暴涨的过程中，其他产业不可避免地出现了萎缩。"程志强认为，鄂尔多斯现在已经出现了"荷兰病"的征兆，只是高速的发展遮挡了人们的视线。

从 20 世纪末开始，鄂尔多斯的煤炭行业开始快速发展，带动了地区性工资水平的提高，随之而来的是高消费，这直接导致该市支柱产业羊绒行业受到挤压，大量熟练工流失到其他工资水平较高的行业，同

时来自外地的新员工在生产经验和生产效率上明显不足,也影响了产品的质量和企业的生产效率。

现在来鄂尔多斯东胜从事羊绒产业的工人很大比例都来自鄂尔多斯以外的地区,10 年前该集团工人的平均工资就有 2 000 元,现在依然是 2 000 元,但从事煤炭行业的工人月收入普遍达到 5 000 元,甚至过万元,"羊绒产业的萎缩不仅有市场的原因,也和全市经济结构的变化有关。以前东胜人以从事羊绒产业为荣,现在愿意做的本地人在不断减少。"该集团总裁秘书王天昌说。

在鄂尔多斯吃饭,几乎没有低档消费。站在马路上拦出租车,半个小时拦不到一辆是常有的事。于光军认为,鄂尔多斯近几年大力发展的服务业都属于生产型服务业,它们围绕煤炭、化工等高利润行业转,而分散、盈利少的生活型服务业却发育不良,"现在是高消费挡住了外地人"。

"如果这些第三产业的发展依赖于煤炭繁荣,那么一旦煤炭萧条,第三产业可能会萎缩,而传统劳动密集型产业发展受阻,导致失业等问题突出。"程志强说当资源枯竭、煤炭暴利消失的时候,"荷兰病"就会显现。

这一点似乎也被鄂尔多斯当地官员所认识,在面对媒体时,"依靠资源,而不依赖资源"成为一句样板似的回答。

(资料来源:方辉,王珊珊. 鄂尔多斯:已现"荷兰病"征兆. http://news.sina.com.cn/c/2010-05-12/165220257771.shtml.

问题:
(1) 自然资源的开发是一件坏事吗?
(2) 是将生产要素用于开发自然资源好,还是用于发展制造业好?
(3) 举例说明国内的资源开发型城市状况,这些城市的发展面临什么问题,如何才能实现长期内的可持续发展。

第5章 当代贸易理论

教学目标

本章介绍几种试图回答当代国际贸易新现象的新理论。通过引入不完全竞争、规模经济和需求偏好相似等概念,重点解释发达国家之间产业内贸易的原因。通过学习产品生命周期理论,揭示产业领先地位国际转移的机理。

教学要求

知识要点	能力要求	相关知识
当代国际贸易的新发展	了解当代国际贸易发展的新动向,并能够举例说明	产业内贸易、北北贸易、产业领先地位的国际转移
不完全竞争、规模经济与国际贸易	掌握不完全竞争、规模经济与国际贸易的关系,并能够与实例相结合	产业内贸易、不完全竞争、规模经济、相互倾销、集聚效应、动态收益递增、消费多样化、异质性企业
需求偏好与国际贸易	掌握需求因素引发国际贸易的原理,理解需求偏好差异、需求偏好相似引发国际贸易的机理	需求偏好、需求收入弹性、恩格尔系数
产品生命周期理论	了解产业领先地位国际转移的事实,能够举例说明;重点掌握模仿滞后理论和产品生命周期理论的基本原理和启示	模仿时滞、需求时滞、产品生命周期

产业内贸易案例——美国高尔夫球杆进出口

美国每一年从世界其他国家和地区进口并出口大量的体育用品，其中高尔夫球杆就是其中的一个重要例子。2005年美国从30个国家进口高尔夫球杆，并向83个国家出口该产品。表5-1列出了12个对美国出口和进口金额最多及剩余国家的具体贸易数据。

表5-1　2005年美国高尔夫球杆进出口

进口				出口			
国家/地区	金额(万美元)	数量(万根)	均价(美元/根)	国家/地区	金额(万美元)	数量(万根)	均价(美元/根)
中国	27 820	1 552	18	英国	8 390	126.6	66
日本	1 100	10	109	日本	4 710	48.2	98
泰国	140	5.7	25	加拿大	4 420	59.8	74
韩国	100	12.1	9	韩国	4 180	47.7	88
加拿大	100	2.8	37	荷兰	2 170	26.5	82
英属维尔京	40	7.2	5	澳大利亚	2 130	29.4	73
英国	30	0.7	36	新加坡	1 220	14.7	83
越南	20	0.8	25	南非	1 170	12.1	96
澳大利亚	10	0.3	30	新西兰	470	5.9	80
毛里求斯	5	0.3	16	泰国	220	2.0	110
其他国家/地区	10	0.3	41	其他国家/地区	1 790	20.1	89

从美国高尔夫球的进出口规模来看，进口3.05亿美元，出口3.18亿美元，进出口基本相当。从进出口产品的价值特征看，美国进口高尔夫球杆单位价格基本低于美国出口单位价格(除日本外)。从与贸易伙伴间的关系看，日本、泰国、韩国、加拿大、英国、澳大利亚等国家或地区都与美国存在高尔夫球杆的双向贸易，这些国家和地区都同时既有对美国的出口也有来自美国的进口。对于这种同类产品的双向贸易，传统的贸易理论难以提供较好的合理化解释，对此，需要贸易理论作出新的突破，提供合理化的解释，以指导国际贸易实践。

(资料来源：[美]罗伯特·C.芬斯特拉，艾伦·M.泰勒. 国际贸易. 张友仁，杨森林，等译. 北京：中国人民大学出版社，2011：177-179.)

5.1 当代国际贸易的新发展

第二次世界大战后,特别是 20 世纪 50 年代末以来,国际贸易领域出现了许多新的现象,主要表现在:同类产品之间的贸易量大大增加,发达工业国之间的贸易量大大增加,产业领先地位的国际转移。

5.1.1 同类产品之间贸易量增加

古典和新古典贸易理论认为贸易的基础是各国不同产品生产上的比较优势,即生产能力的差异,包括技术的差异和资源禀赋的差异。按照这些理论,国家之间资源和技术的差异越大,越有可能产生国际贸易,它们之间的贸易量也越大。如果两个国家间生产能力方面的差距很小,它们之间的贸易量就会比较小。国际贸易应该在资源和技术存在差异的国家之间展开,应该是不同产品之间的贸易,即"产业间贸易"(Inter-Industry Trade)。

但二战结束以后,许多发达国家不仅出口工业制成品,也大量进口相似的工业制成品,发达工业国家传统的"进口初级产品,出口工业制成品"的贸易模式逐渐改变,出现了许多同一行业既有进口又有出口的现象。例如,美国每年出口大量的汽车,同时也从日本、欧洲、韩国等地进口大量的汽车。这种既进口又出口同一类产品的贸易模式被称为"产业内贸易"(Intra-Industry Trade)。

经济学家通常用产业内贸易指数(Index of Intra-Industry Trade, IIT)来测度一个产业的产业内贸易程度。这一指数的计算公式为

$$IIT = 1 - \frac{|X - M|}{X + M} = \frac{2\min(X, M)}{X + M}$$

式中 X 和 M 分别表示所考查产业的出口值和进口值;$\min(X, M)$ 表示取 X 和 M 中数值较小的那个,IIT 的值介于 0 到 1 之间。如果该行业只有出口或者只有进口,那么 $IIT = 0$,即不存在产业内贸易;如果 $IIT > 0$,则表示存在产业内贸易。IIT 的值越大,表示产业内贸易程度越高。当出口与进口的价值相等时,$IIT = 1$。补充说明一点,IIT 的大小在很大程度上取决于我们如何定义一个产业,产业或产品定义得越宽泛越笼统,IIT 的值就越大,否则就比较小。例如,一个国家出口大米进口小麦,我们是把大米和小麦看作两种产品或两个行业,还是统一看作农产品产业或农业?如果把大米和小麦看作两种产业,这个国家从事的就是产业间贸易;如果统一看作农产品或农业,这个国家从事的就是产业内贸易。所以,一些经济学家认为真实世界中发现的产业内贸易是由产品加总和统计方面的原因造成的。尽管如此,大多数人依然认为产业内贸易是一种贸易的经济特征,从根本上说并不是分类加总的结果。

表 5-2 给出了部分国家制造业部门产业内贸易指数。从趋势和各国的产业内贸易指数的水平来看,20 世纪 70 年代以来,主要国家的产业内贸易水平不断提高,虽然发达国家产业内贸易发展水平整体上高于发展中国家和地区,但是发展中国家产业内贸易发展上升速度迅猛,大有后来者居上之势。

表 5-2　部分国家制造业部门产业内贸易指数(%)

工业化国家	1970 年	1987 年	1999 年	发展中国家	1970 年	1987 年	1999 年
美国	55.1	61.0	81.1	印度	22.3	37.0	88.0
日本	32.8	28.0	62.3	巴西	19.1	45.5	78.8
德国	59.7	66.4	85.4	墨西哥	29.7	54.6	97.3
法国	78.1	83.8	97.7	土耳其	16.5	36.3	82.2
英国	64.3	80.0	91.9	泰国	5.2	30.2	94.8
意大利	61.0	63.9	86.0	韩国	19.4	42.2	73.3
加拿大	62.4	71.6	92.8	阿根廷	22.1	36.4	48.7
西班牙	41.2	67.4	86.7	新加坡	44.2	71.8	96.8
平均	56.8	65.3	85.5	平均	22.3	44.3	82.5

资料来源：海闻，等．国际贸易．上海：上海人民出版社，2003：161.

5.1.2　发达国家之间贸易规模扩张

传统贸易理论认为，国家间生产能力的差异越大，产生贸易的可能性越大。从工业革命开始到 20 世纪 50 年代，世界分工基本上维持了一种"世界工厂—世界农村"的格局。发达国家作为"世界工厂"，向发展中国家出售工业制成品，并从发展中国家进口原材料等初级产品。在相当长的时期内，大部分贸易发生在发达国家和发展中国家之间（"南北贸易"）。到了 60 年代以后，这种格局逐渐改变，发达国家之间的贸易（"北北贸易"）不断增加，到 20 世纪末，发达国家之间的贸易已经接近全球贸易的 50%，成为世界贸易的重要部分。表 5-3 给出了 2000 年 7 个主要工业化国家从其他工业化国家进口和向其他工业化国家出口占该国总进出口的比例。从表 5-3 中看出，这 7 个工业化国家与其他工业化国家贸易的比例均在 50% 以上，这意味着工业化国家的国际贸易大部分是与其他工业化国家进行的。把全部工业化国家加在一起考虑，工业化国家之间的出口占工业化国家总出口的 70%；而它们之间的进口也占工业化国家总进口的 70%，即工业化国家之间的贸易占它们贸易总量的 2/3 以上。

表 5-3　各工业化国家与其他工业化国家贸易占其贸易总量的份额(2000 年)

国　　家	出口到工业化国家的比例(%)	从工业化国家进口的比例(%)
美国	56	51
英国	81	76
加拿大	95	82
日本	51	39
德国	75	72
意大利	73	69
法国	77	80
其他工业化国家	70	70

资料来源：海闻，等．国际贸易．上海：上海人民出版社，2003：162.

5.1.3 产业领先地位不断转移

当代国际贸易发展中的第三个现象是世界市场上主要出口国领先地位在不断变化。有许多产品曾经有少数发达国家生产和出口，发达国家在国际市场上占有绝对的领先地位，其他国家不得不从这些国家进口。然而，二战后这种产业领先地位不断发生变化。一些原来进口的国家开始生产并出口这类产品，而最初出口的发达国家反而需要进口。例如，纺织品、机电、汽车产业都出现过这种情况。

纺织品是率先完成工业革命的欧美发达国家向其他国家最早大宗出口的产品，洋布曾经一度击垮了中国的土布，也摧毁了印度的手纺车。如今的情况恰恰相反，纺织品的主要生产和出口国变成了发展中国家，尤其是中国的纺织品充满欧美市场，欧美各国则成了纺织品的净进口国。美国在1923年发明了第一台电视机，但到了20世纪年代后，一台电视机都不生产了，全部依靠进口。日本在60年代后成为电视机的主要出口国，90年代后韩国和中国也逐渐成为电视机的出口国。福特时代以来，美国是最早的汽车生产和出口国，现在也大量进口日本和欧洲的汽车。

专栏 5-1

产业领先地位的变化：钢铁和半导体的例子

战后不少国家的产业领先地位发生了巨大变化。以美国为例，除了纺织品产业和汽车产业外，美国在钢铁工业和半导体工业上也丧失了其霸主地位。美国曾经是世界钢铁生产和出口的主要国家。20世纪初，美国的钢铁产量占世界总产量的将近一半。但是从50年代初开始，美国逐渐失去了其在世界钢铁业的领先地位。半导体行业也有类似的经历，作为首先发明了半导体并主导了全球半导体产品市场达30年之久的国家，美国也完成了从世界市场霸主到净进口国的转变。

1. 钢铁工业

钢铁工业是世界上最早的工业之一。18世纪工业革命之后，蒸汽机的发明和新的棉纺机的使用需要更多的铁、钢和煤。这一需求的增加带动了采矿与冶金技术的一系列改进，从而推动了钢铁工业的发展。18世纪钢铁工业最发达的是英国。在1800年，英国生产的铁比世界其余地区合在一起生产的还要多。在1880年时，英国生产了全世界30%的钢铁。

19世纪后期，工业革命进入第二阶段。在钢铁工业中，许多新的工艺方法(如贝色麦炼钢法、西门子—马丁炼钢法、吉尔克里斯特—托马斯炼钢法)被发明，大大推动了钢铁工业的发展与传播。科学技术和大规模生产的方法使得美国和德国迅速在钢铁工业上赶上并超过了英国。

美国在1880年时生产了世界30%的钢铁，1910年的钢铁产量达到2 650多万吨，占世界总产量的将近一半。美国在世界钢铁工业的霸主地位一直保持到20世纪50年代初。与此同时，英国在世界钢铁市场的份额则下降到10%左右。到了80年代，英国在世界钢铁市场的份额进一步缩小到2%左右。

与美国同期快速发展钢铁业的是德国。在1880年年初，德国的钢铁产量已占全世界的15%，到了1910年，德国的钢铁总产量达到1 370万吨，占世界总产量的比重超过20%，成为仅次于美国的第二大钢铁生产国。

但是，无论是美国还是德国，其钢铁工业在世界上的地位于二战以后逐渐衰落。1953年以后，美国在世界钢铁工业中的份额逐渐下降。到了1960年，美国的钢铁产量份额下降到不足30%，德国降为10%

左右。到了20世纪80年代,美国只生产全世界10%左右的钢铁,德国也只有5%,取而代之的是当时的苏联和日本。

苏联钢铁工业的发展与计划经济和战争有关。1953年,苏联超过德国,成为世界上第二大钢铁生产国,占世界总产量的20%以上。这一地位一直保持到20世纪90年代苏联解体。

日本的钢铁工业在战后得到了很大发展。20世纪50年代初,日本的钢铁产量在世界上的份额只有不到5%。到了70年代,日本生产了世界上将近20%的钢铁,成为世界上仅次于苏联的第二大钢铁生产国。但日本的钢铁生产大国地位也没有维持多久。到了20世纪50年代末,日本在世界钢铁市场上的份额逐渐减少到10%左右。在这一时期里迅速崛起的新兴钢铁生产强国是韩国。20世纪90年代以来,中国也逐渐成为钢铁的生产与出口国,而当年的世界钢铁业霸主美国不得不用贸易壁垒来抵御来自中、韩、日以及欧洲的竞争。

2. 半导体工业

半导体工业的发展始于战后初期。1947年,美国贝尔电话公司首先发明了晶体管。随后,以晶体管为主的半导体技术逐渐在美国形成。到了20世纪60年代,美国企业又发明了集成电路,取代晶体管成为半导体工业的主要产品。半导体除了作为电脑、通信设备、家用电器等电子产品的主要元件外,也越来越多地用于汽车、飞机、机械等产品中。1988年,全球半导体产业的市场销售额为350亿美元,10年之后(1998年)达到了1 220亿美元,到了2001年已超过1 800亿美元。

美国首先发明半导体并主导全球半导体产品市场达30年之久。20世纪70年代中期,美国企业的全球半导体市场占有率将近70%。但到了90年代,美国的市场份额只剩下30%左右,美国开始成为半导体产品的净进口国。

日本的半导体工业始于20世纪60年代。半导体产品的主要生产者包括富士通、日立、东芝、三菱和NEC等公司。日本公司在全球半导体市场的份额从70年代末期的24%增加到1990年的49%。在80年代到90年代初,日本取代美国成为半导体产品的最大生产国和出口国。

但是,从20世纪90年代中期开始,日本半导体工业的世界领先地位也逐渐动摇。到1998年末,日本在集成电路DRAM市场上的份额从最高峰时的80%下降到30%,并进而跌到2000年的20%左右。而迅速崛起并有可能取代日本半导体产品霸主地位的是韩国和中国。

(资料来源:"The rise and fall of the Japanese Semiconductor Industry,1970—2000",in Charles W.L. Hill,International Business:Competition in the Global Marketplace,3rd Edition,McGraw-Hill,2000;

斯塔夫里阿诺斯:《全球通史:1500年以后的世界》,上海社会科学院出版社,1992年。

转引自:海闻等:《国际贸易》,上海人民出版社,2003年,第164~166页。)

国际贸易中的这些新现象引起了对传统贸易理论,尤其是H-O理论的质疑:这些新的贸易现象显然是不能从要素禀赋角度进行解释的,因为发达国家的要素禀赋是相似的,同类工业制成品的生产技术相似且要素密集度相似。国际贸易为什么要在同类国家和同类产品之间展开呢?此外,许多发展中国家相对于发达国家来说要素禀赋基本上没有发生变化,仍然是资本相对稀缺的国家,但为什么一些制成品的比较优势会从发达国家转向发展中国家呢?

国际贸易中的这些新现象,需要用新的理论作出解释。20世纪60年代以来,围绕战后国际贸易的新特点,经济学家们提出了一些新的学说,并逐渐形成了不同于古典与新古典贸易理论的当代贸易理论。

5.2 不完全竞争、规模经济与国际贸易

5.2.1 不完全竞争与国际贸易

1. 国际贸易中的不完全竞争

不论是古典贸易理论，还是新古典贸易理论，都是建立在完全竞争的假设基础上的。完全竞争的市场具有至少以下两个重要特征：

(1) 产品的同质性，即各个厂商生产的产品都是一样的，不存在品牌、规格、型号、质量、性能、消费环境及售后服务等方面的差别，产品的同质假设排除了一国同类产品双向贸易的可能。

(2) 买卖双方的数量无穷多，单个厂商在市场上不具有影响力，对价格没有任何控制力量，只能被动地接受既定的市场价格，并且厂商数量无穷多意味着单个厂商生产的规模报酬不变。

但是完全竞争的假设在很大程度上不符合国际贸易的实际，尤其是战后，随着各国工业化程度的不断提高和工业制成品在经济生活中的地位越来越重要，国际贸易的现实离完全竞争的假设已经越来越远了。

从不同的行业来看，一般来说，初级产品行业中的产品基本是同质的，如矿产资源、农产品等。即使有所差别，这些差别对消费者来说也几乎没有什么影响。一个国家在进口石油时通常不会出口石油，因为本国石油与外国石油通常可以完全地相互替代。所以，初级产品之间的贸易通常是产业间贸易。

但是从制造业来看，大多数工业制成品属于"有差别的同种产品"，即差异产品。所谓差异产品，指的是产品的基本功能相同，但存在品牌、规格和型号等方面的区别，因而消费者把它们看作是不同的产品。同一个产业部门内差异产品之间的贸易就是产业内贸易。随着战后各国经济的发展和工业化水平的不断提高，制造业在各经济中的地位上升，存在大量差异的制成品的国际贸易也越来越成为国际贸易的主要组成部分。

我们再看各国制成品生产者的规模及其市场地位和影响力。如果我们稍微看一下国际贸易的现实，就会看到现在生产和出口的许多产品并不是由大量的小企业生产的，这些行业中也不存在很多企业，并且大量的工业制成品的生产在企业或产业层面均体现出规模报酬递增的特征。由此可见，古典和新古典贸易理论之所以无法解释当代国际贸易中的许多现象，原因之一就是完全竞争的假设前提。

2. 规模经济与国际贸易

规模经济在工业制成品的现实生产中广泛存在，是生产过程中的规模报酬递增现象，具体来说，规模经济(Economies of Scale)指由生产规模的扩大所导致的单个企业生产效率提高或平均生产成本降低的现象。根据规模经济的来源，学术界将规模经济分为外部规模经济和内部规模经济。

外部规模经济(External Economies of Scale)概念最早由英国经济学家马歇尔提出，因此

也被成为马歇尔外部规模经济，是指单个厂商由于行业层面生产规模的扩大所获得的平均生产成本的节约或生产效率的提高。马歇尔解释了为什么集中在一起的厂商比孤立的厂商更有效率：①促进专业化供应商队伍的形成；②有利于劳动力市场共享；③有利于知识外溢。后来的迈克尔·波特还认为产业的地理集中有助于新的竞争对手的出现，竞争对手的存在将使产业发展不至于陷入停滞。

内部规模经济(Internal Economies of Scale)的概念是由美国经济学家张伯伦提出的，指单个厂商随着自身生产规模的扩大所实现的平均生产成本不断降低。内外部规模经济都会导致企业的平均成本下降，但不同来源产生的机制和影响是存在显著差异的。

外部规模经济的产生主要是利用企业的空间集聚来实现，它体现的是一种经济上的正外部性，许多同类小企业集聚在一起进行生产经营，可以通过经济信息和劳动力要素共享以及专业化分工实现更高效率的生产优势。在只存在外部规模经济的产业中，行业内企业的数量增多，企业的规模增长的潜力有限，因此会出现大量规模较小的同类厂商或企业，企业规模有限性和产品的较强替代性导致行业呈现一种接近于完全竞争的状态。

内部规模经济与外部规模经济产生的原因明显不同，企业主要依靠自身规模的扩大来实现平均生产成本的不断降低，在此过程中企业内部的分工不断深化，设备不断更新，巨额的固定成本或研发费用更易于分担。行业内单个企业规模经济的存在，意味着行业内企业数量会受到市场容量的限制，不再可能容纳无数多的企业，单个企业获得了一定的市场影响力，因此对应的市场不再是完全竞争市场。根据行业中企业的数量的多少以及企业的规模状况，拥有内部规模经济的不完全竞争企业，具体又可以区分为三种形态：垄断竞争、寡头和垄断。

当存在规模经济的时候，反映这种规模经济的生产可能性曲线会是凸向坐标原点的。这意味着，对于任何一种产品来说，随着其产量的增加所需要放弃的另外一种产品的数量是递减的，也就是边际转换率或者机会成本递减。在几何图形上，表现为生产可能性曲线的斜率绝对值递减。当存在规模经济的条件下(不管是内部规模经济还是外部规模经济)，即使两个国家要素禀赋完全相同，也依然可能出现国家间选择相应的分工，并通过贸易实现各自福利提升的结果。

假设有两个国家：美国和日本；生产两种产品：电脑和照相机。电脑和照相机的生产中都存在很强的规模经济。随着行业规模的扩大(由国家产量的增加代表)，单位产品的生产成本是下降的。为了集中说明规模经济的作用，我们假设美日两国的技术、资源和需求偏好完全相同。所以两国的生产可能性曲线、社会无差异曲线以及封闭条件下的一般均衡状态也完全相同。按照传统理论，这两个国家之间不会有贸易产生。机会成本递减下的国际贸易如图5.1所示。

由于规模经济和机会成本递减，将全部资源集中于某一种产品的专业化生产上，肯定能够实现资源配置的更高效率。我们让美国集中生产电脑，日本集中生产照相机；美国电脑的总产量为 ON，日本照相机的总产量为 OM，因为这些电脑和照相机是用同样的资源和技术生产出来的，它们的价值是相等的($P_T \cdot ON = P_W \cdot OM$)，所以连线 MN 的斜率绝对值就是开放贸易后的国际相对价格(P_T/P_W)。MN 曲线也是美日两国开放贸易后的预算线。开放贸易后，两国能够实现的最大化的社会福利水平为 U_1，高于封闭条件下的 U_0。国际贸易使得两国的社会福利水平都得到了提高。

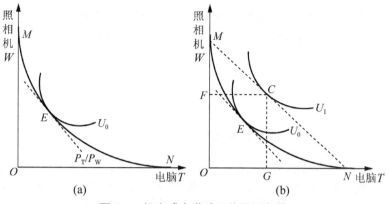

图 5.1 机会成本递减下的国际贸易

美国电脑的出口量为 GN，照相机的进口量为 CG，$\triangle CNG$ 为美国的贸易三角形；日本电脑的进口量为 CF，照相机的出口量为 MF，$\triangle MCF$ 为日本的贸易三角形。在两国条件下，两国的贸易是均衡的，两个国家的贸易三角形是全等三角形。当然，我们也可以让美国生产照相机，让日本生产电脑，这不会影响我们的分析。

知识链接

党的二十大报告提出，要构建全国统一大市场，深化要素市场化改革，建设高标准市场体系。2022 年 3 月 25 日，中共中央、国务院发布《关于加快建设全国统一大市场的意见》，要求加快建设高效规范、公平竞争、充分开放的全国统一大市场，以增强国内大循环内生动力和可靠性，提升国际循环质量和水平。

5.2.2 外部规模经济与国际贸易

外部规模经济对于单个厂商而言是外部性的，但从整个产业和一国整体水平来看却是内生的，它会导致一国产业层面的规模报酬递增，一个更大的产业意味着更低的生产成本，从而会引起国际间生产成本的差异，对于很多现实的产品来说，构成了国际贸易的部分基础。

1. 外部规模经济与集聚效应

随着企业经营的外部环境的改善，生产成本降低的现象为外部规模经济。外部规模经济不同于内部规模经济，存在外部规模经济的行业往往由许多相对较小的厂商构成，且接近完全竞争状态；而存在内部规模经济的行业的市场结构往往是不完全竞争的。

集聚效应是实现外部规模经济的重要途径，英国经济学家阿尔弗雷德·马歇尔最早注意到这种某个行业在特定地区的"扎堆"或"行业地区"的现象，这种行业的地理集中却无法从自然资源的角度来解释。在马歇尔时代，行业集中的例子是谢菲尔德的刀具制造商和北安普顿的制衣商。现代国际上产业集聚的著名例子莫过于意大利北部的时装业，瑞士巴塞尔的制药业，瑞典斯德哥尔摩的无线谷(Wireless Velly)，硅谷的半导体和软件开发行业，纽约的投资银行业，好莱坞的电影和娱乐业；此外，德国索

【参考视频】

林根和日本的涩谷是餐具业中心，日本的摩托车业、乐器业集中在横滨，美国波士顿 128 号公路附近微型电脑业云集，纽约麦迪逊大道是全球广告业的心脏，意大利的珠宝业集中在阿勒索和瓦伦查坡——数以百计的珠宝商集中在几条街上……

好莱坞经济学

美国最重要的出口部门是什么？答案取决于定义的尺度。有的人会说是农业，有的人则会说是航空业。但无论采取什么标准，美国最大的出口部门之中一定有娱乐业。娱乐业在 1994 年为美国在海外取得了超过 80 亿美元的收入，美国制作的影片和电视节目在世界各地上映，海外市场已成为好莱坞财政收入的支柱之一，尤其是动作片，在海外的收入经常比在本土的收入高。

美国何以能成为世界上的头号娱乐业输出国？其中一个重要的优势纯粹来自于其巨大的市场规模。一部主要针对法国或意大利市场的影片，由于法国或意大利的市场规模比美国小得多，因此制片中不可能达到大部分美国影片那样的预算要求。因而来自这些国家的影片主要是戏剧和喜剧，但又常常无法负担配音和字幕的费用。然而美国影片却能凭借其恢宏的制作和壮观的特技效果而超越语言的障碍。

但美国在娱乐业中霸主地位的形成还有另一个重要原因，即娱乐业公司在好莱坞的大量集中。好莱坞显然产生了马歇尔所说的两种外部经济：专业化的供应商和劳动力市场基础。虽然最终产品是电影制片厂和电视网所提供的，但它实际上是由独立制片人、演员以及演员的代理人、法律公司和特技效果专家等诸多方面构成的复杂网络共同努力的结果。影片结尾通常列出参与电影制作人员的名单，每个看过电影名单的人都会明白电影制作对劳动力市场共享的需求。每部影片都需要一支巨大但临时性的工作队伍，它不仅包括摄像师、化妆师，还包括音乐家、特技演员和一些神秘的职业如领班和包工头(当然还有男女演员)。至于娱乐业是否能产生第三种类型的外部经济——知识外溢——这一点尚无定论，但毕竟如作家纳森尼尔·韦斯特所说，理解电影行业的关键在于认识到"没人知道所有的事"这一点。另外，如果确实存在知识外溢，其在好莱坞的效果也会比其他任何地方都要好。

好莱坞一直以其能吸引世界各地的天才人物作为外部经济在好莱坞发挥巨大作用的象征。从嘉宝和冯·斯坦伯克到阿诺德·施瓦辛格和保罗·霍夫曼，"美国"影片实际上通常是由移居好莱坞的有野心的外国人所制作并最终赢得更多的观众。

好莱坞是独一无二的吗？非也。相似的力量已经促成其他几个娱乐综合体的出现。在印度，由于政府的保护和文化上的差异，印度的电影市场得以摆脱美国的统治并在孟买出现了一个叫作"宝莱坞"的电影制片基地。另外还有一个专门为拉丁美洲制作西班牙语电视节目的特殊行业出现在委内瑞拉的首都加拉加斯，它集中精力制作长期放映的肥皂剧"电视小说"，并且委内瑞拉的这个综合体还发现了意想不到的出口市场：俄罗斯的电视观众。它表明俄罗斯电视观众对拉丁美洲节目中的人物更易产生认同感。

(资料来源：[美]保罗·克鲁格曼，茅瑞斯·奥伯斯法尔德. 国际经济学. (第 5 版). 海闻，蔡荣，郭海秋，译. 北京：中国人民大学出版社，2002：143-144.)

2. 外部规模经济与国际贸易

当存在外部规模经济时，产业总产出和产品均衡价格的确定无法依靠完全竞争市场的情形展开分析。外部规模经济的存在表明，行业层面平均成本会随着产出增加而下降，由于行业中无数厂商之间的激烈竞争和不同厂商产品较高的同质性、替代性，每一个厂商都无法获得超额利润，因此平均成本 AC 等于产品的市场价格水平。所以可以用向右下方倾斜的行业平均成本曲线代表总供给来进行供求均衡分析(图 5.2)。

图 5.2 中 X 轴表示某种存在外部规模经济产品行业的产量，Y 纵轴表示产品的生产成本或价格，AC_1 代表国家 1 该产品行业的长期平均成本曲线，AC_2 代表国家 2 同类产品行业的长期平均成本曲线，由于外部规模经济的作用下，随着 X 整个行业产量的增加，两国生产该产品的平均成本曲线均向下倾斜，如果国家 1 拥有更大程度的外部规模经济，则 AC_1 在 AC_2 的下方。假设两国需求偏好相同，D 表示各自对该产品的需求，封闭条件下国家 1 拥有更高程度的外部规模经济，因此同类产品的成本和价格更低。一旦两国市场彼此开放，国家 1 较低的成本和价格就会引起世界市场需求向国家 1 的转移，从而导致国家 1 市场需求的扩大和国家 2 市场需求的减少，放大国家 1 的外部规模效应，减小国家 2 的外部规模效应，进而使国家 1 最终获得该种产品的世界市场，结果国家 1 向国家 2 出口该产品，但世界市场的成本和价格水平都一定程度减少，各国均获得一定的福利增进。

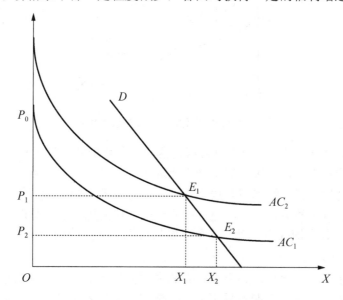

图 5.2 外部规模经济与国际贸易

3. 外部规模经济与比较优势的自我强化

在本书理论部分，我们会阐述两种比较优势的动态变化情况：第一种情况是，随着时间的推移，一国在某种产品上的比较优势不断加强，或者说比较优势和贸易模式能够自我巩固、自我强化；第二种情况是比较优势在国家间的动态转移，本来 A 国具有生产某种产品的比较优势，但随着时间的推移其比较优势逐渐丧失，原来不具优势的 B 国却逐渐拥有了生产该商品的比较优势。我们在这里阐述的是第一种情况，第二种情况在后面的产品生命周期理论中加以说明。

当存在外部规模经济时，大规模从事某一行业商品的生产往往会降低生产成本，这就会形成一个循环：能够廉价生产某一产品的国家一般会扩大该种商品的生产，即(行业)规模越大越有优势，越有优势就越是倾向于扩大(行业)规模。无论这些国家原有的资源如何，强烈的外部规模经济会巩固现有的贸易模式：那些原先大量生产某些产品的国家倾向于维持自己的大生产者地位，即使有些别的国家存在更廉价的生产这些产品的可能。

假设瑞士和泰国两个国家生产手表的平均成本是其年产量的函数，年产量的大小可以代表行业规模。假定手表的生产具有很强的外部规模经济，且不存在内部规模经济，所以两国的手表工业有许多完全竞争的小企业组成，竞争的结果是手表价格等于其平均成本。在外部规模经济下，行业的平均成本曲线向右下方倾斜。这里的平均成本曲线是整个行业的平均成本曲线，而我们在内部规模经济中用的平均成本曲线是单个企业的平均成本曲线，如图 5.3 所示。

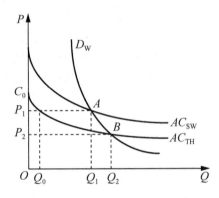

图 5.3　外部规模经济导致的成本优势

由于泰国的工资低于瑞士，我们可以假定泰国的平均成本线位于瑞士以下，这意味着，在任何给定的产量水平上，泰国总能生产出比瑞士便宜的手表。人们希望由泰国供应全世界的手表，因为同样的行业规模下其成本更低。但这并非事实。假设瑞士由于历史或偶然的原因首先建立了自己的手表产业，那么世界手表市场的均衡点就是图 5.3 中的 A 点，均衡数量为 Q_1，价格和平均成本为 P_1。这个时候只有先走一步的瑞士在生产手表，泰国还没有进入到这个产业中。

本来泰国比瑞士更有优势，如果泰国能够占领世界市场，世界手表市场的均衡点就是 B 点，全世界手表的生产和消费数量更多，价格和平均成本更低，全世界的福利水平肯定会因此提高。因此，由泰国为全世界生产和供应的手表，肯定比瑞士要好。

但是泰国从来都没有生产过手表，如果在瑞士建立了自己的手表产业之后，泰国才考虑进入生产，那么泰国一开始就会面临较高的平均成本和价格 C_0，高于瑞士的成本和价格 P_1，难以与瑞士进行竞争。除非泰国一下子将行业规模扩大到 Q_0 以上，其成本和价格才能够低于 P_1，取得对瑞士的优势，否则泰国的手表工业永远建立不起来。简言之，虽然瑞士本来不具备生产手表的比较优势，但手表工业的先期建立或先行一步使得它能够取得并维持优势地位；虽然泰国有生产手表的优势，但因为起步较晚，在开放条件下难以与瑞士进行竞争——贸易扼杀了具有潜在竞争力的产业的建立。

从这个例子我们可以看出，率先进入某个产业对于获得竞争优势来说有多么重要，以及在历史因素决定的生产模式中外部规模经济发挥了多么巨大的作用。只要产业已经率先建立起来，外部规模经济就会不断强化该国在该产业上的优势。它使得一些已经形成的生产优势和专业化生产模式得以持续下去，即使这些国家本来不具备或者已经不再具备比较优势。

哪个国家率先进入或者建立起某个产业，往往是出于不可预测的历史或偶然的事件。

举例来说，第二次世界大战期间，当飞机引擎在英国进行研发制造时，盟国决定将其生产线移到美国西海岸，以避免轴心国的空袭。从那时起，航空器制造企业开始在西雅图和南加利福尼亚集聚。盟国在战争期间的决定使得美国在商用飞机制造业上占据了几十年的统治地位，直到欧洲各国联合起来运用大额补贴和其他干预措施培养出了一个竞争者——空中客车。好莱坞的成功也起源于一次不可预测的历史或偶然事件，当1907年第一部电影在这里拍摄时，好莱坞绝不是美国更不是世界上唯一的适合拍电影的地方。但随着后来大量的电影制片厂在这里聚集，其优势也越来越强，远远超越了当初"明媚的自然风光、充足的光线和适宜的气候"。

【参考图文】

专栏 5-3

偶然因素、产业集聚与好莱坞的兴起

1886年，房地产商哈维·威尔考克斯在洛杉矶郊区买下了一块了0.6平方公里的土地。威尔考克斯的夫人在一次旅行时听到她旁边的一个人说她来自俄亥俄州的一个叫作好莱坞的地方，她很喜欢这个名字，回到加州后，她将苏格兰运来的大批冬青树栽在这里，将她丈夫的农庄改称为"好莱坞"(Hollywood)，在英语中是冬青树林的意思。

威尔考克斯计划在这里建造一座小城，1887年2月1日他在地区政府正式注册"好莱坞"(Hollywood)的名字。在他夫人的帮助下他铺设了今天的好莱坞大街作为城市的主街，在这条大街和其他大街的两旁种了胡椒树并开始出售产权。他的夫人募资建了两座教堂、一座学校和一座图书馆。为了使好莱坞名符其实，他们还进口了一些英国冬青，但这些植物在加州的气候下没有存活很久。

到1900年，好莱坞已经有一间邮局、一张报纸、一座旅馆和两个市场，其居民数为500人。拥有10万人口的洛杉矶位于好莱坞以东11公里处，在好莱坞和洛杉矶间只有一条单轨的有轨电车。1902年，今天著名的好莱坞酒店的第一部分开业。1903年，此地升格为市，参加投票的177位有选举权的居民一致赞同以"好莱坞"为之命名。当年下的两条命令是：除药店外其他商店禁酒，以及不准在街上驱赶多于200只的牛群。1904年，一条新的被称为好莱坞大街的有轨电车开业，使好莱坞与洛杉矶间的往返时间大大缩短。1910年，好莱坞的居民投票决定加入洛杉矶。原因是这样他们可以通过洛杉矶取得足够的饮水和获得排水设施。读到这里，谁能想象得出，这样一个地方会在二三十年后成为世界闻名的电影和娱乐业之都？

1907年，导演弗朗西斯·伯格斯带领他的摄制组来到洛杉矶拍摄电影《基督山伯爵》。他们发现，这里明媚的自然风光、充足的光线和适宜的气候是拍摄电影的天然场所。1910年代初，导演大卫·格里菲斯被Biograph公司派到西海岸来拍电影，他带着丽莲·吉许、玛丽·璧克馥等演员来到了洛杉矶。他们后来想寻找一块新的地盘，于是向北出发，来到了一个热情的小镇，这就是好莱坞。Biograph公司发现此地条件不错，于是在回纽约前又陆续拍了好几部电影。渐渐许多业内人士都知道了这块宝地，到好莱坞的电影剧组越来越多，美国电影业移师好莱坞的大转移开始，好莱坞向电影之都迈进。

1911年美国一些电影界人士在好莱坞创建了内斯特影片公司，这是好莱坞的第一家制片厂。同年已有15家其他的制片厂在这里定居，成千上万的梦幻制造者紧随而至。从1912年起，很多电影公司陆续在好莱坞落户，其中有著名的米高梅、派拉蒙、20世纪福克斯、华纳兄弟、雷电华、环球、联美、哥伦比亚等。

1923年，现在成为好莱坞象征之一的白色大字HOLLYWOOD被树立在好莱坞后的山坡上，本来这个字后面还有LAND四个字母，是一家建筑厂商为了推销新建好的住宅社区设置的广告看板。但它们被树立起来以后因为无人看管，以致渐渐荒废。一直到1949年，好莱坞的商会才将后面的四个字母去掉，将其他字母修复。这个招牌现在受到商标保护，没有好莱坞商会的同意，不允许使用它。1929年5月16日，奥斯卡金像奖首次颁发，当时的门票是10美元，总共有250人出席颁奖典礼。

20世纪三四十年代，好莱坞达到鼎盛时期，推出大量优秀影片。同时，好莱坞发展成为美国的一个重要文化中心，众多作家、音乐家、电影明星汇集在这里。好莱坞的名胜有天然圆形剧场、朝圣者圆形剧场、中国剧院、加利福尼亚艺术俱乐部等，很多电影明星的豪宅坐落在好莱坞附近的贝佛利山上。

1947年1月22日，美国的商业电视台开始进入好莱坞。20世纪50年代，音乐唱片业也开始涉足好莱坞和附近的伯班克市。大多数电影制片厂仍留在原地，但好莱坞的外貌已经改变了。1952年，CBS在Fairfax大街和贝弗利大街交界处建立了电视城，CBS这一扩张之举实际上也意味着好莱坞在拓展自己的版图。

(资料来源：http://www.yw.gov.cn/zjyw/jjfz/cygj/xsp/201306/t20130624_279584.shtml.)

4. 动态收益递增：经验积累与学习效应

除了行业规模的壮大，一些外部规模经济可能来源于知识的积累。某一行业整体知识的不断积累有助于该行业中的厂商降低生产成本。

源于知识积累的外部经济与通常所说的外部规模经济有一定的差异。在具备外部规模经济的行业中，成本依赖于当前产量。但在知识积累的情况下，生产成本则取决于经验。这种经验一般用行业迄今为止的累积产量来表示。我们通常用学习曲线(Learning Curve)来描述这种关系。学习曲线描述累积产量与平均成本的关系，随着时间流逝，累积产量不断增加，生产经验也不断积累，平均成本也因而下降。这种成本随着累积产量而非当前产量下降的情形就是动态收益递增或学习效应。

与普通的外部规模经济一样，动态收益递增也能通过在某一行业的初始优势或先期进入而保留下来。图5.4中，AC是先期进入某一行业的某个国家的平均成本曲线，AC^*是另外一个具有较低的成本如工资水平较低，却因起步较晚而缺乏生产经验的国家的学习曲线。只要先发国家进入市场足够早，率先取得了较高的累积产量和生产经验，那么即使后发国家具有潜在的低成本，也无法进入市场。例如，先发国的累积产量为Q_1，平均成本就是C_1；而后发国从未生产过该产品，一开始生产就会面临较高的初始成本C_0^*——无法与先发国家竞争。

在开放条件下，由于直接面临先发国家的竞争压力，后发国家的这个产业根本建立不起来。但是，通过贸易保护隔绝国际竞争，后发国家将自己的累积产量扩大到Q_0以上，就能够实现低于C_1的平均成本，取得相对于先发国的成本优势。

动态收益递增潜在地支持贸易保护主义。假如只要有足够的生产经验就可以生产出成本足够低的产品来出口，却苦于缺乏经验而使生产出来的产品缺乏竞争力，这样的国家就完全可以为了增进社会长期福利，通过限制进口或发放补贴对该行业进行保护扶持，直到它取得了足够的经验能够在国际市场站稳脚跟为止。这种认为通过暂时性的贸易保护能够使落后产业获得生产经验和竞争优势的观点就是幼稚产业保护论。

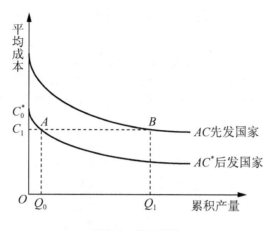

图 5.4 学习曲线

5.2.3 内部规模经济与国际贸易

在内部规模经济存在的条件下，市场具有不完全竞争的结构。从理论和现实来看，在一国市场容量既定的前提下，不完全竞争市场面临着产品种类与产品价格彼此冲突的一对矛盾，较大的企业规模会利用规模经济的好处降低成本和价格，但在市场容量既定情况下意味着企业数量和产品种类的减少，反之，则意味着较多的产品种类和较高的单位产品成本和价格。国际贸易的产生在很大程度上克服了这样一个两难冲突，解决了产品种类不足和产品成本与价格过高的问题，带来新的国际贸易利益。

1. 内部规模经济与垄断竞争企业

在这里，我们主要介绍具有内部规模经济的垄断竞争企业参与国际贸易的情况。

在垄断竞争条件下，行业内仍然有许多企业，但企业的规模一般要大得多。每个企业并不生产完全相同的产品，而是生产有差别的同种产品——差异产品。由于每个企业生产的产品存在差别，因此各个企业对自己的产品供给有一定的垄断力量，能够在一定程度上控制产品的价格。企业面临的是一条向右下方倾斜的需求曲线。

一方面，由于行业中的企业数量仍然较多，且不同企业的产品具有很强的可替代性，企业之间也存在着很高程度的竞争。如果垄断竞争企业在短期内有超额利润，就会引起更多的企业进入这个行业，使得行业供给增加，产品价格下降，利润减少直到消失。另一方面，如果垄断竞争企业短期内是亏损的，一些企业为了避免亏损就会退出该行业使得供给减少，价格上升，直到亏损消失。总之，垄断竞争企业在长期内实现均衡时，既没有经济利润也没有亏损。

图 5.5 显示的是一个具有内部规模经济的垄断竞争企业的长期均衡状况。内部规模经济表现在企业的长期平均成本曲线(LAC)向右下方倾斜。在长期内，实现利润最大化时($MR_1=MC$)，企业的平均成本线 LAC 与需求曲线 D_1 相切，价格等于平均成本($P_1=AC_1$)，既没有利润也没有亏损。在参与国际贸易前，企业处于这种长期均衡状态下。

参与国际贸易前，企业面临的只是国内需求 D_1。参与国际贸易后，由于出现了国外需求，企业面临的需求曲线向右移动到 D_2，边际收益曲线也向右移动到 MR_2。需求的扩张使得边际收益等于边际成本时的价格大于平均成本($P_2>AC_2$),短期内企业有超额利润,如图 5.5(a)所示。

开放贸易后,随着短期利润的出现,新企业会加入到这个行业中,使得行业的竞争更加激烈,厂商的需求曲线变得更为平坦——需求价格弹性提高了。长期竞争的结果依然是企业的利润消失。但由于需求曲线更为平坦,企业的生产依然是扩张了的,实现了更低的长期平均成本和价格,如图 5.5(b)所示。

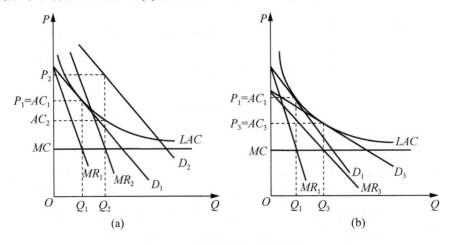

图 5.5 垄断竞争与国际贸易

对于垄断竞争企业来说,开放贸易的结果是短期内产量增加,出现短期利润。长期内,企业产量增加,价格和平均成本下降且两者相等,企业既没有利润也没有亏损。本国消费者消费量增加,消费者剩余增加。从社会福利角度看,因为生产者在开放贸易后的长期内维持了零利润,与贸易前相比状况不变;但消费者剩余增加了,所以整个社会的福利水平比贸易前提高了。

2. 内部规模经济与产业内贸易:协议性国际分工原理

许多工业制成品的生产中存在很强的内在规模经济,企业的规模越大,生产成本越低。但消费者的需求又是差异化或多样性的。在资源有限和没有贸易的前提下,生产的规模经济与消费的多样化要求之间出现了矛盾。要实现规模经济,就只能把有限的资源集中在一种或少数几种产品的生产上——牺牲了消费的多样性;要实现消费的多样性,就要把有限的资源分配到许多种产品的生产上,这就必然牺牲了规模经济。

国际贸易可以解决这种矛盾。每个国家可以将有限的资源集中在一种或少数几种产品或型号的生产上,这样就实现了规模经济,然后开展国际贸易进行交换,消费者就可以消费到本国生产范围之外的产品,实现了消费的多样性。

假设日本和美国两个国家生产和消费汽车,汽车又分为轿车和卡车两种。无论是轿车的生产还是卡车的生产,都存在很强的规模经济,即生产规模越大,成本和价格越低。在封闭条件下,美日两国不得不同时生产汽车和卡车,生产资源的分散使得生产过程中的规模经济没有充分发挥出来。无论是美国还是日本,其轿车的生产和消费量都是 100 万辆,价格为 10 万美元;其卡车的生产和消费量也是 100 万辆,价格为 10 万美元。整个世界卡车生产和消费总量为 200 万辆，价格为 10 万美元；轿车的生产和消费总量为 200 万辆，价格为 10 万美元。

现在，我们让美国集中生产这 200 万辆轿车，日本集中生产这 200 万辆卡车。由于生产规模更大了，轿车和卡车的成本下降到 5 万美元。然后美国用 100 万辆轿车去换日本的 100 万辆卡车，这样两国的消费量并没有发生变化，但价格和成本却更低了，如图 5.6 所示。实际上，随着价格和成本的降低，两国会消费更多的轿车和卡车，消费量的增加又会带动生产规模的进一步扩大，实现更大的规模经济。

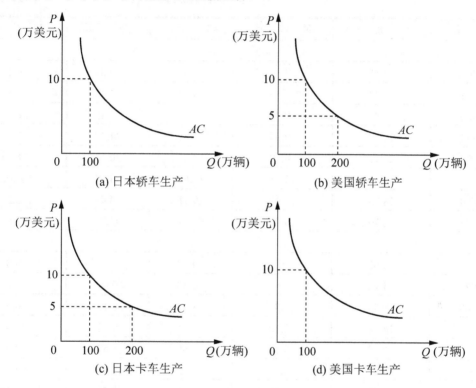

图 5.6　规模经济与产品多样性

在上例中，具体国家是生产轿车还是卡车，对我们的分析来说差别不大，也没有固定的模式。具体的分工情况既可以自然竞争产生，也可以由两国协议分工。在这里我们强调的是，发达国家之间工业制成品产业内贸易的基础是规模经济，而不是技术或者要素禀赋的差异。

专栏 5-4

汽车产品的产业内贸易

表 5-4 给出了美国在 1965—2004 年与加拿大、墨西哥、欧洲和日本之间汽车产品（整车、零件、引擎、车身等）的进出口额。各国不同的厂商生产的汽车及汽车零件都是有差别的，这种差别导致了产业内贸易。1985—2004 年，美国汽车产品的产业内贸易增长之所以如此迅速，主要原因是各国贸易保护程度和运输

成本的降低。特别是美国和加拿大之间的贸易增长主要是因为两国于1965年签署了建立汽车产品自由贸易的美—加汽车协议。通过从美国进口，加拿大一方面可以减少其生产车型(从而在生产中可以获得更大的规模经济)，另一方面，有了更多的可选车型。1994年1月1日生效的北美自由贸易协定也使得美—墨汽车产品的产业内贸易有了极其迅速的发展。将来大型车的生产可能集中在美国和加拿大进行，而小型车的生产转向墨西哥。值得注意的是，美国在汽车产品上与加拿大和墨西哥的贸易均为双向的，而对日本几乎是单项向的。

表 5-4　美国汽车产品的进出口额　　　　　　　　　　　　单位：亿美元

年　份	加 拿 大	墨 西 哥	欧　洲	日　本	全 世 界
进　口					
1965	0.11	—	0.07	0.01	0.19
1973	4.92	—	3.14	2.41	10.55
1980	7.87	0.22	6.73	11.85	26.94
1985	20.77	2.93	11.84	24.55	58.57
1990	27.71	4.39	13.27	30.12	78.51
1995	41.63	12.11	15.65	34.94	108.02
2000	58.75	28.30	29.11	44.49	170.20
2004	61.79	29.02	42.15	45.73	197.00
出　口					
1965	0.62	—	0.07	—	0.87
1973	4.12	—	0.48	0.09	6.03
1980	9.54	1.35	1.46	0.19	16.74
1985	16.32	2.72	1.15	0.21	21.07
1990	19.48	3.57	3.65	1.52	32.55
1995	28.94	5.14	5.45	4.07	52.51
2000	38.23	13.28	6.55	2.73	67.20
2004	42.21	12.96	10.19	1.48	76.42

资料来源：[美]多米尼克·萨尔瓦多. 国际经济学(第9版). 杨冰, 译. 北京：清华大学出版社, 2008：147—148.

专栏 5—5

国际贸易带来的"消费多样化"利益

迄今为止，从贸易中得到的利益一直是通过出口品价格上升、进口品价格下降，以及社会无差异曲线位置的提高，生产者剩余和消费者剩余的变化来体现的。贸易带来的另一个重要利益是消费者可以消费到的商品种类的巨大增长。布罗达(Broda)和温斯坦(Weinstein)估计，与1972年可以买到的商品相比，美国消费者大概愿意为2001年琳琅满目的商品多支付2 800亿美元，相当于GDP的3%。美国消费者可以购买的商品从1972年的74 667种上升到2001年的259 215种。

贸易所带来的消费者可以选择的商品种类增加的收益，对于近期刚刚向国际市场敞开国门的发展中国家来说更大。中国是获益最大的国家，与1972年封闭经济时期相比，面向国际市场开放经济后的1997年，中国消费者因为有了更多的商品选择，收益高达GDP的326.1%。其次是苏联，其收益为GDP的213.7%。再次是韩国，收益是GDP的185.3%。事实上，笔者所研究的其他19个发展中国家也都获得了两位数的收益，而美国的收益仅相当于GDP的3%。这是因为在过去30年间，美国经济一直是开放的，因此从收益占GDP的比例这个指标看，收益最低。

(资料来源：[美]多米尼克·萨尔瓦多. 国际经济学(第9版). 杨冰，译. 北京：清华大学出版社，2008：148-149.)

3. 不完全竞争、价格歧视与国际贸易

不完全竞争引起国际贸易是与不完全竞争企业的价格歧视行为联系在一起的。价格歧视指的是，厂商出售的虽然是同样的商品，但在不同的市场上或者对不同的消费者收取不同的价格，如寒暑假的学生票、公交车的老人卡等。在国际贸易中，价格歧视通常表现为"倾销"的形式。在研究当代国际贸易现象时，经济学家通常将倾销带给企业的收益看成是一种出口激励，以解释不完全竞争条件下企业出口的动机和原因。

通过微观经济学的学习我们知道，价格歧视有3个前提条件：

(1) 必须是不完全竞争厂商，只有不完全竞争厂商才能改变其产品的价格。

(2) 市场分割，低价市场的消费者不能将商品倒卖到高价市场上去。

(3) 不同市场上的需求价格弹性不同。

在国际贸易中，这些条件是否能够得到满足呢？

首先，在许多产品尤其是工业制成品市场上，不完全竞争的条件基本得到满足。国际贸易中的产品是由为数不多的企业生产的。有些行业中虽然企业数量也很多，但每个企业生产的都是差异产品，形成不完全竞争的市场结构，对其产品有一定的定价能力。这些产品大到飞机、汽车、高铁，小到洗衣粉、方便面等。

其次，市场分割的条件也能得到满足。由于运输成本、关税与非关税壁垒、海关手续和各种规章制度的存在，可以认为本国市场与外国市场是分割的。很少有人能够将从外国进口的某种商品再运回到这个国家去销售。

最后，对于本国厂商来说，外国市场的需求比本国市场更有弹性。在其他条件相同的情况下，市场份额越小，降价产生的促销效应就越强，需求价格弹性也就越大；市场份额越大，降价的促销空间就越小，需求价格弹性也越小。对于大多数厂商来说，其在本国市场与外国市场上的市场份额是不同的，在外国市场上的份额通常小于在本国市场上的份额。因此我们一般可以认为，外国市场的需求价格弹性大于本国市场。

在国际贸易中，厂商倾销的三个条件都可以得到满足。也就是说，即使生产成本一样，厂商也可以在不同的市场上以不同的价格出售相同的商品。

厂商为什么要以低于本国市场的价格在国际市场上销售商品？为什么不将这部分出口商品在国内市场以较高的价格出售呢？原因在于这里的厂商是不完全竞争厂商，不完全竞争厂商不能在市场上无限制地销售商品。

在完全竞争的条件下，无论厂商的销售量为多少都可以在市场上按照既定的价格销售出去。只有外国市场上的价格高于本国市场的价格时,企业才有出口的激励。在不完全竞争的条件下,企业不能在国内市场上无限制地销售商品,因为每增加一个单位商品的销售,将会引起所有商品的价格一起下降,企业的边际收益则下降得更快。所以,不完全竞争企业为了保证利润最大化,不得不将国内市场上的产品销售量控制在一定的范围内。多余的产量则出口到国外市场销售。只要国外市场上的销售价格高于产品生产的平均成本,厂商就会得到正的利润,出口就有利可图,而不论其销售价格是否高于本国市场。

相互倾销模型(Reciprocal Dumping Model)由詹姆斯·布兰德(James Brander,1981)最早提出,后由布兰德和克鲁格曼进行了扩展。图 5.7 可以表明企业为什么要通过倾销向国外市场销售产品,而不是把所有的产品都在国内市场上销售。假设一个垄断厂商面临两个市场:本国市场和外国市场。为了简化分析,假设该厂商的边际成本是不变的,由图 5.7 中的水平线 MC 代表;不管在本国市场还是外国市场,其面临的需求曲线和边际收益曲线都是往右下方倾斜的。厂商利润最大化的均衡条件为边际收益等于边际成本,即 $MR=MC$。可以看出,厂商在国内市场上的最优销售量为 Q_d,价格为 P_d;在国际市场上的最优销售量为 Q_f,价格为 P_f。厂商的总产量为 (Q_d+Q_f),只不过是将其分开来在两个市场上销售而已。厂商为什么不将这些 (Q_d+Q_f) 产量全部放在国内市场上销售?因为那样将会破坏 $MR=MC$ 的均衡条件,导致国内市场上出现 $MR<MC$ 的情况,即最后几个产品的销售实际上是亏损的。

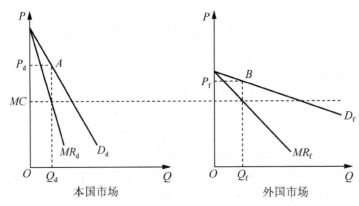

图 5.7　倾销情况

我们可以直观地看出,国际市场价格 P_f 低于国内市场价格 P_d,这样构成了倾销。严格来说,如果边际成本不变,垄断厂商的最优价格就是 $P=\dfrac{MC}{1-1/|e_d|}$[①],需求价格弹性越大,价格越低。因为国际市场的需求价格弹性通常高于国内市场,所以国际市场价格通常低于国内市场价格。虽然国际市场价格低于国内市场价格,但厂商在国际市场上依然能够得到正的最大化的利润。将产品分开来在两个市场上销售,比全部在国内市场上销售要好。

上面分析的是本国垄断企业的销售决策,如果有一个国外的垄断企业也面临类似的决

---

① 已知:总收益 $TR=P(Q)\cdot Q$,需求价格弹性 $|e_d|=\left|\dfrac{dQ\cdot P}{dP\cdot Q}\right|=-\dfrac{dQ\cdot P}{dP\cdot Q}$,边际收益可以表示为 $MR=\dfrac{dTR}{dQ}=P(Q)+Q\dfrac{dP}{dQ}=P\left(1+\dfrac{Q\cdot dP}{P\cdot dQ}\right)=P\left(1-\dfrac{1}{|e_d|}\right)$,利润最大化条件为 $MR=P\left(1-\dfrac{1}{|e_d|}\right)=MC$,即:$P=\dfrac{MC}{1-1/|e_d|}$。

策并采取类似的行为,就会出现"相互倾销",从而形成产业内贸易。例如,丰田公司基于以上考虑向美国倾销汽车,而美国的通用汽车公司也基于类似的考虑向日本倾销汽车,就会出现美国和日本之间汽车的产业内贸易。在这里,产业内贸易来源于微观层面上垄断企业的利润最大化决策,而非国家层面上的技术和禀赋差异。

4. 异质性企业贸易理论

国际贸易理论的发展是随着经济实践在不断向前推进的,解释国际经济现实的需要是贸易理论发展的不竭动力。企业作为一国参与国际贸易的微观基础,其在国际贸易理论研究中的地位是随着经济实践的发展和国际经济现实的需要而不断演化的。

传统的贸易理论(包括李嘉图比较成本理论和 H-O 要素禀赋理论)立足于解释国家间贸易产生的动因和国际贸易的流向,国家参与贸易或者更准确地说一国特定产业进行出口是由于技术、要素禀赋和生产结构方面的差异造成的,不存在对企业行为的分析。传统贸易理论完全竞争和规模收益不变假设意味着企业是同质的,且企业规模是不确定的,一国企业的行为与产业的特征具有完全的一致性,因而也没有对企业行为进行分析的必要。传统贸易理论以国家或者产业作为研究对象,把焦点集中在产业水平上的差异,忽略企业行为在国际经济活动中的影响,掩盖了同一产业内企业异质性与国际贸易之间的相互作用,造成许多贸易政策效应的分析与经济现实存在显著的偏差。

20 世纪 80 年代新贸易理论产生以后,国际贸易理论研究的重心体现为由传统的国家和产业层面的研究向产业内部企业水平研究的转移。新贸易理论引入了以产品差异和规模经济为基础的垄断竞争企业来解释相似国家间贸易和产业内贸易大量存在的原因,同一产业内企业在生产率和规模上的异质性被认为是不重要的,企业的技术水平和外贸参与度被假定为是相同的。该理论虽然注意到相同产业内企业产品的水平异质性在满足消费者偏好中的福利效应,但是却没有涉及企业间生产率和规模等方面的异质性,因而无法把企业多维度异质性与国际贸易很好地结合起来,以考查国际经济活动中贸易与企业行为之间的相互关系,无法具体分析企业参与国际贸易的行为特质。

20 世纪 90 年代开始,随着微观企业层面经济活动详细数据可获得性的提高,许多实证方面的研究对已有国际贸易理论提出了挑战。大量的实证事实无法在传统贸易理论和新贸易理论模型中找到合理的解释,这些实证研究揭示了已有贸易理论所忽略的生产者行为方面的异质性特征:出口企业同时出现在比较优势产业和比较劣势产业;相同产业内同时存在出口企业和非出口产业,并且出口企业只占很小的比例;产业内企业间生产率、产品质量、产品范围和企业规模等方面差异显著,出口商生产率更高、规模更大,产品质量更高、范围更广;出口商资本和技术更加密集,支付的工资高于非出口商;资源的重新配置不仅发生在产业间也在同一产业内大量存在;等等。

异质性企业贸易理论以 Melitz(2003)模型为研究起点,从企业间生产率的异质性研究,迅速扩展到企业间产品质量异质性和多产品企业异质性的探析,在侧重于企业层面研究的同时,异质性企业贸易理论从不同的角度与传统贸易理论和新贸易理

【参考图文】

论实现了对接，使宏观层面的贸易研究和微观层面企业行为研究很好地融合在一起，使贸易政策宏观效应的分析有了坚实的微观基础。Melitz(2003)模型对于企业异质性行为的分析为企业异质性贸易研究提供了一个基准框架，大量的理论和实证研究在利用 Melitz 分析框架或者遵循其研究逻辑的基础上迅速发展起来。企业生产率水平是决定其生存的关键，体现着一国整体技术水平和经济发展水平，生产率异质性是产生企业其他维度异质性的基础，很大程度决定了企业产品在国际市场上的价格、质量和竞争力。

Melitz 利用消费者和生产者的最优化选择确定了企业的价格、产出量、收入和利润等变量与企业生产率之间的关系，从而用生产率异质性解释了同一产业内企业间价格、规模和利润等维度的异质性表现，生产率更高的企业以收入和产出表示的规模更大，订立的价格更低，并能获得更高的利润。生产率异质性企业的自选择行为从理论上解释了同一产业内出口企业和非出口企业并存的现象，解释了出口企业利润和价格更高、企业规模更大的根本原因。

贸易对产业整体生产率影响的分析是 Melitz(2003)模型的核心所在，其基本机制为：贸易会影响企业的收入和利润结构，进而加剧企业对投入要素的需求竞争，导致低效率企业萎缩或退出，企业萎缩或退出所释放的生产资源向高效率的留存企业和新加入的高效率企业转移，导致产业总体生产率增长。同时，贸易还导致出口企业利润的增加和非出口企业利润的下降。高效率留存企业规模的扩张会扩大对于投入要素——劳动的需求，而贸易所提供的潜在获利机会也将诱使更多生产率较高企业进入该产业，这会进一步扩张对劳动的需求，提高劳动要素的实际价格，导致生产率最低的企业退出市场。因此贸易导致生产率更高的企业获益，生产率较低的企业受损，而生产率最低的企业将会退出市场。这样，贸易导致的经济资源的重新配置，解释了贸易在不改变个体企业生产效率的情况下，却促进了产业生产率的提高的原因。

异质性企业贸易理论从企业层面揭示了国际贸易的动因以及贸易和贸易自由化的效应，从微观角度发现了国际贸易利益的新来源，对一些宏观国际经济现象做出了新的阐释。企业和企业的异质性逐渐成为国际贸易理论研究的焦点，异质性企业贸易研究成为当前贸易理论发展中的热点和前沿问题。

5.3 需求决定的贸易模式

古典和新古典贸易理论都是以完全竞争市场为基础从生产或供给方面来解释价格差异进而使贸易产生动因的。由于商品的价格是由供求两方面的因素共同决定的，因此我们不能完全忽视需求的影响，并且在不完全竞争的现实约束下，消费者的需求状况同样会影响国际贸易的开展。

5.3.1 需求偏好的决定因素

在古典与新古典贸易理论的分析中，我们假定两个国家的需求偏好完全相同，从而忽视了各国需求偏好的差异。在现实中，各个国家的需求偏好是不同的。中国人过年要放鞭炮，欧美人过圣诞节要装点圣诞树；欧美人吃面包，中国人吃馒头、米饭；在发达国家私家汽车是一项主要的交通工具，在中国相当长的时间里自行车是主要交通工具；即使在同样的价格下，各个国家对商品的需求数量也有很大不同。造成各国需求偏好差异的原因主要有以下几点。

1. 实际需求

实际需求由自然条件、地理气候等因素决定。赤道附近国家对皮衣皮帽之类没什么需求，但在俄罗斯等高纬度国家则是必需品；内陆国家不需要船舶类产品，但岛国或者海岸线很长的国家则离不开这类产品。实际需求是比较稳定的，一般不会发生变化。

2. 喜爱偏好

喜爱偏好由不同的宗教信仰、风俗习惯、历史文化传统形成。中国人吃动物内脏，但有些欧美国家不吃；东方人喜欢喝茶，西方人喝咖啡；日本人吃生鱼片，其他国家的人则不会习惯那个味道。各国喜爱偏好的差异会造成对同一种商品的需求量不同。但与实际需求不同，喜爱偏好发生改变的可能性比较大。随着国家间经济文化方面的交流，喜爱偏好会相互影响。中国人逐渐开始过圣诞节，穿西装，尝试吃日本的生鱼片或美国的各种快餐；外国人喜欢吃中餐的也越来越多。

3. 收入水平

在现实中，各个国家对商品尤其是工业制成品的需求不同，很大程度上是因为收入水平不同。中国人原来对汽车的需求量很小，不是中国人不喜欢开汽车，也不是中国的道路不适合汽车，而是因为中国人的收入达不到欧美国家那样的水平。近年来随着收入水平的提高，中国人对汽车的需求量也越来越大，同样的现象也出现在耐用消费品、度假旅游、医疗保健、高档住宅、高档家电、娱乐电子等商品和服务上。对工业制成品和奢侈品的需求差异主要是由收入水平的差异造成的。收入水平是我们重点关心的一个影响需求的因素。

在分析需求与贸易的关系之前，我们进一步说明收入水平对需求的影响。微观经济学中有"需求收入弹性"的概念。需求收入弹性指的是，需求量的变动对收入变动的反应程度，即收入水平变化 1%，商品的需求量变动百分之几。其公式为

$$e_M = \frac{\Delta Q/Q}{\Delta M/M}$$

或

$$e_M = \frac{dQ/Q}{dM/M}$$

不同商品的需求收入弹性不同。经济学家按照需求收入弹性的不同，将商品分为三类：劣等品（$e_M < 0$）、必需品（$0 < e_M < 1$）和奢侈品（$e_M > 1$）。劣等品是一些已经或即将被市场淘汰的产品，如窝头、粗布衣服、简易房屋、黑白电视机、自行车等，人们的收入水平越高，对此类商品的需求量越小。必需品包括大多数日用品，食物就是其中非常重要的一项。奢侈品包括大多数高级耐用消费品，如汽车、手机、计算机等，以及高档时装、化妆品、医疗保健、旅游度假等产品或服务。

随着经济的发展和收入水平的提高，劣等品、必需品和奢侈品的内容是不断变化的。例如，在 20 世纪七八十年代，黑白电视机就是奢侈品，后来逐渐成为必需品，现在已经彻

底沦为劣等品了;90年代,手机刚兴起时是奢侈品,现在是必需品,一些早期型号也已成为劣等品了。此外,自行车、"的确良"布料、录音机、VCD、彩色电视机(特定型号)、摩托车、"大哥大"手机、"奔腾386"计算机等也都经历了类似的命运。

在说明收入与需求的关系上,德国经济学家恩斯特·恩格尔(Ernst Engel)作出了重要贡献。恩格尔指出,随着收入水平的提高,食物支出所占收入的比重会越来越低。这一结论已经被许多事实所证明,被称为"<u>恩格尔定律</u>"。

"恩格尔定律"的意义不仅适用于分析食品需求的变动,也可以用来说明初级产品尤其是农产品的需求的变动。当经济不断增长,尤其是收入水平不断提高时,各国对商品的需求会逐渐从农副产品转移到工业制成品和奢侈品。这不仅说明了为什么发展中国家与发达国家有不同的需求偏好模式,而且说明了为什么世界贸易会从以初级产品为主转向以工业制成品为主。各国恩格尔系数比较见表 5-5。

【参考图文】

表 5-5 各国恩格尔系数比较

国 家	年 份	家庭消费中食物支出所占比重(%)	年 份	家庭消费中食物支出所占比重(%)
韩国	1994	29.7	2001	16.9
新加坡	1992	18.7	—	—
日本	1992	20.1	2000	17.3
菲律宾	1992	57.7	—	—
印度	1991	54.1	—	—
泰国	1991	31.0	—	—
法国	1992	18.6	2001	17.9
英国	1992	21.6	2001	14.1
意大利	1992	19.9	2001	16.9
荷兰	1992	14.9	2001	14.8
丹麦	1992	21.2	—	—
瑞典	1992	19.8	—	—
美国	1992	12.0	2000	9.3
加拿大	1992	15.8	2001	13.8
墨西哥	1992	33.6	2000	26.3
澳大利亚	1992	20.6	2000	14.7
新西兰	1990	18.7	2000	16.3
德国	—	—	2000	15.6
西班牙	—	—	2000	18.5

数据来源:国家统计局:《国际统计年鉴》,中国统计出版社,2004。
转引自:于永达:《国际经济学新论》,清华大学出版社,2007年,第62页。

5.3.2 需求偏好差异与国际贸易

从理论上说，相对价格差异是国家间开展贸易的基础，相对价格差异又来自于各国的供给和需求差异。多数理论是从供给方面的差异来解释国际贸易产生的原因的。但即使两个国家的生产条件完全相同，即不存在任何生产技术、要素禀赋和规模经济上的差异，相对价格差异依然可以从需求偏好的差异中产生。接下来我们从需求差异的角度解释国际贸易产生的原因。

假设中国和美国两个国家生产两种产品：大米和小麦。在这两种产品的生产上，中美两国之间不存在任何生产技术、要素禀赋或者规模经济方面的差异，两国的生产能力完全相同。在几何图形上看，两国的生产可能性曲线也是完全相同的。但是两国的需求偏好不同，假设中国更偏好大米，美国人更喜欢小麦。中国的社会无差异曲线就会偏向"大米"坐标，美国的社会无差异曲线就会偏向"小麦"坐标。

由于两个国家的生产条件相同，因此我们只用一条生产可能性曲线就可以代表两个国家的生产能力。由于两国需求偏好的不同，在封闭条件下的一般均衡状态中，中国大米的相对价格高于美国，美国小麦的相对价格高于中国。这种相对价格的差异就构成了两国贸易的基础。

开放贸易后，中国向美国出口小麦，美国向中国出口大米。随着贸易的开展，两国的生产也会进行调整，两国最终都会在图 5.8 中的 S 点进行生产。两国的社会福利水平都得到了提高，由各自的 U_0 提高到 U_1。

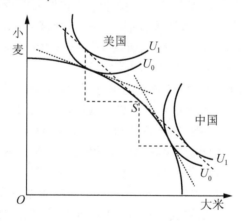

图 5.8　需求偏好差异与国际贸易

5.3.3 重叠需求理论

重叠需求理论(Overlapping Demand Theory)又被称为需求偏好相似理论，由瑞典经济学家林德尔(Staffan Burenstam Linder)在 1961 年提出。林德尔认为，H-O 理论能够较好地解释初级产品的贸易模式，进一步说是解释自然资源密集型产品的贸易模式，但不足以解释工业制成品的贸易模式。林德尔提出的重叠需求理论从需求角度出发，解释工业化发达国家之间产业内贸易产生的原因。

林德尔假设消费者的偏好很大程度上取决于他们的收入水平，一个国家的人均收入水平决定了该国特有的偏好模式和需求结构。例如，发达国家消费者对工业制成品、奢侈品和高档服务的需求较多,而低收入国家居民对粮食、衣物和低档次制成品等需求较多。这种需求结构在很大程度上决定了该国的生产结构,企业在决定生产什么样的产品时必须首先考虑国内市场的需求。生产结构又决定了该国的出口结构,只有在满足国内市场的需求后,多余的产品才能用来出口。在选择出口市场时,企业往往会选择那些与本国收入水平相似的国家,因为只有这些国家才会对本国产品产生较大的需求。林德尔的基本看法是:人均收入水平决定需求结构,需求结构决定生产结构,生产结构决定出口结构;在出口市场的选择上,应选择那些与本国收入水平相近的国家。

林德尔理论的重要观点是,与人均收入水平差异较大的国家相比,人均收入水平相似的国家之间制成品的国际贸易机会更多。林德尔的理论与实际观察到的二战后发达国家之间制造业产品贸易增长最快的现象相符。林德尔理论并没有指明具体商品的贸易流向,这不是模型的缺陷,因为该理论说明商品可进行双向贸易,即同一个国家既可以出口也可以进口该商品。

经济学家们对林德尔的理论进行了大量的实证检验。常见的一种检验方式是:假定我们知道了某一特定国家与其贸易伙伴国之间人均收入水平差距的绝对值,也就知道了该国与各个贸易伙伴之间的贸易密集度,根据林德尔的理论,这两者之间是负相关关系,因为一个国家与贸易伙伴之间人均收入水平的差距越大,两国间相互从事贸易的机会越少。例如,赛勒(Joel Sailors)、库雷斯(Usman Qureshi)以及克罗斯(Edward Cross)1973 年的研究的确发现了这一负相关性。然而,一个复杂的因素是,具有相似人均收入水平的国家往往在地理位置上也相互靠近,频繁的贸易机会可能来自于较低的运输成本和文化的相似性。排除两国之间的距离和其他影响贸易的因素后,霍夫特伊泽尔(Hoftyzer,1975)、格雷泰克(Greytak)和麦克修(McHugh,1977)、库雷斯以及肯尼迪(1980)等人没有发现支持林德尔理论的证据。这些分析采用的主要是简单的相关分析。

引力模型①通过多因素回归对林德尔理论进行了检验,期望通过控制地理方面的因素对需求模式相似的国家间贸易密集度是否更强进行检验。在运用引力模型控制了地理上的变量和其他影响贸易的因素后,杰瑞(Jerry)和玛丽·瑟斯比(Marie Thursby,1987)发现,在13个欧洲发达国家、加拿大、美国、日本和南非的制造业产品贸易中,支持林德尔理论的证据占绝大多数。只有加拿大和南非两国,在它们与贸易伙伴之间的人均收入差距和贸易量之间不存在显著的负回归系数。此外,汉尼克(Hanink)、格雷泰克和图钦达(Tuchinda,1990)、博格斯特兰德(Bergstrand,1990)和麦克弗森(2000)等人采用引力模型进行的检验也发现了支持林德尔理论的证据。

对林德尔理论的检验几乎有一个共同特点,就是排除没有与所考察国进行贸易的国家,这样做的结果是潜在贸易伙伴的重要信息被忽略掉了。麦克弗森等人检验了经合组织 19 个成员国每个国家的情形以检验林德尔理论是否成立,通过使用随机效应(Random Effects Topit)方法,其中能够包括那些在取样年份没有进行贸易的潜在贸易伙伴。他们使用经合组

---

① 引力模型(Gravity Model)被用于预测两国间的双边贸易量,其类似于物理学中的"万有引力"定律,这也是其得名的原因。该模型关心那些在统计上能够解释大部分贸易规模的经济变量。通常认为,两国的国民收入越高,贸易量越大;国家间的距离越远,贸易量越小;有时还会使用其他变量如进出口国的人口规模或一体化协议等。

织 19 个国家 161 个潜在贸易伙伴的数据，避免了不必要的排除[①]，发现检验的 19 个国家中有 18 个支持林德尔理论。这个结果表明，一个国家通常与自己经济类似的国家进行频繁的贸易。他们的结果还表明，此前的研究之所以无法找到支持林德尔理论的证据，是因为排除了这些国家。

5.4 产品生命周期理论

新古典贸易理论假设各国的技术水平是相同的，古典贸易理论虽然考虑到了劳动生产率或技术的差异，但在它们的分析中技术是静态不变的。在现实中，国家间的技术水平不同，且无论是国家的技术实力，还是具体产品的生产技术，都是动态变化的。在当代国际贸易理论中，关于各国生产技术相同和生产技术静态不变的假定被放松了。最早考虑到国家间生产技术差异和技术动态变化的理论是波斯纳的"模仿滞后假说"。

5.4.1 模仿滞后假说

模仿滞后假说(Imitation Lag Hypothesis)是由波斯纳(Michael V. Posner)在1961年正式引入到国际贸易理论中来的。我们探讨这一理论是为接下来的一个著名理论——产品生命周期理论奠定基础。

模仿滞后假说放松了 H-O 理论关于各国技术水平相同的假设。它假定并非各国都能获得相同的生产技术，技术从一个国家扩散到另一个国家会有一定的时滞。假设美国和日本两个国家。由于美国研发人员的努力，成功地发明了一种新产品，根据模仿滞后假说，这一新产品不可能马上被日本生产出来。考虑到时间维度，模仿滞后被定义为从创新国发明出新产品到模仿国成功模仿(或复制)之间的时间间隔。之所以产生滞后，是因为新产品出现后被模仿国的消费者接受需要一个过程，模仿国为了掌握新产品的生产技术或诀窍也要花费时间，此外购买投入品、安装设备、生产加工、向市场推出也需要时间。

在该理论中还有一种时滞，就是需求时滞，指的是从新产品在创新国出现到被模仿国的消费者接受这段时间。这一段时间是模仿国的消费者改变消费习惯、了解和接受新产品的时间。模仿时滞包括了需求时滞，模仿时滞减去需求时滞被称为净时滞。在净时滞期间，创新国可以向模仿国出口产品。在这段时间之前，模仿国对创新国的产品没有需求；在这段时间之后，模仿国能够自己生产，对创新国产品的需求已经减少。但在现代经济条件下，人们接受国外新产品所需要的时间越来越短，即需求时滞越来越短。

模仿滞后假说的核心观点就是：贸易集中在新产品上。一国如何才能成为持续成功的出口者呢？只有持续不断地创新。现代经济条件下，模仿时滞和技术扩散所需要的时间已经越来越短，使得美国这样依靠新技术和新产品来维持国际竞争力的国家经常陷入窘境。美国从推出新技术和新产品中获得的好处很快就会被其他国家尤其是日本所模仿。"为了避免落后，美国必须越跑越快"。通过飞速推出新产品和新技术，美国的经济竞争力依然位于世界前列。2006 年国际竞争力排名见表 5-6。

---

① 前面的几项研究表明了一个问题，即剔除一些国家后可能会出现误差，不支持林德尔理论。

表 5-6 2006 年国际竞争力排名

排 名	国家(或地区)	排 名	国家(或地区)
1	美国	10	爱尔兰
2	新加坡	11	挪威
3	冰岛	12	奥地利
4	丹麦	13	瑞士
5	澳大利亚	14	荷兰
6	加拿大	15	日本
7	瑞士	16	中国
8	卢森堡	17	爱沙尼亚
9	芬兰	18	英国

资料来源：IMD，2006.11[美]多米尼克·萨尔瓦多．国际经济学．杨冰，译．北京：清华大学出版社，2008：157。

一个经典例子是二战后美日两国在无线电产品上的竞争。二战刚结束时，由于真空管技术在美国迅速发展，美国垄断了无线电产品的世界市场。但几年之后，日本通过模仿美国的技术并凭借其廉价的劳动力优势，也占据了很大一部分市场份额。随后美国发明了晶体管，重新在技术上领先。而几年后，日本再次通过模仿掌握了这种技术，又一次可以以低价与美国竞争。随后美国又凭借印刷电路在与日本的竞争中占了上风。后来，韩国、新加坡等亚洲新兴工业化国家和地区也加入到了这一领域的竞争中。

5.4.2 产品生命周期理论概述

【参考图文】

20 世纪 60 年代中期，美国哈佛大学教授雷蒙德·弗农(Raymond Vernon)在《产品生命周期中的国际投资与国际贸易》一文中提出了"产品生命周期理论"。这里所说的产品生命周期(Product Cycles)，不是指产品使用价值磨损殆尽的过程，而是从营销学观点描述的产品在市场上的营销寿命，即一种产品从向市场推出，继而扩大销路，乃至广泛流行，又由盛及衰，最终被新一代产品所取代而退出市场的过程。

产品生命周期理论实际上是动态化的 H-O 理论，适合解释产业领先地位的国际转移。在产品生命周期的不同阶段，对生产要素的需求比例不同，也就是产品的要素密集性不同，即使各国的要素禀赋不变，商品生产和出口的比较优势也会由于产品要素密集度的变动而发生转移。

弗农从美国制造业的实际情况出发，将产品生命周期分为创新、成熟及标准化三个阶段。产品的生产条件和竞争条件在这三个阶段中发生的变动，决定了不同的国家具有生产它的比较优势，也决定了美国企业对外直接投资的动机、流向和时机。

1. 创新阶段

产品创新的方向受到最能促进创新的市场条件的影响。弗农认为，美国宏观经济的特点是居民人均收入高，消费水平也高；同时美国资本供给充裕，单位劳动力成本高，自然资源丰富。这些特点决定了美国市场需要资本密集型产品和高档消费品。新产品首先在美国被发明出来。

在这个阶段，新产品集中在美国国内进行生产。其原因在于，从生产方面来看由于产品尚属未标准化的创新阶段，产品需要不断改进设计以适应消费者的需要，企业需要和消费者以及零部件供应厂商保持密切的联系，而且在国内生产还容易取得改进品质和扩大产量所需的技术、设备、零配件、原材料等。企业为了适应消费者的需求偏好，必须在国内市场就地收集信息，并通过营销策略来培育市场。此外，在这个阶段，产品的需求价格弹性可能相当低，因为发明企业拥有产品差异或垄断优势，成本差异对企业的竞争优势影响不大。因此，在这个阶段价格竞争不是主要的竞争手段，生产成本对企业生产区位选择的影响并不大。与此同时，其他发达国家如西欧国家等，其收入水平与消费结构与美国大致相同，因而对美国的新产品产生需求，美国企业通过出口满足这些国家的消费需求。

在这一阶段，产品实际上是一种科技知识密集型产品，拥有丰富科研资源的国家如美国，拥有生产和出口这种产品的比较优势。

2. 成熟阶段

产品的设计标准和生产技术已经成熟，大量生产成为主要目标。产品从科技密集型变成资本密集型或技能密集型，资本和熟练工人丰裕的国家如西欧国家开始拥有生产该产品的比较优势，并逐渐取代创新国成为主要的生产和出口国。

从竞争条件看，产品的需求价格弹性也逐渐增大，国内外都出现了产品的仿制者。这一方面标志着产品进入成熟期，另一方面也意味着成本-价格因素在竞争中的作用加强。由于越来越多的企业参与市场竞争，替代产品增多，创新企业的技术垄断优势被削弱，价格竞争占主导地位，故生产成本的节约成为能否在市场上击败竞争对手的主要因素。在国内市场日趋饱和的情况下，企业必然会选择对外直接投资，以便扩大市场，降低成本，实现规模经济。20世纪50年代末，西欧国家经济迅速恢复，市场潜力大，并且其劳动力成本也低于美国，因此在西欧国家投资设厂可以降低生产成本。同时，随着西欧国家企业实力的增强，其对美国产品的仿制对美国企业造成威胁，西欧国家的贸易壁垒也大大妨碍了美国产品对西欧的出口。正是这些因素造成美国企业对西欧进行直接投资，以弥补出口减少的损失和抵制外国仿制者的竞争。

因此，美国在经历了初期的出口繁荣后，在这一阶段出口开始下降，甚至很可能该产品在美国的生产也会萎缩。弗农认为，在成熟阶段，产品很可能从西欧流向美国，因为欧洲的劳动成本低于美国(20世纪60年代中期)。

3. 标准化阶段

产品的规格、式样和生产技术已经完全标准化，创新企业原先建立在新产品基础上的垄断优势已不复存在。这时企业最关心的是寻找成本低的生产区位，竞争的基础是价格与成本。在这一阶段，技术和资本逐渐失去了其重要性，劳动力成本则成为决定产品是否具有比较优势的决定因素，发展中国家丰富的劳动力资源呈现出无可比拟的比较优势。因而，劳动力成本低的发展中国家成为跨国公司的最佳区位选择。弗农特别指出，那些生产过程中需要大量劳动投入、对外部条件依赖较小、需求价格弹性较大的标准化产品最有可能转移到发展中国家生产。在发展中国家生产的这些产品或者是出口到跨国公司的母国市场，或者是销往其他国家。贸易模式变为美国和其他发达国家从发展中国家进口该商品，同时发达国家开始开发新一代产品。

弗农的理论反映了五六十年代美国企业对外直接投资的事实，较好地解释了二战后美国企业在西欧和发展中国家直接投资的动机和阶段性特征。利用产品生命周期理论，弗农解释了产业领先地位为什么会在不同的国家间转移，并首次将动态和时间因素纳入国际贸易理论和国际投资理论。在他的理论中，国际贸易理论与国际直接投资理论得到了完美统一。他将企业的技术优势及垄断地位视为伴随产品生命周期的动态变化过程，在此变化过程中，企业需要的区位优势也相应地发生变化。因而他利用产品生命周期理论揭示了美国企业由出口转向对外直接投资的动因、条件以及生产区位的转换过程。

弗农后来(1979 年)对产品生命周期理论进行了修正，主要修正点是产品的最初生产地的变化。在跨国公司的分支机构遍布全球的今天，在美国以外获取生产技术比 20 世纪 60 年代更容易，如此一来产品的最初生产地就可能不是美国而是其他国家。另外，美国与其他发达国家的人均收入差距也不再像 60 年代那样大，所以迎合高收入者的需求不再意味着就是迎合美国消费者的需求。但该理论的基本内容和基本逻辑并没有发生变化。

专栏 5-6

美国与中国的贸易

根据美国人口普查局的统计，中国是世界上人口最多的国家，在 2000 年中期就有 13 亿人口。根据世界银行的统计，中国的人均国民生产总值为 1 500 美元(以 2004 年汇率计算)。

中国经济在 1978 年进行改革开放以前都是封闭的。开放初期，对于农业的开放是被限制的，但是中国政府很快在沿海的几个地区建立了一些经济特区。中国紧邻新加坡和其他东亚地区，这都为中国开始接受资本投入时吸引大量外资流入创造了便利的条件。最终结果就是其经济，特别是出口的快速发展。中国的资源禀赋包括大量的不熟练和半熟练的劳动力，以及，相对缺乏科学技术和工程技术方面的人才。因此，中国所出口的产品都是劳动密集型的。表 5-7 列出了 2002 年中国出口到美国的前十位商品。这些主要出口商品都是只需要少量资本和大量劳动力的制造业产品：玩具、鞋子、塑料制品等。在前十位中，第二、四、五、九、十位的商品都属于此类。第七位和第八位的商品也可以看作是相对技术含量不高的劳动密集型产品。

然而，排在第一、三、六位的产品看上去还是有所不同。这些都与电信和计算机(数据处理)有关，它们同样符合产品生命周期理论所阐述的情况。这些出口商品只是在中国完成最后的简单的组装工作，其产业的建立也是引进外国资本的结果。举例来说，一个美国的电话制造商想利用中国的廉价劳动力来生产标准化产品，其在中国建立起来的组装工厂，只需要少量的熟练劳动力就可以正常运转。大多数员工可以在短期内接受训练掌握组装零件和对产品进行简单检测的技能。这样的结果就是中国出口电信设备，并且看上去似乎拥有一个比较发达的高科技产业部门。但是，几乎没有任何设计、科研或者产业工程技术方面的工作在中国进行。

类似的，录音机和录像机(排在第 7 位的商品)都是工业化国家独有的产品。当这些产品及其生产过程变得标准化之后，其生产被转移到了有着丰富不熟练劳动力的地区。总的来说，中国成功的出口归功于两点：在富有比较优势的产业进行生产，以及很好地利用了产品生命周期中的产业转移。

表5-7 2004年中国对美出口产品的前十名

排序	产品	价值(百万美元)
1	自动数据处理机	24 461
2	玩具和运动产品	17 569
3	电子通讯设备	12 097
4	鞋类	11 351
5	家具与床上用品	10 910
6	办公设备、数据处理机零部件	9 266
7	录音机和录像机	7 605
8	家用电子和非电子设备	4 546
9	塑料制品	4 264
10	衣箱、手提箱、小手提包、公文包	4 044

资料来源：U. S. Department of Commerce, United States Foreign Trade Highlights, 2005；转引自：[美]詹姆斯·格伯. 国际经济学. (第4版). 汪小雯, 黄春媛, 聂巧平, 译. 北京：机械工业出版社, 2009：51.

还没有一个里昂惕夫式的检验来对产品生命周期理论进行验证。研究人员考查了产品生命周期理论的一些特征，以确定它是否与真实世界中观察到的倾向相一致。例如，对于产品生命周期理论来说，新产品的开发是关键，通常是研发费用投入的结果。因此，经济学家提出假说，美国制造业中的研发支出与该产业出口业绩之间应该存在正相关关系。大量的早期检验证明了这一假说，克拉维斯(Kravis)和李普西(Lipsey, 1992)发现，研发的密集度越高，美国跨国公司出口份额越大。而且，在过去25年里，美国跨国公司出口中来自海外生产的份额越来越大，这与生命周期理论提出的出口与投资相互替代的观点是一致的。此外，路易斯·韦尔斯(Louis Wells)在1969年对增长最快的美国出口产品的需求收入弹性进行了研究，发现与高收入相关类型的产品比其他产品增长得更快，这再次与生命周期理论的预测相一致。

在其他的一些实证检验中，加里·赫夫鲍尔(Gary Hufbauer, 1966)用合成数据进行了研究，发现美国和其他发达国家往往出口的是新产品，而发展中国家出口的则是传统产品。威廉·格鲁伯(William Gruber)、梅赫塔(Dileep Mehta)和弗农(Vernon, 1967)也发现，美国研究投入大的产业，海外投资倾向也相对较大，这符合该理论对成熟阶段的描述。1972年，约翰·莫拉尔(John Morrall)发现，美国产业中的出口成功者往往是非工资成本支出如广告、促销活动等开支相对较高者。这一发现与产品生命周期理论也是相吻合的，因为新产品的生产将涉及这类费用。

专栏5-7

迈克尔·波特的竞争优势理论

20世纪70年代以后，美国的传统支柱产业和部分新兴产业受到了来自日本、西欧国家的强大竞争压力。如何提高国际竞争力，成为当时美国学术界、产业界、政府部门面临的紧迫课题。在这种背景下，哈佛大学商学院教授迈克尔·波特提出了竞争优势理论。他先后于1980年、1985年和1990年出版了《竞争战略》、《竞争优势》和《国家竞争优势》三部著作,从企业、产业和国家三个层次,系统地论述了国家竞争优势的培育和竞争战略的运作技巧,深受国际学术界的赞誉和实业界的青睐。20世纪90年代以后,波特教授又陆续发表了一系列富有见地的论文,逐步完善了竞争优势理论,并形成了他的新竞争经济学体系。

1. 竞争优势思想三部曲:理论架构的建立

1980年,波特出版了《竞争战略》一书,充分运用传统产业经济学所累积的知识,转换成为企业经营战略的思考准则,提出了著名的"五因素分析体系"。他认为影响产业竞争优势的因素有五项:现有厂商的对抗强度;新加入者的威胁;供应商、购买者的谈判实力以及替代性产品或劳务的威胁。波特认为企业竞争的基本原则应是维持垄断地位,即占据有利位置,他称之为"卡位"。波特据此逻辑演绎出"降低同业竞争力""提高进入壁垒""提高对上游供应商的谈判实力"及"提高对下游顾客的谈判实力"等原则,再根据这几个基本原则,细化出若干项竞争战略措施。

1985年,波特在《竞争优势》一书中提出了"企业价值链"概念。竞争优势来自厂商的一系列经营活动,包括设计、生产、行销、配销与支持等活动。每种活动都有助于提升相对的成本地位,并可作为制造差异化的基础。而差异化正是企业竞争优势的来源。任何一个企业都能以价值链为分析架构,思考如何在每一个企业价值活动上,寻找降低成本或创造差异的战略作为,同时进一步分析供应商、厂商与顾客三个价值链之间的联系,寻找可能的发展机会。

1990年,波特在其新作《国家竞争优势》一书中将企业竞争优势的概念应用到国家层次,探讨一个国家怎样建立起它的竞争优势。竞争优势来源于一个国家的主导产业具有竞争优势,而主导产业的竞争优势又根源于企业由于具有创新机制而提高了生产效率。波特据此提出了"钻石(菱形)体系"的分析架构。他认为,可能会增强本国企业创造竞争优势的因素包括四个主要因素和两个辅助因素:①生产要素(包括基本要素和推进要素)条件;②本国需求条件;③相关产业和支撑产业的表现;④企业的战略、结构与竞争程度;⑤政府的作用;⑥机遇。这六方面因素相互影响、相互加强,共同构成一个动态的激励创新的竞争环境,由此而产生具有一流的国际竞争力的明星产业。

2. 新竞争经济学:钻石体系与区位理论的结合

1)《产业集聚与新竞争经济学》:提升集聚竞争力

1998年,波特在《哈佛商业评论》上发表了《产业集聚与新竞争经济学》一文,把钻石体系理论与区位理论结合在一起,构建了其新竞争经济学体系。

产业集聚这种新的空间产业组织形式,获取竞争优势的主要来源表现在四个方面。①外部经济效应。集聚区内的企业通过彼此间的高度分工协作,使整个产业集聚区获得一种外部规模经济效应。②空间交易成本的节约。由于企业间邻近,易建立信誉机制,从而大大减少机会主义行为;区内专业人才库的建立,可减少人才雇佣成本;专业信息和社会信息流动速度的加快,可减少企业的信息成本;重要投入品大多可以从集聚区内其他企业就近获得,可降低运输成本和库存成本,还能享受供应商提供的辅助服务。③学习和创新效应。彼此接近的企业之间竞争会更加激烈,竞争更有利于创新,创新又很容易外溢到附近的其他企业,从而使其他企业较快地学习到新知识和新技术。④品牌与广告效应。产业集聚的影响力不断扩大后,会在消费者中间形成一个良好的品牌形象。有时这种形象会波及一些相关互补性产品,由此产生一个优势产业群。

2)《竞争论》:归纳国际竞争战略守则

1998年,波特出版了他20年来探讨竞争理论的论文集《竞争论》。这不仅是对新竞争经济学架构的重要补充,而且是他对自己近20年来思考国际竞争战略的重要总结。

波特从惠普计算机、本田汽车和诺瓦制药三家跨国公司的实践经验归纳出一整套国际竞争战略守则：①国际化要建立在独特的竞争定位上，且定位要一致。②建立根据地(Home Base)，并使其不断升级。③协调、整合分散的活动。④保存国家认同。当调整产品以适应当地市场时，应注意不能失去独特的定位。⑤联盟是国际化的方法，但不是战略。波特特别提醒国际化企业，千万不能仰赖合伙人提供核心竞争优势。

(资料来源：朱廷珺、安占然. 波特竞争优势理论：基本架构、最新发展与质疑. 兰州商学院学报[J]. (双月刊)，2001，(4).

本 章 小 结

第二次世界大战后，特别是20世纪60年代以来，国际贸易领域出现了许多新现象，主要表现在：同类产品之间的贸易量大大增加，发达工业国之间的贸易量大大增加，产业领先地位的不断转移。这些现象是传统的H-O理论所无法解释的。我们要认识到，现实中的国际贸易远比基本的H-O理论的描述复杂得多。

当代国际贸易理论放宽了传统贸易理论的一些假设前提：国家间技术水平的差异、需求条件的作用、规模经济、不完全竞争以及比较优势的动态变化等。假设前提的放宽为我们提供了许多解释当代国际贸易新现象的理论。

当代贸易理论用"不完全竞争"和"规模经济"来解释发达国家之间的贸易和工业制成品的产业内贸易以及异质性企业在国际贸易中的行为差异。规模经济是国际贸易的重要利益来源，是解释产业内贸易和发达国家间贸易上升的支点。具有外部规模经济的行业通常比较接近完全竞争标准；具有内部规模经济的行业通常是不完全竞争行业。国际贸易能够较好地解决规模经济与消费多样化之间的矛盾。经济学家们近年来开始研究"历史"或"偶然"因素在决定今天的贸易模式中的作用。外部规模经济和学习效应使得成本优势具有自我强化、自我巩固的内生性特征。企业并非同质的，生产率的异质性是决定企业参与国际贸易与否的基础。

贸易的基础也可能从需求方面产生。在生产能力相同的条件下，需求偏好的差异同样会造成相对价格的差异，引起国际贸易；林德尔理论用收入水平和需求偏好的相似，来解释发达国家之间制成品双向贸易的原因。

在弗农的产品生命周期理论中，国际贸易与国际投资得到了比较完美的统一。该理论用产品生命周期来解释比较优势的动态变化。在产品生命周期的不同阶段，对生产要素的需求结构不同，生产该产品的比较优势也会在不同国家之间发生转移，通常是从发达国家转向发展中国家。该理论实际上是动态化的 H-O 理论，不仅适合解释国际贸易，也可以用来解释国际直接投资的原因、时机和区位选择。

关键术语

产业内贸易、北北贸易、规模经济、内部规模经济、外部规模经济、集聚效应、学习效应、不完全竞争、相互倾销、垄断竞争、模仿滞后、产品生命周期、需求偏好相似

 拓展阅读

[美] Elhanan Helpman. Understanding Global Trade. The Belknap Press，2011.
[美] 迈克尔·波特. 国家竞争优势. 李明轩，邱如美，译. 北京：华夏出版社，2002.
[美] 保罗·克鲁格曼，茅瑞斯·奥伯斯法尔德. 国际经济学. (第5版). 海闻，蔡荣，郭海秋，译. 北京：中国人民大学出版社，2002年.
[美] 丹尼斯·R. 阿普尔亚德，小阿尔弗雷德·J. 菲尔德，史蒂芬·L. 柯布. 国际经济学. (第6版). 赵英军，译. 北京：机械工业出版社，2010.
强永昌. 产业内贸易：国际贸易最新理论. 上海：复旦大学出版社，2002.
胡永刚. 贸易模式论. 上海：上海财经大学出版社，1999.
许斌. 国际贸易. 北京：北京大学出版社，2009.

 复习思考题

1. 近年来，美国企业越来越关注国外的盗版和仿冒产品，特别是在亚洲。一些美国成功的创新和出口产品，在没有遵守专利或知识产权保护条款的情况下被国外生产者仿造。这种现象将会如何影响美国的产品生命周期以及新产品的研制与开发？

2. 在20世纪70年代后期，大部分运动鞋的生产都从美国工厂转移到了韩国的工厂。到了1993年末，由于工资的上涨，韩国运动鞋厂的工作岗位和运动鞋销售量都大幅减少了，因为运动鞋的生产地点转移到了印度尼西亚和中国。生产地点的这些变化与产品生命周期相一致吗？与第5章的资本、劳动力流动结合起来，你有什么新的发现？

3. 各种文献中经常提到"先发优势""后发优势"的说法，讨论"先发"和"后发"到底是一种优势还是劣势。

4. 下面的例子中，决定贸易模式的是比较优势还是规模经济？
(1) 加拿大是主要的新闻纸出口国。
(2) 英特尔生产了世界半数以上的CPU。
(3) 美国和日本相互出口复印机。
(4) 中国是主要的电视机出口国。
(5) 东南亚国家大量出口运动鞋。

5. 试比较当代贸易理论与传统贸易理论的异同。

6. 内部规模经济是现代贸易的重要利益来源，分析规模经济的作用在需求偏好理论和产品生命周期理论中是如何体现的？

7. 对下面这段话进行评价，并谈谈你对一国比较优势理论和竞争优势的认识。

竞争优势理论不应该看作贸易理论，主流国际贸易理论基本都是强调在虚拟化模型世界中，国际贸易的动因是什么，贸易的影响是怎样的，总体是强调潜在贸易利益的，是强调国家间分工和贸易的必要性和好处的，根本目的是强调开放条件下市场自发作用带来稀缺资源配置效率最优化问题的，最终结论是市场是有效的。而竞争优势理论实际上是针对现实世界的经济问题管理问题的分析，是强调国家间竞争性一面的关系，而不是贸易的必要性和互利性的关系，最终落脚于强调发挥政府的作用，提升一国现实的竞争态势。实际上这与主流贸易理论存在不可调和的关系，这可能也是国内外教材很少把波特的理论视作贸易理论的原因。

【参考图文】

第 6 章 生产要素流动与国际贸易

教学目标

本章主要介绍资本、劳动力、技术的跨国流动对国际贸易规模、结构方式以及利益分配的影响,分析资本、劳动力和技术等要素的国际流动与服务贸易之间的关系。

教学要求

知识要点	能力要求	相关知识
国际资本流动与国际贸易	掌握国际资本流动的方式、主体及其各种效应;熟悉国际投资动态	直接投资、间接投资、蒙代尔贸易替代模型、边际产业转移理论
国际劳动力流动与国际贸易	掌握国际劳动力流动的形式、原因,理解其福利效应	移民、流入国、流出国、外在收益、外在成本
国际技术流动与国际贸易	掌握国际技术流动的方式,了解其当前发展状况和对商品贸易的影响	许可证贸易、特许专营、技术咨询、合作生产
要素流动与服务贸易	熟悉服务贸易的定义、特点及其发展状况,理解要素流动对服务贸易的影响	过境交付、商业存在、境外消费、自然人流动

德国的季节型工人

　　由兄弟两人经营的温克尔曼农业集团在过去的 10~15 年里，从德国当地一家芦笋种植农场发展成为德国最大的 10 家芦笋供应商之一。这家企业主要依靠临时的移民工人来收割作物，1989 年的 2.5 英亩土地雇用 2 名移民工人，温克尔曼在 1990 年德国统一后扩展到了原来的民主德国地区，到 2002 年拥有 2 500 英亩土地，雇用 4 000 名移民工人。这些移民 80%是波兰人，经过大量的背景调整和在当地对其进行培训后才被雇用。这些工人每年被雇用 3 个月，然后送回本国，回国差旅费由温克尔曼公司支付。温克尔曼公司只雇用那些在波兰国内有工作的人，在德国 3 个月的工作完成后回到国内仍然能被雇用。在德国期间，温克尔曼公司为这些临时的移民提供住所和保险，波兰工人在德国 3 个月挣到的薪水等于在波兰工作一年所得薪水的 150%。这种临时移民制度对温克尔曼公司及其他类似的公司带来了极大好处，对德国的农业生产也有好处。因为在德国很难招募到德国人收割芦笋，很显然移民工人的物质要求和工资相对要低得多(相对德国工人而言)。

　　(资料来源：[美]丹尼斯·R. 阿普尔亚德，小艾尔佛雷德·J. 菲尔德，史蒂芬·L. 柯布. 国际经济学. (第 6 版). 赵英军，译. 北京：机械工业出版社，2010：200.)

　　思考生产要素移动对谁有好处，为什么目前世界各国还没有像商品贸易那样，推动技术、劳动力在国家间更为自由地流动。

6.1　国际资本流动与国际贸易

　　在前几章分析中，我们假定贸易的模式是百分之百的"本国产品"与"外国产品"进行交换，没有考虑外资因素对贸易产生的影响。本节将介绍外国资本流入对贸易流量、结构以及利益分配的影响。

6.1.1　国际资本流动的方式与主体

1. 国际资本流动的方式

　　国际资本流动是指一个国家或地区的政府、企业或个人与另一个国家或地区的政府、企业或个人之间以及与国际金融组织之间资本的流出和流入。本节所研究的国际资本流动主要是指商业性国际资本流动，即国际投资。

　　国际投资可分为国际直接投资和间接投资两种形式。后者主要是单纯的货币资本流动或者称资产组合投资，具体可分为国际借贷和国际证券投资。在西方文献中，往往把国际投资分为外国直接投资和证券投资。

　　中国学者常常习惯于把外国直接投资(Foreign Direct Investment，FDI)称作国际直接投资或者外商直接投资。其实，在英语文献中，FDI 既可指外向的对外直接投资(Outward FDI)，也可指内向的外国直接投资(Inward FDI)，如果不加以说明，往往容易产生歧义。按照中文的习惯，站在资本输入国的角度，FDI 常常被译作外国直接投资或外商直接投资；站在资本输出国的角度，FDI 被译作对外直接投资。

FDI 属于以增值为目的、具有有效控制权的国际资本流动。IMF 1985 年在其《对外收支手册》中，将 FDI 定义为"在投资人以外的国家(经济)所经营的企业中拥有持续利益的一种投资，其目的在于对该企业的经营管理具有有效的发言权"。在<u>联合国贸易和发展会议</u>(UNCTAD)多年来发表的年度《世界投资报告》中，国际直接投资(FDI)一直被定义为"一国(地区)的居民实体(对外直接投资者或公司)在其本国(地区)以外的另一国的企业(外国直接投资企业、分支机构或国外分支机构)中建立长期关系，享有持久利益，并对之进行控制的投资"①。这一定义被各国广泛采用，本书也采用这一定义。

理解 FDI 的定义需要注意以下几个方面。

(1) FDI 意味着投资者对其他国家的企业居民的管理可施加显著影响或者有效控制。这种投资既涉及两个实体之间最初的交易，也涉及二者之间以及无论是联合的还是非联合的国外分支机构之间的所有后续交易。有效控制除了可由持股比例来体现外，还可由投资者对海外企业经营资源的直接支配程度或者营销网络、市场及技术标准等来体现②。

(2) 进行外国直接投资的可以是商业实体，也可以是个人或政府。现实经济中，FDI 的主体主要是跨国公司。

(3) 直接投资的资本既可以来自资本输出国，也可以从受资国当地筹措或在第三国/国际金融市场上融资。投入的生产要素既可以是货币形态的资本，也可以是无形的知识资产。

(4) "有效控制权"与享有"持久利益"是密不可分的。"持久利益"是目的，而"有效控制权"则是实现这一目的的手段。

2. 国际资本流动的主体

国际资本流动的主体就是国际投资的参与者，这种参与既可以是国际投资运行全过程的参与，也可以是运行过程的某个环节的参与。根据参与方式和参与程度的不同，国际投资的主体可分为跨国公司、跨国金融机构、官方与半官方投资主体等。

跨国公司通过灵活多样的直接投资方式不仅在国际投资运行过程中扮演了最重要的角色，而且其影响力正日益渗透到世界经济领域的各个层面。跨国金融机构通过其广布的国际网络不仅广泛地介入金融资产的投资运行，而且作为一种投资中介也为其他各类主体的国际投资运行提供优质的金融服务。世界各国政府和金融机构

---

① FDI 的这个一般定义基于 OECD《外国直接投资定义的详细标准》第三版(巴黎，OECD，1996 年)和 IMF《国际收支手册》第五版(华盛顿特区，IMF，1993 年)。UNCTAD. 2002 年世界投资报告. 北京：中国财政经济出版社，2003．253，264．

② 各国法律对"有效控制权"的界定不统一。例如，美国商务部 1965 年规定，若某外国公司股权的 50%由一群相互无关的美国人掌握，或 25%由一个有组织的美国人集团拥有，或 10%由一个美国人(法人)拥有，则对该公司的投资即可视为美国的国际直接投资；加拿大政府规定，当本国居民持有外国公司 50%或更多的股权时，方可在原则上认为存在控制。IMF 将这一比例定义为不低于 25%。

在国际投资运行过程中也不再仅仅以政策制定者和行为约束者的身份出现，而是越来越多地亲涉国际投资运营，以便不断凸显其作为国际投资参与者的主体身份和主体意识。本节重点探讨跨国公司的主体作用。

跨国公司(Transnational Corporation，TNC)是当今世界上FDI的主体，大多数文献常常根据行文的需要而把它与FDI或外国投资者等价使用。有关跨国公司的概念和称谓，西方学者和国际组织的理解不尽一致。中国学者过去受苏联教材的影响，将跨国公司理解为资本主义私人垄断企业，现在看来是不够准确的。本书根据联合国1986年印行的《跨国公司行为守则》(草案)，将跨国公司定义为："本守则所使用的跨国公司一词系指由在两个或更多国家的实体所组成的公营、私营或混合所有制企业，不论此等实体的法律形式和活动领域如何；该企业在一个决策体系下运营，通过一个或一个以上的决策中心得以具有吻合的政策和共同的战略；该企业中各个实体通过所有权或其他方式结合在一起，从而其中一个或更多的实体得以对其他实体的活动施行有效的影响，特别是与别的实体分享知识、资源和责任"[①]。

根据上述定义，可以归纳出跨国公司的3个基本要素：①母公司控制下的多国经营实体；②统一决策体系下的共同战略和配套政策；③分享权利和分担责任。

理解跨国公司定义需要注意的是：该定义排除了所有制和资产所有权形式，即不把它们作为定义跨国公司的要素。定义中所说的"实体"，既指母公司，又指子公司和附属企业。在不特别指明的时候，"跨国公司"一词指包括母公司、子公司和附属企业的整体。

母公司被定义为通常以拥有股本金的方式来控制在其本国以外国家的其他实体资产的企业。拥有联合企业10%或以上普通股或表决权的股本金或非联合企业的等量资本金，通常被认为是控制这些企业资产的门槛值[②]。国外分支机构可以是联合企业，也可以是非联合企业，其中居住在另一个国家的投资者拥有允许其在企业管理中享有持久利益的股份(对联合公司来说为10%的股份，对非联合公司来说为等量资本金)。在《世界投资报告》中，子公司、附属企业和分公司统称为国外分支机构或分支机构。

子公司指另一个实体直接拥有超过一半的股东表决权，有权指派或撤换大多数行政、管理和监督人员设在东道国的联合企业。

附属企业指投资者拥有或部分拥有的设在东道国的非联合企业，有以下几种形式。

(1) 外国投资者的常设机构或办事处。

(2) 外国投资者与一个或一个以上第三方的非联合合作企业或合资企业。

(3) 外国居民直接拥有的土地、建筑物(政府拥有的建筑物除外)以及/或者不可移动的设备和物品。

(4) 外国投资者在其本国以外的国家经营了至少一年的可移动设备(如船舶、飞机及油气开采设备)。

---

① 这一定义起草于1977年，在吸收经济合作与发展组织(OECD)、欧洲共同体(EC)等有关文件中的说法，综合各种概念的优点的基础上，经过反复修订，于1986年印行。实际上，这一定义与联合国跨国公司中心1983年编写的《三论世界发展中的跨国公司》(商务印书馆，1992年版)第170页中提到的定义并无二致。

② 一些国家使用的股份值仍然不是10%。例如，到1997年为止，拥有20%或20%以上的股份在英国才是门槛值。(UNCTAD. 2002年世界投资报告. 北京：中国财政经济出版社，2003：253，264.)

与 FDI 和跨国公司相关的概念还有母国和东道国。母国(Home Country)是指跨国公司最初发展和扩展业务的所在国，也是跨国公司对其世界经营活动实行最终控制的总部所在地，尽管那里已不再是跨国公司最大的经营场所，或不再是大多数股东所在地。东道国(Host Country)是指跨国公司从事海外经营活动的所在国。国际机构或著名刊物在报道跨国公司国籍时一般采用母国管辖权。根据跨国公司的定义，中国企业也进入了全球 500 强行列，并且位置越来越上升。

【参考图文】

3. 贸易和投资对世界经济的影响

国际贸易与 FDI 都是人类进入以国家为主体的社会形态后才出现的经济交往活动，国际贸易表现为商品的国际交换，FDI 表现为生产资本的国际流动。从经济国际化的历史来看，国际贸易的出现早于国际资本的形成，并曾表现为国际投资的先导。正如马克思所说，"世界贸易和世界市场在 16 世纪揭开了资本的近代生活史"①。从自由资本主义初期一直到第二次世界大战前，受生产力水平的制约，各国间的经济关系主要表现为国与国之间的货物交换。当时国际贸易的目的在于追求比较利益。贸易在经济生活国际化中占据主导地位，贸易规模成为衡量各国生产力水平和国际竞争力的主要标志。资本主义发展到垄断阶段，发达国家资本积累的规模扩大了，形成了大量过剩资本，以货币资本输出为主要形式的资本国际运动开始了。与此同时，以 FDI 为表现形式的生产资本的国际运动亦显现出来。二战以后，随着科学技术的迅猛发展，生产力水平获得了人类历史上前所未有的提高，从而为资本的跨国界流动提供了必要的物质和基础前提。资本的国际运动进入一个新的历史阶段，即由流通领域发展到生产领域，全部资本增值过程延伸到国界以外。虽然这时国际贸易、间接资本输出也在继续发展，但生产资本国际化的规模和速度更为突出，成为资本国际运动的主要动向。

专栏 6-1

FDI 和跨国公司在塑造全球价值链中的作用

投资和贸易密不可分地交织在一起。大部分自然资源贸易受跨国公司对采掘业的大型跨国投资驱动。跨国公司的市场寻求型 FDI 也能产生贸易，一般从公平贸易转向内部贸易。效率寻求型 FDI 与全球价值链关系密切，跨国公司将某一独立的生产过程设在低成本地区，它扩大了跨国公司国际生产网络内发生的贸易，并造成全球贸易流动中的"重复计算"。

FDI 一般先扩大出口。因此，FDI 是全球贸易流动越来越重要的推动力。企业层面的证据证实了这一点。在大多数经济体中，只有很小一部分公司从事国际贸易，而且贸易活动高度集中。在欧盟国家，排名前 10%的出口企业通常占出口总量的 70%～80%，然而美国的这一数据升至出口总额的 96%。在美国，大约 2 200 家公司(排名前 1%的出口商大多数是跨国公司母公司或外国子公司)占比

---

① [德]马克思. 资本论(第一卷). 中共中央马克思恩格斯列宁斯大林著作编译局，译. 北京：人民出版社，1975：167.

超过贸易总额的 80%。跨国公司母公司和子公司形成的国际生产网络占大多数国家贸易的份额很大。

基于这些国际生产的宏观指标和企业层面的证据，UNCTAD 估计，全球贸易出口总额的大约 80%与跨国公司的国际生产网络有关，无论是通过 NEMs(其中包括合同制造、授权和特许经营)进行的公司内贸易，还是通过至少涉及一个跨国公司的公平交易。绝大部分的贸易发生在跨国公司的国际生产网络中，这一生产网络主要侧重于为出口制造业提供其所需的中间产品。例如，全球价值链广泛利用于服务业，尽管服务业占全球出口总额的份额只有约 20%，但是几乎一半(46%)的出口附加值来自于服务部门的活动，因为大多数制造业出口的生产活动需要服务业。这为全球 FDI 存量提供了一个对比，全球 FDI 存量的 2/3 被分配到服务业活动中。这一情况在发达国家和发展中国家中基本相同。

一国 FDI 存量与其全球价值链参与率的统计关系很大程度上表明了跨国公司参与增值贸易的情况：两者严格正相关，且随着时间的推移，这一关系愈发明显，尤其是在最贫穷的国家，这意味着 FDI 可能是发展中国家参与全球价值链并提高参与程度的一个重要途径。

(资料来源：联合国贸易和发展组织. 世界投资报告——全球价值链：促进发展的投资与贸易. 北京：经济管理出版社，2013：139-142.

虽然我们不能仅从速度上界定经济增长中贸易和投资作用孰轻孰重，但是，"贸易是经济增长的引擎"[①]的命题和"跨国公司是经济增长的发动机"[②]的观点，充分反映了人们对贸易和投资在经济增长过程中的作用的肯定。

我们知道，无论是以约翰·邓宁的 OIL 模型为核心的西方主流 FDI 理论，还是针对发展中国家的适应性理论，现行的各种 FDI 理论，其核心都在于解释跨国公司国际投资行为的发生机理。随着 FDI 及其载体跨国公司在全球经济中的地位和影响力日益增强，对 FDI 效应的研究成为国际经济理论研究的前沿之一，对外贸易活动是各国参与国际分工的基本形式，贸易效应是 FDI 效应的重要方面，自然也成为近年来 FDI 效应研究中颇受重视的一个方面。

专栏 6-2

约翰·邓宁与国际生产折衷理论

约翰·邓宁教授(John. H. Dunning)出生于 1927 年，是英国雷丁大学和美国新泽西州鲁杰斯大学国际商务专业荣誉退休教授，瑞典阿普萨拉大学、马德里自主大学和安特卫普大学的荣誉博士，北京对外经济贸易大学的荣誉教授。邓宁曾任国际贸易与金融协会主席和国际经营学会主席，现任位于日内瓦的 UNCTAD 投资、技术与企业发展部主任的高级经济顾问。

约翰·邓宁教授自 20 世纪 50 年代以来一直致力于国际直接投资和跨国公司的经济学研究，被誉为跨国公司研究第一人。在国际投资领域和产业经济学与区域经济学方面，约翰·邓宁教授出版个人专著、合著以及主编著作 42 部，最新出版成果有《困境中的全球化》和《改善全球化》。由彼德·巴克利和马克·卡森编辑的纪念邓宁教授的文集于 1992 年出版。2003 年还出版了由约翰·坎特威尔和拉吉尼什·纳鲁拉编辑的《国际经营与折衷理论》，以纪念约翰·邓宁对国际经营研究的理论贡献。2002 年 8 月，邓宁教授在

---

① D·H·罗伯特逊：《国际贸易的未来》，1937，载《国际贸易论文集》，美国，1949。转引自：姚曾荫主编：《国际贸易概论》，人民出版社，1987 年版，第 55 页。

② 联合国跨国公司中心发表的《1992 年世界投资报告》，是以"跨国公司：经济增长的引擎"为主题的。

美国丹佛举办的管理研究院年会上荣获国际管理杰出学者称号。2004年12月，在欧洲国际商务管理学院年会上，他被授予终身成就奖。同时他还担任 UNCTAD 的《跨国公司》杂志编辑顾问委员会主席。

1976年，邓宁提出了国际生产折衷理论，又称国际生产综合理论(the Eclectic Theory of International Production)。该理论试图建立一个全面的理论，以分析跨国公司 FDI 的决定和影响因素。

邓宁指出，跨国公司所从事的国际生产方式大致有国际技术转让、产品出口和对外直接投资三种，究竟采用何种方式取决于跨国公司所拥有的所有权优势(Ownership Advantage)、内部化优势(Internalization Advantage)和区位优势(Location Advantage)的组合情况，即所谓的 OIL 模式。其具体内容为包括：

(1) 所有权优势。所有权优势是跨国公司从事国际生产、能够在东道国与当地企业竞争所必须具备的最基本的优势。它包括两大类：第一类是对有价值资产的拥有和独占，称为资产性所有权优势(Asset Ownership Advantage)。有价值资产分为有形资产和无形资产。前者是指企业的规模经济、多样化经营以及对产品市场和原材料市场的垄断；后者是企业拥有的技术专利、商标、生产工艺以及管理和营销技能等。第二类是跨国公司所具有的高效率的行政管理能力，这类优势称为交易性所有权优势(Transactional Ownership Advantage)。它体现为跨国公司拥有分布全球的分支机构，并对这些机构进行集中管理所形成的优势，以及跨国公司由于实行多国经营，从而集中了有关国家经营管理特点而形成的优势。

(2) 内部化优势。这是指跨国公司为了克服外部市场的不完全性对资源配置的不利影响，以公司的内部交易取代外部市场的公开交易。通过内部化，跨国公司不仅可以降低资源配置的交易成本、减少获取市场信息的困难，更重要的是借此克服技术市场的不确定性，将技术优势保持在公司内部，从而维持对技术的垄断，保护自己的竞争优势。

(3) 区位优势。区位优势是跨国公司在选择对外直接投资地点和经营方式时，必须考虑的东道国的各种优势。邓宁认为，区位优势不是企业所有，而属东道国所有。决定区位优势的因素不仅有自然资源禀赋、要素的质量及成本(如资源成本、运输成本)、地理条件等自然因素，而且包括经济发展水平、经济结构、市场容量及潜力、基础设施状况等经济因素，以及东道国政府对经济的干预、调节和历史、文化、习俗、商品惯例等社会制度因素。区位优势直接影响到对外投资的成本和收益，跨国公司总是将资金投入具有区位优势的国家和地区。

邓宁认为，所有权优势、内部化优势和区位优势分别是跨国公司对外直接投资的必要条件。三种优势的组合状况及其发展变化，决定了跨国公司从事国际生产的方式：若公司只具备所有权优势，应选择技术转让；若公司具备所有权优势和内部化优势，则应选择出口贸易；只有当公司同时具备所有权优势和内部化优势，并且有东道国的区位优势可供利用时，才可选择对外直接投资方式。

(资料来源：綦建红. 国际投资学教程. 第3版. 北京：清华大学出版社，2012：38. 张二震，马野清. 国际贸易学. 南京：南京大学出版社，2009：343-344.)

20 世纪 90 年代以来，世界经济进入相对稳定发展的新时期，经济全球化、自由化、知识化浪潮迭起，各国不同程度地卷入经济发展的大潮，国际直接投资空前活跃，掀开了全球经济生活更为绚丽多彩的画卷：投资规模日益扩大，跨国公司触角不断延伸、投资方式多种多样，国际分工更为细密和独特，技术加快转移和扩散，各国产业升级的机遇空前增大，相互影响程度日益加深，相关的政策体制、法律规则更为自由和开放。从现象上来看，对外直接投资增长最快的国家，其产业竞争力提升得更为迅速；引进 FDI 最多的国家，如美国、中国，经济增长速度也相对较快。一些学者由此认为：对具体国家而言，较之贸易，投资成为各国经济的增长源，因为它在全球化日益推进的时代进一步拓展了生产与市场，更大程度上优化了世界范围内的资源配置，相对较快地推动了技术的转移与扩散，从而使各国在相同要素投入的基础上取得了比过去更大的比较利益。更为重要的是，投资使生产具有的区位选择性让企业对世界资源的配置更直接、更准确、更具目的性，从而更有效。从世界范围看，投资推动全球经济增长的重要意义就在于此。依靠 FDI，对于国家实力的成长和国际经济影响力的壮大而言，可能更具实质性意义。美国经济学家彼得·德鲁克甚至认为，"国际投资现在已经成为世界经济中的主导因素，……是国际投资而不是国际贸易日益推动世界经济前进"[①]。

总之，促成当代生产要素国际流动迅速发展的原因是多方面的，但最主要的原因可归纳为以下四个方面：第一，市场经济体制在全球范围的实施和科学技术的发展为生产要素的国际流动创造了条件；第二，国际贸易为生产要素国际流动提供了内在的动力；第三，跨国公司为了实现其全球利润最大化的目标，在世界范围内配置资源、资本和技术等，推进了生产要素的国际流动；第四，国际贸易壁垒的存在也成为生产要素国际流动的重要原因。

专栏 6-3

世界投资波动情况

2013 年，FDI 流量恢复上升趋势。全球 FDI 流入增长了 9%，达到 1.45 万亿美元，各主要经济体(发达经济体、发展中经济体和转型经济体)FDI 流入均有所增长。全球 FDI 存量增长 9%，达到 25.5 万亿美元。据 UNCTAD 预测，全球 FDI 流量 2016 年将增长到 1.85 万亿美元。这一增长主要来源于发达经济体经济复苏所带来的直接投资增加。但是，一些新兴经济体的脆弱性、政策不确定性和地区冲突所带来的风险仍将对 FDI 流量的预期回升带来不利影响。

其中，发展中经济体的 FDI 流入已创新高，达到 7 780 亿美元，占全球 FDI 流入量的 54%。发达国家的 FDI 流入在 2012 年迅速下滑后有所恢复，但仍然维持全球 FDI 39%的历史低位。发展中国家的跨国公司 FDI 创历史新高，达到 4 540 亿美元，连同转型经济体一起，占全球 FDI 流出总量的 39%，这一比例在 21 世纪初仅为 12%。并且，发展中国家的跨国公司在不断收购发达国家 TNCs 在发展中世界的分支机构。

亚太经济合作组织(Asia-Pacific Economic Cooperation，APEC)成员国占全球 FDI 流入的份额从危机前的 37%增长到 2013 年的 54%。跨大西洋贸易与投资伙伴协议(TTIP)框架进行谈判的美国和欧洲发现它们整体占全球 FDI 流入的比例几乎减半，从危机前的 56%降低到 2013 年的 30%。在跨太平洋伙伴关系协定(TPP)中，美国所占比例减少被同一组织内新兴经济体相应份额的增长所抵消，使得总占比从 2008 年前的 24%增长到 2013 年的 32%。东盟十国和其六个自由贸易区伙伴正在就区域全面经济伙伴关系(RCEP)进行谈判，其在全球 FDI 流入中的占比总计超过 20%，几乎是危机前水平的两倍。

最不发达经济体减少了对自然资源的过度依赖，2013 年新建绿地投资数据显示，非洲和最不发达经济体中，制造业和服务业占其整体项目额的 90%。而由于页岩气革命的影响，拥有搜寻和开发页岩气所必需的技术的美国公司也成为其他国家内拥有丰富页岩气资源的能源公司的并购目标或合作伙伴。在医药业领域，医药跨国公司已经将其非核心部门剥离出去并将研发活动外包，越来越多的跨国公司看重发展中国家成功的研发企业和初创公司，这一领域的跨境并购比例已经从 2006 年前的不足 4%，迅速跃升至 2013 年的 18%以上。

[①] 外经贸部国际贸易经济合作研究院. 形势与热点 1998：中国融入世界经济大潮. 北京：中国对外经济贸易出版社，1998：151.

2013年，私人股权投资企业的资金进一步增长至1.07万亿美元的历史高位，年增长率达14%。主权财富基金在资产、地理分布和目标行业方面继续扩张，管理的资产达到6.4万亿美元。2013年国际生产继续增长，其中，消费增长了9%，资产增长了8%，附加值增长了6%，就业增长了5%，出口增长了3%，就海外经营扩张而言，来自发展中和转型经济体的跨国公司比来自发达国家的竞争对手更快。

（资料来源：UNCTAD，World Investment Report2014: Investing in the SDGs: An action plan[R], 2014.）

6.1.2 国际资本流动的贸易效应

在资本流动还不十分普遍、对外贸易还是各国参与国际分工的主要形式时期，人们研究对外投资与贸易关系主要是为了说明对外投资对母国贸易收支、就业等方面的影响。因而早期的研究文献几乎都是站在母国的角度，所谓贸易替代或者贸易创造效应也是从关心母国利益出发提出的概念。那么，从东道国角度观察，FDI对进出口贸易是否也存在替代或者创造效应？这是研究FDI贸易效应需要回答的问题。本节在回顾西方代表性的贸易替代和贸易创造理论模型的基础上，从母国视角转换为东道国视角，提出FDI贸易替代以及创造效应的含义，分析其发生机理。

1. FDI与贸易关系的理论

1）传统解释

FDI与贸易具有怎样的关系？这是研究FDI的贸易效应问题需要回答的理论问题。古典经济学没有涉及FDI，只是在分析借贷资本流动与贸易差额的关系时涉及了这一领域的某些话题。大卫·休谟、大卫·李嘉图、约翰·穆勒等古典经济学家认为，资本运动是原因，贸易差额是结果。新古典贸易理论的代表人物俄林从借贷资本流动角度分析贸易与资本流动的关系[①]。他的结论是，从长远看资本流动是原因，贸易收支的变化是结果。一国资本输出的多寡，要视利率水平差异而定。在引入运输成本概念后，俄林进一步指出，资本流动影响运输需求，从而也影响运输成本，这就会对国际资本流动产生障碍。俄林认为，国际贸易的根本原因在于不同国家间要素禀赋的差异，自由贸易代替要素的流动，间接导致国际要素价格趋于一致。

凯恩斯的观点正好与上述基本结论相反。他认为，贸易差额是原因，资本运动是结果。其理由是：对外贸易差额的调整是困难的，而对外投资在某种程度上具有自发调节的倾向，所以，资本运动将随着贸易差额的变化而变化。马克卢普在肯定了资本流动对输出国和输入国都有利的同时，分析了资本流动与国际贸易的因果关系。不过，他的结论是这种因果关系是不确定的。当认为资本流动一词意味着净资本流动时，贸易差额是因，资本流动是果；当资本流动一词意味着自发资本流动时，则资本流动引起贸易差额的运动，即资本流动是因，贸易差额是果。前一种情况意味着，资本流动起因于贸易差额不足以弥补国内投资和消费减少；后一种情况意味着贷款行为产生了出口和进口。

严格上说，这些研究并没有涉及贸易与国际直接投资的关系。不仅如此，主流贸易理

---

① 散见于俄林（又译奥林）的《地区间贸易与国际贸易》一书。他在1933年版以及1968年版中都讨论了生产要素流动与国际贸易，国际资本流动机制等问题。需要指出的是，他关注的生产要素流动是国内流动而非国际流动，他所研究的国际资本流动是借贷资本的国际流动而非FDI。

论与后来发展起来的主流国际直接投资理论一直存在着分离。尤其是主流贸易理论始终保留着生产要素在国际不能流动的假设，致使贸易理论无法解释国际直接投资现象。我们知道，传统贸易理论建立在理想的新古典分析框架之内，在这一框架内，市场是完全竞争的，很多具有重要意义的变量被其严格的假设前提抽象了。贸易是一个企业或一个国家的最佳选择，而对外投资则不然。这说明，传统贸易理论没有给国际直接投资理论提供发展的空间。20 世纪 60 年代产生的主流 FDI 理论是以产业组织理论为基础的。海默(1960)的垄断优势理论对跨国公司行为的解释是建立在市场不完全竞争的前提下，跨国公司具有垄断优势是其确保跨国生产有利可图的条件，这也是国际直接投资理论的出发点。这与传统贸易理论的完全竞争市场模式是格格不入的。卡森、巴克利、拉格曼在 20 世纪 70 年代和 80 年代初的研究，建立在科斯(1937)的内部化思想基础上，提出了外向 FDI 的内部化理论。认为企业对外直接投资是利用内部化优势维持垄断优势的行为。该理论也与传统的比较优势思想大相径庭。因此，谈论贸易与投资的关系，存在很大的困难。

2) 蒙代尔的贸易替代模型

【参考图文】

罗伯特·A. 蒙代尔(Robert A. Mundell)在 1957 年发表的《国际贸易与要素流动》一文中提出了著名的投资替代贸易的模型。蒙代尔沿着赫克歇尔-俄林贸易理论的分析逻辑，从两个国家、两种要素和两种产品的 2×2×2 模型的框架出发，作出了如下假定：

(1) A 国是资本要素相对丰裕的国家，B 国是劳动力要素相对丰裕的国家。

(2) 在国际贸易中，两国以各自的比较优势生产相应的产品。A 国将集中生产资本密集型产品 X，B 国将集中生产劳动密集型产品 Y。

(3) A、B 两国具有相同的生产函数，且都是一次齐次函数，即当投入的生产要素同时增加 n 倍时，产出也增长 n 倍。

(4) 存在刺激要素流动的某些因素，如关税等贸易政策。

蒙代尔分两种情况讨论了国际资本流动与国际贸易的关系。

第一种情况。在自由贸易条件下。由于 X、Y 两种产品在两国间可以自由流动，这样 A 国将出口 X 产品，从 B 国进口 Y 产品；B 国则出口 Y 产品，并从 A 国进口 X 产品。在贸易平衡状态下，A、B 两国的资本和劳动力的要素报酬率是相等的，从而不存在资本跨国流动的必要。

第二种情况。存在贸易壁垒情况下。假定 B 国对来自 A 国的 X 商品进口征收高关税，这必然会提高 A 国的 X 商品在 B 国的价格，并刺激了 B 国 X 商品生产部门生产规模的扩大，同时必然使生产 X 商品所必需的、原来在 B 国本来就相对稀缺的资本要素的国内需求量上升，推动 B 国资本要素价格的上升，最终提高 B 国资本要素的报酬率。

在 B 国资本要素高报酬率的吸引下，A 国的资本要素势必通过直接投资或间接投资等各种方式流入 B 国。这种要素的跨国流动进一步扩大了 B 国在 X 商品生产上的规模。而 A 国由于资本要素的减少会使其减少 X 商品的产量。从两个国家组成的整体上看，资本要素的流动并没有增加 X 商品的总产量。实际上是 B 国进口商品 X 的国内产量增加，在 B 国对商品 X 需求不变的情况下，必然会减少从 A 国进口 X 的数量，从而使商品 Y 的国际贸易数量下降。这种国际贸易的减少是由于国际资本流动造成的。

蒙代尔模型的结论是：在存在国际贸易壁垒的情况下，如果直接投资厂商始终沿着特定的轨迹(Rybczynski 线，即图 6.1 中的 R_B 线和 R_A 线)实施对外直接投资，那么这种对外直接投资就能够在相对最佳的效率或最低的生产要素转换成本基础上，实现对商品出口贸易的完全替代。

按照蒙代尔的逻辑，由于资本要素的国际流动与商品和劳务之间的相互替代关系，即限制资本流动可以促进贸易，增加贸易障碍则可刺激资本流动。资本流动越自由，替代贸易的作用就越大。资本跨国界自由流动能更直接、更合理地利用世界资本资源，并直接起着使各国生产要素价格均等化的作用。

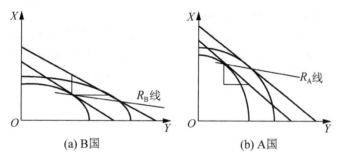

图 6.1 FDI 与贸易的替代关系

蒙代尔关于 FDI 对国际贸易的替代理论部分地解释了 FDI 的现象。不过，该模型没有看到 FDI 活动促进贸易的效应。另外，在存在贸易和投资双重壁垒的情况下到海外投资，会增加替代成本，因而不是最佳选择。其实，替代效应的多少还受市场结构效应的影响。投资后东道国资源配置格局会发生变化，不同的组合方式其投入产出比率不同。例如，在两国假定下，投资前出口的是资本密集型产品，投资后在东道国有可能生产劳动密集型产品，东道国会继续从母国进口资本密集型产品，这样，替代效应就不会发生。

3) 小岛清的边际产业转移模型

众所周知，要素禀赋理论(H-O 模型)所表达的生产函数是 $Q=f(K, L)$，各国开展贸易活动是以要素禀赋的相对差异和生产各种商品利用这些要素强度的差异为依据的。日本学者小岛清在 H-O 模型中，加入了技术(T)和管理诀窍(M)这两个新的生产要素，并把 T、M 看作中间产品的投入，实际上将生产函数表达为 $Q=f(K, L, T, M)$，K、L、T 和 M 四种生产要素不仅因 T 和 M 的存在而脱离了新古典模型的静态框架，而且因为 T 和 M 的跨国界的转移使其理论模型更赋有国际生产重新组合的现实意义。在这个意义上，小岛清成功地建立起了一个融国际贸易和对外直接投资于一体的宏观分析框架。

小岛清认为，FDI 应该从本国(投资国)已经处于或即将处于比较劣势的产业(边际产业)依次进行[①]。据此，小岛清提出了若干推论。其中推论一和推论二指出：国际贸易和对外直

---

① 在小岛清的 FDI 理论中，"边际产业"所包括的范围较广。小岛清认为，与发展中国家相比，由于劳动力成本的提高，日本的劳动密集型产业已经处于比较劣势，变成了"边际性产业"。同时劳动密集型产业可能在一些大企业还保持较强的比较优势，而中小企业则处于比较劣势，成为"边际性企业"。在同一企业中，也可能一些部门保持较强的比较优势，而另一些部门则处于比较劣势，成为"边际性部门"。小岛清将这些"边际性产业"、"边际性企业"和"边际性部门"都概括为"边际产业"。

接投资的综合理论建立在比较优势原理的基础上；与美国具有垄断优势的大企业不同，日本式的对外直接投资与对外贸易的关系不是替代关系，而是互补关系，亦即对外直接投资可以创造和扩大对外贸易。因此，小岛清认为："一个国家的对外直接投资可以分为顺贸易导向型和逆贸易导向型。前者是从一个国家处于比较劣势产业向贸易对象国比较优势的产业投资；后者是从一个国家处于比较优势的产业向贸易对象国比较劣势的产业投资。相互贸易的扩大可以增加各自的经济利益；贸易的缩小则减少经济利益。[①]"这里贸易扩大和缩小是从对外投资的角度来阐述的，并从动态角度进一步说明 K、T 和 M 的跨国界转移仍然属于国际贸易规范的前提，目的在于阐述"边际产业"转移的国际意义。

这里需要强调的是，小岛清为了说明 FDI 促进贸易活动，将投资分为顺贸易型和逆贸易型两种类型，这就意味着该模型在承认 FDI 具有创造贸易(促进母国出口和东道国进口、出口贸易)效应的同时，也承认对外投资存在替代母国出口的效应。

专栏 6-4

【参考图文】

"一带一路"倡议下海外投资的方向与战术

2015 年中国政府工作报告要求把"一带一路"建设与区域开发开放结合起来，加快互联互通，加快实施走出去战略，统筹多双边和区域开放合作。这预示着"一带一路"倡议构想将逐步落实。

在实施"一带一路"倡议背景下，海外投资在方向选择上需要注意优选项目、发展加工贸易、开展国际并购和承包海外工程等。海外投资的战术则要注意经济效益、多元化投资、内部协调。同时，我国应抓住这一机遇加快农业现代化改革。

在选择投资方向时，首先，为了获取更多能源资源的勘探权、开发权(包括农产品海外供给基地)，我国应优选项目进行投资。其次，我国应发展加工贸易，以资本输出带动商品劳务输出，创造出口需求。再次，应开展国际并购，提高国内企业自主创新能力和国际经营能力。最后，我国可以到海外进行工程承包，带动劳务、建材和施工机械的出口。在实施互联互通战略中，应当让较多的中国企业参与到这些基础设施项目建设中来。

在选择投资项目时，在经济效益、社会效益和政治效益中应以经济效益为主。要对项目进行深入的、技术经济上的可行性分析，选择效益最好、投资回收最快的项目进行投资。在投资股权方面要尽量多元化。与外国跨国公司合作，形成多元化的投资结构，是规避风险的重要途径。

我国应抓住劳动密集型产业向海外转移的机遇，加快农村改革，把农业现代化和农民工的市民化结合起来，尽快使农业的劳动生产率达到社会平均劳动生产率，使农村人均收入水平赶上城市人均收入水平。

(资料来源：http://www.chinafair.org.cn/china/News/45145_1110.html。)

2. FDI 对进出口贸易流量的影响及其机制

上述两种理论模型以及产品生命周期理论告诉我们，对外直接投资对母国和东道国贸易流量存在着不同的影响。其中，从母国的角度看，出口方面存在着出口引

---

① [日]原正野. 海外直接投资与日本经济. 东京：有斐阁，1992. 36.

致效应和出口替代效应;进口方面存在着进口转移效应和反向进口效应。实际上,出口引致效应和反向进口效应都属于贸易创造效应范畴,进口转移效应相对于投资前而言也属于贸易替代效应。从东道国的角度看,进口方面存在着进口替代效应和进口引致效应;出口方面存在着出口创造效应,其总效应取决于这几个效应力量的对比。同样,我们可以将进口引致效应归结为贸易创造效应范畴。

为了清晰地理解这些效应,现从母国和东道国角度归纳如表6-1和表6-2所示。

表6-1 FDI的贸易效应(母国视角)

效应	解释	机制	投资动机	在模型中的范畴
出口引致	由于对外直接投资而导致的原材料、零部件或设备等出口的增加	海外生产基地建设工厂所需要的生产设备以及生产所需要的原材料和零件,若从投资母国采购,就会增加母国的出口。如作为初始投资的设备、原材料和零部件等中间投入物的输出	成本导向型投资更明显	贸易创造效应
出口替代	由于对外直接投资而导致的出口减少	海外分支机构/公司产品在当地销售并被出口到第三国,引起的母公司的出口减少。如为绕过贸易壁垒,将原出口型产业通过对外直接投资的方式转移到国外,替代了本国该产业的出口	市场导向型投资较明显	贸易替代效应
进口转移	由于对外直接投资而导致的进口减少	随着生产设备向国外转移,国内对生产所需的进口中间投入品的需求减少,从而引起母国的进口减少	资源寻求型投资更明显	贸易替代效应
反向进口	由于对外直接投资而导致的进口增加	海外分公司在当地生产的产品返销到母国,引起母国进口增加(维农模型)	成本导向型投资明显	贸易创造效应

资料来源:朱廷珺.外国直接投资的贸易效应研究.北京:人民出版社,2006:49。

表6-2 外国直接投资的贸易效应(东道国视角)

效应	机制	投资动机	在模型中的范畴
进口替代	由于投资国的跨国公司将某产品的生产基地转移到东道国后,东道国当地企业通过技术扩散或模仿,也开始生产该产品,从而减少该种产品的进口。随着资本积累,规模经济出现,进口更加减少	市场导向型	贸易替代效应
出口创造	由于跨国公司在东道国投资办厂,促进东道国生产能力的提高和生产的扩大。随着竞争的加剧,行业平均成本下降,价格竞争力提高,出口会进一步扩张。另外,跨国公司的销售网可带动东道国的产品出口	成本导向型	贸易创造效应
进口引致	由于东道国吸引外国直接投资在当地投资建厂,而导致其对生产该产品所需的原材料、零部件或设备等进口需求的增加	成本导向型	贸易创造效应
总效应	FDI对东道国的贸易总效应,取决于进口替代、出口创造和进口引致效应的综合作用。一般来说,成本导向型FDI有利于增加东道国出口,市场导向型FDI则有利于扩大东道国生产能力,满足国内需求,与同类国产和进口产品形成竞争关系,从而减少进口。无论是市场导向型还是生产/成本导向型的FDI,只要它们在生产过程中依赖国外生产设备或原材料,就会增加东道国对这些生产设备或原材料的进口		

资料来源:朱廷珺.外国直接投资的贸易效应研究.北京:人民出版社,2006:50。

一般来说，生产/成本导向型 FDI，出口引致效应、反向进口效应和进口转移效应较强，出口替代效应较弱，主要表现为 FDI 输出国生产设备、原材料出口量增加；同时，对生产所需的进口中间投入品的需求减少，从而引起投资国的进口减少。一方面，由于国外分支机构在当地生产的产品返销到投资国，会引起投资国进口的增加。市场导向型 FDI，出口引致效应、出口替代效应和进口转移效应较强，反向进口效应较弱。主要表现为投资国生产设备、原材料出口量增加；同时，对生产所需要的进口中间投入品的需求减少，从而引起投资国的进口减少。另一方面，由于国外分支机构产品在当地销售并被出口到第三国，从而引起总公司的出口减少。

当然，上述效应还受投资阶段的影响。这些效应不可能同时出现。一般来说，出口引致效应是最早出现的，随着国外分支机构的生产开始取得规模经济效益以后，出口替代效应开始出现。根据产品生命周期理论，进口转移效应和反向进口效应是比较晚出现的。

相应的，我们转换到东道国视角，将 FDI 对东道国贸易数量影响的机理总结如表 6-2 所示。

从东道国视角看，FDI 存在进口替代效应、进口引致效应和出口创造效应。其中，后两个效应属于理论模型中的贸易创造效应。这些效应与 FDI 的动机有关。一般来说，成本导向型 FDI 有利于增加东道国出口，市场导向型 FDI 则有利于扩大东道国生产能力，满足国内需求，与同类国产和进口产品是竞争关系，从而减少进口。

不过，表 6-2 中对进口贸易的影响，都是从生产角度所作的分析。从消费角度看，FDI 的进入对东道国进口贸易增减变化的机制是：外资进入如果带动东道国工资上涨和就业扩张，将提高国民消费能力，部分偏好外国产品的消费者有能力消费进口产品，从而进口增加。当然，该类商品的进口总量变化要视其他消费者对外资企业产品的消费倾向而定。如果进口需求量大于国产产品的消费量，则会增加进口，反之，则减少进口量。

【参考图文】

这里，我们还要指出 FDI 对东道国出口贸易增长可能存在的负面影响。跨国公司利用特定优势如技术优势，与东道国同类有竞争力企业展开价格竞争，从而降低国内企业的利润率，造成企业裁员，直至挤出市场。这样，跨国公司不仅垄断了东道国的国内市场，而且封杀了东道国企业的出口。这是任何东道国利用外资所不愿意接受的结果。

专栏 6-5

关注 FDI 对贸易结构、利益分配的影响

自从蒙代尔(1957)的替代模型和小岛清(1978)的互补模型产生以来，人们更多地关注了 FDI 对贸易流量的影响，似乎缺乏对 FDI 影响东道国贸易利益分配和结构演进的足够关注。对东道国来说，贸易结构的优化具有十分重要的意义。历史上发展中国家对待跨国公司态度的转变不仅缘于对引进外资数量的担心，还由于外资在优化产业结构和贸易结构方面的贡献过小引起了普遍怀疑所致。特别是外资主导下强化单一经济结构所造成的贸易条件恶化、经济福利下降等深层次问题，曾经让许多国家苦不堪言。这就引出了本文必须予以回答的理论问题：FDI 创造的

贸易利益有哪些？怎样分配？影响因素是什么？这是传统贸易理论的盲点。尤其在当前跨国公司模块化生产方式下，发展中国家被纳入其价值链的加工组装环节，加工贸易成为主要贸易方式之后，研究 FDI 情形下加工贸易利益分配问题，是现实对理论的呼唤，具有重要的意义。

进一步思考，如果我们仅仅停留在贸易替代或者贸易创造这些数量效应以及其他短期利益的考察上，对诸如 FDI 主导下贸易发展模式的局限性等深层次问题以及对整个经济持续发展这些带有长期性战略性课题缺少足够的研究，是十分有害的，也是十分危险的。

改革开放初期，中国就将发展对外贸易、引进技术和引进外资确定为对外开放的主要内容，实践证明，我们已经取得了举世瞩目的成就。在进出口贸易方面，中国已经从开放初期的第 32 位上升到 2004 年的世界第 3 位，吸收外国直接投资数量连续多年稳居世界前列，成为发展中国家中的第一大东道国。统计资料显示，2001 年和 2002 年，在全球 FDI 流量大幅度下降的情况下，流入中国的 FDI 稳步增长。2002 年达到 527 亿美元，分别占世界、发展中国家、亚洲外资流入总量的 8.1%、32% 和 56%，成为当年全球第一大东道国。2003 年进一步达到 535 亿美元，位居世界第二，2004 年超过 600 亿美元，达到 606.3 亿美元。但 UNCTAD 发表的 2002 年和 2003 年的《世界投资报告》却两次指出，中国利用外资的业绩和潜力都比较低。这与国内大多数学者的研究结论相悖，其原因何在？另外，外资企业出口占中国出口总额的比例从 1990 年的 12.6% 上升到 2003 年的 55%，而这一时期也正是中国产品遭受国外反倾销指控最频繁的时期，这与 FDI 进入是否存在着某种联系？

一些学者的研究表明，在中国出口产品的结构变换和技术含量提高方面，外资企业也发挥了显著的作用。在高技术产品出口中，外资企业所占的比例从 1996 年的 59% 上升到 2001 年的 81.5%。应该说，FDI 对中国工业化进程起到了积极的作用。然而，一些学者却指出，技术进步的作用十分有限。相反，FDI 的主体为回避自身劣势，借助东道国比较优势扩大国际市场占有率，从短期来看，使得我国的比较优势得到更大限度地发挥，从而取得更大的贸易利益。但从中长期来看，劳动密集型产品出口的大幅度增加，导致我国的贸易条件有恶化的趋向，尤其当东道国是中国这样一个超大型国家时，更易出现贸易条件的恶化。近年来我国出口价格指数的下降，中国产品的出口不断地遭到国外新型贸易壁垒的阻挡，似乎支持了上述看法。与此同时，资本项目和经常项目双顺差也引起了诸如人民币升值压力、能源紧张、贸易摩擦等一系列问题，也引起了人们对出口导向型外资战略的反思。

笔者意识到，中国加入 WTO 前后，在全球产业结构调整和"世界工厂"转移的大背景下，人们讨论的主题从贸易转向 FDI，以及从泛论贸易战略、FDI 的数量、经济安全转向深入分析 FDI 背景下的技术进步、比较优势转换、贸易利益分配问题，不仅说明了人们对全球化认识的加深，更反映了 FDI 与贸易互动关系的重要性。

与此相关的政策性议题是，贸易政策和投资政策协调日显重要。UNCTAD 1996 年在《世界投资报告》中向各国发出呼吁，希望政府关注贸易与 FDI 的关系问题，尤其是贸易政策与投资政策的协调问题。WTO 成立以后，"贸易与投资"作为贸易政策的一个新议题，与环境、竞争政策等问题一道成为国际贸易界普遍关注的热点。1996 年 12 月，在新加坡召开的 WTO 首次部长级会议上，决定设立一个讨论"贸易与投资"问题的工作组。讨论贸易与投资自由化和便利化，最终目标是为了保障跨国公司(TNC/MNE)在世界范围的自由活动(UNCTAD，1997)。正在积极酝酿的多边投资框架也成为 WTO 的工作重点之一。与此同时，发达国家竭力要求制定多边劳工标准，并与发展中国家形成顶牛状态，其中用意为何？是否会对中国的比较优势以及外资主导下的贸易战略构成威胁？

众多现象使笔者感到，FDI 及其政策日益影响到世界贸易的规模、流向和结构；同样，国际贸易及其政策也在对 FDI 的规模、流向和构成产生各种各样的影响(UNCTAD，1996)。孤立地看待贸易与投资的影响力，显然已不合时宜，特别是不利于贸易与投资政策目标的协调和相互支持。从世界经济发展的实践来看，近年来发生的由于限制贸易而导致的 FDI 自由化和由于限制 FDI 而导致的贸易的低效性，反映了各国在贸易政策与投资政策制定方面顾此失彼，缺乏系统性和一体化意识(UNCTAD，1996)。为了实现吸引出口导向型 FDI 的最终目标——促进发展，需要 FDI 政策与其他相关领域的政策很好地整合(UNCTAD, 2002)。如此看来，从东道国视角探索 FDI 的贸易效应、进而分析投资与贸易政策的协调，已经成为时代赋予我们的历史使命，其紧迫性不言而喻。

总之，如何从理论上回答贸易与投资的关系，FDI 对我国的贸易增长、结构优化、福利改善的影响程度究竟如何，贸易政策与投资政策缘何以及如何协调，这些都是摆在我们面前亟待研究的重大课题，它对我国走好新型工业化道路的现实意义是显而易见的。

(资料来源：朱廷珺. 外国直接投资的贸易效应研究. 北京：人民出版社，2006：3-6。)

6.2 国际劳动力流动与国际贸易

劳动力在国际间的流动已经有几百年的历史，从 15 世纪开始，先后出现了多次流动高潮。劳动力流动的原因是复杂的，但是经济发展不平衡所导致的劳动力报酬的差别是引起劳动力在国际转移的根本原因。劳动力流动的主要方式有移民和劳务输出两种，不同的流动方式会对流入国和流出国产生不同的影响。本节主要分析劳动力流动的福利效应，以及移民所引起的一些特殊问题。

6.2.1 国际劳动力流动的福利变动

1. 基本假设

我们的分析是基于以下假定进行的：
(1) 世界上只存在两个国家，即国家 1 和国家 2。
(2) 每个国家拥有两种生产要素：土地(T)和劳动(L)。
(3) 每个国家只生产一种商品，且产品同质。
(4) 劳动要素可以跨越国界自由流动。
(5) 两国技术水平相同。
(6) 两国劳动/土地比率存在差异。

2. 分析的工具——边际劳动产出线

我们知道，一国的产出水平是由投入的生产要素数量决定，用生产函数可以表示为 $Q=Q(T, L)$。在土地供给总量不变的情况下，总产出的数量取决于劳动投入的多少，但单位劳动的边际产出会随着劳动投入的增加而下降，呈现出要素边际报酬递减的特征。这也能从图 6.2 中生产函数曲线斜率的下降看出，其斜率表示劳动的边际产出(MPL)。随着劳动投入数量的增多，生产函数曲线的切线变得越来越平缓，切线的斜率代表了边际产出的数量，因此总产出的增长会逐渐放慢，总产出曲线变得越来越平缓。

与图 6.2 相对应，图 6.3 也反映了劳动要素产出变化的基本趋势，更直接地表明了劳动投入数量是如何决定边际

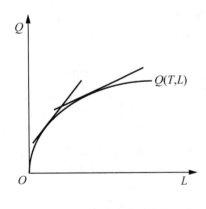

图 6.2 一国的生产函数

劳动产出的。在完全竞争的劳动市场上，企业会按照工资等于劳动力边际产出的原则决定劳动雇佣的数量，即实际工资(OC)必须等于边际劳动产出，这可以保证企业实现利润最大化，否则厂商会通过调整劳动投入的数量来实现更高利润或减少损失。在图 6.3 中我们还可以看出一国经济的总产出为 $OBAL_0$ 的面积所代表的规模，OL_0 表示劳动雇佣的总量，$ACOL$ 的面积是支付给工人的工资，它等于实际工资率 OC 与雇佣劳动力数量 OL_0 的乘积，而另一块面积 ABC 则表示支付给土地的租金。

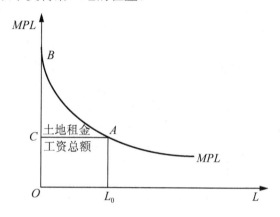

图 6.3　边际劳动产出线

国家 1 和国家 2 在技术水平相同的条件下，劳动/土地比率的差异意味着在劳动市场均衡条件下，两国边际劳动产品存在差异，从而实际工资也不同，在边际劳动产出图中，两国实际工资位置就会存在高低差别。这样，国家间实际工资的差异将引起劳动力在国家间的流动。下面我们将分析劳动力流动所产生的福利效应。

3. 福利变动分析

如果我们令国家 2 的劳动/土地比率大于国家 1，则国家 2 劳动力相对丰富，实际工资水平也就比较低，劳动力会发生向国家 1 的流动。劳动力的流出减少了国家 2 的劳动力供给，在需求不变的情况下，必将引起该国实际工资的提高；相反，劳动力的流入则增加了国家 1 的劳动力供给，导致实际工资下降。因为劳动力可以自由流动，所以只有当两国的实际工资水平达到一致时，劳动力在两国间的流动才会停止。

图 6.4 表示了国际劳动力流动的原因和影响。横轴 O_1O_2 表示全世界的劳动力，从 O_1 向右到 L_1 表示国家 1 的工人数量；从 O_2 向左到 L_1 表示国家 2 的工人数量，左边的纵轴表示国家 1 的边际劳动产出，右边的纵轴表示国家 2 的边际劳动产出。在封闭条件下，我们可以看出国家 1 的实际工资 AL_1 明显高于国家 2 的实际工资 BL_1，如果允许国家间劳动力可以自由移动，两国之间的劳动工资差异会导致国家 2 的劳动力向国家 1 移动。这样两国的实际工资会趋同，劳动力的流动在两国实际工资达到相同时就会停止，这时整个世界的劳动力分配点为 L_0，实际工资水平为 EL_0，劳动力的流动量为 L_1L_0。

劳动力国际流动对各方产生的福利影响分析如下：

在劳动力国际转移前，国家 1 的总产出为 O_1FAL_1，其中 O_1CAL_1 为劳动力的工资收入，CFA 为其他要素收入。国家 2 的总产出为 O_2GBL_1，其中 O_2DBL_1 为劳动力的工资收入，DGB

为其他要素收入。世界总产出为国家 1 和国家 2 之和。而在劳动力转移以后，世界实际工资水平为 EL_0。此时，国家 1 的总产出为 O_1FEL_0，其中 O_1NEL_0 为劳动力的工资收入，NFE 为其他要素收入。国家 2 的总产出为 O_2GEL_0，其中 O_2NEL_0 为劳动力的工资收入，NGE 为其他要素收入。则整个世界的总产出增加了 ABE 的面积。因此，不管增加的福利在国家 1 和国家 2 之间将如何进行分配，但总的来看，世界整体福利是提高的。

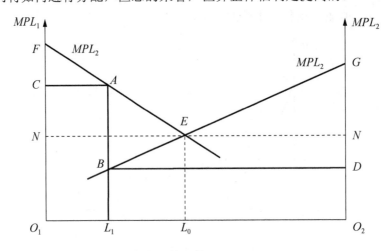

图 6.4　劳动力国际流动的福利效应

从国家 1 的角度看，由于劳动力的流入，工资率下降了。劳动力流入前国家 1 总产出为 O_1FAL_1，劳动力流入后其总产出为 O_1FEL_0，增加 L_1AEL_0 的面积。

从国家 2 的角度看，由于劳动力的流出，工资率上升了。劳动力流出前国家 2 总产出为 O_2GBL_1，劳动力流出后其总产出为 O_2GEL_0，减少 L_1BEL_0 的面积。

值得注意的是，劳动力流出国国家 2 的国民收入朝着有利于劳动者方向进行再分配，而劳动力流入国国家 1 则朝着非劳动力资源方向再分配。同时，国家 2 也可能从它的侨居者那里收到一些汇款。

另外，如果假设国家 2 在劳动力流出前有 L_1L_0 数量的劳动力没有被雇佣，不管有无流动，国家 2 的工资率都是 O_2N 而总产量为 O_2GEL_0。随着劳动力流动，世界总产出将净增加 L_1AEL_0，且全部增加在国家 1。

综合上述分析可得出如下结论：①劳动力的国际流动将导致世界资源有效配置，会带来世界净福利水平的增加。②劳动力流出国总收入减少，但留在本国的劳动力人均收入增加；劳动力流入国总收入增加，但本国劳动力的人均收入减少。因此，工会常常反对移民的迁入。

专栏 6-6

旅美墨西哥移民对墨西哥的影响

福克斯总统在一次讲话中赞扬在美国的墨西哥移民为墨西哥的经济发展提供了急需的帮助，称他们为"英雄"。移民在经济方面最直接的贡献主要体现在侨汇收入方面。墨西哥央行公布的一份报告显示，2003 年在美国的墨西哥人汇往墨西哥的外汇收入达 132.66 亿美元，比 2002 年增长了 35.2%，几乎是 2000 年侨汇收入的 2 倍。侨汇收入成为墨西哥外汇收入中仅次于原油出口收入的第二大外汇收入来源，相当于墨西哥 2003 年原油出口值的 79%，占当年国内生产总值的 2.2%，超过了 FDI 和旅游收入。

在美国的墨西哥移民在一定程度上支撑着墨西哥的国内消费和墨西哥一直停滞不前的经济，对略有增长的国内信贷和低通货膨胀作出了贡献。据墨西哥央行的调查，墨西哥有 1/4 的家庭收到来自美国的汇款。如果把这总额为 132.66 亿美元的侨汇收入平均分摊到这些家庭，每个家庭相当于每月至少获得了两份最低工资收入(2 700 比索)，这不是一个无足轻重的数字。侨汇收入对农村地区和城市低收入家庭来说，尤其具有至关重要的作用，它使千万个家庭避免陷入贫困。人们用这些钱来支付家庭日常生活开支(如用于支付教育和医疗方面的支出或进行一些小规模的投资，等等)。尽管有调查结果显示，绝大部分获得的侨汇收入用于满足基本生活需求、建造和修缮房屋、购买消费品等方面，而不是进行生产性投资，但由于这类消费增加了对当地或国内消费品的需求，在一定程度上刺激了当地经济的发展。侨汇收入在某种程度上不仅是墨西哥经济的安全阀，也成了经济发展的加油泵。

墨西哥是贫富分化很严重的国家，全国贫困人口占总人口的 42%～45%。墨西哥南部地区是全国最贫困的地区(如瓦哈卡、格雷罗和恰帕斯州)，其贫困人口甚至占该地区总人口的 2/3。据 2000 年人口统计，由于带来的侨汇收入，使这些州的贫困人口减少了 2%。虽然看起来这个数目不大，但它发挥的作用不仅与政府的扶贫项目(如墨西哥农村发展计划)和教育、健康、食品计划类似，而且与市镇社会基本设施基金向各地提供的资金产生的潜在效果相同。从这个意义上讲，侨汇收入和政府拨款在减少贫困方面甚至发挥了同样重要的作用。

移民对墨西哥经济发展的另一个影响是，扩大了墨西哥产品在所在国的市场份额。由于如此众多的墨西哥人在美国，他们的怀旧情结不仅形成了一个巨大的母国消费品市场，而且影响着居住国人民的消费趋向。例如，墨西哥传统的龙舌兰酒，2003 年出口到美国和加拿大超过 1 亿升。墨西哥人喜爱的其他各种食品在美国各地的超市里也随处可见。

(资料来源：左晓园. 移民：可以借重与显效的力量[J]. 拉丁美洲研究，2003 年，(4)：41-44.)

4. 劳动力流动与国际贸易

劳动力的流动会影响到国家间资源的配置状况，在其他资源不变的情况下，劳动力的流出会使国家 2 的劳动力减少而使其他资源变得相对丰富；而国家 1 的情况则相反，劳动力的流入使国家 1 的其他资源变得相对稀缺，而劳动力则相对丰富，这会对国际贸易产生一定的影响。国家 2 作为劳动力丰富的国家，劳动力的大规模流出会造成劳动密集型出口产业的相对萎缩，使其生产和出口也出现收缩。而国家 1 作为劳动力的接收国，劳动力供给的增加会使其劳动密集型部门生产能力扩大，造成其进口替代的劳动密集部门产量增加，从而对这些产品的进口下降。因此，劳动力国际流动对于劳动密集型产品的进出口产生了一定程度的替代效应。

当然，现实地来分析，随着劳动力的流动，也会发生由流出劳动力相关的产品贸易。因为受消费习惯、文化传统和宗教信仰等因素的影响，流出劳动力的消费偏好肯定无法在短时期内发生根本性的改变，因此伴随着劳动力的国际流动也引起了一定规模的国际贸易的增加。

6.2.2 移民的其他外在成本和收益

移民作为生产要素本身和所有者的统一，它不仅会通过流出国和流入国劳动力市场供求的变化对不同国家的贸易和福利产生影响，还会给流入国和流出国带来很多外在收益和成本。

1. 移民的外在收益

1) 对于流入国的收益

从政府财政收入来看，移民尤其是年轻、有技能的移民其收入水平比较高，一般是流入国国家税收的净贡献者。美国国家研究院20世纪90年代的研究预测表明，具有高中毕业以上学历的移民，到达美国时年龄在25~35岁的移民，一生中对于美国国家养老金体系的净贡献额为15万美元。目前，大量的发展中国家高技能移民流入发达国家尤其是北美国家，这不仅没有增加这些发达国家的福利负担，而且成为这些国家福利系统的净贡献者。大量的高技能人才流入既解决了发达国家对高层人才的需求，又使发达国家维持和提高了自身在高科技方面的研发能力，保持了其在科技上的领先地位。据估计，目前加州硅谷1/3的企业家和高水平的雇员来自海外。2000年美国国家科学基金会发表的"科学与工程学指标"指出，美国全部科技人员中约有1/3科技人力为移民，1997—2000年，留学生完成学业在美国就业或停留的比例高达30%~40%。另外，不同国家和民族的移民还会给流入国带来外溢知识，促进流入国文化、艺术、科技的发展以及社会的进步。

2) 对于流出国的收益

大量的移民流出以后，并没有隔绝与流出国的联系，他们还会通过各种途径给流出国带来收益。对于许多国家来说，移民侨汇是其外汇收入的重要来源，尤其对于一些非洲、拉美国家来说，侨汇是其外汇收入的主要来源之一，这对这些国家和地区经济和社会的发展起了重要作用。大量的移民与流出国之间保持着密切的投资、技术、交流上的往来，这对于促进流出国经济和科技的发展也起了重要作用。并且，一些移民在母国经济社会条件改善后选择回国，还会给母国带来资金、先进的技术和管理经验，促进了母国福利的提高。

全球移民的趋势及特点

据联合国统计，在全球范围内，跨国迁移的人口从1965年的7 500万增至1990年的1.2亿，到2007年，约有2亿人口生活在出生国以外。其中，多数移民流向欧美发达国家并对其人口特别是劳动力增长影响甚大。例如，在20世纪90年代，外来移民占美国新增劳动力的57.5%、德国的45.5%、加拿大的25.7%、澳大利亚的24.1%。相比之下，以前不知名的西北欧小国更是令人刮目相看。例如，芬兰的增幅高达163%，奥地利为151.7%，爱尔兰为114.8%，丹麦为80.6%，冰岛和挪威在50%~62%。从移民来源看，在2006年迁入经合组织成员国的永久移民中，欧洲占33.8%，亚洲占33%，拉丁美洲占19.7%，非洲占8.8%，美洲占3.2%，其余是大洋洲移民。在迁入欧洲的移民中，56.8%是欧盟成员国的公民，亚洲移民仅占15.2%，拉丁美洲占13.4%，非洲占14%，北美洲占6.3%。这就是说，各国人口的迁移呈现出一种很强的地缘性特征。欧洲移民主要在欧洲流动。非洲移民中85%流向欧洲，亚洲移民中有2/3以上流向美国、加拿大和澳大利亚等国家，拉丁美洲移民主要流向北美洲。显然，除美国、加拿大和澳大利亚等传统的移民国家外，欧洲也成为当代全球另一个外来移民最密集的地区。与二战前不同的是，在战后跨国迁移的移民中，受过高等教育的专业技术人才令人瞩目。例如，2000年居住在经合组织成员国的外来专业技术人才达2 000万以上，其中美国有近1 100万，加拿大和墨西哥有200多万，居住在欧盟成员国的有410多万，澳大利亚、日本和韩国等国有300多万。

(资料来源：梁茂信. 全球化视野下亚洲科技人才移民美国的历史透视. [J]. 史学月刊，2015(3): 91.)

2. 移民的外在成本

1) 对于流入国的成本

大量的低技能劳动力的流入，会给流入国尤其是高福利发达国家造成额外的成本，因为对于移民接收国来说，流入的移民同样享受社会福利，他们所缴纳的各项税收可能无法弥补他们所享有的福利开支，这会增加政府的福利开支，加重政府的财政负担。美国国家研究院的研究预测也表明，高中学历以下、到达美国时年龄在20～40岁的移民，一生中总的净财政负担为6万～15万美元。另外，移民尤其是非法移民、低技能移民的存在所造成的拥挤成本、社会摩擦等问题也是不容忽视的[①]。

2) 对于流出国的成本

当今国际移民的一个主要特点是发展中国家向发达国家的移民。对于发展中国家来说，大量的移民尤其是中高技能人才的流出意味着一种人才损失。而这些人才正是发展中国家发展本国经济最稀缺的资源，这些人才的流出不仅仅是它们的流失，对于流出国来说，由于缺少专门的技术和管理人才所造成的国内剩余资源的浪费意味着更大的损失。美国学者Nadeem U. Haque(1995)通过构建内生经济增长模型论证了单向的人力资本流动会降低流出国的经济增长速度，降低程度与流出人力资本占该国总人力资本存量的比例成正比。中国学者荣芳、何晋成(2000)认为，高水平的劳动力流出会使一国对于劳动力的需求量降到最低水平以下，从而影响该国的经济增长速度，当今国际人力资本的单向流动损害了南方国家的人力资本存量。

专栏6-8

向美国的移民和发展中国家的人才流失

全世界每年有200万～300万离境移民，他们中的大部分人流向四个国家——澳大利亚、加拿大、德国和美国。近期的一些研究，对我们认识移民到美国的劳动者的类型及移民对美国经济的影响有了进展，尽管对博尔杰斯如下说法存在大量的争议，即与其先辈相比，当前移民到美国的那些人技能相对较低(因此与前人相比，当前移民带给美国经济的积极影响也可能较小)，但显著的事实是，过去从多数发展中国家的移民典型的是那些相对有技能的人员。

在1999年，威廉·J. 卡林顿(William J. Carrington)和恩利卡·德特拉贾奇(Enrica Detragiache)用1990年的人口普查数据，对目前居住在美国的25岁以上的来自发展中国家移民的教育背景进行了研究。该研究第一个引人注目的结论是，接受过初级教育(0～8年的学校教育)的人占全部移民的7%左右(即700万移民总数中有50万左右)；大约53%(700万中的370万)的人来自其他的北美国家(包括中美洲和加勒比海国

---

① 海闻，等. 国际贸易. 上海：上海人民出版社，2003：209-210.

家在内），他们最多受过中级教育，绝大多数来自墨西哥。接近 150 万(21%)的移民受教育程度较高，接受过第三级教育水平(12 年以上)的学校教育，他们来自亚洲和太平洋地区(不包括留学生)。此外，尽管人数很少(12.8 万人)，但从非洲进入美国的移民中 75%受教育程度较高。例如，埃及、加纳和南非的移民 60%以上接受过第三级水平的教育，印度 75%的移民受教育程度较高；从中国和南美洲来的移民中受过中级教育和第三级教育的人差不多各占一半。墨西哥和中美洲国家似乎有些例外，这些国家的大多数移民只接受过中级水平的教育。

一般来说，那些移民到美国的人与本国的普通人相比，所受教育要好一些，与移民类似的熟练劳动力常常在他们自己国家的劳动力大军中占到相当大的比重。卡林顿和德特拉贾奇对此提供了一些真实的、令人吃惊的统计数据。他们计算了美国来自任何一个国家、接受过任意一级教育水平的移民总数，然后用这个数字除以停留在本国的、具有相同教育水平的人口总数。例如，用来自牙买加的接受过第三级水平教育的移民人数除以接受过同样教育的牙买加的人数，得到的结果是 70%。虽然来自牙买加的移民在绝对数量上相对较少，牙买加人口中接受三级以上教育的人口在总人口中所占的比例也同样很小，但这一组数字却有力地支持了发展中国家人才流失的观点。就三级教育水平来说，流失的人数在其他(小的)发展中国家占比例也很高——圭亚那(70%~80%)、冈比亚(60%)、特立尼达和多巴哥(50%~60%)、萨尔瓦多、斐济、塞拉利昂的这一比例也超过 20%。对于许多拉丁美洲国家而言，流失比例最高的是受过二级教育而非三级教育的那些人，如墨西哥(20%)、尼加拉瓜(30%)，但即便如此，也表明了很多技能工人的外流。

因此，与早期移民相比，目前进入美国的移民有什么新的特点？有一点很明显，发展中国家向美国的移民，对于发展中国家稀缺的人力资本来说是一个相对较大的损失，接受过三级教育(以及二级教育水平)的人才流失对全世界的输出国来说不但无助于甚至阻碍了其经济社会的发展。

(资料来源：[美]丹尼斯·R 阿普尔亚德，小艾尔佛雷德·J 菲尔德，史蒂芬·L 柯布. 国际经济学(第 6 版). 北京：机械工业出版社，2010：209.)

6.3 国际技术流动与国际贸易

技术进步对经济增长的作用日益重要，技术越来越被作为一种独立的生产要素被分离出来进行理解和分析，技术贸易在国际贸易中的特殊地位也逐渐显现出来。本节将对技术贸易的方式、技术贸易对商品贸易规模和结构的影响加以概括。

6.3.1 国际技术转移的方式与特点

1. 国际技术转移概述

国际技术转移是国家间技术的供求双方按照一定的商业规则买卖技术的行为。① 真正意义上的国际技术转移是在产业革命之后出现和发展的，但是直到 20 世纪 40 年代以前，其规模一般比较小，发展速度也比较慢，国际技术转移对国际经济和贸易产生的影响比较有限。20 世纪 40 年代以来，在第三次科技革命的推动下，国际技术转移有了飞速发展，技术转移的速度和规模都远超出了之前的任何时期，国际技术转移在世界经济、贸易中的地

---

① 广义的国际技术转移应该包括有偿和无偿两种：无偿的国际技术转移一般是带有援助性质的政府间的往来，它应该是《国际经济合作》所研究的内容，故这里不予探讨；有偿的国际技术转移也即国际技术贸易，它在国际技术转移中居于主导地位，这是本书所要介绍的。

位日益重要。国际技术转移产生和发展的直接原因是不同国家技术水平的差异,而根本的原因则是经济利益的驱动。因为无论对技术输入国还是输出国,技术的输入或输出,根本目的都是在于获得转移技术所带来的经济利益。

2. 国际技术转移的方式

国际技术转移的方式多种多样。最基本的方式主要包括许可证贸易、特许专营、技术咨询、合作生产等。

1) 许可证贸易(Licensing)

许可证贸易又称许可贸易,它是指技术许可方将其拥有的专利、商标、专有技术或其他知识产权的使用权通过许可证协议或合同转让给技术接收方的一种贸易方式。它是当今国际技术转移最经常、最重要的方式。不同类型的技术许可,按照许可方授予被许可方的权利范围可有不同的方式,主要包括以下五种类型。

(1) 独占许可证协议。即许可方在规定的地区和有效期限内授予被许可方的独占性使用权。许可方在该地区和期限内,不能再向任何第三方发放许可,并且许可方自身也不能使用该项技术制造和销售商品。

(2) 排他性许可协议。在规定的区域内,许可方和被许可方在协议的有效期内对许可证协议下的技术都享有使用权,但许可方在该区域和期限内,不得再向任何第三方发放许可。

(3) 普通许可协议。它又称一般许可,指许可方和被许可方在一定的区域和时限内,都可以使用许可证下的技术,但对于许可方并没有特殊限制,同时,许可方有权把该项技术或这项技术的使用权授予任何第三方。普通许可是最常见的许可方式。应当指出的是,对于独占许可、排他许可和普通许可证协议来说,许可方授予被许可方的权利仅仅限于被许可方本身使用。没有得到许可方的同意,被许可方不得把该项技术授予任何第三方使用。

(4) 分许可证协议。即在协议规定的区域和有效时限内,许可方允许被许可方把协议项下的技术向第三方转让。被许可方在规定区域和有效期限内,除享有普通使用权利外,也可以把该项技术的使用权授予第三方使用,但第三方的权利仅仅限于对该项技术的使用权,而不得再把该项技术的权利进行转让许可。

(5) 交叉许可证协议。指双方将各自拥有的专利权、商标权或专有技术使用权相互交换,供对方使用,双方的权利可以是独占的,也可以是非独占的,许可双方一般不收取报酬。

2) 特许专营(Franchising)

特许专营是最近二三十年迅速发展起来的技术贸易模式。一般是指一家已经取得成功经验的企业(特许方),将其商标、商号名称、服务标志、专利、专有技术以及成功的经营管理方法或经验转让给另一家企业的技术贸易,后者有权使用前者的商标、商号、专利、专有技术以及经营管理方法或经验,但是后者必须向前者支付一定金额的特许费用。

3) 技术咨询(Technology Consulting Service)

技术咨询是技术服务方向技术受让方提供的技术服务,是技术咨询人向技术服务方提出技术课题,服务方向咨询方提供某种技术服务,并收取一定的咨询服务费。技术咨询的特点是,咨询双方的当事人之间是雇佣关系,咨询服务的收费一般根据服务量进行核算。

4) 合作生产(Production Cooperation)

即两国或多国企业根据签订的共同协议,共同生产某一产品或完成一个工程项目的活动。合作生产所采用的技术,可以由一方提供,也可以由多方共同提供,还可以共同进行研发,在技术上相互合作,取长补短。合作生产利用了各方在设备、技术、劳动力、原材料等方面的不同条件,发挥了各自的优势,充分地显示了生产过程的优越性。

3. 国际技术转移的特点

科技革命蓬勃发展,科学技术日新月异,国际技术转移也呈现出新特点。

(1) 技术转移速度加快,规模不断扩大。目前,国际技术贸易与商品贸易已经成为最重要的两种贸易方式,但是国际技术贸易在以更快的速度增长,世界技术贸易额的增长速度高达15%,大大超过商品贸易年3%的增长率。国际技术贸易额也由20世纪60年代的25亿美元上升到2012年的3 038亿美元,技术贸易额占世界服务贸易额的比重也呈明显上升之势,已经由20世纪60年代初的不足1%上升到了2012年的7.3%。

(2) 国际技术转移发展不平衡,发达国家技术转移居主导地位。科学技术发展的不平衡导致了国际技术转移发展的不平衡。发达国家拥有雄厚的经济实力和科技实力,其科研开发能力比较强,在国际技术的进出口中都居于主导地位,世界上80%多的技术贸易都发生在这些国家之间。发展中国家之间以及发展中国家和发达国家之间的技术贸易所占的比重则相对比较小,尚不足20%的份额。

(3) 跨国公司是技术转移的主体。当今的跨国公司不仅拥有雄厚的资本优势,而且也是科研开发、国际技术转移中最活跃、最重要的媒介。FDI是跨国公司影响世界经济的最主要形式,跨国公司对外直接投资占世界对外投资的90%,而跨国公司正是通过对外直接投资在内部进行技术转移。以美英跨国公司为例,两国跨国公司向海外子公司转让技术大约分别占其技术出口额的80%和85%。

(4) 国际技术转移的政府干预性比较强。由于技术转移涉及的问题比较复杂,它不仅关系到转移企业自身的利益,而且可能还会影响到一国的经济安全或者政府的政治目的,因此各国政府对于技术转移的干预一般比较多,一些发达国家甚至还通过立法对本国向外技术转移进行管理和控制。

中国技术进口的现状与特征

在我国,技术进口通常称为技术引进,我国只有对技术引进合同金额的统计,而没有对实际技术引进金额的统计。下面,我们重点考察"十一五"时期即2006年以来,我国技术引进合同额的动态变化特征。

从技术引进总量看(表6-3)近年来虽有波动,但整体上保持稳定增长。2006年,我国技术引进合同数为10 538项,合同额为220.23亿美元。2008年,技术引进合同额上升为271.33亿美元。但2009年受国际金融危机影响,我国技术引进出现了较大下降,合同额降为215.72亿美元,同比降幅超过20%。此后,我国技术引进又开始稳步增加,2012年技术引进合同数为12 988项,合同额为442.74亿美元,均为历史最高。2012年与2006年相比,我国技术引进合同额(以美元计)增长了1倍。若横向比较,我国技术进口增速落后于货物贸易和服务贸易增速，如货物进口从 2006 年到 2012 年间增长了 1.3 倍。

表 6-3 2006 年以来我国技术引进合同额

项目	2006 年	2007 年	2008 年	2009 年	2010 年	2011 年	2012 年
合同书(项)	10 538	9 773	10 170	9 964	11 253	9 480	12 988
合同额(亿美元)	220.23	254.15	271.33	215.72	256.36	269.68	442.74
技术费(亿美元)	147.56	194.06	235.47	186.08	218.47	228.52	416.9
技术费/合同额(%)	67	76.4	86.8	86.3	85.2	84.7	94.2
单个项目合同额(万美元)	209	260.1	266.8	216.5	227.8	284.5	340.9

资料来源：根据历年《中国科技统计年鉴》整理计算。

从技术费占技术引进比重看，增幅也非常明显。我国技术引进分为两个部分，即技术费和设备费，前者主要是技术进口的"软件"部分，包括购买专利、专有技术、技术咨询等，后者是技术进口的"硬件"部分，主要是与技术转让有关的机器、设备等，"软件"部分的技术含量比"硬件"部分要高一些。过去很长一段时间，我国技术进口以设备进口为主，但随着我国设备制造能力快速提高，设备进口越来越少，"纯技术"进口越来越多，2006—2012 年，技术费由 147.56 亿美元迅速上升到 416.9 亿美元，占技术引进比重由 67.0%快速上升到 94.2%。

从技术引进来源地看，我国技术引进高度集中在发达国家(地区)，日本和美国是我国最重要的两个技术进口国，2012 年来源于日本、美国的技术引进分别为 109.4 亿美元和 81.4 亿美元，分别比 2006 年大幅增长了 108%和 93%，占我国多年技术引进比重分别高达 24.7%18.4%。德国占我国技术进口的比重长期维持在第三位，2012 年占进口比重为 10.4%。近年来源自韩国的技术进口出现了较快增长，2012 年比 2006 年增长了 1.79 倍，大体稳定在我国技术进口的第四位。其余位居我国技术引进前列的国家包括法国、英国等西欧国家以及瑞典、芬兰等北欧国家。此外，新加坡也是我国技术引进的重要来源地。从地理分布来看，我国技术引进来源地分布与全球科技研发能力分布及其动态变化高度一致。

从技术引进方式看(表 6-4)，引进国外专有技术、专利技术、由国外提供技术咨询和服务是我国引进国外技术的三种最主要方式。2012 年，专有技术的许可或转让占我国技术引进的比重为 36.4%，技术咨询、技术服务的比重为 32.2%，专利技术的许可或转让的比重为 15.3%。相比之下，与技术引进有关的成套设备、关键设备、生产线等进口比重逐渐下降，2012 年其比重仅为 3.3%。这也进一步说明我国技术引进越来越侧重于"纯技术"的进口。

表 6-4 我国各种技术引进方式所占比重 单位：%

项目	2006 年	2008 年	2010 年	2011 年	2012 年
专利技术的许可或转让	6.3	6.5	7.4	8	15.3
专有技术的许可或转让	33	46.6	36.7	37.1	36.4
技术咨询、技术服务	23.5	29.3	29.2	35.9	32.2
计算机软件的进口	3	3.2	9	9.2	6.1
商标许可	0.4	0.5	1.6	1	1.2
合资生产、合作生产等	19.5	3.5	3.2	2.5	3.1

续表

项目	2006年	2008年	2010年	2011年	2012年
为实施以上内容而进口的成套设别、关键设备、生产线等	13	7.8	10.6	2.8	3.3
其他方式的技术进口	1.1	2.7	2.3	3.4	2.4
总计	100	100	100	100	100

资料来源：根据历年《中国科技统计年鉴》整理计算。

(资料来源：陈长缨. 顺应形势变化，及时调整我国技术进口政策. 国际贸易，2014，(4): 18-26.)

6.3.2 国际技术转移对商品贸易的影响

技术贸易和商品贸易是国际贸易的重要组成部分，国际技术转移必将对世界商品贸易产生深远的影响。

1. 对商品贸易规模的影响

技术贸易往往不是独立发生的，它经常会伴随着大范围的对外直接投资，这会带动相关产品和设备的出口，促进商品贸易规模的扩大。据有关机构统计，发达国家每发生1美元的国际技术转移可以带动18美元的出口。技术作为无形资产的转让，它必须要物化在特定的产品或者机器设备中，才可能转化为现实的生产力。作为技术的进口国，尤其是发展中国家，由于自身技术水平的限制，他们在技术引进的同时往往还会附带地进口许多机械产品和成套机器设备等，这无疑也会对商品贸易产生促进作用。一些发展中国家，虽然拥有丰富的劳动力，但是由于缺乏相应的技术，因此就无法形成现实的生产能力，而技术的引进恰恰可以解决这一难题，促进这些国家产品的生产和出口。再者，进口国出口部门技术的引进，也会扩大进口国出口部门的生产能力，增加这些部门产品的出口。

当然，国际技术转移也可能对商品贸易产生一定程度的替代作用。进口国进口替代部门的技术引进，一方面会扩大进口替代部门的生产能力，另一方面也会提高进口国进口替代部门的生产技术水平，这都会导致进口国对该种产品进口的减少。

2. 对于商品贸易结构的影响

国际技术的转移特别是高科技技术的转移会大大提高技术进口国的技术水平，促进进口国产业结构和产品结构的升级，导致出口商品结构也发生相应的变化。第二次世界大战后日本的技术引进是一个很好的例子。为了保护和扶植日本国内的生产力，追赶其他先进工业化国家的技术水平，日本政府通过各种措施鼓励先进技术的引进，虽然日本在技术贸易上始终处于逆差地位，但是日本出口商品的结构却发生了根本的变化，由二战后出口劳动密集型产品为主逐渐转变为出口资本技术密集型产品为主，科学技术在其经济增长中的作用也越来越大。近年来，东亚其他国家和地区也通过技术引进大大改变了出口商品的结构。

3. 对于商品贸易流向的影响

国际技术的转移还会对商品贸易的流向产生影响。产品生命周期理论和技术差距论都已明确地指出，随着产品和技术发展阶段的变动，商品的国际流向也会发生变化。技术在国家间的转移也会产生同样的效用。随着国际分工的发展和产业结构的国际调整，传统的纯粹产业间的贸易越来越无法适应世界经济的发展，各国开始更加注重利用自身要素的比较优势参与到国际分工和贸易中去。发展中国家在技术引进的同时，可以充分发挥自身劳动力比较丰富的优势，专注于劳动密集环节的生产、加工和组装，然后再转售到其他国家，这不仅促进了发展中国家劳动密集型产品的出口，而且也带动了机电、电子等资本、技术密集的高科技产品的出口。

6.4 要素流动与服务贸易

党的二十大报告提出，要创新我国服务贸易发展机制。服务贸易作为一种重要的贸易方式，它具有什么特殊性呢？要素流动对于商品贸易有着重要的影响，那么它对服务贸易又会产生什么样的影响呢？这是本节所要回答的问题。

专栏6-10

负面清单：中国对外开放的新挑战

2013年9月30日，上海市人民政府公布了《中国(上海)自由贸易试验区外商投资准入特别管理措施(负面清单)》(以下统一简称负面清单)，标志着中国创新对外开放模式、探索负面清单管理的重要开始。负面清单以现行的《外商投资产业目录(2011年修订版)》及《中国(上海)自由贸易试验区总体方案》等规定为基础，按照国民经济行业分类进行编制，针对包括农业、制造业、金融服务业等在内的18个行业门类列出了190余条外商投资管理措施。至此，负面清单作为新型外资管理模式在中国开始了试点运用，负面清单的管理机制对上海自由贸易区的发展乃至中国对外开放进程的影响和冲击将不亚于中国2001年加入WTO这一历史机遇，是中国扩大开放、促进政府职能转变及制度创新的重要里程碑。

负面清单并不是全新的概念，但在中国投资领域仍是初次应用。虽然负面清单管理模式旨在以开放促改革，为各类所有制企业创造公平竞争的市场环境、促进经济增长，然而"法无禁止皆可为"的管理理念创新也将会带来诸多潜在风险和管理难点，为中国新一轮的对外开放带来挑战。

1. 负面清单的质量问题

中国对于外资的管理一直遵循《外商投资产业指导目录》的模式，列出了鼓励、限制、禁止外商进入的行业。当前在自由贸易区实现清单"由正转负"的尝试，起到了继往开来的开创性作用，清单的确定意义重大。负面清单公布的190项管理措施中，禁止类38项，限制类152项，大部分限制性条件是《外商投资产业指导目录》的"翻版"。原有的外商投资壁垒仍然存在，内容没有实质性改变，负面清单质量不高。鉴于中国长期以来行政审批制度管理准入，各类法律文件长篇累牍，负面清单的制定过程需要充分协调；而过于冗长、面面俱到的负面清单则与正面清单无异。在没有实践经验的探索创新阶段，负面清单的质量不高可以理解，但要尽力缩短更新的时间，使之尽快完善。

2. 隐性壁垒问题

负面清单管理模式的提出突破了现有制度下对企业类型的限制，此后实施过程中内资和外资都是国民待遇，不同性质的企业平等对待。但是鉴于负面清单仅在上海自由贸易区内试行，而在国内30多年的行政审批投资准入管理体制下，财税制度等因企业性质而异，隐性壁垒短时间内无法清除。负面清单是不能享受国民待遇的黑名单，负面清单的管理模式意味着外资企业、国有企业、民营企业都有权进入没有明令禁止的行业。实行负面清单管理模式的同时，消除隐性壁垒需要同步推进，与之相关的项目核准、财政金融等制度体系的改革亦需要及时跟进。

3. 投资准入的标准问题

专注于外资管理的负面清单管理模式对限制或禁止外资进入的领域作出了详细规定，但是缺乏对外资"标准"的界定。一方面，政府应鼓励高质量外资进入，提升外资利用水平，但是何谓高质量的外资缺乏判断依据；另一方面，清单中190项措施中对多数投资活动提出"须合资、合作"，但是未对投资定义作详细阐述。外资的进入是指具有完备的法人代表的实体性直接投资还是包括使用债券、股票等金融工具的间接投资，负面清单中未作出明确规定，间接投资规模的增大将隐含较大的金融风险。目前在中美双边投资协定谈判中，美国公布的投资定义是结合了直接和间接投资的所有类型的投资形式。此外，外商作为对外直接投资主体的认定标准不一。当前，中国基于英美法按照企业注册地来认定企业是否为外商的做法，与使用住所地认证标准的国际趋势相背离，这可能使负面清单管理模式缺乏详尽的标准和规范，为开放后的市场监管带来一系列管理难点与潜在风险。

4. 外资份额扩大对国内薄弱产业的冲击问题

商务部数据显示，按照投资的行业流向划分，近九成的外商投资流向商务服务业、采矿业、批发和零售业、建筑业和制造业五大门类；服务业前三季度实际使用外资金额447亿美元，同比增长13.28%，在全国总量中的比重高达50.5%。显而易见，服务业的外资规模大、比重高。上海自由贸易区引入负面清单管理，将会使外资在中国市场的占有份额迅速提升，尤其是服务业。外资的涌入会促进相关产业的开放进程，短期内可能对国内基础薄弱、竞争优势小的"幼稚产业"造成一定冲击。同时政府在负面清单的制定过程中并不能完全预见新兴产业的发展前景，国外资本和外企可能会在相关行业中先发制人，占据市场优势，使得国内企业进入该行业的难度增加。当然，长期来看，以开放促发展，与竞争力强的外资企业同台竞技、吸收先进的技术和管理经验，也会为中国"弱势"产业的发展带来机遇。

5. 制度变迁与政府职能转变的"路径依赖"问题

从职能部门的角度出发，负面清单管理是作为监管主体的政府部门的一项投资管理体制改革，旨在建立与国际规则和惯例接轨、实现对投资和贸易高效管理的新制度体系，本质上也是政府简政放权与政府职能的回归。但伴随负面清单管理模式的推出，政府部门监管重心和监管体系的转变成为难点。政府职能不仅需从事前审批转为事后监管，通过构建信息共享平台、建设社会信用体系、完善风险防范机制、推进更多监管主体参与等手段建立综合监管体系，还应推动相应的税制改革，将负面清单的应用落到实处。事实上，政府部门要打破30余年的合同章程审批制度，通过修订内容和名目繁多的规章制度、实现体制创新来创造制度红利，激发市场活力，短期内仍有着很长的路要走。

(资料来源：张相文，向鹏飞. 负面清单：中国对外开放的新挑战. [J]. 国际贸易，2013，(11)：19-22.)

知识链接

党的二十大报告提出，要实行更加积极主动的开放战略，推动货物贸易优化升级，创新服务贸易发展机制，推动贸易和投资自由化便利化，合理缩减外资准入负面清单，营造市场化、法治化、国际化一流营商环境。

6.4.1 服务贸易概述

服务行业产值占全球生产总值份额不断上升，世界经济服务化倾向是一种客观趋势。2014年全球服务贸易总额达9.8万亿美元，货物贸易规模总量为37.9万亿美元，服务贸易与货物贸易的比重已上升至 25.9%，并且始终保持着稳定增长的势头，服务业对于世界经济的运行具有举足轻重的作用。

1. 国际服务贸易的定义

正确认识服务贸易的概念首先必须从理解"服务"的概念开始。服务是相对于有形产品的一个经济学概念，它是以提供活劳动形式创造使用价值(效用)来满足他人需求的活动。服务在许多特征方面不同于有形商品，它一般是无形的、难以储存、具有异质性并且其生产和消费过程同时发生，这就决定了服务贸易所具有的独特属性。

由于在服务概念认识上的差异，在服务贸易定义的理解上也存在很大不同，但是我们认为从《服务贸易总协定》的定义去认识还是比较全面的，关贸总协定乌拉圭回合谈判是这样对服务贸易进行定义的：

(1) 从一缔约方境内向任何其他缔约方境内提供服务。
(2) 在一缔约方境内向任何其他缔约方的消费者提供服务。
(3) 一缔约方在其他缔约方境内通过提供服务的实体性介入而提供服务。
(4) 一缔约方的自然人在其他人和缔约方境内提供服务。

当然，我们与其说它是一个完美的定义，倒不如说它全面地概括了服务贸易可能发生的方式，我们依次可以把它们看作过境交付、境外消费、商业存在和自然人流动。对于服务贸易的定义，乌拉圭回合谈判中期评审报告中也曾指出，多边服务贸易法律框架的定义应当包括服务过境移动、消费者过境移动和生产要素过境移动。它们一般要符合以下四个标准：服务和支付的过境移动性；目的具体性；交易连续性；时间有限性。这四种标准，有助于对服务贸易含义的理解[①]。

2. 国际服务贸易的特点

由于服务本身的特殊性，服务贸易也具有许多不同于商品贸易的特征。

(1) 贸易标的的无形性。这是由服务贸易的载体——服务本身的无形性决定的。

(2) 生产和消费的同步性。服务贸易是一个过程，在这个过程中，由于服务本身具有非储存性特征，它一般需要生产者和消费者的实体接近。服务交换的过程也就是服务价值的形成和使用价值的创造过程，同时也是服务价值的实现和使用价值的让渡过程，以及服务使用价值的消费过程。

(3) 服务贸易发展的不平衡性。这种不平衡表现在两个方面：一是由于自身产业结构水平的差异，发展中国家与发达国家在国际服务贸易中的地位是不平衡的，发达国家在国际服务贸易中居于主导地位。发达国家经济服务化倾向越来越强，无论是其第三产业占国内生产总值的比重还是其服务业占国内生产总值的比重都在不断提高，其服务业也最发达，他们在服务业的竞争中居于很强的垄断地位。二是服务行业内部结构发展的不平衡。20世纪80年代以来，世界服务贸易的结构发生了很大的变化，逐渐向新兴服务贸易部门倾斜，旅游、运输等传统服务贸易部门保持稳定增长。1980—2012 年，运输服务占世界服务贸易的比重从 36.5%下降到 20.4%，旅游服务占比从 28.2%略降至 25.5%。而以通信、计算机和信息服务、金融、保险、专有权利使用费和特许费为代表的其他服务类型所占比重则从

---

① 陈宪，等. 国际服务贸易. 上海：立信会计出版社，2003：13-16.

35.3%逐步增长到54%。

(4) 服务贸易保护性强、保护方式更具隐蔽性。服务贸易市场具有很强的垄断性，很多服务部门具有自然垄断的特性，而国家间的服务贸易发展又不平衡，发展中国家处于严重的劣势地位，服务业的过度开放可能会对这些国家的经济安全产生冲击，所以各国对于服务贸易的保护程度都很高，并且保护的方式也比较隐蔽，往往采用各种非关税壁垒措施作为保护本国服务市场的手段。

3. 服务贸易的范围

国际服务贸易涉及的范围很广，存在的方式多样，按照不同的方法可以有不同的分类，但主要有以下三种。

(1) 根据《服务贸易总协定》的定义，理论上可以把服务贸易分为四类：第一，分离的服务，服务的提供者和消费者均不移动；第二，要素收益贸易，只是服务提供者移动，生产者将提供服务所需的生产要素从本国移动到进口国进行生产；第三，提供者定位服务，也称为当地贸易，是仅仅由消费者移动产生的服务；第四，非分离的贸易，也称第三国贸易，是服务提供者和消费者都移动到第三国所发生的贸易。

(2) 世界贸易组织，在《服务贸易总协定》中把国际服务贸易分为十二大类：商务服务、金融服务、教育服务、分销服务、通信服务、旅游和与旅游相关的服务、运输服务、建筑和相关工程服务、环境服务等。

(3) 国际货币基金组织在国际收支的统计中，将服务贸易分为以下几类：运输服务、旅游服务、通信服务、建筑服务、保险服务、金融服务等。

4. 国际服务贸易的发展

在20世纪70年代以前，服务业是作为货物贸易的附属而存在的，对于服务贸易的数量无确切数据可循。之后人们开始逐渐认识到服务贸易的重要性，服务贸易有了快速增长。1970—1980年服务贸易年均增长率为17.8%，与同期货物贸易增长速度大体持平。1980年后，世界服务贸易经历了长足发展，服务贸易增长速度开始超过货物贸易增长，出口总额由1980年的3 671亿美元增长到2012年的43 469亿美元，30多年间增长了10倍以上，占世界贸易出口的比重也由1/7上升到1/4左右。

随着国际产业结构的调整和贸易自由化在全球范围内的加速推进，服务业和服务贸易在世界经济中的地位将不断上升。各国纷纷制定推动服务贸易发展的战略，以扩大服务贸易的出口，服务贸易谈判也成为世贸组织新一轮谈判的主要议题。在国内因素和国际因素的双重影响下，如何加快服务贸易发展、增强服务贸易竞争力将成为各国长期关注的焦点。

新一轮改革促服务业扬帆

十八届三中全会开启了我国第四轮改革开放的新浪潮。在中国社会主义市场经济体制不断完善的过程中，政府的"有形之手"与市场的"无形之手"之间，各自角色的定位更加明确，市场配置资源的决定性作用被强化，政府的职能将主要是营造公平竞争环境。

当今，服务经济已经成为引领世界经济复苏与持续增长的新引擎、新动力。在我国已经接近完成传统意义上工业化的今天，服务业在国民经济和社会发展中的战略地位与作用日益重要。在新的历史时期，应从战略高度认识和看待我国服务业的发展，通过进一步扩大服务业的开放倒逼改革，冲破一切阻碍其发展的体制机制藩篱，发挥服务业各类主体的能动性和创造性，提升我国服务贸易国际竞争力，使之成为推动经济结构战略性转型的重要引擎之一。

加入世贸组织以来，我国服务业开放了100多个部门，并通过双边和区域自由贸易协定开放了比多边承诺更多的部门，内地与港澳更紧密经贸关系安排中更是有145个部门开放。客观地说，我国在服务业领域的开放水平远远超过了其他发展中国家，在某些领域甚至超过了发达国家承诺的水平。从服务业开放的效果看，我国在商业、通信、建筑及有关工程、销售、运输、旅游以及金融等服务领域均取得了长足发展，通过国内市场的开放、参与国际竞争与合作，引入了资金，学到了技术、管理，培养了人才，有力地推动了我国服务业的发展。我国的服务贸易也在开放中迅速发展壮大，目前服务贸易总额已位居世界第三。

在我国服务业和服务贸易快速发展的同时，也应清醒地认识到存在的差距与问题。

目前我国国民经济中服务产业在国内生产总值中所占比例不足45%，内部结构上传统服务业占比较高，而现代服务业占比较低。这与服务业在世界经济中的比例超过60%存在较大差距。在对外贸易中，货物贸易和服务贸易的比例(9∶1)也与世界贸易中二者的比例(4∶1)存在明显差距。服务业总体开放不足与某些领域过度开放并存；市场化程度较高的部门更为开放，而垄断部门则较为封闭；名义开放度较高，而实际开放度较低，普遍存在"大门开、小门关"，"玻璃墙、弹簧门"等问题。

一些部门、地方、行业企业，以法律法规、政策措施规范化为名，行部门、地方、行业利益化、利益法律化之实，强化所辖服务产业的保护，实际上变相阻断了我国服务业改革开放的进程。由此也引发了服务贸易领域的国际摩擦，甚至在一些方面影响了我国整体的国家利益与国际声誉。

我国新一轮的对外开放，主攻方向和重点领域就是服务业开放。在中美投资协议采用"准入前国民待遇加负面清单的原则"展开谈判的背景下，中国(上海)自由贸易试验区总体方案以此为蓝本，先行先试，进行投资准入体制改革。这意味着我国开放模式正在发生重大变化，"非禁即开"的模式突破了以往利用外资的传统做法，即肯定清单模式的开放。新模式更加凸显了加快政府职能转变与改革的紧迫性。由审批制改为备案制，不仅是商事制度的改革，更是对政府部门管理能力与效能的重大考验，因为事中与事后的监管需要更加高效有力的制度保障。因此，新一轮的改革开放，不仅是涉外经济体制的自身改革，更是涉及行政体制、投资体制、金融体制等领域的深层次改革，触及到固有利益的调整。人们有理由期待，通过新一轮开放，我国服务业发展将更具活力，服务贸易更具国际竞争力，并以此带动经济发展方式的"转、调、升"，加快经济贸易强国进程。

(资料来源：李钢. 新一轮改革促服务业扬帆. [N]. 国际商报，2013-11-8(A3版).)

6.4.2 要素流动对服务贸易规模与结构的影响

要素流动不仅带动了商品贸易的发展，也对服务贸易的发展产生了促进作用。

1. 要素流动对服务贸易规模的影响

要素的国际流动对服务贸易的影响首先体现在对服务贸易规模的影响上，生产要素国际流动的增强会导致服务贸易规模的扩大。二战以后，国际直接投资的部门结构发生了根本性的变化，投资于服务业的比重呈明显上升之势，由20世纪70年代初的25%上升到了80年代的40%左右，到1990年则达到了50%，2005年更是上升为70%，2012年进一步提高至80%以上，使得服务业部门吸收的FDI存量所占比重也增加至63%。这样国际资本的流动与服务业的对外直接投资相结合,直接促进了世界服务贸易规模的扩大。另外,国际资本的流动无论是以对外直接投资的形式还是以间接投资的形式扩张,都会带动与金融、通信、信息、咨询等相关服务业部门的发展,促进这些部门服务范围和服务规模的扩大。经济全球化加速了国际市场配置劳动力资源的进程,至 2010 年全球移民存量达 2.14 亿,占世界人口(69 亿)的 3.1%。劳动力世界范围的移动以及劳动力收入的转移,必然会对国际运输、金融、通信服务产生很大的需求,促进这些部门贸易额的增加。从广义上来说,技术贸易隶属于服务贸易,技术贸易的发展从整体上会促进服务贸易的发展。

2. 要素流动对服务贸易结构的影响

要素的国际流动在促进服务贸易规模扩张的同时,也会对服务贸易的结构产生重要影响。要素流动对服务贸易结构的影响体现在两个方面:一方面是对服务业内部不同部门结构的影响;另一方面是对服务贸易地区结构的影响。通过上面要素流动对服务贸易规模影响的分析看出,要素流动对于服务业内部不同部门的影响是不同的,要素流动对于服务贸易规模的影响主要体现在一些新兴服务部门,如以通信、计算机和信息服务、金融、保险、专有权利使用费和特许费等为代表的部门,而对于传统服务部门,如运输和旅游部门的影响则相对比较小,这将使新兴服务部门的扩张要快于传统服务部门的扩张,也使这些新兴部门所占的比重逐渐上升。传统的服务部门一般属于劳动密集型部门,而新兴的服务部门大多都是资本、知识密集型的部门。要素的国际流动不仅促进了新兴服务部门的发展,同时也提高了传统部门的资本、知识密集度,于是要素的国际流动又促进了整个服务部门的资本、技术密集度,推动服务贸易朝着资本、技术密集倾向发展。

服务业的地区发展原本就具有不平衡性,发达国家在世界服务贸易中居于主导地位。生产要素的国际流动最主要的一个特征就是发达国家内部的流动或者主要流向发达国家,无论是国际资本的流动,还是国际技术的转移,或者国际劳动力的流向上都明显具有这样的趋势,这可能会进一步巩固发达国家的优势地位,而使发展中国家被进一步边缘化。这对于发展中国家来说将是一个严峻的挑战,发展中国家应该加快自身经济、产业和贸易战略的调整,努力推动各自服务贸易的发展。

本 章 小 结

本章主要考查资本、劳动力、技术的跨国流动对国际贸易规模、结构方式以及利益分配的影响,以及资本、劳动力和技术等要素的国际流动与服务贸易之间的关系。

FDI 对母国和东道国贸易流量存在着不同的影响。其中,从母国的角度看,出口方面存在着出口引致效应和出口替代效应;进口方面存在着进口转移效应和反向进口效应。实际上,出口引致效应和反向进口效应都属于贸易创造效应范畴,进口转移效应相对于投资前而言也属于贸易替代效应。从东道国的角度看,进口方面存在着进口替代效应和进口引致效应;出口方面存在着出口创造效应,其总效应取决于这几个效应的力量对比。

从东道国视角看，FDI 存在进口替代效应、进口引致效应和出口创造效应。其中，后两种效应属于理论模型中的贸易创造效应。这些效应与 FDI 的动机有关。一般来说，成本导向型 FDI 有利于增加东道国出口，市场导向型 FDI 则有利于扩大东道国生产能力，满足国内需求，与同类国产和进口产品是竞争关系，从而减少进口。

FDI 及其政策日益影响到世界贸易的规模、流向和结构；同样，国际贸易及其政策也在对 FDI 的规模、流向和构成产生各种各样的影响(UNCTAD，1996)。孤立地看待贸易与投资的影响力，显然已不合时宜。

劳动力的流动会影响到国家间的资源配置状况，在其他资源不变的情况下，劳动力的流出会使流出国的劳动力减少而使其他资源变得相对丰富；而劳动力的流入会使流入国的其他资源变得相对稀缺，而劳动力则相对丰富，这会对国际贸易产生一定的影响。流出国作为劳动力丰富的国家，劳动力的大规模流出会造成劳动密集型出口产业的相对萎缩，使其生产和出口也出现收缩。而流入国作为劳动力的接收国，由于劳动力供给的增加，会使其劳动密集型部门生产能力扩大，造成其进口替代的劳动密集部门产量增加，从而对这些产品的进口下降。这样劳动力在国际流动对于劳动密集型产品的进出口产生了一定程度的替代效应。

技术流动对国际贸易的流向、结构和方式都会产生影响。技术贸易往往不是独立发生的，它经常会伴随着大范围的对外直接投资，这会带动相关产品和设备的出口，促进商品贸易规模的扩大。国际技术的转移特别是高科技技术的转移会大大提高技术进口国的技术水平，促进进口国产业结构和产品结构的升级，导致出口商品结构也发生相应的变化。随着产品和技术发展阶段的变动，商品的国际流向也会发生变化。

服务贸易可能发生的方式有过境交付、境外消费、商业存在和自然人流动。要素流动对服务贸易规模和结构都会发生较大的影响。

关键术语

FDI、贸易替代、贸易创造、移民、智力外流、拥挤成本、社会摩擦、跨国公司、技术转移、技术外溢、服务贸易、过境交付、商业存在

拓展阅读

[英] 尼尔·胡德，斯蒂芬·扬. 跨国企业经济学. 叶刚，等译. 北京：经济科学出版社，1990.
[美] 多米尼克·萨尔瓦多. 国际经济学. 9版，杨冰，译. 北京：清华大学出版社，2008.
冯宗宪，郭根龙. 国际服务贸易. 西安：西安交通大学出版社，2008.
江小涓. 中国的外资经济：对增长、结构升级和竞争力的贡献. 北京：中国人民大学出版社，2002.
毛春生. 外国直接投资与贸易增长. 北京：中国经济出版社，1998.
裴长洪. 利用外资与产业竞争力. 北京：社会科学文献出版社，1998.
饶友玲. 国际技术贸易理论与实务. 天津：南开大学出版社，2006.
王新奎. 国际贸易与国际投资中的利益分配. 上海：上海人民出版社，1995.
朱廷珺. 外国直接投资的贸易效应研究. 北京：人民出版社，2006.

复习思考题

1. 从产品生命周期理论中能够发现投资和贸易有什么关系？
2. 劳动力流动对国际贸易的成本有何影响？
3. 技术流动对贸易结构、贸易方式的影响表现在哪些方面？
4. 要素流动对服务贸易的成长有怎样的影响？
5. 试分析外国直接投资对国际贸易的商品结构、贸易方式、利益分配的影响。
6. 试设计若干指标，从贸易视角评价我国利用外资的绩效。
7. 尝试列举身边发生的服务贸易方式。
8. 跟踪查阅商务部发布的各年度《中国服务贸易报告》，讨论各年度报告的主题及其背景，分析未来前景和商业机会，写出读书笔记，或者撰写小论文。

第 7 章 国际贸易政策

教学目标

本章在放弃政府不干预经济的假设前提下,考查政府实行贸易政策的意义和目标,通过论述贸易政策演变的历史背景和理论依据,探讨贸易政策选择、政策工具组合运用的基本原则和影响因素。

教学要求

知识要点	能力要求	相关知识
贸易政策的目标	了解贸易政策的含义和各种划分方式,理解其特点与实施过程中的各种不相容性与复杂性	贸易政策目标冲突
贸易政策的理论基础	熟悉自由贸易的理论依据,掌握贸易保护的各种观点及其存在的问题	幼稚产业保护论、新重商主义、"中心—外围"理论、战略性贸易政策、集体行动、有效游说、垄断利润、战略产业、管理贸易论、贸易自由化、新贸易保护主义、重商主义、新重商主义、幼稚产业、改善国际收支论、改善贸易条件论、战略贸易论、公平贸易论、贸易乘数、战略贸易政策
贸易政策的制定、选择与调整	熟悉贸易政策制定中的政治经济学,深刻理解国内利益集团对贸易政策制定的影响,能够利用以上理论分析现实中的政策制定	贸易政策选择、贸易政策的政治经济学、贸易政策协调、贸易战略、进口替代、出口导向

克林顿当局在20世纪90年代对从墨西哥进口的番茄通过谈判规定了一个最低价格。这一案例提供了一个绝好的例证，说明政治决策过程是如何促成了一项保护主义措施，从中避开了中值选民原则，以分散但试图按搭便车方式行事的广大消费者利益损失为代价，提高了一小部分声音洪亮的人的利益(佛罗里达众多种植者中的一小部分)。一小撮由富裕种植者控制的佛罗里达番茄生产商，在保罗•迪马里领导下，多年来一直要求针对廉价的外国进口商品应对本国生产商采取保护措施，因为"佛罗里达农场主正被挤出生产行列"。然而，有趣的是，即使飓风、寒流及其他恶劣天气时常产生生产冲击，佛罗里达的番茄产业并没有被冲垮。种植者关注的则是从墨西哥进口的增加，他们担心在北美自由贸易协定(NAFTA)实施后进口规模还会进一步扩大。尽管在NAFTA协议实施之前，对墨西哥番茄征收的关税很低(1.4美分/磅)，迪马里等人还是争辩说，墨西哥番茄进口的增长将会威胁到美国数以千计的就业机会，如果得不到政府帮助，佛罗里达州的番茄产业将"日趋没落"。佛罗里达的种植者并未从他们的加利福尼亚同行那里得到更多的同情，加州生产的夏季番茄与墨西哥生产的番茄间形成直接竞争。用位于加利福尼亚经销番茄机的卡尔吉公司副总裁肯•穆尼的话来说："所做的一切不过是为了保护4个人……它不像谷物或其他农产品，会涉及成千上万的种植者。"

来自墨西哥的番茄进口近年来增长迅速，挤压了佛罗里达番茄在冬季市场上的部分份额。这种市场渗透直观地反映了一个简单的故事，即手摘的、自然成熟的墨西哥番茄的味道要好于佛罗里达番茄，后者尚在青黄时就已被摘下，随后在装运前用气催熟。但迪马里并不承认消费者对多汁、口感好、自然成熟的番茄的偏爱与进口增长之间存在某种联系，他争辩说，番茄味道"真的没什么要紧"，因为它们是调味品，很少单独食用。

根据1996年10月达成的协议，墨西哥种植者同意在美国市场上销售的番茄不低于某一水平的价格。美国商务部声称，最近一段时期，墨西哥生产者并无任何明显的"压价"行为，这一价格都将是最低的平均价格。这一协议是由商务部长米奇•坎特和克林顿政府出面商定的，因为佛罗里达在1996年11月的选举中被认为是关键州。用克林顿的某一位战略分析人士的说法："并不是我们害怕农场主会不投我们的票，那里没有足够多的番茄种植者陷入了困境。我们害怕的是他们通过不利的广告宣传攻击我们。"政府对竞选资助与可能的负面宣传关注的结果是中值选民(消费者)最终不得不购买味道较差但价格却更贵的番茄。而同时，一些美国的出口商，诸如中西部的猪肉生产者等，也开始担心，商定的番茄处理协议会导致墨西哥对他们的出口产品进行报复。

(资料来源：[美]丹尼斯•R 阿普尔亚德，小艾尔佛雷德•J 菲尔德，史蒂芬•L 柯布. 国际经济学(第6版). 北京：机械工业出版社，2010：299.

阅读上述资料后，你认为贸易政策是谁制定的？为什么经济政策往往与政治挂钩？贸易政策的结果究竟会影响到谁的利益？

7.1 贸易政策的目标

贸易政策是一个复杂的体系。本节将一般性地讨论贸易政策的含义、意义、类别以及政策目标。

7.1.1 贸易政策的含义、划分及意义

1. 贸易政策的含义

对外贸易政策是指一国政府为了某种目的而制定的、对对外贸易活动进行管理的方针

和原则。贸易政策这一范畴所包含的基本因素有政策主体、政策客体、政策目标、政策内容和政策工具或手段等五个方面。其中，政策主体就是政策的行为者，通常指各国(地区或者经济体)制定和实施贸易政策的政府；政策客体就是贸易政策所规划、指导、调整的贸易活动以及从事贸易活动的企业、机构或个人，又被称为政策对象；政策目标是所要达到的贸易政策目的，它是制定和调整贸易政策内容的依据；政策内容即指实行什么政策，它可以反映贸易政策的倾向、性质、种类、结构等；贸易政策工具或手段则是指实现贸易政策目标所采取的对外贸易管理措施和制度。

理解贸易政策含义，需要把握以下几个概念相互间的关系及区别点。一是贸易政策与贸易措施的关系。贸易政策需要通过各种措施来得到贯彻和体现，因而，贸易政策与贸易措施二者密不可分，但它们又有根本的区别：贸易措施不直接等于贸易政策本身，它是政策的载体和工具；贸易政策在外贸管理中处于决定的、主导的地位，贸易措施是根据贸易政策的目标和内容确定的，处于从属地位；作为政策工具和手段的贸易措施本身是中性的，可以对贸易活动进行不同方向的调节，而贸易政策却是政府的主观选择，有明显的方向性和相对稳定性；贸易政策的形成过程中渗透着许多非经济因素，而大部分贸易措施是按照经济规律、市场经济法则发挥作用。二是贸易政策与国内经济政策的关系。一个开放经济体的经济活动包括对内经济贸易活动和对外经济贸易活动，且内、外经济活动随着开放程度的不断增加变得越来越紧密。总供给与总需求平衡模型表明，一国的国内经济运行状况与对外贸易运行状况是相互依存的。政府调节经济活动的国内经济政策和对外经济政策也具有相互关联性，不仅具有统一的政策目标，而且在某些政策手段方面具有共同性，同时，二者还相互影响和制约。但是，贸易政策与国内经济政策在调节对象、手段和政策地位(服从国内经济政策)等方面都具有许多差异性和特殊性，不可混谈。

2. 贸易政策的划分

划分贸易政策是为了从不同视角研究贸易政策体系，理解贸易政策内部结构的复杂性，把握各种贸易政策组合状态的基本倾向，更加合理、有效地运用贸易政策调控对外贸易运行。我们可以依据不同观察角度和实践当中的需要，将对外贸易政策划分。

表7-1　对外贸易政策类别

划分角度	贸易政策类别
政策目的	鼓励出口政策、限制进口政策、改善贸易条件政策、改善贸易收支政策等
政策手段	关税政策、非关税政策、汇率政策等
政策部门	出口政策、进口政策、贸易收支政策等
政策空间	内地政策、沿海政策、特区政策、边境政策等
政策方法	一般政策、特殊政策等
政策时间	短期贸易政策、中期贸易政策、长期贸易政策
调控范围	总体政策(关系全局的综合的、战略性的，如自由贸易政策、保护贸易政策)；单项政策(处理部门和局部问题的政策，如商品贸易政策、国别贸易政策；工业品关税优惠政策、农产品补贴政策)

续表

划分角度	贸易政策类别
工具性质	量的政策(通过改变政策工具的值如关税税率进行的贸易调控)；质的政策(通过政策手段的重新组合来实现贸易调节)；改革政策(外贸管理体制的变革,对外贸活动的影响最为深远)
任务领域	贸易过程政策(直接干预各贸易主体行为、贸易效果、贸易现象,其对象如贸易增长、贸易结构、贸易稳定等)； 贸易秩序政策(决定贸易活动规范框架的政策,即通过建立一定的制度来维护、实现某种贸易规则、行为方式的政策,如管理体制、经营体制、贸易调控方式等,因其主要体现在贸易制度的状态及其调整上,故可称之为贸易体制政策)
政策性质	外向型政策(坚定外向型,可细分为中性贸易政策和出口导向型即次级外向型；一般外向型,可理解为初级外向型)； 内向型政策(一般内向型,可理解为次级内向型,如进口替代；坚定内向型,也可理解为初级内向型)
基本类型	保护贸易政策、自由贸易政策

【参考图文】

3. 贸易政策的意义

贸易政策干预经济贸易活动的意义可分为一般意义和特殊意义。从一般意义上来讲,贸易政策同一般经济政策一样,首先是为了贯彻政府的价值观念。各国经济贸易活动在经济规律支配下的自发发展状态,并不一定符合社会发展的经济目标和非经济目标以及社会需要,因此,需要政策予以干预。其次是为了弥补市场机制缺陷。市场机制发育的不完善、市场失灵和经济的不稳定性,客观上需要政府通过政策给予干预。从特殊意义上讲,作为专门调节对外贸易活动的政策,贸易政策的目的和意义在于以下几个方向。

(1) 调控货物贸易、技术贸易和服务贸易的规模和结构,促进出口,占领国际市场,或者限制进口,保护国内产业安全,维护国内经济秩序。

(2) 调整对外经济关系,避免过度的国际经济贸易摩擦和政策冲突,维护对外政治经济关系。

(3) 辅助政府总体经济目标的实现,如扩大出口带动经济增长,改善贸易商品结构促进产业结构的调整和升级,引进竞争以削弱国内垄断等。

知识链接

党的二十大报告指出,中国坚持对外开放的基本国策,坚定奉行互利共赢的开放战略,不断以中国新发展为世界提供新机遇,推动建设开放型世界经济,更好惠及各国人民。中国成为一百四十多个国家和地区的主要贸易伙伴,货物贸易总额居世界第一,吸引外资和对外投资居世界前列,形成更大范围、更宽领域、更深层次对外开放格局。

7.1.2 贸易政策的目标及不相容性

1. 贸易政策目标的特点

贸易政策目标是政策行为的出发点。分析贸易政策目标的特点,对于我们把握贸易政策的作用和正确运用贸易政策实现经济目标具有重要的意义。一般来说，贸易政策目标具有如下几个特点。

(1) 多元性。贸易政策目标必须服从国家的总体经济发展目标和政策目标，由于对外贸易活动影响经济增长、就业、特定产业的成长、地区经济发展和社会福利，政府可以通过政策调节贸易规模、发展速度、贸易结构以及贸易收支，来配合总体经济目标的实现。基于这种认识和客观要求，贸易政策的目标应当是：改善对外贸易的商品结构和地区结构，实现贸易收支平衡，改善贸易条件，获取更多的贸易利益，保护或促进特定产业的发展。

(2) 整体性。从一国总体经济政策目标看，贸易政策目标是若干具体经济政策目标有机结合的统一体。经济活动的相互联系和依存性，客观上使得对某一政策目标的追求会影响其他政策对象的状态，从而要求贸易政策或者其他政策目标及时做出相应调整。

(3) 多层次性。贸易政策目标体系中的多层次性，是说贸易政策目标结构并非并列和等量齐观，存在着整体目标与分解目标、主要目标和次要目标、长期目标和中期、短期目标等。这就要求我们在实现贸易政策目标过程中注意政策目标的分解、衔接及轻重缓急。

(4) 不相容性。贸易政策目标的多元化特性以及贸易政策服从国家经济政策的总体目标这一客观要求，可能会产生贸易政策目标之间以及贸易政策与经济政策目标之间的冲突，造成非协调状态，即不相容性。如追求贸易静态利益与动态利益之间的矛盾，追求加工贸易增长带动就业与原材料、能源价格稳定、环境保护之间的矛盾等。贸易政策目标之间的冲突可能与贸易政策手段的搭配不当，或者某一政策手段的次级效果与目标背离有关。

2. 贸易政策目标冲突下的目标选择

贸易政策目标的不相容性和贸易政策目标的从属地位，向我们提出了贸易政策目标协调的课题。

这里，我们主要分析贸易政策目标与经济政策目标冲突。经济政策目标包括对内均衡和对外均衡，其中前者指物价稳定和充分就业，后者指国际收支均衡。实际上，对内均衡与对外均衡目标在某些状态下会发生冲突，难以同时实现内外均衡。贸易收支是国际收支中最基本的部分，这里可以把国际收支均衡视作贸易政策的目标来分析贸易政策目标与国内经济政策目标不相容的情况。对内均衡和不均衡(膨胀、衰退)的状态，以及对外均衡(国际收支平衡)和不均衡(顺差、逆差)的状态，可以组合成一个矩阵图，见表7-2。通过该表我们可以考察多种组合下政府经济政策目标与贸易政策目标的取向及目标冲突情况。

表7-2 贸易政策目标与经济政策目标冲突的矩阵图

目标关系状态		国际收支(对外均衡)			
		状态	逆差	顺差	平衡
国内经济(对内均衡)	状态	适用政策	紧缩	扩张	中立
	通胀	紧缩	无冲突	冲突	冲突
	衰退	扩张	冲突	无冲突	冲突
	均衡	中立	冲突	冲突	无冲突

对国际收支平衡目标与经济增长、物价稳定、充分就业和国内收入均等化等国内经济

政策目标之间可能产生的冲突，我们也可以采用表格形式予以表述，见表 7-3。

表 7-3　贸易政策目标与国内经济政策目标不相容的具体表现

国内经济政策目标	国际收支平衡
经济增长	低利率政策可刺激投资拉动增长，但会引起资本外流，不利于国际收支平衡。尤其在国际金融市场资金短缺严重、各国利率或通货膨胀率相差较大情况下，问题更大
物价稳定	在国内发生通货膨胀的情况下，一般需减少出口以降低总需求水平，或增加进口以提高总供给水平。这就意味着以放弃国际收支平衡目标为代价
充分就业	在充分就业情况下，工资水平和工资成本较高，不利于本国产品在国际市场上的价格竞争，因而影响出口收入，进而影响国际收支平衡
国内收入均等化	强化税收措施来提高收入均等化水平，可能引起资金和人才外流；提高低收入者的工资水平，促进收入均等化，会提高产品的工资成本，不利于出口；低收入者收入提高后将增加国内消费品的购买，使可出口产品减少，进口增加。收入均等化意味着储蓄倾向下降，积累率可能减少。此时需要通过吸引外资满足经济增长的资本需求，但这种做法意味着长期背负债务偿还的压力

那么，政策目标冲突下政策目标选择的一般性顺序是怎样的？现实中，不同利益集团对经济政策选择的顺序不同。对企业家而言，首先是促进经济增长，其次是稳定货币，再次是公平收入分配；劳动者更看重公平收入分配，然后才是促进经济增长、稳定货币；公务员的选择顺序则是稳定货币→公平收入分配→促进经济增长。从政府的角度看，理论上往往假定政府的选择是使社会福利最大化。现实中，政府需要综合考虑不同社会利益集团的政策选择顺序才能决定。这里需要引入贸易政策的政治经济学进行分析(参见 7.3 节)。

在不同的经济发展状态和历史时期，贸易政策目标选择的侧重点是不同的。一般来说，扩大出口、保护国内幼稚产业、增加就业、改善国际收支往往是发展中国家比较看重的首要方面，贸易增长可能会牺牲部分贸易效益。随着国际竞争力的加强，会逐渐选择提高技术含量、改善贸易条件、促进贸易结构升级、推进贸易自由化等目标。也就是说，贸易增长与贸易效益的矛盾会逐步得到协调。

7.2　贸易政策的理论基础

按照经济功能划分，贸易政策可以分为自由贸易政策和保护贸易政策等；按照各国对外开放程度的高低，贸易政策可以分为内向型政策和外向型政策。自由贸易政策和保护贸易政策是贸易政策的两种最基本类型。本节将介绍贸易政策的理论依据。

7.2.1　自由贸易政策的理论依据

自由贸易政策是指国家取消对进出口贸易的限制和障碍，取消对本国进出口商品的各种特权和优待，使商品自由进出口，在国际上自由竞争，即国家对贸易行为既不鼓励出口，也不限制进口，对进出口贸易采取放任自由、不加干预或减少干预的一种政策。自由贸易理论是在批判重商主义理论的过程中建立起来的。18世纪后半期到 20 世纪 30 年代以前，国际分工迅速发展并最终形成国际分工体系，统一的世界市场和世界经济最终形成。重商主义已成为新兴工业资产阶级扩张其利益的障碍，他们极力要求在世界市场上推行无限制的自由竞争和自由贸易政策。在此背景下，亚当·斯密首先在其 1776 年的代表作《国民财富的性质和原因的研究》(又名《国富论》)中提出了绝对成本理论，表达了自由贸易的理论主张，成为自由贸易理论的创立者。大卫·李嘉图批判继承了绝对成本理论提出比较成本理论，后来一些经济学家如约翰·穆勒和阿尔弗雷德德·马歇尔等人提出相互需求理论等，对比较成本理论做了补充和完善。

这些自由贸易理论的主要观点有以下几点。

(1) 自由贸易政策有利于形成相互有利的国际分工。在自由贸易条件下，各国可以按照自然条件、比较利益等状况，专门生产其最有利或相对有利的产品，这种国际分工有利于增强各国产业的生产技能，使生产要素得到最优的结合，节约社会劳动时间，促进发明创造。

(2) 自由贸易有利于增加国民财富。由于各国都根据自己最有利的条件发展最擅长生产的部门，会大大提高劳动生产率，降低生产成本，再通过贸易以生产耗费较少劳动的优势产品换回本国生产需耗费较多劳动的产品，节约劳动消耗，从而增加国民财富。在自由贸易条件下，可进口廉价商品，减少国民消费开支。

(3) 自由贸易有利于提高利润率，促进资本积累。李嘉图认为，随着社会的发展，工人的名义工资会不断提高，从而引起利润率的下降，要避免这种情况，并维持资本积累和工业扩张的办法就是自由贸易。

(4) 自由贸易可以阻止垄断，加强竞争，提高经济效益。独占或垄断对国民经济发展不利，因为独占或垄断可以抬高物价，使被保护的企业不求改进，生产效率低下，长期独占或垄断会造成落后，削弱竞争能力。

这些自由贸易理论为西方国家制定自由贸易政策提供了广泛而有力的理论依据。

专栏 7-1

自由贸易政策的演变

1. 资本主义自由竞争时期的自由贸易政策

18 世纪中期至 19 世纪末是资本主义自由竞争时期。在这一时期，产业资本逐渐战胜了商业资本并开始居于统治地位，于是在资本主义的经济基础上建立了适应工业资产阶级利益的对外贸易政策。19 世纪 20 年代，英国完成了手工业向机器大工业的过渡，工业生产迅速发展，成为世界的工业制造中心和商品贸易中心，确立了"世界工厂"的地位。在这种情况下，重商主义强制性的保护贸易政策成为英国经济发展和英国工业资产阶级对外扩张的障碍。这时英国新兴的工业资产阶级便强烈要求废除重商主义时期的保护贸易措施，推行自由竞争和自由贸易的政策。在英国的推动下，受产业革命波及的法国、荷兰等国也开始执行自由贸易政策，各国纷纷降低关税。

从 1860 到 1880 年的 20 年间，是欧洲自由贸易的黄金时代，19 世纪 70 年代自由贸易达到高峰。但是采取全面自由贸易政策的国家只有英国和荷兰。在自由贸易政策的推动下，国际贸易成倍地增长，从

1820年到1850年，国际贸易量增加了两倍以上，从1850年到1880年又增加了将近两倍。

2. 第二次世界大战后的贸易自由化

战后至20世纪70年代，世界范围内出现了贸易自由化趋势。贸易自由化是指世界各国通过多边或双边的贸易条约和协定，削减关税，减少或撤销非关税壁垒，使世界贸易较自由地进行。贸易自由化的原因是多方面的：20世纪50年代开始的第三次科技革命大大促进了国际分工向更深、更广层次发展；跨国公司的迅速发展促进生产和资本的国际化；战后美国对外经济扩张极力倡导推行贸易自由化，迫使西欧、日本等拆除壁垒，而西欧、日本等国随着经济的恢复，也愿意彼此减税，逐步实现贸易自由化；发展中国家为了发展民族经济，增加外汇，积累资金或偿还外债，也迫切要求发达国家减免关税和取消进口限制。但是，战后的贸易自由化倾向与自由竞争时期的贸易自由主义有所不同，并不强调全面的贸易自由，而是一种有保留的自由贸易，并不完全排斥贸易保护政策。

战后贸易自由化的主要特点表现在以下几个方面。

(1) 战后美国成为世界最大的经济强国，为了在经济、政治和军事上向外扩张，积极主张取消关税和进口数量限制，是战后贸易自由化的积极倡议者和推动者。

(2) 战后贸易自由化席卷全球，世界大多数国家和地区都参与或受到影响。

(3) 战后贸易自由化主要通过关贸总协定在世界范围内进行，UNCTAD以及区域经济一体化组织也以实现贸易自由化作为理想的政策目标。

(4) 战后贸易自由化发展不平衡。发达国家间贸易自由化程度超过发达国家对发展中国家和社会主义国家的贸易自由化程度；区域性经济贸易集团内部的贸易自由化超过集团对外的贸易自由化；工业制成品的贸易自由化超过农产品的贸易自由化程度；机器设备的贸易自由化超过工业消费品的贸易自由化。

战后的贸易自由化与资本主义自由竞争时期的自由贸易政策的性质不同，表现在以下两个方面。

(1) 两种自由贸易政策的经济基础不同。战后的自由贸易政策反映了世界经济和生产力发展的内在要求，是生产国际化、资本国际化、国际分工纵横发展及跨国公司迅猛发展的产物。而早期的自由贸易政策建立在资本主义自由发展的基础之上，反映了工业资产阶级的要求。

(2) 战后自由贸易政策往往与保护贸易政策相结合。如区域经济集团内部贸易自由化超过对集团以外国家的贸易自由化。而早期的自由贸易政策则不具有这种综合性和区域性。

7.2.2 保护贸易政策的理论依据：传统观点

保护贸易政策是指国家对进出口贸易施加干预，广泛利用各种限制进口的措施以保护本国市场免受外国商品的竞争，并对本国出口商品给予优待和补贴以鼓励商品出口，简言之，即奖出限入政策。保护贸易政策是一系列干预贸易行为的各种政策的组合，其根本目的是削弱和排斥外国商品的竞争，保护本国产业的发展和市场的壮大。它始于西欧资本原始积累时期的重商主义，在资本主义自由竞争时期出现了美国和德国发展幼稚工业的保护贸易政策。

1. 重商主义

保护贸易理论的渊源首先可以追溯到重商主义。本书第2章在分析古典贸易理论时，将重商主义作为它的批判对象提前向读者作了比较详细的介绍。这里提醒读者注意，从政策的角度关注重商主义的主张。重商主义的政策主张来自其财富观，即财富就是货币，出口意味着输出商品，换回货币，进口商品，对应输出货币，意味着财富的流失，因此主张限制进口，鼓励出口。

2. 保护幼稚工业理论

落后国家必须保护国内工业的最有力依据是李斯特的保护幼稚工业理论,它是近代保护贸易政策系统性理论的代表。19世纪,当产业革命在英、法两国深入发展时,欧洲和北美一些国家的经济还不发达,其资本主义工业还处于萌芽状态或正在成长时期。这些国家的资产阶级为了保护幼稚工业,客观上需要与自由贸易理论相抗衡的理论,于是,保护贸易理论应运而生。

弗里德里希·李斯特(Friedrich List,1789—1846)是德国历史学派的先驱者,早年在德国提倡自由主义。自1825年出使美国后,他深受汉密尔顿保护贸易思想的影响,并亲眼目睹美国实施保护贸易政策的实效,转而提倡贸易保护主义。他在1841年出版的著作《政治经济学的国民体系》中,系统地"提出了"保护幼稚工业理论,被后人称为保护贸易理论鼻祖。

1) 批判了自由贸易理论

李斯特认为,自由贸易可以分为两类——国内自由贸易和国际自由贸易,这两种自由贸易的性质和作用是完全不同的。在国内,应当实行自由贸易,这有利于形成统一的国内市场,实现资源合理配置。而国际贸易作为国家之间的贸易交往,是否实行自由贸易政策,要根据各国的经济发展水平不同而有所区别。他认为,亚当·斯密和李嘉图等的古典自由贸易理论是一种世界主义经济学,它把国内贸易与国际贸易混为一谈,完全抹杀了国家和民族利益的存在,忽视了各国民族经济发展的特点和经济发展水平的差异。各国对外贸易政策的出发点,只能是谋求本民族的利益而不是所谓全世界的福利。

2) 提出了以生产力论为核心的保护贸易理论

李斯特"保护幼稚工业"理论的核心是生产力论。他认为一个国家的发展取决于该国的生产力,生产力是国家财富的创造源泉。一国在对外贸易中实行什么样的政策,首先必须考虑国内生产力的发展,而不能局限于当前从对外贸易中能获得多少好处,增加多少财富。

李斯特按照不同的生产力发展水平,把各国的经济发展分为五个历史阶段:原始未开化时期、畜牧业时期、农业时期、农工业时期和农工商业时期。各国经济发展阶段不同,采取的贸易政策也应不同。从经济发展初期到农业时期,应实行自由贸易政策,以促进本国农业的发展,并培育工业化的基础。处在农工业时期的国家,由于本国工业已有初步发展,但并未发展到能与外国商品相竞争的程度,应实行保护贸易政策对其加以扶植。当一国进入农工商业时期后,已经具备了对外自由竞争的能力,应实行自由贸易,通过自由竞争避免本国企业家变得懒惰和保守,避免本国经济衰退。李斯特认为当时英国处于农工商业时期,法国处于农工业与农工商业时期之间,德国和美国处于农工业时期,因此,德国应实行保护贸易政策。

3) 保护对象的选择

李斯特提出的保护政策目的是发展生产力,保护是有条件的,不是保护所有工业,而是保护幼稚工业,选择保护的对象包括以下几类。

(1) 刚刚开始发展并有发展前途的幼稚工业,经过一段保护时间,到成熟阶段就不再保护，保护时间以 30 年为最高期限；或者在保护期内，被保护的幼稚工业还扶植不起来，就停止给予保护。

(2) 趋于衰退但仍有存在价值的工业，需要给予一定的保护。

(3) 虽然是幼稚工业，但没有强有力的竞争者时，不需要保护。

(4) 农业不需要保护，随着工业的发展，农业自然随着发展。

4) 主张国家干预对外贸易

李斯特认为"国家为了民族的最高利益，不但有理由而且有责任对商业也加以某种约束和限制"。这里说的对商业的某种约束和限制指的不是对国内商业的限制，而是对进口的限制，即实行保护关税制度，这种干预是保护国内工业的建立和发展。保护贸易制度是为了国家工业的独立和强盛，是落后国家发展经济的一种必要手段。

"保护幼稚工业"理论在德国工业资本主义的发展过程中起过积极的作用。在保护政策的扶植下，经过 1843 年和 1846 年两次提高关税，德国经济确实在短期内有了迅速发展，终于赶上了英、法等国。它并不是对自由贸易的完全否定，也不是对全部产业的保护，而是指出了适当保护贸易政策对经济发展的必要性，反映了当时德国工业资产阶级力图对抗英、法强大的竞争力量从而发展民族经济的愿望。该理论对经济落后国家具有重大参考价值。但实施幼稚产业保护政策的困难在于很难确定哪项工业或潜在工业符合保护的要求。经验表明，一旦给予某些产业保护就很难取消。

3. 新重商主义——凯恩斯主义

凯恩斯主义的贸易保护观点主要是由凯恩斯本人和一些后凯恩斯主义者们提出的。他们的观点反映了 20 世纪 30 年代大萧条以后西方国家经济的要求，为超保护贸易政策提供了重要的理论依据。

凯恩斯在他的代表作《就业、利息和货币通论》(1936 年)中，重新评价了重商主义，在推崇重商主义贸易顺差思想的基础上把对外贸易与有效需求联系起来，主张国家干预对外贸易，实行"奖出限入"的贸易保护政策，从而达到垄断国内外市场，获取超额利润的目的。

凯恩斯认为，资本主义的经济危机、大量失业是因为社会"有效需求"不足，有效需求包括消费需求和投资需求。增加消费需求的办法是要人们多花钱、少储蓄、鼓励高消费，以刺激生产的发展。投资需求主要包括国内投资和国外投资。贸易顺差导致国外投资增加，国内货币供给增加，利率下降，这又会刺激投资，从而增加就业，促进经济繁荣；而逆差则相反。因此凯恩斯主义赞成贸易顺差，反对贸易逆差，以求实现充分就业。

为了进一步说明投资对就业和国民收入的影响，凯恩斯提出了著名的投资乘数理论，即投资增加和国民收入扩大之间的依存关系：投资增加可以引起生产资料需求的增加，进而引起从事生产资料的生产者(企业主和工人)收入的增加，他们收入的增加又引起对消费资料需求的增加，从而又引起消费资料生产部门就业和收入的增加，如此推演，结果是由此产生的国民收入的增加量是原增加投资量的若干倍。倍数的大小取决于边际消费倾向，即取决于人们增加的收入中用于消费的比例。用 ΔY 表示增加的国民收入，ΔC 表示增加的消费，ΔS 表示增加的储蓄，ΔI 表示增加的投资，$c=\Delta C/\Delta Y$ 表示边际消费倾向，$s=\Delta S/\Delta Y$ 表示边际储蓄倾向，k 表示投资乘数，则

$$k = \frac{1}{1-c} = \frac{1}{1-\frac{\Delta C}{\Delta Y}} = \frac{\Delta Y}{\Delta S} = \frac{1}{S}$$

$$\Delta Y = \Delta I \cdot k$$

从以上公式可以看出，乘数的大小主要取决于边际消费倾向或边际储蓄倾向，它与边际消费倾向成正比，与边际储蓄倾向成反比。

后来，凯恩斯的追随者马克卢普和哈罗德等人在国内投资乘数理论基础上，引申出对外贸易乘数理论。他们认为一国的出口和国内投资一样，有增加国民收入的作用；而进口则和储蓄一样，有减少国民收入的作用。当商品劳务输出时，从国外收入外汇，出口部门的人们收入增加，消费随之增加，进而引起国内其他产业生产部门生产增加，就业增多，收入增加。如此反复，国民收入的增加量将成为出口增加量的若干倍。当商品劳务输入时，向国外支付货币，收入减少，随之消费下降，国内生产缩减，收入减少。因此，只有当对外贸易为顺差时，对外贸易才会增加一国的就业机会，提高国民收入；此时，国民收入的增加将为投资增加和贸易顺差的若干倍。用 ΔY 表示国民收入增加量，ΔX 表示出口增加量，ΔM 表示进口增加量，ΔI 表示投资增加量，$c=\Delta C/\Delta Y$ 表示边际消费倾向，$s=\Delta S/\Delta Y$ 表示边际储蓄倾向，$m=\Delta M/\Delta Y$ 表示边际进口倾向，k 表示对外贸易乘数，则

$$k = \frac{1}{1-c+m} = \frac{1}{s+m}$$

$$\Delta Y = (\Delta I + \Delta X - \Delta M) \cdot k$$

从公式可以看出，在边际消费倾向不变的情况下，对外贸易乘数与边际进口倾向成反比，即在增加的国民收入中，增加的进口越少，顺差越大，对外贸易乘数越大，国民收入增加也就越多，解决失业和危机问题的作用也就越大。因此，一个国家通过对外贸易所获得的收益与贸易顺差成正比，一个国家越是扩大出口，限制进口，本国的收益就越大。反之则相反。由此出发，凯恩斯主义大力鼓吹"奖出限入"的顺差贸易政策，为超保护贸易政策提供了理论依据。

凯恩斯主义在一定程度上揭示了对外贸易与国民经济发展之间的内在规律性，因而具有重要的现实意义。对总需求的重视、对外贸易乘数的提出、主张国家采取干预经济的扩张性财政政策和货币政策等，在发展我国社会主义市场经济的今天仍有一定的借鉴意义。

4. 普雷维什的"中心—外围论"

第二次世界大战以后，许多殖民地和半殖民地国家纷纷取得了政治上的独立。这些国家面临的一项重要任务就是发展本国经济，实现经济上的独立。但是，由于在经济上长期依赖发达资本主义国家，旧的国际经济秩序又形成了发达国家处于有利地位而发展中国家处于不利地位的贸易格局，新独立的国家迫切需要贸易保护。1950 年，阿根廷经济学家普雷维什用发达国家与发展中国家之间贸易关系的历史数据，批驳了传统贸易理论贸易互利性的基本结论，首次提出了"中心—外围"论，并集中论述了"贸易条件恶化论"。

普雷维什认为国际经济体系在结构上分为两部分：由发达国家构成的中心体系和由发展中国家构成的外围体系。他指出，中心和外围在经济上是不平等的：中心是技术的创新者和传播者，外围是技术的模仿和接受者；中心主要生产和出口制成品，外围主要生产和出口初级产品；中心在整个国际经济体系中居主导地位，外围则处于依附地位受中心控制

和剥削，这就形成了国际贸易的"中心—外围格局"。这种"中心—外围格局"是造成中心国和外围国经济发展水平差距加大的根本原因。

普雷维什分析，由于中心国家的技术水平、出口产品价格、需求收入弹性均高于外围国家，而且外围国家工会组织不健全、力量弱、没有能力控制或影响工资，制成品市场结构的垄断性等因素，造成了在双方的贸易中，技术进步利益分配不平等，初级产品贸易价格下降，外围国家的出口贸易条件趋于恶化的状况。

普雷维什认为要打破"中心—外围"的既定格局，外围国家就必须实现本国的工业化，独立自主地发展民族经济。为此，外围国家需要实行贸易保护政策，既要采用传统的关税手段，也要采用外汇管制、进口配额等非关税手段。在工业化发展的出口替代阶段，还要实行有选择的出口补贴等政策。他认为采用这些贸易保护政策对外围国家的经济发展可以起到以下作用。

(1) 限制进口的保护关税可以削弱外国商品的竞争能力，也有利于本国贸易条件的改善。

(2) 可以开辟新产业，吸纳技术进步所产生的剩余劳动力和解决原料产品部门的隐蔽失业。

(3) 使原料产品出口和进口替代并举，可以有效推动本国工业化进程。

(4) 限制进口措施还可以减少外汇支出，改善国际收支状况。

普雷维什同时强调，外围国家与中心国家的保护贸易政策在性质上是不同的。外围国家的保护政策是有节制的、有选择的，它是为了发展本国工业，有利于世界经济的全面发展；而中心国家的保护是对外围国家的歧视和遏制，不仅对外围国家不利，最终对发达国家自身也不利。

普雷维什作为发展中国家的代言人，从发展中国家的利益出发，对国际贸易问题进行了开拓性研究，第一次从理论上、实践上初步揭示了发达国家和发展中国家之间贸易关系不平等的本质，提出了实行保护贸易政策，走发展本国工业化的道路，打破传统国际分工体系，建立国际经济新秩序的一系列理论政策主张，极大地推动了 20 世纪 60 年代后拉丁美洲及其他地区发展中国家的工业化进程。

专栏 7-2

传统保护贸易政策的演变

1. 资本原始积累时期的保护贸易政策

资本主义生产方式准备时期欧洲国家普遍实行一种保护贸易政策，它代表当时新兴商业资本的利益，是当时欧洲各国旨在实现国家富强的一系列经济政策的一个重要组成部分。重商主义思想成为该时期主要的资本主义国家实行保护主义的理论基础。

2. 资本主义自由竞争时期的保护贸易政策

在资本主义自由竞争时期，国际贸易政策的基调是自由贸易。但由于各国工业发展水平不同，一些经济发展起步较晚的国家——美国与德国先后实行了贸易保护主义政策。

美国是后起的资本主义国家，产业革命进行比较晚，工业基础薄弱，其工业品无法与英、法等国竞争，因此新兴的北方工业资产阶级要求实行贸易保护。当时，美国的第一任财政部长汉密尔顿代表工业资产阶级利益，提出了与自由贸易学说相对立的保护贸易学说，主张实行保护关税制度。汉密尔顿的保护贸易措施主要包括：向私营工业发放政府信用贷款，为其提供发展资金；提高进出口商品关税，避免外国工业品的竞争；限制重要原料出口，免税进口国内急需的原材料；限制机器设备出口，建立联邦检查制度，保证和提高制造品质量等。美国实行该政策后于1890年工业产值超过农业产值，并超过英国，跃居世界首位。

19世纪初，德国工业发展水平远比英法落后，德国受到英法两国自由贸易政策的冲击，大量廉价商品涌入德国市场。此时摆脱外国自由竞争的威胁，保护和促进德国工业的发展，成为德国工业资产阶级的迫切要求。1870年德国取得普法战争胜利后，不断加强对原有工业和新建工业的保护。19世纪末，德国成为实行高度保护贸易的国家之一。

3. 资本主义垄断时期的超保护贸易政策

从19世纪下半期开始，资本主义从自由竞争进入到垄断阶段。垄断代替了自由竞争之后，资本输出成为西方国家对外扩张的主要手段。各国垄断资本为了促进对外扩张和在世界市场争夺中占据有利地位，不断扩大商品销售市场、原料产地和投资场所，竞争空前激烈。1929—1933年世界性经济危机爆发更加剧了市场和原料产地的矛盾，市场问题急剧恶化。在这样的背景下，各国为了垄断国内市场和争夺国外市场先后走上了保护主义的道路。1930年美国通过《1930年关税法》制定了有史以来最高的关税壁垒。1932年，曾是自由贸易旗手的英国也彻底宣布放弃自由贸易政策。

垄断资本主义时期的保护贸易政策与资本主义前期的保护贸易政策有显著的区别：不仅保护幼稚工业，更保护高度发展或出现衰落的垄断工业；不是为了培植自由贸易的能力，而是巩固和加强对国内外市场的垄断；不是防御性地保护国内市场，而是在垄断国内市场的基础上对国外市场进行攻击性的扩张；从保护一般的工业资产阶级转向保护大垄断资产阶级；不仅采取关税措施，还采取各种非关税壁垒和其他"奖出限入"的措施。这种政策已具有明显的侵略性和扩张性，因而被称为侵略性的保护贸易政策或超保护贸易政策。由于各国保护贸易政策的歧视性，致使关税战、贸易战、货币战不断加剧，世界经济秩序混乱，世界贸易规模不断缩小。据统计，世界贸易额从1928年的601亿美元猛降到1938年的246亿美元，使各国经济蒙受严重损失。

7.2.3 保护贸易政策的理论依据：现代观点

第二次世界大战后特别是20世纪70年代以来，随着国际贸易规模的不断扩大和贸易现象的日益复杂，以规模经济和不完全竞争为前提的新贸易理论对传统贸易理论做出了补充和发展。在最优贸易政策的选择上，新贸易理论动摇了规模收益不变和完全竞争条件下自由贸易政策的最优性，认为一国通过政府干预，运用出口补贴或关税保护等措施，可以使本国在国际专业化分工中处于优势地位。在国际竞争实践中，日本等在政府干预下迅速取得了某些产业的国际竞争优势，在世界市场上的国际贸易不断上升；另一方面，自由贸易的奉行者美国在国际贸易中的优势地位不断受到削弱。在这样的理论和实践背景下，战略性贸易政策应运而生。

战略性贸易政策(Strategic Trade Policy)是指在不完全竞争和规模经济条件下，一国政府可以通过生产补贴、信贷优惠、出口补贴、国内税收优惠等保护政策手段，扶持本国战略性工业的成长，即保护和扶持那些需大规模生产以获取规模经济，并能产生外部经济的高新技术产业和对本国未来发展至关重要的行业，以创造本国在这些行业上的比较优势，获取大量的外部经济利益，增强其在国际市场上的竞争能力。战略性贸易政策理论把博弈论和产业组织理论糅合运用到国际贸易领域，摒弃了传统的规模报酬不变和完全竞争的假定，把模型建立在规模经济和不完全竞争的基础上，强调政府对国际贸易干预的必要性和合理性,这是对自由贸易的一种偏离,也不同于传统的保护贸易理论,因此被称为"新贸易保护主义"。从理论渊源来看,战略性贸易政策是以20世纪80年代发展起来的"规模经济贸易理论"和"不完全竞争贸易理论"为基础的。战略性贸易政策主要包括战略性出口和战略性进口两大政策。

1. 战略性出口贸易政策

战略性出口贸易政策最早由加拿大不列颠哥伦比亚大学的教授布兰德(Brander)和斯宾塞(Spencer)提出,主张政府通过出口补贴增强本国企业的国际竞争力。如果某一产业的发展具有外部经济效应,即其社会效益高于其个体效益,则通过政府扶持能使该企业获取递增的规模效益,其占领国际市场后所得的利润会超过政府所支付的补贴,并且通过技术创新的溢出效应带动其他产业的发展,从而改善本国福利。经济学家通常以美国波音公司与欧洲的空中客车公司为例,运用博弈论(Game Theory)阐述这一政策思想。

假设波音公司和空中客车公司是两个势均力敌的寡头公司,双方都考虑生产一种新型飞机,但由于飞机制造业的研制成本和规模经济非常之大,只能允许一家公司生产新式飞机。如果两家同时生产,两败俱伤,双方都亏损10单位;如果只有一家公司生产,该公司获益100单位。表7-4列出了两家公司的各种策略组合及其收益情况(正数表示利润,负数表示亏损)。根据表7-4,理性的双方会形成两种纳什博弈均衡,即(制造,不制造)和(不制造,制造),其盈亏组合分别为(100,0)和(0,100)。也就是说,只要一方生产,另一方就不再进入该市场。

表7-4 无补贴时双方的策略及盈亏组合情况

空客公司 波音公司	制　造	不　制　造
制造	(-10, -10)	(100, 0)
不制造	(0, 100)	(0, 0)

现假设欧洲政府采取战略性贸易政策,每年对空中客车公司补贴20单位,以扶持欧洲飞机制造业的发展。这种补贴使双方公司的盈亏状况也发生了变化。如表7-5所示,如果只有空中客车公司生产,其利润可达到120单位;如果波音公司也生产,虽然空中客车公司会损失10单位收益,但在得到政府20单位的补贴后仍可获得10单位利润。波音公司的盈亏情况没有变化。在此情况下,无论波音公司生产或不生产,空中客车公司只要生产就可获利。由于没有补贴,波音公司若仍坚持生产,必发生亏损,所以理性的波音公司只有停产,将整个市场让给空中客车公司。此时,作为唯一的飞机制造商,空中客车公司可获利120单位,除去政府的补贴20单位,可净获利100单位。即使政府不再补贴,空中客车公司也可获利100单位。

表7-5 欧洲政府补贴后双方的策略及盈亏组合情况

空客公司 波音公司	制　造	不　制　造
制造	(-10, 10)	(100, 0)
不制造	(0, 120)	(0, 0)

由此可见，政府的保护政策可以帮助本国企业在国际竞争中获得战略性优势，拓展其国际市场份额并使整个国家获利。但是，这一策略的实施受到了现实的制约。首先，此战略易招致对方的报复。如果对方采取同样的补贴报复行为，往往会引发贸易战；即使双方因补贴都可进入生产，但会对各国整体经济造成净损失。这种"以邻为壑"的保护政策将导致世界贸易的萎缩。其次，市场的不确定性和信息的不充分会导致政府决策失误。战略性贸易政策的实施需要确定面临的市场结构（垄断还是寡占）、选择扶植的对象、确定扶植的力度、估计实施后厂商的反应，这些都需要政府掌握完备的信息才能做出正确的决策。信息的不完备是实施战略性贸易政策的一大障碍。再次，战略性贸易政策的实施会对国内其他产业造成劣势。在资源有限的条件下，一国政府对某一行业的战略性补贴意味着资源的再分配，往往以损害国内其他工业部门为代价。

2. 战略性进口贸易政策

战略性进口贸易政策又称为"关税抽取租金论"，最早也是由布兰德(Brander)和斯潘塞(Spencer)提出的。在不完全竞争市场上，国外厂商在进口国市场上利用其垄断地位使产品定价高于边际成本，存在着经济租金(即超额垄断利润)，相当于进口国向国外厂商支付了租金，因此进口国政府应该运用进口关税抽取国外厂商的超额垄断利润，以弥补国民利益的损失。

假设某国进口欧洲空中客车公司的飞机，且空中客车公司在该进口国有一定的垄断力量。如图7.1所示，在自由贸易条件下，根据边际收益(MR)等于边际成本(MC)的利润最大化原则，空中客车公司在该进口国的销售量为M_0，销售价格应定为P_0，其利润为图中P_0ABC的面积。

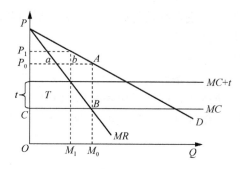

图 7.1 通过关税分享国外垄断企业利润

现假设该进口国对空中客车飞机征收进口关税t，空中客车的边际成本将上升到$MC+t$。根据边际收益(MR)等于边际成本($MC+t$)的利润最大化原则，在新的均衡点上，空中客车公司的销售量为M_1，销售价格为P_1。由于该进口国的需求曲线不是完全没有弹性，因此，飞机价格的上升幅度会小于边际成本提高的幅度($P_1<P_0+t$)，即空中客车公司通过提高售价从该国消费者身上得到的额外收益会小于因关税而增加的成本支出。也就是说，进口国政府的关税收入(T)可能大于其消费者所遭受的损失($a+b$)，进而使整个国家的福利得到提高。

由此可见，进口国政府通过征收进口关税来抽取国外垄断企业的超额利润是有可能提高本国福利水平的，但要视最优关税率和对消费者的补偿而定。

7.2.4 保护贸易政策的其他理论观点

1. 改善国际收支论

改善国际收支论者认为,征收关税与配额等限制进口措施,可减少一国的进口,从而减少外汇支出,达到有效改善国际收支的目的。

改善国际收支作为临时性的紧急措施,能使一国的国际收支逆差状况暂时改善。在国际收支逆差较大时,或在通货膨胀与金融危机时,此种保护理由最为流行。但是,客观的是,国际收支状况是进口与出口(或外汇流出与流入)的一种差额,仅减少进口(或外汇流出)并不能保证国际收支一定得到改善。若在本国限制进口的同时,外国采取报复手段;或本国资源由出口部门转移到进口部门而使本国出口减少(或外国资金流入减少);或本国对进口品的需求缺乏弹性,关税也无法有效减少进口;或用于出口品生产的中间投入品进口减少或价格上涨而削弱出口能力;或本国减少进口导致外国的进口能力亦随之下降;或本国减少进口而导致本国币值上升等,这些情况均会使本国无法达到改善国际收支的目的。因此,改善国际收支更有效的办法是改善经济结构,提高要素生产力,增强本国产品的国际竞争力。

2. 改善贸易条件论

改善贸易条件论者认为,在一定条件下,一国通过对进口商品征收关税或实行数量限制等措施,可能使进口商品的价格下跌;限制出口可使出口商品的国际价格上升,从而以同样数量的出口商品换回更多的进口商品,改善进口国家贸易条件、提高福利水平。在下列条件下,改善贸易条件的效果尤为显著。

第一,对进口商品征收关税或实行数量限制的国家的进口额,占该商品世界进口总额的比重较大,即一国具备大国贸易条件。

第二,该商品的输出供给弹性很小。

显然,改善贸易条件论在静态条件下成立。但是,若外国采取报复手段,本国的贸易条件不仅无法改善,甚至可能恶化。即使外国不采取报复措施,贸易限制使贸易利得减少的损失可能大于贸易条件改善使福利水平提高的利益。这样,本国贸易条件改善,但福利水平反而降低。

3. 维护就业论

维护就业论者认为,如果由于进口增加导致了一个行业销路的减少,那么对国外商品课征保护关税或实施配额等其 wb 限制措施,可以减少进口,因而可以刺激国内需求,增加就业。

这一论点对短期内缓和失业压力有一定的意义,尤其是在严重失业时期,如 20 世纪 30 年代,保护不失为缓和失业的有效补救措施。但这样的保护措施不一定十分有效,而且也不是解决失业问题的最佳途径。若一国限制进口,则其贸易伙伴的出口便会相应减少,那么贸易伙伴国的收入和就业就会下降,对进口品的支出也因而减少,这样采取保护的贸易国的出口也会减少,从而通过保护增加的就业会在一定程度上被抵消,这样使保护政策难以达到预期的效果。另外,若其他国家采取报复,那么采取关税等保护措施所获得的就业和收入提高将无法长久维持。国际贸易中，一国的出口必是另一国的进口。一国通过减少进口来提高就业和收入，实际上是在输出自己的失业，这种"以邻为壑"的做法必然会导致贸易伙伴的报复，由保护带来的就业和收入的提高只能是暂时的。况且，从长期来看，一个国家必须有进口才能维持出口的扩张，真正增加就业。保护只能使劳动力从出口产业转到保护产业，使资源使用效率低下，福利水平下降。因此，保护措施的长期效果并不能增加就业。

4. 矫正扭曲论

该理论认为国内市场由于外部经济、工资差额、生产要素的非移动性等"扭曲"的存在，价格机制未能充分发挥作用。在发生阻碍资源最佳利用的状态时，也即当国内"扭曲"已经存在，而又不能避免时，应根据扭曲的根源采取相应的征税或提供生产补贴等保护措施来矫正或消除扭曲，以增进福利。

5. 国家安全论

国家安全论者认为，自由贸易使各国在经济上相互依存，一旦发生战争，国外供给剧减或断绝时，其国防力量将大受影响。因此，主张对于关系国计民生的产业如农业和有关军用国防需要的产业，国家应以关税、补贴等手段加以保护，使其达到自给自足，以摆脱对外国的依赖，加强国防力量，维护国家安全。这种论点的基本思想是主张限制进口，以保持独立自主的经济。在20世纪以来战争连续不断，二战后又长期经历东西方"冷战"的背景下，这种观点经久不衰，被发达国家用作保护特殊利益集团利益的论据。这种基于政治与军事而非经济因素的考虑，不可避免将导致本国资源配置的扭曲和产品价格的提高，况且实际上每一产业都直接或间接与国家安全有关。

6. 民族自尊论

为了增强国民不依赖外国的民族自豪感，维护本国的生活方式和社会风俗，保证人民的身心健康，使本国科技保持优势等，一个国家应采取保护贸易政策，以提高经济和社会的自觉性。

7. 社会公平论

社会公平论者认为，通过关税、配额等贸易限制措施，可使生产者剩余增加，消费者剩余减少，即部分社会收入由消费者转移至生产者，从而保护特定产业的国内生产。因此，他们主张通过贸易限制对一国的收入进行重新分配，以保护国内生产，或矫正不利的收入分配后果，或缩小贫富差距，维持社会公平。但这种政策往往导致生产资源向保护产业集中，而其他产业缺乏生产积极性，最后必然是社会整体福利水平的下降。

8. 环境保护论

环境保护主义者认为，环境的恶化与国际贸易有关。他们怀疑贸易自由化是否对人类真的有益。他们认为，一国的自然资源是有限的，为保存本国的自然资源禀赋和维护生态环境，必须对需要投入大量自然资源和严重危害生态环境的产品限制出口。他们主张，增加贸易所带来的收益将被环境污染方面的成本所抵消，贸易自由化将造成环境恶化。为了保护良好的生态环境，防止他国的"生态倾销"，主张采取保护措施。发达国家借助于这种理论制定各种限制外国产品进入的政策，其实这是一种变相的贸易保护主义。但是，若每一个国家都为保护资源而限制贸易，各国则无法互通有无，也无法发挥比较优势，甚至可能陷入自给自足的封闭经济。

7.2.5 公平贸易政策的福利效应

公平贸易政策是指各国承诺共同遵守国际贸易规则，并对违反规则的行为采取措施，以维护国际贸易的公平竞争秩序。公平贸易原则是 WTO 成员必须遵守的一个基本原则。WTO 认为各国发展对外贸易不得采取不公正的贸易手段进行竞争，或扭曲国际贸易竞争，尤其是不能以倾销和补贴等不公平的贸易方式来销售本国的商品；同时允许采取反倾销和反补贴的贸易补救措施，以保证国际贸易在公平的基础上进行。

公平贸易政策有广义、狭义之分。广义的公平贸易政策是指世界各国在国际贸易活动中共同遵守有关的国际规则，相互提供对等的、互惠的贸易待遇。它要求世界各国必须相互向他国开放本国市场，实行自由贸易。狭义的公平贸易政策是指一国或地区利用贸易手段反对他国特定的不公平贸易行为，主要是指反倾销和反补贴政策。当出口国政府或企业被认定存在对出口产品提供补贴，或以低于正常价值的价格进行倾销时，进口国政府常用征收反补贴税和反倾销税等措施来抵消不公平贸易的影响。下面我们从理论上以进口国征收反补贴税为例来分析公平贸易政策产生的福利转移。

如图 7.2 所示，在自由贸易情况下，进口国的平衡点在 E，当世界市场价格为 P_W 时，进口 Q_1 数量的商品。出口国的政府补贴使出口商品的价格下降为 P_S，在两个国家的模型中，出口商品的数量等于进口商品的数量。出口国的补贴额为 $a+b+c$，进口国消费者因此增加的消费者剩余为 $a+b$，c 为世界净损失。

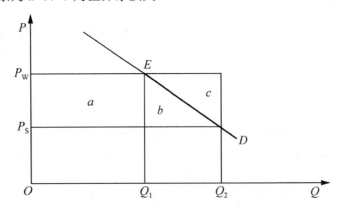

图 7.2 进口国征收反补贴税的效应

如果进口国对进口商品征收相当于出口补贴的反补贴税 P_WP_S，进口商品的数量从 Q_2 减到 Q_1。反补贴税的税额为 a，同出口国政府按出口商品数量 Q_1 给予的补贴额相同。对进口国来说，征收反补贴税，使国内消费者损失了消费者剩余 $a+b$，和补贴相比，净损失为 b。对世界贸易来说，征收反补贴税，抵消了出口补贴造成的世界净损失 c。因此，当出口国补贴、同时进口国征收反补贴税时，仅仅发生了出口国利益向进口国的转移，世界福利没有变化。

但是，公平贸易政策在实践中常常被滥用。关于公平贸易政策的现实效应，根据依据标准的不同，我们分两类来分析。一类是基于国际规则的公平贸易政策，另一类是基于单边规则的公平贸易政策。

基于国际规则的公平贸易政策强调，世界各国的公平贸易政策必须遵循国际公认的规则，而不是本国自己的规则，任何国家的公平贸易政策都必须同国际公平贸易规则相一致，不得超越于国际公平贸易规则之上。其本质是贸易双方相互给予对方以互惠待遇，在多边贸易谈判中实行对等的贸易自由化措施，其结果必然是全球范围内自由贸易政策的实现。

就基于国际规则的公平贸易政策本身而言，它应该属于自由贸易政策的范畴，其目的是维护国际贸易规则，为各国的自由贸易提供一个公平竞争的环境。作为多边贸易体制的一个基本原则和重要规则，公平贸易政策对于维护公平竞争秩序，保证世界贸易的正常发展，推动世界各国贸易政策的自由化具有重要意义。GATT 及后来的 WTO 建立了一整套多边贸易规则，在国际经贸活动中发挥了重要作用，为发展世界自由贸易作出了巨大贡献。

但从 20 世纪 90 年代中后期以来，随着"冷战"结束，发达国家以维护公平贸易为借口，越来越多地采用反倾销、反补贴、技术标准、环保标准等新兴的非关税壁垒对本国的产业进行保护。以美国为首的发达国家在国际贸易中推行一系列以本国利益至上为特点的单边主义的"公平贸易"政策，使"公平贸易"政策演变为贸易保护主义的"挡箭牌"。

与基于国际规则的公平贸易政策相反，单边主义的公平贸易政策实行"基于单边规则"的标准。它在判定不公平贸易行为和实施公平贸易行动时，依据的不是公认的国际规则，而是本国的标准。它名义上是为了惩罚不公平的贸易行为，维护公平的竞争秩序，但实际上是出于保护本国贸易的目的。

基于单边规则的公平贸易政策的实施给国际贸易带来了非常严重的危害。首先，基于单边规则的公平贸易政策所依据的标准往往缺乏客观性和公正性，将给受所谓不公平贸易行为指控的国家带来严重损害，妨碍国际贸易的正常开展；其次，基于单边规则的公平贸易政策所认定的本国经济所受到的损害往往是虚假的，因此，公平贸易政策的实行实质上是无效劳动。不仅如此，公平贸易政策的实行还要支出大量的行政成本，同时增加本国消费者的负担，并因为保护本国的落后产业而带来生产效率的损失；再次，基于单边规则的公平贸易政策所遵循的标准是本国自己的标准并超越国际公认的标准，这将对多边贸易体制构成严重挑战。如果每个国家都无视国际标准而把自己的标准强加于人，那么，整个多边贸易体制就必然面临崩溃的危险。

公平贸易政策要真正起到保证世界贸易正常发展的作用，必须积极利用基于国际规则的公平贸易政策来反对基于单边规则的公平贸易政策，通过多边公平贸易规则的完善来避免滥用公平贸易政策的行为。这也正是多边贸易体制的公平贸易规则所担负的使命之一。

专栏 7-3

天津自贸区试验田

2013 年 12 月在上海自贸区挂牌近三个月之后，国务院总理李克强在天津滨海新区调研考察时提出，希望天津"在新一轮改革开放中争当领军者、排头兵,积极探索促进投资和服务贸易便利化综合改革试验"。这被认为是天津版的自贸区的功能与特点定位,是对上海自贸区的升级版。

按照国务院要求,作为获批的第二批自贸区之一,天津自贸区一方面要复制上海自贸区的经验,另一方面要结合地方特点充实新的试点内容。相较而言,天津的特点主要表现在工业化占比程度较大,其优势工业产业的基础较为雄厚且高新技术发展迅速。而服务业占比程度则相对较低,虽然获得了全牌照金融业务资质,但其规模相较于"北上广"而言要小很多。

从当前的政策与形势来看,天津自贸区的建立无疑将为京津冀协同发展构建一个高水平的对外开放平台,将在区域领域内与京津冀地区协同实施联动发展的综合配套改革,这将促使各地区通过凝练核心竞争优势、产业转移与资源在配置,形成特色鲜明、资源融合、优势互补、利益共享的区域职能分工体系,避免传统独立发展下出现的恶性竞争现象。

此外,自贸试验区的建设触及了当前全面深化改革的核心敏感问题,如行政管理体制改革、外商投资管理体制改革、利率市场化和人民币资本项目可兑换改革等,同时又涵盖了具有国际前沿视野的创新议程,如发展离岸金融业务、总部经济与运营中心、全球性资金管理中心和国际大宗商品交易和配置平台等。而天津自贸区的设立,将有利改善我国北方市场的营商环境,实现以开放倒逼改革的战略目的。

第三,在国际市场自由贸易协定(FTAs)第三次浪潮方兴未艾的背景下,中国在近年来显著加快了FTAs建设的进程,特别是与事变国家和地区谈判达成FTAs,并逐步形成"面向全球的高标准自由贸易区网络"。受区位优势的影响,天津一直是韩国企业在华投资的热点聚集地区,而自贸区的获批无疑将有望对接高水平的中韩FTA,进一步促进天津与韩国的贸易物流增长、投资合作和产业整合。

在金融市场方面,自贸区所涵盖的功能更加齐全,能充分利用自贸区的功能叠加与国际化开放平台为产融融合发展奠定良好的基础。各种新金融业态、组织形式、业务和产品将与产业、商贸、港口、物流、技术、人力资源等有更多的合作成果。同时,天津自贸区作为中国北方地区的离岸金融股中心,享有更有力的金融开放、资本流动、人民币国际化的制度条件,可更有效地利用庞大的国际资本与先进技术,通过合资、引进战略投资者或者组建战略联盟等方式寻求在产融融合的管理、组织、运行模式和能力上的快速提升。

(资料来源:盛斌. 天津自贸区:制度创新的综合试验田. 国际贸易,2015(1): 4-10.)

7.2.6 管理贸易政策的理论依据

尽管国际经济学界对管理贸易存在多种理解,但所有观点都一致承认管理贸易的政府干预性质:管理贸易是以磋商谈判为轴心,对本国进出口贸易和全球贸易关系进行干预、协调和管理的一种国际贸易制度。它旨在争取本国对外贸易的有效发展,并在一定程度上兼顾他国利益,以达成双方均能接受的贸易协定方案,从而避免贸易冲突,限制贸易战及降低其破坏程度,共同担负起维护经贸关系的稳定和发展的责任。管理贸易具有博弈性、双重性、复杂性、权力分散性、形式多样性、"国家权力"国际化的特点。多数学者认为,相对于管理贸易,自由贸易和保护贸易分别代表两个极端,从某种意义上讲管理贸易是一种折中物,它介于自由贸易和保护贸易之间,且兼具两者特点,是一种"有组织的自由贸易"或"协调性的保护贸易"。

20世纪70年代末80年代初,经济全球化和贸易自由化的趋势与日俱增,规模经济和不完全竞争的市场结构日益突出,各国的相互依存关系不断加深,对外贸易政策成为国家对外政策中的主要政策。在此国际政治经济背景下,各国在制定自己的贸易政策时不得不考虑他国的反应和动向,并试图通过国际协调以及本国政府的干预等手段达到经济发展的目的。管理贸易是适应发达国家既要遵循自由贸易原则,又要实行一定的贸易保护的现实需要产生的,其实质是协调性的保护。其理论基础是博弈论,是研究决策主体行为发生直接相互作用时的决策以及这种决策的均衡问题的,也就是说,当一个主体,如一个人或一个企业的选择受到其他人、其他企业选择的影响,而且反过来影响到其他人、其他企业选择时的决策问题和均衡问题,所以博弈论又称对策论。由此可见,个人效用不仅依赖于他自己的选择,而且依赖于他人的选择。

博弈论可以分为合作博弈和非合作博弈。二者的区别主要在于人们的行为相互作用时,当事人能否达成一个具有约束力的协议,如果能,就是合作博弈关系,反之,则是非合作博弈。与此同时,合作博弈强调的是团体理性,即效率、公正、公平。非合作博弈强调的是个人理性,个人最优决策,其结果可能是有效的,也可能是无效的。由此推出,博弈一般有负和博弈、零和博弈、正和博弈三种类型。前两种关系说明贸易参与方是对抗关系,其结果是相互伤害;正和博弈说明参与各方是合作关系,其结果是双方都得利,管理贸易正好是正和博弈在国际贸易中的应用。

二战以后,国际政治经济关系发生了深刻的变化。一方面,世界各国经济相互依存、相互依赖程度加深,经济国际化、一体化及贸易自由化成为当代国际经济发展的重要趋势。同时,国际协调也日趋加强,政府更多地介入和参与了各种经济和贸易活动,更多地充当了经济与贸易发展的协调者、谈判者和指导者的角色。另一方面,由于各国经济发展水平的差异,经济发展水平高的国家往往主张自由贸易,而经济发展水平低的国家往往趋向贸易保护。然而,近年来国际贸易保护主义的盛行,破坏了国际贸易秩序,使各国的贸易摩擦与冲突日益加剧。如此一来,自由贸易与保护贸易之争便成为贸易理论中最重要的博弈命题之一。而博弈的结果就是一种把自由贸易与保护贸易结合起来的新型国际贸易体制——管理贸易的产生。

世界经济发展的历史表明,国际贸易政策的本质是国家利益的产物。国家在不同时期实行不同的贸易政策,无论是自由贸易政策还是保护贸易政策,其基本出发点都是本国利益高于一切。贸易政策是实现国家利益的途径之一。自由贸易理论和贸易保护理论都不能正确地揭示当代国际贸易的性质、原因和运行规律,也不能够解释当今国际贸易发展过程中的各种现象,特别是在自由贸易的主旋律之下的贸易保护的插曲。管理贸易政策为当今的国际贸易现实提供了合理的解释。在国家利益至上原则的指导下,自由贸易理论与保护贸易理论实现了有机统一,成为管理贸易政策的理论基础。

管理贸易提倡贸易自由化,同时要求加强政府的干预和协调,主张国家采取法制化的政策手段管理对外贸易,并通过与他国签订不同的贸易条约和协定等途径广泛参与双边、多边的国际经济合作以及协调各国的经济贸易政策,增强本国在国际谈判中的博弈力量,维护和提高本国企业的国际竞争力。越来越多的国家政府之所以愿意采取新的管理贸易政策,是因为这种贸易政策不像新贸易保护主义那样具有隐蔽性和攻击性,而是在遵循规则的前提下进行政府间磋商、谈判,力争全球利益平衡,在兼顾贸易伙伴经济利益的同时,追求本国利益最大化。

在当今相互依存和相互协调的国际关系下,一国选择贸易政策时不仅取决于国内各特殊利益集团的博弈,而且不能不考虑国际经济组织和他国的反应。贸易政策选择层面上博弈的纳什均衡结果，决定了管理贸易是各国在无法达到最佳目标模式时所能选择的次佳目标模式，是一种各国适应国际经济发展，最大化其参与国际分工利益的制度安排。

历史也证明，管理贸易作为一种不断发展和完善的新国际贸易体制，在一定程度上减少了世界市场自发竞争的盲目性，有利于世界生产要素的合理配置，而且避免了直接的贸易冲突，使贸易环境得到一定程度的改善，促进了国际贸易的发展。我们认为，<u>管理贸易</u>政策是各国在经济国际化进程中的必然选择。

【参考图文】

当代国际贸易政策的特点

进入20世纪90年代以来，国际贸易政策呈现出一些新特点和趋势。

第一，以WTO为核心的多边贸易体制得到增强，贸易自由化和开放贸易体制成为全球贸易的主流。经济一体化迅猛发展，成为全球浪潮，推动了经济一体化组织内部贸易及投资的自由化。

第二，管理贸易日益成为贸易政策的主导内容。管理贸易逐渐成为西方发达国家的基本对外贸易制度，政府开始积极主动干预外贸活动。随着贸易结构的不断升级，管理贸易包括的商品种类不断增多。20世纪90年代以后，受管理的商品不仅包括劳动密集型产品和农产品，还包括服务产品、高科技产品和知识产品等。

第三，对外贸易政策与对外关系相结合的趋势加强。各国把对外贸易看成是处理国家关系的越来越重要的手段，将贸易政策与其他经济政策和非经济领域的政策更大程度地融合，使其向着综合性方向发展。

第四，强调"公平贸易"、"互惠主义"。近几年来，西方国家一方面反对贸易保护主义，另一方面强调贸易的公平性。这种公平贸易是指在支持开放性的同时，以寻求"公平"的贸易机会为主旨，主张贸易互惠的公平与对等原则。

第五，多种多样的非关税壁垒成为新的贸易保护工具。除了数量限制、反倾销、反补贴、保障措施、卫生检验等传统的非关税壁垒外，技术壁垒、绿色壁垒、知识产权保护、劳工标准、环境保护等贸易壁垒已经成为发达国家对付发展中国家的重要工具。

第六，实施战略性贸易政策。战略性贸易政策强调政府通过确立战略性产业(主要是高技术产业)，并对这些产业实行适当的保护和促进，使其在较短时间内形成国际竞争力。随着国际竞争的加剧，特别是发达国家在高技术领域的较量不断升级，战略性贸易政策被越来越多的发达国家和新兴工业化国家的政府所接受。

7.2.7 贸易政策演进趋势下我国的对外贸易策略

进入21世纪后，全球生产、贸易与投资体系已经逐步实现由传统模式向新型模式的转变。在生产形式上，传统模式是国内生产、全球销售，而新型模式则是国际生产、全球销售；在专业化分工形式上，传统模式是不同国家的产业分工，而新型模式是不同国家的产品内或价值链内分工(即工序与任务分工)；在贸易形式上，传统模式表现为产业间贸易或产业内贸易，而新型模式则主要表现为产品内贸易；在投资形式上，传统模式主要为对生产最终产品的投资，而新型模式主要为生产中间品的投资；在贸易与投资的关系上，传统模式表现为两者的替代关系，而在新型模式中两者为互补关系；在国家分工关系上，传统模式使发达国家与发展中国家形成中心—外围关系，而在新型模式中两者则日渐相互依存与融合。

全球价值链发展所导致的国际贸易与投资格局的变化引发了对国际贸易与投资进行全球治理改革的要求，寻求建立适合现代国际贸易与投资发展特点和趋势的新规则、新制度的要求日益凸显。当多边主义无力推动新规则与制度时，其倡导国家便将谈判的重心与资源转移至区域或双边协议上，近年来诸如跨太平洋伙伴关系协定(TPP)、跨大西洋贸易与投资伙伴协定(TTIP)等大型自由贸易协定(FTAs)的兴起，国际服务贸易复边协定(TISA)谈判的启动以及如雨后春笋般增长的双边 FTAs 都是另辟蹊径的尝试与努力，是基于当前全球价值链和国际生产网络的新发展需要所催生出的高标准与高质量的贸易协定。在这一进程中，美国与欧盟正在主导与争夺全球经济治理新规则的制订与实施，它们所达成的区域和双边协定中包括了大量新规则条款内容，也体现出在新规则谈判与签订上的战略性差异。

【参考图文】

【参考视频】

在不断演进更新的国际经济大背景下，我国的对外贸易政策也迈出了与时俱进的步伐，积极参与世界区域或双边协议的谈判与签订。但目前，在中国所签署的 12 个 FTAs 中所涉及的贸易与投资议题还非常有限。以最早签订并发展较为完善的中国-东南亚国家联盟(以下简称东盟)FTA 为例，在仅涉及投资这一项新规则中与亚太地区的其他 FTAs 相比：

表 7-6　中国-东盟 FTA 与亚太主要 FTAs 所含条款内容的比较

内容		东盟 FTA[①]	中国-东盟 FTA	韩国-东盟 FTA	日本-东盟 FTA	NAFTA[②]	P4[③]	TPP[④]
市场准入	关税减免	√	√	√	√	√	√	√
	关税配额	√			√	√	√	
	特殊保障措施				√	√		
	早起收获计划	√						
非关税措施(禁止和例外条款)		√		√		√		
贸易便利化	海关程序	√	√		√			√
	卫生和动植物检疫	√		√		√		
	技术标准		√	√		√	√	√
	相互认证	√	√	√	√	√	√	√
原产地原则		√	√	√	√	√	√	√

---

① FTA：Free Trade Area，自由贸易区，区域经济合作的最初级合作形式，一般是指地理上邻近的国家通过协议商定在区域内逐步取消成员之间的贸易和非贸易壁垒实现商品自由贸易的合作方式。

② NAFTA：North American Free Trade Agreement，北美自由贸易协议，美国、加拿大及墨西哥签署的不凌驾于国家政府和国家法律上的三国间全面贸易的协议。

③ P4：四方自由贸易协定，新加坡、新西兰、智利、文莱 4 个国家签订的多边自由贸易协定，也是 TPP 的发起者。

④ TPP：The Trans-Pacific Partnership，跨太平洋战略经济伙伴关系协议，是由 APEC 成员国发起多边关系的自由贸易协定，旨在促进亚太地区的贸易自由化。

续表

内　容		东盟 FTA	中国-东盟 FTA	韩国-东盟 FTA	日本-东盟 FTA	NAFTA	P4	TPP
贸易救济	反倾销	√	√	√	√	√	√	√
	反补贴	√		√	√	√	√	√
	补贴			√	√	√	√	√
	保障措施	√		√	√	√	√	√
服务贸易	例外和保留条款		√	√	√			√
	市场准入		√	√				√
	互认							√
	利益拒绝条款		√	√				√
	保障措施		√			√		√
	投资		√	√	√			
	政府采购							
	竞争政策			√	√	√		√
	知识产权			√	√	√		√
	电子商务				√	√		√
	劳工标准					√		√
	环境政策			√		√		√
	争端解决	√	√	√	√	√		√
	技术合作		√	√			√	√
	制度机制	√					√	√

资料来源：根据亚洲开发银行和 WTO 的 RTAs/FTAs 数据库整理

从表 7-6 中看到，贸易与投资新规则议题尚未包括在中国已达成的区域贸易协定中的事实，反映出在这方面我国还缺乏必要的顶层设计，而近期发生的一些变化使我们看到了我国政府在推进新规则改革方面的重大尝试与努力，包括：十八届三中全会报告中将贸易便利化(尤其是海关监管、检验检疫)、环境保护、投资保护、政府采购、电子商务等议题作为优先改革与谈判的领域；建立不久的中国(上海)自由贸易试验区已在外商投资管理体制改革、金融服务业全面开放改革、货物监管模式改革、行政管理体制改革等敏感和核心领域进行创新突破；中美双边投资协定谈判得到突破性进展，中国同意以准入前国民待遇和负面清单为基础与美国进行谈判，中国在上海自贸区成立后随即公布了第一版的负面清单并开始实质性谈判。

 知识链接

党的二十大报告中进一步提出："我们实行更加积极主动的开放战略，构建面向全球的高标准自由贸易区网络，加快推进自由贸易试验区、海南自由贸易港建设，共建'一带一路'成为深受欢迎的国际公共产品和国际合作平台。"

7.3 贸易政策的制定、选择与调整

本节考察贸易政策制定过程中需要考虑的各种因素，讨论贸易政策选择的内容、原则、标准和各种约束条件，研究贸易政策调整、协调的方式和原则。

7.3.1 贸易政策制定中的政治经济学

贸易政策的政治经济学起源于传统的保护贸易理论无力解释现实中贸易干预政策的存在性，它从政治角度探索贸易干预政策的本质——收入分配问题。贸易政策作为一国经济政策的重要组成部分，更是政治市场角逐的产物，它是政府在国家整体目标的指导下，权衡考虑该政策所造成的收入分配格局，结合国内外环境做出的综合决策。本节将贸易政策作为政治市场的产品，从其供给方(政府)和其需求方(国内外利益集团及国际贸易制度约束)视角考察贸易政策制定过程中的政治经济学。

1. 贸易政策制定的前提：国家目标和利益

以亚当·斯密为代表的自由贸易理论混同了国家利益与个人利益，无视国家机器的存在与国家利益的差别。在现实中，国家作为国际贸易活动的控制者，既可以利用政治、外交手段架起国际贸易的桥梁，也可以出于政治目标、外交目标制定自己的贸易政策。一国对不同的国家实行不同的贸易政策，正是因为不同的国家对其有不同的国家利益。在经济相互依赖不断加深的经济全球化过程中，国家利益仍高于一切，任何一国的国际贸易政策都是以本国利益为基点的。因此，贸易政策是国家利益的产物。国家利益可以分为政治利益、安全利益、经济利益和文化利益。其中，经济利益是国家对外政策追求的最主要利益，或者说，经济利益是国家的根本利益或最终利益。政府有义务运用贸易政策来维护国家至高无上的政治、经济、社会乃至文化利益，这也是某些国家利用民族主义大力宣传贸易保护主义对本民族利益重要性的症结所在。

贸易政策日益成为实现国家目标的工具。在贸易政策的形成过程中，政府也会利用贸易政策来满足自己的偏好。政府的目标包括国家整体福利和自身私利两部分。贸易的政治经济学认为，作为收入分配的次优手段，贸易政策可能是"仁慈的政府"实现社会福利最大化的途径，也可能是"自利的政府"为寻求政治支持或竞选获胜向少数利益集团出售的政治商品，也可能是在"民主的政府"的目标函数下的兼而有之。在西方国家的三权分制模式下，尽管政府没有贸易政策制定权，但是从国家整体利益出发，政府会向国会综合表达本国经济目标、外交政治目标和社会目标，制定出使社会福利最大化的贸易政策。中国的民主集中制政府模式不同于西方的选举制的政府模式，它类似于"民主的政府"，但其本身更具有家长式的特点，比西方政府更倾向于保护自己的"子女"——国有企业和直属企业，可将其定性为"家长制的民主政府"。

美国加入 TPP 的意图

基于多重考虑，美国采用 TPP 作为应对东亚合作的手段，但是由于面临着收益较小、技术性矛盾多

等困难,其前景存在不确定性。TPP 是基于 P4 基础之上更深入的合作谈判,而关注双边贸易自由化的美国突然对 TPP 感兴趣,是因为美国希望通过 TPP 达到以下多重目的:

第一,经济方面的考虑。奥巴马政府提出了"国家出口计划"(NEI),致力于在未来 5 年里实现美国出口增长一倍的目标,并为美国创造 200 万个就业机会。为了更好地完成这一目标,美国需要利用各种方式扩大其出口。而 TPP 能够为美国大幅加强同亚太地区,特别是亚洲经济体之间的经济联系,避免由于在区域经济一体化过程中而造成贸易转移等负面影响。

第二,对于东亚合作进程的反应。自亚洲金融危机以来,东亚合作进程加快,特别是金融合作领域可以说是硕果累累。在贸易自由化方面,也逐渐发展出两套比较成熟的自由贸易协定(FTA),其中囊括了中国、日本、韩国、印度、澳大利亚和新西兰,但均未将美国纳入其中,美国有理由担心由此可能造成的贸易、投资"转移效应"会损害美国的经济利益,而 TPP 为美国提供了一个"合法"进入东亚地区的经济平台。

第三,促进美国完善自身 FTA 布局。TPP 谈判中,所涉及的服务贸易、知识产权、政府采购、竞争政策、争端解决机制,尤其是高标准的劳工标准和环境标准受到美国政府的青睐,而在原产地原则上,TPP 宣称可以通过简单的原产地规则解决区域内多重 FTA 造成的"意大利面碗效应"。因此,作为"竞争性贸易自由化"代表的美国,同样希望通过建立区域性 FTA 来控制贸易成本上升。不仅如此,通过建立 TPP,并以此为基础形成规范性协议,对未来申请加入的成员形成规范性的约束,这将为美国节省 FTA 谈判的资源和时间。

不可否认,TPP 也是美国分化、瓦解东亚合作的一种手段。事实上,虽然地处东亚地区之外,美国丝毫也没有放松过对东亚合作的关注。除了反对"东亚经济集团(EAEG)"设想、"亚洲货币基金(AMF)"等亚洲地区安排外,美国对东亚地区可能建立"排他性"地区机制也持有谨慎态度。基于自身战略安全和经济利益的考虑,美国在东亚合作进程中将继续扮演搅局者的角色。与此同时,美国仍将继续兜售其亚太区域合作的概念,以获得继续参与东亚事务的"合法身份"。

(资料来源:沈铭辉. 跨太平洋伙伴关系:美国应对东亚合作//亚太地区发展报告(2011)亚洲与中国经济模式调整,北京:社会科学文献出版社,2011:80-89.)

2. 贸易政策制定的过程:国内利益集团的影响

社会多元化利益结构是政府决策需要考虑的另一重要因素。贸易政策是各国国内政治经济诸因素综合作用的结果,是如实反映各种集团利益的政治过程的决策。由于贸易政策有极强的收入分配效应,不同社会阶层或利益集团对其会有不同的反应,无论是政策的受益方还是受损方都会从自己的利益最大化出发,通过一定的行为影响政府的贸易政策选择,以期获得有利于自己的贸易政策。究竟是实行自由贸易政策还是保护贸易政策,则要看不同利益集团院外活动(Lobbying)的结果。

【参考图文】

在贸易政策的政治经济学中,多数模型都使用特殊要素模型分析贸易政策的收入分配效应。据此,可简单地将国内利益集团分成三种:进口替代部门、出口部门和消费者群体。为了使贸易政策的制定有利于自己,各个利益集团通过院外活动游说政府部门的政策制定者。院外活动需要一定成本(如选票、政治资金),但并非每个人都愿意承担该成本。一般来说,外国商品的进口对替代部门的冲击较明显,所以进口替代部门及生产补充产品和向进口替代部门提供投入品的企业和工人对限制进口政策的需求最为强烈;对进口替代的保护虽然不利于出口部门,但其影响是间接和难以计量的,所以出口部门对进口保护的反对可能并不十分强烈;由于"免费搭车"现象的存在,消费者虽是自由贸易最大的受益者,但其在现实中对贸易政策决策的影响却是微乎其微的。假定政府是中性的,那么贸易政策将成为各利益集团角逐均衡的结果,较强力量的利益集团能获得较有利于自己的贸易政策。因此,贸易政策对这些利益集团不再是外生的,而是他们自己行为的结果。

3. 贸易政策制定的约束:外国利益集团和国际贸易制度

贸易政策不仅是国内政治经济各因素综合作用的结果,更是国与国之间相互作用的结果。除了国家目标和国内利益集团影响贸易政策的制定外,一国政府还必须参与当今开放的国际贸易体系,并与其他贸易伙伴国家进行有效的协商与合作,同时也要应对贸易摩擦和争端的挑战。贸易政策的制定亦受到外部影响,包括双边贸易争端与解决、区域贸易合作及多边体制谈判等。

随着贸易与投资一体化的发展及国际经济联系的加深,任何国家都无法拒绝国际制度和集体行动的要求。外国政府、政党、利益集团乃至公众都将通过各种渠道向本国政府进行政治和经济的利益表达,国际集体行动和国际关系的协调增加了贸易政策制定过程的难度,但这却是经济全球化浪潮中各个国家不可避免的趋势。各国政府要运用高超的政治和外交技巧来平衡国家利益和参与国际化潮流之间的关系。这也印证了贸易政策的制定过程是涉及国际、国内、政治、经济等诸多方面的综合过程。WTO 在推动全球贸易自由化的宗旨下,也规定了一些例外条款,以维护世界政治稳定和全球经济发展的长远利益。

在现实世界里,贸易政策的制定既非单独由利益集团或选民的政策需要方面决定,也非由政府的政策供给单方面决定,而是供求双方博弈均衡的结果。贸易政策的形成过程和运行机制不单纯是一个对各种经济变量进行囊括和综合的经济范畴,而且还包含着对相关的政治、社会因素的通盘考虑。贸易的政治经济学将政治学的范式引入贸易理论,从国家非经济效率的目标或社会利益(特别是收入)分配及冲突的视角去探寻贸易政策内生的政治过程,从而比传统保护贸易理论更好地诠释了贸易扭曲政策的现实常态。

专栏 7-7

TPP 协定谈判达成一致,或对全球贸易规则产生影响

2015 年 10 月 5 日,美国、日本、澳大利亚等 12 个国家已成功结束"跨太平洋战略经济伙伴协定"(TPP)谈判,达成 TPP 贸易协定。经过 5 年多的密集谈判,谈判各方已就 TPP 协定达成一致,以支持亚太地区的就业、可持续增长、包容性发展和创新,实现了之前设定的目标。

TPP 谈判涉及美国、日本、澳大利亚、文莱、加拿大等 12 个国家和地区,涵盖全球 40%的经济产出,包含投资、服务、电子商务、政府采购、知识产权、劳工、环境等 30 个章节,谈判完成可能会对全球贸易规则产生深远影响。

本轮 TPP 部长级会议于 2015 年 9 月 30 日在亚特兰大召开,原定 10 月 1 日结束,但由于谈判各方在农产品市场准入、汽车业原产地规则、制药业知识产权保护等三大关键领域未能如期达成妥协,会议被迫延长数天。TPP 会议再三延期,一方面反映出 TPP 成员国在一些敏感议题上的重大分歧和最后阶段谈判的艰难,另一方面也折射出美国等国寻求在本轮会议上取得突破的政治决心。

资料来源:中国网 http://news.china.com.cn/live/2015-10/06/content_34416065.htm

4. 贸易政策制定需要考虑的因素

从贸易政策演变的历史来看,贸易政策制定需要考虑的因素是多方面的,通常主要考虑本国经济实力的强弱、经济发展战略的选择、国内利益集团的影响、面临的国际政治经济环境和外交政策等因素。

一般来说,经济比较发达、国际竞争力较强的国家,比较倾向于自由贸易政策,主张在世界范围内进行自由竞争与合作,反之则倾向于保护贸易政策。

如果一国采取外向型经济发展战略,就会制定比较开放的和自由的对外贸易政策,对外贸易对一国的经济发展越重要,越会主张在世界范围内进行竞争和合作。

如上所述,不同的贸易政策对不同的利益集团会产生不同的利益影响,如自由贸易政策有利于进出口商和消费者,但会给进口竞争部门带来竞争的压力和利益的损失。尽管政府制定政策要做通盘考虑,但贸易政策制定过程中往往会更多地考虑在政治、经济上占上风的利益集团的需要。

由于贸易政策和外交政策有着相互服务和促进的关系,通常情况下,外交政策是为外贸打通道路,提供保护的。在某些场合,贸易要服从外交的需要。

无论如何,贸易政策制定过程中既要考虑国内政治经济因素,还要考虑国际政治经济因素;既要考虑参与国际分工的利益,还要考虑获取利益所付出的各种代价。关于这些问题,本章还会从不同角度作进一步讨论。

美国 2012 年双边投资协定范本对中美双边投资协定谈判政策的影响

2012 年 4 月,经过历时三年的研究和讨论,美国贸易谈判代表办公室正式发布了美国 2012 年双边投资协定范本(2012 US Model BIT),取代之前的 2004 年双边投资协定范本,以作为美国对外进行双边投资协定谈判的基础。5 月中美双方宣布重启双边投资协定谈判。在新的范本中,美国加入了与中国密切相关的一些内容,例如,对"被授予政府职权的国有企业"做出了定义;规定不得有技术本地化的履行要求;要求东道国允许外国人适当参加技术标准的制定等。

我们认为,2012 年范本中的这些变化虽然确实有针对中国之嫌,但并不是中美双边投资协定谈判的主要障碍。如果以美国 2012 年 BIT 范本为基础达成中美双边投资协定,中国对美投资因此获得的商业利益并不明显,却将对中国今后外资管理的灵活性造成极大的束缚。但是,如果中国拒绝做出进一步的有约束性的投资开放承诺,可能在目前的全球投资体系新格局形成过程中居于不利地位。在这种情况下,我们在具体的谈判以及投资政策承诺过程当中,应当注重如下问题:

第一，对中美双边投资协定谈判不应急于求成。应该说，中、美目前对外资的开放程度都是比较高的。而美国的开放程度更优于中国。中国对美投资的政策壁垒并不多，目前主要集中在国家安全审查、美元贬值带来的投资风险等方面。而这些问题通过双边投资协定实际上又是难以解决的。因此，中美双边投资协定对中国的直接利益是有限的。而高速发展的中国现状，也使得目前难以达成协定，随着经济市场的发展在未来几年中可能变为现实，因此对美国基于高标准范本的投资协定谈判，我们不必急于求成。

第二，将双边投资保护谈判与投资自由化谈判适当分离。在2012年中日韩达成的投资协定中，没有纳入准入前国民待遇条款，但为下一步的自由贸易区谈判奠定了基础。如果政治条件允许，中日韩在自由贸易谈判中很可能重启投资谈判，并力图达成一定形式的投资自由化协定。这种将投资保护谈判和投资自由化谈判适当分离的方式对中国是有利的，同业也可以运用到中美谈判当中去，即使美国不接受，我们也可以按照这一模式与欧盟及其他谈判伙伴进行谈判。

第三，在今后一段时间的对外投资谈判中，中国应该推行以肯定清单为基础的准入前国民待遇。以肯定清单为基础的准入前国民待遇方式开展投资谈判与我国现有投资体制改革的渐进性是吻合的，通过逐渐扩大肯定清单开放范围的方式给予外国投资者以准入前国民待遇，还可以起到开放促进改革的作用，有利于国内投资体制的进一步改革。

第四，推动与周边国家以及美国以外的其他国家的投资谈判。继续推动中国与周边国家以及欧盟等各方的投资保护和投资自由化谈判。如果中国能与其他国家达成一些基于肯定清单的投资自由化协议，就可以起到示范作用，也有利于中美谈判的进行，有利于提高中国在国际投资体制建设中的话语权。

(资料来源：崔凡. 美国2012年双边投资协定范本与中美双边投资协定谈判.

国际贸易问题，2013(2): 123-131.)

7.3.2 贸易政策选择的原则及约束条件

1. 贸易政策选择的内容

贸易政策选择的内容主要包括以下几个方面。

(1) 政策目标取向。本章第一节中有比较详细的介绍，此处不再赘述。

(2) 基本政策类型。基本政策取向决定政策选择环节的决策方向。一般来说，贸易政策的基本类型主要是保护贸易政策和自由贸易政策，可根据国情和所处的国际环境进行选择。

(3) 政策实施范围。从时间范围上看，就是确定所选择贸易政策的实施期，并注意实施过程的衔接，在中短期贸易政策中贯彻和体现长期贸易政策，形成连贯、系统的政策体系。从空间(地域)范围上看，就是确定贸易政策的全国统一性和特殊政策的区域范围，如保税区、自由港等经济特区的隔离管理办法如何不被外溢。

(4) 政策手段。不同政策手段可能会产生相似的政策效果，但在不同的经济条件和现实环境下，其效果差异比较大，如关税和数量限制措施。同时，各种配套政策工具如产业政策、财政政策的配合也需要慎重选择。

(5) 政策组合。要做到政策效果最佳，就必须恰当地组合相关政策。要注意协调贸易政策工具本身的组合和贸易政策与国内经济政策的组合。例如，在国际收支出现恶化的背景下，需要借助紧缩性的宏观政策。贸易自由化的成功依赖于出口的更快增长，它要求有本币实际汇率贬值的配合，即名义汇率有一定幅度的贬值，同时要保持国内物价的稳定，后者又取决于宏观政策的调控，紧缩性的宏观政策会产生积极效果，扩张性财政政策则不利于贸易改革。

(6) 政策改变程度。是继续执行还是改变现行政策，往往是政策选择中的主要决策事项。对政策进行局部调整困难相对较小，承担现行政策错误的责任并完全改变现行政策的阻力却往往较大。

2. 贸易政策选择的原则

贸易政策选择的原则有以下几点。

(1) 价值取向原则。政府代表国民选择贸易政策，首先需要尊重社会的价值取向，反映国民的整体利益。政策目标的价值判断一般遵循以下标准：效用标准、自由化标准和社会公正标准。

(2) 统一性原则。包括政策目标的统一、政策目标与政策手段的统一、政策手段的统一。其目的是降低政策内耗，增强政策效果。

(3) 协调性原则。这一原则要求贸易政策的选择要有利于国内均衡与对外均衡的协调、长期利益与短期利益的协调、经济发展与社会发展的协调、发展速度与发展质量的协调。

(4) 效率原则。即以较小的代价取得最大的政策效果，尽可能接近政策预期目标。需要说明的是，政策工具组合的最佳效果并非最大限度地运用每一政策工具。例如，进口替代下的奖出限入措施，如果过于极端，会增加成本，产生自身作用抵消效果，且易遭到贸易伙伴报复。

(5) 可行性原则。即在既定的条件下制定和选择贸易政策，不能超越现实和一厢情愿，同时还要有可预见性、有弹性、易于调整。

形成政策合力——贸易政策、外资政策与产业政策的配套与协调

随着跨国公司一体化国际生产体系的发展，FDI与贸易交织在一起，协调贸易与投资政策日显重要。因为，在许多国家政府仍将贸易和投资分别对待的时候，跨国公司内部已将贸易与投资的功能一体化，这种分别对待的做法会使国家政策措施与其欲影响的公司交易之间出现脱节现象，甚至毫不相干。更令人担忧的是，大多数国家通常都是分别制定贸易政策和投资政策的，且经常受不同目标的影响，受独立的且联系松散的机构管理。在日益一体化的世界里，这种历史的、组织上的分离是极不合时宜的，它会造成贸易与投资政策相互中和，甚至相互抵消，进而影响整个开放和发展进程。从那些比较成功的国家的经验来看①，政策协调会产生一种"合力"，它可以带来超过单一政策目标预期的效果，对经济增长与发展产生更广泛和深刻的影响。遗憾的是，"目前人们对此认识不够深刻，知之者亦甚少"②。

---

① 美、欧、日、加及许多国家均有贸易政策与投资政策不协调的教训。参见：联合国跨国公司与投资司．《1996年世界投资报告》．北京：对外经济贸易大学出版社，1997：198-205。

② 联合国跨国公司与投资司．1996年世界投资报告．储祥银，等译．北京：对外经济贸易大学出版

过去，我们的贸易政策和外资政策往往是分别制定的，各自都具有多重目标，这些目标之间既可能交叉重合，也可能相互矛盾，同时还受短期目标和衡量标准的影响，常常导致贸易政策与外资政策不协调。① 其后果或是阻碍贸易的发展，或是影响利用外资的效果，最终会影响政府预期政策目标的实现。贸易政策与外资政策协调的好处有以下几个方面。

(1) 有助于产业升级，减少贸易摩擦。由于过去政策上鼓励加工贸易的发展，致使外资竞相投资于加工工业领域，从而影响了高新技术的引进效果和产业升级的效果。不仅如此，政策的矛盾还加剧了国内市场的低水平竞争，并延伸到国际市场，国外对华反倾销案件越来越多。

(2) 有助于实现国际收支平衡。经验研究表明，贸易与投资具有替代和互补的关系。而这种关系的变化往往与贸易政策和外资政策有关。如果单独地实行贸易限制政策而不实行外资限制政策，就难以实现改善国际收支(如贸易收支)逆差的政策目标。因为政府通过对进口商品征收高关税或建立非关税壁垒限制了进口，但进口替代型外国投资的增加却又导致了资本品或中间品进口的增加，贸易收支仍然得不到改善。20世纪80年代的美国就出现了类似的情况。我国改革开放初期，由于贸易壁垒的阻碍作用，贸易替代型投资较多。FDI替代进口的经济意义在于：增加就业，减轻进口用汇压力，提供差异消费品，增加生产领域的竞争程度。随着国内市场开放度的提高，竞争日趋激烈，外资进入反过来又促进贸易壁垒的降低。我国加入WTO后，贸易自由化程度提高，贸易替代型投资减少，贸易促进型投资增加，资本项目和经常项目顺差逐年增加。

(3) 在跨国公司贸易投资功能一体化的背景下，政策协调有助于维护本国利益。跨国公司在某些情况下对某种产品会根据成本—收益的比较，选择向东道国出口产品，而非直接投资。在此情况下，出于对国内产业的保护，就需要进口国运用贸易政策，一方面限制商品进口，另一方面通过贸易障碍，迫使跨国公司前来投资。

贸易政策与外资政策的协调，最终要统一到产业政策上来。离开产业成长这一目标的贸易政策和外资政策是不能长久的。产业政策一般包括产业结构政策和产业组织政策。前者在于调节第一、二、三产业的布局，目的是避免重复建设和比例失调，促进产业升级进而保持足够的竞争力；后者在于调节某个产业部门的市场结构，形成合理化的竞争格局。

过去，产业政策鼓励了资本相对密集型产业的发展，而贸易政策则刺激了劳动相对密集的加工出口的增长。越是鼓励出口创汇，出口贸易增长越快，出口贸易结构就越偏向劳动相对密集的产品，加工贸易的成分就越高，贸易与国内工业的发展和产业升级的目标就越加背离。政策不协调的后果减缓了产业升级的步伐，使得出口产品缺乏足够强的国际竞争力，越来越容易遭到发达国家诸如技术标准、环境标准、劳工标准等新型贸易壁垒的阻挡，贸易摩擦越来越频繁。作为WTO的新成员，传统贸易保护政策使用的空间越来越变得狭窄，在这种情况下，必须从以贸易政策保护为主调整为主要依靠产业政策支持上来。产业政策调整方向不仅仅是制定或调整产业投资目录，不仅仅是对鼓励、限制或禁止投资的产业予以界定，而且应当逐步转向产业竞争政策上来。在政策工具选择上，作为发展中国家和WTO的成员，现阶段中国尚不宜采用结构关税政策，而应通过对高新技术产业和规模经济产业的资金支持和研究开发补贴，促进信息化和产业升级。

(资料来源：朱廷珺. 外国直接投资的贸易效应研究. 北京：人民出版社，2006：260-262.)

社，1997：132。

① 我国过去实施的贸易政策和外资政策既有一致的地方，也有相互矛盾的地方。如一方面限制外商投资产品内销比例，另一方面又从国外大量进口；一方面鼓励出口，另一方面又在出口退税、国内采购等具体政策上实际上起到了限制出口的作用。

3. 贸易政策选择中的约束条件

现实中,由于一国所处的发展阶段、政治经济条件和国际环境不同,同样的政策可能会产生不同的效果。大致来说包括以下几个方面:

(1) 决定各国比较优势的要素禀赋状况。
(2) 与国际竞争力相关的经济发展水平。
(3) 影响有效需求的国内市场容量。
(4) 影响关税和非关税措施发挥作用的经济体制因素。
(5) 世界经济衰退或扩张、影响进出口规模的国际环境因素。
(6) 政策选择方式的约束。在独立自主决策基础上形成的贸易政策和在国际协调基础上制定的贸易政策,选择余地明显不同。在国际协调方式下,政策内容要反映国际社会尤其是参加的国际组织和重要贸易伙伴的要求,而不能单纯服务于本国经济发展目标;政策倾向逐步靠拢多边贸易组织的要求;政策手段和管理体制方面都要受国际规范的约束,不能随意选择;政策调整具有不可逆性质,对已经作出的承诺,原则上不能做倒退性的调整。中国加入 WTO 后,进入了相对受约束的开放轨道,失去了许多鼓励出口和保护市场政策手段的使用空间,贸易政策的灵活性和可调性降低,这就要求我们在制定和选择贸易政策过程中,要更多地注意国际因素。

7.3.3 贸易政策调整的原则和方式

贸易政策调整最普遍的、最具时代特征的问题是:如何扩大贸易政策的自由化程度。根据国际和国内经验,贸易政策调整的主要任务是:改革外贸管理体制,协调和衔接调整期的经济体制及其相应的政策目标,克服调整期因体制和政策变化引起的经济波动和混乱、保证政策调整预期效果的实现,克服政策调整的各种阻力等。

1. 贸易政策调整的原则

贸易政策的调整需遵循以下几个原则。

(1) 渐进性原则。为减少贸易政策调整的难度和阻力,培养社会的适应和承受能力,大部分国家一般采取分阶段调整政策和阶段重点差异的做法。为适应这种局部调整的需要,贸易政策应当具有可分割性。

(2) 连续性原则。分阶段推进不应破坏政策调整方向的统一性和连续性。否则,可能会因过度状态所存在的扭曲而形成刚性和僵化,增大下一步调整的难度。这就要求贸易政策调整要有完整的方案和应急预案。

(3) 成长性原则。连续性和渐进性客观上要求贸易政策调整要为下一阶段创造条件而不是设置障碍,这就意味着政策措施要刚柔适度,具有足够的可变换性。

(4) 替补性原则。贸易政策的功能不能因政策或体制的变化而丧失,需要有相同功能的政策或体制代替和补充。例如,在准备取消某种贸易限制措施时,应当完善有关贸易法规体系,建立有效的调控机制。否则,就会出现贸易秩序的混乱。

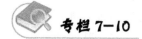

专栏 7-10

全球产业链对贸易政策升级的影响

迅速发展的全球价值链改变了国际贸易和投资的格局，塑造了国际竞争的优势，为发展中国家提供了新的发展机遇，同时也带来了新的风险与挑战。迅速发展的全球价值链对传统贸易政策的理念与内容提出了新的挑战，对全球贸易与投资的规则与纪律提出了新的诉求。由于贸易与生产越来越难以分清国界，以市场准入为核心的"边界保护"贸易政策可能会对自身经济造成严重伤害；贸易竞争力的方式从传统意义上的产业或产品的竞争转变为任务或环节上的竞争，因此那种狭义口径的机遇传统生产与贸易模式的贸易政策已不再适用，需要重新定义基于全球价值链的国际贸易新规则，需以寻求国内规制政策与国际协定之间的协调和融合为主，目的在于通过结构改革促进"边界内措施"的市场化、法制化与国际化，从而消除国内规制问题而导致的经济扭曲，为经济发展提供一个更透明、公正与竞争性的商业环境以及健全的法规制度和法制体系。那么，全球价值链如何改变了贸易政策呢？

首先，全球价值链导向的贸易政策更加强调中间商品进口贸易自由化。全球价值链下，中间产品进口的贸易壁垒会产生积累和放大效应，显著提高贸易保护成本。发展中国家的出口主要得益于外商投资和进口中间投入，其出口产品中含有较高的国外附加值，因而大幅度削减中间产品关税和降低非关税壁垒，能够有效降低下游加工制造行业的生产成本，提高最终产品的出口竞争力。

第二，全球价值链导向的贸易政策要求高效的贸易便利化。由于即使在不存在关税的情况下，运输和物流的服务质量较差、边境的低效管理以及进口的不利监管也会对国际化生产造成负面影响增加贸易成本。因此需要不断规范产品进出口海关流程、法规和条例等，协调跨境合作，简化手续，以减少产品在贸易便利化的瓶颈问题。

第三，全球价值链导向的贸易政策要求促进服务贸易自由化。服务贸易在全球价值链中祈祷起到与联系纽带的作用，并往往被作为中间投入进入产品的生产环节。因此，全球价值链依赖于服务市场的绩效，促进服务贸易的自由化能够显著增强制造业价值链的竞争力，促进其更好地融入到全球生产网络中。

第四，全球价值链导向的贸易政策要求实现投资自由化与便利化。在全球价值链体系下，贸易与投资具有很强的交融性，FDI能够有效促进一国参与全球价值链，促进技术和知识的转移和外溢。因此，政府应当在投资领域降低壁垒，简化程序，给予外国投资者一定的国民待遇等，以促进投资自由化和便利化，完善投资环境。

第五，全球价值链导向的贸易政策要求促进标准与规制融合。质量和安全体系的异质性是企业进入全球价值链面临的主要壁垒之一，为企业进入国际市场带来了额外的生产和协调成本。中外规制差异，尤其是社会、行业中的规制扭曲，如腐败、权力关系等都会企业带来不可避免的损失。因而要有效促进企业融入价值链，需与其他国家签订互相认可的协议，改革本国的规范和标准以符合最佳国际惯例

(资料来源：盛斌，陈帅. 全球价值链如何改变了贸易政策：对产业升级的影响和启示.
国际经济评论，2015(1)：85-97.)

2. 贸易政策调整的方式

贸易政策调整的方式涉及贸易政策调整的步骤、速度等问题。在调整步骤方面，从中国的实践来看，主要涉及经济体制改革与外贸体制改革的顺序、贸易自由化与对外开放投资市场的顺序、贸易自由化与金融自由化的顺序、贸易措施的调整顺序以及政府统制贸易转向民间贸易即贸易经营权扩大或者还给企业等。这些顺序的安排，涉及的因素比较复杂，

国际经验教训也比较多。限于篇幅，此处不作详解①。

贸易政策调整的速度大致可采取渐进式和激进式两种方式。一般以两年为界，少于两年完成贸易政策的调整，进行大刀阔斧式的改革，被称为激进式调整方式。其成功与否主要取决于社会对改革代价特别是失业者的反对程度。世界银行认为，存在价格和工资僵化以及其他结构扭曲的经济体系，激进的改革可能导致企业的不适应、工厂倒闭、工人失业加剧等，渐进式改革可以降低总代价。渐进式改革最大的危机可能来自信任危机。改革拖延的时间越长则风险越大。较为妥善的解决办法是，事前公布贸易自由化的计划。

以色列贸易自由化进程(1952～1977 年)

以色列提供了渐进式改革的经验。它在 1952～1977 年推行了贸易自由化政策，改革虽然受到各种压力，但没有出现重大的政策倒退，比较成功地减少了政府对贸易及其他经济活动的干预，使僵化的统制经济体制转化为比较开放的市场经济。以色列的贸易自由化经历了三个阶段。

第一阶段始于 1952 年。从汇率政策调整入手进行贸易改革。在此之前，以色列面临严重的外汇短缺，政府采取了一系列政策，争取在困难的经济环境下做到自给自足，包括实行外汇管制、抑制通货膨胀、阻止奢侈品进口和鼓励进口替代等。但是，经济失衡却日趋严重。1952 年，以色列实行了大幅度的货币贬值，标志着政府开始抛弃过去的政策。此后，政府管理从直接控制转变为更多地依靠价格机制。

第二阶段始于 1962 年。政策调整的主要内容是改革形式。1962 年，政府宣布实行新的经济政策，牢固确立了出口导向政策，尽管政策中仍存有某些反出口倾向。政府废除了多重汇率制，并将官方汇率从 1 美元兑换 1.8 以色列镑贬为 3 以色列镑；关税被降低，剩下的进口数量限制则逐步被关税所取代；同时取消了出口补贴。在这一政策导向下，出口受到明显推动，出口占总产出的比重上升了，除了传统出口产品，还发展了纺织品等新的出口产品。政府还以投资、补贴贷款、信贷等手段支持出口。

第三阶段始于 1968 年。主要措施是实行了事先公布的统一关税，并且消除了贸易政策中的反出口倾向。1971 年以色列再度实行大幅度货币贬值，并在 1974～1977 年间坚持实行了紧缩性财政、金融政策，有效地配合了贬值，使实际汇率不致回升。虽然暂时引起了失业的增加，但却实现了改善国际收支的目标。

(资料来源：朱立南．国际贸易政策学．北京：中国人民大学出版社．1996: 328-329．)

7.3.4 贸易政策在贸易战略中的运用：以中国为例

贸易战略是一国或地区经济发展战略的重要组成部分，是根据经济发展的总体要求、针对对外贸易发展的目标及实现手段所作的战略性决策。贸易战略一般被分为外向型和内向型两类。当贸易发展战略既不歧视内销又不歧视外销、既不歧视本国产品也不歧视外国产品，就具有外向型贸易战略特征和"中性贸易体制"特征，当鼓励内销并限制进口时就具有内向型贸易战略特征，又被称为进口替代型战略。进口替代战略的政策特点是：高度贸易保护、实行外汇管制和汇率高估政策、采取鼓励投资政策等。

我们可以从以下几个方面对中国的贸易战略演变进行实证考查：①关税保护率；②数

---

① 有兴趣的读者可参阅以下文献：朱立南．国际贸易政策学．北京：中国人民大学出版社，1996(第九章)；张幼文，等．外贸政策与经济发展．上海：立信会计出版社，1997(第三章、第八章)．

量限制措施使用情况;③对进口的补贴情况;④出口奖励情况;⑤出口限制的力度;⑥外汇管制程度与本币币值水平。

通常情况下,关税保护率越高,对进口替代的偏向也就越大;配额、许可证等工具使用越广泛,表明内向程度越高;对国内产业生产所需要的中间投入品和设备的补贴越高,对该产业所生产的最终产品的内销偏向也就越多;出口限制力度越大说明反出口倾向越严重;本币币值高估有利于进口,反之则有助于激励出口。

自 1980 年至今,中国的贸易战略大致可以划分为"进口替代与边际出口导向"(1980—1983 年)、"以出口促进抵消进口替代"(1984—1990 年)、"出口促进与边际贸易自由化"(1991—1993 年)、"贸易自由化"(1994 年至今)四个阶段。这里所说的"边际",乃指程度很低、范围较小、体制改革刚刚起步或处于转折点之意。

自新中国成立到 1979 年前,中国试图从供给方面由下游的重化工业、机械工业向上游的中间产品直到消费品进行依次保护,实施了逆比较优势的贸易发展战略,生产成本高而效益很低,造成这些保护部门在国际市场上缺乏竞争力,在长期内不能放开保护,更不能扩大出口;另一方面,必须压缩对消费品的生产投入,从而引发严重的短缺经济,同时,丰富的劳动力在就业系数低的重工业体系下显得更加过剩。

我们可以通过表 7-7,简要地回顾一下 1980 年以来中国贸易战略的演变历程,分析其背景和绩效。1980 年开始逐步实施的一系列改革开放政策,给中国对外贸易发展带来了巨大成就。仅就贸易发展战略轨迹来看,呈现出显著的变化:从阻碍贸易到促进贸易;从内向型到外向型;从逆比较优势到顺比较优势;从发挥供给方面的前向关联到发挥需求方面的后向关联;从价格信号扭曲下的贸易激励措施到市场供求定价参与国际竞争;从注重直接数量限制到注重通过关税、汇率和补贴等价格机制起主导作用。在加入 WTO 过程中和加入后,政府将许多原先隐性的保护显化为可预见的价格等量措施(如关税率),并承诺逐步削减贸易壁垒,贸易自由化程度不断提高。当然,对贸易战略绩效的考查是一个非常复杂的问题,需要分阶段、分指标(如 GDP 增长、要素增值率、贸易结构变化等)进行分析,这里不作论述。

表 7-7 中国贸易发展战略的演变

贸易战略 具体措施	进口替代与 边际出口导向 1980—1983 年	以出口促进抵消进口替代 1984—1986 年/ 1987—1990 年	出口促进与边际 贸易自由化 1991—1993 年	贸易自由化 1994 年至今
1. 关税保护		征收进口调节税	削减关税; 取消进口调节税	削减关税; 征收进口增值税和消费税
2. 数量限制		恢复许可证	削减进口许可证; 取消进口替代清单; 削减进口计划; 削减进口配额;	削减进口许可证; 削减进口计划; 削减进口配额

续表

具体措施 \ 贸易战略	进口替代与边际出口导向 1980—1983年	以出口促进抵消进口替代 1984—1986年/ 1987—1990年	出口促进与边际贸易自由化 1991—1993年	贸易自由化 1994年至今
3. 进口补贴	进口补贴	部分取消进口补贴		消除进口补贴
4. 出口鼓励	经济特区； 试行外汇留成制； 出口补贴	出口加工区； 出口退税/深化出口退税； 单一外汇留成/多元外汇留成/扩大出口信贷	修改外汇留成； 取消出口补贴	降低出口退税率； 结汇和售汇制； 建立进出口银行
5. 出口限制		恢复许可证制度	强化出口管理	
6. 外汇管制和本币币值	复汇率制	重大贬值	重大贬值	重大贬值； 单一的、有管理的浮动汇率制； 1994年经济项目下有条件自由兑换/1997年经常项目下自由兑换

资料来源：盛斌. 中国对外贸易政策的政治经济分析. 上海：上海三联书店，上海人民出版社，2002：171。

专栏 7-12

构建开放型经济新体制的重要举措：加强进口

加入WTO以来，中国政府不断开放市场，坚持进口与出口并重，进口规模不断扩大，2013年进口额达1.95万亿美元，比2001年增长7倍多，已连续5年居世界第二位，在促进国内经济发展的同时，为全球经济作出了重要贡献。

2014年10月23日国务院出台了《关于加强进口的若干意见》（以下简称《若干意见》），实施积极的进口促进战略，以市场需求为导向，充分发挥进口优化资源配置的作用，进一步优化进口管理，推进贸易便利化，改善贸易环境，鼓励扩大先进技术设备和关键零部件进口，降低企业成本，提升企业竞争力；稳定国内需要的资源进口，促进节能减排；合理增加消费品进口，满足国内生产生活需求，促进国内经济转型升级和结构调整。这是贯彻落实党的十八届三中全会精神、构建开放型经济新体制的重要举措。

我国进口商品由资本品、中间品和消费品三大类构成，主要由国内投资、生产配套和消费，以及加工贸易所需进口等因素拉动，进口需求由市场决定。《若干意见》中的各项政策措施，遵循以市场需求为导向的原则，着力发挥进口对优化结构和创新升级的促进作用，强调发挥满足居民消费需求和繁荣国内市场的作用。

1. 《若干意见》的主要内容

一是鼓励先进技术设备和关键零部件进口。调整《鼓励进口技术和产品目录》。鼓励银行业金融机构加大进口信贷支持力度。积极支持融资租赁和金融租赁企业开展进口设备融资租赁业务。完善科教用品和科技开发用品进口税收政策。

二是稳定资源性产品进口。完善国家储备体系，支持企业建立商业储备。支持海外投资，鼓励战略性资源回运。适度扩大再生资源进口。

三是合理增加一般消费品进口。加快与相关国家就水产品、水果、牛羊肉等产品签订检验检疫协议，积极推动合格的加工企业和产品备案注册。支持具备条件的国内流通企业整合内外贸业务。鼓励国内商业企业经营代理国外品牌。

四是大力发展服务贸易进口。扩大国内急需的咨询、研发设计、节能环保、环境服务等生产性服务进口和旅游服务进口。加强人员流动、资格互认、行业标准制定等方面的国际合作。完善与服务贸易相适应的通关管理模式。

五是进一步优化进口环节管理。加紧在中国(上海)自由贸易试验区率先开展汽车平行进口试点工作。适时调整自动进口许可货物种类，加快自动进口许可管理商品无纸化通关试点。不断优化海关税收征管程序。

六是进一步提高进口贸易便利化水平。对进口货物实行24小时和节假日预约通关。加快推进全国海关通关一体化改革工作。继续完善检验检疫制度，扩大采信第三方检验检测认证结果，推动检测认证结果及其标准的国际互认，缩短检验检疫时间。

七是大力发展进口促进平台。加大对国家进口促进创新示范区的政策支持，支持大宗商品交易平台建设，完善进口贸易平台。加快出台支持跨境电子商务发展的指导意见。充分发挥海关特殊监管区域和监管场所的作用。组织和支持举办进口展览会、洽谈会。加强进口政策宣介。

八是积极参与多双边合作。加快推进"一带一路"建设，鼓励企业到沿线国家投资加工生产并扩大进口。积极签订服务贸易合作协议。加强中外贸促机构、商会间的民间交流，促进和组织企业开展贸易促进活动。

2.《若干意见》在推动贸易便利化方面的特点

《若干意见》在贸易便利化方面的政策措施，一是结合转变政府职能，简政放权，优化进口管理方式，切实减轻企业负担；二是结合进口贸易特点，着重解决企业在进口环节遇到的主要困难和问题；三是结合改革试点经验，积极推进正在开展的各项通关便利化试点工作。

(1) 调整自动进口许可货物种类，加快无纸化通关试点。商务部将根据简政放权原则和宏观调控需要，对《自动进口许可管理商品目录》进行动态调整。2014年8月，海关总署与商务部联合发布公告，在上海自贸区试点自动进口许可证无纸化通关工作，首次在涉证管理商品通关无纸化方面取得突破，下一步，两部门将在总结经验，改善网络技术的基础上，尽快扩大试点范围，争取在2015年内推广到全国。

(2) 加快推动全国海关一体化改革工作。具体分为三个步骤：一是围绕京津冀区域协同发展的国家战略实施，已于2014年7月1日启动；二是围绕依托黄金水道建设长江经济带的重要战略部署，已于2014年9月下旬启动长三角海关先行实施通关一体化，年内扩大到长江经济带。广东地区通关一体化改革也已同步实施；三是结合国家"一带一路"建设、内陆地区国际大通道建设等战略部署，创新多式联运监管，把区域通关一体化扩大到内陆腹地和沿边地区，最终实现全国海关一体化通关。与传统的转关流程相比，区域通关一体化通关流程减少了通关环节，减少企业往返办理货物放行手续时间。同时，企业可以自主选择通关地点，自主选择通关方式，实现24小时报关。对于跨关区通关的进口货物，企业可以自行选择运输方式，大大缩减了物流时间和成本。

(3) 继续完善检验检疫制度，扩大采信第三方检验检测认证结果，缩短检验检疫时间。主要包括：推进区域检验检疫一体化，加快检验检疫业务无纸化进程，在风险分析的基础上，对特定进口商品逐步实行凭认可的第三方机构检测结果验证放行，提高进口货物及物品的验放速度。

本 章 小 结

本章考察了政府实行贸易政策的意义,回顾了贸易政策演变的历史,论述了贸易保护的理论依据,探讨了贸易政策选择、政策工具组合运用的基本原则和影响因素。

贸易政策这一范畴所包含的基本因素有政策主体、政策客体、政策目标、政策内容和政策工具或手段等五个方面。从一般意义上来讲,贸易政策同一般经济政策一样,首先是为了贯彻政府的价值观念。其次是为了弥补市场机制缺陷。从特殊意义上讲,贸易政策的目的和意义在于调控贸易规模和结构、维护国内经济秩序、调整对外经济关系、辅助政府总体经济目标的实现等。

贸易政策目标具有多元性、整体性、多层次性和不相容性等特点。在不同的经济发展状态和历史时期,贸易政策目标选择的侧重点是不同的。一般来说,扩大出口、保护国内幼稚产业、增加就业、改善国际收支往往是发展中国家比较看重的首要方面,贸易增长可能会牺牲部分贸易效益。随着国际竞争力的加强,会逐渐选择提高技术含量、改善贸易条件、促进贸易结构升级、推进贸易自由化等目标。也就是说,贸易增长与贸易效益的矛盾会逐步得到协调。

保护幼稚工业论考虑一国的长期利益,认为保护是短期的,短期保护的代价可以在长期得到偿还。这一理论在实施中有两个不易克服的困难:如何保护选择对象和如何选择保护手段。因为信息的不完全和政府的利益所在,往往难以做出正确选择,实践结果往往弊大于利。

改善国际收支论着眼于国际收支平衡。这一理论忽视了别国报复的可能性。进口的减少也会引起出口的减少,对改善国际收支的作用会被抵消。

改善贸易条件论认为,增加关税等贸易保护手段限制进口、减少需求,可以提高进口商品的价格。但这取决于该国对国际市场的影响力,如果考虑到报复的因素,大国也未必能从中获利。

维护就业论考虑一国的就业水平,但保护的结果不一定能使本国就业总水平上升,而只是就业机会在不同行业中的再分配,并要为此付出效率损失的代价,结果往往得不偿失。

保护公平竞争论企图以保护作为武器来制约别国的保护措施,这一武器若使用得当也许可以推动自由贸易,但利益集团往往以此作为保护的工具。

此外,进行贸易保护还有许多政治、文化、社会的因素,诸如民族自尊、社会公平、国家安全等。

贸易政策作为一国经济政策的重要组成部分,更是政治市场角逐的产物,它是政府在国家整体目标的指导下,权衡考虑该政策所造成的收入分配格局,结合国内外环境做出的综合决策。在现实世界里,贸易政策的制定既非单独由利益集团或选民的政策需要单方面决定,亦非由政府的政策供给单方面决定,而是供求双方博弈均衡的结果。贸易政策的形成过程和运行机制不单纯是一个对各种经济变量进行囊括和综合的经济范畴,而且还包含着对相关的政治、社会因素的通盘考虑。贸易的政治经济学将政治学的范式引入贸易理论,从国家非经济效率的目标或社会利益(特别是收入)分配及冲突的视角去探寻贸易政策内生的政治过程,从而比传统保护贸易理论更好地诠释了贸易扭曲政策的现实常态。

贸易政策制定需要考虑的因素有本国经济实力的强弱、经济发展战略的选择、国内利益集团的影响、面临的国际政治经济环境和外交政策等。

贸易政策选择一般应遵循价值取向、统一性、协调性、效率以及可行性原则。贸易政策调整的主要任务是:改革外贸管理体制,协调和衔接调整期的经济体制及其相应的政策目标,克服调整期因体制和政策变化引起的经济波动和混乱,保证政策调整预期效果的实现,克服政策调整的各种阻力等。贸易政策调整应当遵循渐进性、连续性、成长性、替补性原则。

贸易战略是一国或地区经济发展战略的重要组成部分,是根据经济发展的总体要求、针对对外贸易发展的目标及实现手段所作的战略性决策。考查贸易战略特征的指标通常有关税保护率、数量限制措施、对进口的补贴、出口奖励、出口限制的力度、外汇管制程度与本币币值水平等。

关键术语

贸易政策目标冲突、贸易政策选择、贸易政策的政治经济学、贸易政策协调、贸易自由化、新贸易保护主义、重商主义、新重商主义、幼稚产业、改善国际收支论、改善贸易条件论、战略贸易论、维护就业论、公平贸易论、矫正扭曲论、国家安全论、民族自尊论、社会公平论、环境保护论、贸易乘数、战略贸易政策、集体行动、垄断利润、战略产业、管理贸易论、中心—外围论、贸易战略

拓展阅读

[加] 贡德尔·弗兰克. 白银资本. 刘北成,译. 北京:中央编译出版社,2000.

[美] 保罗·克鲁格曼. 战略性贸易政策与新国际经济学. 海闻,等译. 北京:中国人民大学出版社,2000.

[美] 罗伯特·芬斯特拉,魏尚进. 全球贸易中的中国角色. 鞠建东,余淼杰,等译. 北京:北京大学出版社,2013.

[美] 迈克尔·波特. 日本还有竞争力吗?. 陈小悦,译. 北京:中信出版社,2002.

[美] 巴里·艾肯格林. 全球失衡与布雷顿森林的教训. 张群群,译. 长春:东北财经大学出版社,2013.

李群. 管理贸易论:兼论经济转型期的中国外贸政策调整. 北京:人民出版社,2004.

林毅夫,等. 中国的奇迹:发展战略与经济改革(增订版). 上海:上海三联出版社,2002.

【参考图文】

盛斌. 中国对外贸易政策的政治经济分析. 上海：上海三联书店, 上海人民出版社, 2002.

石广生. 中国对外经济贸易改革和发展史. 北京：人民出版社, 2013.

王如忠. 贫困化增长：贸易条件变动中的疑问. 上海, 北京：上海社会科学院出版社, 高等教育出版社, 1999.

朱立南. 国际贸易政策学. 北京：中国人民大学出版社, 1996.

 复习思考题

1. 既然自由贸易有贸易保护所不具有的诸多好处，为什么到目前为止没有任何一个国家实行完全的自由贸易？你估计到什么时候"自由贸易时代"会到来？

2. 资料显示，发达国家中消费者为每一个被保护的就业机会付出的代价都不小，为什么政府仍要保护这些行业？

3. 如何评价本杰明·富兰克林1779年提出的"从来没有一个国家是被贸易所摧毁的"之论断？

4. 第二次世界大战后，美国既是贸易自由化的主要倡导者，同时又是新贸易保护主义的重要发源地，如何解释这一现象？

5. 对外贸易乘数理论从何演变而来？有什么应用价值？

6. 西方国家不同历史阶段推行的贸易保护主义有何异同？

7. 比较各种贸易保护理论的出发点、思想渊源和政策主张。

8. 如何理解"贸易政策作为一国经济政策的重要组成部分，更是政治市场角逐的产物？"

9. 列举贸易政策目标不相容的情况，并提出解决办法。

10. 2014年10月国务院办公厅出台的《关于加强进口的若干意见》是我国在构建开放型经济新体制的重要举措之一。试分析这对我国经济及进口贸易战略的发展将起到怎样的促进作用。

第8章 进口保护政策：关税

教学目标

本章主要学习有关关税的含义、分类、效应和关税征收的依据，简要分析关税安排、最优关税的额度和关税减让的效应，测定关税征收对各产业的有效保护程度。

教学要求

知识要点	能力要求	相关知识
进口税的贸易调节方式	掌握关税的分类和征收方法	普通税、最惠国税、特惠税、普惠制税、附加税、从量税、从价税、混合税
关税的经济效应	掌握征收关税对国内价格、生产、消费和经济福利的影响，了解大国与小国情形的异同	生产者剩余、消费者剩余、净效应、大国、小国
关税税率的决定	理解关税对一国社会福利水平的影响方式，熟悉最优关税的确定原则，了解关税的减让会降低一国的关税水平，从而产生各种经济效应	最优关税、关税报复、关税循环、单方面减税、相互减税
关税结构与有效保护率	掌握有效保护率的定义和计算公式，理解关税结构安排的原则，了解国家如何通过实施合理的关税政策对经济进行有效的调控	名义保护率、有效保护率、关税税率升级

2015年关税实施方案

经国务院批准,我国于 2015 年 1 月 1 日正式实施《2015 年关税实施方案》(以下简称《方案》)。此次《方案》调整,主要针对与进口商品税率、协定税率、特惠税率、出口商品税率和税则税目等,具体包含了以下几个方面:

1. 进口关税税率方面

我国加入 WTO 的降税承诺已于 2010 年全部履行完毕,2015 年最惠国税率维持不变,我国关税总水平将仍为 9.8%,其中农产品平均税率为 15.1%,工业品平均税率为 8.9%。同时,仍将维持 10 个非全税目信息技术产品实行海关核查管理;继续对小麦等 8 类 47 个税目商品实施关税配额管理,其税目和税率维持不变,其中对尿素、复合肥、磷酸氢二铵三种化肥的配额税率继续实施 1%的暂定税率;对配额外进口的一定数量的棉花实施滑准税;继续对感光材料和摄录像机等 46 个税目的商品实行从量税或复合税,对激光照排片(税号:37024321)改按 10%约束税率从价征收。

此外,在其他的特别税率方面也做出了一定的调整:

(1) 暂定税率方面。为落实我国关于加强进口、促进外贸增长若干意见的要求,积极鼓励先进技术设备、关键零部件和能源原材料进口,适度支持一般消费品进口,2015 年进口暂定税率进行了适当调整,实施进口暂定税率的商品共计 749 项,平均税率为 4.4%,相对于最惠国税率,优惠幅度为 60%。根据产业发展和市场情况,对国内市场发生较大变化的 39 项商品,在原暂定税率的基础上进行反向调整。主要包括制冷压缩机、天然橡胶、煤炭、轿车用柴油发电机等。

(2) 协定税率方面。依据我国与有关国家或地区签署的协议,2015 年我国将继续实施 13 个协定,即继续对《亚太贸易协定》成员、东盟十国、智利、巴基斯坦、新西兰、新加坡、秘鲁、哥斯达黎加、瑞士、冰岛等 24 个国家和地区的有关进口商品实施协定税率。

(3) 特惠税率方面。根据我国与有关国家或地区签署的贸易或关税优惠协定、双边换文情况以及国务院有关决定,对原产于孟加拉国和老挝的部分商品实施《亚太贸易协定》项下特惠税率;对原产于埃塞俄比亚等 24 个国家的部分商品实施 97%税目零关税待遇;对原产于安哥拉等 14 个国家的部分商品实施 95%税目零关税特惠税率;对原产于毛里塔尼亚和孟加拉国的部分商品实施 60%税目零关税特惠税率。

2. 税则税目方面

为适应经济社会发展、科学技术进步、产业结构调整、贸易结构优化、加强进出口管理的需要,根据有关部门和行业的建议,在符合《商品名称及编码协调制度》列目原则的前提下,对部分税则税目进行了调整。为完善税目结构,增列"马尾藻(税号:1212.2910)"、"六氟磷酸锂(税号:2826.9020)"、"氮化硼(税号:2850.0012)"、"木糖(税号:2940.0010)""溶聚丁苯橡胶(税号:4002.1915)"、"充油溶聚丁苯橡胶(税号:4002.1916)"、"铝塑复合纸(税号:4811.5191)"、"其他气体压缩机(税号:8414.8040)"、"教习头(税号:9023.0010)"等 9 个税目,删除"甜椒"税目(原税号:0712.9060),调整"环丙氟哌酸"税目位置,并修改税目名称 2 个。经调整后,2015 年版税则税目总数由 2014 年的 8 277 个增至 8 285 个。

尽管 20 世纪 50~70 年代关税有了大幅度下降,但关税措施作为最简单和最古老的国际贸易措施在今天的国际贸易中仍具有很重要的地位。

关税(Customs Duty 或 Tariff)是指进出口货物经过一国关境时,由政府设置的海关向进出口商品课征的一种税收。关税的征收范围是以关境为界,由本国的行政管理机构——海关征收。关境，亦称关税领域(Customs Area)，是海关执行海关法令规章、行使管辖权、征收关税的领域。货物只有在进出关境时才被视为进出口货物而征收关税。一般情况下，一国关境与其国境是相同的，但也有不一致的情况，如有些国家在国境内设有自由港或自由贸易区等，这些地区不属于关境范围，这时关境小于国境；当几个国家结成关税同盟，对内取消一切贸易限制，对外建立统一的关税制度，这时关境大于国境。

关税种类繁多，按照征收的对象或商品流向，可分为进口税、出口税、过境税。

进口税(Import Duty)是指外国商品进入一国关境或从自由港、出口加工区、保税仓库进入国内市场时，由该国海关根据海关税则对本国进口商所征收的一种关税，进口税通常称为正常关税或进口关税。

出口税(Export Duty)是出口国家的海关在本国产品输往国外时，对出口商所征收的关税。目前大多数国家对绝大部分出口商品都不征收出口税，因为征收出口税会提高出口商品的成本，削弱其国际竞争力，不利于扩大出口。征收出口税的目的有两方面：其一，限制国内稀缺资源和关系国计民生的重要商品的出口；其二，为了避免国际市场上本国产品供给量过大造成价格下降。例如，泰国和缅甸对于大米的出口，加纳对于可可的出口，巴西对于咖啡的出口都征收出口税。我国目前仅对极少数商品征收出口税，被征收出口税的商品主要有生丝、有色金属、铁合金和绸缎等。

过境税(Transit Duty)又称通过税或转口税，是一国海关对通过其关境再转运第三国的外国货物所征收的关税。由于过境货物对本国生产和国内市场没有影响，故大多数国家都采取"自由过境"原则，只对过境货物征收少量的准许费、印花费、登记费、统计费、印花税等。

征收关税主要有两个作用：一是增加本国财政收入；二是保护本国的产业和国内市场。其中，进口税是关税保护的主要手段。通常所说的关税壁垒就是对进口商品征收高关税，以提高其成本，削弱其竞争力，起到限制进口的作用。

贸易税在各国政府收入中所占比重见表8-1。

【参考图文】

表8-1 贸易税在各国政府收入中所占比重

国家	年份	比重(%)	国家	年份	比重(%)
高收入国家					
巴林	2005	8.98	瑞士	2002	1.22
韩国	2005	3.35	美国	2005	1.11
澳大利亚	2005	2.22	冰岛	2002	0.96
科威特	2005	1.89	荷兰	2005	0.81
加拿大	2005	1.27	挪威	2005	0.19
中等收入国家					
斯威士兰	2003	47.66	秘鲁	2005	5.69
莱索托	2004	45.16	格鲁吉亚	2005	5.61
俄罗斯	2005	24.19	摩尔多瓦	2005	5.50
毛里求斯	2005	19.86	哥斯达黎加	2005	5.07

续表

国家	年份	比重(%)	国家	年份	比重(%)
中等收入国家					
危地马拉	2005	15.00	哈萨克斯坦	2005	3.63
阿尔及利亚	2002	12.94	印度尼西亚	2004	3.02
约旦	2005	11.46	哥伦比亚	2005	3.01
泰国	2005	7.48	爱沙尼亚	2004	0.22
萨尔瓦多	2005	6.56	斯洛伐克	2005	0.11
伊朗	2005	5.93			
低收入国家					
孟加拉国	2004	32.56	尼泊尔	2005	19.04
加纳	2004	28.51	印度	2002	14.85
民主刚果	2002	27.40	肯尼亚	2004	11.17
塞拉利昂	2004	26.96	布基纳法索	2005	10.83

资料来源：IMF. Government Finance Statistics Yearbook 2006；丹尼斯·R. 阿普尔亚德，小阿尔弗雷德·J. 菲尔德，史蒂芬·L. 柯布. 国际经济学(第6版). 北京：机械工业出版社，2010：200。

8.1 进口税的贸易调节方式

一国通过征收进口税对国际贸易进行调节主要依赖于进口关税分类、税率和征收方法的确定来实现。

8.1.1 进口关税分类

进口关税按照不同的标准可以有不同的分类。

1. 按照征收目的分类

一国政府对外来货物进行关税征缴的目的是多种多样的，主要包括以下几种。

1) 财政关税

财政关税是一国政府以增加或筹集国家财政收入为目的，对进入本国境内的货物征收的关税。财政关税是一国政府进行关税征缴的主要目的之一，也是一国税收收入的重要来源。17世纪末，欧洲各国的关税收入多占其财政收入的80%以上。美国建国之初，关税是其最主要的财源，1902年关税收入还占其政府税收总额的47.4%。

2) 保护关税

保护关税是一国政府以保护本国生产企业的积极性或提升本国货物在市场中的竞争力而对他国货物进入本国境内时征收的关税。商品关税往往直接构成商品销售过程中的成本。对从他国进口的商品征收关税会进一步提升产品销售时的价格，削弱其与国内同类产品的竞争力，从而有利于提升国内产品的市场竞争力，以及保护本国生产同类产品企业的生产积极性。

3) 进口附加税

进口附加税(Import Surtaxes)是指进口国海关对进口的外国商品在征收进口关税之外，出于某种特定的目的而额外征收的关税。进口附加税在一国的海关税则中不能找到，也不像进口税那样受到 GATT 的严格约束而只能降不能升，其税率的高低往往视征收的具体目的而定。进口附加税一般是针对个别国家和个别商品征收的，主要有以下几种：

(1) 反倾销税(Anti-dumping Duty)。指对实行倾销的进口货物征收的一种临时性进口附加税。其目的是抵制商品倾销，保护本国市场，因此反倾销税税额一般按倾销差额征收。

(2) 反补贴税(Countervailing Duty)。又称反津贴税、抵消税或补偿税，是对在生产、制造、加工、买卖及运输过程中直接或间接地接受出口国政府、同业公会或垄断组织的任何奖金或补贴的进口商品所征收的一种进口附加税。其目的是提高进口商品的价格，抵消其所享受的补贴金额，削弱其竞争力。

(3) 紧急关税(Emergency Tariff)。指为消除外国商品在短期内大量进口，对国内同类产品生产造成重大损害或产生重大威胁而征收的一种进口附加税。短期内，外国商品大量涌入时，一般正常关税已难以起到有效保护作用，因此需借助税率较高的特别关税来限制进口，保护国内生产。例如，1972 年 5 月，澳大利亚受到外国涤纶和棉纶进口的冲击，为保护国内生产，澳大利亚决定征收紧急关税，在每磅 20 澳分的征税外另加征每磅 48 澳分的进口附加税。由于紧急关税是在紧急情况下征收的，是一种临时性关税，因此，当紧急情况缓解后，紧急关税必须撤除，否则会遭到别国的关税报复。

(4) 惩罚关税(Penalty Tariff)。指出口国某商品违反了与进口国之间的协议，或者未按进口国海关规定办理进口手续时，由进口国海关向该进口商品征收的一种临时性的进口附加税。这种特别关税具有惩罚或罚款性质。例如，1988 年日本半导体元件出口商因违反了与美国达成的自动出口限制协定，被美国征收了 100%的惩罚关税。又如，若某进口商虚报成交价格，以低价假报进口手续，一经发现，进口国海关将对该进口商征收特别关税作为罚款。另外，惩罚关税有时还被用作贸易谈判的手段。例如，美国在与别国进行贸易谈判时，就经常扬言若谈判破裂就要向对方课征高额惩罚关税，以此逼迫对方让步。这一手段在美国经济政治实力鼎盛时期是非常有效的，然而，随着世界经济多极化、国际化等趋势的加强，这一手段日渐乏力，且越来越容易招致别国的报复。

(5) 报复关税(Retaliatory Tariff)。指一国为报复他国对本国商品、船舶、企业、投资或知识产权等方面的不公正待遇，对从该国进口的商品所课征的进口附加税。通常在对方取消不公正待遇时，报复关税也会相应取消。然而，报复关税也像惩罚关税一样易引起他国的反报复，最终导致关税战。例如，乌拉圭回合谈判期间，美国和欧盟就农产品补贴问题发生了激烈的争执，美国提出一个"零点方案"要求欧盟 10 年内将补贴降为零，否则除了向美国农产品增加补贴外，还要对欧盟进口商品增收 200%的报复关税。欧盟也不甘示弱，扬言反报复。双方剑拔弩张，若非最后相互妥协，就差点葬送了这一轮谈判的成果。

专栏 8-1

中国征收报复性关税对日本产生冲击

日本政府 2001 年 4 月份决定对来自中国的蘑菇、大葱及其他进口产品征收惩罚性关税。为了对抗日本政府采取的对农产品的一般紧急进口限制措施中国政府通过中央电视台,正式宣布对原产于日本的汽车、手持和车载无线电话、空气调节器等三种进口商品加征特别关税。

日本厂家2000年向中国出口了4.7万辆汽车,只不过是日本向世界出口量的1%。但是,对华出口辆数比上一年增加了36%。中国为什么选择上述三种产品,对其加征特别关税?

有关人士认为,这是因为日对华出口的上述商品正在高速顺利增长,如报复措施生效,并拖延下去,各汽车厂家很可能失去对华商务的立足点。

资料来源:根据http://cache.baidu.com/c?m 资料整理。

征收进口附加税主要是为了弥补正税的财政收入作用和保护作用的不足。由于进口附加税比正税所受国际社会约束要少,使用灵活,因而常常会被用作限制进口与贸易斗争的武器。我国于1997年3月25日颁布了《中华人民共和国反倾销和反补贴条例》,才使我国的反倾销、反补贴制度法制化、规范化。

4) 差价税

差价税(Variable Levy)又称差额税,是当本国生产的某种产品的国内价格高于同类进口商品的价格时,为了削弱进口商品的竞争力,保护国内生产和市场,按国内价格与进口价格之间的差额征收的关税。由于差价税是随着国内外价格差额的变动而变动,因此它是一种滑动关税(Sliding Duty)。对于差价税的征收,有的规定按价格差额征收,有的规定在征收一般关税以外另行征收,这种差价税实际上属于进口附加税。

差价税的典型表现是欧盟对进口农畜产品的做法。欧盟为了保护其农畜产品免受非成员国低价农产品竞争,而对进口的农产品征收差价税。首先,在共同市场内部以生产效率最低而价格最高的内地中心市场的价格为准制定统一的目标价格(Target Price);其次,从目标价格中扣除从进境地运到内地中心市场的运费、保险费、杂费和销售费用后,得到门槛价格(Threshold Price),或称闸门价格;最后,若外国农产品抵达欧盟进境地的 CIF(到岸价格)低于门槛价格,则按其间差额确定差价税率。实行差价税后,进口农产品的价格被抬至欧盟内部的最高价格,从而丧失了价格竞争优势。欧盟则借此有力地保护了其内部的农业生产。此外,对使用了部分农产品加工成的进口制成品,欧盟除征收工业品的进口税外,还对其所含农产品部分另征部分差价税,并把所征税款用作农业发展资金,资助和扶持内部农业的发展。因此,欧盟使用差价税实际上是其实现共同农业政策的一项重要措施,保护和促进了欧盟内部的农业生产。

2. 按货物来源的国别不同分类

1) 普通进口关税

普通进口关税(Common Duty)又称一般关税,它是一国政府对与本国未订有关税互惠协议的国家或地区的进口商品,按普通税率征收的关税。普通进口关税税率一般都比较高。

2) 优惠进口关税

优惠进口关税是指一国政府对与本国订有关税互惠协议的国家或地区的进口商品,按优惠税率征收的关税。优惠进口关税税率一般都比较低,优惠进口关税包括以下几种:

(1) 最惠国待遇关税。这是对从与进口国签有最惠国待遇条款的贸易协定国家或地区进口的商品实行的关税待遇。

所谓最惠国待遇(Most-Favored-Nation Treatment，MFT)是指缔约国各方实行互惠，凡是缔约国一方现在和将来给予任何第三方的一切特权、优惠和豁免，也同样给予缔约对方。例如，1979 年中美签署了《中美贸易关系协定》，根据该协定，双方于 1980 年 2 月起相互给予最惠国待遇。最惠国待遇条款分为无条件的最惠国待遇和有条件的最惠国待遇。无条件的最惠国待遇是指缔约国一方现在和将来所给予任何第三国的一切优惠待遇，立即无条件地、无补偿地、自动地适用于对方。有条件的最惠国待遇是指如果一方给予第三国的优惠是有条件的，则另一方必须提供同样的补偿，才能享受这种待遇。最惠国待遇的主要内容是关税待遇。最惠国税率比普通税率低，有时甚至低很多。例如，美国对进口玩具征税的普通税率为 70%，而最惠国税率仅为 6.8%。

2007 年美国一些产品的最惠国税与非最惠国税的对比见表 8-2。

表 8-2　2007 年美国一些产品的最惠国税与非最惠国税对比

产品	最惠国税(MFN)	非最惠国税
活山羊	68 美分/只	3.00 美元/只
冰冻菠菜	14%	35%
葡萄柚(10 月份输入)	1.5 美分/千克	3.3 美分/千克
口香糖(含糖或不含糖)	4%	20%
氯钾	5.5%	125%
牙线	免税	88 美分/千克+75%
系狗皮带	2.4%	35%
太阳镜	2.0%	40%
电子计算器	免税	35%

资料来源：[美]丹尼斯•R 阿普尔亚德，小阿尔弗雷德•J 菲尔德，史蒂芬•L 柯布. 国际经济学(原书第 6 版). 北京：机械工业出版社，2010：217.

(2) 特定优惠关税(Preferential Duty)。简称特惠税，是对来自特定国家或地区的进口商品给予特别优惠的低关税或免税待遇，其目的是增进与受惠国之间的友好贸易往来。特惠税有的是互惠的，有的是非互惠的。

现在最有影响的是洛美协定国家之间的特惠税，它是欧洲共同体(以下简称欧共体，欧盟的前身)向参加协定的非洲、加勒比和太平洋地区的发展中国家单方面提供的特惠关税，是非互惠的。按照洛美协定，欧共体在免税、不限量的条件下，接受受惠国的全部工业品和 96%的农产品，而不要求受惠国给予反向优惠，并放宽原产地限制。

专栏 8-2

《洛美协定》与《科托努协定》

1975 年 2 月，欧共体与非洲、加勒比和太平洋地区的 46 个发展中国家在多哥首都洛美签订了为期 5

年的协定,全称为《欧洲经济共同体-非洲、加勒比和太平洋地区(国家)洛美协定》,简称为《洛美协定》。洛美协定规定对来自签订协议的发展中国家的全部工业品和 95%的农产品给予免税和不限量进口;对牛肉、甜酒和香蕉规定有免税进口配额。

1998 年《洛美协定》缔约国家在布鲁塞尔就续签第五个"洛美协定"举行正式谈判,主要内容如下:①关于建立自由贸易区的问题。欧盟认为欧盟与非洲、加勒比、太平洋地区(简称非加太地区)国家之间现有的经贸合作方式已难以适应世界贸易全球化和自由化趋势,加上来自 WTO 的压力,因此主张取消非加太地区国家单方面享受的贸易优惠,将建立自由贸易区作为双方在 21 世纪的奋斗目标。非加太地区国家则要求保留贸易优惠制。②关于将发展援助与人权状况挂钩的问题。非加太地区国家反对附加政治条件的援助。③关于特惠税的问题。双方同意取消原协议中有关非加太地区国家工业品和 95%农产品所享有的免税、不限量进入欧盟市场的特惠税,但双方在过渡期问题上有分歧。④关于非加太地区国家某些商品进入欧盟市场的问题。原协议规定,非加太地区国家生产的香蕉、朗姆酒、糖、大米和牛肉等农产品在规定数量内可免税进入欧盟国家,超额部分则需征收关税。欧盟建议暂时保留此项协议,2004 年以后再视情况而定。非加太国家则要求新协议对此予以保留。⑤关于原产地"充分累积"制度的问题。原协议规定,来自非加太地区国家或欧盟国家的产品,在非加太地区国家作进一步加工、制作后,即可被视为原产国产品,享受特惠税待遇。欧盟初步计划在 2005 年后,向非加太地区 48 个最不发达国家的全部产品免税开放市场,并进一步简化现行有关原产地的规定。非加太地区国家对此表示欢迎,但希望能尽快实行。⑥关于古巴加入《洛美协定》的问题。非加太地区国家积极支持古巴加入,但欧盟只允许古巴以观察员身份参加谈判,并将其人权和民主状况作为正式加入的条件。

1999 年,就《洛美协定》续签问题,欧盟和非加太地区国家分别在塞内加尔首都达喀尔、比利时首都布鲁塞尔、多米尼加共和国首都圣多明各举行了 4 次部长级会议,因双方分歧太大没能达成协议。

2000 年年初,双方在布鲁塞尔重开谈判,非加太地区国家在人权、贸易优惠制等问题上做出重大让步,双方于是就签署第五个《洛美协定》达成协议。第五个《洛美协定》于 2002 年正式生效,但除财政议定书外,大部分条款于 2000 年 5 月 31 日该协定正式签字后立即生效。协定有效期 20 年,其基本原则是民主、人权和法制。欧盟有权向违反上述原则的国家停止提供援助。欧盟将逐步取消对非加太地区国家提供的单向贸易优惠,双方向自由贸易过渡,最终建立自由贸易区,完成与 WTO 规则接轨。

实际上,在目前许多区域经济一体化组织成员之间所达成的取消贸易壁垒的协议中,区域经济一体化组织成员之间相互给予的关税减免也是一种特惠税。这种特惠税是 WTO 最惠国待遇原则所允许的例外。

在 WTO 第四次部长级会议上,欧盟得到了 WTO 的授权,即豁免其在 WTO 下的非歧视义务,以便欧盟可以对来自"非加太与欧盟伙伴协议"的产品给予关税优惠待遇。这一协议的前身就是上面提到的《洛美协定》。部长级会议允许欧盟仍维持一个单独给予非加太 77 国的香蕉进口配额直到 2005 年年底。2000 年 6 月生效的《科托努协定》规定,欧盟给予非、加、太国家的优惠安排将维持到 2008 年年初,到时,非加太与欧盟之间的这种贸易关系将被更符合 WTO 的贸易安排所取代[①]。

《科托努协定》(Cotonou Agreement)是非洲、加勒比海和太平洋地区国家集团(简称非加太集团)77 个成员国和欧洲联盟 15 国于 2000 年 6 月 23 日在贝宁首都科托努签订,其全称为《非加太地区国家与欧共体及其成员国伙伴关系协定》。该协定前身是 1975 年 2 月 28 日由非加太集团 46 个成员国与欧洲经济共同体 9 国在多哥首都洛美签订的贸易和经济协定《洛美协定》。经欧盟 15 国和非加太集团 76 国政府的正式批准,《科特努协定》自 2003 年 4 月 1 日起正式生效。

《科托努协定》包括政治对话、贸易与投资、为促进发展而进行合作三个方面。主要内容是欧盟向非加太国家提供经济援助,双方进行全面政治对话,及时解决在消除贫困和防止地区冲突方面的问题,扩大经贸合作以及进行财政援助改革等。《科托努协定》的有效期为 20 年,每 5 年修订一次。2005 年 6 月 25

---

① 王明明. 国际贸易理论与实务. 北京:机械工业出版社,2003.

日，欧洲联盟和非加太集团按规定对协定进行了修订，签署了《科托努修改协定》，在加强政治对话、实现新千年目标、消除贫困、加强经济和贸易联系等方面增加了新的内容。

为执行《科托努协定》，双方设立了组织机构：部长理事会、使节委员会、联席会议、联合议员大会、工业发展中心、农业及农村合作技术中心。

(3) 普遍优惠制(Generalized System of Preferences，GSP)。简称普惠制，是发达国家给予发展中国家出口的制成品与半制成品普遍的、非歧视的、非互惠的关税优惠制度。这是发展中国家在 UNCTAD 上进行了长期斗争，在 1968 年通过建立普惠制决议之后取得的，于 1971 年正式实施。普惠税比最惠国税要低。例如，欧盟对花卉税率的最惠国税率高到 15%～20%，普惠税为 5%左右。

普惠制的原则是普遍的、非歧视的和非互惠的。普遍的，是指发达国家对发展中国家出口的制成品和半制成品给予普遍的优惠待遇；非歧视的，是指应使所有发展中国家都不受歧视、无一例外地享受普惠制待遇；非互惠的，是指发达国家应单方面给予发展中国家关税优惠，而不要求发展中国家或地区提供反向优惠。

普惠制实施的目的在于增加发展中国家或地区的外汇收入，促进发展中国家的工业化。目前，全世界有 190 多个发展中国家和地区享受普惠制待遇，给惠国达到 29 个，有 25 个给惠国给予了中国普惠制待遇。

普惠制方案是各给惠国为实施普惠制而制定的具体执行方法。从具体内容看，各方案不尽一致，但大多包括了给惠产品范围、受惠国家和地区、关税削减幅度、保护措施、原产地规则、给惠方案有效期等六个方面。其中的保护措施主要表现在例外条款、预定限额及毕业条款三个方面，主要是为了保护给惠国的生产和国内市场。

所谓例外条款(Escape Clause)是指各给惠国认为从受惠国优惠进口的某项产品的数量增加到对其本国同类产品或有竞争关系的商品的生产者造成或将造成损害时，给惠国保留对该产品完全取消或部分取消关税优惠待遇的权利。

所谓预定限额(Prior Limitation)是指给惠国根据本国和受惠国的经济发展水平及贸易状况，预先规定一定时期内(通常为一年)某项产品的关税优惠进口限额，达到这个额度后就停止或取消给予的关税优惠待遇，而按最惠国税率征税。

所谓毕业条款(Graduation Clause)是指给惠国以某些发展中国家或地区由于经济发展，其产品已能适应国际竞争而不再需要给予优惠待遇和帮助为由，单方面取消这些国家或产品的普惠制待遇。毕业标准可分国家毕业和产品毕业两种，由给惠国自行具体确定。例如，美国规定，一国人均收入超过 8 500 美元或某项产品出口占美国进口的 50%即为毕业。美国自 1981 年 4 月 1 日开始启用毕业条款，至 1988 年年底，终止了 16 个国家的受惠国地位，免除了来自 141 个发展中国家和地区约 3 000 多种进口商品的普惠制待遇。

专栏 8-3

普惠制"毕业机制"的形成与演变

第二次世界大战之后，发展中国家经过不懈努力，于 1968 年在印度新德里召开的第二届 UNCTAD 上建立了普遍优惠制度，获得了发达国家给予的制成品和半成品普遍的、非歧视的、非互惠的关税优惠待遇。1971年6月，GATT 依据第25条第5款的豁免审批程序，授权发达国缔约方可在10年内，背离 GATT 非歧视原则，对发展中国家的出口产品实行普惠制，从而排除了推行普惠制的最后障碍。1979年 GATT 通过的"授权条款"为发达国家向发展中国家提供普遍优惠制和建立对发展中国家的优惠安排确定了可以长期享受的、稳定的法律保证。从1971年7月1日起，包括欧洲共同体在内的32个国家先后宣布实施普惠制，成为给惠国，有约170个发展中国家和地区先后成为受惠国。

从1979年至今，中国已得到包括欧盟15个成员国和挪威、瑞士、日本、加拿大、澳大利亚、新西兰、俄罗斯、白俄罗斯、乌克兰、哈萨克斯坦、波兰、捷克、斯洛伐克、土耳其等29个国家给予的普惠制待遇。1981～2000年共签发普惠制原产地证书1 660万份，签证金额3 713亿美元。应当说，普惠制的实施对促进中国产品扩大出口，加速工业化进程，推动产品升级换代起到了十分积极的作用。

但是，随着世界经济形势的发展，普惠制在20世纪90年代出现了不利于包括中国在内的受惠国的三个新特点：一是给惠国频繁引用保护措施条款，单方面取消某项产品的优惠待遇(如欧盟从1994年起，对其普惠制方案先后进行了四次修订，每一次修订都使中国一大批产品面临"毕业"；日本从2003年4月1日起开始实施新的普惠制方案，中国出口的三种共六个税号的产品已经被取消普惠资格)；二是给惠国纷纷修改优惠幅度；三是发达国家常在给惠条件中加入非经济的标准，把贸易和劳工保护、人权状况甚至政治联系起来(例如，美国不给予共产党执政国家普惠制待遇，对发展中国家享受普惠制增加诸如实施劳工标准等额外条件)。

保护条款通常包括"例外条款"和"预定限额"两大类。①例外条款，也称免责条款，即从受惠国优惠进口的某项产品进口量增加到对本国同类产品或直接竞争性产品的生产者造成或可能造成严重危害时，给惠国保留对该项产品完全取消或部分取消关税优惠待遇的权利。②预定限额，是给惠国根据本国和受惠国的经济和贸易情况，预先统一规定一个时期内某产品优惠进口的金额或数量，通常为一年。超过规定的限额，不再享受关税优惠待遇，而按最惠国税率征税。各国使用的预定限额有最高限额、关税配额、国家最大额度、固定免税额度、毕业制度等五种主要形式。

所谓"毕业条款"(Graduation Clause)是指当某个受惠国的产品在国际市场上显示出较强的竞争力时，给惠国将取消该受惠国该项产品乃至全部产品享受优惠的资格。毕业制度包括国家毕业制和产品毕业制，前者意为取消国家受惠资格，后者意为取消某项产品受惠资格。这一制度最早始于美国。1981年，美国开始利用"国家毕业"和"产品毕业"来限制优惠进口的范围。当年就宣布新加坡、韩国等适用"国家毕业"规定，从1989年1月起取消它们享受普惠制待遇的资格，此后又宣布了巴林、百慕大、瑙鲁、文莱毕业，并对来自巴西、以色列、墨西哥的某些产品实施"产品毕业"制度。随后，新西兰、澳大利亚、欧盟等给惠国也纷纷效仿美国，在普惠制方案中采用毕业制度。

欧盟从1999年7月1日起开始对普惠制方案实施"国家/行业产品毕业"制，即对特定受惠国的特定产品实施产品毕业制度。一旦某一受惠国的发展水准和相关工业的专业化程度达到欧盟规定的发展指数和专业化指数，其产品就会被列入"毕业产品清单"，优惠就会停止。另外，当某一受惠国的某类特定产品享受普惠制出口到欧盟的总产量超过所有受惠国同类产品出口到欧盟总量的25%时，欧盟将对该国实施产品毕业，而不考虑该国的发展水平。根据欧盟普惠制方案的规定，如果受惠国家和地区的某种产品连续三年达到毕业标准，说明该产品已具备足够的竞争力，其关税优惠须被撤销。如果未在连续三年中都达到标准，可重新获得关税优惠。有关计算方法以欧盟本身的统计数字为依据。另外，受惠国的产品被欧盟征收反倾销税后，就很难再享受普惠制待遇。

(资料来源：安占然. 欧盟对中国实施普惠制毕业条款：原因、影响及对策. 当代亚太，2004(4).)

(4) 协定进口关税。协定进口关税是指两个或两个以上的国家或地区用缔结协约或贸易协定的方式，相互给予对方国家产品进口某种优惠待遇的关税制度。享受最惠国待遇的国家中非协定的协约方，不能要求根据最惠国待遇享受贸易协定缔约方享受的待遇，各个不同协定的缔约方也不能享受其他缔约方享受的优惠待遇。

协定关税的税率要受到条约的约束，一般情况下，单方面不得任意修改。原先各国海关均独立自主地制定本国关税(称国定关税)，1860 年英法商约相互减让关税，出现了协定关税。这种在平等互利的基础上签订的关税称为自主协定关税。其后，在世界各国签订友好贸易条约时经常使用。

目前，中国参加的相关给与优惠税率待遇的协定主要有以下几个：

①<u>《内地与香港关于建立更紧密经贸关系的安排》</u>(CEPA 香港)。内地对原产于香港地区的 1400 多个税目项下的进口货物实行零关税。

【参考图文】

②<u>《内地与澳门关于建立更紧密经贸关系的安排》</u>(CEPA 澳门)。内地对原产于澳门地区的 648 个税目项下的进口货物实行零关税。

【参考视频】

③《亚太自由贸易协定》。其前身为《曼谷协定》。2001 年 5 月 23 日，中国正式成为《曼谷协定》成员，同年 11 月《曼谷协定》第一次部长级理事会在北京举行，并将其正式更名为《亚太贸易协定》。《亚太贸易协定》属优惠贸易安排，只涉及部分产品一定幅度的降税。2006 年 9 月 1 日，《亚太贸易协定》成员国开始实施第三轮谈判结果。在第三轮谈判结果中，我国将向其他成员国的 1 717 项 8 位税目产品提供优惠关税，平均减让幅度 27%；另外，我国还将向最不发达成员国孟加拉国和老挝的 162 项 8 位税目产品提供特别优惠，平均减让幅度 77%。同时，根据 2005 年税则计算，我国可享受印度 570 项 6 位税目、韩国 1367 项 10 位税目、斯里兰卡 427 项 6 位税目和孟加拉 209 项 8 位税目产品的优惠关税，主要产品有农产品、食品、矿产品、燃料、化工产品、橡胶及其制品、皮革及其制品、木制品、纸制品、纺织品、鞋类、陶瓷制品、玻璃制品、珠宝首饰、金属及其制品、机电产品、光学仪器、灯具、玩具、运动器材等。

④《中华人民共和国政府和大韩民国政府自由贸易协定》(以下简称《中韩自由贸易协定》)。<u>中韩自贸区</u>谈判于 2012 年 5 月启动，直至 2015 年 6 月 1 日在首尔签订《中韩自由贸易协定》。《中韩自由贸易协定》范围涵盖货物贸易、服务贸易、投资和规则共 17 个领域，包含了电子商务、竞争政策、政府采购、环境等"21 世纪经贸议题"。在关税减让方面，中韩自由贸易协定达成后，经过最长 20 年的过渡期，中方实现零关税的产品将达到税目的 91%、进口额的 85%，韩方实现零关税的产品将达到税目的 92%、进口额的 91%。另外，产自朝鲜开城工业园区的产品在内的共 310 项品目获得韩国原产资格，在《中韩自由贸易协定》生效后可立刻享受关税优惠。

【参考图文】

除此之外，还有《中华人民共和国政府和新西兰政府自由贸易协定》(以下简称《中国-新西兰自由贸易协定》)、《中华人民共和国政府和新加坡共和国政府自由贸易协定》(以下简称《中国-新加坡自由贸易协定》)、《中国-东盟自由贸易协定》、《中华人民共和国政府和秘鲁共和国政府自由贸易协定》(以下简称《中国-秘鲁自由贸易协定》)、《中华人民共和国政府和巴基斯坦伊斯兰共和国自由贸易协定》(以下简称《中国-巴基斯坦自由贸易协定》)和《中华人民共和国政府与智利共和国政府自由贸易协定》(以下简称《中国-智利自由贸易协定》)等。

8.1.2 关税税则

关税税则(Customs Tariff)又称海关税则,是一国海关对进出口商品计征关税的规章和进出口商品的征税商品、免税商品及禁止进出口商品的系统分类表,是征收关税的依据。关税税则一般包括两个部分:一部分是海关征收关税的规章条例及说明;另一部分是关税税率表,包括税则号列(Tariff No.)、商品分类目录(Description of Goods)、税率(Rate of Duty)三部分。

各国海关利用关税税则对贸易方式的调节主要是通过税目细分和实行复式税则来实现。

1. 税目细分

各国海关都曾分别编制本国的海关税则,根据自身的需要对商品进行具体分类,利用关税有针对性地对不同商品进行管理和调节。但是由于各国海关税则的商品分类方法不尽相同,给国际贸易活动和经济分析带来了许多困难。为了减少各国海关在商品分类上的矛盾,统一税则目录开始出现并不断完善。

1950 年联合国经济理事会下设的统计委员会编制并公布了《国际贸易标准分类》(Standard International Trade Classification,SITC),把国际贸易商品分为 0~9 共 10 类,63 章,223 组,786 个分组。10 类商品分别为:(0)食品及主要供食用的活动物;(1)饮料及烟类;(2)燃料以外的非食用粗原料;(3)矿物燃料、润滑油及有关原料;(4)动植物油脂;(5)未列名化学品及有关产品;(6)主要按原料分类的制成品;(7)机械及运输设备;(8)杂项制品;(9)没有分类的其它商品。在统计中一般将 0~4 类商品归为初级产品,把(6)、(8)类商品归为劳动密集型产品,把(5)、(7)类商品视作资本密集型产品。

1952 年 12 月,海关合作理事会对当时各国繁杂各异的税则分类加以整理,在布鲁塞尔制定出了《海关合作理事会税则目录》(Customs Cooperation Council Nomenclature,CCCN),又称为《布鲁塞尔税则目录》。该税则目录把全部贸易商品共分为 21 类(Section),99 章(Chapter),101 项税目号(Heading-No.)。其中前 4 类为农产品,5~21 类为工业制成品。目前世界上有包括美国和加拿大在内的 100 多个国家或地区采用该税则目录。

为了统一和协调两种商品分类目录,海关合作理事会在 1983 年制定出了《商品名称及编码协调制度》(Harmonized Commodity Description and Coding System,HS),形成了一个 6 位数的多用途分类目录和一个以 4 位数税目为基础的结构式分类目录。贸易统计和分析多用 6 位数,海关征税多用 4 位数。

HS 将商品分为 21 类,第一类:活动物,动物产品;第二类:植物产品;第三类:动、植物油脂及其分解产品,精制的食用油脂,动、植物蜡;第四类:食品、饮料、酒、醋、烟草、烟草及烟草代用品的制品;第五类:矿产品;第六类:化学工业及其相关工业的产品;第七类:塑料及其制品,橡胶及其制品;第八类:生皮、皮革、毛皮及其制品,鞍具及挽具、旅行用品、手提包及类似容器,动物肠线(蚕胶丝除外)制品;第九类:木及木制品,木炭,软木及软木制品,稻草、秸秆、针茅或其他编结材料制品,篮筐及柳条编结品;第十类:木浆及其他纤维状纤维素浆,纸及纸板的废碎品,纸、纸板及其制品;第十一类:纺织原料及纺织制品;第十二类:鞋、帽、伞、杖、鞭及其零件,已加工的羽毛及制品,人造花，人发制品；第十三类：石料、石膏、水泥、石棉、云母及类似材料的制品，陶瓷产品，玻璃及其制品；第十四类：天然或养殖珍珠、宝石或半宝石、贵金属、包贵金属及其制品，仿首饰，硬币；第十五类：贱金属及其制品；第十六类：机器、机械器具、电气设备及其零件，录音机及放声机、电视图像、声音的录制和重放设备及其零件、附件；第十七类：车辆、航空器、船舶及有关运输设备；第十八类：光学、照相、电影、计量、检验、医疗或外科用仪器及设备、精密仪器及设备，钟表，乐器，上述物品的零件、附件；第十九类：杂项制品；第二十类：艺术品、收藏品及古物类；第二十一类：特殊交易品及未分类商品。

类下面再分三层。第一层为章，共有97章。第二层为品目，共有1 242个品目。第三层为子目，共有5 019个子目。每个品目编一个4位数的品目号，前两位数字表示该品目所属的章，后两位数字表示该品目在这一章内的顺序号，中间用圆点隔开。例如，品目号62.05代表第62章机织服装05顺序号下的商品，即机织男衬衫。一个品目号可以代表一种商品，也可表示一组相关的商品。例如，品目号04.09仅代表蜂蜜一种商品，而品目号08.04却代表鲜的或干的椰枣、无花果、菠萝、鳄梨、芒果、番石榴和竹果等一组商品。品目号下面还可细分为子目号，子目号由6位数组成。例如，上面提到的品目号62.05仍还可细分为6205.20(全棉男衬衣)和6205.30(化纤男衬衣)。

目前，世界上有160多个国家和地区以HS为基础制定本国的海关税则。从1990年起，在普惠制签证和商检机构实施检验的进出口商品种类表方面，我国先后实施了HS编码，此后又陆续在海关、外贸运输、银行、保险以及其他领域推广使用HS编码。HS允许采用HS编码的国家根据自身的需要将商品进一步细化分类。我国海关从1992年开始采用HS编码，在HS编码6位数的基础上加列到8位数。2002年1月1日调整后的进口税则总税目数为7 316个。自2012年1月1日起，我国采用以<u>世界海关组织</u>发布的HS 2012版为基础的进出口税则。

【参考图文】

2. 税则分类

按税率分类海关税则可分为单式税则和复式税则两类。

1) 单式税则

单式税则(Single Tariff)又称一栏税则。即一个税目只有一个税率，对来自任何国家的商品一律适用，没有差别对待与歧视待遇。在资本主义自由竞争时期，各国都实行单式税则。到了垄断资本主义时期，很多国家为了在关税上实行差别与歧视待遇，或争取关税上的互惠，都将单式税则改为复式税则。现在只有少数发展中国家使用单式税则，如委内瑞拉、巴拿马等。

2) 复式税则

复式税则(Complex Tariff)又称多栏税则。即在一个税目里有两个或两个以上的税率，对来自不同国家的进口商品，适用不同的税率，实行差别待遇和贸易歧视政策。复式税则是由发达的资本主义国家率先建立的，后来许多发展中国家为了保护本国的权益，也只好跟着实行复式税则。现在绝大多数国家都采用复式税则。采用复式税则的目的是对来自不同国家的同种商品区别对待，适用不同的税率，造成同一种商品由于来源国不同而被征收不同的关税,实行国别歧视。这种税则有二栏、三栏、四栏税则等。目前我国采用二栏税则,美国、加拿大等国实行三栏税则,而欧盟等国实行四栏税则。通常,对同一税目所设置的税率栏次越多,税则的灵活性和区别对待的特性越强,同时,表现出的歧视性也越强。

专栏8-4

对钢铁征税的受益者和受损者

2002年3月,时任美国总统小布什总统根据美国国际贸易委员会的建议对出口到美国的钢铁征收了多种关税。从价税征收3年,其中有些随年份增加而逐渐递减,最高关税税率为30%。限定关税征收期限的目的是为美国钢铁产业提供一个"喘息的空间",以使之能更新设备,降低劳动成本,增强竞争力。很显然,美国钢铁产业的竞争力在逐渐消落。美国钢铁产品的进口占钢铁消费的比重从1990年、1991年时的18%上升到1998年的31.4%,之后分别为1999年的27.7%、2000年的28.7%、2001年的25.5%。美国钢铁业欢迎这一决定,但是一些政客认为进口限制还可以进一步强化。例如,参议员理查德·德宾(伊利诺伊州,民主党)把这些政策形容为向一个离岸40米快淹死的人扔了一根30长的绳子。英国前首相托尼·布莱尔说进口限制是"无法接受和错误的",德国和中国表示强烈反对。此外,美国钢铁消费者将为因关税上升造成的价格上涨买单,他们也采取了行动,雇佣公关公司进行疏通并组织人员进行抗议。伊利诺伊州的一家企业称,钢铁投入品的成本上升了50%,他们削减了15%的产量。根据彼得森国际经济协会加里·C. 赫夫鲍尔的估计,用户的反对是可以理解的,对于美国此前30多年的各种各样的限制进口的保护措施,用户为此支付的成本为1 200亿美元之巨。鉴于反响强烈,布什政府不久就推行了许多例外条款,最后废除了这一做法。

(资料来源:[美]丹尼斯·R. 阿普尔亚德,小阿尔弗雷德·J. 菲尔德,史蒂芬·L. 柯布. 国际经济学(原书第6版). 北京:机械工业出版社,2010:233-234.)

8.1.3 选择关税征收方法

关税的征收方法又称征税标准,一般来说,主要有从量税、从价税、混合税、滑准税等计征方法。

1. 从量税

从量税(Specific Tariff)是指以进口货物的重量、数量、长度、容量和面积等计量单位为标准计征的关税。其中,商品的量大多数是以重量为基础计征的,而重量又有按毛重或净重计征的。例如,美国对薄荷脑的进口征收从量税,普通税率为每磅50美分,最惠国税率为每磅17美分。从量税的计征公式为

$$从量税额 = 商品数量 \times 每单位从量税$$

从量税的优点是计税手续简便,对防止外国商品低价倾销或低报进口价格有积极作用。但缺点是对同一税目的货物不管质量好坏、价格高低征收统一税率关税,造成税负不合理。因而对质劣价廉进口物品的抑制作用比较大,不利于低档商品的进口;对于质优价高的商品,税负相对减轻,关税的保护与财政收入作用相对减弱。而且不能随价格变动做出调整。

当国内物价上涨时,税额不能随之变动,使税收相对减少,保护作用削弱;物价回落时,税负又相对增高,不仅影响财政收入,而且影响关税的调控作用。从量税征收对象一般是谷物、棉花等大宗产品和标准产品,对于某些艺术品及贵重物品如古玩、字画、雕刻、宝石等则不适用。

在工业生产还不十分发达,商品品种规格简单,税则分类也不太细的一个相当长时期内,不少国家对大多数商品使用过从量税。但二战后,随着严重通货膨胀的出现和工业制成品贸易比重的加大,征收从量税起不到关税保护作用,各国纷纷放弃了完全按从量税计征关税的做法。目前,完全采用从量税的发达国家仅瑞士一个。

2. 从价税

从价税(Advalorem Tariff)是指以进口商品的完税价格为标准计征的关税。计算公式为

$$从价税额=商品的完税价格总额\times 从价税率$$

完税价格是经海关审定作为计征关税的货物价格。其税率为完税价格的百分率。

完税价格有正常价格和海关估定的价格两种。正常价格是指独立的买卖双方在自由竞争的条件下成交的价格。当发票金额与正常价格一致时,即以发票价格作为完税价格。若发票价格低于正常价格,则根据海关估定的价格作为完税价格。海关估价就是海关估算的价格。海关估算的价格可以参照向同类国家在同一时期内同类商品的出口价格,或者同类商品在国内销售价减去有关税收和费用的价格,也可以参照原产国的生产成本和合理的推销费用和利润为基础的估算价格。也有些国家用到岸价(CIF)或离岸价(FOB)作为完税价。我国以 CIF 价作为完税价。

从价税征收的优点是税负合理、明确、公平,物价上涨时会提高一国的财政收入。从价税的缺点是估价困难、通关麻烦,价格下跌时,调解作用差,保护性不强。

3. 混合税

混合税(Mixed Duty)是指在税则的同一税目中订有从量税和从价税两种税率,征税时混合使用两种税率计征。

混合税又可分为复合税和选择税两种。

(1) 复合税(Compound Duty)是指征税时同时使用从量、从价两种税率计征。计算公式为

$$复合税额=从价税额+从量税额$$

(2) 选择税(Alternative Duty)是指对某种商品订有从价税和从量税两种税率,征税时一般取其税额高者征收关税,但有时为了鼓励某种商品进口,也有选择低者征收。其计征公式为

$$选择税额=从价税或从量税(择高或低)$$

混合税结合使用了从量税和从价税,扬长避短,哪种方法有利就使用哪种方法,因此无论进口商品价格高低,都可起到一定的保护作用。目前世界上大多数国家都使用混合税,如美国、加拿大、欧盟、日本、澳大利亚、印度等。我国进口征税以从价税为主,1999 年起对部分商品征收复合税。例如,对于完税价格低于或等于 2 000 美元/台的录像机执行单一的从价税,普通税率是 130%,优惠税率是 45%(2002 年降到 36%);但对完税价格高于 2 000

美元/台的录像机征收复合税，普通税率是每台 20 600 元人民币的从量税，再加征 6%的从价税，优惠税率是每台 7 000 元(2002 年降到 5 480 元)人民币的从量税，再加 3%的从价税。

4. 滑准税

滑准税(Sliding Tariff)是在海关税则中对同一税目的商品按照其价格的高低分开档次并以此制定不同税率，依据该商品的价格高低适用不同档次的税率计征的一种关税，也称滑动关税。

一般来说，使用滑准税，高档价格商品的税率较低或免税，低档价格商品的税率较高。商品在进口时的价格属于哪档，就按哪档税率计征关税。目的是使该商品的国内市场价格保持一定水平，免受或少受国际市场价格波动的影响。滑准税的优点在于能平衡物价，保护国内产业，但却容易导致投机行为，尤其是当物价上涨时，为了平衡物价，供应消费，必然降低进口税率，进口商往往囤积居奇，以图暴利。通常进口滑准税以国内市场价格为准，出口滑准税以国际市场价格为准。2010 年我国对关税配额外进口一定数量的棉花仍实施滑准税。

8.1.4 调整税率与关税结构

1. 调整税率

各国通过征收进口税对不同的产业进行不同程度的贸易保护，调整税率是一个重要的实施手段。各国税则的税率名目繁多，主要有以下几种。

(1) 普通税率。一般对非建交国采用，是最高税率，一般要比优惠税率高 1～5 倍，少数商品甚至高达 10～20 倍。

(2) 最惠国税率。它是对签有最惠国待遇条款贸易协定国家实行的税率。WTO 成员之间实行这种税率。

(3) 普惠制税率。是发达国家向发展中国家提供的优惠税率，这种税率是在最惠国税率的基础上进行减税或免税，并且不是互惠的，而是单向的优惠。

(4) 特惠税税率。是宗主国对其前殖民地国家或地区的优惠税率，这种税率目前是低于普惠税率，也低于最惠国税率的。现在仅存于与欧盟签订《洛美协定》的国家，这也是当前最低的一种税率。

目前我国海关进口税则采用普通税率和优惠税率二栏税则。

2. 调整关税结构

关税结构又称为关税税率结构，是指一国关税税则中各类商品关税税率之间高低的相互关系。一般而言，关税结构及税率的高低会影响一国产业发展的方向。一国为了加强对国内某特定产业的保护和支持，就会对其进口关税税率进行调整。

我国关税总水平从 1992 年的 43.2%降至 1997 年的 17%，不仅关税所降的幅度大，而且关税结构得到不断完善。1997 年 10 月降税后，我国农产品的算术平均税率为 21.2%，其中原料为 16.5%，半制成品为 24.2%，制成品为 27%；工业产品为 16.4%，其中原料为 7.3%，半制成品为 13%，制成品为 19.2%，基本形成了原料—半制成品—制成品这样一个由低到高的梯形升级税制结构，提高了对本国民族工业的有效保护程度，在国民经济中的调节作用也日益突出。

在世界经济格局不断变化的背景下，为优化进口结构，更好地满足国内生产和民众生活需要，我国的关税结构在 2015 年做出了进一步的调整。例如，2015 年我国首次实施进口暂定税率和进一步降低税率的产品包括光通信用激光器、全自动铜丝焊接机等先进制造业所需的设备、零部件；电动汽车用电子控制制动器等有利于节能减排的环保设备；乙烯、镍铁等国内生产所需的能源资源性产品；降脂原料药、夏威夷果、相机镜头等药品和日用消费品。同时，统筹考虑产业、技术发展和市场情况，对制冷压缩机、汽车收音机、喷墨印刷机等商品不再实施进口暂定税率，适当提高天然橡胶等商品的暂定税率水平等。

世界各国因其国内经济和进出口商品的差异，关税结构各不相同。尽管世界各国的关税结构不同，但普遍存在关税升级的现象。一般都表现为：资本品税率较低，消费品税率较高；生活必需品税率较低，奢侈品税率较高；本国不能生产的商品税率较低，本国能够生产的商品税率较高。其中一个突出的特征是关税税率随产品加工程度的逐渐深化而不断提高。制成品的关税税率高于中间产品的关税税率，中间产品的关税税率高于初级产品的关税税率。这种关税结构现象称为升级或阶梯关税结构(Cascading Tariff Structure)。

8.2 关税的经济效应

一国对进出口商品征收关税往往会使国内价格甚至是国际市场价格发生不同程度的变动，从而影响到进口国在生产和消费等方面的调整。关税对进口国经济的多方面影响称为关税的经济效应。关税的经济效应主要体现在价格效应、贸易效应和进口国生产、消费以及财政收入效应等方面。

在分析关税的经济效应时，首先要区分"贸易小国"和"贸易大国"的概念。所谓贸易小国是指一国在某种商品的进口或出口方面的数量变化不足以影响世界市场上的价格，而只是国际市场价格的接受者；贸易大国是指一国在某种商品的进口或出口量占世界市场的份额很大，它的需求或供给量的变化足以影响世界市场上该种商品的均衡价格水平。

8.2.1 贸易小国的关税效应

对进口产品征收关税首先会引起进口商品国内价格的改变，进而引起国内市场与世界市场的分割。通过改变进口商品的价格以及商品间的相对价格水平，导致国内市场产品需求与供给发生变化，改变国内资源配置状况和效率，导致国内不同经济主体和本国整体福利发生改变。我们先来分析贸易小国进口关税的经济效应。

1. 关税的价格效应

如图 8.1 所示，假设某一贸易小国国内某种商品的国内供给线为 S，国内需求线为 D，两者的交点 E 为封闭时的供求均衡点。自由贸易时，E 点所对应的价格水平高于世界市场 P_W 的价格。如果贸易开放，假设不存在任何贸易成本，且国内进口替代部门的产品与进口产品是完全同质的，国内市场与世界市场相统一，产品的国内市场价格与世界市场价格相同(P_W)。假设该国政府对进口产品征收额度为 t 的从量税,关税会使进口产品的价格上升,在市场完全竞争和产品同质的假设条件下,征收关税后,整个国内市场该产品的价格都会上涨至 P_W+t,也即 P_T,当然 P_T 小于 E 点所对应的封闭条件下的均衡价格水平。

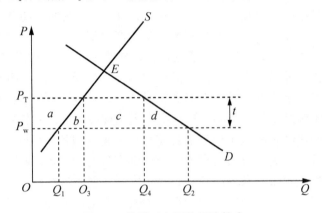

图 8.1 关税对小国的经济效应

因为这里关税征收国是贸易小国,该国对世界市场价格没有任何影响力,那么征收关税后,该国依然可以按照不变的价格水平 P_W 从世界市场购买任意多数量的该种商品,并且征税后的进口产品价格 P_T 依然低于该国封闭时的国内均衡价格水平,产品同质的条件下,国内生产的进口替代性产品也会以 P_T 的价格进行销售。如果本国厂商生产的进口替代型产品定价高于进口产品价格 P_T,消费者会转向进口品的消费,从而压低本国产品价格,因为市场是完全竞争的,因此国内厂商能够在 P_T 的价格销售其愿意且能够提供的一定数量产品,理性的厂商也不会选择低于 P_T 的价格。这样,产品因征收关税之后,国内市场价格的上涨部分就等于所征收的关税,即关税全部由国内消费者来承担,此时国内市场价格等于征收关税前的世界市场价格(自由贸易下的价格)加上关税。

2. 关税的国内经济效应

征收关税之后,国内价格相对于自由贸易时价格的变动,会影响到该国国内生产和消费活动,并会影响资源的配置状况和效率。由于对该进口商品征收关税,使该商品的国内市场价格上升,由 P_W 上升到 P_T,面对更高的国内价格水平,国内消费者的理性反应会是减少对该商品的消费,P_W 的价格水平本国的需求总量为 OQ_2,P_T 的价格水平本国的需求总量为 OQ_4,直观地比较本国消费者会因为关税的征收,要以更高的价格去消费更少的该类产品,消费者的福利水平将会下降。面对更高的价格水平,征收关税后,国内生产厂商将愿意且能够生产更多数量产品,P_W 上升到 P_T,国内厂商的产量将由 OQ_1 上升到 OQ_3,厂商按照更高的价格销售了更多数量的产品,生产者福利水平明显会改善。

在消费和生产变动的基础上,我们可以进一步具体分析贸易小国征收关税后各经济主体福利变动的情况,以及国家整体福利的变化。关税导致消费者要按照更高的价格消费更少数量的产品,消费者收益变动为 $-(a+b+c+d)$;厂商按照更高的价格销售更多数量的产品,生产者收益变动体现为生产者剩余增加了 a 的面积所代表的规模;由于征收关税,政府的关税收入为 $+c$。这样社会效益的净变动情况为 $-(b+d)$。可见,关税的征收使社会收益发生了重新分配；国内消费者是关税的承担者；生产者收益的获得和政府关税的收入，均来源于消费者多支付的价格，即消费者收益的减少；并且，由于对进口品征收关税，还造成了社会收益的净损失，或称为保护成本。它主要是由于进口关税所引起的价格上升，使得国内的资源从更有效的出口商品的生产部门转向了低效的进口商品的生产部门所造成的。因此，与自由贸易相比，关税不仅会减少贸易量，提高进口品和国内替代品的国内价格，而且还将造成进口国资源配置效率的整体下降。

3. 关税的贸易效应

在开放贸易条件下，由于该国国内供求均衡时的价格高于世界市场价格，该国将成为该种商品的净进口国。自由贸易时，该种商品的国际市场价格为 P_W，低于进口国国内的均衡价格水平。在这一价格条件下，如果没有进口关税，该国国内市场的价格与国际市场的价格水平一致，该国国内对该种商品的需求量为 OQ_2，本国厂商愿意且能够提供的产品为 OQ_1，Q_1Q_2 为对该种商品进口的数量。当该进口国政府决定对该种商品征收 t 的进口关税时，该商品的国内市场价格即由 P_W 上升到 P_T，在这样的价格水平下，国内的消费总量为 OQ_4，其中 OQ_3 为国内生产的数量，Q_3Q_4 为进口的数量，进口量缩减，由 Q_1Q_2 减少到 Q_3Q_4。这是关税所导致的贸易规模的变动效应。

关税所引起的贸易条件的变动情况，很大程度上和一国的贸易关系有关。如果一国的出口商品价格不变，而进口商品价格上升，则表明该国的贸易条件恶化，相反则贸易条件改善；如果一国的进口商品价格不变，而出口商品价格上升，则表明该国的贸易条件改善，反之则恶化。贸易小国对进口商品征收关税使该国商品的国内价格上升，从而使其国内生产扩张，消费减少，进口缩减。但由于是贸易上的小国，其进口量的变动不会对该商品的国际供求产生太大的影响，故贸易小国的关税贸易条件效应并不存在。

8.2.2 贸易大国的关税效应

贸易大国对进口产品征收关税所产生的一系列经济效应与贸易小国较为相似，同样是通过改变进口产品及国内生产的进口替代品价格来影响要素的配置，进而带来不同经济主体福利的变化。但是由于贸易大国的地位，贸易大国征收关税导致了进口数量变化会改变世界市场均衡价格水平，从而影响自身的贸易条件，可能获得额外的福利补偿。

1. 关税的价格效应

理解贸易大国关税的经济效应，首先要理解贸易大国征收关税的作用机制和过程。假设某产品进口贸易大国对进口产品征收关税，这将导致进口商品以及国内厂商生产的进口替代产品的国内价格上升，面对更高的国内市场价格水平，消费者的表现体现为对该种商品需求的减少，而本国厂商的反应是生产并向本国市场提供更多的该种产品，导致国内需求总量减少的同时，本国厂商供应的上升，从而本国从世界市场进口需求明显减少。作为进口贸易大国，进口需求的减少引起该产品世界市场上的总需求下降，在世界市场总供给不变的条件下，世界市场均衡价格水平下降。这样，进口大国对进口产品征收进口税后，就可以按照更低的世界市场价格进口该产品，使外国出口商分担了部分关税成本，与进口贸易小国征收关税相比，进口大国国内产品价格上涨幅度小于征收的从价税税率，当然，征税后贸易大国国内和国际市场价格差距依然等于所征关税的额度。对于这个作用机制和过程我们可以利用图 8.2 来进行更直观的理解。

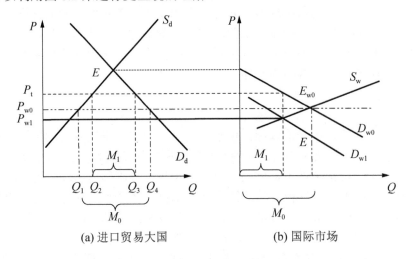

(a) 进口贸易大国　　　　　　　(b) 国际市场

图 8.2　贸易大国征收关税后价格变化机制

如图 8.2 所示，假设本国是某产品的进口贸易大国，图 8.2(a)代表封闭条件下某贸易大国国内市场的供求状况，其中 S_d 和 D_d 分别表示本国的供求曲线，图 8.2(b)表示该产品世界市场上的供求情况，S_w 和 D_{w0} 表示自由贸易时世界市场供求曲线。由于封闭时贸易大国国内市场均衡价格高于自由贸易时世界市场均衡价格水平，因此开放条件下，该国从世界市场进口该产品，自由贸易时产品的世界市场均衡价格水平为 P_{w0}，贸易大国进口数量为国内市场上的供需缺口 Q_1Q_4 所代表的规模，也即 M_0 的数量。假设对进口产品征收金额为 t 的从量关税，贸易大国国内价格水平可能会上升到($P_{w0}+t$)的水平，导致国内消费者需求减少但本国厂商提供数量大大增加，该国的进口需求减少至 M_1 的规模，由于是进口贸易大国，该国进口的减少使世界市场上的需求曲线发生向左的移动，在图 8.2 中体现为由原来的 D_{w0} 移动到的 D_{w1} 位置，如果国际市场供给不发生变动，世界市场均衡价格由 P_{w0} 下降至 P_{w1}。这样，大国进口价格也降低为 P_{w1}，由于征收的从量关税 t，国内价格水平最终上升至 P_t 的水平，$P_t = P_{w1}+t$。与进口贸易小国征收关税相比，大国征税后国内价格上升的幅度相对要小，因为大国利用世界市场的价格影响力，通过减少进口压低了世界市场价格水平，使部分关税转嫁给了国外出口商来承担。

2. 关税的国内经济效应

与贸易小国征税不同的是，贸易大国征收的关税由进口国的消费者和出口国生产商共同负担。在图 8.3 中，进口国国内某种商品的国内供给线为 S，国内需求线为 D，商品的国际市场价格为 P_W，P_1 表示大国征税后商品的进口价格，P_0' 表示大国征税后商品的国际市场价格。大国对商品征收进口税后导致价格提高和进口数量较少，随之世界市场价格下跌，迫使出口商承担一部分税负，承担的份额为 $P_w - P_0'$。进口国征收进口税后，商品在进口国的价格由 P_W 上升为 P_1。这样整个社会的福利变动情况为：生产者剩余增加面积 P_1P_wCA，消费者剩余减少面积 P_1P_wFB，关税收入增加面积 $AGHB$，进口国社会总福利水平变化为面

积 P_1P_WCA-面积 P_1P_WFB+面积 $AGHB$=面积 $DGHE$-面积($\triangle ACD+\triangle BEF$)，面积 $DGHE$ 为部分关税收入，它的大小取决于进口国商品进口规模变化对该商品出口价格的影响程度。其影响程度越大，即 P_0' 越小，出口国承担的税赋越多。$\triangle ACD$ 的面积为征税后的生产扭曲效应，即进口国因征税引起的进口商品价格提高使国内同类商品生产者扩大国内生产规模产生的生产资源使用的浪费。$\triangle BEF$ 的面积为征税后的消费扭曲效应，即进口国征税引起进口商品价格提高而使国内消费量减少。显然，若 $DGHE$ 的面积大于两个三角形的面积，则社会福利水平提高，反之，则降低。

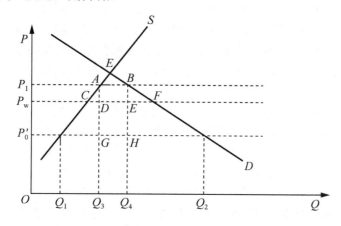

图 8.3 进口贸易大国关税的经济效应

3. 关税的贸易效应

大国的贸易效应体现在规模和贸易条件两个方面。与小国的分析相同，进口贸易大国关税的征收，也会导致进口规模的减少。同时，由于进口产品价格的下降，如果出口商品价格不变，贸易大国的贸易条件将会改善，这对于贸易大国来说会是一种额外的福利补偿，贸易大国利用自身的进口地位，把一部分关税成本转嫁给了国外出口商，毋庸置疑国外出口商的福利会因而受到损害。

8.3 关税税率的决定①

一国实施关税政策有利有弊，一方面关税可使一国某些产业得到保护，有利于民族工业的发展，使该国贸易条件得以改善，从而增加该国的福利水平；另一方面关税又可使该国国内市场价格上升，消费者受损，该国的贸易量减少。那么征税后究竟是利大还是弊大，这在很大程度上与税率的选择有关。

8.3.1 最优关税

最优关税是指能使一国福利水平达到最大的关税水平，也即使一国因贸易条件改善带来的收益减去因贸易量减少带来的损失的净收益达到最大化的关税。此时的关税是最佳关

---

① 本节内容为选学内容。

税,当税率低于这个水平时,该国将失去一部分可获得的利益;当税率高于这一水平时,该国将会因为贸易量的减少而导致损失增加。由于小国征收关税不能改变其贸易条件,只会使贸易量下降,进而使其福利水平下降,因此小国的最优关税为零,即实行自由贸易政策对小国而言是最有利的。由于大国征收关税能够改善贸易条件,以弥补关税导致的国内资源配置扭曲所引起的效率损失,如果贸易大国贸易条件改善的福利增加足够大,能够超过国内要素配置所产生的效率损失,则进口贸易大国就存在最优关税。

当然,最优关税介于零关税和禁止性关税之间。因为零关税不能给该国带来任何额外收益,而在禁止性关税下,进口商品价格太高,完全阻碍了国际贸易的开展,就不存在产生贸易利益的可能,也不存在利益增进的问题了。在一国关税的整体福利效应为正的前提下,以自由贸易为起点,当一国提高其关税率时,其福利会逐渐增加到最大值(最优关税率)。当关税率超过最优关税率时,其福利又逐渐下降,最终又将通过禁止性关税回复到闭关自守状态下的福利水平。

为了说明最优关税的测度,需要使用贸易无差异曲线这一概念。贸易无差异曲线反映的是使一国保持相同社会福利水平的不同贸易状况。图8.4中的曲线T_1即为B国贸易无差异曲线。曲线1、2分别表示在自由贸易条件下A、B两国的供给曲线,两者相交于均衡点E点,此时的贸易条件是$P_W=1$。这时,B国的贸易无差异曲线与A国的供给曲线相切于E'点。B国的贸易无差异曲线有很多,分别位于T_1的左边或右边,位于T_1左边表明该贸易条件只能给B国带来较低的福利,位于T_1右边表明该贸易条件虽能给B国带来很高的福利,但B国无法实现这样的条件。只有曲线T_1才是B国征收关税所能达到的最高的贸易无差异曲线,E'点是新的均衡点,最优关税就是使得B国达到最高贸易无差异曲线的关税率。为了达到T_1和E'点,B国必须对商品X征收进口关税(或对Y征收出口关税),使其供给曲线由2旋转至2'。从图中可知,B国通过对商品Y征收100%从价出口税(或对商品X征收一定的进口税)才能使其提供曲线由2旋转至2',在均衡点E',B国的出口商将出口50Y,其中,25Y由政府征收作为出口Y的税收,其余的25Y用于与外商交换40X。

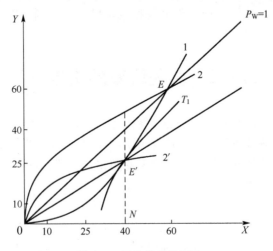

图8.4 最优关税的测度

最优关税率可用以下公式来计算:

$$t^*=1/e-1$$

式中，e 代表外国向本国供给进口商品的供给弹性。当 e 越大，即外国产品向本国出口的数量对价格变动的反应越敏感，本国越难将关税转嫁到国外，最优关税越小，特别当 e 无穷大时，贸易伙伴的供给曲线是条直线，意味着本国是小国，而贸易伙伴是大国，则该国的最优关税是零。当 e 越小，即外国产品向本国出口的数量对价格变动越没有反应，本国越能将关税转嫁到国外，贸易伙伴的供给曲线斜率越大，最优关税越高。

专栏 8—5

美国保护主义关税政策的演变过程

美国在立国之初就遭遇英国廉价工业品的入侵。1783 年《巴黎合约》签署后，英美两国恢复正常贸易，英国的制成品便潮水般地运销美国。此时的美国还是一个由各州组成的松散邦联，内部组织松散甚至意见相左，政府无法开展有效的干预活动。众所周知，立国之初的美国是由两个相互竞争的经济体系组成的混合体，即北方幼稚工业和南方奴隶种植园经济。北方希望形成全国统一的消费品市场、保护幼稚工业，南方需要为它的农产品寻找海外市场。由此导致了南北双方经济、政治上的长期对峙，矛盾的焦点之一就是对关税的争论。美国国会通过的第一个法案《1789 年关税法案》将从价税从 5.25%提高到 7.5%，并对酒类、糖类与咖啡征收特别关税……在接下来的 15 年里，许多商品以每次约 2.5%的比例共分五次加税，税率最终几乎都翻了两番。通常认为这个关税法是温和的保护主义。

但是，南北之间的矛盾因 1812 年的英美战争而暂时得到缓解。1812 年，美国全部关税都翻了一倍，用于资助美军的军事行动。而 1812—1815 年英美战争结束后签订的《根特条约》(1815 年 2 月 7 日经美国国会批准)则带来了国内更高呼声的保护主义高关税的主张。在战争之前，英美之间的摩擦已经导致美国 1807 年出台了彻底断绝对英贸易的《禁运法案》和随后 1809 年的《互不往来法案》。而在这 7 年多的时间里，美国对英进口大幅降低，从而培育了北方的进口替代工业。此时，南方杰斐逊主义者认为国内工业为保障美国经济独立所必需，即使这将可能使经济权力转移至工业化程度更高的北方。

1816 年的关税被认为保护了民族工业——纺织、钢铁和其他一些较少的工业企业，这些工业在 1812 年战争之前及战争期间，因为对外贸易的减少而扩大了市场规模，恢复和平后，它们被迫面对高效率的外国对手的竞争。出于以上考虑，议会将关税税率定为 25%或更高……它被认为是美国历史上第一个保护性关税。例如，当时印度的棉布每码售价 6 美分，而该关税条例实施后，进口棉布的售价每码卖到不低于 25 美分，保护了本国棉纺织业发展。

而《1824 年关税法案》又使关税率大幅度提高，达到进口货价的 27%。而到 1827—1828 年关税进一步上升，从量关税达到了平均 45%。1828 年"可憎法案"的通过使棉纺织品的关税达到内战前最高点，1830—1832 年更是上升到了 71%。1833 年棉布每码绝对税额虽然从 8.75 美分下降到 8.4 美分，但它的价格降幅更大，所以从关税率反而达到 82%。到 1842 年棉布每码税额下调为 7.53 美分，由于棉布价格跌到 7 美分以下，因此实际关税率超过 100%！"可憎法案"引起了南北矛盾的激化，甚至出现了"南卡来罗纳拒绝联邦危机"，后亨利·克莱推行了《1833 年妥协关税》，建议在 4 年中逐步降低关税率；到 1842 年所有关税率不得超过 20%。此后到 1862 年关税率一直比较稳定。

由于南北各种矛盾的激化最终导致了美国内战的爆发。1890 年后的保护主义关税高潮主要反映在两个关税法案上：一是 1890 的《麦金利公司法案》，马口铁和马口钢的关税率 1890 年之前在 15%～30%，而 1890 年后则提升了 70%。到 1894 年，美国国产马口铁的产量就达到 7 300 万吨，占国内马口铁总消耗量的 1/4；而到 1897 年虽然税率下调了 40%，但美国本土产量已达 2.57 亿吨，占国内马口铁总消耗量的 3/4。这足以表明美国的保护主义对本国幼稚工业发展的推动作用。二是 1897 年通过的《丁利法》，这个法案因为确定了平均 57%的关税税率而成为当时最具保护主义的法案。

1921年的《紧急关税法案》提高了农产品的关税，同时制造品实际支付关税上升了30%。1922年《福特尼-麦坝贝尔高速法案》和1930年6月9日生效的《豪利-斯莫特关税法》进一步提高了农产品关税，《豪利-斯莫特关税法》更是使美国的贸易保护达到了顶峰，平均关税率达到了53%。通过关税保护，美国逐步从一个落后的农业国成长为工业强国。到1900年时，美国明显地从一个处于困境的、不发达国家转变为一个世界上最富裕的和经济高度发达的国家，此时再保护国内工业将不可避免地使世界各地的生产处于萧条状态。

随着美国工业的迅速发展，制造业的全球竞争力不断增强，一个开放的、自由的全球市场成为美国工业持续扩张的基本条件，因而继续此前的贸易保护主义政策已不合时宜。所以，此后美国的关税税率不断下降，到1991年美国的平均关税率为3.4%。

(资料来源：蔡敏. 美国关税政策的演变、经济绩效及其对中国的启示. 当代经济研究，2012(1): 60-64.)

8.3.2 关税报复与关税循环

大国课征关税，使其贸易条件改善，福利水平提高，却使贸易伙伴国贸易条件恶化，福利水平下降。因此，贸易伙伴国很可能采取关税报复(Tariff Retaliation)，对其进口产品也征收最优关税。当因贸易条件改善挽回大部分损失后，其报复性关税又会进一步减少其贸易量，此时最初征收关税的国家也会采取报复行动。如果这个过程持续下去，最终的结果便是所有的国家都将损失全部或大部分贸易所得，即关税循环。

专栏8-6

两次世界大战期间的关税战

1922年美国议会通过了《福得尼-麦克坎贝尔关税法案》以加大对其国内产业的保护，从而把美国的关税提至一个新的水平。1930年通过的《斯姆特-赫利关税法案》是1922年《福得尼-麦克坎贝尔关税法案》的延续，但是很多种类的关税率更高，尤其是农产品。矿物的关税率则从1922年的50%升至1930年的100%，其它种类的商品也都有了大幅度的提高。

《斯姆特-赫利关税法案》是在大萧条开始以后通过的，但它对于解决萧条状况不仅没有帮助，反而在一定程度上加重了灾难。它使人们的生活开支增加，民不聊生的状况更严重。《斯姆特-赫利关税法案》的实施加大了别国产品进入美国市场的难度，从而使世界工业遭受极大创伤，而别国工业的衰落也使得美国在第一次世界大战战期间给别国的贷款收回的可能性大大降低。关税确实使农产品及制造品的价格上升，然而来自国外的激烈的报复性措施也使美国农产品、制造业产品的出口降低，而保护造成的较高价格又使国内需求量减少。钢铁、家用器具、自动化等持续的高价直接导致有效需求的不足，最终造成生产削减和长期居高不下的失业率：1933年美国失业率高达25%，GNP比1929年下降1/3，直至1937年，GNP才恢复到1929年的水平。很多经济学家认为，《斯姆特-赫利关税法案》加剧了美国的大萧条。

美国1930年的高关税不仅对本国经济不利，也由此引起了别国的报复和一场关税大战，对国际货币体系和世界资本市场的稳定带来了冲击。

1929年法国提议成立经济欧洲联盟以对抗美国。作为对美国斯姆特-赫利关税的对抗，1931年法国政府直接针对美国采取了配额体系：限制煤炭、亚麻、酒、木材、肉蛋和家禽等商品的进口数量。

1929年7月初，在《斯姆特-赫利关税法案》出台之前，英国、法国、比利时、意大利、奥地利、西班牙、丹麦、瑞士、挪威、瑞典、澳大利亚等38个欧洲、大洋洲和拉美国家向美国参议院金融管理协会递交了抗议书。澳大利亚反对羊毛关税,丹麦反对皮革关税,比利时攻击玻璃关税。

瑞士钟表生产每年有 90%~95%用于出口,其中 1921 年仅美国就吸收其出口的 18.5%。美国《斯姆特-赫利关税法案》增加了钟表的进口关税(300%),从而使 1930 年瑞士钟表对美出口比 1929 年下降了 48%,严重损害了瑞士经济。美国的贸易政策遭到瑞士政府的强烈反对,瑞士传媒甚至号召全国人民抵制美货。

在所有欧美国家中,英国堪称是最坚持自由贸易原则的。然而,在面临美国的《斯姆特-赫利关税法案》时,英国也在 1932 年通过了进口关税法案,提出了全面保护的贸易政策。当年 7 月,英国又和其附属国、殖民地在渥太华签署了《渥太华协议》,允许和鼓励英及其附属国之间开展自由贸易,同时一致对美的进口商品征收高额关税。1930 年,70.5%的美国商品进入英国免税,而到 1932 年只剩下 20.5%的美国商品仍能享受此待遇。

两次世界大战之间的贸易保护政策造成了世界贸易量的下降。以 1929 年的世界贸易水平为 100,1932 年这个指数降低到了 39.1,1934 年降低到最低点,只有 34,直到 1938 年才恢复到 40.5。

(资料来源:海闻,[美]P 林德特,王新奎. 国际贸易. 上海: 上海人民出版社,2003: 261-263.)

如图 8.5 所示,曲线 1、2 分别表示在自由贸易条件下,A、B 两国的供给曲线,两者相交于均衡点 E 点,此时的贸易条件是 $P_W=1$。如果 B 国对商品 X 征收进口关税,其提供曲线由 2 旋转至 2′。若 A 国不报复,则曲线 2′与曲线 1 相交形成新的均衡点 E′,如果经过此点的 B 国贸易无差异曲线与 A 国的供给曲线相切,我们就说 B 国此时征收的关税就是最优关税。两国在该 E′点(40X, 25Y)进行贸易,即 B 国用 25Y 交换 A 国的 40X,此时的贸易条件变为 $P_W'=PX/PY=25/40=0.625$,对 A 国而言,贸易条件从 1 恶化为 0.625,而 B 国的贸易条件改善为 $1/P_W'=1.6$。

如果 A 国采取报复行动,也对进口商品 Y 征收最优关税,A 国的提供曲线由 1 变为 1′,曲线 1′与曲线 2′相交形成新的均衡点 E″,此时的贸易条件为 P_W'' 对 A 国来说贸易条件改善了,而 B 国的贸易条件却恶化了,不如自由贸易下的贸易条件。B 国也可能采取反报复行动,对进口商品课以更高的税收,这个过程持续下去,最终结果是两国的贸易量不断萎缩直至为零,丧失了全部的或大部分的贸易所得。最后,两国不得不回到自由贸易条件下进行贸易。

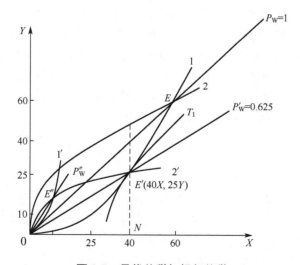

图 8.5 最优关税与报复关税

8.3.3 关税的减让效应

一国征收进口税会引起国际国内商品价格的变化,导致进口国国内生产、消费、贸易和收入再分配等多方面的调整,带来一系列的经济效应。关税的减让会降低一国的关税水平,从而产生各种经济效应。

1. 单方面减税

单方面减税是指一国对于从其贸易伙伴国进口的商品在某些商品或整体关税水平上的单方面减免。对于单方面减税带来的经济效应,我们分大国和小国两种情况分析。

生产效率较低、开放程度低的小国对其贸易伙伴国削减关税后,伙伴国的低价格产品会大量涌入该国,会产生以下关税效应。

(1) 生产和消费效应:贸易伙伴国的低价格产品大量涌入该国后,该国国内生产者的供给量减少,原来因高关税保护而存在的高成本生产减少了,因此该国节约了生产资源,获得了生产效应;同时,由于伙伴国低价格产品的涌入,该国国内价格下降,所以其消费者获得消费者剩余,产生了消费效应。

(2) 生产者效应:由于关税减让后该国国内价格下降,国内生产者的产量也下降,所以该国国内生产者的生产者剩余减少。

(3) 收入效应:关税减让后,该国的关税收入由关税下降的幅度和进口数量增加的幅度决定,如果关税下降的幅度高于进口数量增加的幅度,则政府收入减少;相反,收入会增加。

(4) 收支平衡效应:进口的大量增加意味着外汇支出的增加,这可能会引起该国国际收支不平衡。

(5) 对工业化目标的影响:涌入大量低成本的进口产品后,减税国的幼稚产业和不成熟产业受到冲击,出现工人失业现象,贸易条件也会有所恶化。

从理论上来说,小国征收关税会造成对自身福利的净损失,其最佳关税应当为零,所以随着其经济的发展和产业的成长,小国应逐步降低关税,最终实现零关税。

而生产效率高、开放程度高的大国关税减让后,其进口商品的价格降低,消费者获得消费者剩余,也使得国内的生产资源向高效率部门转移而得以合理配置,减少资源的浪费。减税后因生产扭曲和消费扭曲所带来的效率损失比减税前明显降低。但是大国减税带来的社会福利效应的变化却难以确定,它取决于大国进口商品额对国际市场价格的影响力及其对该商品的需求弹性,而这两个因素都是不确定的。

2. 相互减税

关税的相互减让是指贸易国之间在某些商品或整体关税水平上的相互减免。与一国单方面减税不同的是,关税的相互减让是在贸易国之间协商下进行的,相互关税的减免可以扩大贸易双方之间的贸易往来,提高各自的福利水平。下面我们将利用提供曲线和贸易无差异曲线来分析两国间相互减税的福利变动情况。

如图 8.6 所示,OH_1、OF_1 表示本国和外国在征收关税时的贸易提供曲线,此时两国的贸易无差异曲线分别为 h_1、f_1。贸易达到均衡时，两国的提供曲线和各自贸易无差异曲线共交于贸易的均衡点 S，此时本国出口 OQ_0 单位的 X 商品，进口 SQ_0 单位的 Y 商品。如果两国之间通过协商，彼此间能够逐步降低关税，并且最后消除关税，那么两国间的福利状况都会发生变化。在自由贸易条件下，本国的提供曲线会扩展到 OH，而外国的提供曲线则扩展到 OF，此时两国对应的贸易无差异曲线分别 h、f。与征收关税相比，自由贸易条件下本国 X 商品的出口由 OQ_0 增加到 OQ_1，对于 Y 商品的进口则由 SQ_0 增加到 TQ_1。与此对应，外国的进出口也都有了增长。两国的贸易无差异曲线都有了提高，各自福利都得到了改善。说明两国间通过相互减税，可以提高各自的福利，给双方带来利益。

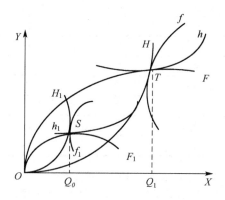

图 8.6　相互减税效果

实际上，关税的相互减让是一个复杂过程，贸易成员国之间很少能够直接达到消除关税的目标(自由贸易区、关税同盟)，在这个复杂的过渡过程中，一国福利的变动可能具有一定的不确定性，一些国家可能会遭受福利损失。但是，关税的相互减让也是一个互动的博弈过程，如果不能实现最终互惠的目的，那么相互减让的目标就无法实现，所以减税双方应该积极合作、合理安排，为消除关税做出共同努力。

加入WTO后中国关税政策的完善

中国加入 WTO 是对外开放的一个里程碑，也是国民经济发展的一个重要转折点。加入 WTO 十年来，中国成为世界第二大经济体、第一大出口国和第二大进口国，同时与整个世界分享发展成果，力促互利共赢。本文仅从关税政策的角度，系统总结加入 WTO 十多年来我国关税减让所取得的成就，分析关税减让对我国和世界经济的影响，展望未来我国关税政策调整的走向。

加入 WTO 十周年后的 2010 年，中国平均关税水平大幅下降，提前完成了《中华人民共和国加入议定书》中所承诺的加入 WTO 后关税总水平。与此同时，还在多哈回合谈判期间作出新的承诺，将农业和工业品的实施关税再削减约 30%。

加入 WTO 以来，我国严格执行《中华人民共和国加入议定书》中减让表的规定，逐步降低我国关税税率水平，完全履行了减让表中的关税减让承诺。2010 年是我国加入 WTO 降税承诺的最后一年，经过 2010 年的降税，我国 2001 年的加入 WTO 降税承诺已经全部履行完毕：关税总水平由 2001 年的 15.3% 调整至目前的 9.8%，农产品平均税率由 2001 年的 18.8%调整至目前的 15.2%，工业品平均税率由 2001 年的 14.7%调整至目前的 8.9%，具体见表 8-3。

表 8-3　承诺和实际履行的加入 WTO 后关税总水平

年度	关税总水平(%)		非农产品(%)		农产品(%)	
	承诺水平	实际水平	承诺水平	实际水平	承诺水平	实际水平
2001	—	15.3	—	14.7	—	18.8
2002	12.7	12	11.7	11.3	18.5	18.1
2003	11.5	10.4	10.6	10.3	17.4	16.8
2004	10.6	9.9	9.8	9.5	15.8	15.6
2005	10.1	9.9	9.3	9.0	15.5	15.3
2006	10.1	9.8	9.3	9.0	15.5	15.2
2007	10.1	9.8	9.3	8.95	15.5	15.2
2008	10	9.8	9.2	8.9	15.1	15.2
2009	—	9.8	—	8.9	—	15.2
2010	—	9.8	—	8.9	—	15.2

关税政策不断完善，内涵不断丰富，具体体现在以下几个方面：

(1) 确立发展与保护动态平衡的关税政策目标。加入 WTO 使我国的关税政策从内向保护逐渐转变为发展与保护有机结合，动态平衡取向。在此之前一直都在强调关税的保护功能，认为保护政策等价于关税政策，在一定程度上阻碍了我国企业竞争力的提高和产业的发展。在加入 WTO 之初，我国基本上确立了"通过保护促进发展，以发展的方式进行保护"的方针。总体来看，加入 WTO 之后我国关税政策的目标选择是突出关税的"发展"职能，而将关税的"保护"职能作为非核心目标取向。

(2) 关税总水平基本符合我国现阶段经济发展水平。自 2001 年加入 WTO 后，我国一直严格履行加入 WTO 承诺的降税义务，关税总水平由 2001 年的 15.3%降低到当前的 9.8%，降幅高达 35.95%。我国关税总水平趋于合理，高关税的状况基本结束。之后各年的关税减让相对平缓，因为随着过渡期推移，关税进一步下降空间缩小，同时也有按实际情况本着保护发展本国产业的考虑来制定关税税率的因素。而且这种保护不是全产业全行业的全面保护，而是有重点提高对某几个工业行业的保护程度。

(3) 关税结构趋于合理。在关税总体下调的过程中，对农产品给予了总体较高的保护，而对非农产品则提供了较低保护，并且从基本国情出发，对关税升级理论灵活加以运用，对一些高新技术产品实行减免税优惠政策，而对一般制成品仍严格实行按加工程度由低到高的税率。我国在制定关税税率时与世界通行做法基本一致，都从关税结构升级理论出发。这种关税结构能够通过关税的资源配置效应优化产业结构、促进贸易结构高度化，更重要的是能够适应我国外贸发展方式转变的要求。

(4) 关税税种灵活多样。在加入 WTO 之前，我国的关税税种比较单一，绝大多数以从价税为主。我国自 1951 年建立关税制度以来，只设置了普惠税率和优惠税率两栏，而且一直采用单一的从价税形式，只有极少量的从量税、复合税和滑准税，征收税率固定，无法在情况突变时采取有效的措施。但在加入 WTO 后，我国顺应了当前世界关税越来越灵活多样的趋势，在大幅度调低关税总水平的前提下，实现税种多样化，充分发挥关税制度的功能，参照一些发达国家的做法，扩大从量税、复合税、滑准税的适用范围，实行多样的征税标准，真正发挥出关税的职能作用。到 2004 年，我国设定了最惠国税率、协定税率、特惠税率、普通税率、暂定税率、配额关税税率等多种税率，也出现了按产品的旺季淡季设置不同税率。这样多税种灵活的税收政策有利于关税职能的实现，有利于应对突发的事件。

(资料来源：李钢，叶欣. 实施积极主动关税政策力促我国外贸平衡发展. 国际贸易，2011(10): 10-17.)

3. 普惠制的贸易效果

普惠制是发达国家单方面给予发展中国家在制成品或半制成品上的贸易优惠和税收减免制度。普惠制的产生对于发展中国家的贸易发展产生了重要的推进作用,它所产生的贸易效果主要体现在以下几个方面:

1) 扩大了受惠发展中国家的出口

由于普惠制的税率远低于普通税率和最惠国税率,发展中国家出口到给惠国的商品的价格在给惠国市场上具有较大的竞争力,对于给惠国进口商和消费者具有很强的吸引力,这有利于扩大发展中国家的出口。例如,对盟出口一台价值 100 美元的自行车,通常需要缴纳 17% 的进口关税,即 17 美元,这样进价就变成了 117 美元;但享受普惠制待遇时,便可免税进口,进价仅为 100 美元。在同一市场上销售,后者显然具有很大的价格竞争优势,能够获得更大的利润。由于具有价格优势,某些滞销商品甚至可以变为畅销商品。

2) 增加了受惠发展中国家的外汇收入

发展中国家出口的增加,大大增加了其外汇收入,缓解了发展中国家外汇紧张的局面。再者,对于受惠的发展中国家来说,由于关税降低,某些畅销商品即使在提高出口价格的条件下也可能以很便宜的价格向发达国家市场销售。

3) 优化了受惠发展中国家的出口商品结构

一方面,受惠发展中国家出口的增加、外汇收入的增多会扩大其对于先进设备、技术的进口,从而有利于改善其产业结构,导致出口商品结构升级。另一方面,只要满足原产地规则,即使是外商投资企业也可以申请普惠制签证,享受普惠制待遇,这就增强了对外资的吸引力。受惠国外商投资的增加,不仅可以增加受惠国的出口,也会对其出口商品结构产生积极影响,还会带动受惠国国内相关产业的发展。

4) 对给惠国的影响

关税的降低,使进口商品及其替代商品的销售价格有了同等幅度的下降,消费者可以以更低的价格消费这些商品,这会刺激消费者的购买,增加消费者剩余。销售价格的降低,也会给进口替代商品带来一定的冲击,这虽然可以减少生产扭曲造成的资源浪费,但是这些商品生产的缩减,会造成部分工人的失业,这对于一向比较重视失业问题的发达国家来说是很难接受的,一旦出现这种情况,发达国家政府会采取一定措施限制这些商品的进口。

5) 对第三国的影响

普惠制的实行不仅会降低受惠国出口商品的价格,也会使非受惠第三国同类商品对给惠国出口价格发生同等幅度的下降,否则非受惠国商品将被逐出给惠国市场。第三国出口价格的下降会降低其出口盈利能力,减少第三国对给惠国的出口,其出口下降的份额将会被受惠国所替代,这对于第三国来说将是不利的。

8.4 关税结构与有效保护率

关税结构的安排,体现了一国对不同行业的保护程度不同。某一特定行业所受

【参考图文】

到的保护程度不仅与本行业的关税有关，而且还与其他行业的关税有关。为了说明关税结构与某个行业所受到的保护程度的关系，我们引入有效保护率这个概念。

8.4.1 有效保护率

关税有效保护率是一个与关税名义保护率相对的概念。

名义保护率(Nominal Tariff)是指某种进口商品进入该国关境时海关根据海关税则所征收的关税税率。名义关税税率也称名义保护税率，在其他条件相同或不变的条件下，名义关税税率越高，对本国同类产品的保护程度也越高。如果是从量税，则相应的名义保护税率=税额/(含税价-税额)=(进口货物的国内市场价格-国际市场价格)/国际市场价格。如果是从价税，则相应的名义保护税率即为税则中公布的税率。

有效保护率(Rate of Effective Protection)是指受保护行业的单位产品附加值增值的百分比，其代表关税对本国同类产品的真正的有效的保护程度。其计算公式是

$$E = \frac{V'-V}{V} = \frac{T-Pt}{1-P}$$

式中 E 表示有效保护率；V' 表示征收关税后单位产品的附加值；V 表示不征收关税时单位产品的附加值。

若用 T 表示进口最终产品的名义关税税率，P 表示原材料在最终产品中所占的比重，t 表示进口原材料的名义关税税率，N 表示制成品的国外价格(无进口关税的价格)，则

$$E = \frac{V'-V}{V} = \frac{N(1+T)-NP(1+t)-(N-NP)}{N-NP} = \frac{T-Pt}{1-P}$$

例如，假设在自由贸易时，某种产品的价格为 1 000 元，其中 500 元为原材料成本。如果对同类产品的进口征收 20%的关税，对原材料的进口征收 10%的关税，那么该产品的有效保护率计算方法如下：

$$V = 1\ 000 - 500 = 500(元)$$
$$V' = 1\ 000 \times (1+20\%) - 500 \times (1+10\%) = 650(元)$$
$$E = \frac{650-500}{500} = 30\%$$
$$E = \frac{T-Pt}{1-P} = \frac{20\% - (500/1\ 000) \times 10\%}{1 - 500/1\ 000} = 30\%$$

再举个例子：甲国对小轿车的进口征收 180%的进口关税，但该国国内生产的小轿车需从国外进口汽车发动机，该发动机的进口成本每台 300 美元，每辆小轿车的总成本为 2 000 美元，汽车发动机的进口关税税率为 20%，其有效关税保护率为

$$E = \frac{T-P_t}{1-P} = \frac{180\% - (300/2\ 000) \times 20\%}{1 - 300/2\ 000}$$
$$= (180\% - 0.15 \times 20\%)/(1 - 0.15)$$
$$\approx 208\%$$

如果将对发动机的关税率由 20%提高到 40%，对汽车的名义保护率为 180%，实际有效保护率则只有约 205%；如果将对发动机的关税率由 20%降低到 10%，对汽车的名义保护率为 180%，实际有效保护率就可达 210%。

再如中国对小汽车的关税税率为180%，国内一典型的汽车制造商的成本结构和部件关税见表8-4。

表8-4　国内汽车制造商的部件关税

成本项目	钢板	发动机	轮胎
占汽车价格比重	20%	30%	10%
关税税率	60%	120%	30%

此时对中国小汽车行业的有效保护率为：

$$E_{汽车} = \frac{180\% - 20\% \times 60\% - 30\% \times 120\% - 10\% \times 30\%}{1 - 60\%} = \frac{180\% - 12\% - 36\% - 3\%}{40\%} \approx 322.5\%$$

如果钢板、发动机、轮胎的关税分别降为10%、30%、5%，则小汽车的有效保护率为

$$E_{汽车} = \frac{180\% - 20\% \times 10\% - 30\% \times 30\% - 10\% \times 5\%}{1 - 60\%} = \frac{180\% - 2\% - 9\% - 0.5\%}{40\%} \approx 421.25\%$$

由以上的例子可知，关税的有效保护率与其名义保护率并不一致。要保护一特定行业，不一定要依靠提高该行业的名义关税率来实现，降低其使用的原材料(或中间产品)的进口关税，也同样可使其获得更高的保护。根据这一点，如果一国的政策目标是保护最终产品部门，则在关税结构安排上，应当对中间产品部门和原材料少征或免征进口关税。

因此，考查一国对某商品的保护程度，不仅要考查该商品的关税税率，还要考查对其各种投入品的关税税率，即要考查整个关税结构。了解这一点，对于一国制定进口税率或进行关税谈判都有重要意义。美国和日本名义保护率和有效保护率最高的10个产业见表8-5。

表8-5　美国和日本名义保护率和有效保护率最高的10个产业

	名义税保护(%)		有效保护率(%)	
美国	1. 服装	27.8	1. 服装	50.6
	2. 纺织品	14.4	2. 纺织品	28.3
	3. 玻璃及玻璃制品	10.7	3. 玻璃及玻璃制品	16.9
	4. 非金属矿产品	9.1	4. 非金属矿产品	15.9
	5. 鞋类	8.8	5. 食品、饮料及烟草	13.4
	6. 家具及附属制品	8.1	6. 鞋类用品	13.1
	7. 杂项制成品	7.8	7. 金属制品	12.7
	8. 金属制品	7.5	8. 家具及附属制品	12.3
	9. 电力机械	6.6	9. 杂项制成品	11.1
	10. 食品、饮料及烟草	6.3	10. 电力机械	9.4
日本	1. 食品、饮料及烟草	25.4	1. 食品、饮料及烟草	51.1
	2. 农产品、林产品及鱼类产品	19.4	2. 鞋类	33.6
	3. 鞋类	16.4	3. 农产品、林产品及鱼类产品	27.7
	4. 服装	13.8	4. 服装	27.1

续表

	名义税保护(%)		有效保护率(%)	
日本	5. 非电力机械	9.1	5. 家具及附属制品	15.1
	6. 家具及附属产品	7.8	6. 非电力机械	13.8
	7. 玻璃及玻璃制品	7.5	7. 金属制品	12.0
	8. 电力机械	7.4	8. 玻璃及玻璃制品	11.5
	9. 金属制品	6.9	9. 电力机械	11.0
	10. 化学制品	6.2	10. 化学制品	9.8

(资料来源：[美]丹尼斯·R 阿普尔亚德，小阿尔弗雷德·J 菲尔德，史蒂芬·L 柯布.国际经济学(第 6 版).北京：机械工业出版社，2010：223-224.)

8.4.2 关税结构安排的原则

根据有效保护率公式，我们可得到以下结论：

当制成品的进口税率等于所用投入品的进口税率时，该产业的有效保护率等于名义保护率；当制成品的进口税率高于所用投入品的进口税率时，该产业的有效保护率大于名义保护率；当制成品的进口税率低于所用投入品的进口税率时，该产业的有效保护率小于名义保护率。

另外，从公式还可看出，当投入品的名义关税比制成品的名义关税高出较多时，有效保护率就会出现负数，表示整个关税结构对该产业起到损害作用，即出现负保护的现象。

为了避免负保护现象，并且尽可能提高有效的保护率，目前世界各国普遍采用"升级式"关税结构，即产品的税率随产品的加工程度上升而上升，使得各个产业有效保护率大大高于名义保护率。有效保护理论可以很好地解释关税结构中的关税升级现象。以发达国家为例，在 20 世纪 60 年代，发达国家平均名义保护率在第一加工阶段为 4.5%，在第二加工阶段为 7.9%，在第三加工阶段为 16.2%，在第四加工阶段为 22.2%，而有效保护率分别为 4.6%、22.2%、28.7% 和 38.4%。由此可见，尽管发达国家的平均关税水平较低，但是，由于关税呈升级趋势，关税的有效保护程度一般都大于名义保护程度，且对制成品的实际保护最强。在关税减让谈判中，发达国家对发展中国家初级产品提供的优惠，远大于对制成品提供的优惠，缘由即出于此。

这一分析告诉我们，在考查保护程度时，要把着眼点放在产品生产过程的增值上和分析关税对产品增值部分的影响上。投入品(原料、半制成品)的关税税率越低，关税对产出品的有效保护水平越高，反之，越低，甚至形成关税的负保护。关税应从原料、半制成品和制成品逐步由低到高，形成阶梯结构，并利用阶梯结构向不同行业和不同层次的产品提供不同的有效保护。

中国农产品关税升级安排

关税升级可以使加工品的增值部分(产品价值本身扣除产品投入价值)的被保护程度提高，即关税的有效保护水平高于其名义保护水平。各国为提高本国加工业和制造业的国际竞争力,在设计关税体系时往往采取关税升级的模式。但是,也有些国家存在随着产品加工程度提高而关税水平下降的现象(称为关税降级,Tariff De-escalation),关税降级会使本国加工业和制造业处于不利的竞争地位。

表8.6列出了我国不同加工程度农产品的关税安排,从中可以看出,我国农产品的关税升级情况有以下两个特点:

(1) 关税升级现象比较普遍,而且程度高。无论是2000年还是2002年的进口税率,我国农产品中的关税升级现象是普遍的。2002年,七组农产品中除了谷物和谷物制品外,其他六组均存在明显的关税升级现象,蔬菜制品与鲜菜相比、植物油与含油籽仁相比,加工品的关税水平均为初级产品的2倍左右。

(2) 我国农产品关税升级现象突出的商品种类与国际一般情况有所不同。我国在植物油、蔬菜、糖和烟草等商品中关税升级现象比较突出。而在国际市场上,关税升级现象一般在肉类、糖类、水果和皮张等商品中突出(世界粮食安全委员会,2004)。

表8-6 中国不同加工程度农产品的关税水平及国际比较

产品名称	全球各地区约束关税水(%)①	2000年进口税率(%)②	2002年进口税率(%)③
谷物	69	56	28
谷物制品	70	37	28
含油籽仁	59	33	13
植物油	57	53	25
活动物	62	10	10
毛和皮	69	16	15
鲜或冻动物	57	28	23
肉制品	74	25	21
水果	74	31	24
水果制品	58	32	26
果汁	55	35	25
鲜的蔬菜	57	13	12
蔬菜制品	69	25	23
蔬菜汁	60	25	20
甜菜糖	63	23	20
甘蔗糖	70	25	20
糖	62	22	29
烟草	69	24	21
烟草制品	89	65	48

①税率为乌拉圭回合谈判《农业协定》的约束关税水平;②税率为进口优惠关税③税率为最惠国税率。

(资料来源:张莉琴. 我国农产品的进口关税水平及税率结构安排. 中国农村经济,2005(7): 51-57.)

总之,各国在制定进口税税率时要考虑多方面的因素。从有效保护和经济发展出发,应对不同商品制定不同的税率。一般来说,进口税税率随着进口商品加工程度的提高而提高,即工业制成品税率最高,半制成品次之,原料等初级产品税率最低甚至免税,这称为关税升级。同时还要考虑对不同商品实行差别税率，对于国内紧缺而又急需的生活必需品和机器设备予以低关税或免税，而对国内能大量生产的商品或奢侈品则征收高关税。一国关税结构的合理安排，除了考虑上下游产业之间"关税税率升级"这一基本原则外，还需要考虑国内产业的国际竞争力的高低，根据国内不同行业的竞争力现状和发展趋势，制定不同的税率水平。

另外，由于各国政治经济关系的需要，对来自不同国家的同一种商品可能会实行不同的税率。世界各国因其国内经济、进出口商品的差异以及征收进口税的目的不同，关税结构也不相同。

本 章 小 结

在国际贸易中，关税是各国普遍采用的重要贸易政策工具或措施。关税是指进出口商品经过一国关境时，由政府所设置的海关向其进出口商所征收的税收。关税具有增加财政收入、保护国内市场、生产和调节经济的作用。按照不同的标准，可对关税进行不同的分类。海关税则是征收关税的法律依据。关税的征收方法有从量计征、从价计征、混合计征、滑准计征等。

对于贸易小国，征收进口关税使国内的消费者福利受损，生产者和政府受益。其整体福利水平因效率的损失和消费者净损失而下降。贸易大国征收关税的经济效应是消费者福利下降，生产者和政府受益。但贸易大国征收关税使其整体福利水平变化不易确定，可能下降，也可能上升。对于大国，客观上存在一个最优关税。

各国征收关税的主要目的是对生产者的生产实施保护。准确衡量关税保护程度的不是名义关税率而是有效关税率。在其他条件一定的情况下，中间投入品进口时的名义税率越低，有效保护税率越高。

从价税、从量税、复合税、选择税、滑准税、关税税则、HS、反倾销税、反补贴税、普遍优惠制、毕业机制、最优关税率、有效保护税率

[美] 丹尼斯·R 阿普尔亚德，小阿尔弗雷德·J 菲尔德，史蒂芬·L 柯布. 国际经济学(原书第 6 版). 赵英军，译. 北京：机械工业出版社，2010.

王普光. 关税理论政策与实务. 北京：对外经济贸易大学出版社，1999.

许斌. 国际贸易. 北京：北京大学出版社，2009.

朱立南. 国际贸易政策学. 北京：中国人民大学出版社，1996.

复习思考题

1. 试分析进口关税的贸易调节方式。
2. 辨析大国和小国关税效应的异同。
3. 最优关税实施的条件和产生的影响有哪些？在当今多边关税减让的背景下它是否具有可行性？
4. 关税减让的效应有哪些？WTO(GATT)多边贸易谈判作为世界范围内的关税减让又将产生哪些影响？
5. 案例分析。

1998年7月，张某在从日本探亲回国时，受朋友王某之托，为其在日本购买价值人民币1 400元的奥林巴斯照相机一部。入境时，张某按规定缴纳了关税700元并取得了完税凭证。张某虽然缴纳了关税，但他不明白照相机是为李某购买的为什么要由他来缴纳进口关税。

请你向张某解释一下由张某缴纳关税的缘由，并告诉王某这款相机的最终价格。

6. 案例分析。

A 汽车公司是一家全球性的跨国大公司，该公司生产的汽车在世界汽车市场上占有一席之地。2010年，该公司决定打入中国市场，欲在中国汽车市场上有所作为。在商讨具体的投资战略时，公司初步拟定以下两套方案。

方案1：在中国设立一家销售企业作为A汽车公司的子公司，通过国际转移定价，压低汽车进口的价格，从而降低进口关税，使得中国境内子公司利润增大，以便于扩大规模，占领中国汽车市场。

方案2：在中国境内设立一家总装配公司作为子公司，通过国际转移定价，压低汽车零部件的进口价格，从而节省进口关税。这样也可以使中国境内子公司利润增大，以便更好地占领中国市场。

问题：在保证国内子公司相同的利润水平并占领市场的前提下，从降低进口关税的角度出发，A公司应采取哪种方案？

7. 课堂讨论。

加入WTO前，汽车整车一直被征收相对较高的关税，1986年我国的汽车进口关税排量3升以上的汽油轿车为220%，3升以下为180%。从1986年到1994年，高关税政策维系了8年。1994年高关税开始松动，排量3升以下的轿车关税降为110%，3升及以上排量的降为150%，均下降了70%。1997年10月1日，进口3升排量上下的汽油轿车税率分别降至100%和80%。

根据《中华人民共和国加入工作组报告书》、《中华人民共和国加入议定书》的承诺，从2006年7月1日起，中国已将小轿车、越野车、小客车整车的进口税率由28%降至25%，车身、底盘、中低排量汽油发动机等汽车零部件的进口税率由13.8%~16.4%降至10%。至此，中国加入WTO承诺的汽车及其零部件降税承诺已经履行完毕。

不仅如此，根据海关总署2014年12月31日发布的《2015年关税实施方案》和2015年1月9日发布的《海关总署解读2015年关税实施方案》，我国加入WTO的降税承诺已于2010年全部履行完毕。

分组讨论关税对老百姓生活的影响。

第 9 章　进口保护政策：非关税壁垒

教学目标

本章介绍非关税壁垒措施的主要种类、变化特点，分析非关税措施与关税措施影响贸易利益格局的机理，探讨非关税措施在国际贸易活动中长期存在的现实政治经济基础。

教学要求

知识要点	能力要求	相关知识
非关税壁垒概述	了解非关税壁垒产生的历史背景，掌握其含义、特点与分类，并介绍WTO+和WTO-X的区分	非关税壁垒、内生性非关税壁垒、外生性非关税壁垒、制度性非关税壁垒、技巧性非关税壁垒、数量限制型非关税壁垒、成本价格型非关税壁垒
进口配额	熟悉进口配额的含义与类别，理解其经济效应以及与关税的异同，学会分析现实案例	绝对配额、关税配额、等价关税、"自愿"出口限额
相机保护措施	掌握相机保护措施的含义、做法与实施条件，学会分析现实案例	反倾销、反补贴、紧急保障措施
WTO+背景下的其他非关税壁垒	分析第一代贸易政策背景下的进口许可证制、绿色壁垒、技术性贸易壁垒、海关估价制度、原产地规则等非关税壁垒	绿色关税、环保技术标准、绿色包装和标签、绿色环境标志及认证制度、碳关税
WTO-X 背景下的非关税壁垒	理解第二代贸易政策背景下的非关税壁垒：劳工标准壁垒、知识产权等	对外贸易国家垄断制、歧视性的政府采购政策、投资措施中的贸易壁垒、有秩序的销售安排、服务贸易壁垒、心理与民间壁垒

第 9 章 进口保护政策：非关税壁垒

非关税壁垒与欧盟对华光伏反倾销案

2012年7月24日，欧洲光伏制造商向欧盟提起对华"反倾销"调查申请。由于欧盟市场的重要性，中国光伏企业感受到了前所未有的危机。随后英利、尚德、天合及阿特斯四大中国光伏企业代表光伏发电促进联盟和中国光伏行业正式发表联合声明，强烈呼吁欧盟慎重考虑对华光伏发起"反倾销"调查，呼吁中国政府积极维护国内企业合法权益，力求阻止欧盟立案。

2012年8月30日，在距离欧盟是否对中国光伏产品进行反倾销立案不足10天的关键时刻，德国总理默克尔4年之内第6次访华，当天，与外界"默克尔将避谈光伏"的猜测截然相反，利好消息最终传出：中国与德国同意通过协商解决光伏产业的有关问题，避免反倾销，进而加强合作。

2012年8月31日，欧盟却向中国驻欧盟使团发出照会，确认将对中国企业出口欧洲的太阳能电池及其组件发起反倾销调查。

2012年9月6日，中国等来了欧盟委员会对中国光伏产业反倾销调查的正式立案。欧盟贸易总司司长表示，此案是欧盟委员会根据企业申请并依法律程序立案调查。之后中国商务部国际贸易谈判副代表崇泉率中国政府代表团，在布鲁塞尔与欧盟贸易总司司长德马迪就欧盟对中国太阳能电池反倾销案进行磋商。

2013年4月，欧洲上千家光伏企业要求欧盟委员会放弃制裁中国超过1 000家欧洲光伏产品企业，放弃对中国太阳能企业征收惩罚性关税，"双反"给这些供应商带来的损失将超过给欧洲太阳能企业带来的好处。

欧盟委员会2013年6月4日决定，将从2013年6月6日到8月6日对产自中国的光伏产品征收11.8%的临时反倾销税，此后税率将升至47.6%。

2013年7月27日，欧盟委员会贸易委员德古赫特宣布，经过谈判，中国与欧盟就光伏贸易争端已达成"友好"解决方案，该方案近期将提交欧盟委员会批准。这一谈判结果对于中欧双方意义重大。和解协定的主要内容是，大约90家中国太阳能产品企业(约占欧盟市场60%的份额)承诺，向欧盟出口产品的价格将不低于每瓦56欧分，以避免被欧盟征收上述临时性关税。该协定适用于欧盟太阳能产品市场至多7 000兆瓦的份额；今年欧盟市场总规模预计将达到10 000兆瓦～12 000兆瓦，这个上限将保持至2015年年底。

思考

1. 在此案例中，欧盟如果最终未接受我国的"价格承诺"，对中欧的光伏企业会带来什么样的影响？
2. 反倾销这种非关税壁垒手段被越来越多的国家使用的原因是什么？
3. 非关税壁垒与关税比较，有哪些相同点与不同点？

9.1 非关税壁垒概述

9.1.1 历史变迁

关税不是实施保护以避免外国竞争的唯一手段。国际贸易中存在着各种各样的非关税措施，自由贸易论者称之为非关税壁垒(Non-tariff Barriers，NTBs)。它泛指一国政府为了调节、管理和控制本国的对外贸易活动，进而影响贸易格局和利益分配所采取的除关税以外的各种行政性、法规性措施和手段的总和。

【参考图文】

从历史上看，早在重商主义时期，限制和禁止进口的非关税性措施就开始盛行。1929～1933年大萧条时期，西方发达国家曾一度高筑非关税壁垒，推行贸易保护主义。尽管如此，"非关税壁垒"这一术语是在 GATT 建立以后才逐渐产生的。真正把非关税措施作为保护贸易政策的主要手段开始于20世纪70年代，其原因是多方面的。

第一，各国经济发展不平衡是非关税壁垒迅速发展的根本原因。美国的相对衰落，日欧的崛起，特别是20世纪70年代中期爆发的经济危机，使市场问题比过去更为严峻。以美国为首的发达国家纷纷加强了贸易保护手段。第二，战后在 GATT 努力下，关税大幅度减让，各国不得不转向用非关税措施限制进口，保护国内生产和国内市场。第三，70年代中期以后，许多国家相继进行了产业结构调整。为保护各自的经济利益，纷纷采用了非关税措施限制进口。第四，科技水平的迅速提高相应地增强了对进口商品的检验能力。通过检验，可获得各种商品对消费者健康的细微影响，从而有针对性地实行进口限制。例如，对含铅量、噪声大小的测定等。对此应持一分为二的态度。第五，非关税措施本身具有隐蔽性，不易被发觉，而且在实施中往往可找出一系列理由来证明它的合理性，从而使受害国据以进行报复。第六，各国在实施非关税措施时相互效仿，也使这些措施的实施范围迅速扩大。

经过多年的演化发展，20世纪90年代以来，非关税壁垒呈现出形式更加隐蔽、技巧更高的特点，以致很难区分其保护是否合理。具体来看，大致有以下几方面变化：第一，传统制度化的非关税壁垒不断升级。例如，反倾销的国际公共规则建立后，在制度上削弱了其贸易壁垒的作用，但频繁使用反倾销手段又使其演化为新的贸易壁垒。第二，技术标准上升为主要的贸易壁垒。各国的技术标准难以统一，使其成为最为复杂的贸易壁垒，并常常使人难以区分其合理性。第三，绿色壁垒成为新的行之有效的贸易壁垒。一些国家特别是发达国家往往借环境保护之名，行贸易保护之实。第四，政治色彩越来越浓。发达国家甚至利用人权、劳工标准等带有政治色彩的贸易壁垒，大肆推销其国内人权标准，干涉别国内政。据不完全统计，非关税壁垒从20世纪60年代末的800多项已上升至21世纪初的2 000多项。

9.1.2 非关税壁垒的特征与类型

1. 非关税壁垒的特征

无论非关税壁垒如何变化，与关税措施相比，它均具有以下几个明显的特征：

(1) 有效性。关税措施主要是通过影响价格来限制进口，而非关税措施主要是依靠行政机制来限制进口，因而它能更直接地、更严厉地且更有效地保护本国生产与本国市场。

(2) 隐蔽性。与明显地提高关税不同，非关税措施既能以正常的海关检验要求或与进口有关的行政规定、法令条例的名义出现，又可以巧妙地隐蔽在具体执行过程中而无须做出公开规定，人们往往难以清楚地辨识和有力地反对这类政策措施，从而增加了反贸易保护主义的复杂性和艰巨性。

(3) 歧视性。一些国家往往针对某个国家采取相应的限制性非关税措施，更加强化了非关税壁垒的差别性和歧视性。

(4) 灵活性。关税是通过一定立法程序制定的具有一定延续性的贸易政策,在特殊情况下做灵活性调整比较困难。而制定和实施非关税措施,通常可根据需要,运用行政手段做必要的调整,具有较强的灵活性。正因为如此,非关税壁垒已逐步成为各国所热衷采用的政策手段。

2. 非关税壁垒的类型

为了更深刻地认识非关税措施的特征以及积极应对其不利影响,我们有必要对繁多复杂的措施进行区别和归类。站在不同的角度,非关税措施大致可以归纳为如下几种类型。

第一类:从制定主体角度,可分为内生性非关税壁垒与外生性非关税壁垒。其区别在于是本国自主决定还是由外界压力或通过谈判达成协议决定。例如,1981年美国单方面规定从中国进口的羊毛衫配额为18.73万打,即为自主配额,属于内生性措施。目前,大多数"自限协定"或"有秩序销售协定"均是通过谈判达成的,属于外生性措施。

第二类:从实施手段的特性角度,可分为制度性非关税措施与技巧性非关税措施。前者如利用进口配额、许可证、反补贴、反倾销、海关估价、原产地规则、政府采购等制度形成的制度性壁垒,后者如利用技术标准、质量标准、环境标准、劳工标准、商品检验、包装、标签等形成技巧性壁垒。技巧性壁垒的隐蔽性极高,看上去似乎并不违背国际贸易的公共规则,但内容却变幻莫测,行之有效,使人防不胜防。它不仅直接阻碍了别国商品的进口,还间接地增加了出口国在生产、技术、产品规格等方面的调整成本。

第三类:从影响方式及程度角度,可分为直接影响性、间接影响性以及溢出或旁及影响性非关税措施。此种分法是UNCTAD在20世纪80年代做出的。直接影响性非关税措施是出于保护国内产业、加强国内产业在国外市场竞争力的考虑,而采取的限制外国进口和限制或激励本国出口的措施,如配额、许可证、进口押金制等。这类措施对贸易的限制很明显,亦比较直截了当。间接影响性措施从表面上看是出于其他目的而制定的,但仍被怀疑具有隐藏的限制贸易动机,如质量标准、广告数量、海关程序等。这类措施比较含蓄,不易被发现。旁及性或溢出性措施是指并非主要针对贸易,却不可避免地导致国际竞争条件失常,从而对贸易发生影响的一些非关税壁垒措施。这类措施有政府对某种或某类商品在生产、销售和分配方面的垄断,影响贸易的产业结构和地区发展政策,政府特定的国际收支政策措施、关税制度的不同,国家社会保险制度的不同,折旧期限制度的不同,政府资助的防卫、航天和非军事采购引起的需求变动,国家标准和规定及做法的变动,国外运输费和国家批准的国际运输协定,结构成本等。

第四类:从实施目的或作用机制角度,可分为数量限制型与成本价格型非关税壁垒。这是UNCTAD在上述分类中的进一步解释。前者是通过直接限制进口商品的数量或进口金额来达到有效限制进口的目的,如配额、许可证、国内采购法规、国内含量规定等;后者是通过直接影响进出口商品或国内产品的成本进而削弱外国商品的竞争力来达到限制进口的目的,如运费差别待遇、海关估价做法、环境标准、劳工标准等。

第五类:从实施的时代特征,可分为传统型和新型非关税贸易壁垒。新型贸易壁垒是指以技术壁垒为核心的包括绿色壁垒和社会壁垒以及滥用贸易救济措施在内的所有阻碍国际商品自由流动的新型非关税壁垒。

为了更清晰地了解非关税措施的主要形式及其特性,我们将其大致归纳为表9-1。

表 9-1 非关税措施分类

影响程度 作用机制	直接影响	间接影响	溢出或旁及影响
控制数量	配额、许可证； 自愿出口限额； 进出口禁令； 当地含量要求； 混合规定； 禁止性政府采购政策； 直接影响贸易的投资措施	通信工具限制； 广告数量和市场限制； 间接影响贸易的投资措施	产业和地区发展政策； 特定的国际收支政策； 税收制度的差异；
影响成本	进口附加税； 反倾销措施、补偿关税； 进口押金制； 国内费用的差别待遇	海关估价、报关程序； 外汇管制； 包装、标签规定； 质量、卫生、环境标准； 安全、劳工标准； 披露规定和行政指导； 专业服务中的许可证、文凭； 销售证规定	国家社会保障制度； 折旧期限的差异； 国家订货的规模效应； 国际运输协定

资料来源：①赵春明. 非关税壁垒的应对及运用. 北京：人民出版社，2001：271；②刘力，陈春宝. 国际贸易学：新体系与新思维. 北京：中共中央党校出版社，1999：143；③李金亮. 狭义国际经济学. 广州：暨南大学出版社，1992：196-197.

9.1.3 WTO+与WTO-X

【参考图文】

这种分类最早由著名欧洲智库 Bruegel 的三位研究学者 H. Horn、P. C. Ma-vroidis 和 R. Sapir 于 2009 年提出，他们将"第一代"和"第二代"贸易政策分别称为"WTO +"（即 WTO plus）和 "WTO-X" （即 WTO extra）。传统意义上对贸易政策的理解局限在第一代贸易政策(WTO+)，主要内容包括如表 9-2 所示的几个领域。

表 9-2 第一代贸易政策种类

工业产品	反倾销
农业产品	反补贴
海关	公共补助
出口税	政府采购
技术性贸易壁垒	TRIMs
国有贸易公司	TRIPs
卫生和植物检疫	GATS

资料来源：盛斌. 迎接国际贸易与投资新规则的机遇与挑战. 国际贸易，2014(2).

第 9 章　进口保护政策：非关税壁垒

目前世界上各国和国家集团更多地关注第二代贸易政策(WTO-X)，主要包括如表 9-3 所示的内容。

表 9-3　第二代贸易政策种类

反腐败	数据保护	教育与培训	信息社会	中小企业
竞争政策	农业	能源	采矿业	统计数据
环保法规	近似立法	财政支持	反洗钱	税收
知识产权	视听	健康	核安全	社会事务
投资	文化保护	人权	政治对话	恐怖主义
劳动市场管制	创新政策	非法移民	公共行政	签证与政治庇护
资本流动	文化合作	毒品	区域合作	
消费者保护	经济政策对话	工业合作	技术与科研	

资料来源：盛斌．迎接国际贸易与投资新规则的机遇与挑战．国际贸易，2014(2)。

目前备受关注的《跨太平洋伙伴关系协定》(Trans-Pacific Partnership Agrement，TPP)、《跨大西洋贸易与投资伙伴协定》(Transatlantic Trade and Investment Partnership，TTIP)等无不是第二代贸易政策的集中体现。

9.2　进口配额

本节主要阐述传统非关税壁垒的核心措施——进口配额，重点分析实施进口配额和"自愿"出口限额对进出口国家的生产者、消费者和政府的影响。

9.2.1　进口配额的类别

进口配额(Import Quotas)又称进口限额，是一国政府在一定时期(如一季度、一年)内，对于某些商品的进口数量或金额加以直接限制。在规定的期限内，配额以内的货物可以进口，超过配额不准进口，或者征收较高的关税或罚款。它是进口国实施数量限制的主要手段之一。根据控制的力度和调节手段，进口配额可分为绝对配额和关税配额两种类型。

1. 绝对配额

绝对配额(Absolute Quotas)即在一定时期内，对某些商品的进口数量或金额规定一个最高限额，达到这个数额后，便不允许进口。在具体实施过程中它又有三种方式。

(1) 全球配额(Global Quotas；Unallocated Quotas)。属于世界范围的绝对配额，对来自任何国家或地区的商品一律适用。主管当局通常按进口商的申请先后或过去某一时期的进口实际额批给一定的额度，直至总配额发放完为止，超过总配额就不许进口。

(2) 国别配额(Country Quotas)。即在总配额内按国别和地区分配给固定的配额，超过规定的配额便不准进口。实行国别配额可以使进口国家根据它与有关国家和地区的政治经济关系情况，分别给予不同的配额。国别配额又分为单方面配额和协议配额。单方面配额又称自主配额，是由进口国单方面规定在一定时期内从某个国家或地区进口某些商品的配额；协议配额是由进口国与出口国双方通过谈判达成协议规定的某种商品的进口配额。

(3) 进口商配额(Importer Quotas)。进口国政府把某些商品的配额直接分配到进口商。分到配额的多寡决定着进口的多寡。发达国家政府往往把配额分给大型垄断企业，中小进口商却难以分到或分配的数量甚少。

2. 关税配额

关税配额(Tariff Quotas)即对商品的进口绝对数额不加限制，而对在一定时期内，在规定的配额以内的进口商品给予低税、减税或免税待遇，对超过配额的进口商品则征收较高的关税或附加税甚至罚款。可见这种配额与征收关税直接结合起来了，具有一定的灵活性。

关税配额措施的显著特征是它拥有两个调控手段：一是配额数量，二是配额内外的税率。由此又产生了三种形式：

(1) 当关税配额的配额内关税税率等于0或近似等于0时，配额数量对进口有绝对的限制性。采用这种配额的商品往往是进口需求大、国内价格没有优势的生活必需品。

(2) 当关税配额的配额数量较大，配额内的进口数量可能会满足国内的需求，此时真正起作用的关税税率是配额内税率，配额外税率实际上不起作用，只形成了一个保护框架。

(3) 当关税配额的配额外关税税率很高时，有接近进口绝对配额的趋势。

专栏 9-1

2015 年中国粮食进口关税配额申领及分配

2014 年 12 月，国家发展与改革委员会公布了 2015 年粮食进口关税配额数量、申领条件和分配原则。
1) 配额数量
2015 年粮食进口关税配额量为：小麦 963.6 万吨，非国营贸易比例 10%；玉米 720 万吨，非国营贸易比例 40%；大米 532 万吨(其中：长粒米 266 万吨、中短粒米 266 万吨)，非国营贸易比例 50%。
2) 申领条件
2015 年粮食进口关税配额申请者基本条件为：2014 年 10 月 1 日前在工商管理部门登记注册；具有良好的财务状况、纳税记录和诚信情况；严格执行粮食流通统计制度、遵守粮食经营者最低最高库存规定；2012～2014 年，在海关、工商、税务、外汇、检验检疫、粮食流通、环保等方面无违规记录，无不良贷款信用记录，没有违反《农产品进口关税配额管理暂行办法》的行为。
3) 申请时间
2015 年粮食进口关税配额申请时间为 2014 年 12 月 11～25 日。
4) 分配原则
上述粮食进口关税配额将根据申请者的实际生产经营能力(包括历史生产加工、进口实绩、经营情况等)和其他相关商业标准进行分配。
5) 分配结果
申请者可在国家发展改革委网站查询获得的 2015 年粮食进口关税配额数量。
6) 配额使用
申请者获得的上述粮食进口关税配额必须自用，进口的货物需由本企业加工经营。其中，进口的小麦、玉米需在本厂加工使用;进口的大米需以本企业名义组织销售。

(资料来源:中华人民共和国发展改革委员会官网,http://www.sdpc.gov.cn/gzdt/201412/t20141212_651980.html.)

配额的发放方式通常有以下几种。

(1) 拍卖(或者招标)具有配额的进口许可证(Competitive Auction of Import Quota Licenses)。

(2) 固定受惠分配(Fixed Favoritism),即政府根据实施配额以前各厂商在进口总额中所占的份额进行分配。

(3) 资源使用申请程序分配(Resource using Application Procedures),即企业根据有多少生产能力等待进口产品作为投入的生产要素提出申请分配配额,政府根据各企业申请情况分配配额。

进口配额管理中的贸易壁垒通常表现为:配额数量不合理;限定进口配额产品的原产国(原产地);配额发放标准不合理或者分配不公正。例如,为放空进口配额而将配额分配给根本不从事配额产品贸易的贸易商。又如,将一些农产品列为进口配额产品,且在实施过程中限定该产品仅能从某一国进口[①]。

9.2.2 进口配额的经济效应

进口配额的经济效应如图 9.1 所示。假定实行进口配额的是个小国,则当该国采取这一措施时,不会改变国际价格。图 9.1 中 D_d、S_d 分别为该国某进口商品的国内需求及国内供给曲线,S_f 为出口国对该商品的供给曲线。在自由贸易状态下,该进口国国内产量为 OQ_1,消费量为 OQ_2,进口量为 Q_1Q_2。此时国内价格与国际价格是一致的,均为 P_1。

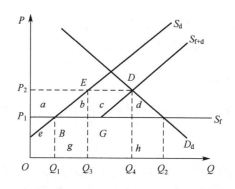

图 9.1 进口配额的经济效应

设某进口国规定某商品进口配额为 ED,则该国国内购买者面临的供给曲线将不再是 S_f 水平线(可无限供给),而是国内供给曲线 S_d 与配额量 ED 的叠加,即 S_{f+d},是 S_d 向右平移 ED 距离后得到的。从图 9.1 中可以看出,实行进口配额后的供求平衡点为 D,进口国国内

---

① 中华人民共和国商务部外贸发展事务局. 中小企业外贸操作指南. 北京:对外经济贸易大学出版社,2006:339.

价格开始与国际价格分离并上升为 P_2。把实行进口配额后的状况同自由贸易时相比,可以看出这一措施具有以下效应:

(1) 保护(生产)效应:由于价格提高,国内供应量从 OQ_1 增至 OQ_3,生产者剩余从 e 增加至 $e+a$。

(2) 消费效应:消费由 OQ_2 减至 OQ_4,消费者剩余减少 $a+b+c+d$。

(3) 国际收支效应:由于进口减少,减少贸易支出 $g+h$,使国际收支得到改善。

(4) 配额利润效应:获得配额的进口者,可以以 P_1 的价格进口,进口量为配额限量 $ED(=Q_3Q_4)$,但国内却可以按较高的价格 P_2 售出,所以可以从中获得相当于 c 的配额利润。

(5) 再分配效应:消费者剩余的减少中,a 和 c 实际上是转化为生产者剩余和进口商的配额利润了。

进口配额的综合效应,等于生产者剩余的增加量、进口商配额利润与消费者剩余减少量的差额,即 $a+c-(a+b+c+d)=-(b+d)$,净效应为负。它表明,消费者剩余减少中有一部分没有得到补偿,形成国民经济净损失。其中 b 为生产损失,产生于以高于 P_1 的成本提供产品;d 为消费损失,产生于价格提高后消费量的减少。

(6) 贸易条件效应:一个国家在实行进口配额后,贸易条件趋于恶化还是趋于改善,主要取决于两个因素:一是需求,二是垄断。当本国对外国产品有着强烈的需求时,本国会以更多的产品换取配额进口的外国产品,本国的贸易条件就会趋于恶化;而当外国对本国产品有着强烈的需求时,情况就会逆转,本国的贸易条件就会趋于改善。如果本国出口商具有垄断性地位时,他们会利用这种垄断性力量,减少数量,抬高价格,本国贸易条件得以改善;而当外国出口商具有垄断性地位时,他们也会利用这种垄断性力量,采取自动限制出口措施,任由本国进口商进行竞争,抬高进口商品的价格,从而导致本国贸易条件的恶化。

在实行进口配额的条件下,不管其贸易条件对本国来说是改善、不变或是恶化,贸易量都是减少的。进口配额是一种数量限制,因此,它必然且直接地导致国际贸易量的下降。

9.2.3 进口配额与关税的比较

配额与关税的经济效应有相似之处,但是也存在着许多重要差别,主要表现如下。

1. 配额容易导致垄断

当征收关税时,国内市场价格为国际市场价格加关税,因此国内市场价格仍然是由国际市场的供求决定的,国内产业无法形成垄断;而当实行配额时,国内厂商可以垄断除配额以外的国内市场,此时国内市场的价格由垄断厂商的利润最大化原则决定,而与国际市场价格无关。当国内市场呈垄断状态,还会产生由垄断造成的额外损失,而这种损失在关税情况下是没有的。

2. 配额的管理效率低

配额一般以非价格竞争方式(如直接颁发和申请颁发)进行分配,容易导致如下问题:如果以生产能力作为颁发标准,则可能助长企业盲目扩大设备投资和生产能力,从而造成生产过剩和资源浪费；如果政府产生判断失误或存在某种偏好，则会破坏市场的公平竞争；非价格竞争方式透明度低，容易产生官员的寻租行为；烦琐的行政程序会造成资源浪费等。例如，根据安妮·克鲁格(Anne Krueger)的估计，进口权分配程序的成本占1964年印度GNP的7.3%，占1968年土耳其GNP的15%[①]。

3. 配额的限制作用强于关税

关税与配额对供求变动的反应不同。征收关税时，国内价格与国际价格的差距是既定的(相当于税率)，而且国内价格是固定的。当需求发生变动时，进口量仍然会相应改变，如果消费者愿意支付较高价格，进口可以继续增加，进口状况不易确定。关税的经济效应取决于本国进口需求和外国出口供给的弹性，由于它们不易测定，关税效应难以预知。而在进口配额下，进口量是被限定的，无法增加，所以进口需求的增加只会导致价格的变化，不改变进口量。由此可知，配额对进口的限制更强，保护效果更好，而且是确定的。但配额下国内价格与国际价格的差价，从理论上说可以是无限制的。

4. 其他差异

(1) 在把配额改换为进口税时，并不能保证进口量总能与配额相等，即使最初可以做到这一点。其原因在于税率不能经常调整，进口量随本国进口需求与外国出口供给的变化而改变，而这种变化是不确定的。

(2) 对进口投入要素实行配额管理将提高生产成本，使利润下降。但征收关税时，如果实行出口退税，则所征进口税对生产和利润并无影响。

(3) 配额易于管理和实施，适合于应付紧急情况。关税的调整比较复杂，不够灵活。

(4) 关税会扭曲价格机制，但并不抹杀价格机制的作用。配额却使国际市场或国内市场的价格机制对进口完全失效。

通过上述分析可以得出一个基本结论：关税优于配额；即使要实行配额管理，也应采取进口配额的竞争性拍卖形式。

专栏9-2

食糖配额制度对美国的影响

美国的食糖产业自1934年起就受到保护。1934～1974年间，甘蔗和甜菜的种植者也因政府实施进口配额、补贴政策和种植者受限等措施得到了保护。1976年之后，进口关税、进口相关收费及配额等手段被大量使用。这些限制对该行业造成了极大影响，导致美国的国内市场价格远远高于世界价格水平。例如，在1988年，食糖的国内市场平均价格为0.221 2美元/磅，而世界市场价格仅为0.117 8美元/磅，也就是说相当于征收88%的关税税率。在1989年，世界价格为0.144 5

---

① [美]彼得·林德特. 国际经济学. 范国鹰，陈生军，陈捷，等译. 北京：经济科学出版社，1992：191.

美元/磅，美国的平均价格为 0.228 1 美元/磅，等价关税税率为 58%。这一保护政策对消费者造成的损失在 1988 年大约为 12 亿美元，在 1989 年大约为 11 亿美元，在 1990 年大约为 14 亿美元。这几年中，与保护相关的净社会损失估计分别为 2.42 亿美元、1.5 亿美元和 1.85 亿美元。这些估计值中尚未包括任何间接的或对用食糖作为投入品的下游产业的影响，食糖保护造成了这些行业生产成本的上涨。2003 年的一项研究表明，因为对食糖的保护，甘蔗种植者因此增加的所得为 3.07 亿美元，甜菜种植者因此增加的所得为 6.50 亿美元，食糖加工者因此增加的所得为 8 900 万美元。而食糖的消费者却损失达 19 亿美元，与这一保护相关的无谓损失为 5.32 亿美元。最近，美国国际贸易委员会在 2007 年食糖保护政策造成的净福利损失估计为 8.11 亿美元。

然而，贸易保护的影响要远远超过上述估算中对效率和分配的影响。1990 年《华尔街日报》的一篇文章对甜菜种植区明尼苏达州的甜菜项目对所在州和当地产生的影响集中进行了考查。因为食糖的价格水平高，农场主纷纷将其他用地转向甜菜种植，他们这样赚的钱相当于种棉花或种小麦的 4 倍。然而，食糖项目的管理者并非允许所有人都有机会种植甜菜。甜菜种植项目基本上是通过食糖加工者进行管理的，只要这些食糖加工者向种植农场主按支持价格支付，他们就能确保一个目标价格。

由于没有其他限制，甜菜种植数量取决于当地工厂的加工能力及工厂与种植者联系的数量。在明尼苏达州南部，甜菜种植者通过购买成立于 1974 年的南明尼苏达甜菜合作社的股份与食糖加工厂建立起了关系。非合作社成员的种植者将无处出售甜菜。因此，这一项目的好处仅仅为那些成为合作社成员的少数农场主获得。该项目对当地的收入分配、土地使用以及社区的整个社会基础都产生了巨大的影响。随着甜菜业主们试图从非甜菜种植者那里获得更多的土地，他们获得巨大经济利益的证据也变得更为明显，因此紧张关系与日俱增(据估计，大农场主每年从食糖保护政策中获得 10 万～20 万美元的好处)。

乡村的社区结构分崩离析了。家庭成员为糖而相互争吵，过去的好朋友很难再聚在一起喝咖啡或聊天，教堂及社区组织也四分五裂，支持该政策的人与反对者开始互相恶意诋毁。像食糖政策所显示的这些由于价格扭曲引起的非经济意义上的社会成本，在政策分析中通常是被忽视的。然而，在像明尼苏达这样的社区中，它们实实在在存在着。消除这类价格扭曲，土地的使用才可能最终恢复到供给和需求不受限制的情况，也将消除分配扭曲及社区关系紧张的根源。当然，随着分配的变化，还将出现新的情况。但对个人和社区已经形成的非经济性伤害，或许将永远无法弥补。尽管布什政府注意到对消费者造成损害，从而建议降低保护程度，然而，这一项目在国会中仍然得到强有力支持。

(资料来源：[美]丹尼斯•R 阿普尔亚德，小阿尔弗雷德•J 菲尔德，史蒂芬•L 柯布. 国际经济学. (原书第 6 版). 北京：机械工业出版社，2010：257-258.)

9.2.4 自愿出口限额

1. 自愿出口限额的实质

自愿出口限额(Voluntary Export Quotas)又称自动限制出口，它是 20 世纪 60 年代以来非关税壁垒中很流行的一种形式。几乎所有发达国家在长期贸易项目中都采用了这种形式。具体是指在进口国的要求或压力下，出口国自动规定某一时期内某些商品对该国的出口限制，在限定的配额内自行控制出口，超过配额即禁止出口。

自愿出口限额通常是两个政府之间谈判的结果，导致出口国限制它向进口国的出口供给。这种协议从字面上来看不是自愿的，但是，它是出口国所乐于接受的进口国或明或暗地威胁使用的贸易壁垒(关税、进口配额或反倾销税)的一种转化形式。

有时自愿出口有利于把保护主义措施看作是强加于自由的国际贸易活动之上的一系列

限制方法的集合。这样的自愿出口限额就是一种手段，进口国通过它强加给出口供给的一个征税上限(约束之一)，确定的商品种类(约束之二)，确定的供给来源(约束之三)，确定的数量而不是金额(约束之四)，确定的时期之内(约束之五)。此外，出口国家还要对出口供给进行管理[①]。

2．采取自愿出口限额措施的原因

概括地说，采取限制性贸易措施通常有两个目的：保护或改善国际收支状况，以及解救那些因外国竞争而受到不利影响的工业，原则上使它们获得时间进行必要的调整以恢复对外竞争能力。采取自愿出口限额是出于后一个目的，而且与保护主义的其他形式比较，从进行保护的国家观点看自愿出口限额有几个优点。

根据 GATT 的规则，现有的一些保障条款是对那些因进口竞争而受损的国内工业予以临时的、应急的保护。但是，这种保障行动需要与那些受保障措施影响的国家进行有关赔偿的谈判。这些谈判可能是困难的，甚至可能不会成功。在那种情况下，进行保护的国家就要冒出口国家加以报复的危险。无论是在进行赔偿还是在遭到报复的情况下，采取保障行动的国家的出口都可能受损。至于自愿出口限额则有内在的赔偿，那是采取超额利润的形式(即由于一种产品稀缺而使利润增多)。这样使出口方面较易接受，而进行报复的可能性也会降低。

进口国在谈判一项自愿出口限额时，往往可以避免采取其他形式的保护主义，如提高关税或实施定额。但是这种方法往往伴随着冗长的立法程序。因此，一项自愿出口限额有这样的优点：由于它是一项由外国方面采取的行动，从而可以避免一场国内立法斗争；自愿出口限额往往能够在它的代价并不明显的情况下迅速地谈妥。此外，如果出口品是得到补贴的，或者有得到补贴的嫌疑，国内当局也可能同出口者达成一项自愿出口限额协议，从而绕开反倾销税调查往往花费大、耗时多的过程。最后还可以提出这样的理由：由于一项自愿出口限额消除了问题的根源——一个或少数几个低成本供应者扰乱国内工业——因此就没有必要去采取可能损害第三国的更广泛的行动，而实行一种在减少进口方面产生平等影响的、不加区别的进口定额就可能会损害第三国。由于这些原因中的任何一个原因，国内政策制定者往往善于采取一项自愿出口限额，而不善于采取其他替代性措施；自愿出口限额往往对一个受到进口竞争威胁的工业提供较为迅速的、政治上代价不大的援助。

一项自愿出口限额对出口国也会有吸引力。如上所述，自愿出口限额使出口国得到额外利润，这至少在短期内是意外的收入，因为在世界其余地区的需求是有弹性的，所以贸易条件方面的损失是很小的，或者毫无损失。与进口国可能采取的替代性贸易壁垒比较之下这一点是很重要的。举例来说，关税收入是归征收关税的政府所得的。此外，自愿出口限额有助于保证出口者进入进口国的市场，消除反倾销税调查所包含的不确定因素，并且使出口国政府获得一个控制其国内工业的工具。这些因素说明，当出口者面临进口国可能实行的保护的时候，特别是如果进口国是其他产品的一个重要市场时，出口者可能乐于同意实行自愿出口限额。

---

① [英]大卫·格林纳韦．国际贸易前沿问题．冯雷，译，北京：中国税务出版社，2000：134．

进口数量限制措施的发展趋势

1. 关税配额和自愿出口限额的大量采用

进口绝对配额在理论上有其一席之地,但在实践中,还是大量采用了关税配额形式,因为进口绝对配额在国际贸易中完全取消了价格机制的作用,保护过于明显。将关税与配额结合起来使用的关税配额则显得较为温和,因此被大量采用,同时关税配额还成了非关税壁垒关税化的一个过渡形式。1999年11月15日,中美两国达成的《中国加入WTO的双边协议》中,有关农产品的安排是中国承诺取消所有农产品方面的数量限制。对于那些特别敏感的商品,如大米、小麦、玉米和豆油等,中国采取了关税配额制度,即对配额量以下的进口征收最低关税(在1%~3%),配额量以上的部分征收较高的关税。

自愿出口限制虽然是迫于进口国的压力做出的,但毕竟经进、出口国之间的协商达成。这种进口限制的解决途径本身说明了协调、合作在某种程度上的重要性。对于出口国来说,此措施有可接受的成分。①出口国若不接受此项措施,可能会遭到进口国更加严厉的报复,如被排除在某个组织或协议之外,受到许多歧视;②可以保障国内同类产业产品价格和收益的稳定;③出口数量的限制,一般会导致该产品进口国国内市场价格的上涨,出口商就有可能采取提价和出口高附加价值的该类商品进而获得比不受限制更多的利润。例如,1981年美国与日本签订了汽车自愿出口协议,规定日本每年向美国出口汽车168万辆,结果是每辆汽车平均比以前加价400美元。这项协议实施后,日本每年可增加利润达43亿美元。因此,有人认为出口国对这种自愿出口限制或多或少地有一点自愿性。

2. 进口数量限制发展的总体趋势是逐步被取消

WTO特别规定,禁止采用违背GATT 1994第19条规定的诸如自愿出口限制、有秩序销售安排等单边、双边或多边的限制贸易措施。

但是,WTO也允许有例外情况。若某成员认为存在以下两个条件,就可以采取进口限制措施,其形式既可以是关税类型的措施,如进口附加税、差价税、提高关税等,也可以是进口数量限制。①进口已增长,这种增长既可以是相对于过去进口量的实际和绝对增长,也可以是相对于国内生产的增长;②这种进口增长正在对国内产业造成严重损害,或者存在严重损害的威胁。

由于进口数量限制具有直接性、确定性、有效性和快速性的特点,在实施保障措施时,会被经常采用。因此,进口数量限制仍然不会完全消失。

3. 纺织品配额取消后的贸易壁垒变化

1994年,GATT的乌拉圭回合谈判达成了《纺织品与服装协定》(ATC)。协定规定,经过10年过渡期使全球纺织品贸易分阶段逐步实现一体化。根据ATC要求,1995年1月1日起,ATC附件所列产品中应有16%实现一体化;1998年1月1日起,应有17%的产品实现一体化;2002年1月1日起,应有18%的产品实现一体化;2005年1月1日起,剩余49%的产品全部实现一体化。中国是目前世界上纺织品出口总量最大的国家,国外舆论称中国是取消纺织品配额的最大受益者,美国纺织业制造协会(ATMI)推出一份名为《中国威胁世界纺织品和服装贸易》的分析报告。2004年6月中旬,欧盟宣布对从中国进口的第35类纺织品展开反倾销,被涉及调查的中国企业近1 000家。对取消配额感到惊恐的不只是发达国家的服装制造商,有50多个国家的贸易团体签署"伊斯坦布尔宣言",要求WTO将配额再保持3年。他们包括来自贫穷国家和中等收入国家,如孟加拉国、斯里兰卡、印度尼西亚、摩洛哥、突尼斯和土耳其的团体。这个宣言声称,从同意取消配额以来,形势发生了很大的变化。认为在2001年年末允许中国进入WTO时没有考虑到目前的情况。

专家指出，主要进口国可能制造一些其他形式的贸易壁垒来取代配额制，包括工厂在工资待遇、医疗保险、环境卫生等方面是否符合要求等。生态纺织品标准(OEKO TEX STANDARD 100)认证、国际环保标签、SA8000 保护劳动者标准，将是今后贸易壁垒的重点。另外，一些政治因素也将成为影响中国对美国及欧盟纺织品出口的重要障碍。

(资料来源：赵春明，仲鑫，朱廷珺. 非关税壁垒的应对及运用. 北京：人民出版社，2001：297-302页；穆易. 纺织业：配额取消后的"外患内忧". 中国经济周刊，2005，1月17日，http://www.zgjjzk.cn/more.asp?TN_NID=2005-01-17-1013；③《纺织品配额全部取消，全球纺织业迎战后配额时代》，人民网-市场报，http://finance.sina.com.cn，2005 年 1 月 10 日。)

9.3 相机保护措施

所谓相机保护措施(Contingent Protection)指的是在特定情况下使用的某些紧急保护措施或停止履行现有协议中的正常义务，以保护本国某些更加重要的利益。本节主要介绍反倾销、反补贴和保障措施。这三个措施属于 WTO 允许使用的贸易救济措施。不合理地使用或滥用这些救济措施，会阻碍或者限制相关产品的对外贸易。

9.3.1 反倾销

1. 反倾销的目的

反倾销的初衷是抵消不公平竞争，当出口商的价格歧视给进口国产业造成损害时，其产品在进口国将会受到法律的制裁，即遭到反倾销。

WTO 以及它的一百多个成员方，都认为倾销是一种不公正的贸易行为，同意对它进行抵制，即实行反倾销。那么，各国为什么要抵制进口廉价商品呢？实际上，各国普遍实行反倾销，主要是考虑以下因素：

(1) 倾销导致进口国经济的不稳定，而且可能成为垄断工具。

(2) 进口国政府一般更关心生产者利益而非消费者利益。同时，进口价格的降低，也许还将导致政府不愿看到的某种国内收入再分配情况的出现。

(3) 导致不公平。这一评价是基于这样的观点，即只有在进、出口国的生产者同样有效率、同样是向下倾斜的成本曲线时，双方的竞争才是公平的。这时可能形成双方各自占据本国国内市场或双方依据产品差异分割市场的情况。但是，如果出口国企业获得关税保护，就可以以低于平均成本的价格出口，既占有国内市场又占有进口国市场。或者，如果出口国企业的国内市场规模较大，就可以获得"不公平"优势，使其出口价格更低，甚至低于平均成本，从而同时占有两国的市场。

2. 反倾销手段逐渐被滥用

在过去的反倾销实践中，由于多边贸易规则的不完善，更多的是基于单边规则的公平贸易政策，而不是基于国际规则的公平贸易政策。一些国家出于贸易保护的目的，纷纷制定本国的反倾销规则并强加于他国，出现了大量滥用反倾销政策的现象。具有讽刺意味的是，反倾销等公平贸易政策的滥用现在已经被公认为是一种主要的不公平贸易行为，成为一种新型的非关税贸易壁垒。

反倾销政策在现实中容易被滥用的原因有：第一，反倾销的定义较为灵活，所谓公平价值和对进口国国内工业造成的损害或损害威胁的计算都难以有统一和明确的标准，因而为其实施提供了便利；第二，实行反倾销措施必然会产生限制进口、保护国内工业的效果。并且，与其他贸易保护政策相比，反倾销政策具有如下两个优点：一是有可能带来进口国社会福利的净增加；二是进口国以受害者的姿态出现，不易招致贸易保护的指责。因此，反倾销政策受到各国政府尤其是发达工业国政府的广泛青睐。

【参考视频】

在反倾销调查中，进口国会采取反规避和反吸收措施。如果这些措施被滥用，也会对进口产品构成不合理的障碍。

(1) 反规避(Anti-circumvention)是指进口国为防止国外出口商规避反倾销措施的行为而采取的措施。

(2) 反吸收(Anti-absorption)是指若出口商采取吸收行为，进口国发现反倾销措施对倾销产品的售价未能产生预期影响，通过重新调查确定新的倾销幅度，并最终提高反倾销税率而采取的措施。一国在采取反规避、反吸收调查时，如果在进口产品原产地、出口价格的认定等方面采取的标准不够客观、公正，反规避、反吸收措施就可能起到贸易壁垒的作用。

专栏 9-4

中国连续18年成遭反倾销调查最多的国家

2014年1月，中国商务部新闻发言人沈丹阳透露，从2013年相关数据来看，中国将连续18年成为遭遇反倾销调查最多的国家，连续8年遭遇反补贴调查最多的国家。中国仍然是贸易保护主义的最大受害国。2013年全年共有19个国家地区对中国发起了贸易救济调查，总共有92起，比2012年增长了17.9%，"从发起的案件数来看，增长得还较快"。上述92起调查包括反倾销调查71起，反补贴调查14起，保障措施7起。除此之外，美国还对中国发起了"337"调查19起，比2012年的18起增加了1起。

沈丹阳指出，除了发达经济体立案增幅继续大幅度上升以外，新兴工业国家和发展中国家立案也呈增长趋势。贸易摩擦是中国成为世界第二大经济体和第一大出口国的伴生现象，有一定的必然性、长期性和复杂性，这种局面难以在短期内根本扭转，对此既要认真应对，也要以平常心看待。

为了维护中国产业利益，中国商务部主要做了两个方面的工作，一方面是对国外贸易保护的应对工作，另一方面是对中国产业的保护工作。在摩擦应对方面，中国商务部2013年有效应对了中欧光伏贸易摩擦等一批涉案金额大、影响范围广的重大案件，保护了企业出口市场份额。商务部还强化了贸易摩擦的预警机制，妥善运用WTO的争端解决机制，维护中国企业合法利益，2013年有多起案件都取得了满意的结果。

在针对进口产品不公平竞争方面，2012年中国共对外发起反倾销调查11起，涉及进口产品6种，发起反补贴调查1起，涉及进口产品1种。这也体现出目前中国贸易救济的法律法规体系趋于完善，调查的能力和水平不断提高。通过依法立案和调查，及时遏制不公平竞争产品的进口，为保障产业安全和国家经济安全起到了积极的作用。

(资料来源：中国新闻网，http://www.chinanews.com/cj/2014/01-16/5746736.shtml.)

3. 反倾销的条件

根据 WTO 的《反倾销协议》(《关于执行 1994 年 GATT 第六条的协议》)，只有具备以下三个条件，成员方才能采取反倾销措施：

第一，存在倾销。倾销是指一个产品的出口价格低于出口方旨在用于本国消费的同类产品的价格。在确定一个产品是否倾销时，必须比较该产品的出口价格与出口方的国内消费价格。如果前者低于后者，即被认为是倾销。但是，如果出口国内市场销售行为不正常或者国内市场销售量较小时，倾销的确定不能根据出口价格和出口方的国内消费价格相比较，而应该把出口价格同以下两者之一进行比较：

(1) 同类产品出口到第三国的可比价格。

(2) 在进口产品生产成本加上一般费用、销售与管理费用和利润的基础上计算出来的推定价值。

第二，存在实质损害。实质损害是构成法律倾销与采取反倾销措施的必要条件。实质性损害有三种表现，或是指对进口国国内产业的实质损害，或是指对进口国产业产生实质威胁，或是指对进口国新建产业产生实质阻碍。以下内容构成对国内产业的损害或受到损害的威胁：

(1) 倾销进口大量增加，相对于进口国的生产或消费而言，或是绝对增加或是相对增加。

(2) 进口产品的价格降低了国内同类产品的价格，或阻碍其价格的提高。

第三，倾销与损害之间存在因果关系。进口方如果要采取反倾销行动，除了证明一进口产品存在倾销行为和对国内产业存在损害之外，还必须证明倾销和损害之间存在因果关系，即证明进口国国内相同或相似产业的损害是由进口产品的倾销造成的。

4. 反倾销的程序

第一，反倾销调查的提起与受理。反倾销调查的提起可以采取两种方式：①由一个受倾销影响的国内产业或其代表向有关当局以书面形式提起反倾销调查；②由有关当局决定进行反倾销调查。

第二，初步裁决。在适当调查的基础上，有关当局对于倾销或损害可做出肯定或否定的初步裁决。

第三，价格保证。反倾销调查开始后，如果收到出口商令人满意的修改其产品价格或停止向该地区以倾销价格出口产品的自动保证后，主管当局认为倾销的损害结果将得以消除，则可中止或终止调查。但是，如果主管当局认为接受出口商的价格保证是不现实的，则可拒绝其价格保证，但应该说明理由。

第四，临时措施。在初步裁决存在着倾销和损害的事实后，进口方当局为防止该国产业进一步受到损害，可采取反倾销的临时措施。临时措施可以采取临时关税的形式，也可以征收与反倾销税等量的保证金或保税金。临时措施只能从开始调查之日起的 60 天后采取，实施期限通常不超过 4 个月。只有在出口商主动请求或者有关当局认为确有必要时，可以适当延长，但最多只能延长 2 个月。

第五，征收反倾销税。在有关当局最终确认进口商品构成了倾销，并因此对进口方某一相同或类似产品的产业造成了实质性损害，就可对该倾销产品征收反倾销税。征收反倾销税的数量应该等于或小于倾销幅度，征税期限以足以抵消倾销所造成的损害所需的时间为准，但一般不得超过 5 年。

第六，行政复审和司法审查。在征收反倾销税的一段合理时间之后，有关当局根据当事人的请求或自身的判断，可进行行政复审，以确定是否需要继续征收反倾销税。有关当局的最终裁决和行政复审可特别要求司法、仲裁或行政法庭进行复审。

同时，WTO 规定，在《反倾销协议》实施过程中，如果缔约双方之间发生分歧，首先应该相互协商。如果协商不成，应提请 WTO 反倾销实施委员会进行调解。如果在 3 个月内无法解决分歧，反倾销实施委员会应在争议一方请求下成立专门小组，来审查整个案件。

专栏 9-5

非市场经济地位与反倾销摩擦

众所周知，WTO 的《反倾销协议》规定，反倾销必须满足三个条件：倾销存在；损害存在；倾销与损害之间存在因果关系。而判断倾销的主要依据是产品价格对进口国是否构成歧视，而不是产品价格的绝对高低。这就是说，低工资成本下生产的产品只要出口价格不低于国内市场销售价格，就不能作为判断倾销的依据。但是，为了保护国内产业，进口国往往可以找到许多理由，通过各种办法限制低价产品的进口。比如，以"非市场经济国家"为由，用第三国价格代替市场价格来判断是否存在倾销。在这方面，中国是最大的受害国。

表 9-4 显示了 1995—1998 年欧盟和美国提出的 208 件反倾销案件的有关信息。我们从中可以看出，在反倾销调查过程中，存在对"非市场经济(NME)"地位国家的内在歧视。倾销边际差额大小的估算方法离纯粹的市场价格比较方法越远，则估算出口的值越大。这说明，进口国关注的与其说是价格倾销，还不如说是关注出口国的政治经济体制是否符合自己的愿望。

表 9-4 反倾销调查中的非市场经济原因

出口商政策价值估计基于	美国案例(1995—1998 年)		欧盟案例(1995—1997 年)	
	案件估计数	平均倾销边际幅度	案件估计数	平均倾销边际幅度
仅为价格比较	5	3.2	8	22.7
价格比较和推定价值	33	14.2	33	24.4
推定价值	20	25.1	12	25.1
"非市场经济"方法	47	40.0	12	45.6
"可获得的最佳证据数据"	36	95.6	2	74.5
考察的案件总计	141	44.7	67	29.6

资料来源：朱廷珺. 外国直接投资的贸易效应研究. 北京：人民出版社，2006：238-240。

9.3.2 反补贴

1. 补贴与反补贴措施的滥用

补贴是指一国政府或者任何公共机构提供的,并为接受者带来利益的财政资助以及任何形式的收入或者价格支持。实际上,各国政府给予农工业补贴的目的是维护本国产品的利益,从而支持和扶植本国某一产业在国际市场上的竞争力。在贸易实践中,欧美之间就农产品补贴问题经常发生贸易摩擦,发达国家对发展中国家实施工业品反补贴调查。为什么发达国家往往对农业补贴,而发展中国家主要是对工业补贴?

发达国家对农业补贴,很大程度上是考虑农民的就业问题。由于土地的不可转移性,当农民的收入主要来自农业时,对农产品的保护就直接关系到农民的生存问题。发达国家科技发达,工业化生产中的资本和技术发展使得工业生产的机会成本下降,而农业变化不大,相对优势逐渐丧失,农业保护的需要增强。另外,发达国家尖端工业占优势,即使不给予补贴在国际上也已经处于垄断地位。发展中国家科技落后,工业基础薄弱,因此要保护和扶植工业,而农产品是传统出口产品,科技含量低,劳动力成本也低,比其工业部门有竞争力,发展中国家只能把有限的资金补贴到有发展前景的工业部门。因此,就总体来看,发达国家往往对农业补贴,而发展中国家主要是对工业补贴。

随着中国对外贸易规模的迅速扩张,一些发达国家纷纷举起贸易保护主义大棒,针对中国产品的反补贴案件呈现上升趋势。这里仅举美国对华反补贴政策的变化,来理解新型贸易壁垒对中国对外贸易和经济发展的影响。

自 20 世纪 80 年代中期以来,美国商务部一直坚持不对非市场经济国家出口产品发起反补贴调查的政策。不过,随着前中央计划经济国家市场化改革的推进,美国商务部对非市场经济国家出口产品反补贴政策也有了局部调整。1992 年,在拉斯科公司投诉中国电风扇出口补贴案中,美国商务部裁定反补贴法虽不适用于非市场经济国家,但适用于非市场经济国家中的市场导向产业。市场导向产业指运行遵循市场规则、企业的成本和价格反映市场供求规律的产业。美国商务部规定了判定市场导向产业的三条标准:在价格和产量的决策过程中,不存在政府事实上的干涉;该产业中的企业以私有制或集体所有制为特征;对所有重要的生产投入所支付的购买价格都是由市场决定的。

实际上,美国要对中国出口产品实施反补贴限制,面临两个主要选择:一是承认中国为市场经济国家,直接将反补贴法适用于中国产品;二是改变现行做法,将反补贴法适用于非市场经济国家的出口产品。美国并没有判定一国经济是否属于市场经济的直接标准,不过美国反倾销和反补贴法律中规定了商务部在认定某一国家是否属于非市场经济国家时需考虑的因素:该国货币与其他国家货币可兑换的程度;企业与劳工通过自由谈判确定工资水平的程度;允许外国公司在国内举办合资企业或进行其他投资的程度;政府对生产资料所有或控制的程度;政府对资源配置以及对企业价格、产量决定权的控制程度;商务部认为适当的其他因素。

美国商务部还可以通过改变其一贯政策,将反补贴法适用于非市场经济国家。只要在具体的反补贴案件中涉案一方提出将反补贴法适用于非市场经济国家的新理由,商务部就有可能在不改变现行法律的情况下做出政策调整。

美国商务部的上述立场表明，商务部倾向于同意将反补贴法适用于中国进口产品。一旦商务部在本案中做出以上政策调整，将为今后美国企业指控中国产品补贴出口扫除政策障碍，中国产品出口美国市场将面临新的限制。

2. 实施反补贴措施的条件与程序

如果一国对另一国出口的产品存在补贴，并对进口国已经建立的国内产业造成实质性损害或者产生实质损害威胁，或者对建立国内产业造成实质阻碍的，该国可以对此进行立案调查，采取反补贴措施。反补贴也是经 WTO 允许用以抵制不公平贸易行为的一种措施。

为了防止各国政府借反补贴为名实行贸易保护，WTO 对补贴和反补贴做了明确的界定。

(1) 补贴分为禁止性补贴、可诉讼补贴和不可诉讼补贴。不可诉讼补贴包括具有全局影响的补贴(如教育、基础设施、基本的研究与开发)和非经济的补贴(包括解决地区不平衡或城乡收入差距等)。这些措施被称为"绿箱措施"，除此之外的补贴进口国可以采取反补贴措施。

(2) 实施反补贴措施需要满足以下三个条件：①补贴存在；②同类或相同产品的国内产业已受到实质性损害；③补贴与损害之间存在因果关系。

根据《中华人民共和国反补贴条例》、《反补贴调查立案暂行规则》的规定，国内产业或者代表国内产业的自然人、法人或者有关组织(以下统称申请人)，可以向外经贸部提起反补贴调查申请。国内产业是指中华人民共和国国内同类产品的全部生产者，或者其总产量占国内同类产品全部总产量 50%以上的生产者。申请人的产量占国内同类产品总产量虽不足 50%，但如果在支持申请和反对申请的国内生产者中，支持者的产量占支持者和反对者的总产量的 50%以上，并且表示支持申请的国内生产者的产量不低于同类产品总产量 25%的，该申请应视为代表国内产业提出。反补贴调查申请应包括下列内容并附具相关证据材料：申请人及已知国内生产者的情况说明；申请调查进口产品、国内同类产品的完整说明及二者的比较；已知出口商或国外生产商、进口商情况说明和出口国(地区)国内产业的情况说明；补贴的情况说明；国内产业受到损害的情况说明；补贴和损害之间因果关系的论证；申请人认为需要说明的其他事项。对补贴和损害之间因果关系的论证，申请人应当分析受补贴产品的进口和损害之间的关系，还应当说明非补贴进口产品的数量和价格、需求萎缩、消费方式的变化、外国与国内生产者的限制贸易的做法及它们之间的竞争、技术发展以及国内产业的出口实绩和生产率等因素对国内产业损害的影响。上述因素不适用的，申请人应当予以说明。

国外对华第一起反补贴调查——户外烧烤炉案

2004 年 4 月 13 日，应加拿大安大略省菲埃斯塔烧烤架有限公司的申请，加拿大边境服务署(以下简称 CBSA)对原产于中国的烧烤架进行反倾销和反补贴立案调查。据有关方面统计，在过去的 3 年中，中国产烧烤架在加拿大市场所占份额为 1/5，每年的销售额为 1 亿美元。2000 年，中国产烧烤架在加拿大的销售量近 5 800 台；2003 年，销售量为 1.21 万台。CBSA 认为，原产于中国的烧烤架在加拿大市场上存在倾销行为，而且中国政府对其进行补贴。本案调查期为 2003 年 1 月 1 日～2004 年 3 月 31 日。据称中国有 25

家出口商向加拿大出口被调查产品。2004年6月11日,加拿大国际贸易法庭做出初裁,原产于中国的烧烤架对加拿大国内产业造成了实质性损害。2004年8月27日,CBSA对原产于中国的烧烤架做出反倾销及反补贴初裁,裁定原产于或来自中国进口的烧烤架存在倾销及补贴,倾销幅度为7.2%~57.5%,平均倾销幅度为34.6%,补贴幅度为16%。自8月27日开始,加方进口商在进口上述被调查产品时,将被征收相当于倾销幅度的临时反倾销税及相当于补贴幅度的临时反补贴税,或被要求提交相应的保证金。11月19日,CBSA决定终止对原产于或来自中国的户外用烧烤架进行的反倾销和反补贴调查。经过最终计算,涉案产品的加权平均倾销幅度为1.6%;同时,CBSA认定,在被调查的8项"政府补贴"中,中国企业仅从中国政府的外商投资企业税收优惠政策中获得了利益,经计算补贴幅度为1.4%。根据加拿大反倾销法规定,上述倾销和补贴幅度可忽略不计。因此,CBSA终止本次反倾销和反补贴调查,并将退还已征收的临时关税。随后,加国际贸易法庭(CITT)宣布,取消原定于11月22日举行的损害听证会。至此,国外对我发起的首起反补贴调查因我方应对及时合理而获得彻底胜利。

本案留给我们哪些启示呢?作为中国企业,如何应对反补贴调查?

首先,要认真准备,仔细填写调查问卷。为了确定中国各级政府是否提供了财政资助,确定是否从事生产、制造、加工、购买、分配、运输、销售、出口或进口者被授予了一项利益,以及因而发生的补贴在性质上是否具有专向性,都必须通过问卷得到必要的信息。加拿大反补贴调查问卷是加拿大CBSA作出初裁、终裁的重要依据,也是中国企业证明没有获得任何补贴的证据。反补贴调查问卷主要分为两类:一类是发给企业的,另一类是发给政府部门的。由于发给企业的该调查问卷长达50页,并且有些问题有一定陷阱,因此应诉企业人必须在中加律师的指导下正确填写。要求填写的信息包括指定的各级政府的计划是否构成财政资助,且所说的计划是否使向加拿大出口调查产品的出口商被授予了利益等。

其次,据理力争,积极抗辩。提交调查问卷答卷和补充问卷的答卷只是反补贴调查中的一个方面。与此同时,企业(及代理律师)还应在各方面进行有力的抗辩,这种抗辩既可以包括程序方面的,也可以包括实体方面的。应诉企业在反补贴调查中的最佳战略就是证明:①不存在补贴;②补贴是微量的;③补贴是不可诉的。在应诉过程中,企业可以在补贴的性质、国内产业的损害、补贴与损害之间的因果关系等诸多方面充分进行抗辩。此外,在应诉过程中还要善于利用进口国法律规定的有关程序。例如,听证会是调查中一个较为常见的程序,是应诉企业陈述观点、表明立场的重要程序之一。

再次,联合他方,共同抗辩。一般来说,进口国国内的进口商、批发商、零售商和最终用户等利益团体都不希望进口国国内产业提出反补贴调查,因为一旦征收反补贴税,意味着这些利益群体的成本将会直接或间接地增加。因此,企业可以在反补贴调查中联合这些利益群体,共同提出抗辩,以壮大己方的声势。这种抗辩对进口国国内产业和调查机关可以构成现实或潜在的压力,甚至可以影响到最终的裁决结果。

最后,审时度势,穷尽救济。如果企业发现:进口国调查机关的裁决有法律上或程序上的错误,或有不公正的做法,而且有比较大的胜算,则可在进口国当地提起行政复议和/或诉讼,请求改变或撤销原裁决或决定。如果行政复议和/或诉讼的结果仍对企业不利,有条件还可以上诉,直至穷尽当地救济。此外,中国已是WTO成员,将其他成员方与WTO协定不符的行为诉诸WTO争端解决机构是中国政府享有的权利。

(资料来源:王健宇.户外烧烤炉作证:国外对华第一起反补贴调查以终止调查结案》;李先云:《企业如何应对反补贴调查》,中国贸易救济信息网。http://www.cacs.gov.cn/DefaultWebApp/index.htm,2007年5月12日。)

9.3.3 紧急保障措施

1. 实施保障措施的条件

如果进口产品数量增加,并对生产同类产品或者直接竞争产品的国内产业造成严重损害或者严重损害威胁的,进口国可以采取紧急保障措施。这是 WTO 根据 1994 第 19 条的规定,允许成员国所实施的临时紧急措施。

根据《保障措施协议》的规定,进口国实施保障措施应符合以下条件:

(1) 已经确定一种产品正在以较大的数量进入其领土。

(2) 进口国国内产业存在严重损害或者严重损害威胁;"严重损害"应理解为对一国国内产业状况的重大全面减损;"严重损害威胁"应理解为符合第 2 款规定的明显迫近的严重损害;对存在严重损害威胁的确定应根据事实,而非仅凭指控、推测或极小的可能性;在确定损害或损害威胁时,"国内产业"应理解为一成员国领土内进行经营的同类产品或直接竞争产品的生产者全体,或指同类产品或直接竞争产品的总产量占这些产品全部国内产量主要部分的生产者。在根据本协定规定确定增加的进口是否对一国内产业已经或正在威胁造成严重损害的调查中,主管机关应评估影响该产业状况的所有有关的客观和可量化的因素,特别是有关产品按绝对值和相对值计算的进口增加的比率和数量,增加的进口所占国内市场的份额,以及销售水平、产量、生产率、设备利用率、利润和亏损及就业的变化。

(3) 两者之间存在因果关系。如增加的进口之外的因素正在同时对国内产业造成损害,则此类损害不得归因于增加的进口。

(4) 保障措施的实施应不分来源地适应于某项进口产品,不能对不同来源的产品有歧视性待遇。《保障措施协定》第 9 条对发展中国家成员做了如下规定:对于来自发展中国家成员的产品,只要其有关产品的进口份额在进口成员中不超过 3%,即不得对该产品实施保障措施,但是进口份额不超过 3%的发展中国家成员份额总计不得超过有关产品总进口的 9%。

实践中,实施保障措施主要有三种:①提高进口关税;②进口数量限制;③实施进口配额。

中国加入 WTO 后,有关贸易救济措施的法规已经逐步完善。《中华人民共和国保障措施条例》(2004 年 3 月 31 日修订)第十六条规定,明确证据表明进口产品数量增加,在不采取临时保障措施将对国内产业造成难以补救的损害的紧急情况下,可以做出初裁决定,并采取临时保障措施。临时保障措施采取提高关税的形式。终裁若确定进口产品数量增加,并由此对国内产业造成损害,可以采取保障措施,实施保障措施应当符合公共利益。保障措施可以采取提高关税、数量限制等形式。

专栏 9-7

"特保"和"纺织品特保"

在中国加入 WTO 的谈判过程中,许多 WTO 成员担忧中国加入 WTO 后出口会大量增加,提出与中国保留适用《保障措施协议》,这一保留最终体现在了《中华人民共和国加入议定书》中,其中第 16 条规定了关于特定产品过渡性保障机制。自中国加入 WTO 起 12 年内,WTO 其他成员可以实施特定产品过渡性保障措施,在中国产品对其本国同类产业,造成或威胁造成市场扰乱的情况下对中国进口产品采取限制措施。

自 2002 年起,美国国际贸易委员会共对中国 6 种产品进行特定产品过渡性保障措施调查,涉案产品包括轴承制动器、钢丝衣架、制动鼓和制动盘、球墨铸铁供水配件、内置弹簧、环型焊接非合金钢管。其中对制动鼓和制动盘、内置弹簧的调查得出否定性结论,其余 4 项调查认定市场扰乱成立。但美国总统以不符合公共利益为由先后否决了针对这些产品实施保障措施的建议。

纺织品服装是中国出口美国的重要产品。根据美国海关统计,2005 年美国从中国进口纺织品服装总额达到 224.07 亿美元,比 2004 年增长 53.91%,占美国纺织品服装进口总额的 25.12%,中国在美国纺织品服装进口来源国家中位列第一。

《中国加入 WTO 工作组报告》第 242 段规定,自中国加入之日起至 2008 年 12 月 31 日,WTO 其他成员如果认为中国纺织品服装扰乱其市场,威胁阻碍纺织品服装贸易的有序发展,可以请求与中国磋商,如未达成双方满意的解决办法,进口国可以对相关纺织品服装实行不超过 1 年的限制。这类限制措施被称为"纺织品特殊保障措施"。

2004 年 8 月~2005 年 7 月,美国制造业贸易行动联盟(ATMAC)、全美纺织品组织理事会(NCTO)、全美纺织品协会(NTA)等团体先后向美国纺织品协议执行委员会(CITA)提出针对中国纺织品实施特殊保障措施调查申请 13 起,涉及棉制裤子、棉针织衬衫和罩衣、胸衣、精梳棉纱等 19 类产品。通过调查,美国纺织品协议执行委员会先后决定对中国 12 类产品实施进口限制。

2. 反倾销、反补贴与保障措施的异同

至此,我们已经学习了反倾销、反补贴与保障措施三种贸易救济措施。为了更好地理解和掌握,我们对三者做比较分析。

大致说来,三者的共同点有:

(1) 三者均是为保护国内产业而采取的行政措施。

(2) 三者均是针对进口产品(过量或其倾销或接受补贴)而采取的行政措施。

(3) 三者(大部分)均是由国内相关产业因受到损害、提出申请而采取的行政措施。

(4) 三者均是国内产业受到损害并与进口产品增加存在因果关系时(保障措施中损害是由有关进口产品的大量增加造成的;反倾销中损害是由有关进口产品倾销造成的;反补贴中损害是由于进口产品受到出口方补贴造成的)才能采取的行政措施。

反倾销、反补贴与保障措施的不同点是:

(1) 反倾销、反补贴措施针对某国的某产品(甚至某公司),保障措施针对的是某产品,而无论其国别和公司。

(2) 反倾销、保障措施针对的是企业行为,反补贴措施针对的是政府行为。

(3) 反倾销、反补贴措施是针对不公平贸易条件下(价格歧视)进口的产品采取的措施,而保障措施是针对在正常的公平贸易条件下(进口激增)进口的产品采取的措施。虽然都是为了保护国内产业,但性质是不同的。

(4) 当一国限制进口以保护其国内产业而采取保障措施时,原则上必须给予相应的补偿,达不成协议时,还可采取报复措施;而当一国对另一国进口产品采取反倾销措施或反补贴措施时,不必给予相应的补偿,对方也不可以报复。

(5) 一个成员方若采取反补贴、保障措施,该成员必须与相关成员(保障措施对其有重大出口利益的成员)进行磋商;反倾销则不需要。反倾销、反补贴和保障措施过去只适用于 GATT,即货物贸易,现在反补贴和保障措施已开始运用到服务贸易,今后可能会逐步运用到知识产权贸易。反倾销、反补贴和保障措施是 WTO 允许的保

【参考图文】

护国内产业的重要救济措施,但是,一些 WTO 成员不合理地使用甚至滥用,阻碍了发展中国家出口贸易的发展,逐步成为贸易保护主义的新工具。

9.4 WTO+背景下的其他非关税壁垒

WTO+指"第一代"贸易政策,主要包括在 WTO 协议框架下管理的各种贸易政策。本节介绍 WTO+背景下的其他几种常见的非关税壁垒:进口许可证制度、绿色壁垒、技术性贸易壁垒、海关估价制度、原产地规则等。

9.4.1 进口许可证制

进口许可证制(Import License System)是指商品的进口,事先要由进口商向国家有关机构提出申请,经过审查批准并发给进口许可证后,方可进口,否则一律不许进口。

按照进口许可证与进口配额的关系,许可证可分为有定额的许可证和无定额的许可证。有定额的许可证是指有关机构预先规定有关商品的进口配额,然后在规定配额的限度内,根据进口商的申请,对于每一笔进口货物发给一定数量的进口许可证。无定额的许可证是指在没有规定配额的情况下,对申请者个别发放某种商品的进口许可证。这种许可证是在个别考虑的基础上进行的,没有公开的标准,因而给正常贸易造成更大的困难,具有更强的限制进口的作用。

按照进口商品的性质,许可证又分为一般许可证和特种许可证。一般许可证又称公开进口许可证,适用于自由进口的商品,对于进口国别和地区没有限制,易于获准进口。特种许可证须经有关机构逐笔审查批准,而且大多数要制定进口国家和地区。

9.4.2 绿色壁垒

根据目前国内比较一致的看法,所谓绿色壁垒,就是以保护自然资源、生态环境和人类健康为名,通过制定一系列复杂苛刻的环保制度和标准,对来自其他国家和地区的产品及服务设置障碍,限制进口,以保护本国市场为目的的新型非关税壁垒。

1. 绿色壁垒的特征

通过对历史背景的考查,我们可以看出绿色壁垒较之其他非关税壁垒具有以下一些特征:

(1) 名义上的合理性。任何绿色壁垒都标榜保护世界资源、生态环境和人类健康,因而极易蛊惑大众。

(2) 形式上的合法性。与其他非关税壁垒相比,绿色壁垒由于和环境保护这一主题紧密相连,许多国家在实施这一措施的过程中常用公开的立法加以规定或者以国际、国内公开立法作为依据。实际上,多数国家在制定、实行这类措施时都倾向于援引 GATT 的"一般例外条款"作为其法律依据。该条款允许缔约方采用"为保障人民、动物、植物的生命或健康的措施"或"与国内限制生产与消费的措施相结合,为有效保护可能用竭的自然资源的有关措施",与此同时,该条款还特别强调"对情况相同的各国,实施的措施不得构成武断的或不合理的差别待遇，或构成对国际贸易的变相限制"。① 虽然 GATT、WTO 以及相关贸易协议中的环境条款本身并非绿色贸易壁垒，但其中一些条款相对模糊的界定确实使某些发达国家为绿色贸易壁垒找到了法律借口，而当因此发生贸易纠纷时，进口国也容易从 GATT 或 WTO 有关自由贸易原则中寻找法律上的支持，这就给绿色壁垒披上了合法的外衣。

(3) 保护内容的广泛性。20 世纪 70 年代以来，为保护生态环境和人类的健康，国际社会组织颁布了很多保护公约，内容从天上到地下，从陆地到海洋，从人类到动植物，从固体到液体、大气，不仅涉及与资源环境和人类健康有关的商品的生产、销售方面的规定和限制，而且对工业制成品的安全、卫生、防污等标准做出了要求。

(4) 保护方式的巧妙性和隐蔽性。第一，绿色壁垒表面上一视同仁，一般不存在配额问题，也没有具体到哪个国家，这是第一个巧妙性和隐蔽性；第二，它们都是高科技基础上的检验标准，发展中国家难以做出判断；第三，它把贸易保护的视线转移到人类健康保护上，更具有隐蔽性和欺骗性。同进口配额、许可证制度等措施相比，它不仅隐蔽地回避了分配不合理、歧视性等分歧，不易产生摩擦，而且各种检验标准极为复杂，往往使出口国难以应付和适应。

(5) 保护技术上的歧视性。许多由绿色壁垒引起的贸易争端，都是因为设置壁垒的进口国实行歧视性贸易政策而引起的。更为重要的是，人们往往忽视了问题的另一面，即通常认为，尽管绿色壁垒属于贸易保护措施，但由于是以环境保护为目的，因而，只要在对国内外同种产品都实施同一环保标准限制时，就视为做到了贸易政策的"公平、公正"。然而，在现阶段以发达国家的环保标准去要求发展中国家，显然是极端不合理的，从某种意义上讲，是对落后国家的技术歧视。

2. 绿色壁垒的表现与实践

世界各国特别是发达国家将环境与贸易问题挂钩以后，制定并实施了大量的绿色贸易壁垒措施，其表现形式是多种多样的，常见的为以下几种类型。

1) 绿色关税制度

这种形式是绿色壁垒的初期表现形式，即进口国以保护环境为由，对污染环境、影响生态环境的进口产品除征收一般正常关税外，再加征额外的关税。这其实是一种进口附加税，又称为环境进口附加税。征收进口附加税的直接结果就是抬高了进口价格，降低了进口商品的价格竞争力，从而达到限制进口的目的。

2) 环境配额制度

配额是常用的数量限制措施，现已延至环境贸易领域。国际上有些环保主义者主张，根据某出口国的某种产品的环保实绩来确定其在本国市场的销售配额，即按时期(如年、季度、月)分配相关出口国输出该产品的最高数量。发展中国家受自身经济实力和技术实力的限制，很难在短期内提高其质量和环境技术标准，而且它直接违背了 WTO 关于废除数量限制的原则。因此，该主张不仅在实践上行不通，在理论上也不攻自破。

---

① 见《GATT》第二十条。

【参考图文】

3) 环境许可证制度

环境许可证制度要求取得许可证才能允许进口或出口，也就是在出口前获得了进口国的"预先通知同意"。这种做法源于《濒危野生动植物物种国际公约》等国际绿色规范。例如，该公约规定，对于不加保护有消失危险的野生动植物的贸易应受到严格的限制，只有获得管理当局批准承认的出口许可证才允许出口，进口国只能在出口国颁发出口许可证的前提下进口。一些国家据此实施绿色准入制度。

4) 禁止进口与环境贸易制裁

环境贸易制裁是绿色壁垒中极端严厉的措施，轻者禁止输入，重者则引发报复。国际上对违反环保规则采取强制性措施的案例举不胜举。例如，1991年美国禁止日本高达3亿美元的鱼类和珍珠的进口。

5) 绿色包装和标签制度

这是一种常见的绿色技术壁垒，设置的国家利用这种壁垒能够有效地防止出口国的病虫传入，保证货物和使用者的安全和便利。但过分苛刻的要求就会大大增加出口商品成本，成为贸易的障碍。

6) 绿色补贴制度

由于污染治理费用通常十分昂贵，一些企业难以承受此类开支。当企业无力投资于新的环保技术、设备或无力开发清洁技术产品时，政府需要采用环境补贴来帮助其筹资控制污染，包括专项补贴，使用环境保护基金，低息优惠贷款等等。按WTO修改后的《补贴与反补贴措施协定》的规定，这类补贴是"为促进现有设施适应法律和规章所规定的新的环境需求而给予的有关企业的资助"，它属于不可申诉补贴范围，因而为越来越多的国家和地区所采用。

7) 繁杂苛刻的环保技术标准

发达国家处于技术垄断地位，他们在环境保护的名义下，通过立法手段，制定严格的强制性环保技术标准，限制国外商品进口，有些国家甚至执行内外有别的环保标准，其保护主义本质昭然若揭。对发展中国家来说，很多环保标准在短期内是根本无法达到的。事实上，现今这种标准的繁杂和苛刻程度连发达国家内部的企业都感到难以适应。

8) 复杂苛刻的绿色检验检疫措施

海关卫生检疫制度一直存在，但发达国家对食品的安全卫生指标十分敏感，尤其对农药残留、放射性残留、重金属含量的要求日趋严格。例如，1993年4月第24届联合国农药残留法典委员会大会上，讨论了176种农药在各种商品中的最高残留量、最高再残留量(即指现已禁用的，但仍在食品中残留的农药含量)和指导性残留限量。因此，欧盟对在食品中残留的22种主要农药制定了新的最高残留限量，即从严控制其在食物中的残留限量。在日本，有关农兽残限量方面的标准多达6 000多个。可想而知，企业要因此付出多大的代价。

9) 绿色环境标志和认证制度

环境标志，是贴在商品或其外包装上的一种图形，它是根据有关的环境标准和规定，由政府管理部门或民间团体依照严格的程序和环境标准办给厂商，附印于产品及包装上，向消费者表明，该产品或服务，从研制、开发到生产、使用直至回收利用整个过程均符合环境保护的要求，对生态系统和人类无危害或危害极小。通常列入环境标志的产品类型有节水节能型、可再生利用型、清洁工艺型、低污染型、可生物降解型、低能耗型等。

 知识链接

党的二十大报告提出，要推进美丽中国建设，加快发展方式绿色转型，推动经济社会发展绿色化、低碳化，发展绿色低碳产业，积极稳妥推进碳达峰碳中和，完善碳排放统计核算制度，健全碳排放权市场交易制度。

 专栏 9-8

碳关税对中国的影响

对外经济贸易大学国际低碳经济研究所、社会科学文献出版社、国家发改委能源研究所、日本名古屋大学经济学院亚洲核心项目、美国能源基金会中国可持续发展项目 2011 年 3 月 22 日联合在北京发布了《中国低碳经济发展报告(2011)》。这是中国第一本以低碳经济为主题的系列研究报告，它汇集了罗马俱乐部核心成员，IPCC 工作组成员，碳排放理论的先驱者，政府气候变化问题顾问，日本低碳社会计划设计人，以及中国国情与环境专家等著名学者、政府官员和有识之士，探讨世界金融危机后国际经济的现状，比较各国发展低碳经济的经验和政策，总结 COP15 以来各国应对气候变化的新动向，为研究人员、政府决策人员和一般读者提供政策建议和参考资料。

报告指出，中国面临巨大的减排压力。哥本哈根会议以来，美、法、英、日等发达国家提出对进口产品征收"碳关税"。这对于世界出口第一大国的中国来说影响极大，如果实施，中国将要为所排放的二氧化碳支付巨大的成本。

报告指出，目前发达国家普遍主张的迫使以中国为代表的新兴经济体自愿进行碳减排的有效政策手段之一为"碳关税"，即对中国等没有在国内征收碳税或能源税、存在实质性能源补贴国家的出口商品根据其碳排放强度征收一定程度的关税，倒逼中国为所排放的二氧化碳支付治理成本。

报告指出，中国出口产品是否会被征收碳关税，取决于三个方面的先决条件：中国是否有大量的能源密集型产品出口到征收碳税或能源消费税的国家；中国是否对这些产品提供了政府补贴从而使其具有相对国外产品而言的能源成本优势；中国是否有可能采用但没有采用相应的限制政策减少二氧化碳的排放。中国自 21 世纪以来，钢铁、水泥等能源密集型产品出口总量大幅度增加，2008 年中国的钢铁出口已占世界总量的 12.1%。中国高耗能产品出口大量增加的一个重要原因在于 21 世纪以来国际能源价格大幅度上涨，而国内由于价格管制和能源补贴的存在，能源成本相比国外保持明显优势，从而助推了高耗能产品的大量出口。国际比较表明中国在这些高耗能产业的能源效率要明显低于世界平均水平，这一方面说明如果按照实际消耗能源所产生的二氧化碳排放来计算，中国出口的产品每单位所要被征收的碳税将高于世界平均水平，就碳税成本而言，中国的产品不仅不存在比较优势，还存在比较劣势。

因此，如果按照美国方案，中国四大能源密集型出口部门每年最多需要支付 22.53 亿美元；如果按照欧洲方案，则最多需要支付 76.75 亿美元。不同部门碳税额度占出口总额的比重差异较大，非金属矿物制造业、有色金属行业所受到的影响会比较大，在高碳税情景下，碳税最高可达出口总额的 32.8%(非金属制品业，如水泥、平板玻璃)，行业总的碳税成本可达总的主营业务成本的 13.4%。这对中国出口企业而言确实较难承受。在中等碳税情景下，碳税总额最高可达出口总额的 10%，而在低碳税情景下，碳税总额占出口总额的 3%~7%。我国有色金属 2007 年的毛利率为 12.1%，所以即使是中等碳税情景，利润率被压缩的比例仍然很高，只有在低碳税情景下才基本可以接受，如果是高碳税情景，那么出口企业根本无利可图。

(资料来源：对外经济贸易大学网站，http://news.uibe.edu.cn/uibenews/10_article.php?articleid=13969.)

9.4.3 技术性贸易壁垒

技术性贸易壁垒是公认的最隐蔽、最难对付的新型贸易壁垒之一。所谓技术性贸易壁垒，是指通过颁布法律、法令、条例、规定，建立技术标准、认证制度、检验制度等方式，对外国进口商品制定的技术、卫生检疫、商品包装和标签标准，从而提高产品技术要求，增加进口难度，最终达到限制进口的目的。常见的技术性贸易壁垒有以下几种。

1. 技术法规与技术标准

技术法规是由进口国政府制定、颁布的有关技术方面的法律、法令、条例、规则和章程，具有法律上的约束力。技术法规所涉及的范围包括环境保护、卫生与健康、劳动安全、节约能源、交通规则、计量、知识产权等方面，对商品的生产、质量、技术、检验、包装、标志以及工艺流程进行严格的规定和控制，使本国商品具有与外国同类商品所不同的特性和适用性。

技术标准是指由公认的(规定产品或有关生产工艺和方法的)规则指南或机构所核准，供共同和反复使用的、不强制要求与其一致的文件。传统的标准和标准化活动，被认为是企业组织生产的技术依据，是企业生产技术诀窍的载体。而如今，标准化作为加速复杂产品贸易的一种不可缺少的语言和工具，已被公众广泛承认。

德国大众汽车尾气排放丑闻

2015年9月18日，美国环保署EPA宣布，大众汽车在当地482 000辆柴油动力车存在舞弊现象，涵盖2009~2015款捷达(对应中国速腾)高尔夫/奥迪A3和2014~2015款帕萨特，大众汽车在上述车型上安装复杂的电脑软件，该软件可以根据轮胎的位置、车速、发动机运行状态和气压等参数自动判定汽车是否处于尾气检测状态。只要打开这种软件，当车前轮位于测力计上时，测试模式便会自动开启，使得测试时的尾气排放控制在合法范围内，然而正常上路行驶时，其尾气排放超标10~40倍。

大众汽车这种利用软件规避技术法规的行为，为其带来了意想不到的负面影响：

(1) 因违反各国环保法规，大众汽车将面临巨额罚款。大众此举违反了美国《清洁空气法案》，拟每辆车罚款37 500美元，总计180亿美元，成为汽车行业历史上金额最大的罚单。

(2) 大众的排放丑闻覆盖面不断扩大。除了美国市场之外，其他国家也纷纷将目光对准大众及其柴油动力车，覆盖面不断扩大。韩国环保部官员ParkPan-kyu称，将对三款大众和奥迪柴油车展开调查，涉及4 000~5 000辆车，包括捷达、高尔夫和奥迪A3，倘若发现问题，则韩国所有的大众柴油车均将被纳入调查。

欧盟委员会也同美国当局和大众方面进行了接触，表示将敦促成员国加强相关立法。实际上，柴油车存在缺陷对欧洲影响更大，当地柴油车上牌量超过总数的50%份额，而在美国该比例不到1%。

(3) 对金融市场的影响。大众丑闻爆出后，大众汽车股价暴跌19.82%，连续几个交易日遭遇重挫，原因是该公司已经承认其在1100万辆柴油动力汽车上安装了排放作弊装置。该股2015年9月22日报收于106欧元(约合118美元)，两日累计跌幅高达35%，这意味着其市值在短短两天时间里就缩水了250亿欧元(约合278亿美元，或1 773亿元人民币)。

(4) 高层异动。大众的首席执行官(CEO)马丁·温特科恩(Martin Winterkorn)在事发后称：对于公众信任造成的损害感到"极度歉意"。随着事件的不断发酵，温特科恩在掌舵大众汽车近十年之后，宣布辞职。

(5) 对大众未来的影响——信任危机。大众汽车于2015年10月宣布将在欧盟市场召回850万辆存在尾气排放作弊问题的柴油车。尽管该召回规模在并不能成为史上之最，但是瑞信分析师认为，汽车召回的费用和随后一系列的罚款问题可能带来最多870亿美元的负面影响。

很显然，大众丑闻对全球汽车行业的震动和伤害不亚于当年的"安然事件"。对于德国经济而言，则更意味着毁灭性的的打击。汽车产业不仅是德国的支柱产业，更是享誉全球的"德国制造"的代名词。全球5辆汽车中其中有一辆是德系车，2014年，汽车业对德国经济的贡献高达3 840亿欧元，几乎是所有行业贡献的20%，汽车出口则更是占到了德国总出口的20%。大众汽车作为全球最大的汽车生产厂商之一，其旗下的奥迪等品牌在全球汽车行业举足轻重。这样一个以质量和品质著称的企业，发生如此的造假丑闻，对于公众信任的伤害是不言而喻的。

对于公众而言，大众既然可以在汽车尾气上造假，谁又能确保不在其他方面造假？如果大众造假，谁又能确保德国其他的汽车公司不造假？循此逻辑，则几乎所有德国的品牌都会受到质疑，这种对德国品牌的多米诺骨牌效应，势必沉重打击雄心勃勃致力于"工业4.0"的德国制造业，是这个全球制造业强国百年以来遇到的最大的信任危机。

(资料来源：http://world.chinadaily.com.cn/2015-09/24/content_21972472.htm, http://finance.qq.com/a/20150923/029769.htm, http://auto.sina.com.cn/news/q/2015-09-23/detail-ifxhzevf0967062.shtml.)

2. 包装和标签要求

各国对包装、标签都有细致入微的规定，这些规定有的的确是必需的，但即使这样也大大增加了出口商的成本，更何况有些特殊的要求很难做到。各国颁布的有关包装的法律、法令的主要内容包括：

(1) 除海关依法禁止进口商品采用可能对本国生态环境造成破坏的包装材料之外，许多国家还采取立法形式，在本国范围内禁止使用某些包装材料。

(2) 建立存储返还制度。

(3) 强制执行再循环或再利用法律。根据包装政策和法规，很多国家规定生产者、进口商、批发商和零售商有责任收集、处理包装废弃物。

(4) 向生产包装材料的企业征收原材料税。若包装材料使用自然资源，需要负担较重的税；若使用再循环材料，则负担较轻的税。

(5) 向产品生产企业征收产品包装税(费)。若产品包装中全部使用可再循环的包装材料，则可以免税；若部分使用再循环材料，则征收较低的税；若全部使用不可再利用或再循环材料，则征收较高的税。

(6) 采取征收废物处置费的方法来鼓励再循环和可再循环包装。

(7) 建立绿色标志制度。

3. 商品检疫和检验规定

商品检疫和检验规定主要指对进口商品设置苛刻且不合理的检疫标准和检疫程序，这方面的规定多如牛毛。例如，美国利用其安全、卫生检疫及各种包装、标签规定对进口商品进行严格检查。对进口食品的管理，除了市场抽样外，主要在口岸检验，不合要求的将被扣留，然后以改进、退回或销毁等方式处理。欧盟进口肉类食品，不但要求检验农药的残留量，还要求检验出口国生产厂家的卫生条件。

4. 信息技术壁垒

由于电子商务的迅速发展，有关电子商务的标准也正日益成为贸易技术壁垒。随着电子商务的技术支持——电子数据交换(Electronic Data Interchange, EDI)技术在发达国家的应用日趋广泛和成熟，一些国家开始强行要求以 EDI 方式进行贸易。虽然电子商务为国际贸易实务带来了极大的便利，同时也为微观经济主体内部进行网络化管理起了促进作用，例如：各国或地区政府要求采用电子商务方式报关，以缩短放行时间，避免坐失良机；通过国际互联网或专门的网络，方便业务人员寻觅商业良机，建立更多的贸易伙伴关系；简化了国际贸易程序，缩短了国际贸易成交过程，从而节省了人力、物力和财力。但是，从世界范围来看，电子商务的成功应用大多是在发达国家，尤其是美国和欧洲，他们从中获取了极大的利益。而发展中国家由于信息技术发展相对落后，计算机软硬件设备、通信设施以及法规建设都不健全，很难达到 EDI 的硬性要求，尚未能执行完全的电子签证系统。这实际上已成为发达国家对发展中国家设置贸易障碍的借口。

9.4.4 海关估价制度

海关估价制度(Customs Valuation System)是指一国在实施从价征收关税时，由海关根据国家的规定，确定进口商品的完税价格，并以海关估定的完税价格作为计征关税的基础的一种制度。但是，海关估价若被滥用，人为地高估进口商品的价格，无疑就增加了进口商的税收负担，对商品进口形成了障碍。

海关估价制度有广义和狭义之分，广义的海关估价制度是由参加海关估价的主体、海关估价活动和海关估价作业程序三部分构成的法律制度。其中包括三方面内容：①对进出境货物的人员或纳税义务人的权利义务和海关的权利义务等的有关规范；②估价的准则，即限定在什么情况或条件下的价格才能作为海关估价的价格或价格依据、估价的方法、海关审定价格的办法等具体业务操作规程；③为了保证估价工作的顺利进行而采取的各种管理措施或执行程序，如价格申报、交验单证、申报时间地点等手续制度，对估价争议的解决、违章处理等一系列的规章制度。

狭义海关估价制度是指海关估价准则、估价方法和海关估价的具体操作规程等规定。

但由于世界各国或地区海关估价的原则、标准、方法和程序等不尽相同，倘若海关高估进口货物的价格，就相当于提高了进口关税水平，从而对货物进口构成不合理的非关税壁垒限制，在一定程度上就抵消了各国或地区在多边贸易体制下所做的关税减让承诺。而且，在国际贸易中，海关对于来自不同国家的同种商品实行不同的估价方法和标准，就构成对国际贸易的歧视性影响，成为一种限制进口的非关税壁垒。

9.4.5 原产地规则

货物的原产地(The origin of goods)是指某一特定产品的原产国或原产地区，即货物的生产来源地。根据各国的原产地规则和国际惯例，原产国(地)是指某一特定货物的完全生产国(地)；当一个以上的国家(地区)参与了某一货物的生产时，那个对产品进行了最后的实质性加工的国家(地区)即为原产国(地)。

原产地规则是各国(地区)为了确定商品原产地和地区而采取的法律、规章和普遍适用的行政命令。其目的是以此确定该商品在进出口贸易中应享受的待遇。原产地规则的内容一般包括原产地标准和书面说明。原产地规则在国际贸易中通常用于以下几个方面：

(1) 作为原产国标记告诉消费者商品的产地，满足消费者选择的需要。

(2) 确定出口国享受不同关税待遇的重要依据。例如，发达国家给予发展中国家的普遍优惠制待遇，要求发展中国家在出口时必须出具真实有效的原产地证明。以保证优惠待遇真正给予来自受惠国的商品。所以，原产地证明书是通关结汇的必备单证之一。

(3) 海关统计确定贸易伙伴国归属的主要标准之一。按照原产地口径统计，已成为进口国统计进口来源的惯常做法。

(4) 进口国分析进口商品结构、调整产业政策。

(5) 实施国别配额管理。

(6) 征收反倾销税和反补贴税时，判定产品的"国籍"。

(7) 实施特定卫生检疫。例如，英国发生疯牛病，所以，各国都对来自英国的牛肉实行特别的卫生检疫，更具针对性。一些国家往往从本国政治经济利益出发，利用原产地规则对贸易伙伴实施贸易限制、报复和制裁。

美国肉产品原产地标签法影响墨西哥肉类出口

2015年7月7日，墨西哥《改革报》消息显示，"美国关于原产地标签(COOL)的规定"案造成墨肉类产区索诺拉州(SORONA)的牛肉出口下降15%。2013年9月~2014年8月，索诺拉州牛肉出口32.2万头，但2014年9月~2015年7月，出口下降至27.4万头。

WTO在5月裁定美国的原产地标签法(COOL)非法歧视进口自加拿大和墨西哥的肉产品，允许加拿大和墨西哥对美国实施贸易制裁。加拿大称要对美国施的制裁规模超过30亿加元(约24亿美元)，墨西哥则寻求价值6.53亿美元的报复措施。

(资料来源：商务部网站，http://www.cacs.mofcom.gov.cn/cacs/newcommon/details.aspx?articleid=131582)

思考：①美国关于原产地标签的规定是否属于非关税壁垒？②墨西哥和加拿大为什么会对美国实施贸易报复？③结合北美自由贸易区的背景，考虑美国的原产地规则对整个自贸区会带来什么样的影响？

9.5　WTO-X背景下的非关税壁垒

WTO-X指"第二代"贸易政策，包含两个部分：第一部分包括在WTO"多哈发展议程"(DDA)中大多数在谈并且尚未达成有关协定的议题，如扩展的知识产权、竞争政策、政府采购、投资、环境标准、电子商务、贸易融资、贸易援助、债务、技术合作、技术转移、能力建设、部门贸易自由化等；第二部分是未在WTO的谈判与磋商框架内而只是在双边或区域贸易协定(RTAs)中达成条款或正在谈判中的议题，如劳工标准、出口限制、消费者保护、法律、国内管制一体化、中小企业、公司治理等。下面我们将 WTO-X 背景下常见的非关税措施进行简要介绍。

9.5.1 劳工标准壁垒

近几年，欧美等发达国家推行的劳工标准已对我国出口产品构成贸易壁垒。劳工标准等社会问题逐渐受到 WTO 及各界人士的关注。实际上，劳工标准问题已逐渐地由单纯的劳动关系问题演化为贸易问题和政治问题，并且逐渐由单边行为向多边行为扩展。

发达国家把发展中国家低工资廉价劳动力比较优势斥之为造成发展中国家出口产品具有倾销性竞争优势的主因，并赋之于因果联系，把自身的经济问题和困难归咎于发展中国家的经济发展，其真正用意是保护其受到发展中国家竞争最为严重、技术含量低的"夕阳产业"，同时也是一种借"人权"干预别国内政，向第三世界倾销其价值观念的霸权主义做法。很明显，"劳工标准"已经变成发达国家实施新贸易保护主义的政策工具。

劳工标准的内容主要有：废除强制劳动；禁止劳改产品出口；严禁使用和剥削童工；非歧视的工资水平、同工同酬；实行最低工资标准，保证劳工的最低工资水平；工人有自由结社和集体议价的权利等。有些发达国家试图把劳工问题同贸易捆在一起解决，以期削减发展中国家的劳动成本优势。

专栏 9-11

国际劳工组织与 SA8000

国际劳工组织 (International Labour Organization，ILO)1919 年根据《凡尔赛和约》作为国际联盟的附属机构成立。1946 年 12 月 14 日成为联合国的一个专门机构。

该组织的宗旨是："促进充分就业和提高生活水平；促进劳资合作；改善劳动条件；扩大社会保障；保证劳动者的职业安全与卫生；获得世界持久和平，建立和维护社会正义。"

国际劳工组织目前有 185 个成员国。主要负责人是国际劳工局长胡安·索马维亚(智利)，1998 年当选，1999 年就任，分别于 2003 年和 2008 年获得连任。总部设在瑞士日内瓦。

国际劳工组织的组织机构包括：①国际劳工大会，是最高权力机构，每年 6 月在日内瓦举行。②理事会，是国际劳工组织的执行委员会，每三年经大会选举产生，在大会休会期间指导该组织工作，每年 3 月和 11 月各召开一次会议。③国际劳工局，是常设秘书处，设在瑞士日内瓦国际劳工局总部。国际劳工组织是以国家为单位参加的国际组织，但在组织结构上实行独特的"三方性"原则，即参加各种会议和活动的成员国代表团由政府、雇主组织和工人组织的代表组成，三方代表有平等独立的发言和表决权。

SA8000 即"社会责任标准"，是 Social Accountability 8000 的英文简称，是美国民间组织社会责任国际(Social Accountability International，SAI)根据国际劳工组织公约、世界人权宣言和联合国儿童权益公约制定的全球首个道德规范国际标准，1997 年 10 月公布。其宗旨是确保供应商所供应的产品，皆符合社会责任标准的要求。SA8000 标准适用于世界各地任何行业、不同规模的公司。其依据与 ISO 9000 质量管理体系及 ISO 14000 环境管理体系一样，皆为一套可被第三方认证机构审核之国际标准。

SA8000 标准涉及：①童工；②强迫性劳动；③健康与安全；④组织工会的自由与集体谈判的权利；⑤歧视；⑥惩戒性措施；⑦工作时间；⑧工资；⑨管理体系。

SA8000 标准对企业的要求包括：①不得使用或者支持使用童工；②不得使用或支持使用强迫性劳动，也不得要求员工在受雇起始时交纳"押金"或寄存身份证件；③应尊重所有员工结社自由和集体谈判权；④反歧视原则；⑤不得从事或支持体罚，精神或肉体胁迫以及言语侮辱；⑥工作时间要严格遵守当地法律要求；⑦企业支付给员工的工资不应低于法律或行业的最低标准；⑧应具备避免各种工业与特定危害的知识，为员工提供安全健康的工作环境，采取足够的措施，降低工作中的危险因素，尽量防止意外或健康伤害的发生，为所有员工提供安全卫生的生活环境，包括干净的浴室，洁净安全的宿舍，卫生的食品存储设备等；⑨高层管理阶层应根据本标准制定公开透明的，各个层面都能了解并实施符合社会责任与劳工条件的公司政策；⑩员工辞工需要提前一个月写出书面申请。

SA8000 认证的作用：减少国外客户对供应商的第二方审核，节省费用；更大程度的符合当地法规要求；建立国际公信力；使消费者对产品建立正面情感；使合作伙伴对本企业建立长期信心。

(资料来源：百度百科，http://baike.baidu.com/view/128087.htm.)

9.5.2 知识产权

西方国家常常以国内法规对发展中国家提起知识产权调查。这里仅以美国"337 调查"为例进行分析，美国"337 调查"源自美国《1930 年关税法》第 337 节。经修订的相关条款授权美国国际贸易委员会在美国企业起诉的前提下，对进口中的不公平贸易做法进行调查和处理。若判定存在不公平贸易做法，国际贸易委员会将签发排除令，指示美国海关禁止有关产品进口。"337 调查"针对的不公平贸易做法主要是侵犯知识产权问题。

专 利 战 争

2014 年 7 月开始登陆印度市场，12 月已经销售出 100 万台手机。当中国企业小米在印度市场大施拳脚，准备"大干快上"的时候，爱立信的一纸诉状却使其面临在印度被禁售的命运。

2014 年 12 月，在爱立信对小米公司发出专利侵权诉讼后，印度新德里高等法院对小米手机在印度市场做出了禁售的决定。尽管小米在缴纳保证金之后获得解禁，恢复销售，但这场专利战并未终结。

在拓展海外市场的过程中，知识产权尤其是专利问题将在很大程度上决定像小米这样企业的发展前景。不仅仅是在印度，中国企业在美国、欧洲等地也面临专利问题带来的挑战。陷入专利纠纷的也不限于中国企业，三星和苹果、谷歌和甲骨文、雅虎和脸书也都经历过专利诉讼。

1. 通过并购储备专利

对于中国企业在海外市场发展遭遇的专利诉讼，美国众达律师事务所(Jones Day)合伙人陈炽(Tony Chen)认为，这是他们的海外业务发展迅速的表征之一，"很正常"。

"如果他们不被卷入专利诉讼，反而说明他们的产品不被市场和竞争对手注意。"陈炽对 21 世纪经济报道记者表示。他也是上海美国商会知识产权委员会共同主席。

陈炽举例说，在智能手机行业，诸如苹果、三星等领先企业经常以原告或被告的身份同时出现在数百个专利诉讼中。

国家知识产权局保护协调司司长黄庆在接受 21 世纪经济报道书面专访时表示，中国企业"走出去"将面临前所未有的知识产权挑战。

在国家知识产权局编写的《海外专利布局实务指引》中提到,尽管中国专利申请量在迅速增长,但企业也面临困惑,如尽管有上百件专利,但依然无法与竞争对手抗衡,无法保护海外市场;出口型企业受到竞争对手的专利攻击,却发现找不到可以和解的谈判筹码;为何国外企业的专利能够成为不断增值的资产,对某些国内企业而言,专利却已经成为负累等。

要解决这些问题,专利布局不可或缺。对于专利的市场价值,陈炽认为主要体现在三个方面,即这项专利是否在保护期有效阻止竞争对手做同样的产品,从而使创新者获得垄断利益;如果有人试图侵权,专利是否能作为创新者起诉侵权者的有力武器;创新者从该专利可以获得的专利许可费是多少。

实现海外专利布局的一个捷径是并购。2014年10月,联想集团完成了收购摩托罗拉移动的交易。在这笔29.1亿美元的收购中,联想看重的正是由此带来的专利许可。杨元庆曾在接受媒体采访时说:"特别值得一提的是,从今以后联想将拥有丰富的专利组合和知识产权的许可,使得我们可以在全世界所有市场,尤其是成熟市场开展业务。"

通过这次并购,联想得到了2 000多项专利以及大量专利的交叉授权。此前,联想还购买了NEC在全球多个国家申请的超过3 800项专利组合以及专利授权公司Unwired Planet持有的21项专利。通过一系列专利储备,联想正在为其手机出海扫清障碍。

2. "337调查":从被告到原告的可能

"企业一旦在海外遭遇知识产权侵权纠纷,将面临非常高的维权成本。"黄庆表示。他举例说,在美国企业知识产权诉讼费用平均高达500万美元,加之语言等因素,中国企业付出的成本还会更高。

三一重工正在等待美国国际贸易委员会的最终裁决,它所面临的不仅仅是应诉成本的问题,还有更严重的可能失去美国市场的销售资格。2013年7月,美国国际贸易委员会宣布对三一重工及其美国公司的履带式起重机产品发起"337调查",调查将决定这些产品是否侵犯了美国公司的专利权。

"337调查"得名于《1930年关税法》的第337条款,它与知识产权有关。如果最终美国国际贸易委员会认定涉案企业违反了第337条款,涉案产品将失去在美国市场销售的资格。

提出对三一重工展开"337调查"申请的是美国一家起重机制造商,这家公司要求美国国际贸易委员会对三一重工发布永久排除令和禁止进口令。

三一重工否认存在侵权行为,并展开了应诉。当时三一重工副总经理祝文魁对21世纪经济报道记者表示,这是三一重工竞争对手采取的手段,因为三一重工在美国市场的发展已经触及其市场。过去几年,三一重工生产的履带式起重机在北美的市场份额快速提升,市场份额已经跻身前三。

不仅是三一重工,华为、中兴等多家中国企业也曾遭遇"337调查"。中国企业已经连续多年成为美国"337调查"的主要对象国。

对于这一现状,美国商务部法律总顾问凯利·威尔士(Kelly Welsh)在接受21世纪经济报道采访时回应说,关于知识产权诉讼,保证公平和透明,让各方提交证据,这是应该的处理方式。

统计数字显示,大部分在美国遭遇"337调查"的中国企业在美国没有专利。事实上,这也是我国专利海外布局的一个普遍现象。据世界知识产权组织的统计,2013年,我国向海外申请发明专利的数量还不到我国申请人提交发明专利总量的4%。

曾在美国代理过高技术和生物技术公司专利申请、诉讼和转让的陈炽说,美国专利局每年授予的专利有约一半是给外国申请人的,韩国、日本、欧洲的公司也经常以原告的身份对侵权者发起"337调查"请求。他期待中国企业成为"337调查"的原告。

"中国企业应该、可以而且很快会成为发起"337调查"请求的原告。"陈炽说。

3. 摆脱被动挨打局面需要5~10年?

1月15日,国家知识产权局局长申长雨在全国知识产权局局长会议上透露,2014年我国发明专利申请 92.8 万件，同比增长 12.5%，居世界第一位；向美、欧、日等国家和地区的专利申请数量也在加快增长。

陈炽分析说，目前中国企业在全球遭遇的专利挑战包括：产品设计时缺乏高质量的专利侵犯和规避设计法律分析；自身的专利保护范围小，对竞争对手不构成显著威慑；欠缺前瞻性的专利收购和许可布局。而要解决这三方面问题，需要公司领导层的重视，组织一流的专利团队，积极主动地展开专利申请、许可、收购和先发制人诉讼。

"根据韩国和日本企业的经验，如果认真对待并大力投资，中国企业在 5～10 年的时间里可以摆脱被动挨打的局面。"他说。

(资料来源：江玮. 专利战争 21 世纪经济报. 2015-1-26(01 版).)

9.5.3 WTO-X 背景下的其他非关税措施简释

1. 对外贸易国家垄断制

对外贸易国家垄断制(Foreign Trade Under State Monopoly)又称进出口的国家垄断，是指国家对某些商品的进出口规定由国家直接经营，或者是把某些商品的进口或出口的垄断权给予某个垄断组织。发达国家对商品贸易的国家垄断主要体现在以下三个方面：第一类是对烟和酒的垄断，并从中获得巨大的财政收入；第二类是农产品贸易，国家往往把对农产品的对外垄断销售作为国内农业政策措施的一部分；第三类是武器贸易。

一些发展中国家为了打破外商在对外贸易上的垄断，成立国营贸易机构，直接控制进出口业务和主要进出口商品的品种和数量。有些发展中国家对其他国家国营贸易机构的贸易往来，采取了由国营贸易机构直接经营的办法。

2. 歧视性的政府采购政策

歧视性的政府采购政策(Discriminatory Government Procurement Policy)是一些国家通过法令，规定政府机构在采购时必须优先购买本国产品，从而对国外产品构成歧视。例如，美国实行的"购买美国货法案"规定，凡是联邦政府所需采购的货物，应该是美国制造的，或是用美国原料制造的，只有在美国自己生产的数量不够，或者国内价格过高，或者不买外国货就会损害美国利益的情况下，才可以购买外国货。许多国家都有类似的规定，如英国限制政府向外国采购通信设备和电子计算机；日本有几个政府部门规定，政府机构需用的办公设备、汽车、计算机、电缆、导线、机床等不得采购外国产品。

3. 投资措施中的贸易壁垒

随着 FDI 的快速发展，产生了许多影响贸易格局的投资措施①。这种贸易性投资措施最初被拉美国家运用在汽车工业中，其目的在于阻止在当地出现纯粹的组装厂。例如，墨西哥规定其国内汽车生产中，国有比率必须达到所创价值的 36%，大型车必须达到 40%。贸易性投资措施包括数量众多的激励和调节手段，通过古老、广泛的国产比率要求的形式对外国企业施加影响，客观上对国际贸易产生直接的负面影响。随后，这种贸易性投资措施产生了一系列变形，在这些变形中对国际贸易产生直接影响的有贸易平衡规定、外汇平衡

---

① FDI 对贸易的影响之理论分析可参阅本书第 6 章第 1 节；也可阅读朱廷珺所著《外国直接投资的贸易效应研究》(人民出版社 2006 年版)。

限制和出口规定。贸易平衡规定将投资者的进口量与其出口量相联系，从而起到促进出口限制进口的作用，其做法往往是规定投资者的进口量不能超过出口量的一定比例；外汇平衡限制是要求投资者必须保障出口所得的外汇收入和进口初级产品的外汇支出之间保持平衡；出口规定是指规定投资者出口一定比例的生产产品。

正如表 9-1 所反映的那样，贸易性投资措施也对国际贸易产生间接影响。其影响是由以下各项规定或措施产生的，外国投资者生产的产品的国产比例规定、使用本国初级产品的规定、技术转让的规定、某种初级产品最大进口量的限制、投资比例规定、人员结构的规定、产品营销规定、国内营销规定、限制汇回投资收益等。需要指出的是，WTO 管辖的《与贸易有关的投资措施协议》(TRIMS)已将当地成分要求、贸易平衡要求、进口用汇规定、国内销售要求等做法列为禁止使用的措施。

4．有秩序的销售安排

所谓有秩序的销售安排(Orderly Marketing Arrangement，OMA)，是 20 世纪 70 年代由发达国家提出来的一种新型的非关税壁垒措施。发达国家认为国际贸易应由"自由贸易"转变到"有秩序地进行"。它与自愿出口限额相似，其目的是保护发达国家国内工业和销售市场，避免国际性竞争，尤其是来自发展中国家产品的竞争。有秩序的销售安排是通过政府正式干预，由出口国和进口国签订具体协定，按照这一协定，出口国将自己产品的出口约束在一定的水平上。例如，美国与日本在 1977 年谈判"有秩序的销售安排"，由政府首脑出面，要求日本减少彩电、收音机、电炉等的出口，并规定日本到 1980 年对美出口彩电 175 万台，比 1979 年减少 40%。

5．服务贸易壁垒

战后，服务贸易发展迅速。由于各国服务行业发展不平衡，有些国家采取了保护措施。服务业的特殊性，决定了各国限制的办法只能用非关税措施。服务贸易中的非关税壁垒对传统的服务项目的限制主要集中在运输、旅游以及外国银行在本国设立分支机构等方面，如对进口服务者报供歧视性捐税，或者制定苛刻的要求与标准等。20 世纪 80 年代以来，在对新兴服务业的限制上主要体现在以下几个方面：一是数据处理和通信设备服务方面的歧视限制，如有些国家禁止在本国内使用在本国以外进行处理的数据；二是限制外国公民在本国建厂、开设银行、进行技术咨询服务活动；三是对外国银行、企业的开业权加以严格限制。

与对商品贸易的限制相比，对服务贸易的限制更加隐蔽且不透明。在美国，外国保险公司在美国销售保险会受到限制，外国轮船被禁止纯粹在国内使用的港口间转运货物。加拿大政府为了保护"加拿大文化"，要求黄金播放时段播放的 50%的节目必须是加拿大的电视节目；只有将一定比例的广告空间留给加拿大厂商，加拿大才允许美国的杂志出版商出版加拿大版本[①]。

6．心理与民间壁垒

一些国家的企业对外国产品竞争存在心理障碍，一些消费者甚至存在不信任外国产品、

---

① [美]丹尼斯·R 阿普尔亚德，小阿尔弗雷德·J 菲尔德，史蒂芬·L 柯布. 国际经济学(第 6 版). 赵英军，译. 北京：机械工业出版社，2010：229。

第9章 进口保护政策：非关税壁垒

惧怕外国产品的心理，从而影响正常的贸易竞争。

比较典型的案例是 2004 年西班牙烧毁中国鞋事件。2004 年 9 月 17 日，西班牙东部小城埃尔切的中国鞋城，约 400 名不明身份的西班牙人聚集街头，烧毁了一辆载有温州鞋集装箱的卡车和一个温州鞋商的仓库，造成约 800 万元人民币的经济损失。这是西班牙有史以来第一起严重侵犯华商权益的暴力事件，世界为之震惊。

类似事件还有 1998 年 7 月发生在匈牙利布达佩斯的四虎市场事件，匈牙利政府搞了四支队伍来市场查关税，即使手续齐全，中国鞋商也会莫名其妙地被罚款，以售价为基准，征收 80%的税款，中国鞋商在争论中被打。2001 年 8 月～2002 年 1 月，俄罗斯曾发生过一次查扣中国鞋事件。那次查扣货物历时最长，中国鞋商损失大约 3 亿元人民币，个别企业损失达千万元以上。客观而言，中国鞋业之所以为世界所接受，其中很重要的一个原因就是价格。美国《商业周刊》2005 年第 1 期封面文章说："中国价格是让美国工业界胆战心惊的词语，你必须把产品的售价削减 30%，否则将失去顾客。"美国是中国鞋业的第一大出口国，中国鞋的物美价廉让美国消费者感到实惠。多数业内人士会认为中国鞋以非常有市场竞争力的质量和价格横扫世界，是中国鞋业头上巨大的光环。事实上，以"三来一补"、OEM 为基础的中国鞋业在光环的背后隐藏着深刻的危机。

另外，"9·11"事件后，一些西方国家打着"反恐"旗号，阻挡某些国家产品进入本国市场，对相关出口国构成了贸易壁垒。

本 章 小 结

本章讨论了非关税措施的历史沿革及其特征、类型和经济效应。重点从进口保护政策角度介绍了进口配额、自愿出口限额和相机保护措施，并对 WTO+背景及 WTO-X 背景下的非关税壁垒给予说明。

非关税壁垒的形成和日益盛行是众多原因造成的，但根本原因是各国经济发展不平衡。近年来，非关税壁垒的演化呈现出如下特点：传统制度化的措施不断升级；技术标准上升为主要的贸易壁垒；绿色壁垒成为行之有效的贸易壁垒；贸易措施的政治色彩越来越浓；一些措施披着合法的外衣，令人难以区分其保护的合理性。

非关税措施的形式五花八门，但这些壁垒的设立，其目的无非有两方面：在进口方面，试图减少进口数量提高进口商品的价格，保护国内产业的国内市场；在出口方面，则试图减少出口商品的成本，人为地刺激出口，以保护本国出口产品的国际市场。因此，对于非关税壁垒，无论是明显的还是隐蔽的，也无论是直接作用的还是间接作用的，都可以从数量和价格两个方面来分析它们的影响。

自由贸易论者认为，非关税措施的实施是得不偿失的。它以损失本国消费者的利益为代价，换取对国内低效率生产的保护。对消费的扭曲越严重，损失的社会福利也就越大。

关键术语

非关税壁垒、WTO+、WTO-X、进口配额、关税配额、自愿出口限额、反倾销、反补贴、紧急保障措施、相机保护措施、进口许可证制、绿色贸易壁垒、环境标志、技术性贸易壁垒、原产地规则、对外贸易国家垄断制、政府采购政策、有秩序的销售安排、服务贸易壁垒、投资措施中的贸易壁垒、心理与民间壁垒、劳工标准、市场经济地位、产业政策、碳关税

 拓展阅读

[美] 丹尼斯·R 阿普尔亚德，小阿尔弗雷德·J 菲尔德，史蒂芬·L 柯布. 国际经济学(第6版). 赵英军，译. 北京：机械工业出版社，2010.

[美] 罗伯特·J 凯伯. 国际经济学(第8版). 原毅军，陈艳莹，译. 北京：机械工业出版社，2002.

[美] 丹尼·R 阿普尔亚德，小艾尔弗雷德·J 菲尔德，史蒂芬·L 科布. 国际贸易(第6版). 刘春生，胡晓霞，王露露，等译. 北京：中国人民大学出版社，2009.

[英] 大卫·格林纳韦. 国际贸易前沿问题. 冯雷，译. 北京：中国税务出版社，2000.

雷锐，王文君，陈琼，等. 2014全球技术贸易壁垒分析报告. 中国标准导报. 2015(8).

王亚星. 中国出口技术性贸易壁垒追踪报告(2014). 北京：中国人民大学出版社，2014.

陈林，罗莉娅. 中国外资准入壁垒的政策效应研究：兼议上海自由贸易区改革的政策红利. 经济研究，2014(4).

袁志刚. 中国(上海)自由贸易试验区新战略研究. 上海：上海人民出版社，格致出版社，2013.

卓骏. 国际贸易理论与实务. 2版. 北京：机械工业出版社，2012.

程鉴冰. 技术性贸易壁垒的比较制度分析：以欧美日非出口市场为例. 北京：中国质检出版社，中国标准出版社，2012.

官恒刚. 中国出口产品遭遇反倾销贸易壁垒问题研究. 大连：东北财经大学出版社，2012.

李健. 非关税壁垒的演变及其贸易保护效应-基于国际金融危机视角. 大连：东北财经大学出版社，2011.

苏小玲. 后危机时代新贸易壁垒的发展动向及原因分析. 商业时代，2012(15).

方勇，张二震. 出口产品反倾销预警的经济学研究. 经济研究，2004(1)。

冯宗宪. 开放经济下的国际贸易壁垒：变动效应·影响分析·政策研究. 北京：经济科学出版社，2001.

任烈. 贸易保护理论与政策. 上海：立信会计出版社，1997.

薛荣久. 国际贸易政策与措施概论. 北京：求实出版社，1989.

张二震. 国际贸易政策的研究与比较. 南京：南京大学出版社，1993.

赵春明，仲鑫，朱廷珺. 非关税壁垒的应对及应用："入世"后中国企业的策略选择. 人民出版社，2001.

赵春明. 国际贸易. 北京：高等教育出版社，2007.

朱立南. 国际贸易政策学. 北京：中国人民大学出版社，1996.

 复习思考题

1. 试析传统非关税壁垒与新型非关税壁垒的共性与差异。
2. 配额与关税对贸易的影响有何不同？

3. 你认为中国产品屡遭国外反倾销调查和制裁的深层次原因是什么？中国企业如何应对？
4. 如何区分环境保护与绿色壁垒？中国企业应如何应对国外绿色壁垒的挑战？
5. 搜集 WTO 管辖的协议中的"绿色规则"条款，分析各成员方的"环保例外权"被贸易保护主义者所盗用和滥用的可能性。
6. 发达国家强行要求以 EDI 方式进行贸易的做法合理吗？试析其由。
7. 你清楚"××国制造"的法律意义和经济意义吗？如何灵活运用 WTO 原产地规则？
8. 搜集有关欧美国家运用非关税壁垒的案例，结合我国企业情况，提出运用非关壁垒措施的建议。
9. 贸易救济措施滥用的后果是什么？为什么发达国家和发展中国家补贴的部门差异比较大？
10. 什么是产业损害调查？产业损害预警的作用是什么？从商务部网站上搜索我国产业损害调查依据的法律规定，并熟悉产业损害调查与裁决的基本程序。
11. 案例分析。

商务部的统计显示，目前，中国仍是国际上贸易救济设限的首要目标国。2015 年上半年，我国共计遭遇 14 个国家(地区)发起的贸易救济调查 37 起，其中反倾销案件 32 起，反补贴案件 4 起，保障措施 1 起，案件数量较去年同期下降 30%；涉案金额 35 亿美元，较去年同期下降了 34%。此外，美国发起涉及中国产品的 337 调查 5 起。上半年贸易摩擦呈现如下特点：

(1) 案件数量和涉案金额总体出现下降。印度、欧亚经济委员会等正集中调查处理去年对我发起的大量案件，上半年对我立案减少。同时，我积极组织应对并加大交涉力度也一定程度上遏制了国外对华发起贸易救济调查的势头。

(2) G20 国家是对我发起贸易救济调查的主体。G20 共对我发起调查 30 起，占案件总数的 81%。美国以 6 起案件居首，拉美国家对我立案呈上升趋势，共 14 起，占案件总数的 38%，同比增长 27%。

(3) 五金、化工、轻工产业是贸易摩擦多发领域。案件数量分别为 16 起、10 起和 8 起。其中 11 起钢铁产品和制品案件最为突出，案件数量占比 30%；涉案金额占比高达 58%，这些涉案工业制成品的国内产能严重过剩，导致出口增长过快被设限。

(4) 高科技、高附加值出口产品遭遇设限呈增长态势。近三年来光伏、轮胎等工业制成品在全球主要出口市场连续遭遇贸易救济调查后，涉及实用新型等专利纠纷的机电、轻工、医药等产品也频繁遭遇美国 337 调查。

(资料来源：商务部网站，http://gpj.mofcom.gov.cn/article/zt_mymcyd/subjectdd/201507/20150701065572.shtml)

问题：我国频频遭遇贸易摩擦的原因有哪些？我们应该如何应对？

第10章 鼓励出口与出口限制政策

教学目标

本章介绍当今世界各国比较流行的出口鼓励和出口限制的主要措施,分析有关措施的经济效应。

教学要求

知识要点	能力要求	相关知识
鼓励出口的主要措施	熟练掌握鼓励出口的各种措施促进出口的机理,深刻理解其经济效应,熟悉若干实例	出口补贴、价格支持、商品倾销、外汇倾销、出口信贷、出口信贷国家担保制、区域经济一体化
出口管制	熟悉出口管制的原因和措施,掌握这些措施的经济效应	出口关税、出口配额、出口行业的生产税、出口许可
国际卡特尔	熟悉卡特尔的定义和成立的条件,理解其效应	卡特尔、石油输出国组织
贸易制裁	熟悉贸易制裁的原因、含义、措施和影响其成败的因素,掌握其经济效应	出口禁运、进口抵制

汽车贸易中的"中国压力"

2005年在美国底特律举办的"2005美国汽车工程学会年会暨展览会"(SAE),迎来了一个庞大的中国展团的到来。作为世界颇具权威性的汽车零部件展览,SAE展此次为中国展团安排了4 000平方英尺(1英尺≈0.3米)的展位,仅次于美国、韩国和德国。

此次参加SAE展的中国汽车厂商,仅内地就有超过22家,汽车工程学会组织的16个展位、重庆展团的12个展位以及个别零散中国厂商,总展位超过30个。而1997年,中国汽车工程学会第一次正式组团参加SAE车展时,当时只有七八家企业约10个展位的小阵容。

进军世界展位扩张的背后,是中国汽车零部件厂商进军世界市场的强烈冲劲。仅2004年上半年,中国汽车产品出口总值57.62亿美元,同比增长58.28%。

在中国汽车零部件厂商开拓的世界版图里,北美市场是最重要的棋子。相较而言,中国的零部件厂商的优势在于价格比日韩等其他国家低。2004年上半年,中国向美国出口的汽车商品总值达39.82亿美元,居出口国家和地区第一位。此前,中国汽车制造商已经在底特律和旧金山设立了办事处和分部。

美国汽车部件供应商协会主席内尔·德·柯克表示:"美国本土汽车零部件制造商与他们的合作伙伴也已经感受到了来自中国同行的压力。"为了减少成本,摆脱衰退的形势,众多美国汽车零部件供应商都在进行调整。美国第二大汽车零部件供应商——伟事通公司(Vis-teon)在2002年出现大幅亏损后,正计划进行重组。

展会前,底特律中华商会将在当地举办一个中国汽车行业的论坛,论坛上将以"中国汽车工业的变革与美国汽车业所面临的机遇及挑战"为主题,讨论中国的汽车行业的投资机遇。通用汽车公司前全球技术总监JamieC.Hsu还在车展期间组织一个"中国汽车业工程设计和产品制造工艺的研讨会",就中国飞速发展的汽车制造技术现状进行研讨。

尽管世界市场均感受到了来自中国汽车制造的压力,但申银万国证券研究所有限公司汽车行业分析师王智慧分析认为,目前中国汽车零部件厂商出口的产品附加值还不算高。"尽管出口数量在上升,但技术含量还比较低,很多高端的零部件产品中国企业目前还是做不了。"韩镭也表示,中国的零部件厂商要获得更多欧美市场份额,还要更加适应国外的供货网络,在产品上要跟进汽车行业发展的步伐。

此前,中国商务部副部长魏建国也表示,商务部目前正在重点抓好促进我国汽车和零配件出口的工作,设立国家级的汽车和零配件的出口基地,并选择全国100家左右具有自主知识产权、有较强竞争能力和出口规模的汽车和汽车零配件生产企业,授予国家级的汽车和汽车零配件出口企业名称;在金融、出口信贷等方面对国家级汽车和零配件出口企业和出口基地给予必要的支持。

相对于零部件厂商,尽管像奇瑞汽车这样的厂商已经把美国市场作为重点在加紧开拓,但更多的中国整车厂商现在还是对美国市场持犹豫的态度。长城汽车股份有限公司的越野车在中东和非洲的市场已经取得非常不错的成绩,但是对于美国市场,其公关部的一位经理告诉本报记者,目前他们还不想进入美国市场,"因为时机还不成熟"。

资料来源:根据网易财经《第一财经日报》,
http://money.163.com/economy2003/editor_2003/050406/050406_322057,2005年4月6日资料整理。

通过上述材料,你认为底特律为什么会感受到来自"中国的压力"?中国的汽车产品出口在国际市场中的地位主要得益于什么?

近年来进出口贸易的快速发展推动了我国的经济增长。除了外需的带动外，我国采取的一系列出口鼓励政策也是出口快速增长的重要原因。

目前，我国已经形成了一整套较为完整的出口鼓励政策体系。出口鼓励政策具有两个层面的含义，一是狭义的出口政策，指的是政府对待出口的政策导向；二是广义的体系，包含财政、金融等各个方面的出口鼓励措施。

10.1 鼓励出口的主要措施

鼓励出口的措施是指出口国政府通过经济、行政和组织等方面的措施，促进本国商品的出口，以开拓和扩大国外市场。在当今国际贸易中，各国鼓励出口的措施很多，涉及经济、政治、法律许多方面，运用了财政、金融、汇率等经济手段和政策工具。

鼓励出口的措施主要有出口补贴、价格支持、商品倾销、外汇倾销、组织和服务措施、出口信贷与国家担保、出口信用保险、建立经济特区。

10.1.1 出口补贴

出口补贴(Export Subsidies)又称出口津贴，指一国政府(或同业公会)为了刺激本国产品出口，对出口商品给予出口商的现金资助或财政上的优惠待遇，以降低出口商品的出口价格，提高其在国际市场上的竞争力。

出口补贴有两种基本方式。一种是直接补贴(Direct Subsidies)，即政府在商品出口时直接付给出口商的现金补贴，包括价格补贴和收入补贴，主要来自财政拨款。其目的在于弥补出口商品国际价格低于国内价格而导致的亏损，或者补偿出口商所获利润低于国内利润而造成的损失。

另一种方式是间接补贴(Indirect Subsidies)，即政府对出口商品给予财政上的优惠，间接推动本国商品的出口。包括对出口商品提供税收减免、对出口企业提供低息贷款、免费或低费为出口商品提供运输服务等。如退还或减免出口商品所缴纳的销售税、消费税、增值税等国内税，对进口原料或半制成品加工再出口给予暂时免税或退还已缴纳的进口税，免征出口税，对企业开拓出口市场提供补贴等。其目的同样是降低出口商品价格，减少出口成本，增强本国出口商品在国际市场上的竞争优势。

出口补贴对生产、消费、价格和贸易量等的影响因其在国际市场上份额大小而异。下面分别分析贸易小国、贸易大国实行出口补贴的经济效应。

1. 贸易"小国"出口补贴的经济效应

如图 10.1 所示，D 是国内需求曲线，S 是国内供给曲线。没有出口补贴时，该国出口商品的初始国际价格为 P_0，国内生产量为 OQ_2，国内需求量为 OQ_1，出口量为 Q_1Q_2。由于该国占世界市场份额很小，其商品出口量的变化不会对国际市场供给和价格产生明显影响，因此实行补贴后的国际市场价格仍为 P_0。现假设政府对每单位商品的出口补贴 s，出口商品的实际所得为 $P_1=P_0+s$。由于出口补贴直接针对的是总产量中的出口部分，如果商品是出口到国际市场上销售，不仅得到国际市场价格 P_0，还会得到补贴 s；如果商品在国内市场上销售，就得不到补贴。由于出口更加有利可图，因此厂商会把更多数量的商品用于出口而减少国内销售，由此造成国内市场价格上升，最终结果是国内市场价格上升到 $P_1=P_0+s$。此时，无论是在国内市场销售还是出口，生产者得到的价格都是 $P_1=P_0+s$。

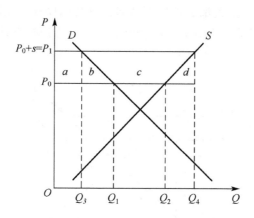

图 10.1 贸易小国的出口补贴

出口补贴的经济效应有：

(1) 生产效应：实施出口补贴后，由于生产者得到的价格提高了，生产者将扩大生产，从补贴前的 OQ_2 扩大至补贴后的 OQ_4，产量增加了 Q_2Q_4。

(2) 出口扩大效应：实施补贴后，该国出口规模从 Q_1Q_2 增加至 Q_3Q_4。

(3) 消费效应：由于国内价格从 P_0 上涨至 P_1，消费从 OQ_1 减少至 OQ_3，消费量减少了 Q_3Q_1。

(4) 财政效应：政府因出口补贴产生巨大财政支出，即图 10.1 中 $(b+c+d)$ 所示。

(5) 社会福利效应：产量的扩大使生产者剩余增加 $(a+b+c)$，消费量的减少使消费者剩余减少 $(a+b)$，政府因补贴产生财政支出 $(b+c+d)$，因此，出口补贴使该贸易小国的净福利水平下降，社会发生净损失 $(b+d)$。其中 b 是由于扭曲消费造成的损失，d 是由于扭曲生产造成的损失。

2. 贸易"大国"出口补贴的经济效应

如图 10.2 所示，D 是国内需求曲线，S 是国内供给曲线。在没有补贴时，该出口商品的初始国际价格为 P_0，国内生产量为 OQ_2，国内需求量为 OQ_1，出口量为 Q_1Q_2。现假设政府对每单位商品的出口补贴 s，从而刺激出口数量的增加。但由于该国是国际市场上的大国，其出口的增加将会引起国际市场上这种商品供给量的明显增加，从而使得该商品的国际市场价格下降，由原来的 P_0 下降到补贴后的 P_0'。

出口补贴形成的经济效应有：

(1) 生产效应：实施出口补贴后，生产者扩大生产，从补贴前的 OQ_2 扩大至补贴后的 OQ_4，产量增加 Q_2Q_4。

(2) 出口扩大效应：补贴后，该国出口规模从 Q_1Q_2 扩大至 Q_3Q_4。

(3) 消费效应：与小国情形一样，补贴引起国内价格上涨。但在大国情形下，本国出口量的增加使国际价格下降为 P_0'。因此，国内价格从 P_0' 上涨至 P_1，消费从 OQ_1 减少至 OQ_3，消费量减少了 Q_1Q_3。

(4) 财政效应：出口补贴产生巨大财政支出，即图 10.2 中 $(b+c+d+e+f+g)$ 所示。

(5) 社会福利效应：产量的增加使生产者剩余增加 $(a+b+c)$，消费量的减少使消费者剩余减少 $(a+b)$，政府的财政支出为 $(b+c+d+e+f+g)$，因此，出口补贴使该贸易大国的净福利水平下降，社会发生净损失 $(b+d+e+f+g)$。

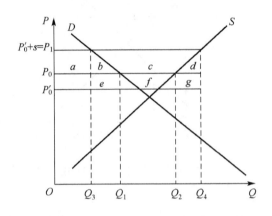

图 10.2　贸易大国的出口补贴

其中，b 是扭曲国内消费造成的净损失，d 是扭曲生产造成的净损失，$(e+f+g)$ 是出口商品国际价格下降造成的贸易条件恶化损失(假设进口价格指数不变)，这部分补贴支出没有转化为本国的生产者剩余，实际上是补贴了那些本国商品的外国购买者，转化成了外国的利益。通过与上面小国情形的比较发现，大国的出口补贴不仅扭曲了消费和生产，还扭曲了国际市场价格(贸易条件)，使大国的净福利损失比小国情形下的净福利损失多了 $(e+f+g)$，即扭曲贸易条件造成的损失。

以上分析表明，无论是大国还是小国，实行出口补贴都会使本国净福利水平下降。补贴后的国内价格高于国际价格，容易引起进口国的反补贴调查。如果进口国征收反补贴税，本国出口补贴的作用就会被抵消，政府对出口商的补贴以反补贴税的形式转移给了进口国政府。此外，国内价格的上升也对消费者不利。但是，出口补贴仍是经济落后的发展中国家改善其国际收支逆差、扩大出口的重要措施。有鉴于此，世界贸易组织在原则上反对出口补贴不公平行为的同时，但允许某些发展中国家在特殊情况下适度运用此措施。

服务贸易补贴的绩效评估

在中国经济结构调整背景下，实施服务贸易补贴政策有着提高服务部门自主创新能力、缓解对外贸易结构性失衡及促进文化业与服务外包发展等积极效应。《服务贸易总协定》(GATS)的生效，使得服务贸易壁垒成为非法的贸易措施，并受到 WTO 体制的严格规制和限制使用，服务贸易补贴政策因而成为众多国家促进本国服务出口的常用措施，并因为缺乏明确可执行的国际性规范而游离于 WTO 规则之外。

服务贸易补贴是为了提升本国服务业的国际竞争力、增加服务出口额或通过补贴增加国内服务的供给，从而减少从国外相关服务的进口，或者吸引国外资金向本国服务业进行的投资等。一般而言，服务贸易的补贴方式有别于普通商品贸易的补贴方式，大体包括：一是一国政府给予本国跨国公司的外国子公司服务收入的税收减免或国际海运服务收入的税收优惠政策；二是政府根据旅游公司所带入的外国游人的数量所给予的现金补贴以及为吸引外国学生到本国私人教育部门学习而设置的基金；三是对服务公司向外国直接投资的税收优惠政策；对在国外进行的建设项目的税收豁免；四是通过以自由人的形式在国外所取得的服务收入实施收入税豁免。

近十年来，我国在服务贸易管理机制和促进体系不断完善的基础上，通过贸易补贴措施，达成了一定的效果。分部门来看，中国服务出口额增长最快的部门集中在金融、专利使用费和特许费以及运输，这主要得益于政府出台的相关文件对于这些行业的支持。由于服务贸易补贴涉及的行业于政策工具较多，并且其在"提供模式"、"领土"等问题上的复杂性，因此 GATS 中并没有对服务贸易补贴的定义、适用范围等作出明确的规定。从经济分析角度而言，虽然服务贸易补贴对补贴国家和世界经济而言都意味着一种福利损失，但由于"扭曲贸易的福利补贴"并没有在 WTO 中得到很好的界定，我国是可以利用发展中成员国的身份，发挥服务贸易补贴在促进我国服务贸易和实现外贸发展方式转型中的引导和促进作用，以提升服务贸易的国际竞争力，但应当注意的是，为避免 WTO 对专向性补贴的禁止政策，我国在制定相关政策是，应充分借鉴欧美等发达国家在服务补贴方面的经验，采取灵活多样的政府补贴措施。

(资料来源：蒙英华，于立新．服务贸易补贴及中国政策绩效评估．国际贸易，2013(第10): 61-67.)

10.1.2 价格支持

价格支持(Price Support)是政府通过稳定价格来支持生产者的一种手段。国际市场的不可控因素使某些产品的国际价格波动较大，造成国内生产者收入不稳定，不利于保持和扩大出口。为了稳定生产和保证国内生产者的收入，政府制定一个"支持价格"或"保证价格"，它取决于政府的支持力度而非市场供求关系。当市场价格低于支持价格，政府以支持价格收购该产品，以保护生产者的生产积极性。生产者从政府手中得到其价格差，产品产量和生产者收入都不会受市场价格下跌的影响。当市场价格高于支持价格，生产者自然可以根据市场需求以高价销售产品。其效应如图 10.3 所示。

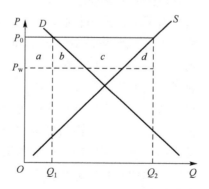

图 10.3 价格支持效应

在图 10.3 中，S 是国内供给曲线(代表生产成本)，D 是国内需求曲线，P_0 是政府制定的支持价格。在支持价格下，该产品的产量为 OQ_2，国内需求量为 OQ_1。所以，即使国际

市场价格下降为 P_w，低于 P_0，生产者的产量和出口量也不会受其影响，出口仍能保持为 Q_1Q_2。支持价格使生产者剩余增加($a+b+c$)，消费者剩余减少($a+b$)，政府因实行支持价格增加财政支出($b+c+d$)，最终造成社会福利净损失($b+d$)。此效应看似与出口补贴相同，但实际上存在以下区别：实行补贴时，国内价格随市场供求变化而波动，但政府对单位产品的补贴是固定的；实行价格支持时，国内价格虽由政府固定，但国际市场价格是波动的，政府支出将随着国际市场价格的涨跌而减少或增加，生产者和消费者的收益也随着国际市场价格的波动而波动，国际价格与支持价格相差越大，社会福利损失越大。

价格支持本身并不是一种贸易政策，但如果政府将此政策用于出口行业或进口竞争行业，就起到了促进出口或限制进口的作用。

10.1.3　商品倾销

商品倾销(Dumping)是指一国以明显低于正常价格的价格在国际市场上销售商品的不公平贸易行为。正常价格的含义有三层，在实际操作过程中依次选用：①同类产品在出口国国内市场的销售价格；②同类产品出口到第三国的价格；③估算价格，在生产成本加上销售、管理费用及一般利润的基础上进行推算。

商品倾销在不同情况下有不同的目的：打击竞争对手，以扩大和垄断国外市场；拓展新的销售市场；阻碍当地同种产品或类似产品的生产和发展，以继续维持其在当地市场上的垄断地位；推销过剩产品，转嫁经济危机；打击发展中国家的民族经济，以达到其经济或政治目的。

按照倾销的具体目的和时间的不同，商品倾销可以分为三种：第一，偶然性倾销(Sporadic Dumping)。这种倾销通常是因为销售旺季已过，或因公司改营其他业务，在国内市场上不能售出"剩余货物"，而以倾销方式在国外市场抛售。这种倾销时间较短，对进口国的同类产品的不利影响有限，故较少引发进口国的反倾销措施。第二，间歇性或掠夺性倾销(Intermittent or Predatory Dumping)。这种倾销是以低于国内价格甚至低于生产成本的价格在国外市场上销售商品，搞垮竞争对手并垄断该市场之后，再凭借垄断力量提高价格，以获取高额利润。这种倾销严重损害了进口国的利益，因此常常遭到进口国反倾销措施的抵制。第三，长期性倾销或持续性倾销(Persistent or Long-run Dumping)。这种倾销是无限期地、持续性地以低于国内市场的价格在国外市场销售商品。为弥补长期性倾销可能带来的亏损，倾销者往往利用规模经济扩大生产以降低成本。

一般来说，倾销必须具备三个条件：①出口商品生产企业在本国市场上有一定的垄断力量，在很大程度上可以决定价格的形成；②本国与外国的市场隔离，不存在倒卖商品的可能性；③两国的需求价格弹性不同，出口国国内市场的需求价格弹性低于进口国市场的需求价格弹性。当满足这些条件时，企业就有可能在国内市场上索要高价，而在国外市场上收取较低价格，使总销售利润最大化。

从整体上看，商品倾销给世界经济和国际贸易带来了不利影响。对商品倾销国来说，出口企业往往用提高国内销售价格的方法来弥补在国外降价的损失，将低价倾销的损失转嫁给了国内消费者，从而损害了国内消费者的利益。对商品倾销对象国来说，其同类产品生产受到了损害和冲击,从而使这些产业的正常发展受到不利影响。尽管消费者会暂时得到物美价廉的倾销商品,但从长远看,随着进口国同类产业的被破坏和国外商品对其国内市场的垄断,消费者逐渐被迫接受垄断高价,使自身利益受到损害。

10.1.4　外汇倾销

外汇倾销(Exchange Dumping)是指一国通过本国货币对外币贬值来扩大出口、限制进口的措施。一国货币对外贬值,用外币表示的本国出口商品的价格下降,但用本币表示的进口商品的价格会上升,从而起到鼓励出口和限制进口的双重作用。

但是,外汇倾销必须具备一定条件才能起到扩大出口和限制进口的作用。具体如下:

(1) 本币对外贬值的幅度应大于国内物价上涨的幅度。本币贬值必然引起进口原料和进口商品的价格上涨,由此带动国内物价普遍上涨,使出口商品的国内生产价格上升。当出口商品的国内价格上涨幅度与本币对外贬值幅度相抵时,因本币贬值而降低的出口商品外币标价会被国内价格上涨所抵消。因此,只有当国内价格尚未上涨或上涨幅度小于本币贬值幅度时,外汇倾销才能发挥其双重作用。

(2) 其他国家不同时实行同等程度的货币贬值或其他报复性措施。如果其他国家尤其是主要贸易伙伴国也实行同等程度的货币贬值,那么汇价仍处于贬值前的水平,无法发挥其鼓励出口、限制进口的作用。此外,如果其他国家采取报复措施,如提高关税、实行数量限制等,同样使外汇倾销国无法获得本币贬值的全部利益。

(3) 外汇倾销不宜在国内通货膨胀严重的背景下使用。一国货币的对外价值与对内价值相互影响、彼此联系,对外价值的下跌迟早会推动其对内价值的下跌,从而使已有的严重通货膨胀局面恶化。

另外需注意的是,外汇倾销是通过降低出口商品的外币标价来增加出口数量的,但这并不意味着出口总值必然随之增加,因此也未必能增加外汇收入,其具体结果还取决于出口品在国际市场上的需求价格弹性。如果该商品是富有需求价格弹性的,则本币贬值造成外币价格下降,出口量增加,出口量增加的幅度超过外币价格下降的幅度,则总的出口价值或外汇收入也会增加;但如果该商品是缺乏需求价格弹性的,外币标价的下降幅度将超过出口量的增加幅度,总出口价值或外汇收入反而因本币贬值而下降。

10.1.5　出口信贷

出口信贷(Export Credit)是指一国为了扩大商品出口,加强商品的竞争能力,鼓励本国银行对本国出口厂商或外国进口厂商提供的优惠贷款。出口信贷利率一般低于相同条件资金贷放的市场利率,利差由国家补贴,并与国家信贷担保结合使用,从而吸引资金不足的进口商进口其商品。出口信贷是一种"捆绑式"贷款,所贷款项只限于购买提供信贷国家的资本货物、技术或劳务,特别是金额较大、期限较长的成套设备、船舶等。出口信贷的种类和特点见表10-1。

表 10-1　出口信贷的种类

分类标准	信贷名称	信贷特点
借贷关系不同	卖方信贷 (Supplier's Credit)	出口方银行向出口商提供贷款，出口方以延期付款的方式向进口商出口货物，既加速出口商的资金周转，又允许进口商延期付款，进而便利商品出口
	买方信贷 (Buyer's Credit)	出口方银行直接向进口商或进口方银行提供的贷款，但其贷款必须用于购买债权国的商品，从而促进商品出口
贷款期限不同	短期信贷 (Short-term Credit)	通常是指贷款期限在 180 天以内的信贷，也有国家规定信贷期限为一年，适用于出口原料消费品及小型机器设备的出口
	中期信贷 (Medium-term Credit)	通常是指贷款期限在 1~5 年内的信贷，适用于中型机器设备的出口
	长期信贷 (Long-term Credit)	通常是指贷款期限在 5~10 年内的信贷，适用于大型成套设备与船舶的出口

在国际贸易中，买方信贷比卖方信贷更为流行。究其原因：首先，对出口方银行来说，贷款给进口方银行比贷款给国内企业的风险小，因为前者是银行信用，而后者是商业信用。其次，买方信贷可以使出口商较早得到贷款并减少风险。最后，银行提供买方信贷，既能促销本国出口商品，又能加强银行对出口企业的控制，并为银行开辟国外市场提供机会。

2015 年国务院正式对我国进出口银行改革意见进行批复，标志着进出口银行将继续坚持政策性方向改革，对其职能定位、业务范围、风险控制、治理结构等进一步进行规范，在业务范围方面，将从原来的单纯经营政策性质业务转变为兼营政策性业务和商业性业务，并对其进行分账管理。在具体的贷款过程中，对贷款项目的具体条件进行了界定，要求：一是获得我国政府或借款国政府的认可；二是借款国与中国有良好的政治外交关系，具备良好的偿债能力和偿债信誉；三是贷款项目可行，符合国家经济发展规划，具备经济和社会效应；四是项目由我国企业负责承建的原则上所需设备由中方企业负责供货；五是贷款项下所需设备、材料等从中国采购或引进数量原则上不低于 50%。此外，进出口银行还对具体的贷款利率定进行了规定，每半年计息一次。

10.1.6　出口信贷国家担保制

出口信贷国家担保制(Export Credit Guarantee System)是指一国为了扩大出口，设立专门机构，对本国出口商或商业银行向外国进口商或银行提供的出口信贷进行担保。当进口商或进口方银行因政治原因(如进口国发生政变、暴乱、战争以及政府实行禁运或限制对外支付等)或经济原因(如进口商或进口方银行因破产倒闭无力偿付、货币贬值、通货膨胀等)而拒绝付款时，此国家机构就要按照承保的数额给予出口方补偿。出口信贷国家担保制的实质是国家替代出口商承担风险，是银行扩大出口信贷业务和促进出口的重要措施。

按照出口信贷对象的不同，其担保对象也有两种。一种是对出口商的担保。出口商输出商品时所需要的短期或中长期信贷均可向国家担保机构申请担保。另一种是对银行的担保。通常银行所提供的出口信贷均可申请担保。这是担保机构直接对贷款银行承担的一种责任。

根据出口信贷期限的不同,其担保期限也分短期、中期及长期。短期信贷担保期限一般为 6 个月,最长不超过 1 年,承保范围包括出口商的一切短期信贷交易。中、长期信贷担保期限通常为 2~5 年,因其时间长、金额大,因而采取逐步审批的特殊担保方式。承保时间从出口合同签订之日起至最后一笔款项付清为止,或从货物装运出口之日起至最后一次付款为止。

10.1.7　鼓励出口的组织和服务措施

鼓励出口的组织和服务措施(Organizations and Services for Export Promotion)是指为了促进出口,各国政府在制定一系列的出口鼓励政策的同时,还逐渐强化各种组织及服务措施。主要有:

(1) 国家设立专门组织,研究并制定扩大出口的发展战略。例如,美国 1960 年成立"扩大出口全国委员会",1978 年成立"出口委员会"和"跨部门的出口扩张委员会",1979 年成立"总统贸易委员会",1992 年成立国会的"贸易促进协调委员会",1994 年成立第一批"美国出口援助中心";日本 1954 年成立"日本贸易振兴会"和"出口会议和海外商品贸易会议"等。这些组织都为其商品走出国门提供便利。

(2) 国家建立商业情报网,及时向出口商提供商业信息和资料。例如,英国的海外贸易委员会在 1970 年成立"出口信息服务部",向有关出口商提供商业信息,以促进出口贸易。

(3) 设立贸易中心,组织贸易博览会,使外国进口商更好地了解本国商品,对其出口起到了宣传、促进作用。

(4) 组织贸易代表团出访外国和接待来访,加强国家间的经贸合作。

(5) 对企业出口绩效进行评定,给予出口成绩优秀的企业以精神奖励,以促进对外贸易的发展。

10.1.8　区域开放

区域开放(Regional Opening)是指为了引进外资及先进技术,促进当地经济的发展,一国通常将其关境外的某些区域划定为经济特区,在该区域内实行优惠政策,如降低地价、减免关税、提供优质服务等,以发展该区域经济并带动出口贸易及外汇收入的增加。目前,各国设立的经济特区的主要形式如下。

1. 自由贸易区和自由港

自由贸易区(Free Trade Zone)或自由港(Free Port)主要发展转口贸易及为转口贸易服务的各种商品存储、展览和简单再加工业务。在该区或港内,进出口商品全部或大部分免征关税,基本没有贸易限制,实施贸易与投资自由化的政策与法规,要素流动自由,信息公开透明,政府部门办事效率高,通关便利快捷和外汇自由兑换。种种优惠政策及区内完善的交通设施和便利的地理位置带动了自由贸易区或港内的对外贸易,是国外商品的重要集

【参考图文】

【参考图文】

散地。例如，德国汉堡、丹麦哥本哈根、我国香港以及2014年成立的上海自贸区等都是著名的自由贸易区(港)，在国际贸易的发展中占有重要地位。2015年5月5日，中共中央国务院下发了《关于构建开放型经济新体制的若干意见》。意见中提出"优化对外开放区域布局，建设若干自由贸易试验园区。深化上海自由贸易试验区改革开放，扩大服务业和先进制造业对外开放，形成促进投资和创新的政策支持体系，并将部分开放措施辐射到浦东新区，及时总结改革试点经验，在全国复制推广。依托现有新区、园区，推动广东、天津、福建自由贸易试验区总体方案全面实施，以上海自由贸易试验区试点内容为主体，结合地方特点，充实新的试点内容，未来结合国家发展战略需要逐步向其他地方扩展，推动实施新一轮高水平对外开放。"

尽管自由贸易区本身是对进出口的双向鼓励，但多数国家开设自由贸易区的初衷是促进出口。

2. 出口加工区

出口加工区(Export Processing Zone)是指一国或地区在其港口或临近港口的地方划出一定区域，在区域内实行一系列优惠政策(与自由贸易区政策相似)以鼓励外资企业投资设厂，生产以出口为主的加工制造区。出口加工区可分为综合性出口加工区和专业性加工区两种。前者指经营多种出口加工产品的加工区域；后者指经营某种特定的出口加工产品的加工区域。出口加工区有助于吸收外国投资，引进先进设备和技术，促进本地区的经济发展，扩大出口加工工业和加工品的出口，增加外汇收入。出口加工区与自由港或自由贸易区的主要区别是它不以发展贸易为主，而主要面向工业，以发展出口加工工业为主。

中国自2000年开始逐步批准、建成多个出口加工区试点，包括大连、天津、北京天竺、烟台、威海、江苏昆山、苏州工业园、上海松江、杭州、厦门杏林、深圳、广州、武汉、成都、陕西西安和新疆乌鲁木齐等。这些加工区的功能比较单一，仅限于产品外销的加工贸易，区内设置出口加工企业及相关仓储、运输企业。加工区对出口产品免征增值税和消费税，有力地促进了产品出口。区内实行封闭式的区域管理模式，海关在24小时实行监管的同时，提供更快捷的通关便利，实现出口加工货物在主管海关"一次申报、一次审单、一次查验"的通关要求。

3. 保税区

保税区(Bonded Area)又称保税仓库区(Bonded Warehouse)，这是一国海关设置的或经海关批准注册、受海关监督和管理的可以较长时间存储商品的区域。保税区能便利转口贸易，增加相关费用的收入。保税区的货物可以进行储存、改装、分类、混合、展览及加工制造，但必须处于海关监管范围内。外国商品存入保税区，暂时不必缴纳进口关税，再出口只需交纳存储费和少量费用，但如果进入关境则需交纳关税。保税区或保税仓库区和自由港与自由贸易区的功能和作用是基本一致的。

我国的保税区是借鉴国外自由贸易区、出口加工区的成功经验，并结合中国国情而创办的特殊的经济区域，其主要功能与自由贸易区和出口加工区相似。1990年5月以来，中国已建成了上海外高桥(全国开放度最高)、天津港(中国北方最大保税区)、大连、青岛、宁波、张家港(唯一的内河港保税区)、宁波、厦门象屿、福州、海口、汕头、珠海、广州、深圳福田、沙头角(最小的保税区)和盐田港等多个保税区。

4. 自由边境区

自由边境区(Free Perimeter)是一国为了开发某些边境地区的经济，一般在该国的一个或几个省的边境地区，对区内使用的机器设备、原材料和消费品实行减税或免税进口，其目的和功能与自由贸易区相似。与自由贸易区相比，在自由边境区内加工的进口商品大多是在区内使用，只有少部分用于出口。因此，当自由边境区的生产能力提高后，政府就逐渐取消某些商品的优惠待遇，直至废除自由边境区。

2015年，国务院下发的《关于构建开放型经济新体制的若干意见》中，提出"培育沿边开放新支点，将沿边重点开发开放试验区、边境经济合作区建成我国与周边国家合作的重要平台，加快沿边开放步伐。允许沿边重点口岸、边境城市、边境经济合作区在人员往来、加工物流、旅游等方面实行特殊方式和政策。按有关规定有序进行边境经济合作区新设、调区和扩区工作。稳步发展跨境经济合作区，有条件的可结合规划先行启动中方区域基础设施建设。建设能源资源进口加工基地，开展面向周边市场的产业合作。鼓励边境地区与毗邻国地方政府加强务实合作"。

5. 过境区

过境区(Transit Zone)也叫中转贸易区。这是一些沿海国家为了方便内陆邻国的进出口货运，根据双边协议，开辟某些海港、河港或过境城市作为过境货物的自由中转区。在区内，对过境货物简化通过手续，免征关税或只征少量过境费用。过境货物可短期存储或重新包装，但不得加工制造。过境区一般都提供保税仓库设施。泰国的曼谷，印度的加尔各答，阿根廷的布宜诺斯艾利斯等，都是这种以中转贸易为主的过境区。

6. 科学工业园区

科学工业园区(Science-based Industrial Park)是一种在战后科技革命背景下出现的新兴工业开发基地，又称科研工业区、高新技术开发区等，如美国的硅谷、日本的筑波科学城、中国的新竹科学工业园等。科学工业园区有充足的科技和教育设施及高校、研究机构，以一系列企业组成的专业性企业群为依托，区内企业设施先进、资本雄厚、技术密集程度高，信息渠道畅通、交通发达、政策优惠，鼓励外商在区内进行高科技产业的开发，吸引和培养高级技术人才，研究和发展尖端技术和产品。与出口加工区侧重于扩大制成品加工出口不同，科学工业园区旨在扩大科技产品的出口和扶持本国高新技术产业的发展。

科学工业园区有自主型和引进型两类。前者主要靠自有先进技术、充裕资金及高级人才来促进本国高新技术产业的发展，发达国家所设园区多属此类；后者则采取引进外资、技术、低息和人才的办法来进行合作研究与开发，发展中国家和地区所设园区多属此类。

7. 综合型经济特区

随着国际经济关系，特别是国际贸易、金融和经济技术交流的发展，经济特区以各种不同形式发展，并出现综合化发展的趋势。综合型经济特区是一种多行业、多功能的特殊经济区域。其主要特点是：特区规模大，经营范围广。它不仅重视出口工业和对外贸易，同时也经营农牧业、旅游业、金融服务业、交通运输业、邮电通信业以及其他一些行业，对区域经济的发展具有重要的意义。

专栏 10-2

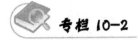

中国"一带一路"下的区域开放

进入 21 世纪，在以和平、发展、合作、共赢为主题的新时代，世界经济发生了复杂深刻的变化，国际金融危机深层次影响继续显现，各国面临的发展问题依旧严峻。我国政府在此契机提出了构建"一带一路"发展政策，旨在促进经济要素有序自由流动，资源高效配置和市场深度融合，推动沿线各国经济政策协调，开展更大范围、更高水平、更深层次的区域合作，共同打造开放、包容、均衡、普惠的区域经济合作框架。在此基础之上，我国在西北、东北、西南、内陆以及沿海港澳等地区大规模地落实区域开放政策，并取得有效成果。例如，2015 年 5 月，宁德市检验检疫局统计数据显示：2015 年前 4 个月，宁德市出口茶叶及其制品 567.68 吨、1950.39 万美元，分别增长 30.62%、101.50%，茶叶出口持续增长。

"一带一路"为宁德市茶叶出口带来巨大经济效益。出口企业愈加注重产品推介，大力开拓"一带一路"沿线的新兴市场。2015 年 1~4 月全市茶叶出口至"一带一路"沿线国家 1 434.18 万美元，共占茶叶出口额的 73.5%，市场潜力巨大。其中，越南、乌兹别克斯坦、摩洛哥等新兴市场对茶叶需求较大，占全市茶叶出口额的 43.7%。

近年来，宁德市部分茶企通过产业升级开发深加工茶产品。例如，某企业开发了深加工茶粉，融入草本精粹，具有无添加食品添加剂、即冲即溶等优点，深受消费者喜爱。据统计，宁德市茶叶产品出口单价从 2013 年的 8.55 美元/千克增长到 2014 年 17.77 美元/千克，2015 年 1~4 月份茶叶出口单价上涨至 34.35 美元/千克，同期增长了近一倍，较 2013 年翻了 4 番。

(资料来源：宁德政府网，http://www.ningde.gov.cn/.)

10.2 出口管制

出口管制(Export Control)也称出口限制，是指一国从本国的政治、经济、军事利益出发，通过法令、法规和行政措施，对本国出口贸易进行管理和控制，尤其是限制和禁止某些战略性商品和物资的出口。

出口管制的对象主要有下列几类商品：

(1) 战略物资及其相关的高端技术。各国尤其是发达国家从国家安全和军事防备等政治利益出发，对武器、军事设备、先进技术和重要战略物资的出口实行严格控制，限制或禁止其流向与自己意识形态相悖的敌对国家。此外，为了保持本国在科技领域的优先地位和经济优势，各国也倾向于对一些尖端技术及机器设备进行出口控制。

(2) 国内的紧缺或稀缺物资。如果允许国内生产急需但供应不足的原材料、半制成品以及国内市场上紧缺的商品自由输出国外，势必加剧国内市场的供需矛盾，阻碍国内经济发展，因此必须限制其出口。

(3) 自愿限制出口的商品。为了缓和与进口国的贸易摩擦，出于进口国的要求或迫于对方的压力,出口方不得不对某些具有国际竞争力的商品实行出口管制。例如,根据纺织品自限协定,出口国必须自行管理本国的纺织品出口。

(4) 在国际市场上占主导地位和出口份额大的商品。大多数发展中国家出口商品单一,出口市场比较集中,当国际市场价格下跌时,发展中国家应该控制该商品的过度出口,进而促使该商品的国际价格提高,以免加剧国际市场供求失衡而使本国经济遭受更大的损失。例如,石油输出国组织(Organization of the Petroleum Exporting Countries,OPEC)对成员国的石油产量和出口量进行了控制,以稳定国际市场上的石油价格,维护其国家利益。

(5) 历史文物和艺术珍品。各国为了保护其文化艺术遗产、弘扬民族精神,一般禁止古董、艺术品、黄金等珍贵物品的出口;另外,对于一国珍贵的动植物及其制品往往禁止出口。

(6) 经国际组织表决决定,对某些国家实施经济制裁而限制出口的商品。例如,伊拉克侵略科威特后,联合国安全理事会通过了对伊拉克实行全面禁运的决议。

出口管制的形式主要有单边出口管制和多边出口管制两种。

1. 单边出口管制

单边出口管制指一国根据本国的需要,制定出口管制法案,设立专门机构对本国某些商品出口进行审批和颁发出口许可证,实行出口管制。单边出口管制由一国单方面自主决定,不对其他国家承担义务与责任。单边出口管制往往是一国实施歧视性贸易政策的手段,具有政治和经济的双重意义。以美国为例,美国政府根据国会通过的有关出口管制方案,在美国商务部设立对外贸易管制局专门办理出口管制的具体事务,美国绝大部分受出口管制的商品的出口许可证都由这个机构办理。

2. 多边出口管制

多边出口管制指几个国家政府,通过一定的方式建立国际性的多边出口管制机构,商讨和编制多边出口管制货单和出口管制国别,规定出口管制的办法等,以协调彼此的出口管制政策和措施,达到共同的政治、军事和经济目的。例如,1949 年 11 月成立的巴黎统筹委员会(简称"巴统")就是一个国际性的多边出口管制机构,主要是对社会主义国家实行出口管制。

出口限制的手段包括直接的数量管制和间接的税率调节,既可以通过发放出口许可证控制出口商品的品种和数量,也可以通过征收出口关税或对出口工业企业增加生产税以减少其出口。不同的管制措施对出口商品生产商、消费者和社会经济福利有不同的影响。下面分别分析出口关税、出口配额和出口企业生产税的管制效果及其影响。

FT社评:俄罗斯出口禁令恐加深粮食危机

2008 年,农产品价格飙升在一些发展中国家引发了街头抢粮骚乱。2010 年,农产品价格再度急剧上涨,尤其是小麦等谷物。上周,在俄罗斯宣布在年底前暂停谷物出口后,农产品价格直线上升。另一场粮食危机看来并非不可能。

列宁曾经将谷物称作"货币的货币",这种说法不无道理。谷物价格决定着面包等主食的成本;而且谷物也被用作动物饲料。

由俄罗斯总理弗拉基米尔·普京(Vladimir Putin)宣布的禁令,将责任归咎于俄罗斯部分小麦产区肆虐的干旱和火灾。灾情已使夏收大量减产,或许还会导致冬季歉收。虽然俄罗斯的困境可能令人同情,但禁令会起到适得其反的效果。对于保护不太富裕的俄罗斯人的福祉,这是一种代价昂贵的机制,同时,它还增加了2008年情形再现的可能性。

这次禁运,是在农产品市场已经颇为紧张的背景下实施的。确实,总体情况比两年前要更好些。作为短缺缓冲谷物的库存要高得多。如果阿根廷和澳大利亚冬收情况良好,供给应足以满足需求。

但禁令带来了一个令人担忧的变数。受到俄罗斯禁令惊吓的交易员现在也许会囤积供应。其他国家可能仿效俄罗斯政府的出口禁令,以保护本国市场。尽管有更厚实的供给缓冲,但要把市场打回供应短缺和价格高涨的局面,并费不了多少事。

2008年的粮食危机,是30年来首次出现这种规模的动荡。如此快就面临第二次,应该让人警醒。盲目指望老天爷再次帮忙,是不负责任的。

我们有很多事可以做。各国应加大对灌溉项目的投资,改善日益贫瘠的耕地的质量,并更多使用抗灾能力强的转基因作物。加大战略谷物储备,以吸收冲击,或许也是一项必要措施。

同样重要的是,我们需要建立一个国际体系——或许在世界贸易组织(WTO)的支持下,制定各国据以暂停农产品出口的规则。那会让市场变得更加可以预测,限制自馈式危机的发展。不然,我们将面对更多危机。

(资料来源:《金融时报》中文网,http://www.ftchinese.com/story/001033999,2010年8月9日)

10.2.1 出口关税

出口关税(Export Duty)是出口国海关在商品出口时对出口商征收的关税。征收出口关税会增加出口成本,减弱本国的出口商品在国际市场上的竞争力,不利于扩大出口。但某些国家为了增加财政收入、维护国内生产和消费需要、防止本国产品在国际市场上的恶性竞争等,仍对一些商品征收出口关税。

下面以贸易小国为例分析征收出口关税的影响。如图10.4所示,D是该国某商品的国内需求曲线,S是其国内供给曲线。P_0是初始的国际市场价格(自由贸易时的价格),在此价格下,该商品的国内产量为OS_1,国内需求量为OD_1,出口量为D_1S_1。现假设政府对每单位该商品的出口征收t关税,出口商交纳出口关税后每单位产品的实际销售收入为P_0-t,这是生产者实际得到的价格(低于市场价格)。

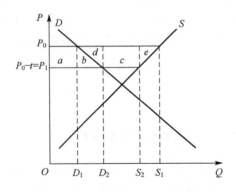

图10.4 小国出口关税的经济效应

(1) 价格效应：由于该贸易小国在世界市场上所占份额不大，征收出口关税后，世界价格仍为 P_0。由于出口关税针对的只是出口数量部分，在国内市场上销售是不需要缴纳出口关税 t 的。所以厂商将会减少出口数量并将之转移到国内市场上销售，从而使得国内市场价格最终下降到 P_0-t，此时无论是出口还是内销，生产者实际得到的价格都是 P_0-t。图 10.4 中，国内市场价格从征税前的 P_0 下降为征税后的 $P_1(P_1=P_0-t)$。

(2) 生产效应：国内市场价格下降为 P_1，生产者产量减少为 OS_2，比征税前减少了 S_2S_1。

(3) 消费效应：国内市场价格下降，消费量增加至 OD_2，比征税前增加了 D_1D_2。

(4) 财政效应：政府因征收出口关税而获得财政收入 c。

(5) 出口效应：征税前出口量为 D_1S_1，征税后出口量为 D_2S_2，比征税前减少了$(D_1D_2+S_2S_1)$。

(6) 社会福利效应：商品的国内市场价格下跌，消费者少付钱多消费，消费者剩余增加了$(a+b)$；生产商却因国内价格下跌而减少生产，生产者剩余减少了$(a+b+c+d+e)$；政府财政收入增加了 c。因此，社会净损失$(d+e)$，即$(a+b+c)-(a+b+c+d+e)=(d+e)$。从中可以看出，生产者剩余的减少中有一部分转化成了消费者剩余和政府税收收入。

10.2.2 出口配额

与进口限制一样，政府也可以通过配额控制出口商品数量。有些出口配额是本国政府主动设立的，有的则是在进口国的压力下设立的，即自愿出口限制。例如，中国对欧美等国的纺织品出口配额就是在欧美等国政府的要求下设立的。下面分析小国实施出口配额的经济效应。

如图 10.5 所示，D 是该国某商品的国内需求曲线，S 是其国内供给曲线。P_0 是初始的国际市场价格(自由贸易时的价格)，在此价格下，该商品的国内产量为 OS_1，国内对其需求量为 OD_1。现假设政府实行出口配额为 D_2S_2。

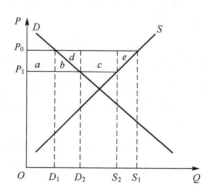

图 10.5　小国出口配额的经济效应

(1) 价格效应：由于该贸易小国在世界市场上所占份额不大，尽管实施出口配额限制其出口，世界价格仍为 P_0。此时，国内需求量与出口配额之和小于其生产量$(OD_1+D_2S_2<OS_1)$，国内市场供大于求，引起国内市场价格下降。如图 10.5 所示，国内市场价格从实行配额前的 P_0 下降为 P_1。

(2) 生产效应：国内市场价格下降为 P_1，生产者产量减少为 OS_2，比征税前减少了 S_2S_1。

(3) 消费效应：国内市场价格下降，消费量增加至 OD_2，比征税前增加了 D_1D_2。

(4) 社会福利效应：商品的国内市场价格下降使消费者剩余增加了$(a+b)$，生产者剩余减少了$(a+b+c+d+e)$。因此，社会净损失$(c+d+e)$，即$(a+b)-(a+b+c+d+e)=-(c+d+e)$，此处 c 称作配额租金。

由此可见，出口配额与出口关税对国内价格、生产、消费及消费者与生产者利益的影响是相似的，都会使得国内价格下降，供给量减少，消费量增加，生产者剩余减少和消费者剩余增加。可以说，两者在以上影响方面存在一种"等价"关系。但两者之间也有一个重大区别，那就是实行出口配额时，没有出口关税收入 c，但会产生一个相应的配额租金 c。

出口配额租金的归属取决于出口配额的发放方式：

(1) 免费发放给本国的一些出口商，则这些出口商将得到的配额租金 c，仍然是本国利益的一部分，本国的净福利损失将是$(d+e)$。

(2) 政府将出口配额拍卖，则在一个竞争性的拍卖市场上，购买者之间的竞价将使得这些出口配额的价格等于(或无限趋近于)租金 c，政府以拍卖收入的形式得到配额租金 c，本国的净福利损失同样是$(d+e)$，此时的净福利影响与出口关税相同。

(3) 出口商向政府申请得到出口配额，在申请过程中会产生一些申请、游说成本和资源浪费，所以出口商拿到配额后得到的净利益小于 c，社会净福利损失也将超过$(d+e)$，但仍小于$(c+d+e)$。

(4) 如果政府将出口配额免费发放给外国的进口商，则配额租金 c 就会被外国进口商得到，成为外国的利益，本国的净福利损失就是$(c+d+e)$。

10.2.3 出口行业的生产税

政府除了运用出口关税和出口配额的贸易政策限制出口，也可以通过向出口行业征收生产税的产业政策来限制出口。下面仍以小国为例，分析对出口行业征收生产税的经济效应。生产税与前面出口税的区别在于：

(1) 出口税是在销售阶段进行征收的，只针对出口数量部分而不针对内销部分；而生产税是在生产阶段征收的，无论生产的商品将来是出口还是内销。

(2) 出口税是一种贸易干预手段，会对已有的自由贸易状态产生扭曲作用，使得国内市场价格低于国际市场价格；但实行生产税的情形下，该国仍然是实行自由贸易政策的，国内市场价格仍等于国际市场价格。

(3) 在几何图形上看，出口税不会影响厂商的生产成本状况，从而不会影响供给曲线的位置；但生产税实际上会提高生产成本，使得供给曲线向左上方移动①，垂直向上移动的幅度等于生产税。

如图 10.6 所示，与以上分析的初始情况一样，S、D 分别表示国内供给、需求曲线，P_0 表示初始国际价格。当价格为 P_0 时，产量为 OS_1，国内需求量为 OD_1。现假设政府对每单位商品征收 t 生产税，则生产商实际得到的单位收益为 $P_1=P_0-t$。

---

① 同样的价格下，生产者愿意提供的数量减少；或者对于同样的供给量，生产者索取的价格更高。

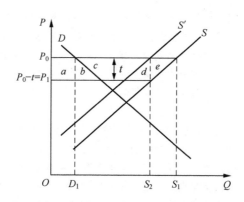

图 10.6 小国出口行业生产税的经济效应

(1) 价格效应：国内市场价格不受影响，仍是 P_0。

(2) 生产效应：在国际价格不变情况下，供给曲线向上平移至 S'，产量从 OS_1 减少到 OS_2，减少了 S_2S_1。

(3) 消费效应：国内市场价格不变，消费者的需求量也没发生变化，仍为 OD_1。

(4) 出口效应：因生产成本上升，出口量从 D_1S_1 减少至 D_1S_2，减少了 S_2S_1。

(5) 财政效应：政府因征收生产税而使财政收入增加 $(a+b+c+d)$。

(6) 社会福利效应：商品的国内市场价格不变从而消费者利益没有变动。生产商因被征生产税而实际得到的收益减少，其利益损失为 $(a+b+c+d+e)$，与实行出口关税和出口配额一样；对政府来说，财政收入的增加比征收出口关税时多，共有 $(a+b+c+d)$。社会净损失 $(c+d+e)$，即 $(a+b+c+d)-(a+b+c+d+e)=-e$。因此，产业政策使政府税收增加，商品生产和出口减少，社会利益损失，对消费者没有影响。从这里可以看出生产税与出口关税在福利效应上的区别，生产税只扭曲了生产，而出口税不仅扭曲了生产也扭曲了消费。

由以上分析可以看出，贸易小国无论采用什么政策，限制出口虽然可能使消费者和政府获利，但会损害生产者利益，社会净福利下降。如果是贸易大国，出口限制使出口减少，进而引起该产品的国际价格上涨，该国贸易条件改善(假设进口价格指数不变，仅考虑净贸易条件)并因此获得额外收益，整个社会的经济利益得失则取决于贸易条件改善的利益和生产、消费扭曲的损失的大小。也就是说，贸易大国出口限制产生的净福利损失将会小于贸易小国，甚至可能使社会福利净增加。

中华人民共和国《生物两用品及相关设备和技术出口管制清单》(修订)

2006 年 7 月 27 日，经国务院批准，商务部公布了经修订的《生物两用品及相关设备和技术出口管制清单》，并于 9 月 1 日起施行。产业司负责人介绍说，此次清单调整主要包括以下内容：

(1) 参照国际通行出口管制清单，增加了部分管制物质。新增了 8 种病毒、2 种毒素、2 种细菌及 1 种设备。

(2) 明确管制范围，增强管制力度。对原清单前言第四条进行明确，将经国家主管部门批准的动物用药产品列为非出口管制范围之列；将科萨努尔森林病毒、跳跃病病毒、墨累山谷脑炎病毒等 11 种致病剂从清单的第一部分移入第二部分，实行更为严格的管制；对第二部分设备清单中的 3 种设备进一步明确了管制范围。另外，新清单还参照国际通行出口管制清单，对原清单第一、二部分遗传物质和基因生物体、第二部分中的海蜗牛毒素以及截流过滤设备、防护和密闭设备、气溶胶吸入箱做了更为详细的解释，明确了管制范围。

(3) 结合中文习惯，校正相关称谓。

(4) 根据国情，新增部分管制内容。考虑到我国生物两用物项和技术现状，对未列入原管制清单，属于我国境内新发现、或生物学特征有明显改变的，可对人、动植物健康造成严重损害的病原体此次也列入控制之列。为此，在管制清单第二部分增加了 SARS 冠状病毒。

产业司负责人说，此次清单调整的基本原则是，根据国内外生物两用品及相关设备和技术出口管制形势的发展，结合《生物两用品及相关设备和技术出口管制条例》颁布实施以来的管理经验，在保持整体结构不变的情况下，对管制清单进行修改、补充和完善。在修订中，注意与国际通行出口管制清单接轨，同时，充分考虑我国生物两用品及相关设备和技术现状，增强管制清单的明确性和可操作性。

近年来，国际防扩散、反恐形势发生重大变化，防止大规模杀伤性武器及其运载工具扩散在国际政治与安全事务中的重要性凸显。防止大规模杀伤性武器及其运载工具是国际社会面临的共同任务。防扩散出口管制工作事关我国切身安全利益和国际形象，为适应国际防扩散和反恐需要，维护国家安全和社会公共利益，2002 年中国政府颁布实施了《生物两用品及相关设备和技术出口管制条例》及管制清单，对可用于发展生物武器的生物两用品及相关设备和技术实施出口管制。此次中国政府颁布经修订的《生物两用品及相关设备和技术出口管制清单》，是中国政府不断加强出口管制的又一重要举措。

企业应了解《生物两用品及相关设备和技术出口管制清单》修订背景及修订内容，以便按照《生物两用品及相关设备和技术出口管制清单》规定申报许可，依法开展对外贸易。

(资料来源：http://paper.people.com.cn/rmrb/html/2006-07/29/content_9872683.htm 资料整理。)

10.3 国际卡特尔

卡特尔(Cartel)通常是指竞争者之间限制竞争的协议、共谋做法或者安排，包括固定价格、操纵投标、建立出口限制或配额、分享或分割市场等行为。由来自两个以上国家的企业参与的卡特尔称为国际卡特尔(International Cartel)。作为国际贸易垄断组织，国际卡特尔有两种基本的组织结构：一种是出口卡特尔，即出口方或出口国组成的垄断组织；另一种是主要生产国与消费国结盟，如订立国际商品协定，对国际贸易做出某种安排，由于非协定国的市场地位较弱，客观上不得不接受协定的安排。

在经济全球化背景下，卡特尔发展的国际化趋势日益明显，数目众多、形态各异的国际卡特尔成为不可忽视的国际经济现象。从现有查处的有关国际卡特尔的案件情况来看，国际卡特尔呈现出如下现状：一是，涉及的产业范围广，截至目前美国司法部反托拉斯局从成功调查 20 起国际卡特尔案件中，起诉了超过 80 家公司和 60 个个人，涉及经济领域包括了诸如食品和饲料添加剂、化学制品、维生素、石墨电极、船舶制造和运输服务等多个行业。二是，平均存续时间均较长，其平均存活时间约为 5 年，大部分的存活时间都在 5 年以上，其中存在时间最短的只有两个月(轮渡运营者的跨海峡运输)，而时间最长的则长达 20 年(中西非海运卡特尔)。三是，影响范围广。国际卡特尔影响范围很广，不论从涉及产业还是存续时间上的广泛性，都决定了其对国际、美国、欧洲和发展中国家的经济贸易将存在不容忽视的影响。四是，市场控制力强，价格影响度高。除了影响波及世界多个国家，当代国际卡特尔对市场的控制程度和对价格的影响程度也相当大。国际卡特尔对市场的控制程度是很高的，一般都在50%以上，甚至在硅铁这一行业中，控制程度达到了100%。

卡特尔的组建需要具备以下条件：

(1) 卡特尔产品没有理想的替代产品，其需求弹性较低。
(2) 该产品的生产者较少，生产者越少，共同提价行动越易成功。
(3) 卡特尔组织没有潜在的生产者威胁，即主要生产者都愿意加入卡特尔。否则，非卡特尔成员可能低价销售以获取利润。
(4) 卡特尔成员在提价后必须遵守协议，不会私自违背提价承诺。
(5) 进口国难以组成有力的对抗组织。

卡特尔造成的危害包括微观和宏观两方面。从微观上看，卡特尔通过共谋或协议减少产出，并将价格提高到竞争水平以上，使消费者必须支付更高的价格，或者只能购买更少的卡特尔产品。此外，卡特尔还可能造成生产的产品(或服务)质量下降，无法承受的垄断高价使消费者被迫以更不合意的产品代替相同数量的本来想要的产品。从宏观上看，卡特尔通过不合理的方式获得市场支配权，剥夺了其他生产者和广大消费者的利益，同时也阻碍了卡特尔参与者自身的进取心和创造力，从而既损害了竞争机制，又抑制了经济的活力。而且，这种行为不能产生任何能证明其公平性的或者有任何补偿作用的利益。国际卡特尔通过垄断高价获取高额利润，但是却降低了世界福利水平。

对国际卡特尔所带来的垄断价格效应如下所示：如图10.7所示，D 是某商品的世界需求曲线，MC 是该商品的世界供给曲线，即各国生产商的边际成本的总和。在自由贸易条件下(完全竞争市场)，该产品的国际供求均衡点是 A，国际价格是 P_w，出口量是 OQ_1。MR 是该产品的边际收益曲线，在点 A，此产品的边际成本大于边际收益，即 $MC>MR$，生产者在此处不能获得最大化利润。这时，如果各国生产商组成国际卡特尔，可以通过其垄断地位将产量控制在 $MR=MC$ 的利润最大化水平上，即点 F。此时该产品的出口量是 OQ_2，价格相应地上升至 OP_1，国际卡特尔使垄断利润最大化，即 $EFBP_1$，其中 P_wP_1BC 是消费者因价格提高而多支付的金额。组成国际卡特尔后，产品出口量减少了 Q_2Q_1(从 OQ_1 减少至 OQ_2)，对于减少的这部分出口量，消费者愿意支付的价格高于生产者的生产成本，如果出口 Q_2Q_1 部分产量，则可提高世界福利。也就是说，国际卡特尔的垄断高价使世界福利损失了 △BFA。

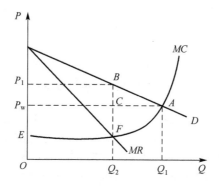

图10.7 国际卡特尔的垄断价格效应

但是，国际卡特尔的长期利润率会下降。这是由以下原因造成的：

(1) 长期内，进口国可以寻求替代产品、调整消费和生产结构，以减少对该产品的需求。

(2) 垄断价格也扩大了非卡特尔生产国的出口，使卡特尔提价余地相应缩小，垄断利润相应降低。

(3) 某些卡特尔成员国为了扩大自己的出口量，违反协定，破坏垄断价格以增加出口收入。

进入 21 世纪后。由于很多国际卡特尔在 20 世纪受到了严厉的制裁，同时也由于国际卡特尔内部的特性，尤其是隐蔽性，往往从表面上给人以某种错觉，似乎国际卡特尔很少见了。但实际上，国际卡特尔依然广泛地存在。当然，现在人们似乎感受不到卡特尔的存在的原因无外乎是：各国的反卡特尔立法的日益完善，使得国际卡特尔的行为更加谨慎，其隐密性更强了。

【参考图文】

卡特尔能够产生巨大损害是毋庸置疑的，但 OECD 通过调查发现，对卡特尔所产生的巨大损害进行量化计算却尤为困难。尽管如此，各国政府也必然是需要对卡特尔产生损害的范围进行广泛了解，才能对这种行为使用适当的制裁办法。这是由于：首先，最主要的是需要告知消费者和决策者打击这种行为的重要性。只有对卡特尔造成的危害和损失有一个基本而且是科学的计算和评估，才能让消费者、立法者、决策者认识到打击和遏制卡特尔的紧迫性、必要性。其次，计算损害还是为了向遭受这种非法协议影响的消费者进行补偿。从法律意义上分析，卡特尔属于一种侵权行为，对遭受侵权行为的受害人的补偿通常应当以其受到的实际损失为限。此外，只有理解卡特尔产生损害的范围，政府才能对这种行为使用适当的制裁办法。

我国是一个发展中国家，对于我国的经济发展来说，有效地进行反垄断规制具有重要意义。国际卡特尔组织作为一种逐利性的经济组织，其主要通过价格联合或者是提高市场进入条件而保证其高额利润和获取，这样一种国际经济组织的行为将大大影响和限制我国经济的发展和壮大。从较早的柠檬酸卡特尔对我国柠檬酸生产企业的限制到石墨电极卡特尔的案例，再到国际啤酒饮料乃至于日用品公司对我国市场的侵占和瓜分，以及国际铁矿石联盟对我国钢铁生产企业的原料限制等，国际卡特尔行为已经直接影响了我国经济的发展。我们必须积极通过反垄断立法对其进行法律规制，以及利用各种机会进行反制。

专栏 10-5

OPEC：卡特尔的兴衰

世界上最著名的卡特尔——OPEC 成立于 1960 年，由五个主要的石油出口国组成：沙特阿拉伯、伊朗、伊拉克、科威特和委内瑞拉，该组织确定的主要目标是协调并统一各成员国的石油政策以及采取措施确保价格稳定、消除有害而又不必要的价格波动。

OPEC 创建之时，秉持着一个非常正当的动机——石油价格应该由拥有石油的发展中国家来决定，而不是由开采它的外国公司来决定，这是整个世界非殖民化的一部分。但是，在夺得了定价权之后，OPEC 很快就开始滥用其权力了。在这方面，最突出的一次状况发生在 1973 年，OPEC 成员国利用油价将整个世界都拖到了中东冲突的漩涡中。其关键在于，OPEC 原则上协调生产，以确保成员国的收入最大化，其实质是利用"看得见的手"蓄意共谋破坏竞争。为此全球经济这一看不见的手迅速开始做出回应。首先，猛涨的油价使得大家开始注重更小的车型、更小的引擎、更有效率的电厂、更节能的建筑，这些变化大大削弱了市场对石油的需求，进而也压低了价格。对此，OPEC 的做法是让石油大量涌入市场，希望造成新的刺激，以更低廉的价格来诱惑世界放弃新做法和新标准。最后的结果当然是徒劳无功的，经济的铁律是谁都无法颠覆的。

然而遗憾的是，他们并没有意识到问题的严重，对于工业化发展的时代潮流依然一片漠然，他们从来都不曾有过仿效那些亚洲后起之秀，用石油换来的资金改造社会的想法。在 OPEC 看来，亚洲经济的新发展，唯一的意义就在于对石油的需求再度猛增。委内瑞拉作为 OPEC 的创始国之一，对石油的长期过度依赖给经济带来了巨大的消极影响，现在这个国家已经变成了充斥着通货膨胀、供应短缺、移民和街头暴力等各种问题的火药桶。

虽然，没有迹象显示 OPEC 已经认识到了问题的严重性而准备致力于改善民生，不过，确实有迹象显示，他们已经发现了博弈的环境正在发生变化。30 年前，当 OPEC 拥有全球 2/3 的已知石油储量时，他们可以恣意向市场施压，敲诈各国政府。但是现在他们控制的石油，比例已经缩小到了 2/3，于是，一切也就自然变得有所不同了。对于 OPEC 来说，更为糟糕的是，他们对石油出口比例的降低不仅仅是因为如挪威等地新发现的原油储量，更是因为新技术的兴起——页岩开采技术的完善，使得美国走上了净出口国的道路，而且再过若干年，中国也可能会走上同一条路。OPEC 最初想要挑战的供求原则现在正在获得最后的胜利。供应者有意遏制竞争，造成短缺，而其结果却是引来了新的竞争者，形成了供应过剩。页岩油的生产是 OPEC 无法通过价格操控阻止的。

曾经在他们控制的市场份额两倍于今天的日子里，这个卡特尔也曾在发达国家削减需求、增大探勘力度的努力面前败下阵来。而现在，他们的市场份额严重缩水、工业化国家还在开发替代性能源，等等，此类现象使得 OPEC 已经丧失了让市场听从自己命令的能力。希望在他们最终接受无法再操控市场的现实之后，可以放弃经济幻想，进行道德反省，面对社会问题——不再总是想石油可以为他们做什么，而是开始思考他们能够为人民做什么。

(资料来源：阿萨埃尔(AMOTZ ASA-EL)评论文章《OPEC 已丧失了操控市场的能力，解体是迟早的事》，凤凰财经网，2014 年 12 月 16 日，根据有关内容整理。

10.4 贸易制裁

贸易制裁(Trade Sanctions)是经济制裁的一种基本形式，主要指通过限制进出口贸易迫使被制裁国或地区(目标国)改变其不利于制裁国利益的某些行为，满足制裁国政府或国内利益集团的政治、经济要求等目标。它可以是单一国家的政府行为，也可以是某些国家集团或国际组织的行为。贸易制裁作为一种限制性经济行为，最初是一国达到其政治、军事目标的手段之一，如美国在 20 世纪五六十年代对中国的经济封锁，90 年代对伊拉克、海地和南斯拉夫联盟共和国的贸易禁运等。作为一种以强制性和惩罚性为特点的对外政策手段，贸易制裁具有鲜明的政治属性。随着贸易自由化的发展及国家间利益分配冲突的升级，贸易制裁的经济属性日益明显，如美国近年来对中国纺织品的限制及中美关于知识产权问题的纠纷。伴随着国际经济关系的普及和全球化进程的加速，贸易制裁成为一种维护国家安全和利益的重要手段，对国际关系中的各种行为体都可能产生直接或间接的重要影响。本节主要分析贸易制裁对各涉及方的经济利益变动，研究影响贸易制裁成功与否的因素。

专栏 10-6

美国维持对中国油井管贸易制裁

最近中国与美国的贸易摩擦明显增多，美国发起了针对中国产品的一些列的"反倾销"和"反补贴"调查，采取严格的措施限制中国向美国的出口。这些产品包括电视、礼物装和包装丝带、汽车轮胎、无缝钢管、光伏产品等产品。欧盟、阿根廷等国紧随美国之后对中国的这些部分产品采取惩罚措施限制中国的出口。中国在反对这些贸易制裁措施时，却显得非常不力，因为美国对中国的进口采取的贸易制裁措施是按照美国的国内贸易法律，而不是按照WTO的规定来进行的，所以中国到WTO上告无门，经常处于一个被动挨打的地位。

美国国际贸易委员会2015年4月28日作出日落复审裁定，继续对从中国进口的油井管征收反倾销税和反补贴税（"双反"关税）。美国国际贸易委员会当天发表声明说，该委员会认为取消针对上述从中国进口产品的"双反"关税，可能导致在可预见的时间内再度对美国相关产业造成实质性损害。根据美国贸易救济政策程序，由于美国商务部此前已作出日落复审的肯定性裁定，美国国际贸易委员会当天的裁定表明，美国将对从中国进口的上述产品继续征收反倾销税，税率分为32.07%和99.14%两档，反补贴税率从20.9%至26.19%不等。

（资料来源：财经网，www.caixin.com/2015-04-29/100804677．）

10.4.1 贸易制裁的经济效应

贸易制裁的涉及方有制裁国、被制裁国及非制裁国（即不参与对被制裁国的贸易制裁并与其有贸易往来的第三方国家）。贸易制裁通过限制目标国的对外贸易、破坏其贸易模式实现制裁目的，其作用方式是使被制裁国失去出口市场，被迫压低出口商品的价格，或是无法进口其需要的关键商品。相应来说，贸易制裁主要有出口禁运和进口抵制两种形式，即禁止向被制裁国出口商品，或禁止从被制裁国进口商品。下面分别对其进行分析。

1. 出口禁运

如图10.8所示，我们假设A国是制裁国，B国是被制裁国，C国是非制裁国（不参与制裁）。在A国、C国的市场图中，S、D分别表示本国某产品的供给和需求曲线。在B国图中，D表示B国对该产品的进口需求曲线，S_A+S_C表示外国对B国的出口供给曲线。在无贸易制裁情况下，A、C两国都向B国出口该产品，B国市场上的总供给曲线是S_A+S_C，供求均衡时的价格是P_0。在此价格下，A、C两国分别向B国出口Q_1、Q_2单位产品，合计为Q_3（$Q_3=Q_1+Q_2$）。A、C两国对B国出口分别获得a、b的利益。

现假设A国对B国实行贸易制裁，即不再向B国出口，外国产品对B国的供给减少了，表现为外国产品的供给曲线从S_A+S_C移至S_C。进口供给的下降使B国的该进口品价格上升至P_1，消费量减少至OQ_5。在P_1价格下，C国的出口增加，由原来的Q_2增至Q_4。尽管A国对B国的出口禁运使B国失去了A国的进口来源，但却刺激了C国对B国的出口。在此贸易制裁中，各国的经济利益发生了变化。被制裁国B国受到一定打击，其消费者剩余减少了（$c+d$）；制裁国A国也付出了一定代价，失去了B国的出口市场，其损失为a；非制裁国 C 国却从中获益，不仅对 B 国的出口量扩大，出口价格也提高了，因此收益增加了 c。从整个世界福利看，出口禁运使净福利损失了 $(a+d)$，其中既有制裁国的损失，也有被制裁国的损失。除了这些直接损失，出口禁运还会造成一些间接的负面影响。例如，即使制裁国解除对被制裁国的出口禁运，也很难再恢复其在被制裁国的市场份额。被制裁国也会引以为戒，未雨绸缪，降低对制裁国的产品依赖程度，以防其再发动贸易制裁。

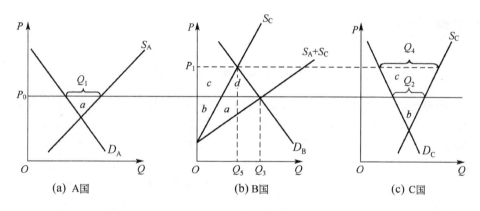

图 10.8　出口禁运的经济效应

2. 进口抵制

下面分析 A 国对 B 国采取进口抵制的方式进行贸易制裁。如图 10.9 所示，与以上分析类似，现假设 A 国对 B 国进行贸易制裁，只不过这次采取进口抵制的方式。在 B 国，S 是其国内供给曲线，D_C 是 C 国对 B 国的进口需求曲线，D_A+D_C 是 A、C 两国对 B 国的进口需求之和。在制裁前，A、C 两国都从 B 国进口某产品，进口量分别为 Q_1、Q_2，价格为 P_0，表现在 B 国市场上，即 $Q_3=Q_1+Q_2$。A 国抵制 B 国产品进口后，A 国停止从 B 国进口，而 C 国继续从 B 国进口，则对 B 国产品的进口需求曲线由制裁前的 D_A+D_C 移至 D_C，从而引起 B 国出口价格降低（从 P_0 下降为 P_1），出口量减少（从 OQ_3 减少为 OQ_5）。B 国出口价格的降低引发 C 国进口量的增加，从 Q_2 增至 Q_4。在这次进口抵制中，各国的经济利益得失也发生了不同的变化。B 国由于受到制裁，其出口商品价格下跌，出口量减少，生产者剩余减少了 $(c+d)$；A 国停止从 B 国进口，使其遭受 a 的损失；非制裁国 C 国从制裁中受益，以低价进口了更多的产品，获得 c 的利益。整个世界的福利净损失为 $(a+d)$。

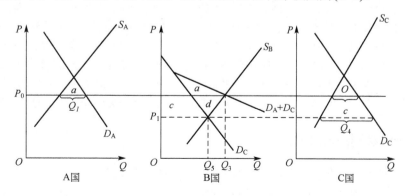

图 10.9　进口抵制的经济效应

从出口禁运和进口抵制的经济效应分析来看，制裁国和被制裁国都因贸易制裁蒙受损失，但是没有参与贸易制裁的国家却可以坐收渔人之利。

除此之外，一国政府还常常采用政治强制等手段，对他国实施经济制裁，一般涉及财政、金融、贸易等领域。

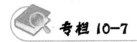

从"广场协议"看人民币升值

20 世纪 80 年代初期，美国财政赤字剧增，对外贸易逆差大幅增长。美国希望通过美元贬值来增加产品的出口竞争力，以改善美国国际收支不平衡状况。1985 年 9 月，美国、日本、联邦德国、法国以及英国(G5)的相关领导人在纽约广场饭店举行会议，达成五国政府联合干预外汇市场，诱导美元对主要货币的汇率有秩序地贬值，以解决美国巨额贸易赤字问题的协议，称为"广场协议"。"广场协议"签订后，上述五国开始联合干预外汇市场，在国际外汇市场大量抛售美元，继而形成市场投资者的抛售狂潮，导致美元持续大幅度贬值。在不到三年的时间里，美元对日元贬值了 50%，日本取代美国成为世界上最大的债权国。

在"广场协议"签订后的 10 年间，日元的大规模升值无异于给国际资本投资日本的股市和房市一个稳赚不赔的保险。"广场协议"后近 5 年时间里，日本股价每年以 30%、地价每年以 15%的幅度增长，而同期日本名义 GDP 的年增幅只有 5%左右。泡沫经济离实体经济越来越远，虽然当时日本人均 GNP 超过美国，但国内高昂的房价使得拥有自己的住房变成普通日本国民遥不可及的事情。1989 年，日本政府开始施行紧缩的货币政策，虽然戳破了泡沫经济，但股价和地价短期内下跌 50%左右，银行形成大量坏账，日本经济进入十几年的衰退期。

1987 年 G5 国家再度在法国罗浮宫聚会，检讨"广场协议"签订以来对美元不正常贬值对国际经济环境的影响，以及以汇率调整来降低美国贸易赤字的优劣性，结果发现在此期间美国出口贸易并没有成长，而美国经济问题的症结在于国内巨大的财政赤字。于是"罗浮宫协议"要美国不再强迫日元与马克升值，改以降低政府预算等国内经济政策来挽救美国经济。也就是说，"广场协议"并没有找到当时美国经济疲软的症结，而日元与马克升值对其经济疲软的状况根本于事无补。美元贬值对缓和美国贸易收支失衡问题之所以无效，是因为美国的贸易收支失衡的根本原因不在汇率，而在美国经济的内部失衡即长期存在且持续扩大的储蓄——投资缺口。

反观现今的中国，近年来，由于中国对美国贸易顺差的快速扩张，中国已经成为当代美国要"治理"贸易逆差问题的主要对象。事实上，自 2005 年 7 月人民币汇率改革以来，人民币对美元已经持续升值。国内对人民币升值将造成的影响的讨论一浪高过一浪，但大多数观点都集中在关注人民币升值对进出口的影响，也就是人民币升值对贸易收支的影响。日本的教训告诉我们，一国货币过度升值造成的负面影响，不仅仅是贸易收支，而是经济泡沫(如股市泡沫和房地产泡沫)的累积和破灭。因此，对于不可逆转的人民币升值，我们不应该仅仅只关注它对进出口的影响，而应该是由于人民币升值所引起的经济过热和泡沫膨胀问题。

(资料来源：李石凯. "广场协议"后的美元/日元汇率与美日双边贸易失衡. 现代日本经济, 2007(4): 27-32.)

10.4.2 影响贸易制裁成败的因素

贸易制裁是不是都能满足制裁国的初衷？是不是都能达到被制裁国蒙受损失、制裁国的政治或经济利益得以维护的制裁目的？答案是否定的。虽然被制裁国在经济上蒙受不同程度的损失,但是制裁可能唤起被制裁国的经济自立意识,通过自主创新实现其产业结构多样化,发展进口替代产业,进而减少对制裁国的市场依赖。那么从较长时期来看,制裁国就不能真正打击被制裁国的经济或政治利益。

由于贸易制裁是人为地限制自由贸易和资本的自由流动来实现其政治等目标,这一途径是间接的,因此制裁目的能否真正实现取决于许多现实因素:

(1) 目标国对该产品贸易的依赖程度。该产品贸易在目标国经济中的重要性越强,制裁越有可能成功;有些自然资源、生活必需品对某些国家来说特别重要,如石油对日本就特别重要;生活必需品的需求价格弹性较小,其需求带有"刚性"特征,对生活必需品的出口禁运作用较大,但对奢侈品实行出口禁运的作用就不大。

(2) 目标国的贸易依存度。目标国的贸易依存度越高,其经济自给能力越低,对外贸易的供求弹性越低,对其制裁的成功率越高;反之,对于一些产业体系较完备大国来说,由于自给自足能力强,回旋余地大,对它们进行贸易制裁就不太可能成功。

【参考视频】

(3) 制裁的组织性。制裁的组织性越强,发动制裁的国家范围越广,制裁的成效越大。因为一旦被国家集体制裁,该国很难找到同盟来扩展其贸易活动,其面对的市场范围极小。不过,由于各国间政治、文化、历史等方面的差异,集体制裁的成本也很高。

(4) 制裁的时间。一般来说,商品供求的短期弹性较低,时间越短,目标国越没有时间调整其产业结构,越难找到替代品,制裁越易成功。

美国对华贸易制裁损人不利己

布什政府 2007 年 3 月 30 日声称,将改变 20 多年来美国奉行的政策,转而对中国制造的一些商品征收高额关税,原因是中国正在向一些出口商非法提供补贴。时任美国商务部长古铁雷斯 3 月 30 日宣布,将对中国适用反补贴法,开征惩罚性关税,中国铜版纸产品将面临美国反补贴税制裁。这是美国首次对从所谓的"非市场经济国家"进口的商品实施反补贴税,为美国贸易制裁中国打开新一扇大门。

在中美经贸关系问题上,两国业内人士比较一致的看法是双方"和则两利,斗则两伤"。美国大豆协会负责人斯蒂芬·琴斯基在接受新华社记者采访时表示,该协会反对动辄对中国产品进行制裁,因为这将加剧双方在贸易问题上的对抗,对双方都没有好处。他表示,美中双方需要从大局出发,以开放的态度,通过对话妥善处理经贸纠纷。

扩大对华制裁,贸然触发中美贸易战的风险,固然能够打击中国经济,美国经济亦将受挫。美国对华贸易政策的转变,首先受到危害的是美国金融业,当天华尔街股市出现了震荡,美元和美股双双下挫。有人说,对中国的纸业公司征收惩罚性关税会使美国消费者的支出增加。负责在美国销售中国纸的一家公司的总裁汤姆·文代蒂说:"我们从消费者那里听到的说法是,因为美国纸的价格过高,他们别无选择,只能购买国外生产的纸。"

美国一些业内人士认为,布什政府此举背后政治动机明显,一方面希望中国在贸易问题上做出让步,另一方面以在中国问题上的强硬态度换取国会在其他诸如伊拉克问题上的让步。鉴于中美第二轮战略经济对话即将于2007年5月在华盛顿举行,布什政府此举无疑为其知识产权、人民币升值等要价增加了谈判筹码。

20世纪五六十年代,美国曾对中国实行经济封锁,时隔多年,美国如今对华贸易制裁已难如数年前般驾驭自如,中国既非再任其鱼肉,中美经贸又有"城门失火,殃及池鱼"的关系。美国冒进的贸易制裁措施,只会引来反噬。从长远看,美国政府对华商品征收惩罚性关税的做法并不明智。

(资料来源:环球资讯网, http://www.snweb.com/gb/xxdk/2003/46/a4601041.htm)

本 章 小 结

本章分析了出口鼓励和出口限制的主要措施及其经济效应。为了发挥出口对经济增长的拉动作用,各国采取各式各样的鼓励措施,但其绩效欠佳,反而可能使社会福利产生净损失(尤其是贸易小国)。除了出口鼓励,一国对出口贸易的管理还包括出口限制措施,限制出口的商品一般是国内紧缺的战略性物资或稀缺性资源。出口限制尽管实现了政府的某种政治或经济目标,但却造成社会福利水平下降(尤其是贸易小国)。因此,一国的出口管理政策是有限度的。随着贸易自由化的加深及各国经贸联系的深化,各国生产商可能组建国际卡特尔来获取高额垄断利润,进而引起世界福利水平下降。贸易制裁是比出口限制更严厉的贸易管制措施,但因其"双败"性,成功率往往不高。

关键术语

出口补贴、价格支持、商品倾销、外汇倾销、出口信贷、出口信贷国家担保制、经济特区、自由贸易区、出口加工区、保税区、自由边境区、科学工业园区、出口管制、出口关税、出口配额、国际卡特尔、贸易制裁、出口禁运、进口抵制

拓展阅读

[美] 巴里·艾肯格林. 全球失衡与布雷顿森林的教训. 张群群,译. 大连:东北财经大学出版社,2013.

[美] 彼得·林德特,金德尔伯格. 国际经济学. 上海:上海译文出版社,1984.

[美] 罗伯特·芬斯特拉,魏尚进. 全球贸易中的中国角色. 鞠建东,余淼杰,译. 北京:北京大学出版社,2013.

[美] 迈克尔·波特,日本还有竞争力吗?. 陈小悦,译. 北京:中信出版社,2002.

[美] 格罗斯曼,[以] 赫尔普曼. 全球经济中的创新与增长. 北京:中国人民大学出版社,2003.

[美] 克鲁格曼等. 空间经济学:城市区域与国际贸易. 北京:中国人民大学出版社,2005.

李群. 管理贸易论:兼论经济转型期的中国外贸政策调整. 北京:人民出版社,2004.

林毅夫，等. 中国的奇迹：发展战略与经济改革(增订版). 上海：上海三联出版社，2002.
林毅夫. 经济发展与转型：思潮、战略与自生能力. 北京：北京大学出版社，2008.
盛斌. 中国对外贸易政策的政治经济分析. 上海：上海三联书店，上海人民出版社，2002.
石广生. 中国对外经济贸易改革和发展史. 北京：人民出版社，2013.
郑桂环. 中国进出口贸易分析与预测. 北京：科学出版社，2010.

复习思考题

1. 世界各国鼓励出口的措施主要有哪些？
2. 试析贸易小国和大国实施出口补贴的经济效应。
3. 一国为什么要实行出口管制？
4. 出口管制的措施有哪些？并分析其经济效应。
5. 国际卡特尔的垄断利润能持久吗？
6. 分析贸易制裁的利弊得失。
7. 案例分析。

2008年4月10日，人民币对美元汇率首度破"7"，也就是1美元兑换6.992元人民币，迈入"6"元时代。2011年1月13日，人民币对美元汇率跌破6.6大关，2014年3月20日，人民币对美元汇率又进一步跌破6.2。进入2015年由于美联储加息预期降温，人民币兑美元汇率重回强势。人民币兑美元汇率中间价于2015年10月12日报于6.340 6，自9月25日以来人民币中间价已经连续第七个交易日上调，累计上调达379个基点，在岸人民币与离岸人民币更是双双大涨，尤其是在国庆长假结束后的首个交易日，中间价由6.361 3大幅上调108个基点至6.350 5，推动了人民币对美元中间价自2015年8月11日人民币兑美元汇率大幅下调以来首次重回"6.34"时代。

问题：分析人民币汇率变动对中国经济发展和社会稳定的影响。

8. 案例分析。

2007年6月19日，美国商务部正式公布了《对中华人民共和国出口和再出口管制政策的修改和阐释；新的经验证最终用户制度；进口证明与中国最终用户说明要求的修改》，并于当日生效。这意味着酝酿多时的美国对华出口管制新政策正式出台，然而，其中只有程序上的变化，而无实质性的放松，有的方面甚至是变本加厉的。

这个新规定新增了31项对华军事用途出口时需申请许可证的物项，包括航空发动机、飞机、水底照相机、激光器、贫铀、机床、高性能计算机等20大类中的部分产品。

新规定要求，凡是总价值超过5万美元、需申请许可证的对华出口物项，不论出于何种管制原因(此前仅限于美国家安全原因)，均需获取中国商务部出具的《最终用户和最终用途说明》，只有高性能计算机和高端红外热像仪除外。

新规定最大的"亮点"，就是新设立的所谓"经验证最终用户"授权(VEU)制度。美国出口商向获得VEU的中国最终用户出口符合条件的产品可以免于申请出口许可证。

VEU申请程序主要为：美国出口商、再出口商或中国最终用户提出书面申请，美国政府最终用户审查委员会在收到申请的30天内决定是否批准，主要的考虑因素包括最终用户完全从事民用用途活动的记录、遵守美国出口管制规定、同意美国政府官员进行现场审阅、与美国及其他国外公司的关系等。

由于美国实行严格的出口管制，2006年中国进口机床总额为72.4亿美元，其中从美国的进口仅占8%；集成电路进口总额为1 056亿美元，其中从美国进口为63亿美元，仅占6%；半导体材料及器件进口总额约160亿美元，其中从美国进口不足3%。

2006年，中国高技术产品进口年均增长31%，而同期中国从美国进口的高技术产品占同类进口的比重由18.3%下降到9.1%。

2007年美国出台的新规定又增加了31项对华出口需申请许可证的物项，扩大了许可证商品范围，进一步加大了企业的经营成本和风险，打击了两国企业开展高技术贸易的信心，影响了中美高技术贸易的顺利发展。

对于中国企业而言，从美国进口这类产品费尽周折，因此越来越不愿与美国的生产商做生意。上海SMIC公司驻美国硅谷的代表说，他们公司如果从欧洲进口半导体产品，两个星期就能到货，如果从日本进口，则需两个月，但要从美国进货，半年都不一定能到货。

更为重要的是，这种管制政策，部分造成了目前中美贸易的不平衡。这种不平衡不仅是经济全球化带来的国际产业分工与结构调整的结果，也是美国经济政策特别是对华实行严格出口管制的必然产物。

(资料来源：《环球》杂志驻华盛顿记者杨晴川：《解读美欧对华出口管制"黑名单"》，2008.6.19；http://www.foods1.com/content/500498/.)

问题：分析造成中美贸易不平衡问题的原因。

9. 案例分析。

我们通常把"敌人"看成是某个国家或国家集团。然而，中国的敌人并非美国人民，更不是英国或其他国家的大多数人。中国真正的敌人绝非等闲之辈，他们人数不多但关系极为密切，还有培植多年的御用智库和财经团队随时听令。过去几十年，这些人已经实际控制了美国政府的核心部门，如财政部、国防部、农业部以及国务院等诸多机构。

这个利益集团用一个老一点的词汇形容就是"寡头"。他们的实力来自于手中的150家跨国公司，这些公司控制着世界经济的命脉。过去几十年里，这个资本的力量很大程度上控制了美国的经济和政治，实际控制了美国政府的核心部分，将美国经济引到了一条不健康的道路，最后陷入史无前例的金融危机和失控的债务陷阱。美国目前的经济、金融环境是一战以来最不稳定的，这是理解美国当前对外政策、奥巴马重返亚太战略和加强针对中国军事部署的背景。这种做法是危险的，将危害中国发展和世界和平。同样，这种做法也将损害美国人民的利益。这150家大公司构成了全球私人权力联盟，其实力令人生畏，但舵手却屈指可数，究其理念，均来自鸦片战争时期的荷兰东印度公司及英国东印度公司，其核心的核心就是对美欧金融机构的掌控。

控制美联储、美国财政部、英格兰银行、欧洲央行货币政策的有下列大牌机构：美国的资本集团公司、美商道富银行、先锋集团、摩根大通、高盛、美林、摩根士丹利、美国银行、沃尔顿企业(沃尔玛为其旗下公司)；英国的巴克莱银行、法通保险；法国的保险巨头安盛、法国兴业银行；还有瑞银集团、瑞士信贷、三菱日联金融等。

中国加入WTO之后，美国从自身的利益出发，计划用投资把中国变成世界出口基地，目的是利用其廉价劳动力降低从汽车到苹果手机等欧美商品的成本。中国虽名为出口大国，但获利甚微，相比之下，大笔的黄金白银却滚滚流向了美国。

这种情形延续到2005年，中国经济一直沿着美国倡导的"自由市场"的模式发展，因而并未被美国视为威胁，但随着经济规模扩大，对原油、铁矿石、铜等原材料的需求与日俱增，中国开始采取更为大胆和有效的对外经济政策，足迹遍布非洲、中东乃至全球各个角落，原本只被视为沃尔玛等美国跨国公司廉价劳动力来源的中国，却在不知不觉中对美国未来的霸权地位构成威胁，尤其是在非洲、亚洲和富产石油的中东地区。

也正是从2005年开始，华盛顿用"慢火煮青蛙"的策略来对付中国，并且逐渐把火调大，妄图重创直至扼杀中国。为此，已成为世界第二大经济体的中国也制定了应对的策略。2012年11月20日，第21

届东盟峰会在柬埔寨金边举行,但这场盛会几乎遭到西方媒体的全面禁播。在峰会上,中国、东盟成员国以及日本、印度、韩国、澳大利亚和新西兰领导人发表开启区域全面经济伙伴关系谈判的联合声明,为推动《自由贸易协定》(FTA)下的贸易和投资铺平道路。

这届峰会标志着区域全面经济伙伴关系(RCEP)谈判的正式启动。从许多方面来讲,全面经济伙伴关系的创立是地缘政治的一大步,尤其重要的是,这是第一个未邀请美国参加的主要国际贸易区。区域全面经济伙伴关系建立后,区域内可能形成最大的单一市场,远远超过美国和欧盟的传统市场。

如今全球卡特尔联盟穷途末路,新的世界格局尚未成型。中国及其各阶层精英必须意识到美国和西方全球主义权力掮客在未来计划上存在严重分歧。如果中国及其东盟和欧亚盟国(主要是俄罗斯、印度和日本)悄然、慎重地研究出帮助美国利益群体走出危机的积极道路,则中国和全世界可避免欧美全球卡特尔联盟为保护其垂死霸权主义而有可能引发的第三次世界大战。

(资料来源:威廉·恩道尔. 全球卡特尔联盟:中国真正的敌人. 报刊荟萃·非常关注(时政军事), 2014(1).)

问题:如果中国真正的敌人是国际卡特尔,那我们应该如何应对?

第 11 章 区域经济一体化与国际贸易

教学目标

通过学习本章,明确区域经济一体化的内涵和主要形式,重点掌握区域经济一体化的效应,熟悉世界主要区域性经济集团发展动态,引导学生探讨区域经济一体化与全球经济一体化的关系。

教学要求

知识要点	能力要求	相关知识
区域经济一体化的概念及形式	掌握区域经济一体化的概念,熟悉区域经济一体化的主要形式	静态和动态的一体化以及功能性和制度性的一体化;优惠贸易安排、自由贸易区与原产地原则、关税同盟、共同市场、经济同盟、完全的经济一体化
区域经济一体化的理论基础	掌握关税同盟理论中的静态效应和动态效应产生的机制和原理,能够用其解释现实中一些区域经济一体化现象产生的原因;熟悉大市场理论和协议性国际分工原理、适用条件、评价	关税同盟静态效应:基本模型、贸易创造效应、贸易转移效应;动态效应:实现规模经济效应、促进竞争效应、加速资本聚集效应;大市场理论、协议性国际分工原理
全球主要的区域性经济集团	熟悉欧盟、北美自由贸易区、亚太经合组织、东亚区域经济一体化及中日韩自由贸易区的发展历程、特点及重要性,并且了解 FTA 形成的"意大利面碗效应"带来的区域主义	欧盟、北美自由贸易区的形成、建立的宗旨和成效,APEC 的发展历程、历届重要会议及议题、中国主张和倡议,中国—东盟自由贸易区、RCEP、10+X,中日韩自由贸易区
区域经济一体化与全球经济一体化的关系	利用自己所学,深入思考对区域经济一体化分别持肯定、否定两种不同态度的观点,得出自己的结论	在全球化问题上对区域经济一体化持积极态度的观点、对区域性经济集团持反对意见的观点

第 11 章　区域经济一体化与国际贸易

亚洲经济一体化"元年"，自由贸易区开建

2010年1月1日，这个日子对于亚洲经济一体化来说，不仅具有象征意义，更具有实质意义：这一天，中国和东盟自由贸易区正式建立。整个自贸区的国内生产总值达6万亿美元，贸易总额达4.5万亿美元，覆盖人口19亿，是由发展中国家组成的世界最大自由贸易区，经济规模仅次于欧盟和北美自由贸易区。

也是同一天，印度与东盟的自由贸易协定、印度与韩国的全面经济合作协定（韩国外交通商部长曾指出，此项贸易协定将远比单纯的"自由贸易协定"和普通的"地区经济一体化协定"内容更为丰富，关系更为紧密）均生效。此外，从同日起，东盟十国中的印度尼西亚、泰国、菲律宾、新加坡、马来西亚和文莱等六国相互取消关税。而且，韩国与东盟主要六个老成员国也将基于2007年生效的自由贸易协定，相互取消约80%贸易品的关税。如此，上述国家的32亿人民团结在亚洲经济一体化的旗帜之下。

按照一体化理论，区域一体化应该是循序渐进的，从优惠贸易安排、自由贸易区、关税同盟，再到共同市场、经济同盟、完全的经济一体化。

在现实中，亚洲的一体化与欧洲类似，也是从贸易与经济入手，逐渐向综合领域"溢出"。马来西亚总理马哈蒂尔在1990年底正式提议成立"东亚经济集团"。2000年的东盟与中日韩"10+3"领导人会议上，时任韩国总统金大中首次提出建立"东亚经济共同体"的主张。印度前总理瓦杰帕伊则最早提出"亚洲经济共同体"构想，其本质就是将印度也纳入"10+3"机制。2008年，时任澳大利亚总理陆克文提议，打造一个类似欧盟的"亚洲太平洋共同体"，将亚洲一体化的外延进一步扩大。

东亚地区堪称亚洲内部自由贸易区的先行者。1992年，东盟自由贸易区组建。1997年东南亚金融危机之后，东盟自由贸易区逐渐成为亚洲一个规范的次区域经济一体化组织。目前东亚已形成四种相互联系的区域一体化机制：东盟；"10+1"（东盟–中国、东盟–日本、东盟–韩国）；东亚三国（中日韩三国）；"10+3"（东盟与中日韩）。其中，"10+3"已成为通向东亚经济一体化的一条主要渠道。

从2008年起肆虐全球的经济危机给亚洲经济一体化提供了一个契机。这同1997年亚洲金融危机引领东亚经济合作的情况有类似之处；但是，此次亚洲各国加强区域合作、共度时艰的意识和决心明显加强。

全球经济危机特别促进了东亚经济一体化的开展。很长一段时期以来，东亚经济一体化一直存在一个重要缺陷，即东北亚与东南亚的"各自为政"：东南亚地区经济一体化发展速度快，在危机爆发时已进入制定"东盟共同体"路线图阶段，而东北亚地区一体化建设却一直进展不大；此外，东北亚和东南亚地区之间的经济合作与联系机制也非常薄弱。

出于共同应对全球经济危机的考虑，2008年12月13日，中日韩三国领导人在日本福冈举行会议，确立了三国伙伴关系，并将三国领导人单独举行会议机制化。这对东亚和东北亚经济一体化来说是一个具有里程碑意义的事件。

(资料来源：http://news.hexun.com/2010-04-08/123252742.html.)

思考：

为什么世界上的一些国家如此热衷于区域经济一体化？整合区域性组织比整合一国国内资源困难在于哪些方面？一体化整合的是什么？

11.1 区域经济一体化概述

11.1.1 区域经济一体化的内涵

第二次世界大战以后,许多国家开始投入到组建区域性经济集团的浪潮之中,相关理论研究也随之产生。20世纪50年代起,"一体化"一词开始在经济学领域中用于表示独立主权国家间的经济乃至政治方面的融合,要理解区域经济一体化的内涵,先要从经济一体化的含义说起。

1. 动态的一体化与静态的一体化

对于经济一体化(Economic Integration)的含义至今尚无统一定论,大体上,不同学者从动态和静态两个方面对其进行了解释。前者认为经济一体化是一个动态的过程,如国际经济学家平德参照《牛津字典》中"将部分合成一体即一体化"的解释,指出联盟是一种状态,而一体化是达到一种联盟状态的过程。进一步地讲,经济一体化就是要消除成员国经济部门间的歧视,形成、实施和协调共同政策以保证经济目标和福利得以实现的过程。后者则认为经济一体化是一种静止的状态,如德国自由主义学派学者 W. 洛普克认为:"一体化是这样一种局面,在此局面下,各国之间的贸易关系可以像在一个国家内部存在那样自由和有利可图[①]。"

【参考图文】

然而,还有的学者将两方面综合起来,从动静结合的角度给出经济一体化的定义,代表人物巴拉萨就认为经济一体化"既是一个过程,又是一种状态",就过程而言,它包括采取种种措施消除各国经济单位之间的歧视,具有动态性质;就状态而言,则表现为各国间各种形式差别的消失,具有静态性质。换言之,区域经济一体化就是一定区域内的各个国家对其本身的不同条例、规则等经济领域的内容按照事先预定的某种制度进行不断的联系和整合,其前提就是逐步削减和消除各种区域贸易自由化的壁垒,借以促进该区域经济向纵深方向发展,但发展的结果关乎一体化成员的差异性,包括经济发展水平、社会经济制度和分工的广度、深度等多方面。

2. 功能性一体化与制度性一体化

此外,对于经济一体化的职能问题,还存在着功能性一体化和制度性一体化两种观点。功能性一体化指在生产力发展的客观要求下地区间经济的自发融合,而制度性一体化是指不同国家间通过签订条约和协定,协调内部政策从而实现经济一体化。事实证明,二者是一体化的两个方面,相互联系,互为因果。功能性一体化是制度性一体化的内在依据,体现了一体化的实质意义;制度性一体化是功能性一体化的外在保障,体现了一体化的形态意义。当功能性一体化发展到一定程度时,必然要求制度性一体化给予其保障,它能够加深、加快功能性一体化的进程,进而又对制度性一体化提出了更高的要求,两者相互加深,相互促进,不断推动一体化向前发展。

---

① 张幼文,金芳. 世界经济学. 上海:立信会计出版社,2004.

综合上述观点，区域经济一体化是指两个或两个以上的独立主权国家通过一定的协议或承诺，实行或多或少的经济领域的融合的状态或过程，它以追求资源的最优化配置为根本出发点，以各国不断协调统一的制度政策为保障，以各成员国福利水平的不断提高为最终目标，在全球一体化的进程中不断发展着。可见，区域经济一体化是在制度安排下的经济合作与融合，是当今世界经济发展的主流，包括贸易、投资、金融等多种形式的区域经济合作，当前各种各样的区域贸易协定就是区域经济一体化的典型代表。

11.1.2 区域经济一体化的组织形式

区域经济一体化的组织形式较为常见的是基于欧盟等众多发达国家水平型一体化的不同发展阶段进行划分，从低级到高级依次可分为优惠贸易安排、自由贸易区、关税同盟、共同市场、经济同盟以及完全经济一体化等六种形式。然而，目前兴起的发达国家与发展中国家垂直型一体化的组织形式并不一定按照欧盟的发展进程前进，所以本章将从水平型和垂直型区域经济一体化组织形式进行分析，为后文的 TPP 等自由贸易协议的定位打好基础。

1. 水平型区域经济一体化组织形式

巴拉萨(1961)按照发达国家一体化程度的高低，主要考查"经济体之间是否取消贸易壁垒；产品和要素是否自由流动以及产业、金融及其他方面的关联度等多项指标"，将经济一体化的形式从低级到高级依次可分为优惠贸易安排、自由贸易区、关税同盟、共同市场、经济同盟以及完全的经济一体化等形式。

1) 优惠贸易安排

优惠贸易安排(Preferential Trade Arrangements)是一种较为松散的低级一体化形式，它是指不同国家间通过协议，相互间减少部分商品的关税或非关税壁垒。例如，1932 年的英联邦特惠制，是指英国和英联邦其他成员国(如加拿大、澳大利亚等)之间在贸易上相互提供的优惠待遇制度，目的在于阻止其他国家侵占英联邦市场，于 1973 年英国加入欧洲共同市场后逐步取消。欧洲共同体与非洲、加勒比海、太平洋国家于 1975 年签订的《洛美协定》则是优惠贸易安排的另一个例子，双方在经济合作中都给予了对方一定的优惠政策。由于成员间的结合以自愿、非强制性为基础，因此协定成员间的优惠随时有可能失效。

2) 自由贸易区

在自由贸易区(Free Trade Area)内，成员国约定相互间取消或分阶段取消绝大部分商品的关税和非关税壁垒，从而实现商品在区内的自由流动，但是对区外非成员国，各成员国保持它们各自独立的外贸政策。美国、加拿大、墨西哥三个国家组成的北美自由贸易区是最典型，也是最成功的一个自由贸易区案例，它于 1994 年正式启动，堪称世界上经济规模最大的自由贸易区。

在自由贸易区协议下，不得不提的是成员国间的原产地原则。由于各成员国对区外国家实行的关税政策各不相同，一些区外非成员国出口商就会选择先将产品出口到税率较低的成员国，然后再进入税率较高的成员国内，从而达到避税的目的。这会造成后种成员国家的关税损失，此时，原产地规则就显得十分必要了，它规定进口商品价值属出口成员国创造部分需达到一定百分比，否则该成员国在出口此种商品时不能享受优惠关税待遇。但是，随着国际贸易商品中深加工产品比重增加、国际分工的加深和国际投资规模的扩展，商品的原产地身份认证变得越发困难，再者，某些敏感产品上的原产地规定非常严格，要求商品价值的60%甚至75%来自成员国国内生产，显然，这是对区域贸易自由化的一种限制，在关税同盟中就不存在这种问题了。

3) 关税同盟

关税同盟(Customs Union)就是在满足自由贸易区的各项前提下，区域内成员对外实行统一的关税税率，在关税同盟协议下，成员国之间不仅实现了产品和服务的自由流动，还建立起了统一的对外关税政策制度。关税同盟比起前两种一体化形式有着质的飞跃，它需要成员国间协调统一有关经济政策，一体化组织的整体性在增强：开始作为一个一定程度上的经济整体在国际市场上出现并参与竞争，而各成员国作为一个独立国家的主权在削弱。德国统一以前，以普鲁士为首的各邦国于1834年建立的德意志关税同盟以及1992年以前的欧洲共同体都是关税同盟的典型例子。

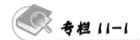

专栏 11-1

德国历史——德意志关税同盟

19世纪初，德国仍处于分裂和割据状态。在1815年新建立的德意志邦联内部，存在着各自为政的38个邦国，其中有10个是帝国城市。直到1834年，德国境内依然关卡林立，并存着多种商业法规、度量衡制度和几百种地方性货币。这严重地影响了国内市场的形成，阻碍了工商业的发展。

关税统一问题被提上了日程。拥有1 050万人口的最强大邦国普鲁士，当时积极促进关税的统一。在新兴资产阶级的推动下，普鲁士政府于1818年首先实行改革，在境内废除关卡，取消消费税和国内关税的征收，宣布商品流转自由。对进口工业品仅课征10%的从价税，同时允许原料免税输入。前者符合地主阶级的要求，但却违反资产阶级的利益，后者受到工业资本家欢迎，但引起了地主阶级的不满。双方围绕着税率问题进行着尖锐的斗争。

普鲁士废除内地关税对其他邦国有很大影响。在普鲁士带动下，北德6个邦国于1826年成立关税同盟，参加同盟的各邦国之间的关税取消了。1827年，南德两个大邦国巴伐利亚和符腾堡组成南德关税同盟，后来其他一些南德邦国也参加进来。1828年，汉诺威、萨克森、图林根各邦国和汉萨城市组成了对抗普鲁士的中德关税同盟。但在普鲁士的压力下，它于1831年瓦解了。

1833年，由普鲁士领导的德意志关税同盟终于诞生，参加的各邦国订立了为期8年的关税协定，协定自1834年1月1日起生效，以后每逢协定到期即再行延长。开始时，这一同盟联合了北德18个邦国，1835年巴登公国、拿骚公国和美因河畔法兰克福加入后，领土共计8.2万平方英里(超过当时德国领土2/3)，人口2 500万人。最终，仅剩汉诺威等一部分邦国未加入同盟。

(资料来源：http://tieba.baidu.com/f?kz=190148343.)

4) 共同市场

当各成员国实现了产品和劳务的自由流动、实行相同的对外关税政策后，又进一步推行劳动力、服务、资本等生产要素的自由流动，就表明它们在向共同市场(Common Market)这种区域经济一体化组织形式迈进，共同市场是关税同盟协议下各成员国经济整体性的进一步增强。欧盟堪称共同市场一个最成功的例子,它早在 1992 年年底就如期实现了成员国间生产要素的自由流通。此外,拉丁美洲的三个共同市场——安第斯共同体、南美共同市场以及中美洲共同市场也均属此类。

【参考图文】

为了实现生产要素的自由流动,共同市场要求各成员国在实行共同对外关税的基础上实现多种政策的进一步协调统一,如金融市场进一步自由化、统一资本流动的规章制度、实现欧共体内公民居住自由、实行统一的间接税制度等,此时各成员国要向一体化组织让渡更多的政策制定的权利,独立性进一步减弱。由于货币是生产要素流通的中介,为了保证各项有关生产要素自由流通的统一政策得以实施,各国开始采用统一的货币,这标志着共同市场开始向经济同盟过渡。

5) 经济同盟

经济同盟(Economic Union)又称经济与货币同盟,是指各成员国在实现商品自由流动、建立起统一的外贸政策、允许要素自由流动的基础上,进一步建立起统一的经济政策,并使用统一的货币以便于这些统一政策的实行。在经济同盟形式下,各国进一步让渡了制定宏观经济政策和对国内经济进行干预的权利,区域性经济组织的权力得到进一步集中和增强,区域一体化组织的整体性也得到进一步巩固。1991年年底,欧盟签订了《马斯特里赫特条约》,确立了实现经济和货币同盟的目标,也使得欧盟从共同市场迈向了经济同盟。

6) 完全的经济一体化

完全的经济一体化(Perfectly Economic Integration)是在经济同盟的基础上,各成员国进一步协调统一政治、法律制度等,形成一个超国家的管理机构,它是政治同盟的基础,也是区域经济一体化的最高级形式,它的出现也是由生产力发展与资源最优化配置的要求决定的。目前,欧盟这个世界上最成功的区域经济一体化组织正向着这个方向艰难努力着。

当然,完全的经济一体化并不是区域经济一体化的必然结果,各个区域经济组织也不必按照以上几种一体化形式逐次渐进而行,它们可以停留在某个阶段,也可以跳跃式前进,甚至历史上也不乏中途解约的案例。总之,各国往往是以其自身利益和发展为衡量标准,对一体化程度进行选择。

2. 垂直型区域经济一体化组织形式

由于发展中国家与发达国家的经济水平、规章制度、文化传统都存在巨大差异,因此对"异质"成员一体化的研究单纯用以往的一体化组织形式分类似乎并不合适,大多数发展中国家和发达国家进行的区域经济一体化协定初始阶段表现为贸易协定,即实现区域内的贸易自由化,下面将对贸易一体化的不同发展阶段予以介绍。

1) 次区域优惠贸易安排

次区域优惠贸易安排是贸易一体化进程的早期阶段,指所界定的范围内成员国为了实现完全贸易一体化与部分成员国进行早期协商,通过与之签订自由贸易协议进而减少未来进一步贸易自由化的障碍。例如,东亚一体化是大势所趋,如果界定东亚是贸易一体化的研究范围,那么目前东亚中的东盟自由贸易区、中国-东盟自由贸易区以及中、日、韩自由贸易区等均属于次区域优惠贸易安排的范畴。

2) 浅层次贸易一体化

浅层次贸易一体化是从合作分工视角对贸易一体化进行界定，指区域内各成员国根据各自的资源禀赋比较优势差异而进行垂直专业化分工，处于分工产业链低端的成员国通过增加贸易量获得收益只会导致利润空间越来越窄，而处于分工产业链两端的成员国则会通过创新等优势获得较高的收益，这种利润差会造成成员国贸易利得分配不均，成员国之间的协议越来越不稳定，特别可能因为分工的改变而终止发达国家和发展中国家的贸易协定。

3) 自由贸易区

自由贸易区是贸易一体化的主要表现形式，指区域内的成员国经过协商，规定区域内成员实现商品、服务的自由流动，成员国取消关税，对外各成员国则可以按照各自的需要制定不同的关税与非关税政策，其特点与水平型区域一体化的自由贸易区类似，这里不再赘述。

4) 关税同盟

这里提到的关税同盟本质上与水平型区域一体化的关税同盟内容相似，是比自由贸易区更高一级的组织形式，因为大多数垂直型区域经济一体化难以逾越自由贸易区阶段，所以在此不再赘述关税同盟相关内容。

总之，次区域优惠贸易安排、自由贸易区和关税同盟更多地体现为一种基于制度协调的区域贸易协定；而浅层次贸易一体化更多地表现为一种专业化分工基础上的区域生产网络。例如，TPP 就是处于垂直区域经济一体化的自由贸易区阶段，由发达国家和发展中国家共同缔结的区域贸易协定，未来有望向投资与服务自由化更高阶段发展，但短期内 TPP 就是典型的自由贸易区代表。

专栏 11-2

综合性、高门槛、高质量的自由贸易协定——TPP

《跨太平洋伙伴关系协定》的英文缩写为 TPP，其前身为新西兰、新加坡、文莱和智利四国在 2005 年 5 月发起的《跨太平洋战略经济伙伴关系协定》，2006~2009 年协议分别对四国正式生效，由于四国地域跨度大，因此拉近了太平洋、拉丁美洲和亚洲的广阔联系。随着 2009 年 11 月美国高调宣布加入 TPP 谈判，同年澳大利亚和秘鲁受邀正式加入，2010 年马来西亚和越南加入，2012 年加拿大和墨西哥先后加入，2013 年 3 月日本正式宣布加入 TPP 谈判，使得 TPP 成员国扩大至 12 个，地域跨度更加广阔。与此同时，根据协议文本第 1 条第 2 款的规定，经缔约国协商同意，协定可以扩大到其他地区，既吸收 APEC 的其他成员国参加，也允许 APEC 以外的国家加入，可见，TPP 成员国中既有像美车、日本这样的世界领先发达经济体，也有像越南、智利这样落后的发展中国家，各成员国之间不仅呈现出政治多元化的特征，还有经济发展水平参差不齐、经济互补性差等特征，这充分体现了 TPP 的高度开放性和包容性。

TPP 不仅涉及议题广泛，而且设立门槛较高、标准严格。例如，在货物贸易方面，对所有关税进行减让，没有例外，要求成员国至少在 2015 年以前实现全部商品零关税，可见，成员国必须百分之百地实现贸易自由化；在服务贸易方面，以开放程度更高的"否定列表"方式对所有服务领域进行谈判；在环境方面，基于"环境合作协议"文本基础讨论与渔业资源保护、生物多样性、新物种入侵、气候变化、环境商品和服务相关的议题；在金融服务方面，改善透明度，倡导非歧视性，加强对金融投资的保护；在投资方面，改善投资环境，减少投资限制；在电信方面，提高管理程序透明度，给予服务供应商合理的服务网络准入；在劳工方面，基于"劳工合作备忘录"基础上加强协调；在知识产权方面，基于"WTO 知识产权保护协定"对商品和药品专利等方面加强保护。另外，TPP 还规定在协议生效两年后实现金融投资和金融服务自由化的谈判，可见，TPP 是一个具有严格标准、超高质量的综合性贸易协议。

与传统的自由贸易机制相比，TPP 有其无可比拟的优越性，在 WTO 多哈谈判停滞不前的情况下，全球层面的多边贸易自由化目标始终无法实现，因此，通过区域多边贸易来推动全球贸易自由化成为一种尝试，TPP 很可能成为美国推动贸易自由化政策、实现自由贸易目标的有力工具，通过掌握 TPP 内部主导权，成为通往《亚太自由贸易协定》的跳板。

(资料来源：刘中伟, 沈家文. 跨太平洋伙伴关系协议(TPP): 研究前沿与框架. 当代亚太. 2012(1): 41.)

11.2　区域经济一体化的理论基础

区域经济一体化的局部均衡分析就是把一体化组织作为单一市场，将减免关税等规定作为改变原始均衡状态的条件，进而分析由此造成的区域内外成员的福利得失。虽然区域经济一体化根据不同的组织形式已经形成了自由贸易区理论、关税同盟理论、共同市场理论等，但其中只有关税同盟理论得到了较为严密的阐述和发展，并且具有广泛的适用性。

11.2.1　关税同盟理论

该理论首先由雅各布·范纳(Jacob Viner)[①]于 1950 年正式提出，他将关税同盟定义为各成员国间完全取消关税(假设它是唯一的贸易壁垒)、实行统一的对外关税政策且协调分配关税收入的组织。之后，林德、科登、琼斯等经济学家相继提出有关关税同盟动态效应的理论，并且认为在重要性上后者更胜一筹。大体来说，关税同盟的贸易效应分类两类：一是指由于区域内的减免关税和非关税壁垒给成员国、非成员国带来的贸易利得方面的影响，即静态效应；二是指区域经济一体化组织生效后给区域内外各国带来的经济增长方面的间接影响，即动态效应，如规模经济、投资效应、竞争效应等。

专栏 11-3

经济思想史家雅各布·范纳

雅各布·范纳(1892—1970)出生于加拿大蒙特利尔，其父母是罗马尼亚移民。他曾被马克·布劳格(Mark Blaug)称赞为"研究两次世界大战之间价格和贸易理论的领袖人物和有史以来最伟大的经济思想史家"。他于 1915 年在哈佛大学获得博士学位，其论文指导老师为弗兰克·陶西格(Frank Taussig)。在 1946 年去普林斯顿大学任教之前，他一直在芝加哥大学工作，并在那里成为《政治经济学杂志》的编辑。范纳《对于国际贸易理论的研究》(1937)在国际经济学历史上，尤其是在 17、18 世纪之前关于重商主义的谬误方面，为许多现在的观点和知识提供了基础。1950 年，范纳写了《关税同盟争论》一书，书中区分了贸易创造

[①]　在一些著作中，Jacob Viner 又被译作瓦伊纳。

和贸易转移这两种效应,从而使其成为对于关税同盟和自由贸易区所有后续研究的理论基础。

(资料来源:[美]查尔斯·范·马芮威耶克. 中级国际贸易学. 夏俊译. 上海:上海财经大学出版社,2006.)

1. 静态效应

在范纳的关税同盟模型中,假设世界上有 A、B、C 三国,其中 A 国是区域经济一体化效应的主要分析对象,假设它是一个小国,即 A 国国际贸易量的变化不会影响相关商品的世界价格,A、B 日后结成了关税同盟,C 国则是同盟之外的非成员国。此外,模型还包含的假设有:A 国国内市场完全竞争,国际市场是不完全竞争的;国际贸易中无运输成本;劳动、资本等要素在国家间缺乏流动性,技术不变等。

1) 贸易创造效应

贸易创造是指关税和非关税壁垒在关税同盟内部被取消后,某成员国原本国内较高成本的商品生产被其他成员国较低成本的商品生产所取代,即消费从国内较高成本的产品转向成员国较低成本的产品,从而创造出新的贸易可能性,关税同盟中各成员可以按照要素禀赋原则配置资源,集中生产较低成本的产品,从而实现同盟成员经济福利的总体增加。

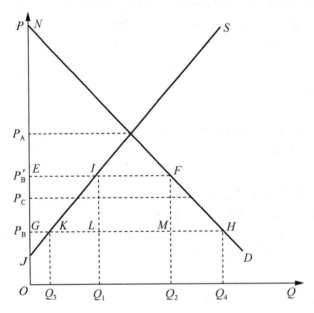

图 11.1 贸易创造效应图示

关税同盟的成立,带来了成员国(A 国与 B 国)间贸易量的增加,这就是贸易的创造效应,它使得进口成员方(A 国)的福利水平提高。如图 11.1 所示,坐标的纵轴代表贸易商品 X 的价格,横轴代表其贸易数量。曲线 D 和 S 分别代表 A 国国内 X 商品的需求和供给曲线。P_A 表示封闭条件下 A 国 X 商品的均衡价格,P_B、P_C 分别表示 B 国和 C 国 X 商品的价格,A 国对 B 国、C 国均实行关税 t,$P_B' = P_{B+t}$ 为 B 国 X 商品在 A 国内的完税价格。由图 11.1 可见,$P_B < P_C$,说明 B 国是世界上生产 X 商品最有效率的国家,又因为 $P_B' < P_A$,所以关税同盟成立前,A 国从 B 国进口 X,数量为 Q_1Q_2,并征收关税 t,A 国国内 X 商品的价格为 P_B'。关税同盟成立后,A 国和 B 国间的关税被取消,此时,A 国以更低的价格(P_B)从 B

国进口更多的 X(数量扩大到 Q_3Q_4)，产生了贸易的创造效应。

关税同盟的贸易创造效应使得 A 国的福利水平得以提高。图 11.1 中，A、B 的关税同盟成立前，A 国的消费者剩余为三角形 NFE，同盟成立后，变为三角形 NHG，增加了梯形 $EFHG$ 的面积；生产者剩余则在同盟成立前后由三角形 EIJ 减少到了三角形 GKJ，减少了梯形 $EIKG$ 的面积；此外，由于同盟内部关税的免除，A 国政府减少了 $IFML$ 面积的关税收入。总和起来，贸易创造效应使得 A 国增加了三角形 ILK 和三角形 FHM 面积的净福利。

2) 贸易转移效应

贸易转移是指在关税同盟内部贸易自由化实现后，对外实行统一的贸易壁垒，如制定共同对外关税等，从而对非成员国造成贸易歧视，使非成员国的产品失去价格优势，导致进口从非成员国转向成员国，对非成员来说产生了贸易转移，生产者和消费者因为生产成本的增加和消费支出的额外增加导致了福利的减少与损失，也造成了资源配置效率一定程度上的降低，整个世界的福利也随之减少。

当 C 为世界上生产商品 X 最有效率的国家时，关税同盟会通过将 A 国与 C 国间的贸易转移到 A 国与 B 国之间(然而，B 国并非世界上生产 X 商品最有效率的国家)，给 A 国带来福利损失，这就是贸易的转移效应。在关税同盟成立前，A 国对 B、C 两国 X 商品仍然都征收关税 t，由于 C 国的价格低于 B 国，所以此时 A 国仅从 C 国以 $P_C' = P_{C+t}$ 的价格进口数量为 Q_1Q_2 的 X 商品，如图 11.2 所示。关税同盟成立后，A、B 成员国之间的关税被取消，B 国 X 商品的出口价格 P_B 得以下降到 P_C' 之下，此时，A 国转而向 B 国进口，进口量变为 Q_3Q_4。

关税同盟成立前，A 国的消费者剩余为三角形 NFE，同盟成立后，增加为三角形 NHG，消费者剩余净增加梯形 $EFHG$ 的面积；生产者剩余方面，同盟成立前，为三角形 EIJ，成立后，减少为三角形 GKJ，减少了梯形 $EIKG$ 的面积；此外政府税收减少了长方形 $IFSR$ 的面积。计算总和，净福利为三角形 ILK 与三角形 FHM 的面积之和减去长方形 $LMSR$ 的面积。

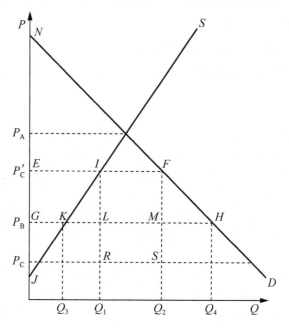

图 11.2 贸易转移效应图示

如 11.2 所示，A 国和 B 国之间的贸易量 Q_3Q_1 和 Q_2Q_4 在同盟成立之前是不存在的，它们就属于关税同盟的创造效应，正好对应于上述代表正的净福利的两个小三角形 *ILK* 和 *FMH*。其中三角形 *ILK* 表示同盟内，部分生产由低成本国(B 国)代替了高成本国(A 国)带来的福利的增加(此小三角形的底边即为 A 国产量从 OQ_1 到 OQ_3 的减少量)；三角形 *FHM* 表示 A 国消费者由于消费到了更多更便宜的 X 商品导致的福利的增加。Q_3Q_2 数量的贸易原本发生在 A 国和 C 国之间，现在由于关税同盟的成立全都转移到 A 国和 B 国之间了，生产由世界上最有效率的国家(C 国)转移到区内最有效率国家(B 国)，导致了资源配置的扭曲，产生了贸易转移效应，正好对应需要从总福利中减去的长方形 *LMSR*，说明贸易转移给 A 国带来了负效应。

但是，在此种情况下，关税同盟究竟使模型中进口国的净福利增加还是减少，还得看正负效应的大小对比情况。一般情况下，它与以下几个因素有关：

(1) 进口国的供需弹性大小。进口国的供需弹性越大，其贸易量的变化对价格就越敏感，一旦进口价格降低，能产生更多的贸易创造效益，净福利会越大。

(2) 进口国原本关税水平的高低。进口国原有关税税率越高，即保护程度越高，成立同盟后，由于关税的取消，贸易创造效应会越大，净福利提高得越多。

(3) 关税同盟的规模大小。关税同盟的规模越大(囊括的成员国越多)，贸易转移发生的可能性越小，同盟可能给进口国带来的福利增加越多。

(4) 高低成本出口国的价格差别。与同盟内出口国相比，原先同盟外出口国的成本越小、价格越低，结成关税同盟后贸易转移效应越大，进口国的福利损失越大。

(5) 同盟成立前与区外非成员国贸易量的大小。关税同盟成立前，进口成员国与区外出口国贸易量越大，那么同盟成立后其贸易转移效应就越大，因为一体化组织的成立使得它不能再大量从区外高效率国家进口，大大降低了资源的配置效率。

2. 区域经济一体化的动态效应

通过改变贸易量和贸易方向，一体化能够给成员国带来福利增加等静态效应，除此之外，实践证明，区域性经济集团的建立还具有推动该区域经济持续发展的动态效应，主要有以下几种。

1) 实现规模经济效应

对于原本国内市场狭小的国家，区域经济一体化的规模经济效应显得尤为明显。关税同盟建立以后，成员国间取消了贸易壁垒，使得一国面临的市场扩大，产量增加，成本降低，规模经济得以实现，同时，随着一体化组织的成立、商品实现自由流通，各国可以选择自己更具优势、更少种类的商品进行生产，扩大产量，同样可以产生规模经济效应。

随着一国规模经济的实现、产品成本的降低，其企业的竞争力也会日益增强，带来出口的不断扩大，从而能够进一步扩大产量，实现新一轮的规模经济并将这种良性循环持续下去。

2) 促进竞争效应

区域性经济集团成立后，各国国内市场向外大大打开，国内企业就会参与到与国外企业的激烈竞争中去。经济学家提勃尔·西托夫斯基(Tibor Scitovsky)认为，竞争的加强是促进欧共体经济不断发展最主要的因素，他认为，在统一大市场建立前，各国国内市场是狭小的、孤立的，保护主义严重，企业往往在行业中占垄断地位，赚取高额利润，不利于资源的优化配置和生产效率的提高。当一体化组织建立以后，各国企业会在扩大了的市场上相互竞争，企业为了生存发展必须通过增加投资、改进技术等来降低成本，增强自身产品的竞争力，而竞争同时也是个优胜劣汰的过程，通过这个过程，区内资源得以更优化配置，经济得到进一步发展。此外，鉴于竞争所带来的经济效益，成员国政府也在一定程度上甘当"守夜人"的角色，以促进市场的完全竞争。

然而竞争也有其负面影响。虽然激烈的竞争能促进资源的优化配置，但是同时也使得竞争能力较弱的企业遭到淘汰、被迫关闭，而其中被释放出的资源转入该国具有相对优势的部门是需要时间的，即资源的更合理的配置需要一个调整过程，一国的产业重组同样需要成本投入，若该企业在成员国国民经济中占有重要地位，它的倒闭很可能会引起一段时期内的失业、产出下降等社会经济问题。

3) 加速资本聚集效应

区域性经济集团成立以后，各国将面临更大的市场、更激烈的竞争，前者能使一国吸引更多的投资，而后者则解释了厂商扩大投资的必要性：一方面，竞争需要降低成本，厂商必须扩大投资、提高产量，通过实现规模经济来达到这个目的；另一方面，技术在很大程度上决定了企业的竞争力和发展势头，因而企业必须增加技术投资，大力创新、改进生产方式和技术，从而在更广阔市场上的竞争中立于不败之地；同时，较大的企业规模和市场也有利于分散技术投资的高风险，从而使企业更有动力进行研发投资。除此之外，成员国之间相互取消贸易壁垒，对外实行统一的关税，区外国家为了使得自己的产品能够在区内国家占有一席之地甚至与当地企业竞争，往往选择向区内国家直接投资设厂，这样就有效避免了高额关税，欧盟成立后，美国向欧盟不断增加的投资就说明了这一点。

但是这种资本聚集效应也有其局限性。因为在一个区域经济组织内，往往是投资环境较好的国家(如在劳动力成本或是技术水平方面具有优势)吸引投资的能力更强，在产业结构相似的成员国之间，可能会导致一国的产业向另一投资环境更好的成员国转移，其结果前者产量下降，形成"<u>产业空洞</u>"，失业率上升，这也是中国-东盟自由贸易区成立以后东盟一些较发达国家的担忧之处，这些国家劳动力成本相对较高，自由贸易区的成立很可能导致相关产业被较低劳动力成本吸引而向中国迁移。

【参考图文】

4) 优化资源配置效应

西方经济学认为，完全竞争市场能实现资源的最优化配置，当整个全球大市场实现完全竞争时，经济运行是最高效的，因为更大的市场能将更多最有效率的国家市场包括在内，更利于高效率资源配置的实现。但是，全球性大市场无法在短期内形成，我们不妨将区域经济一体化看作是通向全球经济一体化的必经之路，或是当下的一种次优选择。一部分国家间先建立大市场，以竞争推动地区内资源的优化配置(此时的配置效率一定比区内任何一个国家单独进行配置的效果要好)，以渐进的方式向全球化迈进。

在关税同盟等地区性协议下，商品在成员国间基本上实现了自由流通，蕴含在商品中的资本、技术、服务等生产要素也随之顺利进入区内各国，根据要素价格均等化定律，各种要素将趋于各自报酬(边际生产力)最高的部门，即资源最终能够得到充分利用，从而有效避免低效率生产，资源得以合理配置。

伴随着国际区域经济一体化进程的向前推进，有关一体化的理论也层出不穷，继关税同盟理论之后，该方面的研究开始由静态走向动态、由实证分析向规范分析发展。本章将介绍其中具有代表性的大市场理论和协议性国际分工原理。

11.2.2 大市场理论

1. 大市场理论的主要内容

最先系统提出大市场理论(Theory of Big Market)的两位著名学者是西托夫斯基和F. 德纽(F. Denian)，该理论以共同市场为考查对象，侧重于从动态角度分析一体化的经济效应。该理论认为，区域性经济组织成立之前，各国为顾及本国利益而实行贸易保护政策，造成各国市场孤立狭小、缺乏弹性，而通过组建统一大市场，将各个成员国的小市场联系起来，则可以实现规模经济效应、激化竞争，而这两种效应同时也是大市场理论的两个重要核心。

针对当时西欧国家企业面临市场狭小、缺乏竞争的情况，西托夫斯基提出"小市场的恶性循环"一说，他指出，在一国狭小的市场中，企业受到过度保护，其他企业无法进入到该行业之中，竞争的缺乏使得该企业得以制定较高的垄断价格，而消费者面临高价商品的购买力是有限的，这会导致企业产品销量不足、资本周转率低，为了赚取高额利润，企业只有通过制定更高的价格来实现上述目标，这就产生了高利润、高价格、低产量、低资本周转率的恶性循环。该理论研究者认为，通过建立各国统一大市场，就可以打破这种不合理的经济运行模式。大市场建立起来以后，市场规模扩大，产量增加，企业可以实现规模经济，从而降低成本，这会使得产品的需求量增加、企业的利润增加。此时，该行业会吸引更多的企业进入其中，导致竞争加剧，企业间竞相通过技术改进、增加投资等降低成本，新一轮的良性循环由此得以建立起来。

2. 对大市场理论的评价

在大市场理论的两个核心中，规模经济以共同市场的建立为保证，但不是大市场所追求的最终目标，它为激化竞争创造了条件。西托夫斯基认为，大市场下竞争的激化所带来的一系列动态经济效应才是建立共同市场的利益之所在。由此可见大市场理论是一门基于动态研究的学说，是对关税同盟理论的发展和补充。

大市场理论主要以西欧各国为分析对象，该理论被提出以后，学术界对其普遍适用性提出了一些质疑，主要有三点：①规模经济一定得通过大市场的建立来实现吗？有没有其他方法？②在发展水平差距较大的成员国之间，竞争仍然有效吗？它会不会给经济发展相对落后的国家带来负面效应？③对于一些一体化组织内成员国原本国内市场并不狭小(如NAFTA 中的美国)的情况，该理论如何对其做出解释？

发展中国家之间的经济一体化效率低下的原因

从20世纪50年代起，发展中国家开始积极参与区域经济一体化，并且形成了众多的一体化组织，但是与发达国家成功的一体化相比,无论是从一体化所产生的静态效应还是从动态效应来看,发展中国家的一体化总体而言被认为是不成功的,或者至少是效率低下的。究其原因,大致有以下几种说法:

(1) 经济水平落后,国内市场狭小,难以相互提供适应彼此产品规模经济发展的条件。建立区域经济一体化的发展中国家,无论是从经济总量还是从人均收入水平来看,起点都比较低,这就从根本上决定了这些国家一体化区域内部市场狭小的特征。规模经济是当今产品生产的显著特征,而发展中国家内部市场狭小,成员国间相互无法大量吸纳对方的产品,获取规模经济所需要的必要条件。在这些国家工业发展水平相对落后的基础上,规模经济的缺失更难以降低这些国家产品的生产成本,提高其世界市场上的竞争力,促进内部经济的发展。

(2) 产业结构同质,难以形成紧密的分工联系。受经济水平的限制,发展中国家不仅产业结构普遍具有同质性的水平特征,甚至连产品也具有很强的同质性,一体化形成后,贸易创造的可能性比较小。发展中国家产品的生产主要集中在资源、劳动密集型产业上,在分工层次上的位置比较接近,难以形成有效的分工,结成一个紧密合理的分工体系,一方面这不利于这些国家的产业升级,另一方面这也不利于一体化内部资源的合理利用,这样一体化所带来的利益就不及期望的大。

(3) 相互贸易基础薄弱,贸易创造空间比较小。大部分发展中国家的主要贸易对象是发达国家,即使存在地理优势,发展中国家间的贸易比重也还都是很低的,一般在20%以下,在建立一体化后薄弱的贸易基础很难形成很大的贸易创造效应。即使一体化形成以后,成员国间贸易额有所增长,在很大程度上也不是贸易创造而是贸易转移的结果,这无疑更是得不偿失。

(4) 国家间政策差异大,政策协调困难,一体化协议实施程度低。发展中国家间虽然经济水平总体差别不大,但是在政策体制上却存在很大差异。由于经济政策、贸易政策、文化传统、政治体制等方面的差异,区域一体化在运作过程中很难在政策上达成一致,许多贸易和经济自由化的措施得不到有效实施,甚至被迫取消。发展中国家的一体化往往缺乏主导核心国家的推动,很难有一个或几个国家能够承担有助于推动一体化的政策制定和执行的大部分成本,因而在政策上只能采取相互妥协的办法,致使一体化的协议难以彻底实施。

(5) 机构设置上不完善,一体化组织缺乏稳定性。由于很大程度上发展中国家一体化协议是相互妥协的产物,完善的组织管理机制尚未建立起来,因此在组织的规范管理方面存在众多不完善之处。例如,一体化组织内部成员利益分配不均甚至某些成员利益受损时无法通过一定的政策安排进行合理调节,一些成员国在出现违规操作时又得不到有效惩罚,这都会造成一体化进程的停滞甚至倒退。

(资料来源:朱廷珺. 国际贸易. 北京:北京大学出版社,2007:289-290.)

11.2.3 协议性国际分工原理

1. 协议性国际分工原理内容简介

协议性国际分工原理由日本著名学者小岛清于20世纪70年代正式提出。该理论认为,传统的基于比较优势理论的竞争机制并不能完全实现规模经济的好处,过度竞争可能会导致成员国企业的集中和垄断,贸易从自由走向保护,价格竞争被人为扭曲,最终导致一体化组织内部经济失衡。为此,需要找到另一种协调途径——协议性国际分工,使得集团内部生产成本下降,贸易量增加,充分发挥规模经济效应。

【参考图文】

与传统贸易理论不同,协议性国际分工不是通过基于比较优势原理的竞争机制而形成的分工,而是成员国间经签署协议而实现的分工,体现了区域经济一体化的制度性功能。若两国就某两种产品达成了分工协议,则它们分别负责一种商品、放弃另一种商品的生产,并把产品市场提供给另一方,这样,各国面临的市场扩大、产量增加、成本下降,从而能够在协议约束下实现规模经济,保持一体化组织内部经济的平衡和稳定。

2. 成员国间达成协议性分工的条件

协议性国际分工不仅是一种协议国之间分工利益的保证,它同时也要求各国为了长远利益而暂时放弃一些眼前的利益(如不再生产某种商品),因此它的达成不完全受经济力量的牵引,还要受到各国的政治制度、文化背景等多方面因素的制约,并不是在任意几个国家间都能随意实现,而是需要满足以下几个基本条件:

(1) 拟达成协议国家间的劳动、资本等要素禀赋差距不大,经济发展水平、工业化阶段大体一致,且协议分工的商品在协议国内可以进行生产,这是实现公平利益下的分工的前提。

(2) 分工协议下的产品必须是规模经济效应显著的商品,且各协议国有足够大的市场提供给对方,以便对方国家顺利实现规模经济,获得规模经济利益。

(3) 协议分工各方负责生产的商品应没有优劣之分,即它们通过分工获得的利益应大体相同,否则协议一般不易达成。

可见,协议性分工一般发生在经济发展水平大体一致的国家之间,在这种情况下可进行分工的商品种类较多,协议性分工的利益也容易体现出来,这一点在发达国家之间的协议性分工中体现得尤为明显。此外,风俗习惯、文化传统、生活理念等相近的国家能保证相互间商品的需求市场,它们之间也较容易达成协议。值得注意的是,工业发达国家与相对落后国家之间若进行协议性分工,很可能会导致利益分配不均衡和国家间贫富差距的进一步扩大,如日本学者曾提出以日本为领队,新加坡、韩国等其次,中国、东盟和其他东南亚国家位于生产链末端的"雁式"工业分工,这种分工方式不利于落后国家的资本积累和产业结构调整,极有可能引起世界经济进一步失衡和国际矛盾的激化。因此,协议性国际分工原理很好地解释了发达成员国间的水平式协调分工,但无法解释发达国家与发展中国家间的垂直型分工。

11.3 世界主要区域一体化组织

11.3.1 欧盟

1. 欧盟的发展历程

二战后,欧洲各国开始意识到,在战争面前小国的武力有限,从而主权地位也是不稳固的,欧洲需要联合起来,以便实现共同繁荣。1951年4月,意大利、法国、德国、荷兰、比利时和卢森堡六国签订了《欧洲煤钢共同体条约》,这不仅仅是一个欧洲部门经济一体化的开端,更是欧洲一体化漫漫长路的第一步。

第 11 章 区域经济一体化与国际贸易

1957 年，六国又决定扩张欧洲经济一体化的范围，他们于 3 月签订了《罗马条约》，建立起了欧洲原子能共同体和欧洲经济共同体，如果说前者是部门经济一体化的继续，那么后者则开始了欧洲经济全面一体化的进程，并且以上三大组织于 1967 年统一为欧洲共同体，简称为欧共体。《罗马条约》提出到 1969 年建成共同市场，虽然到了 1969 年，只是实现了商品的自由流动和包含外贸政策在内的部分共同政策，但是它最早确立了商品、劳务与生产要素自由流动的目标，具有里程碑的意义。

到了 20 世纪 80 年代中期，欧共体执行委员会主席雅克·德洛尔(Jaques Delors)于欧洲议会上提出，到 1992 年年底建成欧洲统一大市场。此后，欧共体执行委员会发布了建立欧洲统一大市场白皮书，并在《建立欧共同体条约》上多了这样一句话："共同体要经过一个渐进的过程，在 1992 年 12 月 31 日以前建成商品、人员、劳务和资本自由流动的内部市场"。这个理想最终在 1992 年年底变成了现实，成员国内部基本实现了生产要素的自由流通。

1991 年 12 月签订的《马斯特里赫特条约》(以下简称《马约》)，是欧洲统一史上另一个具有划时代意义的条约，它包括了《欧洲经济与货币联盟条约》和《政治联盟条约》，标志着欧共体开始由共同市场走向经济同盟、由单纯的经济联盟走向政治同盟，并为欧共体发展成为欧盟奠定了基础。1993 年 11 月，《马约》正式生效，欧盟成立。

1999 年 1 月 1 日，按照《马约》中的原计划，欧元正式启动，使用共同货币的欧元区国家包括意大利、法国、德国、荷兰、比利时、卢森堡、爱尔兰、西班牙、葡萄牙、芬兰和奥地利 11 国，由此，欧洲正式建立起了经济与货币同盟。

2. 欧盟的扩张

自 1951 年以《欧洲煤钢共同体条约》为标志的欧盟雏形出现以来，欧洲同盟就处于不断的扩张进程中，时至今日，欧盟已发展成为具有 28 个成员国的统一大联盟。

欧共体成立后，英国、丹麦、爱尔兰于 1973 年 1 月正式加入其中，这是欧盟的第一次扩张。紧接着，希腊于 1981 年加入，西班牙和葡萄牙于 1986 年加入，这是欧盟正式成立前欧共体的第二次扩张。1993 年欧盟正式成立后，瑞典、奥地利与芬兰于 1995 年一起加入欧盟，成为又一批成员国，至此，欧盟发展成为了包括 15 个欧洲国家在内的一体化组织，其面积达 324 万平方公里，人口超过 3.7 亿，GDP 达 78 039 亿美元，形成了一个强大的区域经济集团。

1999 年，欧盟实现了经济与货币同盟的目标。2004 年 5 月 1 日，爱沙尼亚、拉脱维亚、立陶宛、波兰、捷克、斯洛伐克、匈牙利、斯洛文尼亚、马耳他和塞浦路斯 10 国正式加入欧盟。2007 年 1 月 1 日保加利亚、罗马尼亚加入。2013 年，克罗地亚加入。可见，欧盟内部成员国的经济发展水平愈发呈现出多样化趋势，欧盟的平均经济实力和整体发展水平必将受到影响，类似问题还有很多，它们都对欧盟今后的繁荣之路提出了更大的挑战。

欧盟和土耳其：接受过程是一条难以完成的路吗？

从 1951 年初步成立时的欧洲煤钢共同体仅仅包括 6 个成员国，到 2004 年 6 月为止，欧盟已经拥有了

25个成员国,并成为世界上最成功的经济联盟。不管是在贸易总量还是在总人口上,欧盟都是目前世界最大区域的贸易组织。许多国家目前都在进行加入欧盟的谈判。而在其中,土耳其却是最引人关注的。这是因为它自从1959年开始就与欧洲煤钢共同体展开对话,以期加入进去。而直到2005年10月份加入谈判才最终启动,这期间真是一段漫长的路程。

土耳其首次申请加入欧洲煤钢共同体是1959年。作为答复,欧洲煤钢共同体当时提出在其与土耳其之间建立一个联合组织直到环境允许土耳其加入。在1963年9月《安卡拉协定》签署后这个组织正式形成。1970年11月份签署的另一额外草案,作为《安卡拉协定》的补充,为欧洲煤钢共同体和土耳其间流动的产品关税和配额的取消设定了一个时间表。

土耳其和欧共体间的关系受到了1980年军事戒严法案实施的影响。在1983年多党选举后,它们之间的所谓关系被重新恢复。1987年,土耳其申请成为欧共体正式成员国资格。1990年2月在欧共体理事会支持下的欧盟委员会确认了土耳其的成员国资格条件。但是,欧盟拖延了两者间的谈判,直到一个更好环境的出现。

为了加入欧盟,一个潜在的成员国必须符合以下的经济和政治条件,这也被称为"哥本哈根标准":稳定的民主,尊重人权、法治以及保护弱势群体;功能完善的市场经济;采取符合欧盟法律的共同准则、标准和政策。

许多欧盟国家认为土耳其没能达到上述标准,因此不愿和土耳其举行任何的加入谈判。但是,另一方面,许多土耳其人却认为土耳其已经采取了一系列的改革以达到以上标准,而欧盟仍然不愿意和土耳其谈判则主要是因为土耳其人信仰伊斯兰教。土耳其是个伊斯兰国家,而更多的欧盟领导人则认为欧盟是个"基督教俱乐部"。土耳其反感这样的事实:许多后来申请加入的国家(如葡萄牙、西班牙、塞浦路斯,10个东欧国家等),它们虽然遭受着与土耳其面临的相同的经济、政治等问题的困扰,却更早地被接受为正式成员国。

作为和许多欧盟国家结成了经济、政治和军事联盟的美国,一直以来都支持土耳其。美国政府认为,如果土耳其被欧盟接纳,将会向穆斯林传达这样一个信号:西方国家做好了与伊斯兰世界和平相处的打算。土耳其同样可以充当基督教的欧洲与穆斯林的中东间的桥梁。

最后,在诸多考虑后,欧盟同意启动土耳其的加入进程谈判。正式加入谈判开始时间的推迟并没有阻碍欧盟-土耳其贸易关系的增长。土耳其现在是欧盟第七大贸易伙伴,也是欧盟第十三大出口国。在2004年的前9个月,在土耳其的出口中,出口至欧盟的比例上涨到54.87%。与此同时,土耳其进口中来自欧盟的产品比例也增长到50.62%。

吸纳土耳其进入欧盟的好处是显而易见的。一些潜在的好处包括:土耳其能够在欧盟和广阔的15亿人口的穆斯林市场间,欧盟和高加索国家如亚美尼亚和格鲁吉亚间发挥桥梁性的作用;自从1952年起土耳其就是北约的一个忠实成员国之一,它有强大的军事力量。未来它可以帮助欧盟在维和及其他军事行动中发挥作用;土耳其有更年轻的人口,而且它的人口仍在增长。吸纳土耳其进欧盟可以部分地解决欧洲人口中日益减少的适龄工作人员的问题;许多年来,土耳其的经济一直保持增长的势头。它确实是欧洲国家中发展最快的经济体。

尽管有这么多的潜在好处,许多欧洲国家还是不情愿接受土耳其为欧盟的一员。许多欧洲国家担心所谓的"文化冲突"。许多人还担心没有工作的土耳其人闯进来后会抢掉他们的工作。奥斯曼帝国和神圣罗马帝国间的仇恨,尽管是历史问题,却仍然在一些欧洲国家中挥之不去。还有的欧洲国家不喜欢美国在背后支持土耳其。他们担心土耳其可能会在欧盟内推行美国的意图,从而阻止欧盟成为美国的一个有效竞争对手等。

(资料来源:何晓红,[孟]穆罕默德·易拉赫. 全球化与国际经济. 朱乃肖,译. 北京:中国科学技术出版社,2009: 402-405.)

3. 欧盟与欧洲自由贸易联盟

在《罗马条约》签订后不久,1960 年,在英国的倡导下,欧洲又建立起了另一个区域经济一体化组织——欧洲自由贸易联盟(European Free Trade Agreement),包括英国、丹麦、瑞典、瑞士、挪威、奥地利和葡萄牙七个成员国,冰岛于 1970 年加入其中。1973 年,英国、丹麦退出该联盟,加入欧共体。1992 年 5 月,欧洲自由贸易联盟与欧共体签订了《欧洲经济区条约》,意在建立更广泛的自由贸易联盟。1995 年,瑞典、挪威又与芬兰一起加入欧盟。可见,欧盟与欧洲自由贸易联盟的联系日益紧密,可以预见,随着世界经济发展和竞争的加剧,二者大有融合之势,一个更大的欧洲联盟的出现指日可待。

11.3.2 北美自由贸易区

1. 北美自由贸易区的形成

在美国、加拿大、墨西哥的《北美自由贸易协议》(North American Free Trade Agreement,NAFTA)签署之前,美国与加拿大在 1988 年 1 月签署了《美加自由贸易协定》,并于 1989 年正式生效,目的是推进密切的双边贸易关系。20 世纪 80 年代后期以来,区域经济一体化浪潮的掀起(尤其是欧盟的出现,令美国感到其世界经济霸主的地位受到威胁)和世界经济竞争的加剧,推动了美加墨三国的经济合作进程:在美国的积极倡议下,三国首脑于 1992 年年底签订了 NAFTA,1994 年 1 月,北美自由贸易区(North American Free Trade Area,NAFTA)正式宣告成立,由此,一个面积超过 2 100 万平方公里,人口超过 3.8 亿,GDP 超过 10 万亿美元的大型区域经济集团正式建立起来,其无论在人口规模还是经济实力上都足以与欧盟相抗争。北美自由贸易区打破了传统的仅在经济发展水平阶段相似的国家间实行经济一体化的模式,开创了发达国家与发展中国家经济一体化合作的先河,但是它并没有在目前基础上进一步深化区域经济合作的动向,如前所述,其建立的初衷还在于美国想要在世界经济中与欧盟相抗衡。

2. 北美自由贸易区建立的宗旨和成效

在 NAFTA 中,规定了自由贸易区建立的宗旨:取消贸易壁垒,创造公平竞争的条件,增加投资机会,对知识产权提供适当的保护,建立执行协定、解决争端的有效程序,以及促进三边的、地区的和多边的合作。为了实现这一宗旨,协定对贸易中的国民待遇、市场准入、关税、进出口限制、退税、海关手续费等都做出了具体规定,意在消除贸易中的种种歧视和壁垒。

专栏 11-6

NAFTA 的商品贸易政策

(1) 国民待遇。NAFTA 遵循 GATT 国民待遇的基本原则。自由贸易协定下,一成员国进入另一成员国的商品不得受歧视。这一保证同样适用于有关省和州的条款规定。

(2) 市场准入。这些条款确定了有关税率与其他捐税以及数量限制的规则，其中包括配额、许可证以及商品交易须遵循的进出口价格条件的限制。同样，这些条款将使北美地区生产和交易的商品更方便和更可靠的进入市场。

(3) 取消关税。NAFTA 规定，对根据原产地规则被视为北美的商品，逐步取消所有关税。大多数商品的现行税率将立即或在 5 年或 10 年内逐步取消。对某些第三产品执行的税率将最多在 15 年的时期内按每年减少相同百分比逐步取消。取消关税均以 1991 年 7 月 1 日执行的税率为基点，包括加拿大的优惠税率和美国的普遍优惠税率。

(4) 对进口和出口的限制。三国将取消数量上的禁止和限制，如在边境实行进口许可或配额。但是，各成员国保留在边境实行有限限制的权利，以保障任何动植物的生命或健康，或保护环境。另外，对农牧产品、汽车、能源和纺织品还实行特殊规则。

(5) 退税。自由贸易协定对以后向协定另一成员国出口的商品在生产时使用的材料规定了退税或退免税方案的规则。对墨西哥和美国，以及墨西哥与加拿大之间的贸易，现行的退税方案将从 2001 年 1 月 1 日取消。协定把《美加自由贸易协定》中规定的取消退税方案的期限延长 2 年。在这些方案取消后，各国将采取步骤，避免对那些在自由贸易范围内仍需课税的商品在两个国家双重征税。按照这样的做法，一个国家按退税方案可免退的关税额，不得超过以下税额的最低数：从北美以外地区进口并用于生产以后出口到协定另一成员国的商品的材料所缴纳或所欠的税额或者因进口该商品而付给出口的成员国的税款。

(6) 海关手续费。三国同意不再设置新的诸如美国的商品加工费和墨西哥的海关手续费之类的收费。墨西哥最迟在 1999 年 6 月 30 日取消对北美产品征收此类费用。同样，美国也将在这一日期之前取消对墨西哥产品征收此类费用。对加拿大产品，美国正在减少此类费用，而根据《美加自由贸易协定》的规定，这类费用将于 1994 年 1 月 1 日取消。

(资料来源：官占奎，陈建国，佟家栋. 区域经济组织研究. 北京：经济科学出版社，2000: 117-119.)

北美自由贸易区建立后，美加墨三国的双边贸易和投资都呈现出显著的增长。美国在 1993～1996 年平均每年对墨西哥出口净增 120 亿美元，进口则年均净增 50 亿美元，同时，墨西哥的商品占有率提高了 6.2%，而墨西哥商品在美国市场中的比重则从第五位上升到第三位。此外，1994～1996 年，美国和加拿大、墨西哥两国的双边贸易增长率达到 44%，而同期美国与其他国家的贸易增长率仅为 33%。投资方面，协议之外的国家为了实现对区内国家的无歧视出口，加大了对区内国家的直接投资设厂，尤其是对墨西哥境内，协议生效后的几年间，外商在墨西哥的直接投资以 12%～13%的速度增长，仅 1994～1995 年间流入其中的外国直接投资就达到 143 亿美元，到 1998 年，这个数字达到 570 亿美元，不仅使得墨西哥成为吸引外国直接投资的大国，也极大地刺激了其国内就业和经济增长。

3. 北美自由贸易区与美洲自由贸易区

北美自由贸易区成功建立之后，美国下一步的计划是进一步建立全美洲自由贸易区。拉丁美洲自 19 世纪初以来就被认为是美国人的"后院"，它不仅为美国日益增长的产品、劳务、资本输出提供了场所，更是美国唯一有贸易顺差的地方，美洲自由贸易区(Free Trade Area of the Americas)一旦建成，必将为美国带来更多的经济和社会利益。早在 1990 年，美国就提出了美洲事业计划(The Enterprise For The America)，意在与拉丁美洲国家建立自由贸易区。到了 1994 年 3 月，美国总统克林顿再次向除古巴外的拉丁美洲国家发出建立美洲自由贸易区的邀请。随着北美自由贸易区的成功建立显示出示范效应，以及拉美国家在一系列政策调整下经济状况的转好，美洲自由贸易区的建立显示出越来越大的可能性。1994 年

12月，美洲34国领导人在美国迈阿密召开了首脑会议，确定了于2005年建立美洲自由贸易区的时间表，1998年4月，在智利首都圣地亚哥举行的第二届美洲首脑会议正式拉开了美洲自由贸易区谈判的帷幕。到了2005年1月，由于美国主导西半球经济的愿望与拉美国家人民强烈民族主权意识的矛盾始终难以调和，美洲自由贸易区最终未能如期建成，34国领导人只得于2005年11月在阿根廷的第四届首脑会议上考虑重新启动新一轮的谈判。

11.3.3 APEC

【参考视频】

与世界上其他区域经济一体化组织相比，APEC具有一定的特殊性，它覆盖面积广，其成员国不论在经济发展水平、文化、资源禀赋等方面都存在较大差异。此外，该组织的运作方式也较为新颖，其自身是论坛性质的区域经济合作组织，而不是机制化、约束性的自由贸易协定，它强调灵活性和非正式形式，注重平等互利和自主自愿原则，坚持单边行动计划和集体行动计划相结合，并且和其他的区域经济组织不同，APEC崇尚"开放的区域主义原则"，其倡导的贸易自由化与投资便利化为东亚地区经济一体化的进一步加深有促进作用。

1. APEC的产生及相关议题

20世纪80年代的后期，亚洲和太平洋地区各国经济联系日益紧密、经济依赖不断加深，在区域经济一体化浪潮的推动下，APEC应运而生，成为世界上最大的区域性经济合作组织。

1989年11月，亚太地区12国的外交和经济部长在澳大利亚首都堪培拉举行了首届APEC部长会议，APEC正式成立，其中的12个成员国为美国、加拿大、澳大利亚、新西兰、马来西亚、泰国、菲律宾、新加坡、印度尼西亚、文莱、韩国和日本。1991年11月汉城第三届部长级会议上，中国加入，成为APEC的正式成员。1993年11月，美国西雅图会议又吸纳了墨西哥和巴布亚新几内亚为正式成员。成立之初，讨论最多的议题包括APEC发展的意义、性质、宗旨、目标、活动领域等。其坚持非歧视和开放性原则，多次发表声明支持和敦促GATT谈判取得成功，不断巩固多边贸易谈判的成果。

1994年11月印尼雅加达会议上，智利被批准成为APEC又一新成员。同时，发表了《领导人共同宣言》，通过了茂物目标，为贸易自由化确定了明确的时间，承诺发达成员与发展中成员分别于2010年和2020年达到贸易投资自由化和便利化目标，并且强调成员方应在减少贸易和投资壁垒，促进货物、服务和资金在成员内自由流动等领域作出努力。

1995年在日本第三次领导人非正式会议上发表了《执行茂物宣言的大阪行动议程》(OAA)，阐明了推动贸易投资自由化和便利化15个领域的目标、准则和集体行动计划，以及13个领域的政策共识和共同活动内容。

1996年发表了《马尼拉行动计划》，确定了实现茂物目标的集体行动计划，同时要求各成员提交单边行动计划IAP，阐明了15个领域短期和中期内推动贸易投资自由化和便利化自愿采取的具体步骤，同时勾画出2010—2020年的长期目标。

1997年11月，APEC又一次首脑会议在加拿大温哥华如期举行，会议决定接纳俄罗斯、秘鲁和越南加入该组织。然而由于1997年亚洲金融危机的影响，APEC成员对贸易自由化丧失了热情，导致1997—2000年贸易投资自由化陷入停滞。

2001—2010年，APEC发表了《上海共识》、《釜山线路图》、《河内行动计划》、《APEC供应链互联互通行动计划》、《茂物及后茂物时代的横滨宣言》等，进一步拓展OAA的内容，提出贸易自由化的量化目标。同时，建立同行评议机制，并在2010年茂物目标第一个时间表到期之时，对13个成员进行了评估，参加评估的国际组织和机构包括WTO、世界银行、UNCTAD、亚洲开发银行、中美洲发展银行、OECD和APEC政策支持小组，评估发现成员在农产品、纺织品等领域关税壁垒仍然较高。

2. APEC的首脑会议和两次具有标志性意义的重要会议进程展望

自1989年11月成立大会以来，APEC基本上每年定期(每年的11月份，1990年7月的会议除外)举行首脑会议，会议一般选取非首都城市举行，目的是突出该组织的非正式性。此外，APEC的运行机制和组织形式意在为推动多边自由贸易的发展而服务，它坚持非歧视和开放性原则，不断巩固多边贸易谈判的成果，为推动经济全球化作出了巨大贡献。

在历届会议中，西雅图会议和雅加达会议对APEC的发展具有重要意义。1993年11月，在美国西雅图召开第五次APEC部长级会议同时，举行了第一次亚太地区领导人非正式会议，会议明确指出了的目标，即实现贸易投资自由化，消除贸易和投资障碍，并指出通过推动亚太地区以市场为导向的经济技术合作，促进该地区贸易投资自由化进程。此外，该次会议也确定了在以后每年一度的部长级会议后召开APEC领导人非正式会议的首脑会晤机制，这种非正式会议的召开提升了APEC会议的重要性，加速了APEC的发展进程。

1994年11月，在印度尼西亚雅加达召开了第六届部长级会议和第二次APEC领导人非正式会议。该次会议通过了《APEC经济领导人共同决心宣言》(以下简称《茂物宣言》)，该文件制定了APEC中的发达成员国不迟于2010年、发展中成员国不迟于2020年实现亚太地区贸易和投资自由化的时间表，此外，还指出APEC将"致力于单方面实施贸易和投资自由化的进程"。从《茂物宣言》的发表可以看出，APEC有意避免区域性经济组织的封闭性，意在推动经济全球化进程。

2010年后APEC逐步将合作重点转向"跨边界"(供应链联通)和"边界后"(国内标准、规则与制度本身)一体化。2011年美国APEC领导人会议的三个优先议题是"下一代"贸易和投资问题，绿色增长，规制衔接与规则合作。2012年俄罗斯APEC四个优先议题是贸易投资自由化和区域经济一体化，加强粮食安全，建立可靠的供应链，加强创新与增长。2013年印度尼西亚APEC三个优先议题是区域经济一体化，促进创新发展、经济改革和增长，加强广泛的互联互通和基础设施开发。2014年中国APEC优先议题为区域经济一体化，促进创新发展、经济改革和增长，加强广泛的互联互通和基础设施开发。由于推进便利化进程的协调难度远小于推进贸易自由化的难度，因此，预计今后会将更多注意力放到贸易投资便利化领域。

可见，区域经济一体化始终是APEC关注的重点问题，APEC走向亚太自由贸易区(Free Trade Agreement of the Asia Pacific，FTAAP)将是新的选择，FTAAP也将是加强APEC区域经济一体化的主要途径，利用FTAAP模式来整合APEC内部诸多

【参考图文】

FTA，继续深入推进 APEC 贸易投资自由化进程。但是，利用何种途径推进、领导人会议和部长级会议如何延续、何时完成谈判目标等，依然是需要深入探讨的问题。并且，在走向 FTAAP 过程中，如何整合众多的 FTA 将成为 APEC 可能会面临的最大问题。其中包括美国主导下的 TPP 吸收 APEC 成员逐步向 FTAAP 过渡，对 APEC 的一些成员而言存在着太多挑战。总之，APEC 所有成员于 2020 年完成茂物目标评估以后，将会确立新的发展目标，继续推进贸易自由化、便利化、以及经济技术合作将有利于亚太经济乃至全球经济的恢复与增长。

北京 APEC 会议取得的八大成果

2014 年 11 月 10 日～11 日，APEC 会议在北京召开，其主题为共建面向未来的亚太伙伴关系。北京 APEC 会议取得了八大成果。

第一大成果是明确了未来亚太合作的方向与目标。会议发表北京纲领和 APEC 成立 25 周年声明，构建面向未来的亚太伙伴关系。会议着力打造发展创新、增长联动、利益融合的开放型亚太经济格局。会议推动实现亚太梦想。会议为亚太地区长远发展和共同繁荣勾画了新愿景，指引了新方向，注入了新动力。

第二大成果是作出了启动 FTAAP 进程的重大决定。会议决定开展亚太自贸区联合战略研究，标志着亚太自贸区进程的正式启动，成为载入史册的重大抉择。这是中国人的融合思维、和谐文化在外交难题上的成功运用，体现了 APEC 推进区域经济一体化的信心和决心。

第三大成果是勾画了建设亚太互联互通网络的新蓝图，为亚太长远发展夯实基础，使亚太能够在全球竞争中抢得先机，赢得主动。

第四大成果是找到了支撑亚太经济发展的五大新支柱。经济改革、新经济、创新增长、包容性支持、城镇化，进一步巩固亚太的全球经济引擎地位，丰富亚太发展的新理念新思路，形成多元发展、齐头并进的良好局面。

第五大成果是开辟了一系列全球性问题的合作新领域。各方决心通过合作来共同应对全球性挑战。会议通过了《ＡＰＥＣ北京反腐败宣言》，同意充分利用反腐败合作机制与平台，加强合作与协调。

第六大成果是举办了亚太经合组织东道主伙伴对话会。习主席宣布设立丝路基金，提速"一带一路"建设，大大提升了"一带一路"的国际关注度和认同度。

第七大成果是促进了中国与亚太主要国家双边关系的新发展。中美构建新型大国关系早期收获，有力促进中美关系的健康和持续发展；中俄务实合作领域更广、更紧密，两国元首同意如期推进东线天然气管道建设，尽快启动西线天然气项目，不断加强在高铁、高技术、航天、金融等领域互利合作；中韩自贸协定成为中国与重要发达经济体达成的第一个自贸协定，具有有利两国、惠及地区、带动各方的重要示范效应。

第八大成果是广泛宣示中国内外政策，赢得更多国际理解和支持。

资料来源：根据外交部长王毅：北京 APEC 会议取得了八大成果，新华网 (http://news.xinhuanet.com/2014-11/13/c_1113239591.htm) 整理。

3. 中国-东盟自由贸易区——亚太次区域的经济合作

在 APEC 这个大区域经济一体化组织下，存在着若干次区域经济合作，二者之间紧密联系，并且在一定程度上相互推进，东盟就是众多次区域经济合作中最为引人瞩目的一个。东盟的前身是马来西亚、泰国、菲律宾于 1961 年 7 月在泰国曼谷成立的东南亚联盟。1967 年，马来西亚、泰国、菲律宾、新加坡、印度尼西亚五国领导人在曼谷举行会议，发表了

《曼谷宣言》，标志着东南亚国家联盟正式成立。如今，东盟共有十个成员国，除上述五国外，还包括文莱、越南、老挝、缅甸和柬埔寨五个国家。该经济组织在不断加快自身一体化进程的同时，积极开展同东亚地区非东盟国家的多边经济合作，有力地推动了亚太地区的一体化发展。

中国-东盟自由贸易区(China and ASEAN Free Trade Area，CAFTA)是中国与其他国家建立的第一个自由贸易区，1997年12月，在首次东盟-中国领导人非正式会议上，我国与东盟确立了睦邻互信伙伴关系，为以后"10+1"(东盟+中国)方式下的经济合作打下良好基础。2001年11月，在文莱举行的"10+1"会议期间，朱镕基总理提出十年内建立"中国-东盟自由贸易区"的时间表，双方即于次日就这项协议达成共识，这不仅堪称中国与东盟关系史上一个里程碑，更孕育着双方更进一步的经济合作和经济的长足发展。2002年11月4日，双方共同签署《中国-东盟全面经济合作框架协议》，中国和东盟原六国拟在2010年实现零关税，和其他四国则在2015年实现零关税，这一协议宣城的目的是利用有关各方存在的互补性，提高这一地区整体的效率和竞争力，从而吸引投资。2004年11月签订《货物贸易协议》和《争端解决机制协议》，并从2005年7月开始全面降税，标志着自由贸易区建设进入实质性执行阶段。2007年1月签订《服务贸易总协定》(GATs)，并于2007年7月开始执行。2009年8月签订《投资协议》，2010年1月1日，该贸易区正式启动，涵盖了18.5亿人口和1 400万平方公里，2013年双边贸易额达到4 436亿美元，双边总投资额达140.9亿美元，是迄今全球发展中国家之间建立的最大的自由贸易区。

知识链接

党的二十大报告提出，要坚持经济全球化正确方向，推动贸易和投资自由化便利化，推进双边、区域和多边合作，促进国际宏观经济政策协调，共同营造有利于发展的国际环境，共同培育全球发展新动能，反对保护主义，反对"筑墙设垒"、"脱钩断链"，反对单边制裁、极限施压。

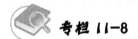

中国-东盟自由贸易区发展现状

中国-东盟自由贸易区是中国发起的第一个多边自由贸易区，也成为世界上最大的发展中国家自贸区，为推动双边经贸关系发展起到了重要作用。自贸区启动后，中国对东盟的平均关税从之前的9.8%降至0.1%，东盟的六个老成员国(文莱、印尼、马来西亚、菲律宾、新加坡、泰国)对中国的平均关税从12.8%降低到0.6%，四个新成员国(越南、老挝、柬埔寨和缅甸)也逐步降低关税并于2015年实现90%商品零关税的目标。

自贸区的建立使双方贸易、投资额都有了大幅增长。2002年中国与东盟双边贸易额为548亿美元，到2012年增加至4 001亿美元，年均增长率达20%以上。目前，中国已成为东盟最大贸易伙伴，东盟也成为中国第三大贸易伙伴。同时，中国与东盟的双向投资额累积也已经超过1 000亿美元，东盟已成为中国对外投资第四大经济体和第三大外资来源地。伴随着贸易、投资的增加，双方的人员与文化交流也呈持续发展态势。由于地缘与人种的天然接近，双方的文化交流更加容易与便利，包括文学、电视剧在内的诸多中国文化很容易在东南亚找到知音，而东南亚仍然还是众多中国民众海外旅游的首选。此外，中国与东盟在工程承包、劳务合作等方面也迅速扩大。

但随着时间推移,问题也日益凸显。主要表现为:一方面关税减让的边际收益逐渐减少;另一方面由于 FTA 谈判标准不断提高,诸如竞争、环境、劳工、知识产权等议题被纳入其中,或因为触及敏感领域很难推进,因此仅以关税减让为主的低水平自贸区制约了中国与东盟经济一体化的深入发展。

目前,打造中国-东盟自由贸易区的升级版可以从以下方面着手:一是全方位加深双方之间互联互通基础设施建设。据亚洲开发银行估计,东亚地区 2010—2020 年间的基础设施建设需要的资金规模为 8 万亿美元。二是通过产业整合与配套合作形成优势互补的产业链,实现双方互利共赢。此外,加深在贸易投资便利化、能源、科技、农业等领域的相互合作。

(资料来源:徐秀军. 三大支柱构建中国的区域 FTA 战略. 世界知识,2013: 33-35.)

11.3.4 东亚区域经济一体化

冷战结束后,全球化与区域一体化并行发展,成为新时期世界政治经济发展的两大潮流。在亚洲,东亚经济一体化的进程不断加深,随着东盟的发展、APEC 合作进程的深化,加之东盟推动下东亚地区建立的"10+1"、"10+3"、东盟地区论坛乃至区域全面经济伙伴关系等合作形式,使东亚地区一体化已经超出了新地区主义的范畴,逐渐显露出一种"开放性"的特征。

1. 传统东亚合作"10+3"模式

传统东亚合作是从东盟开始,借助以东盟为核心的区域合作框架,以应对危机,推进区域经济一体化。1993 年 11 月,东盟邀请中、日、韩三国参加东盟非正式领导人会议,正式启动涵盖了东南亚和东北亚国家的 10+3 经济合作,是第一次真正意义上的东亚区域合作;1999 年发表了第一份《东亚合作联合声明》,承诺在贸易、投资、技术转让、信息技术和电子商务等方面的合作;2007 年第 11 届"10+3"首脑会议上,发表了《第二份东亚合作联合声明》,并制定了《2007—2017 年东盟与中日韩合作工作计划》,规划了政治安全、经济金融、能源环境、社会文化这些领域的合作路径;2009 年通过了清迈倡议多边化协议,东亚金融合作取得里程碑式的进展,至今,"10+3"已举行了 16 届领导人会议,其中,东盟 10 国成员包括印尼、马来西亚、新加坡、泰国、菲律宾、文莱、越南、柬埔寨、缅甸、老挝,3 个成员国包括中国、日本、韩国。

"10+3"最核心的两个合作领域是金融领域和经济贸易领域。金融领域的进展主要是围绕清迈倡议的东亚地区双边货币互换网络,建设成立地区流动性支持系统、区域经济监督和亚洲债券市场,进一步完善亚洲的金融救助机制,避免经济危机带来的风险。经贸领域"10+3"并未取得实质性进展。相反,3 个"10+1"合作机制却发展迅速,其中最为迅速的是中国-东盟自由贸易区。由于政治互信的缺乏,东亚地区无法在此基础上建立相应的政治安全合作框架,导致制度化务实合作无从展开。东亚峰会作为对"10+3"合作机制的补充机制,是东盟大国平衡外交的体现。

2. 泛东亚区域全面经济伙伴关系

区域全面经济伙伴关系(Regional Comprehensive Economic Partnership,RCEP)代表了东亚区域经济一体化的一种模式,是在全球化与东亚产业分工大变局的背景下提出的,以东盟为主导,广泛吸引东盟自由贸易伙伴参与的,在成员国之间相互开放市场,实现东亚地区经济一体化的合作组织形式。"10+3"和"10+6"分别代表了不同国家的意见,而 RCEP

可以说是两种方式的折中，RCEP 一旦建成，将成为涵盖 30 亿人口、占全球经济 GDP 30% 的自由贸易区。

2011 年 2 月，第 18 次东盟经济部长会议上提出了建立区域全面经济伙伴关系的草案。同年 11 月，第 19 届东盟峰会通过了 RCEP 框架的专门共识文件。2012 年 8 月，首届东盟十国与中国、日本、韩国、印度、澳大利亚和新西兰经贸部长会议上，同意组建 RCEP，原则达成了启动 RCEP 谈判的共识，通过了《RCEP 谈判指导原则和目标》。同年 11 月，第 21 届东盟峰会上各国领导人希望 2015 年前达成协议。2013 年 5 月，RCEP 首轮谈判在文莱举行，并正式成立了货物贸易、服务贸易和投资三个工作组。同年 9 月，在澳大利亚进行第二轮谈判，将采取货物贸易、服务贸易和投资等领域同步进行的方式，以利于谈判的平衡推进。RCEP 前两轮谈判并未取得实质性的进展，2014 年 1 月在马来西亚进行第三轮谈判，就货物贸易、服务贸易、投资领域的技术性议题展开磋商，此外还决定成立知识产权、竞争政策、经济技术合作和争端解决四个工作组。2014 年 4 月在广西南宁进行了第四轮谈判，就货物贸易、服务贸易、投资领域的具体议题进行进一步磋商。

RCEP 的建立将为亚洲地区的贸易提供新的动力，也对全球价值链的整合产生影响。作为一个更大范围的自由贸易区，将在很大程度上减少区域合作中的"意大利面碗效应"(Spaghetti Bowl Phenomenon)，有助于改变规则过多、操作混乱的局面，重新布局东亚目前的合作模式，形成一个相对高质量的自由贸易区，加快全球经济向亚洲尤其是东亚地区转移，与美国主导的 TPP 形成竞争，减缓其可能带来的负面影响。不过，由于 RCEP 成员之间的领土领海争端等政治互信问题，一旦矛盾激化，可能对谈判造成负面影响，延迟或中止谈判进程。因此，面临诸多不确定因素，RCEP 要协调好与东亚内部现存 FTA 之间的差异，实现关税的全面降低或消除，促进未建立 FTA 成员之间的市场开放，以协调各国在开放市场方面的利益诉求作为难点之一，同时，加强中日两国战略合作，处理好东亚地区政治安全问题，保障东盟的主导地位，避免谈判进程受阻。

"意大利面碗"效应

在全球经济不断增长的地区贸易协定(RTA)中，约有 96%是自由贸易协定(FTA)，关税联盟(CU)仅为 8%。目前，95%以上的 WTO 成员国都签署了 1 个以上的区域贸易协定。以亚洲为例，该地区的 FTA 从 2002 年的 70 个增加到 2013 年年初的 257 个，十年间数量增长了三倍有余。亚洲中有 16 个国家(即"10+6")签订 FTA 的数量从 2002 年的 27 个增加到 2013 年的 179 个，占据整个亚洲地区 FTA 数量的 70%。然而，在 WTO 多哈回合受阻的情况下，由于各国对 FTA 有关信息的获取程度有限，以及东盟国家利用 FTA 得到的收益(收益来自普通税率和优惠税率间的差距)与付出的成本(成本来自获得自贸区的优惠原产地证书的成本)差距较小，因此，伴随着各经济体双边 FTA 的盛行，整体无序的 FTA 最终可能会阻碍东亚各经济体间的生产网络的正常运行。

"意大利面碗效应"源于巴格瓦蒂(Bhagwati)1995 年出版的《美国贸易政策》一书，但当时并未给出完整的概念，后来在 2008 年一篇论文中对其进行了定义。指的是在特惠贸易协议下，多个双边自贸区都有自己的原产地规则和迥异的优惠措施(包括不同的关税税率和降税步骤等)，各种 FTA 交错在一起形成错综复杂的状况,就像碗里的意大利面一样。而不同的原产地规则会增加贸易成本,助长贸易保护主义,形成各式的歧视与排他模式,最终破坏多边贸易系统,不利于贸易规则下的全球公共物品的提供。同时,"意大利面碗效应"也导致了跨国公司的资源国际化配置面临两难选择:既要在全球范围内最有效率地配置资源,实现规模经济和利润最大化;又要在市场准入和生产环节方面应对不同 RTA 的市场准入条件和原产地规则,这既提高了跨国公司资源配置的成本,也损害了经济体的利益。事实上,随着对这一现象的深入研究,"意大利面碗效应"不再仅仅涉及复杂的原产地规则,对于知识产权保护、倾销、补贴等各个地区贸易安排中贸易法规叠床架屋的现象也同样适用。

然而,解决"意大利面碗效应"不是不搞区域合作,而是用更高层次更全面的区域多边合作来整合过剩的双边或小多边 FTA,亚太自由贸易区的建立正是亚太地区经济一体化发展的需要,有望从根本上解决亚太地区各种类型自贸区引发的"意大利面碗效应"。

(资料来源:[日]西村英俊. 防止"意大利面碗"效应. 人民日报,2013-12-12(03).)

11.3.5 中日韩自由贸易区

中国、日本、韩国作为东亚最重要的三大经济体,经济规模在全球仅次于欧盟和北美。2012 年三国的 GDP 总计 14.3 万亿美元,约占全球 GDP 的 20%;进出口总额约为 5.4 万亿美元,约占全球贸易的 35%。如果自贸区建成,将成为涵盖 15 亿人口的大市场,成为规模最大的由发展中国家和发达国家组成的自由贸易区。由于三国在全球产业链分工中有着密切的分工协作,因此自贸区的建成将有助于产业链的合理布局,提高资源的使用效率,并且,随着区域内关税和非关税壁垒的削减,将进一步增加三国间的贸易总额,对缓解国内紧张的就业压力也有帮助。

1. 中日韩自贸区的产生和进展

2012 年 5 月,中国、日本、韩国正式签署《中华人民共和国政府、日本国政府及大韩民国政府关于促进、便利和保护投资的协定》;同年 11 月,在第七届东亚领导人峰会上,三国经贸部长宣布启动中日韩自由贸易区谈判;2013 年 3 月,第一轮谈判在韩国首尔举行,谈判议题包括自由贸易区的机制安排、谈判领域及谈判方式等;7 月 30 日~8 月 2 日,第二轮谈判在中国上海举行,涉及货物贸易、服务贸易、原产地规则、海关程序和便利化、贸易救济、技术性贸易壁垒、动植物卫生检疫措施、竞争政策、知识产权、电子商务等议题;同时,商定第三轮谈判在 2013 年年底在日本举行。目前,中日韩自贸区谈判已进行 4 轮,据预测,自贸区建成后,中国的 GDP 获益将增长 1.1%~2.9%,日本获益增长 0.1%~0.5%,韩国获益增长 2.5%~3.1%。在中日韩自贸区谈判推进的同时,中韩已经完成了多轮双边 FTA 谈判,双方在货物贸易自由化水平、服务贸易、原产地规则、海关程序、贸易救济、知识产权领域基本达成一致。

2. 中日韩自贸区面临的诸多障碍

在经济方面,由于中、日、韩发展水平还存在较大差异,垂直专业化分工不同导致所处的价值链阶段也不同,因此各国所获利益也不同,这就导致了贸易摩擦的增加和经济合作的障碍。同时,对于农业等敏感部门的开放持谨慎态度,也增加了谈判难度。

在政治方面,基于历史和领土领海等争端问题还未得到解决,导致相互之间政治互信度较低，尤其日本的态度成为了自贸区建成的关键，因此对中日韩自贸区的建设也构成了一定的挑战。日本在中日韩自贸区、TPP 和 RCEP 等多个不同框架协议下进行谈判，表现出一种多边下注的平衡战略，也构成了中日韩自贸区谈判的最大风险。

上海自由贸易试验区的特点及与区域合作性质自贸区的区别

"自贸区"是"自由贸易区"的简称，在中国的教科书中有两种含义：一种是指两个或两个以上的国家组成的经济体之间通过达成协议，例如相互取消进口关税或非关税贸易壁垒而形成的国际经济一体化组织，这种自由贸易区的英文是 Free Trade Area，缩写为 FTA，并且比自由贸易区一体化程度更高的还有关税同盟、共同市场等，如中国–东盟自由贸易区、北美自由贸易区等；另一种是指一国为鼓励出口在其管辖的地域内划定一定的非关境地理范围，实行特殊的经济政策，以吸引外商投资、贸易和出口加工等业务活动，进一步促进对外贸易的发展，增加财政收入与外汇收入，这种自由贸易区的英文是 Free Trade Zone，缩写为 FTZ，类似的特殊经济特区还有自由港、保税区、出口加工区、边境合作区等，例如德国汉堡港是把一部分港区划为自由贸易区，还有上海自由贸易试验区等。

以上两种自由贸易区，FTA 属于宏观层次，是国家之间通过签订自由贸易协定而组建的区域经济一体化组织，FTZ 相对偏微观层次，在一个国家内部划定一小片范围的"境内关外"特殊经济特区。其相同之处就在于免征关税，但 FTA 仅是对成员国之间免征关税，对非成员国还维持着关税等限制措施，而 FTZ 可以对其他国家的商品进入该自贸区进行免征关税，对本国其他地区的商品进入该自贸区则必须缴纳关税，自贸区内商品进入该国其他地区也要缴纳关税。

上海自由贸易试验区显然属于后者。伴随着国际形势以及我国比较优势的新变化，现行涉外经济体制已不能适应提升我国国际分工地位的要求，为打造对外开放升级版，同时倒逼国内经济体制改革，释放改革红利，上海自贸区作为先行先试的探索，正承载着这样的改革目标。转变发展方式与和平发展，要求未来我国对外开放战略目标从"出口创汇"转向"价值链升级"，战略重点从制造业为主向服务业、金融和规制领域发展，战略内容从"引进来"为主向"双向"开放。上海自由贸易试验区作为新的开放平台，首要任务是着力打造高端产业和生产要素具有较强吸引力的投资环境，首先要注重制度的完善和有管理的浮动汇率机制的改革；其次要依托特殊监管制度，吸引国际研发、国际物流、国际结算等高附加值的产业活动来中国落地；第三要开启贸易投资便利化改革，结合双边投资协议谈判进程，推进引进外资与对外投资审批制度的改革，大力推进较高质量的区域自由贸易区 FTA 安排谈判，再次发挥类似"入世"的促进全面改革的作用。

(资料来源：隆国强. 上海自贸区既是改革也是开放. 金融经济，2013(10)：17-18.)

11.4 区域经济一体化与全球经济一体化

根据区域经济一体化功能论的解释，完全竞争市场是最有利于资源合理配置的市场机制，而越是在大的市场当中，这种功能越是能得到充分发挥，根据这种观点，人类生存的整个经济社会即为最终的最优市场，从而全球经济一体化，即贸易自由化、生产国际化、资本一体化在整个国际市场上的实现，在理论上被认为是最优的经济运行模式和人类社会发展的必然趋势。一些专家认为，区域一体化是构建全球经济一体化的基石，各国首先在特定区域内实行一体化，发挥一体化组织不断吸收更多成员国的功能以及它的示范效应，最后通过每个区域的不断扩张和区域与区域之间的联合，成功实现向全球化的飞跃。但也有人认为前者的存在是后者道路上的绊脚石，区域组织的存在严重阻碍了全球化的进程，是全球化道路上一个值得警惕的危险信号。

11.4.1 对区域经济一体化持积极态度的观点

1. 区域性协定可以增强成员国间的相互依赖感

支持地区整合的人们认为，通过区域性集团的建立，可以使得成员国之间的依赖感逐步增强，从而为各国成为全球一体化组织中的一员做准备。当各国通过签订协定结成同盟后，它们无论是在贸易往来等经济基础层面，还是在文化生活、法律法规等上层建筑层面，其联系都得到了深化和加强，各成员国之间相互影响、彼此渗透，关系日益紧密，依赖感不断增强。欧盟自成立以来，各成员国的民族主义有着从总体上不断淡化的趋势，它们逐渐形成这样一种观念：自己是欧盟大家族中的一员，与欧盟一荣俱荣、一损俱损。他们为整个欧盟的繁荣而努力着，而不是将视野仅仅局限在自己的国家内，被狭隘民族主义所束缚。

2. 区域性协定同样有利于多边自由贸易

区域性协定不仅可以推动成员国间的自由贸易，对促进成员国与非成员国间的全球范围内的多边自由贸易而言，同样是有利的。一个国家要想加入到一个区域组织中去，往往需要满足一定的条件，在这种情况下，地区协定就在一定程度上起到迫使该国进行有益的经济和政治改革的作用，同时加强了该国与区外国家的经济联系，推进了国与国之间的自由贸易。例如，墨西哥为了成为北美自由贸易区中的一员，不得不进行一系列经济和社会政策的改革，而这些政策改革在它日后与欧盟和日本签订双边自由贸易协定时发挥了重要作用，可见，加入区域经济组织使得墨西哥经济变得更加开放和全球化了。

专栏 11-11

墨西哥的开放与结构改革

墨西哥贸易政策改革以后，关税水平低于 10%，进口仍然受数量限制，主要是针对尚未在全国范围内修订规章条例的市场，如农业和石油。由于精心构思的措施，改革在全国范围内没有遇到阻力。与此同时，墨西哥还逐步降低对外国投资的障碍。尽管在一些明确规定的领域仍然保留某些限制，但大体上，放宽限制使用 FDI 在墨西哥经济前景良好和恢复稳定的刺激下出现了一个高潮。

在整个改革过程中，金融系统的改革起步较晚。在宏观经济调整初期，政府先是依靠当时存在的信贷和利率管制机制对金融市场进行管理。但是，国营部门对货币实际需求下降，使控制货币和反通货膨胀更加困难。因此，20 世纪 80 年代末，政府全面修订金融市场的规章条例，对银行管理制度和过分谨慎规章条例进行深刻的改革，这是与贸易自由化计划同时进行的。

随着改革开放的进行，墨西哥在进出口方面对美国市场的依赖性提高了，但同时发现美国的贸易保护主义越来越严重，特别是针对墨西哥产品的反倾销和反补贴税增多。为了改善对美国市场的进入，墨西哥与美国于 1985 年谈判达成了一项关于补贴问题的协议，1989 年达成了关于贸易和投资问题的谅解。这些双边讨论虽然取得了一些重要的成果，并在建立相互信任方面起到了一定作用，但是在美国的贸易保护主义情绪上升，尤其是在反倾销、反补贴和保护关税等保护主义措施不断增加的情况下，墨西哥感到要顺利进入美国市场需要更多的措施，加上乌拉圭回合谈判受阻，多边贸易自由化的能力下降，引起了对墨西哥贸易政策和方向以及与美国关系问题的讨论。在《美加自由贸易协定》成功签署以后，墨西哥与美国进行区域贸易自由化谈判成为需要抉择的问题。

萨利纳斯政府为了对付严重的经济困难以及国内的政治问题，采取了认真的、简单的战略，即与美国进行自由贸易。此主张得到墨西哥企业界的支持，在国会内又得到包括反对党在内的支持。

(资料来源：官占奎，等. 区域经济组织研究. 北京：经济科学出版社，2000. 114-115.)

11.4.2 对区域性经济集团持反对意见的观点

1. 区域性经济集团有着对内开放、对外保护之嫌

区域性一体化组织在成员国内实行关税减免，对于组织外国家却不是如此，即使成员国对外实行不变甚至较以前更少的关税，比起区内国家，区外国家在竞争中仍然处于相对劣势，如贸易条件恶化、在国际市场上的竞争力减弱等，这也是许多人反对地区主义的原因之一。此外，由于特定国家地区的市场规模是有限的，经济集团内部成员国纷纷降低壁垒、相互开放市场，这就意味着区外国家可占有的市场份额的相对减少，进入区内市场变得更加困难，进而阻碍了全球经济一体化的发展。同时，较高级的区域经济一体化组织往往在区内实行统一的经济和社会政策，这些政策涉及贸易、财政、汇率等方方面面，有的甚至已经实行了统一的货币(如欧盟)，这就使得区内企业间的投资风险和交易成本等进一步降低，区外企业入驻区内显得更加困难。

2. 区域性经济集团的发展可能会导致国际上地区主义盛行

随着区域性经济集团实力不断增强、势力不断扩大，可能会导致地区主义在国际上盛行。区域经济集团集各成员国力量为一体，超越了集团内任何国家的单独经济实力，不仅在国际上拥有了更多的话语权和影响力，也因更大的市场、更高的谈判地位等对其他国家具有更强的约束力。此时，区外国家面临着两种选择：要么向一体化组织妥协，但那意味着利益的损失，要么也投入到组建地区经济集团的浪潮中去，如 1994 年成立的北美自由贸易区就是美国为了在经济实力上与欧盟相抗衡的结果。长此以往，经济世界被将分割成越来越多的板块，各经济集团实行保护、相互竞争，与自由贸易的宗旨相违背，与全球经济一体化背道而驰。

总的说来，区域经济一体化是全球经济一体化道路上的一种次优选择，后者的实现并不是一蹴而就的，它是一个渐进过程，需要漫长的过渡阶段，而区域经济一体化就是这个过程中一种典型的过渡形式。虽然区域性经济集团具有矛盾性：一方面，区内成员国大兴自由主义；另一方面，它对区外国家又是相对封闭的。但是，在 WTO 的两步宽容、双重成员资格等规则下，区域经济集团的排他性保护主义已经在一定程度上受到制约，但相关

纪律和审议程序仍需得到加强,以便充分发挥区域经济一体化组织对全球经济一体化的推动作用,避免其负面影响,早日迎来全球经济一体化的繁荣局面。

本 章 小 结

对经济一体化的概念可以从动态的一体化、静态的一体化,以及功能性一体化、制度性一体化几个方面来进行理解,区域经济一体化则是经济一体化在区域范围内的体现。

水平型区域经济一体化组织按一体化程度的高低,从低级到高级依次可分为优惠贸易安排、自由贸易区、关税同盟、共同市场、经济同盟、完全的经济一体化等形式;垂直型区域经济一体化可分为次区域优惠贸易安排、浅层次贸易一体化、自由贸易区和关税同盟。

关税同盟理论是区域经济一体化的著名理论,其指出关税同盟带来的经济效应包括静态效应和动态效应,其中静态效应由维勒在他的关税同盟理论中提出,包括贸易创造效应和贸易转移效应,动态效应则包括实现规模经济效应、促进竞争效应、加速资本聚集效应以及优化资源配置效应。

除关税同盟理论外,有关区域经济一体化的主要理论还包括大市场理论和协议性国际分工原理,前者强调大市场具有实现规模经济、激化竞争的作用,后者则倡导国家间通过协议进行分工,从而有效避免恶性竞争,顺利实现规模经济,但协议国往往需要满足一定条件。

欧盟、北美自由贸易区和APEC是世界上三个主要的区域经济一体化组织,其中欧盟是目前为止运作最成功的一体化组织,北美自由贸易区是世界上经济规模最大的自由贸易区,APEC则有着不同于其他一体化组织的显著特点:覆盖范围广、成员国差异大、强调"开放式地区主义"。

目前关于区域经济一体化的一个争论热点就是它与全球经济一体化的关系,有些观点认为地区性经济集团的蓬勃发展能促进经济全球化,而另一种观点则对此持否定意见,认为区域经济一体化是全球经济一体化道路上的绊脚石。

经济一体化、区域经济一体化、优惠贸易安排、自由贸易区、关税同盟、共同市场、经济同盟、完全的经济一体化、贸易创造效应、贸易转移效应、规模经济效应、竞争效应、资本聚集效应、资源配置效应、大市场理论、协议性国际分工原理、全球经济一体化

官占奎,陈建国,佟家栋. 区域经济组织研究. 北京:经济科学出版社,2000.

何晓红，[孟]穆罕默德·易拉赫. 全球化与国际经济. 朱乃肖，译. 北京：中国科学技术出版社，2009.
刘光溪. 互补性竞争论：区域集团与多边贸易体制，2版. 北京：经济日报出版社，2006.
丘东晓. 自由贸易协定理论与实证研究综述. 经济研究，2011(9).
唐国强. 跨太平洋伙伴关系协定与亚太区域经济一体化研究. 北京：世界知识出版社，2013.
王珏. 区域经济一体化：东亚地区的实践. 科学出版社，2015.
王俊文. 加快实施中国自由贸易区战略研究(论文集). 北京：中国商务出版社，2013年版.
杨星. 东亚区域经济一体化与中国的战略选择. 天津：天津大学出版社，2015.
张幼文，等. 强国策：中国开放型经济发展的国际战略. 北京：人民出版社，2013.
张幼文，金芳. 世界经济学. 上海：立信会计出版社，2004.
周忠海. 国际经济关系中的法律问题. 北京：中国政法大学出版社，1993.
朱廷珺，王怀民，郭界秀，等. 国际贸易前沿问题. 北京：北京大学出版社，2012.
朱廷珺，董雅洁. TPP：通向亚太自贸区的可行途径. 北京：兰州大学学报(社会科学版)，2014(1).

复习思考题

1. 试简述区域经济一体化的主要形式。
2. 试简述区域经济一体化的静态效应。
3. 大市场理论和协议性国际分工原理分别指什么？它们各自有什么局限性？你同意学术界对大市场理论提出的三点质疑吗？为什么？
4. 简述区域经济一体化与全球经济一体化的关系。
5. 案例分析。

专家认为，"东盟+中日韩"时代或来临，"10+3"自由贸易区指日可待。

2010年8月5日，韩国驻华大使柳佑益对外称，中国和韩国可能于2011年展开有关自由贸易协定的谈判。柳佑益表示，两国在完成历时四年的中韩自由贸易可行性研究之后，双方有望于2011年开始正式会谈。

此前，中韩两国已针对贸易协议进行了多年的联合研究。时任总理温家宝于2010年5月份访问韩国期间，就曾提议两国当年晚些时候或来年下半年开始自由贸易协定谈判。

韩国联合通讯社报道称，中韩双方已于2010年7月15日在北京会晤，商讨启动正式会谈一事。早些时候，中韩两国签署了谅解备忘录，同意在自由贸易协定全面会谈开启之前就农业等敏感行业举行初步会谈。韩国贸易部长于8月表示，双方可能从9月开始就所谓敏感行业开始会谈。

毋庸置疑的是，中日韩自由贸易区的建立对国际贸易格局具有重大意义，目前中日韩加起来约占全球经济总量的1/6。

目前，中国已同东盟、巴基斯坦、冰岛、智利、秘鲁、哥斯达黎加以及新西兰签署自由贸易协定。此外，中国目前正与澳大利亚和蒙古国就类似协定举行会谈。

广东省社科院区域竞争力研究中心主任丁力则认为，由于东盟已经和中、日、韩三国分别就自由贸易区进行了谈判，从而间接引导中日韩三国开始对中日韩自由贸易区进行谈判，进而形成"10+3"(东盟+中日韩)的自由贸易区。

丁力认为，"中日韩自由贸易区的谈判，显然除了寻求利益的原因以外，还存在政治方面的原因。在自由贸易区域内，通过跨国投资使得各国经济联系密切，共同推动经济的发展。"

在国际金融危机后，美国经济依然疲软、欧债危机蔓延的背景下，中日韩三国为首的东北亚经济体在世界经济新格局下显得尤为重要。

2010年5月30日,中日韩自贸区联合研究首轮会议在韩国首尔举行,三国领导人首次对外表示将决定于2011年在韩国设立三国合作秘书处,努力在2012年前完成中日韩自贸区联合研究,尽快完成三国投资协议谈判。

但由于日本态度摇摆不定,与中日韩自贸区相比,中韩自贸区的建设或更快进入议程。

海关数据显示,在中韩进出口贸易中,中国是韩国最大的出口市场,以钢铁和电子产品出口为主。而韩国从中国进口的商品也逐步从初级产品转变为工业半成品或制成品,产业内贸易也日益普遍。

商务部人士还表示,化工、汽车、机械等制造业部门是建立中日韩自由贸易区的主要障碍,但少数敏感产品所形成的障碍是可以克服的。中国对中日韩自由贸易区总体上持积极态度,希望通过扩大开放来优化国民经济的结构、提高运行效率。

国务院发展研究中心对外经济研究部吕刚则表示,虽然建立中日韩自由贸易区可能在短期内加大弱势产业结构调整的压力,但从中长期看有利于增强整个国家的竞争力。

(资料来源:中财网,http://www.cfi.net.cn/p20100807000288.html.)

问题:

(1) 试析中国同全球多个国家建立自由贸易区的动因及理论依据。
(2) 日本对建立中日韩自由贸易区持怎样的态度?为什么?
(3) 分析中国同日本、韩国建立自由贸易区后将对世界经济产生怎样的影响?

6. 有人认为,目前亚洲的自贸区大多是"南南型",即发展中国家之间的一体化形式。而经济一体化理论和实践均表明,南南型一体化不如南北型一体化,即发展中国家与发达国家之间的一体化。又有人说,就中国与东盟的情况而言,事情是存在积极面的,双方在资源结构、产业结构、市场需求以及科学技术等方面具有不少的互补性[①],相信在不久的将来,两国通过不断调整结构、挖掘潜力、发挥优势,定将打破传统定论,迎来南南型一体化的又一个新纪元。

(1) 你是如何看待这个问题的?亚洲经济一体化面临着哪些隐忧与考验?
(2) 搜集发展中国家已经建立的区域一体化组织的相关资料,分析它们在地区和世界经济发展中的作用。
(3) 欧洲主权债务危机与欧洲联盟一体化机制之间有无关联?为什么?

---

① 范立春. 中国与东盟经济合作的互补性分析. 国际经济观察,2010(8): 95-96.

第 12 章　多边贸易体制

教学目标

本章通过回顾二战后多边贸易体制,从以 GATT 为主导,到以 WTO 为核心的发展历程,梳理 WTO 的宗旨和基本原则,并介绍多哈回合谈判的进展及其复杂性,探讨中国加入 WTO 的意义及其对世界作出的贡献。

教学要求

知识要点	能力要求	相关知识
多边贸易体制的发展历程	了解全球多边贸易体制的发展历程,包括 GATT 和 WTO 产生的历史背景	GATT、WTO 乌拉圭回合、东京回合、《建立 WTO 的马拉喀什协定》
WTO	深刻理解 WTO 的宗旨、原则,熟悉其基本架构、运行机制以及主要协定内容	非歧视、公平贸易、最惠国待遇、国民待遇、透明度
多哈回合	了解多哈回合谈判的主要议题,学会剖析多哈回合谈判受阻的原因	多哈回合、多哈发展议程
中国与 WTO	深刻理解中国加入 WTO 的重大意义,搜集数据,总结中国加入 WTO 以来开放型积极发展的成就,分析中国如何在多边贸易体制框架内发挥积极作用	复关、创始缔约国、加入 WTO、发展中国家地位

第 12 章 多边贸易体制

斯姆特-赫利法案

1930 年颁布的斯姆特-赫利法案(The Smoot-Hawley Act)是美国贸易保护的最高点,进口品的平均税率达到 53%。当斯姆特-赫利议案递交到美国国会时,其他国家纷纷向华盛顿政府提出官方抗议,最终形成一份长达 200 页的文件。然而,美国众议院和参议院还是一致通过了这项议案。尽管近千名美国经济学家联名上书,但赫伯特·胡佛总统也没有否决该议案,并于 1930 年 6 月 17 日把其签署为法律。简单来说,美国制定斯姆特-赫利法案就是为了用本国商品取代进口商品。

这项法案遭到美国 25 个贸易伙伴的报复。美国对西班牙的软木、橙和葡萄征收关税后,西班牙向美国征收了威斯关税。瑞士也抵制美国的出口品,因为美国对瑞士的手表和鞋开征了新关税。由于美国对木材、原木和许多食品征收关税,加拿大也把关税提高了 3 倍。意大利对美国汽车征收关税,以报复美国对橄榄油和帽子征收关税。墨西哥、法国、古巴、澳大利亚和新西兰也参加了这场关税战。各国还采取了其他"以邻为壑"的政策,如外汇管制和货币贬值。一些国家试图通过减少进口实现贸易盈余,导致了国际贸易体系的崩溃。在斯姆特-赫利法案实行后的两年内,美国的出口额降低了近 2/3。表 12-1 显示了在全球经济陷入大萧条后,世界贸易量的下跌情况。

表 12-1 斯姆特-赫利保护主义与世界贸易,1929~1933 年　　　单位:百万美元

年　份	1929	1930	1931	1932	1933
世界贸易量	2 998	2 739	1 839	1 206	992

资料来源:League of Nations, Monthly Bulletin of Statistics, February 1934.See also Charles Kindle Berger, The Word in Depression, Berkeley, CA, University of California Press, 1973:70。

思考:

(1) 为实现贸易利益,各国应该遵循贸易保护主义,还是应该推行自由贸易?

(2) 随着各国之间贸易往来的扩大,不可避免地将出现一些利益摩擦和冲突,要解决国际贸易中不断出现的问题,是否需要建立一系列规范贸易行为的制度?各国贸易是否能在追求各自利益最大化的基础上达成共识,建立趋于统一的国际贸易规则和体制?

12.1 多边贸易体制的发展历程

20 世纪 30 年代,随着经济危机在全球范围内的扩散,资本主义国家之间为争夺和维护各自的贸易利益,不惜采用关税战。美国国会于 1930 年通过著名的斯姆特-赫利法案,将关税提高到历史最高水平,其他国家也随即纷纷效仿。这一法案实行的结果是:到 1932 年时,美国同其他国家间的贸易已经崩溃;同时,高关税阻碍了商品的国际流通,造成了全球国际贸易额的大幅度萎缩。显然,当时美国总统胡佛所遵循的贸易保护主义并没有使大萧条中的美国经济得到复苏。相反,正是外国针对斯姆特-赫利法案的关税报复行为对美国的出口产生了极大的冲击,使美国的贸易政策发生了逆转。

1934 年,美国国会通过了《互惠贸易协定法》(Reciprocal Trade Agreements Act),【参考图文】

掀起了贸易自由化的浪潮。随后，美国与 21 个国家签署了一系列双边贸易协定，将关税水平降低 30%～50%，同时基于最惠国待遇原则把这些协定扩展至其他国家。《互惠贸易协定法》的实行，从某种程度上极大地缓解了当时的世界经济危机，而且这一法案所提出的贸易自由化，为二战后在全球范围内建立新的多边贸易体制积累了一些经验。

美国的关税历史

表 12-2 所示为美国的关税历史情况。

表 12-2　美国的关税历史：平均税率

关税法和颁布日期	平均税率[①](%)
麦金利关税法，1890 年	48.4
威尔逊关税法，1894 年	41.3
丁格利关税法，1897 年	46.5
佩尼–阿瑞奇关税法，1909 年	40.8
恩德伍德关税法，1913 年	27.0
法德尼–卡姆贝关税法，1929 年	38.5
斯姆特–赫利关税法，1930 年	53.0
1930—1939 年	43.6
1940—1949 年	24.1
1950—1959 年	12.0
1960—1969 年	11.8
1970—1979 年	7.4
1980—1989 年	5.3
1990—1997 年	5.2

注：①税率针对的是应税进口品的 FOB 价格。

资料来源：U.S. Census Bureau, Statistical Abstract of the United States, Washington, DC, Government Printing Office, various issues.

由表 12-2 所显示的数据可知：在 20 世纪 30 年之前，美国的关税一直居高不下，之后则呈现出总体下降的趋势。

12.1.1　GATT

1. 概述

GATT 是协调、处理和规范缔约方之间在关税水平与贸易政策方面的权利和义务的多边国际协定。其宗旨是"通过多边贸易谈判，大幅度地削减关税和其他贸易障碍，取消国际贸易中的歧视待遇，从而扩大世界资源的充分利用和商品的生产与交换，保证充分就业，保障实际收入和有效需求的持续增长，进而提高生活水平"[①]。

2. GATT产生的历史背景

第二次世界大战使世界经济受到重创，尤其是欧洲各国，面临经济衰退、黄金和外汇储备短缺等问题。而美国经济却在二战后急速膨胀，成为战后世界上最强大的国家。它拥有西方世界1/2以上的生产能力、1/3的出口贸易和3/4的黄金储备。

一方面，战后的欧洲各国面临着恢复和重建本国国民经济的巨大压力；另一方面，以美国和英国为主的战胜国积极倡导自由贸易，希望凭借其雄厚的经济实力，建立新的贸易秩序，以便谋取更多利益。同时，当时的国际经济社会也面临三个亟待解决的问题：

(1) 建立新的汇率制度，维持各国间汇率的稳定和国际收支的平衡。
(2) 创立能够处理长期国际投资问题的国际组织。
(3) 重建国际贸易新秩序。

1944年7月，国际货币与金融会议在美国新罕布什尔州布雷顿森林召开。美、英等44个国家在著名的"布雷顿森林会议"上达成共识，建立了IMF和国际复兴开发银行(International Bank for Reconstruction and Development，IBRD)即世界银行(Word Bank)，解决了前两个问题。

【参考图文】

随后，在美国的提议下，联合国经济与社会理事会于1946年2月举行第一次会议，通过了由美国提出的召开"世界贸易和就业会议"的决议草案，并成立了由19国(包括中国)组成的筹备委员会，着手筹建国际贸易组织。在筹委会会议上，美国提出建立一个国际贸易组织，并提出了国际贸易组织宪章草案，还要求立即开展关税减让谈判。1947年4月～7月，筹委会在日内瓦召开第二次全体大会，就关税问题进行谈判，讨论并修改国际贸易组织宪章草案。宪章经修改后，于1947年10月在古巴哈瓦那举行的联合国贸易与就业会议上审议通过，故称《哈瓦那宪章》。经过多次讨论和关税减让谈判，美国等23个国家达成协议[②]，1947年10月在日内瓦签订了GATT，于1948年1月1日起生效，GATT由此产生。该协定是《哈瓦那宪章》的一个附属性协定，而且是"临时性使用协议书"。但是此后，关贸总协定的有效期一再延长，直到1995年1月1日WTO正式运行，共存在和延续了47年。

人们普遍认为，GATT的宗旨决定着它的作用，一般来说，它的作用是削减关税，消除其他各种贸易障碍即非关税壁垒，逐步实现贸易自由化，具体包括以下几个方面：

(1) 通过多边贸易谈判，在互惠互利基础上削减关税。
(2) 消除其他贸易障碍，及各种非关税壁垒。它指的是一些国家在关税上因受关贸总协定关税减让表的约束，不能随意增加关税，应该通过各种非关税措施，推行其贸易保护主义。

---

① GATT，1947年。
② 这23个国家成为GATT的创始缔约方，它们是：澳大利亚、比利时、巴西、缅甸、加拿大、锡兰(现斯里兰卡)、智利、中国、古巴、捷克斯洛伐克、法国、印度、黎巴嫩、卢森堡、荷兰、新西兰、挪威、巴基斯坦、南罗得西亚(现津巴布韦)、叙利亚、南非、英国和美国。

(3) 处理国际经济贸易的有关纠纷。
(4) 增强贸易透明度。
(5) 为各国在经济贸易上提供谈判和对话场所。
(6) 促进国际服务贸易、知识产权和投资的发展。

12.1.2 GATT 主导下的多边贸易谈判

GATT 自成立以来，共组织了八个回合的多边贸易谈判：日内瓦回合(1947)、安纳西回合(1949)、托奎回合(1950～1951 年)、1956 年又一次日内瓦回合、狄龙回合(1960～1961 年)、肯尼迪回合(1964～1967 年)、东京回合(1973～1979 年)以及乌拉圭回合(1986～1994 年)。参加的国家和地区从最初的 23 个增加到 128 个，且每一轮谈判都取得了巨大的成果。同时，伴随着国际经济形势的不断变化，各国寄希望于多边贸易谈判所要解决的现实问题也大不相同。GATT 的八轮谈判大致可划分为 3 个阶段：前 6 个回合的谈判主要集中于解决关税减让问题，取得了令人瞩目的成效；第 7 个回合的谈判则主要针对非关税壁垒问题，签署了一系列极有价值的协议；最后的第八轮谈判即"乌拉圭回合"则将多边贸易体制问题作为谈判的重点内容，从更广泛的角度取得了一揽子解决贸易问题的成果。表 12-3，具体罗列了关贸总协定主导下的八轮多边贸易谈判的基本情况。

下面简要介绍 GATT 主导下的前七轮多边贸易谈判的主要议题和成果。

1. GATT 前三轮多边贸易谈判

GATT 谈判的第一回合于 1947 年结束，平均关税降至 35%。但是到了 20 世纪 40 年代后期和 20 世纪 50 年代，GATT 谈判削减的关税幅度相对减少了许多，在 GATT 第三回合谈判结束之时，关税总水平只降至 26%。造成这一结果的原因有两个：第一个是这一时期由于日本和欧洲各国正在进行战后重建，美国国内的贸易保护主义势力升温。第二是当时 GATT 谈判强调的是通过双边议价(如加拿大和法国间)削减特定产品的关税，然后所有参与国同时执行，但各国通常都不愿意削减许多商品的关税，从而使得谈判过程缓慢而冗长[①]。

2. GATT 的第四、第五轮多边贸易谈判

在 1956 年 1～5 月，GATT 第四轮多边贸易谈判在瑞士日内瓦举行，除了进一步削减关税和扩大商品的范围外，发展中国家在世界贸易体系中的地位问题成为一个受到关注的议题。为此，GATT 缔约方部长会议决定成立一个专家组，分析发展中国家在融入世界贸易体系过程中所面临的挑战。1958 年，以戈特弗里德·冯·哈伯勒(Gottfried Von Harberler)为主席的专家组发表了一份报告《国际贸易趋势》(又称为"哈伯勒报告")，认为现行关于商业政策的规则和协定对发展中国家(初级产品生产国)并不适合。这也可能是导致 UNCTAD 于 1946 年成立的一个主要原因。这一时期出现的另一个挑战是欧洲经济一体化的发展。如何处理一体化成员国与其他 GATT 缔约方之间的贸易关系，从而避免对多边贸易体系造成损害，就成为 GATT 要面对的问题。这也是促成第五轮多边贸易谈判的主要原因之一。

---

① [美]罗伯特·J 凯伯. 国际经济学(第 8 版). 原毅军，陈艳莹，等译. 北京：机械工业出版社：174-175.

表 12-3　GATT 主导下的多边贸易谈判回合：1947—1995 年

名　称	日　期	参加缔约方数量	题目及方式	结　果
第一轮：日内瓦回合	1947 年	23 个	关税：产品对产品的谈判	45 000 个税号的减让，平均关税减让 35%
第二轮：安纳西回合	1949 年	29 个	关税：产品对产品的谈判	适度的关税减让：关税总水平降至 35%
第三轮：托奎回合	1950—1951 年	32 个	关税：产品对产品的谈判	新增 8 700 个税号的减让；关税总水平降至 26%
第四轮：日内瓦回合	1956 年 1~5 月	33 个	关税：产品对产品的谈判	关税水平降低 15%，涉及 2/3 的世界贸易额
第五轮：狄龙回合	1960—1961 年	39 个	关税：产品对产品的谈判；欧盟关于工业制成品 20%线性削减建议未被通过	1957 年欧共体建立后进行关税调整；4 400 个税号的相互减让
第六轮：肯尼迪回合	1964—1967 年	74 个	关税：公式法减让、辅之以产品对产品的谈判；非关税措施：反倾销、海关估价	发达国家平均降税 35%，30 000 个税号被约束；反倾销和海关估价协议
第七轮：东京回合	1973—1979 年	99 个	关税：公式法减让；非关税措施：反倾销、补贴、海关估价、政府采购、进口许可证程序、产品标准、保障条款	发达国家平均降税 1/3(工业制成品达 6%)；所谓的有关非关税措施的行为守则，适用于有关 GATT 成员
第八轮：乌拉圭回合	1986—1994 年	1986 年 103 个；1993 年末 117 个；1995 年初 128 个	关税：产品对产品和公式法谈判相结合；非关税措施：所有东京回合议题加上装船前检验、与贸易有关的投资措施、原产地规则；新议题：服务贸易和知识产权、争端解决程序、贸易政策和监督的透明度	发达国家平均降税 1/3；农产品和纺织品被列入 GATT；创立 WTO；服务贸易协议和知识产权协议；许多东京回合的守则得到加强并成为 1994 年 GATT 的一部分，随即适用于 WTO 的所有成员

尽管第五轮谈判即狄龙回合达成了大约 4 000 项关税减让，关税水平平均降低 20%，涉及贸易金额达 49 亿美元；欧洲经济合作组织(OEEC)对外统一关税平均下降 6.5%；作为 GATT 规则的例外，《棉纺织品安排》(The Arrangement on Cotton Textiles) 获得通过，允许与棉花出口国就配额限制进行谈判，该安排延续至 1947 年《多种纤 【参考图文】

维安排》(The Multifibre Arrangement)，又称《国际纺织品协议》开始生效。但农业和农产品贸易谈判几乎没有进展，部分原因是 OEEC 对农业的保护(共同农业政策)；虽然发达国家已经意识到给予发展中国家产品免税进入本国市场的重要性，但在如何促进发展中国家更好地融入世界贸易体系方面的工作进展仍较缓慢。

3. GATT 的第六轮多边贸易谈判

始于 1964 年 5 月的第六轮多边贸易谈判即肯尼迪回合是由当时的美国总统肯尼迪发起的。促成这次谈判的原因除了仍然备受关注的议题：发展中国家在世界贸易体系中的地位问题——渴望重塑世界贸易体系，以期为其提供新的出口机会。另一个重要原因是美国的积极推动。当时，美国将欧洲共同市场的快速发展看做其贸易利益的最大威胁[①]。但从另一个角度来讲，美国并不反对而是支持共同市场的扩张与一体化。原因有两点：第一，可以加强欧洲国家之间(特别是德法两国)的经济和政治合作，最小化战争的风险；第二，利用西欧国家的联合遏制共产党国家的扩张。显然，美国是希望通过推动与西欧之间的自由贸易，使双方可以分享更多的经济和政治利益。基于以上因素，新一轮的多边贸易谈判被启动。

在这一回合的谈判中，GATT 各缔约国采取了多边会议，谈判的模式从一个产品一个产品地逐项谈判转变成全面谈判。可以一次性讨论产品大类，协定形成的关税减让适用于该大类中的所有商品——这是一种简单且更有效率的谈判方式。

最终，在"肯尼迪回合"中，农产品首次成为一个重要的谈判议题，谈判的分歧主要发生在美国与 OEEC 之间，但最终 OEEC 维持其共同农业政策(CAP)基本不变，只有谷类产品被纳入世界商品协议。同时，非关税措施成为该轮谈判的新主题，1967 年的《国际反倾销守则》(International Anti-Dumping)是其重要成果之一。该轮谈判明确考虑了发展中国家的利益，在 GATT 中新增"贸易与发展"条款，规定给予发展中缔约方特殊优惠待遇，明确发达缔约方不应要求发展中缔约方做出对等的减让承诺。

4. GATT 的第七轮多边贸易谈判：正式涉及非关税壁垒问题

1973—1979 年的东京回合是 GATT 覆盖面最广的一次谈判。在该轮谈判中，各缔约国一致同意采用肯尼迪回合创立的全面关税削减形式。最终，9 个主要工业国的制造业产品平均关税从 7.0%削减到 4.7%，降低了 40%，极低的关税使得工业国之间不再存在显著的贸易障碍。东京回合的第二个成就是达成了取消或降低多种非关税壁垒的协议，并对如下 6 个领域内的行为做出了规定：海关估价、进口许可、政府采购、贸易的技术壁垒(如产品标准)、反倾销程序和反补贴税。

12.1.3 乌拉圭回合与 WTO 的产生

1. 启动乌拉圭回合的背景

尽管东京回合的谈判推进了贸易自由化，但 20 世纪 70 年代中后期以来，世界经济形

---

① 1962 年 1 月 25 日，美国总统肯尼迪在给国会的特别咨文(Special Message)中阐述了美国贸易政策面临的五大挑战，它们依次是欧洲共同市场的发展、国际收支头寸面临的日益增长的压力、加速美国经济增长的需要、共产党国家在援助与贸易上的攻势、日本及发展中国家开辟新市场的需要。

势发生了巨大变化，在经历了近 1/4 个世纪的经济与贸易繁荣增长后，世界经济的增长速度开始放慢。进入 80 年代后，以政府补贴、双边数量限制、市场瓜分等非关税措施为特征的贸易保护主义重新抬头。为了遏制贸易保护主义，继续扩大贸易自由化，进一步促进经济发展，GATT 的各缔约国纷纷同意启动第八轮的多边贸易谈判，即乌拉圭回合。

2. 乌拉圭回合的主要成果

GATT 的第八轮多边贸易谈判从 1986 年 9 月启动，到 1994 年 4 月签署最终协议，共历时八年，先后有 117 个国家和地区参加，是 GATT 历史上议题最多、范围最广、规模最大的一次多边贸易谈判(到 1995 年年初，参加乌拉圭回合谈判的缔约方数量已达到 128 个)。

乌拉圭回合的谈判议题共有 15 项，按其性质大体可分为三大类：继续促进贸易自由化的议题；强化 GATT 多边贸易体制的功能及作用的议题；第三类是三个新议题，包括与贸易有关的知识产权保护问题、与贸易有关的投资问题和服务贸易的问题。

乌拉圭回合的主要成果包括以下几个方面：

(1) 货物贸易方面，通过减少和消除关税、数量限制和其他非关税措施来改善市场进入的条件，进一步扩大世界贸易。

(2) 服务贸易方面，在乌拉圭回合之前，GATT 的谈判都只涉及货物贸易领域。随着国际经济形势的不断变化，服务贸易在国际贸易中的重要性日益增强，但许多国家在该领域采取的一些保护措施制约和限制了国际服务贸易的发展。因此，在乌拉圭回合中，发达国家提出将服务业市场准入问题作为谈判的重点，最后达成了《服务贸易总协定》，并于 1995 年 1 月 1 日正式生效。

(3) 与贸易有关的知识产权方面，知识产权是一种无形资产，随着国际经济与贸易的不断发展和技术开发的日新月异，越来越多的贸易现象涉及知识产权问题，然而与之对应的监督、保护、管理制度和争端解决机制在这一领域却相对缺失，对国际贸易的进一步发展产生了阻碍。因此，乌拉圭回合的谈判结果达成了《与贸易有关的知识产权协定》——是一揽子结果的重要组成部分，随后所有的成员国都要接受其规则的约束。

(4) 多边贸易体系得到进一步丰富和完善。在乌拉圭回合后期，决定成立 WTO 取代临时性的 GATT 1947。

3. 世界贸易组织的产生

在 GATT 第八轮多边贸易谈判即乌拉圭回合启动之初，并没有将建立 WTO 问题列入其谈判议题。但随着谈判的进行，很多缔约国发现，服务贸易和与贸易有关的知识产权等非货物贸易新议题的谈判成果很难在 GATT 的框架内付诸行动，只有改革和扩大 GATT 体制的职能和作用，建立一个正式的国际贸易组织，才能有效地协调、监督和执行乌拉圭回合的成果。于是，1994 年 4 月 15 日乌拉圭回合的各参加方在马拉喀什部长级会议上一致通过并签署了《建立 WTO 的马拉喀什协定》(Marrakesh Agreement Establishing the World Organization)，简称《建立 WTO 协定》。根据协定，1995 年 1 月 1 日，WTO 正式运行。

【参考图文】

12.2 WTO

《建立 WTO 协定》在其序言中指出，WTO 就是"建立一个完整的、更可行的和持久的多边贸易体制，以包含 GATT 以往贸易自由化努力的结果以及乌拉圭回合谈判的全部成果"。

12.2.1 WTO 的地位、宗旨和职能

1. WTO 的地位

WTO 成立于 1995 年 1 月 1 日，是(GATT 1947 第八轮多边贸易谈判乌拉圭回合的一项重要成果，也是自 GATT 1947 后世界多边贸易体制的一次飞跃。

在法律地位上，与 GATT 是一个临时适用的政府多边贸易协定相比，WTO 是常设的永久性国际组织，在国际上具有独立的法人资格，享受联合国机构的权利和义务。

2. WTO 的宗旨和目标

《建立 WTO 协定》指出，各成员"在处理他们在贸易和经济领域的关系时，应以提高生活水平、保证充分就业、保证实际收入和有效需求的大幅稳定增长以及扩大货物和服务的生产和贸易为目的，同时应依照可持续发展的目标，考虑世界资源的最佳利用，寻求既保护和维护环境，又以与它们各自在不同经济发展水平的需要和关注相一致的方式，加强为此采取的措施"。另外还指出，"通过达成互惠互利安排，实质性削减关税和其他贸易壁垒，消除国际贸易关系中的歧视待遇，并为实现这些目标作出贡献"。

专栏 12-2

WTO：《2014 年世界贸易报告》

WTO 2014 年 10 月 20 日发布报告说，世界经贸发展四大趋势是发展中国家在全球经济中的地位和重要性日益提高、发展中国家更多地参与全球价值链、大宗商品价格攀升以及各经济体相互依赖程度提高。报告强调这些趋势给发展中国家带来机遇和挑战。

这份题为《2014 年世界贸易报告》的年度报告说，自 2000 年以来，发展中国家占全球贸易的份额从 33%提高至 48%。

报告指出，发展中国家通过全球价值链以较低成本融入世界经济，并从大宗商品价格攀升中获益。但 WTO 强调，发展中国家仍面临重要挑战。

报告认为，发展中国家经济发展成果显著，但与发达国家仍有很大差距。很多发展中国家目前处在全球价值链下游，从事技术含量较低的活动，竞争优势容易流失，而向价值链上游攀升需要很大的努力。以农产品为例，发展中国家占全球农产品出口市场份额从十多年前的 27%提高至 36%左右，但关税、补贴等市场准入障碍仍然影响这些国家农产品出口，而农产品价格提高给净进口国带来压力。

自然资源是报告强调的另一个重点。WTO 称，部分资源丰富的国家得益于资源价格上涨，经济发展

第 12 章 多边贸易体制

有所加快，但开采自然资源对社会和环境的影响以及经济多样化仍是这些国家需要考虑的问题。

报告说，全球经济相互依赖程度提高使得各经济体能够彼此受益、互享成果，但在一地爆发的危机同样能够迅速蔓延至其他经济体。

WTO 总干事阿泽维多表示，开放的、非歧视性的和以规则为基础的多边贸易体系是保证发展中国家取得经贸成果的重要基础，但很多发展中国家仍然有很长的路要走。他强调，WTO 的作用将因此而更为重要，2013 年 12 月达成的"巴厘一揽子协定"能够帮助较贫穷国家充分发挥出口潜力。

"巴厘一揽子协定"包括简化海关及口岸通关程序、允许发展中国家在粮食安全问题上具有更多选择权、协助最不发达国家发展贸易等内容。阿泽维多呼吁尽快有效落实协定内容，推动贸易谈判，以促进贸易和经济发展，并确保发展中国家从贸易中充分获益。

(资料来源：中国新闻网，http://finance.chinanews.com/cj/2014/10-22/6706453.shtml.)

3. WTO 的职能

根据《建立 WTO 协定》第 3 条，WTO 最重要的目标是促进国际贸易平稳、自由、公平和可预见地开展。为实现这一目标，WTO 实施以下职能：

(1) 实施、管理和运作 WTO 协定以及多边贸易协定。
(2) 为各成员国的多边贸易谈判和贸易部长级会议提供场所。
(3) 依据《关于争端解决的规则与程序的谅解》，解决各成员之间的贸易争端与摩擦。
(4) 根据《建立 WTO 协定》附件 3 所列的安排，定期审议各成员的贸易政策。
(5) 与 IMF、世界银行、UNCTAD 以及其他国际机构进行合作，以便进一步促进对全球统一的经济政策的规定。
(6) 提供技术援助和培训计划，促进发展中国家成员，尤其是不发达国家成员的发展。

专栏 12-3

WTO 管辖的主要协议

1. 有关货物贸易的协议

WTO 有关货物贸易的法律规则体现在附件 A，它包括以下四组协议。

第一组是 GATT 1947，它包括 GATT 1947 的各项实体条款、1995 年 1 月 1 日以前根据 GATT 1947 作的有关豁免与加入等决定、乌拉圭回合中就有关条款达成的六个谅解以及《关于 WTO 的协定》。第二组是两项具体部门协议，即《农产品协议》和《纺织品与服装协议》。第三组包括《技术性贸易壁垒协议》、《海关估价守则》、《装运前检验协议》、《原产地规则协议》、《进口许可证程序协议》、《卫生与植物卫生措施协议》和《与贸易有关的知识产权协议》等七项协议。第四组包括《反倾销协议》、《补贴与反补贴协议》和《保障措施协议》等三项贸易救济措施协议。

2. 有关服务贸易的协议

有关服务贸易的法律规则体现在附件 B 中。乌拉圭回合对服务贸易的定义和统计、服务贸易多边框架的范围、制定服务贸易规则的主要概念、现有的多边规则与协议以及影响服务贸易的措施等问题进行了讨论，最终达成了《服务贸易总协定》。协定分六个部分，由 32 个条款组成，主要包括管辖范围、一般义务和纪律、具体承诺、逐步自由化、机构条款和最后条款等内容。协定承认发达成员与发展中成员在服务发展水平上的差距，允许发展中成员在开放服务业方面享有更多的灵活性。

3. 与贸易有关的知识产权协议

WTO 有关知识产权的法律规则体现在附件 C 中。乌拉圭回合首次将知识产权问题纳入 GATT 谈判，达成了《与贸易有关的知识产权协定》(TRIPs 协议)，构成乌拉圭回合"一揽子协议"的重要组成部分。TRIPs 协议共有七个部分 73 条，这七个部分是：总则和基本原则；关于知识产权的效力、范围及使用标准；知识产权的实施；知识产权的获得、维持及有关程序；争端的防止与解决；过渡性安排；机构安排和最后条款。协议的宗旨是，加强对知识产权的有效保护，防止与知识产权有关的执法措施或程序变成合法贸易的障碍，减少对国际贸易的扭曲。

4. 诸边协议

《政府采购协议》、《民用航空器贸易协议》、《国际奶制品协议》和《国际牛肉协议》构成附件 D，是 WTO 的诸边协议，成员方可自愿参加，签署协议的成员方受其约束，未签署的成员方不受其约束。其中《国际奶制品协议》和《国际牛肉协议》已于 1997 年 12 月 31 日终止。

12.2.2　WTO 的基本原则

在 WTO 负责实施和管理的贸易协定与协议中，贯穿了一系列基本原则，它由若干规则和一些规则的例外条款组成。归纳起来，这些基本原则主要包括非歧视原则、公平竞争原则、透明度原则、自由贸易原则、鼓励发展和经济改革原则、例外与免责原则等。

1. 非歧视原则

非歧视原则(Non-Discrimination)又称无差别待遇，是指每一成员国在进出口方面应以相等的方式对待所有其他成员国，而不应采取歧视待遇；同时要求每一成员对进入本国市场的任何其他成员国的产品应在国内税收或其他国内商业规章等方面给予和本国产品同等的待遇，而不应歧视。非歧视原则具体体现在最惠国待遇(Most-Favored-Nation Treatment，MFN)和国民待遇条款(National Treatment，NT)。

最惠国待遇是指一国在贸易、航海、关税、国民法律地位等方面给予另一国的优惠待遇不得低于现时或将来给予任何第三国的优惠待遇。该项待遇的给予通常是通过签订双边贸易条约并在其中订入最惠国待遇条款得以进行。WTO 体制下的最惠国待遇具有明确的适用范围。在 GATT 1947 中，它适用于货物贸易的输出入，与输出入有关的国际收支转账；关税和费用及其征收方法；输出入手续方面以及内地税和内地规章的适用方面。《建立 WTO 协定》将此适用范围扩大到服务贸易、与贸易有关的知识产权和与贸易有关的投资措施。在这些协定中最惠国条款的适用也是明确限制在各协议的适用范围之内的。

国民待遇是国际上关于外国人待遇的最重要的制度之一。其基本含义是指一国以对待本国国民之同样方式对待外国国民，即外国人与本国人享有同等的待遇。传统的国民待遇所涉及的权利义务关系仅局限在民事领域，随着国际经济交往的日益频繁，其内容逐渐延伸到国际投资领域，并成为该领域普遍遵守的基本法则。作为对外国投资的待遇，国民待遇是指主权国家在条约或互惠的基础上，一国给予外国国民或法人在投资财产、投资活动及有关司法行政救济方面等同于或不低于本国国民或法人的待遇。国民待遇原则一般通过国内立法和国际条约来体现。

2. 公平竞争原则

WTO是建立在市场经济基础上的多边贸易体制。公平竞争(Fair Competition)是市场经济顺利运行的重要保障。公平竞争原则是指成员方应避免采取扭曲市场竞争的措施，纠正不公平贸易行为，在货物贸易、服务贸易和与贸易有关的知识产权领域，创造和维护公开、公平、公正的市场环境。在WTO框架下，公平竞争原则是由反倾销和反补贴条款构成的。

专栏 12-4

欧盟对中国无缝钢管征反倾销税

受全球金融危机影响，国际钢铁需求大幅下滑，贸易环境日趋恶化，贸易保护盛行。2009年，国际方面对中国钢铁反倾销案共计21例，主要集中在美国和欧盟。其中，美国7起，欧盟4起，俄罗斯3起，印度3起。从品种上看，中国的钢管产品又成为各国主要的反倾销对象，总计有12起之多，未来中国钢管出口环境将受到严峻的威胁和挑战。

尽管欧盟领导人此前多次承诺反对保护主义，但2009年以来欧盟接连对从中国进口的钢盘条、葡萄糖酸钠、无缝钢管和铝箔等商品实施所谓反倾销行动。对此，中国政府表示强烈反对。早在欧盟2009年4月8日发布公告对中国产无缝钢管征收临时反倾销税之后，中国商务部官员4月9日表示，欧盟仅以损害威胁为由对中国产无缝钢管征收临时反倾销税，是向业界发出了一个错误的信号，希望欧盟尽快终止对中国产无缝钢管的反倾销调查。中国反对欧盟随意使用损害威胁标准进行贸易救济调查。

但是，在为期6个月的临时关税到期后，WTO裁定中国输欧无缝钢管对欧盟产业构成损害威胁。2009年10月6日，欧盟宣布向中方征收为期五年的最终反倾销税，税率为17.7%~39.2%。

(资料来源：http://www.china.com.cn/news/txt/2009-10/06/content_18659433.htm.)

3. 透明度原则

透明度原则(Transparency)是指WTO要求所有成员方的贸易政策(包括法律、法规、政策及司法裁决和行政裁决等)保持透明，未公布的不得实施，同时还应将这些贸易措施的变动情况及时通知WTO秘书处，以此来提供和维护一个稳定的、可预见的贸易环境。

4. 自由贸易原则

WTO倡导并致力于推动贸易自由化，自由贸易原则(Free Trade)是指通过多边贸易谈判，要求各成员方尽可能地取消不必要的贸易障碍，如达到实质性的关税降低，减少非关税贸易壁垒，分阶段地逐步放宽服务贸易的市场准入条件等。

自由贸易原则的要点是[①]：以共同规则为基础，以多边谈判为手段，以争端解决机制为保障，以贸易救济措施为"安全阀"，以过渡期方式体现差别待遇[②]。

---

① 薛荣久. 世界贸易组织概论. 北京：高等教育出版社，2006.
② WTO承认不同成员之间经济发展水平的差异，通常允许发展中成员履行义务有更长的过渡期。

5. 鼓励发展和经济改革原则

这一原则主要是针对发展中成员国，鼓励其经济发展和改革，是在 GATT 该原则基础上的进一步加强。例如，允许发展中国家用较长的时间履行义务，给予其较长的过渡期；允许发展中国家在履行义务时拥有较大的灵活性；规定发达国家要向发展中国家提供技术援助(参见《服务贸易协定》第 4 条规定；《与贸易有关的知识产权规定》第 67 条规定。)。

6. 例外与免责原则

WTO 在要求各成员履行义务的前提下，在某些方面也给予了成员方例外和免责原则，又称"不实施非歧视原则"。根据 WTO 的规定：

(1) 例外包括一般例外(General Exceptions)、安全例外(Security Exceptions)、发展中国家特殊待遇(1979 年，GATT 东京回合通过了《关于有差别与更优惠待遇、对等与发展中国家充分参与的决定》)、地区经济一体化、知识产品和边境贸易等。

(2) WTO 协定和协议中的免责规定，包括紧急限制进口措施即保障措施(GATT 1994 第 19 条规定)、保护幼稚产业措施(GATT 1994 第 18 条规定，即所谓的"保护幼稚产业条款")和国际收支限制措施、有关承诺修改或撤回(GATT 1994 第 28 条规定)和义务豁免(豁免申请须向 WTO 有关理事会提出，有关理事会在 90 天内进行讨论，并提交部长级会议作出决定)。

2009 中美轮胎特保案

"特保"，是"特定产品过渡性保障机制"和"特殊保障措施"的简称。《中华人民共和国加入 WTO 议定书》中承诺，中国产品在出口有关 WTO 成员时，如果数量增加幅度过大，以至于对这些成员的相关产业造成"严重损害"或构成"严重损害威胁"时，那么这些 WTO 成员可单独针对中国产品采取保障措施。"特保"实施的期限为 2001 年 12 月 11 日～2013 年 12 月 11 日。

2009 年中美轮胎特保案是奥巴马时代美国首起对华特保案，也是针对中国的最大特保案，该案也是奥巴马对华贸易政策的风向标。2009 年 4 月 20 日，美国钢铁工人联合会向美国国际贸易委员会提出申请，对中国产乘用车轮胎发起特保调查。其在诉状中声称，从中国大量进口轮胎损害了当地轮胎工业的利益；若不对中国轮胎采取措施，到 2009 年年底还会有 3 000 名美国工人失去工作。根据美国调查程序，美国总统奥巴马于北京时间 2009 年 9 月 12 日宣布，对从中国进口的所有小轿车和轻型卡车轮胎实施为期三年的惩罚性关税。具体的惩罚性关税税率第一年为 35%，第二年为 30%，第三年为 25%(此前美国国际贸易委员会建议对中国产轮胎征收为期三年的惩罚性关税，幅度分别为 55%、45%、35%)。

2009 年 9 月 14 日，我国政府正式就美国限制中国轮胎进口的特殊保障措施启动了 WTO 争端解决程序。中国常驻 WTO 代表团在一项声明中说，中方要求与美方磋商，是行使 WTO 成员权利的正当举动，是维护自身利益的切实行动。声明指出，美方对中国输美轮胎采取特保措施，是违背 WTO 规则、滥用贸易救济措施的错误做法。中方希望各方能够体会到中方坚定反对贸易保护主义的决心，共同维护多边贸易体制，尊重多边贸易规则，共克时艰，推动全球经济尽快复苏。

2010 年 8 月 5 日，中国轮胎企业在美起诉美国商务部双重征税一案于正式判决：美国商务部对中国产轮胎同时征收反倾销税和反补贴税的做法被判为非法。并最终裁决:美必须停止征收反补贴税。

(资料来源: http://baike.baidu.com/view/2809913.htm; http://baike.baidu.com/view/2739414.htm.)

12.2.3 WTO 的组织机构和运行机制

1. WTO 的组织机构

(1) 部长级会议(Ministerial Conference):是 WTO 的最高决策机构。部长级会议由所有成员国的代表参加,至少每两年召开一次,讨论和决定涉及 WTO 职能的所有重要问题并采取行动。历次会议议题见表 12-4。

表 12-4 WTO 历届部长级会议

	时 间	地 点	中心议题	代表性成果
第一届	1996 年 12 月 9~13 日	新加坡	乌拉圭协议的执行情况、世界贸易的最新发展、讨论 WTO 的未来	《新加坡部长宣言》、《信息技术协定》
第二届	1998 年 5 月 18~20 日	日内瓦	全球多边贸易体制 50 周年庆典、发动新一轮多边贸易谈判	《日内瓦部长宣言》、《全球电子商务的决定》
第三届	1999 年 11 月 30~12 月 3 日	西雅图	启动"千年回合"	无果而终
第四届	2001 年 11 月 9~14 日	多哈	批准中国加入 WTO、启动新一轮全球多边贸易谈判	《多哈部长宣言》、《与执行有关的问题与若干考虑》、《TRIPS 协定与公共健康宣言》
第五届	2003 年 9 月 10~14 日	坎昆	中期评审	《坎昆部长宣言》
第六届	2005 年 12 月 13~18 日	香港	推动多哈回合谈判	《香港部长宣言》
第七届	2009 年 11 月 30~12 月 2 日	日内瓦	WTO、多边贸易体系和当前全球经济形势	会议未能在推动多哈回合谈判方面取得明显进展
第八届	2011 年 12 月 15~12 月 17 日	日内瓦	多边贸易体系和 WTO 的重要性、贸易和发展、多哈发展议程	为最不发达国家在服务贸易、知识产权、加入便利等诸多方面做出了重要决议;在扩大政府采购市场准入方面获得了重要进展等
第九届	2013 年 12 月 3~12 月 7 日	巴厘岛	贸易便利化、农业和发展	《巴厘部长宣言》

(2) 总理事会(General Council):是 WTO 的核心机构,负责 WTO 的日常决策。总理事会由所有成员国的代表组成,定期召开会议,并在部长会议休会期间,执行部长会议的各项职权,包括履行争端解决机构和贸易政策审议机构的职责。

总理事会下设货物贸易理事会(Council for Trade in Goods)、服务贸易理事会(Council for Trade in Services)、与贸易有关的知识产权理事会(Council for TRIPS)三个专门理事会。各理事会根据所管辖的贸易领域和职权范围设立相应的下属机构，并规定下属机构的职权和其议事程序批准规则。

(3) 专门委员会(Committees)：部长会议下设五个专门委员会，分别是贸易与环境委员会(Committees on Trade and Environment)、贸易与发展委员会(Committees on Trade and Development)、区域贸易协议委员会(Committees on Regional Trade Agreements)、国际收支限制委员会(Committees on BPO Restrictions)以及预算、财务和行政委员会(Committees on Budget，Finance and Administration)。

(4) 诸边协议委员会(Plurilateral Committees)：包括民用航空器贸易委员会和政府采购委员会，负责监督实施相应的诸边贸易协议。这两个委员会不是总理事会的附属机构，但在 WTO 内运作，并定期向总理事会通报其活动。

(5) 秘书处(Secretariat)：是 WTO 的日常办事机构，设总干事一名，正常任期四年，可连任。秘书处由部长会议任命的总干事领导，总干事的权利、职责、任职条件和任期由部长会议通过规则确定。WTO 的第一任总干事是意大利的雷纳托·鲁杰罗(Renato Ruggiero)，现任总干事是 2013 年 9 月 1 日当选的巴西外交官罗伯托·阿泽维多(Roberto Azevedo)。

(6) 其他机构：除上述常设机构外，WTO 组织还根据需要设立一些临时机构，即所谓的工作组，如加入 WTO 工作组、货物贸易理事会下的国营贸易企业工作组、服务贸易理事会下的国内规则工作组、《服务贸易总协定》规则工作组等。工作组的任务是研究和报告有关专门事项并最终提交相关理事会作决定。有的工作组则直接向总理事会报告，如加入 WTO 工作组。

2. WTO 的运行机制

WTO 的运行机制体现在《建立 WTO 协定》以及相关协议中。

1) 决策机制

WTO 在决策机制上继承了 GATT 的"一致原则"，即"在做出决定的会议上，如果一个与会成员方对拟通过的决议不正式提出反对"，就意味着达成一致意见。根据《建立 WTO 协定》第 9 条，如果未能形成一致意见，则通过投票来决定，每一会员国在部长会议和理事会上各拥有一票，一般以获得多数为通过，除非另有规定。

2) 贸易政策审议机制

贸易政策审议制度是 WTO 对各成员所实施的贸易政策及其对多边贸易体制运行所产生的影响进行定期审议。目的在于促进各成员国遵守多边贸易协议及诸边贸易协议所指定的规则、纪律和承诺。通过审议机制，敦促和鼓励各成员方政府更加严格地履行义务，进而更好地享受其权利。

审议内容是 WTO 各成员国的全部贸易政策和措施，审议范围包括与贸易有关的政策、法律、规定、条例及其他措施。其审议时间是定期的，目前，按各成员在世界贸易中所占份额决定对其审议的时间间隔，所占份额越大，接受审议的次数就越多。

3) 争端解决机制

于 1947 年在乌拉圭回合上达成的《关于争端解决规则与程序的谅解》，是 WTO 关于争端解决的基本法律文件。与 GATT 相比，WTO 的争端解决机制更具有权威性和有效性。

WTO 争端解决机制主要有以下特点。

1) 形成统一的争端解决程序

GATT 的争端解决机制由反倾销协定、补贴和反补贴协定等几个部分组成，每一部分都规定了各自独立的争端处理规则和程序，不同的争端运用不同的解决程序。而 WTO 则是将 GATT 的各类争端处理程序归纳在一起，制定了广泛适用于货物贸易、服务贸易及知识产权等所有领域的统一的争端处理程序。这种统一的机制提高了争端解决的效率，缩短了争端解决的时间，也避免了争端解决分歧的出现。

2) 设立专门的争端解决机构

在 GATT 下并没有形成专门的争端解决机制，而是由缔约方理事会承担此项职责。WTO 建立了专门负责争端解决的机构，该机构隶属于 WTO 总理事会。争端解决机构(Dispute Settlement Body，DSB)具有独立履行司法职能的全部权利，负责执行《关于争端解决规则与程序的谅解》中的规则和程序以及有关协定中的磋商和争端解决条款，从而使争端解决专业化、法制化。

3) 严格规定争端解决的时限

GATT 的争端解决规则只模糊地规定各个程序在"合理期限"内完成；而争端解决机制则对各环节规定了严格的、明确的时间表。这样既有利于及时终止和纠正违反方的不当行为，使受害方得到救济，也有利于增强其他成员对多边争端解决机制的信心，巩固 WTO 的地位。

4) 引入交叉报复权，加大裁决的执行力度

如果 WTO 的成员在某一领域的措施被裁定为违反 WTO 协定或协议，且该成员未在合理期限内纠正，则经争端解决机构授权，利益受损方可进行报复。报复应优先在被裁定违反 WTO 规则的相同领域进行，称为"平行报复"；如不可行，报复可在同一协议或协定下跨领域进行，称为"跨领域报复"；若仍不可行，报复可以跨协定或协议进行，称之为"跨协议报复"。很显然，通过授权交叉报复，使有关当事方可以选择更有效的方式对违反协议的情况进行报复，有助于提高 WTO 争端解决机制的执行力度。

5) 增设了上诉程序

WTO 争端解决的程序中设立了上诉程序，并建立了相应的常设上诉机构(Appellate Body)受理上诉案件。这一程序是 GATT 所没有的。依照《关于争端解决规则与程序的谅解》的规定，任何一个当事方均有上诉权，但上诉须限制在专家组报告所涉及的法律问题和专家组作出的解释范围内。上诉机构可维持、修改或推翻专家组的裁决和结论。

专栏 12-6

WTO 涉及的交叉报复案例——巴西起诉美国棉花补贴案(US-Upland Cotton)

2002 年 9 月，巴西向 WTO 起诉美国棉花补贴计划违反 WTO 规定。2004 年 6 月和 2005 年 3 月，专家组和上诉机构分别裁定美国棉花补贴违反了 WTO 规则。2005 年 10 月 6 日，巴西要求对美国实施交叉

报复(对美国知识产权和服务业进行报复)。2007年12月，复审专家组裁定美国没有执行DSB裁决。2008年6月，上诉机构维持了复审专家组的裁决。2008年10月，巴西与美国共同要求仲裁员对巴西拟对美实施报复的水平进行仲裁。2009年3月3日，巴西申请对美国实施价值25亿美元的报复，分三个部分实施：一是对美国"棉花支持计划Ⅱ"一次性实施3亿美元的报复；二是对可诉补贴部分每年实施价值10亿美元的报复；三是针对美国的禁止性补贴每年实施价值12亿美元的交叉报复，总体而言涉及美国版权、商标、工业设计、专利等领域。

2009年9月，WTO根据美国棉花补贴对巴西农民的伤害程度，裁定巴西有权向美国征收每年1.474亿美元的报复性关税，此外，以巴西其他工业的受伤害程度计算，巴西还可向美国追索额外补偿。巴西外交部称，依据仲裁结果，预计2009年巴西对美国的报复性惩罚可达到近8亿美元。

2010年3月8日，巴西政府宣布了对美制裁商品清单，涉及102种商品。根据这份由巴西发展工业外贸部公布的清单，对美制裁商品主要包括食品、化妆品、汽车零配件和家用电器等。巴西将提高针对这些商品的关税，幅度在22%～100%，预计每年多征进口税额达5.91亿美元。此外，巴西还将在知识产权和服务领域执行针对美国的制裁措施，预计总额每年约为2.38亿美元。3月15日，巴西政府公报第二波对美国的贸易制裁清单，21项知识产权措施包括处方药、化学品、生物科技、音乐、影片、书籍及软件的专利权及知识产权。

但由于美国方面正式提出了一系列补偿措施，巴西政府两度推迟制裁的生效时间，最终，巴西外贸商会于2010年6月17日决定，把针对美国的棉花贸易报复措施推迟至2012年实施。

(资料来源：傅星国. WTO争端解决中"交叉报复"的案例分析. 国际经济合作，2009(7)；网易财经频道：http://money.163.com/10/0316/05/61SEURF700252C1E.html；华讯财经网：http://stock.591hx.com/article/2010-06-20/0000138911s.shtml；中纤网：http://www.ccfei.com/ccfei/ArticleDetail.aspx?articleid=545580。）

WTO争端解决的基本程序如下所述。

第一阶段：磋商。这一阶段最长可达60天。按照《关于争端解决规则与程序的谅解》的规定，在采取任何行动之前，争端国家之间必须进行磋商，以寻求自行解决彼此间分歧的方案。如果磋商失败，也可寻求WTO总干事进行调解或以其他方式提供帮助。

第二阶段：专家组程序。根据《关于争端解决规则与程序的谅解》第8条，如果磋商未果，或经斡旋、调解和调停仍未能解决争端时，申诉方可向争端解决机构提出成立专家组的请求，由专家组审理争端。

第三阶段：上诉机构审理。《关于争端解决规则与程序的谅解》条款中规定，任何一方均可就专家组的裁决提出上诉。上诉机构只审理专家组报告所涉及的法律问题和专家组所作的法律解释，而不能重新审查现有证据或审查新的证据。

第四阶段：专家组裁决的执行。争端解决程序规定贸易争端各方可以由以下三种形式执行专家组的报告：

(1) 履行。违背义务的一方必须立即履行专家组或以上机构的裁决。若无法立即履行，可向争端解决机构申请一个合理的履行期限。

(2) 提供补偿。根据《关于争端解决规则与程序的谅解》第22条第1款规定，补偿只是一种临时性的措施。如果给予补偿，应该与世贸组织有关协定或协议一致。若违背义务的一方未能在合理的期限内执行争端解决机构的建议和裁决，则另一方可对其要求补偿。

(3) 授权报复。当违背义务的一方未能履行建议且拒绝提供补偿时，受侵害的一方可以要求争端解决机构授权采取报复措施,中止协议项下的关税减让或其他义务。争端解决程序规则规定此类报复行为应由争端解决机构授权,并尽可能在专家组或上诉机构判定的违背义务的《货物贸易总协定》、《服务贸易总协定》或《知识产权总协定》的同一部门内采取。当争端解决机构认为不可能,则可以授权在同一协定项下的其他部门采取报复措施。只有在极个别的情况下,并且作为最后的办法,争端解决机构才能授权采取跨协定的报复行为。

但是,提供补偿和争端解决机构授权采取报复行为都是临时性的措施,最终结果应该是违背义务的一方实施建议和裁决。

除以上基本程序外,在争端各方自愿的基础上,也可采用仲裁、斡旋、调解和调停等方式解决争端。仲裁是指争端当事方共同指定仲裁员并议定相应的程序后由仲裁员来审理争端。斡旋是指第三方促成争端当事方开始谈判或重开谈判的行为。调解是指争端当事方将争端提交一个由若干人组成的委员会,该委员会通过查明事实,提出争端解决的建议,促成当事方达成和解。调停是指第三方以调停者的身份主持或参加谈判,提出谈判的基础方案,调和、折中争端当事方的分歧,促使争端方达成协议。WTO总干事可以以其职务身份进行斡旋、调解和调停,以协助成员解决争端。

12.2.4 WTO与区域贸易协定关系

WTO所建立的世界多边贸易体系对新区域主义的蓬勃发展怀揣着复杂的情感。WTO管辖的GATT第24条允许缔结区域贸易协定,也就是说,区域贸易协定(RTAs)虽已获得WTO允许,但却不断给WTO提出新挑战,迫使其解决新问题。WTO既然无力阻止它继续增多,于是就试图控制甚至利用这种贸易优惠安排形式。双方各自的立场令新区域主义和多边贸易体制身处多次冲突和反复协调之中,由于全球化持续深入、新区域主义力量不断集聚以及多边贸易体制进展趋缓,二者目前正处于彼此较量的关键时期。究竟区域贸易协定与WTO是什么关系,如何互动,如何从战略上处理两者的关系,是国际经济学界和法学界研究的前沿课题[①]。

1. "垫脚石"论与"绊脚石"论

贾格迪什·巴格瓦蒂(Jagdish Bhagwati,1993)用"垫脚石"和"绊脚石"两个词语简洁地表达他对区域贸易协定扩散的疑惑,引起了广泛的讨论[②]。两种意见都得到了各自研究文献的支持。在这个问题下,人们考虑最多和最重要的是:是否会有一个甚至多个自由贸易区持续扩张,最终包含全球所有国家?区域贸易集团形成后究竟会提高还是会降低多边谈判的可能性?多边主义对区域主义的影响是什么?它们两个谁更可能带来全球自由贸易?各国更偏好区域主义还是多边主义?

理查德·鲍德温(Richard Baldwin,1995)认为,某两个国家形成自由贸易协定(FTA)后,

---

① 朱廷珺. 区域贸易协定扩散与WTO新角色假说. 兰州大学学报(社会科学版),2012(5):150-152。

② Bhagwati J.Regionalism Versus Multilateralism:An Overview,in New Dimensions in Regional Integration. Jaime de Melo and Arvind Panagariya, eds., Cambridge, UK: Cambridge University Press, 1993:22-51.

会吸引第三国参加,或者导致第三国与第四国之间形成新的贸易协定,至少这种动力会提高。也就是说,一个 FTA 的形成,会带来另一个新的 FTA 的诞生。这个结论至少可以说明如今区域贸易协定流行的一个原因。这种类似多米诺效应的现象一旦流行,站在全球的角度看,区域主义就是全球自由贸易的垫脚石[①]。

区域贸易集团间会不会相互报复而展开贸易战,从而瓦解多边贸易体制?这是对 20 世纪 30 年代悲剧会否重演的担忧(盛斌,1998)。早期纳什博弈贸易战的理论分析表明,集团贸易冲突不但随时发生,而且将使各国遭受沉重的打击。但这种可能性是建立在博弈论中完全信息静态纳什均衡的基础上的,实际上是"囚徒两难"一次性博弈的翻版。随着博弈论引入无限次博弈,则会存在完全不同于一次博弈的子博弈精炼纳什均衡,即所谓"无名氏定理"。当今相互依存、相互制约的国际贸易区域格局正是此类博弈的实例。这样,在一种惩罚结构(如"针锋相对"战略的威慑)和足够耐心程度下,具有报复能力的区域集团会在非合作博弈中达到互不攻击的合作均衡。多边贸易体制本身就会在相互制衡的地缘经济结构中得以生存,因此,区域贸易协定的存在并不会对多边贸易体制构成威胁,人们似乎是有些多虑了。

2. 双向依赖:"飞转的相互依赖齿轮"论

巴勃罗·海德利克(Pablo Heidrich)和戴安娜·塔斯(Diana Tussie)于 2011 年提出了"飞转的相互依赖齿轮"论。他(她)们在《地区协定与 WTO:飞转的相互依赖齿轮》一文中写道:"随着贸易基础与联系变得越来越密切,将地区主义与多边主义联系在一起的轮轴似乎运转得格外迅速。它们一刻也不停。"他(她)们不将地区主义和多边主义视作相互对立的事物,相反,认为它们是相互依赖的现象。相互依赖在该文被界定为双向的依赖。

他(她)们积极倡导,在今天的条件下,需要以新的眼光来审视地区主义和多边贸易之间的关系:地区贸易协定如何利用 WTO 提供服务,对这些服务的需要是如何日益增加的,而目前又是如何提供的,尤其是用来填补地区成员之间、而不是与第三方之间的政策空白。

3. 兼容协同:"互补性竞争"论

我国学者刘光溪(1996,2006)提出了"互补性竞争"论的观点。在批判地吸收"彼此消长论"某些合理论述的同时,通过研究多边贸易体制的"两步宽容"——法律与实践宽容、区域集团的贸易投资动态规模效应、贸易政治因素对自由贸易力量与保护主义势力相互较量的作用、第三国反应对多边贸易自由化的影响、宏观经济政策协调的重要性,分析区域集团与多边贸易体制背景、内容、原则、目标和成功前提方面的"趋同性",比较区域集团与多边贸易体制贸易自由化范围与机制,在此基础上,得出了"互补性竞争"是区域合作与多边贸易体制关系核心的结论。

互补性竞争论认为,区域合作与多边贸易体制关系的主流不是那种相互排斥,互不兼容的优胜劣汰式竞争,而是一种相得益彰、兼容协同的"互补性竞争关系"。两者在发挥各

---

① Baldwin R. E.A domino theory of Regionalism, in Baldwin, R. E., Haarapanta, P., y Kiander, J. (comp.), Expanding Membership of the EU. Cambridge, Reino Unido: Cambridge University Press, Cambridge Books, 1995:25-48.

自优势的情况下产生了竞争,这种竞争结局是两者彼此取长补短,相互补充,互补的效应进一步提高两者在开辟和实施贸易自由化领域的竞争层次,又丰富和增加了两者互补的内涵,直至全球经济一体化的实现。所以,这种竞争与互补效应相互转化的动态"互补性竞争关系",不仅使区域合作成为全球经济一体化的"积木",而且为贸易自由化的整体发展注入了生机与活力,最终推动和加速了区域合作与多边贸易体制的"最终汇合",使 WTO 规则成为协调、管理和规范"全球自由贸易区"的真正意义上的多边贸易体制。

当然,GATT 1947 第 24 条和《服务贸易总协定》第 5 条含糊和笼统带来了许多问题。不受多边贸易体制管理和监督的区域贸易协定一定程度上干扰和侵蚀了全球经济一体化进程和多边贸易体制的职能。这种体制架构和规则疏漏导致机会主义蔓延,即 WTO 许多成员对于区域内贸易的重视远远大于对区域外的重视,WTO 达成的协议如果对自己不利或者用途不大,则束之高阁。因为有了区域贸易协定及其利益集团的支持,许多国家不愿意在 WTO 成员内妥协,从而造成 WTO 多边谈判进展极其缓慢。

"垫脚石"论、"飞转的相互依赖齿轮"论和"互补性竞争"论都从积极的一面探讨了区域一体化与多边贸易体制之间的互动关系,然而"绊脚石"论依然具有客观事实依据和学术支持。在处理与区域贸易协定冲突问题尤其是贸易争端方面,法学界提出了多重选择方案,让 WTO 扮演"终结者"、"牧师"、"检察官"、"实施者"角色,甚至将 WTO 争端解决机制作为"公共物品"进行"外包",尚缺乏足够的现实基础和法律依据。穿越体制性障碍,进行制度再设计是今后努力的方向。本文认为,中国应采取更加积极和务实的战略处理两者关系,充分利用多种战略平台促进对外开放,参与全球经济治理。应更加注重在全球多边贸易体系中的作用,尽力推动多哈回合谈判进程;更加务实地参与区域经济一体化;在强调扩大内需的同时,绝不能降低对国际市场份额的追求;根据争端商品的市场竞争情况及价格影响和控制能力来选择贸易争端解决机制。

12.3 多 哈 回 合

WTO 自 1995 年成立时起,就把启动新一轮多边贸易谈判、进一步完善多边贸易体制作为其重要使命。经过各方的不懈努力,2001 年 11 月在卡塔尔多哈举行的第四届 WTO 部长级会议上决定正式启动新一轮多边贸易谈判,即多哈回合。

12.3.1 多哈回合谈判的主要议题

多哈回合谈判的宗旨是促进 WTO 成员削减贸易壁垒,通过建立更公平的贸易环境来促进全球,特别是较贫穷国家的经济发展。在多哈部长级会议上拟定的谈判议题相当广泛,包括"立即谈判事项"、"未来谈判事项"以及"其他事项"三大类。

第一类议题包括农产品、服务贸易、非农产品市场准入、与贸易有关的知识产权、贸易规则(包括反倾销、反补贴和区域贸易安排)、争端解决机制、贸易与环境以及贸易与发展等,其中除贸易与环境和区域贸易安排之外,其余均为乌拉圭回合留给新一轮谈判的既定议题。上述议题的谈判要求在 2005 年 1 月 1 日前结束,谈判结果将纳入多哈回合一揽子协议,所有成员必须全部接受。

第二类议题包括自新加坡部长级会议以来 WTO 一直在研究的贸易与投资、贸易与竞争政策、政府采购透明度和贸易便利等新议题,即所谓"新加坡议题"。如果 WTO 各成员能在第五次部长级会议上就谈判模式达成共识,就可随即发起相关谈判,谈判也应于 2005 年 1 月 1 日前结束。

第三类议题包括一些需要进一步研究的议题,如债务与融资、贸易与技术转让、电子商务、小经济体、技术合作和能力建设、发展中国家的特殊和差别待遇、最不发达国家以及谈判规划的组织与管理等。多哈部长级会议设立了"贸易谈判委员会",负责推动上述谈判的进行。

12.3.2 多哈回合谈判进程

2001 年 11 月,WTO 在卡塔尔首都多哈举行的 WTO 第四次部长级会议上通过了《多哈宣言》,明确将发展中国家的特殊需要作为多哈回合的核心,新一轮谈判具有明显的"发展导向"。因此,多哈回合也被称为"多哈发展议程"。其主要目的是抑制全球经济减缓下出现的贸易保护主义,加大贸易在促进经济发展和缓解贫困方面的作用、处理最不发达国家出现的边缘化问题,理顺与区域贸易协定之间的关系,把多边贸易体制的目标与可持续发展有机地结合起来,改善 WTO 的外部形象以及实现《建立协定》中的原则和目标[①]。

尽管多哈回合是到目前为止涉及议题最广泛、参加成员最多的一次多边贸易谈判,但其进展却异常缓慢,且遭遇多次重创,甚至一度陷入僵局。

(1) 第一阶段:2002 年 2 月~2005 年 1 月,谈判正式启动,但进展缓慢。

2002 年 2 月 1 日,在总理事会授权下负责监督谈判工作的"贸易谈判委员会"召开首次会议,设立相应的谈判机制,各项谈判正式启动。在此后的近两年时间里,因为各方利益要求上存在严重分歧,谈判进展缓慢。2003 年 9 月,在墨西哥坎昆召开的 WTO 第五届部长级会议即坎昆会议上,由于发展中国家和发达国家在农业问题和"新加坡议题"上冲突尖锐,直接导致坎昆会议无疾而终,使得原定于 2005 年 1 月 1 日结束的议程成为泡影。

为了打破僵局,各方于 2004 年 8 月 1 日就多边回合谈判达成框架协议,即"多哈框架协议"。这一协议主要是确定今后谈判的指导原则和主要方向,但不包含具体的减让数字。正是"框架协议草案"的制定,使得多哈回合重回正常轨道。

(2) 第二阶段:2005 年 1 月~2006 年 6 月,多次小型部长级会议推动了多哈回合的进展,但各方分歧严重,难以妥协。

2005 年 1 月底,主要成员部长出席了在瑞士达沃斯举行的 WTO 小型部长级会议,会议发出明确信号,希望在 2006 年结束多哈谈判,并确定 WTO 第六次部长级会议于 2005 年 12 月在中国香港举行。2005 年 3 月,在肯尼亚召开的小型部长级会议上,广大贫穷国家纷纷呼吁富裕国家采取具体措施削减农业产品补贴。巴西要求美国削减对棉花补贴的呼吁引起了广大贫穷国家的共鸣。2005 年 5 月 4 日,WTO 的 30 多个主要成员在巴黎举行的小型部长级会议上就农产品关税由从量税(如税额为每吨 500 美元)转换成从价税(如税额为产品价格的 20%)达成协议。由于农业谈判中提出的关税削减公式是针对从价税而言,非从价关税只有转换成从价关税后才可以按照公式进行减让,因此农产品非从价关税向从价税

---

① 薛荣久,樊瑛. WTO 多哈回合与中国. 北京:对外经济贸易大学出版社,2004:47.

转换问题的解决，不仅意味着农业谈判打破僵局闯过第一关，进而进入关税削减的实质性谈判阶段，同时也为重启陷于停滞的工业制成品和服务业等领域的谈判开辟了道路。

但此后在大连、苏黎世、日内瓦举行的一系列小型部长级会议却都未能就农业补贴、关税削减和非农业产品市场准入等关键问题达成一致意见。因此，WTO 不得不调整了香港部长级会议的原定目标，不再坚持就主要议题达成全面协议，而是希望达成一些早期收获，如给予最不发达国家免关税、免配额的待遇以及下一步谈判的时间表等。

【参考视频】

2005 年 12 月 13～18 日 WTO 第六次部长级会议在中国香港举行。会议通过了《部长宣言》，尽管各方达成了初步协议，但在削减农业补贴、降低非农产品关税等关键领域，谈判仍未取得关键性进展。

(3) 第三阶段：2006 年 6 月～2007 年 1 月，谈判陷入困境，被迫进入所谓的"休眠期"。

根据 2005 年 12 月香港部长级会议确定的目标，WTO 成员应在 2006 年 4 月 30 日前就相关模式达成协议，但由于谈判进程缓慢，这一目标未能实现。此后，在时任 WTO 总干事帕斯卡尔·拉米(Pascal Lamy)的敦促下，各成员又确定了 2006 年 6 月底达成协议的最后期限。2006 年 6 月 29 日，约 60 名 WTO 成员的贸易和农业部长出席了在瑞士日内瓦召开的小型部长级会议，就协议草案进行进一步谈判。但各方坚持先前立场互不相让，谈判再次破裂，致使 6 月底前达成协议的计划又一次成为泡影。

2006 年 7 月以来，为挽救陷于僵局的多哈回合，各方进行了不懈努力。拉米指出，多哈回合无法达成协议已经不是技术问题，而是政治问题，并希望各国首脑能够考虑多哈回合失败可能带来的政治风险。在 7 月中旬于圣彼得堡举行的八国集团首脑峰会上，与会各国领导人确定将多哈回合谈判达成基本一致的期限再延期一个月，即将原定在 7 月底达成共识的谈判延期到 8 月中旬，陷入僵局的多哈回合贸易谈判突然又出现一丝转机。7 月 17 日，美国、欧盟、巴西、印度、日本、澳大利亚(G6)等主要谈判成员的贸易谈判代表在日内瓦举行了紧急的小型部长级会议，但会议未取得任何实质性进展。7 月 23～24 日，G6 谈判代表在日内瓦再次就多哈回合关键的农业和非农产品市场准入、国内支持等问题进行部长级磋商，由于缺乏政治意愿，各方立场分歧巨大且难以妥协，谈判再次破裂。拉米认为，谈判的主要障碍是农业问题。美国提出的削减农业国内补贴的建议与欧盟提出的削减农产品进口关税的建议等无法满足对方要求，是谈判破裂的主要原因。

2006 年 7 月 24 日，拉米主持召开了贸易谈判委员会非正式会议，正式建议全面中止已持续近五年的多哈回合贸易谈判，并表示不为恢复谈判设定任何时间表。这意味着多哈回合贸易谈判完全陷入困境，被迫进入"休眠期"。

拉米称，谈判被迫中止对所有成员都是一个失败，这使多边贸易体制受损，发展中国家失去发展经济和减少贫困的良机，对世界经济将产生负面影响，保护主义也会趁机抬头。拉米建议在谈判中止期间，各方认真反思谈判立场，待时机成熟时再考虑恢复谈判。

(4) 第四阶段：2007年1月～2008年7月，打破僵局重启谈判后再次陷入困境。

为实现多哈回合目标，经各方共同努力，2007年1月27日在瑞士达沃斯召开的新回合谈判的非正式部长会议，终于就及早重开谈判达成一致。1月31日，在日内瓦总部召开由全体成员大使参加的会议，与会大使一致表示同意全面恢复多哈回合各个议题的谈判。7月17日农业谈判主席在前期谈判基础上散发了经修订的农业模式草案。但是，其后的谈判，特别是在农产品问题上各国互不妥协，导致2007年9月谈判陷入僵局。此后国际各界纷纷要求尽快恢复谈判。

2008年2月9日，农业谈判在日内瓦重新开始；10天后，以美国为主导的双边谈判也在伦敦开始，欧盟、巴西、印度都与美国进行了集中协商。其后，以农业谈判为中心。WTO先后于3月21日在雅加达召开了发展中国家部长会议，4月13日在新德里召开了主要谈判六方的非正式部长会议，5月7日在日内瓦召开了农业谈判的非正式谈判，5月16日在巴黎同时召开了有16国参加的非正式部长会议和主要谈判六方的部长会议。之后，主要谈判四方——美国、欧盟、印度、巴西于6月19～21日在波茨坦召开会议，由于各方立场分歧过大，无法达成一致意见，最终以失败告终，原定于23日召开的主要谈判六方的部长会议也不得不取消。

2008年7月21日，WTO的30多个主要成员国的代表聚首瑞士日内瓦，试图为"多哈发展议程"最后协定的出台扫清障碍。经过9天的艰苦谈判，在所有20个需要完成的议题中，17个顺利过关，第18个正在达成共识，但终因在第19个议题即发达国家和新型发展中国家在农产品进口特别保障机制(SSM)问题上存在巨大分歧，谈判最终破裂。这场被拉米称之为"没有B计划"的生死谈判的失败，意味着历时七年的多哈回合谈判再一次陷入严重的困境。

(5) 第五阶段：2008年7月至今。

2008年12月13日，拉米宣布，由于各成员无法弥合在一些敏感问题上的分歧，他决定放弃在2008年年底前召开部长级会议来讨论推动达成农业和非农产品市场准入模式协议的计划。

2009年年初，为共同应对全球金融危机，各国领导人多次重申对多哈回合谈判的承诺，呼吁早日完成谈判。但直到9月3～4日WTO在印度新德里召开的WTO小型部长级会议才就重启贸易谈判达成共识。9月15日，主要WTO成员高官级会议在日内瓦重启谈判，并就一项旨在推动谈判取得进展的工作计划达成一致。9月26日，在美国匹兹堡举行的二十国集团领导人会议上，各方承诺将共同反对贸易保护主义，致力于在2010年成功完成多哈回合谈判，但缺乏具体落实细节。2009年11月30～12月2日，WTO第七届部长级会议在日内瓦举行，但是为期三天的会议议程并没有为推动多哈回合谈判取得实质性进展。

2010年3月22日，WTO召开为期一周的高管会议，目的在于盘点多哈回合贸易谈判所处的形势，探讨弥合分歧以及推动谈判走向最后阶段的可能性。3月26日，拉米对外称，由于进展过于缓慢，多哈回合谈判目前仍未进入最后阶段，弥合分歧仍是今后艰难谈判的主调，但WTO成员均承诺将继续为推动谈判达成协议而努力。

2010年5月19～20日，WTO 19个主要成员①在日内瓦举行高官/大使级别会议，就多

---

① 参加此次会议的19个成员为美国、欧盟、日本、澳大利亚、加拿大、瑞士、韩国、中国、巴西、印度、南非、阿根廷、墨西哥、印尼、埃及(非洲集团)、布基纳法索、赞比亚、毛里求斯、巴巴多斯。

哈谈判现状和下一步安排进行了讨论。会议未能取得实质性突破，但各成员达成初步谅解，即将试图明确多哈谈判可能的"着陆区"。

2013年12月7日，WTO第九届部长级会议在印尼巴厘岛闭幕，发布了《巴厘部长宣言》，达成了"巴厘一揽子协定"。该协定对WTO本身和风起云涌的地区性贸易集团以及我国加深对外开放的形势，都具有积极的作用。巴厘岛会议是开启多哈回合议题延伸谈判的基础，其成果包括三大部分，即总理事会正常工作方面的决定、《多哈发展议程》方面的决定和巴厘岛会议的后续工作。其中，《多哈发展议程》方面的内容包括一个协议和两个决定。协议是指《贸易便利化协定》，两个决定是《有关农业的决定》和《有关发展和最不发达国家问题的决定》。农业议题是多哈回合的主要议题之一，这次部长级会议在《有关农业的决定》涉及五个问题：《综合服务》、《为食品安全目的而设立的公共储备》、《关于〈农业协议〉第二条农产品关税配额管理条款的谅解》、《出口竞争》和《棉花》。发展议题是多哈回合的重要议题，这次部长级会议就此达成四个决定：《对最不发达国家的优惠原产地规则》、《给予最不发达国家的服务和服务供应商的豁免优惠待遇的操作》、《给予最不发达国家免税和免税额的市场准入》和《特殊和差别待遇控制机制》。此外，《巴厘部长宣言》的最后部分规划了巴厘岛会议的后续工作，重申承诺为实现《多哈宣言》设定的发展目标而努力，要求贸易谈判委员会准备[①]。

多边贸易体制与地区优惠贸易协定继续共存共融发展

巴厘岛会议为WTO注入活力，将加强与地区优惠贸易协定的共存共融发展。近年来，双边和地区贸易优惠协定不断发展。其特点是：已有的地区贸易集团深化和升级，如欧洲在20世纪50年代3个共同体的基础上演变为欧洲共同市场和欧盟，成员从6个扩充到25个；自由贸易区类型的优惠贸易协定成为主流；地区优惠贸易协定构成基础扩展(从邻国到跨州，最终实现发达与发展中国家、社会制度不同国家兼容，涉及的领域和措施种类广泛)；美国主动引领《跨太平洋伙伴关系协定》(TPP)与《跨大西洋贸易与投资伙伴关系》(TTIP)；新兴国家活跃；地区贸易集团急剧增多。截至2013年7月，上报到WTO的地区优惠贸易协定已增加到547个，继续生效的249个，其中70%是近10年出现的。160个WTO成员中，只有1个没有参与区域贸易协定。

激发地区优惠贸易协定涌起的原因有四个方面：第一，经济动机，如加强与邻国合作；扩大贸易创造，保持和开拓新市场，优化与邻国的资源配置，提高经济效率；构建和加强供应链或垂直型的生产安排，加深地区间分工和经济一体化；提高社会福利等。第二，政治动机，如区域政治一体化的期望，从贸易一体化的低端政治向经贸一体化的高端政治晋升，集团政治理念的普及与示范，加强辐射作用，提高政治地位，加大安全度。第三，发展的紧迫性。20世纪90年代以来，在跨国公司引领下，全球经济一体化加速。全球经济出现急剧变化，如新兴国家的出现，导致贸易格局中南南贸易扩大，生产和消费行为发生变化，技术发明与推广加速，供应链进一步国际化，运输和通信变革加快，消除国境障碍紧迫感不断加强。第四，多边贸易体制的不足和对地区贸易协定有条件的允许。一方面是多哈回合谈判的久拖不决，另一方面多边贸易体制对地区贸易协定有条件的宽容。

---

① 薛荣久，杨凤鸣. 巴厘岛会议后国际贸易规则的走向与我国的应对. 中国财政，2014(7)：38。

最惠国待遇原则是多边贸易体制的核心，但从一开始多边贸易体制就允许成员国有一定的空间，可以在自由贸易区或关税同盟内相互给予更优惠的待遇。WTO 成立后，1996 年总理事会设立了 WTO 区域贸易协定委员会，在此基础上，2006 年 12 月，通过了一个新的区域贸易协定透明机制，要求成员对其参加的区域贸易协定谈判进行"早期公告"，并列出供 WTO 成员审议的时间表，规定对通报的的区域贸易协定的审议应当在自通报日期一年内完成。为此，地区贸易协定的缔约方须向 WTO 秘书处提交关税减让、最惠国关税、原产地规则和进口统计等数据。作为多哈回合谈判的一部分，WTO 成员还进行了旨在"澄清和改进根据现行世贸组织条款适用于区域贸易协定的规范和程序"的谈判。在规则谈判小组里的谈判包括了"考虑到地域贸易协定的发展方向"。

就 WTO 规则与 20 世纪 90 年代后出现的地区贸易协定关系而言，出现两种情况：第一，坚信 WTO 是当今世界贸易谈判、解决贸易争端、促进贸易发展的最佳平台，以其规则为基础，通过地区贸易协定，进行深化和广化。第二，超出 WTO 已有的规则和框架，提升地区贸易协定内部成员的贸易自由化，把多边贸易体制的无条件最惠国待遇演变成有条件的最惠国待遇，构成对非贸易协定成员的歧视。在这种情况下，再加上地区贸易协定的多样化、相互技术标准或法规的差异，加大了交易成本和监管困难，加重了贸易和投资转移的负面作用。在全球价值链的时代，这些协议日趋增加，具有一定的风险。多边方式能够为更多国家带来更大的利益。

巴厘岛会议为多哈回合开启了通向谈判成功的大门，表达出 WTO 成员维护多边贸易体制的决心，导致 WTO 规则与地区贸易协定的趋同性基础在加强，即坚持 WTO 对全球贸易自由化的主导地位，同时充分吸收地区贸易协定中的成功之处，修复 WTO 规则的缺陷，使之为一个公平公正、高效率、富有活力的多边贸易体制。

(资料来源：薛荣久，杨凤鸣. 巴厘岛会议后国际贸易规则的走向与我国的应对. 中国财政，2014(7): 38-39.)

12.3.3 中国对多哈回合谈判的建设性作用

自 2001 年加入 WTO 以来，作为一个新加入成员和发展中成员，中国始终积极推动多哈谈判，参与了 WTO 部长级和高官级的谈判和磋商，举办了 2005 年大连 WTO 小型部长会，在同年 12 月在中国香港举行的 WTO 第六届部长会上发挥了桥梁作用。在 2008 年 7 月小型部长会上，中国受邀参与"七方"(G7)部长小范围磋商，首次进入多边贸易谈判核心决策圈。2009 年，为打破僵局，推动谈判，中国及时提出"尊重授权，锁定成果，多边谈判为基础"的三项谈判原则，得到了大多数成员的认可和支持，并体现在两次二十国集团峰会宣言中。2009 年 12 月的 WTO 第七届部长级会议上，中国呼吁改善和加强以 WTO 为代表的多边贸易体制，推动成员共同向世界发出"开放、前行、改革"的积极信号。

中国全面参与各个领域的谈判，提交了 100 多份提案，在技术层面为推动谈判做出了实质性贡献，并做出了实质性的关税削减承诺。按照目前谈判达成的结果，中国将进一步把农业和工业品的实施关税削减 30%左右。在服务业方面，在 160 个分部门中，在加入 WTO 时已开放 100 个分部门的基础上，中国已承诺将进一步开放 11 个分部门①。

中国始终是多边贸易体制的坚定支持者，始终是自由贸易原则的忠实维护者，始终是多哈回合谈判的积极推动者。中国将继续坚持"互利共赢"的基本原则，与

---

① 2010 年 7 月 20 日，在商务部例行新闻发布会上新闻发言人姚坚答记者问。

其他成员共同努力，同舟共济，维护多哈授权，锁定现有成果，推动多哈回合谈判尽快取得平衡和全面的成果，实现发展目标。

12.4 中国与WTO

2001年12月11日，在WTO成立将近6年之后，中国正式加入WTO，成为第143个正式成员。这是中国改革开放进程中具有重大历史意义的一项战略。这一战略措施对中国经济发展与制度转型产生了长远而巨大的影响。

12.4.1 中国复关与入世的历程

中国与WTO的关系可以追溯到GATT的创建时期。1948年2月21日，中国政府签订了《GATT临时协议书》，成为GATT的23个原始缔约国之一。1948—1949年，中国政府连续两届派出代表参与了GATT最初的两轮多边贸易谈判。但1949年中华人民共和国成立后却未能取得联合国席位，当时中国的社会主义计划经济体制与GATT的基本原则不符，所以GATT的中国席位由台湾当局占据。1950年，台湾当局退出GATT，随后再次盗用中国政府的名义，获得GATT观察员国地位。1971年，联合国大会通过决议承认中华人民共和国政府为代表中国的唯一合法政府，并驱逐了台湾当局的代表，同年11月召开的第27届GATT缔约国大会立即取消了台湾当局的观察员资格。但是此后，由于各种原因，中国的GATT缔约方地位依然空缺。

1986年7月，在乌拉圭回合开始前夕，中国政府正式提出恢复中国缔约方地位的申请。1987年3月，GATT成立一个专门处理中国缔约方地位的工作组，即GATT中国缔约方地位工作组，这标志着中国复关、加入WTO谈判进程的开始。

第一阶段：从1986年中国提出复关申请开始，到1989年结束，是谈判顺利推进阶段。1986年，中国提出复关申请后不久，即在次年2月向GATT递交了《中国对外贸易制度备忘录》。正式复关谈判从1987年6月开始，直到1989年5月，谈判非常顺利。中国与GATT三个最大的缔约方美国、欧盟和日本进行了数十次磋商，并就中国贸易政策的透明度、贸易政策统一、价格改革时间表以及选择性保障条框等四个合性议题进行广泛探讨，基本达成了谅解。同一时期，GATT中国工作组连续召开七次会议。

第二阶段：1989—1992年年底，是复关谈判的反复与突破时期。尽管中国经济体制改革始终是朝着市场化方向发展的，但在理论上和市场经济的概念上，国内还存在比较大的争议，政府改革的目标仍然是建立"社会主义有计划的商品经济"体制。这一原因造成了GATT其他缔约方对中国经贸体制——究竟是市场经济还是计划经济存在质疑，迫使谈判一度停滞乃至逆转。

直到1992年春，邓小平南方谈话和十四大召开，正式确立了社会主义市场经济体制的总体目标，从而有力地推动了中国的复关谈判。同年10月召开的GATT第11次中国工作组会议，正式结束了对中国经贸体制长达六年的审议。

第三阶段：1992年10月～2001年9月，进行"复关/入世"协定内容的实质性谈判，即双边市场准入谈判。

1994年4月12～15日，GATT部长级会议在摩洛哥的马拉喀什举行，乌拉圭回合谈判结束，与会各方签署了《乌拉圭回合谈判结果最后文件》和《建立WTO协定》。中国代表团参会并签署《最后文件》。鉴于WTO将取代GATT形成新的多边贸易体制，并负责乌拉圭回合"一揽子协议"的实施，中国希望尽快结束谈判，成为WTO的创始成员国。但到1994年年底，复关谈判仍因各边立场差距太大而未能达成协议，中国成为WTO创始国的愿望最终没能实现。

1995年6月3日，中国获得WTO观察员身份。同年7月，中国政府照会WTO总干事鲁杰罗，将GATT中国缔约方地位工作组更名为WTO中国工作组。同年11月，WTO中国工作组成立，中国的复关谈判自此转为加入WTO谈判。根据WTO的要求，中国与WTO的37个成员继续进行拉锯式的双边谈判。1997年5月，中国与匈牙利最先达成协议；1999年11月15日，中国完成了最艰难的也是最重要的中美入世谈判；2001年5月19日，中欧谈判几经周折也正式达成双边协议；2001年9月13日，中国与墨西哥签署《入世双边协议》，从而完成了与WTO所有成员国的双边谈判。

第四阶段：2001年9～11月，进行中国入世法律文件的起草、审议和批准。

与双边谈判的复杂与艰难相比，多边谈判较为容易和顺利，主要议题是中国入世的法律文件(包括协定书和工作组报告书)起草问题。2009年9月17日，WTO中国工作组第18次会议通过中国加入WTO法律文件，中国加入WTO多边谈判结束。2001年11月10日，在卡塔尔首都多哈举行的WTO第四次部长会议上以全票通过接纳中国为WTO成员的决议。2001年11月10日，中国代表团团长、时任外经贸部部长石广生与WTO总干事麦克•穆尔(Michael Moore)签署中国加入WTO的一揽子法律文件，并向总干事交存了中国立法机构的常设机关——全国人民代表大会常务委员会会批准书。2001年12月11日，中国正式成为WTO第143个正式成员。

12.4.2 中国加入后的权利与义务

按照中国加入WTO谈判的原则，加入WTO后，中国在享受一定权利的同时，也应尽一定的义务。

1. 中国加入WTO的权利

(1) 享受非歧视待遇——充分享受多边无条件的最惠国待遇和国民待遇。
(2) 参加WTO及其附属机构的各项活动，获得国际经贸规则的参政议政权。
(3) 享受普惠制待遇及其他给予发展中国家成员的优惠或过渡安排。
(4) 利用WTO争端解决机制，公平、客观、合理地解决与其他国家经贸纠纷，营造良好的经贸发展环境。
(5) 享受WTO成员利用各项规则采取例外、保证措施等促进本国经贸发展的权利。

2. 中国加入WTO后应尽的义务

(1) 遵守非歧视原则。
(2) 贸易政策统一实施，增强贸易政策、法规的透明度。
(3) 按WTO相关协议规定，扩大货物、服务的市场准入程度，即降低关税和逐步取消非关税措施。

(4) 按照贸易争端解决机制与其他成员正式地解决贸易摩擦，不搞单边报复。

(5) 扩大知识产权的保护范围。

12.4.3 中国加入WTO后的成就和启示

作为当今世界唯一规范全球贸易的国际组织，WTO为广大成员参与并受益于国际贸易提供了多边制度保障，在推动全球经济可持续发展，遏制贸易保护主义等方面，发挥了中流砥柱的重要作用。中国加入WTO以来，切实履行承诺，认真行使权利和义务，通过积极参与WTO各项活动，为自身的经济社会发展注入了强大的活力，也赢得了WTO成员和国际社会的广泛肯定和赞赏。

中国加入WTO以来所取得了以下成就。

1. 全面履行加入WTO承诺

2010年7月20日，商务部发言人姚坚在商务部例行新闻发布会上说"截至2010年，中国加入WTO的承诺已全部履行完毕，建立起符合WTO要求的经济贸易体制，成为全球最开放的市场之一"。具体表现为以下几个方面：

(1) 在货物贸易领域：中国关税平均水平从加入前的15.3%降至2009年的9.8%，并按时间表全部取消了进口配额和进口许可证等非关税措施，彻底放开了对外贸易经营权。

(2) 在服务贸易领域：在按WTO规则分类的160多个服务贸易部门中，中国已经开放了100个，并承诺将进一步开放11个分部门，远高于发展中国家平均水平，涉及银行、保险、电信、分销、会计、教育等重要服务部门，充分扩大了服务贸易的市场准入机会。

(3) 在宏观经济运行层面：为建立符合WTO要求的法律体系，中国累计清理了3 000多部法律、法规和规章，对贸易体制和政策进行了全面的调整。迄今为止，中国已经先后三次接受了世贸组织的贸易政策审议，回答了60余个成员提出的近3 700个问题。

2. 积极推动世界多边贸易体制的发展

1) 加强与WTO其他成员国家的经贸关系，促进世界经济

加入WTO后，开放的中国主动融入经济全球化浪潮，在多边贸易体制框架下与世界各国发展经贸关系，经济指标年年都有新突破。特别是国际金融危机发生以来，中国对内全面实施并不断丰富完善应对危机冲击的一揽子计划和政策措施，对外言行一致反对贸易保护主义。2009年，中国进口增长2.8%，是主要经济体中唯一进口呈现正增长的国家，支撑了不少受危机困扰的国家的出口，为全球经济复苏作出了重要贡献。

2) 维护WTO的权威性，促进WTO的机制改革

入世9年来，中国积极通过WTO争端解决机制化解与成员间的贸易争端，遵守和执行世界贸易组织争端解决机构的裁决，以实际行动切实维护了多边贸易体制的严肃性和权威性。同时，作为发展中国家的主要代表，中国积极参与多哈回合谈判，始终致力于促进谈判进程，以期保证WTO各项目标的进行。另外，中国还积极支持WTO机制建设，先后向WTO推荐了上诉机构成员人选以及相关委员会主席人选，并积极响应WTO"促贸援助"倡议，多次向促贸援助框架下的多哈发展议程全球信托基金进行捐助，帮助其他发展中成员从多边贸易体制中全面获益。

知识链接

党的二十大报告提出,要积极参与全球治理体系改革和建设,践行共商共建共享的全球治理观,坚持真正的多边主义,推进国际关系民主化,推动全球治理朝着更加公正合理的方向发展。反对一切形式的单边主义,反对搞针对特定国家的阵营化和排他性小圈子。推动世界贸易组织、亚太经合组织等多边机制更好发挥作用。

专栏 12-8

中国接受WTO《贸易便利化协定》

2015 年 9 月 4 日,中国常驻 WTO 特命全权大使俞建华向 WTO 总干事罗伯托·阿泽维多递交接受书,标志着中国已完成接受《贸易便利化协定》议定书的国内核准程序,成为第 16 个接受议定书的成员。

《贸易便利化协定》是中国加入 WTO 后参与并达成的首个多边货物贸易协定,也是 WTO 成立近 20 年来达成的首个多边贸易协定,是多哈回合谈判启动以来取得的最重要突破。

《贸易便利化协定》共分 3 个部分、24 项条款。

第一部分规定了各成员在贸易便利化方面的实质性义务,涉及过境自由、进出口规费和手续等内容;第二部分规定了发展中成员和最不发达国家在实施第一部分条款方面可享受的特殊和差别待遇,主要体现在实施期和能力建设两个方面;第三部分规定了机构安排等内容。

贸易便利化议题最早于 1996 年新加坡部长级会议上被列入 WTO 工作日程,但此后谈判进展缓慢。直到 2014 年 11 月,美国和印度就《贸易便利化协定》实施有关问题达成协议,为议定书顺利通过奠定基础。

根据国际机构测算,有效实施《贸易便利化协定》将使发达国家贸易成本降低 10%,发展中国家成本降低 13%~15.5%。《贸易便利化协定》实施最高可使发展中国家出口每年增长 9.9%(约 5 690 亿美元),发达国家增长 4.5%(4 750 亿美元),带动全球 GDP 增长 9 600 亿美元,增加 2 100 万个就业岗位。

作为全球第一大货物贸易国,中国有望从《贸易便利化协定》的有效实施中获益颇多。

譬如,《贸易便利化协定》要求成员公布进出口程序信息,中国企业能够从互联网快速获取进口国海关程序要求;《贸易便利化协定》还允许贸易商在货物抵港前向海关等口岸部门提交进口文件,并在货物的税率和费用最终确定前,允许贸易商在提交保证金的情况下放行货物等,这些措施都将有助于加速货物的放行和结关。

此外,《贸易便利化协定》还规定成员应尽可能采用风险管理和后续稽查等管理手段,加速对低风险货物的放行,并对经认证的贸易商提供降低单证要求和查验比例等额外的贸易便利化措施。

当然,《贸易便利化协定》的生效和实施对成员口岸基础设施、管理方式以及口岸管理部门之间的协同等方面提出了更高的要求。根据中国的对外承诺,除单一窗口、确定和公布平均放行时间、出境加工货物免税复进口、海关合作等少量措施中国可在一定过渡期后实施,其余措施中国均需在《贸易便利化协定》生效时即实施。

有分析认为,在沪津闽粤四大自贸区推进相关贸易监管层面的改革,有助于中国更好地参与实施《贸易便利化协定》。

(资料来源:腾讯财经,http://finance.qq.com/a/20150905/006495.htm.)

综上所述,中国加入 WTO 以来,在经济与社会的各个方面均取得了令人瞩目的成就。但是伴随着对外贸易开放度的扩大和在国际经济与政治事务中地位、作用的提高,中国为实现进一步的发展,仍然需要采取新的措施以便能以更积极更主动的姿态面对日趋变化的国际形势。

第一,明确今后的发展方向。在加入 WTO 承诺已经基本履行完毕之后,中国今后的发展方向将是:对外,积极推动多哈谈判,全面参与 WTO 各项活动,与 WTO 成员一起创造更加开放、公平的国际贸易环境,推动世界经济的复苏和可持续增长;对内,则要保增长、扩内需、调结构[①]。

第二，继续调整贸易结构。目前我国已经成为世界外贸出口大国[②]，出口占 GDP 的比重过大，尤其是 2008 年国际金融危机爆发后，更凸显了外向型经济受贸易影响过大所带来的不稳定性。因此，在今后的发展中，中国一方面应调整贸易规模，减少对外贸易依存度；另一方面也要调整对外贸易的方式和结构，过去对外贸易结构中低端产品占大量比例，如多为贴牌生产产品、高能耗产品、高污染产品等，虽然产生了大量的贸易顺差，但给环境和自然资源都造成了沉重负担。中国法学会 WTO 法研究会副会长于安分析，"中国现在已经进入了一个经济发展方式的调整期"，"需要的是投资、消费和贸易三驾马车同时发力"，而不能让贸易独大。

第三，在进行内部结构调整的同时，中国也应关注外部贸易环境的变化，警惕新贸易保护主义。

全球治理的新趋势及对我国的影响

由于现有的国际治理机制和国内经济体制不能适应生产力发展和经济全球化深化的需要，2008 年的国际金融危机揭示了现有全球经济治理的重大缺陷，新兴经济体的新变化也对全球治理变革提出了迫切要求。这些新变化包括：一是新兴经济体在现有多边治理机制(如世界银行、IMF)中的份额与话语权有所提升；二是 G20 取代 G8 成为大国经济政策交流对话与协调的新平台，在遏制危机蔓延、加强金融监管、促进国际货币体系改革等方面，各国通过 G20 和国际组织的合作努力取得初步成效，新兴经济体的影响力明显提高；三是发达国家加速推动制定新的国际规则，围绕利益分配和规则制定的国际竞争日趋激烈，试图将气候变化、国有企业、竞争中性、劳工标准等纳入国际规则，同时，发达国家将促进全球经济复苏的国际责任向发展中国家转移，挤压新兴大国发展空间。2014 年 3 月"金砖峰会"取得突出成果，显示了新兴经济体凝聚力和国际影响力的进一步提升。但由于在全球治理中对议题设置的参与度较低，在重大问题上需要进一步协调立场，加上实力对比未发生根本性转变，所以，未来五年，新兴经济体话语权将进一步增大，但无法根本改变发达国家主导全球治理的格局。

可见，全球经济规则正处于大幅调整之中，全球经济治理也面临改革。如果我国不在决策体制方面作出重大改革，大力提升参与国际治理的意识、经验和能力，全球治理变革与规则制定则可能不利于我国利益，以及不利于改善我国的外部环境。因此，要加快推进涉外经济体制改革：一要改进涉外经济贸易政策决策协调机制，改革现行具有一票否决权特点的部门会签制度，实行牵头部门负责制；二要加快改革自由贸易区谈判机制，打破既得利益阻碍，完善产业救济机制；三要改革涉外人事制度，在我国政府机构与国际组织间建立人才双向流动的机制，增强我国在国际组织的影响力；四要建立智库参与涉外经济决策的机制，增强我国在国际经济治理机制中的倡议能力；五要完善应对贸易投资摩擦机制。

(资料来源：国务院发展研究中心外经部课题组. 全球化未来趋势及对我国的影响. 中国发展观察，2013(6)：18-21.)

---

① 参见 2010 年 7 月 29 日，《法制日报·法治周末》。

② 2010 年 2 月 9 日德国联邦统计局公布的 2009 年贸易统计数据(初值)显示，年出口总额为 8 032 亿欧元，相当于 11 213 亿美元，比上年减少了 18.4%，少于中国的 12 016 亿美元。中国 2009 年的出口额首次赶超德国，跃居全球首位。

本 章 小 结

本章介绍了全球多边贸易体制从 GATT 到 WTO 的发展历程,说明了多边贸易体制在世界经济发展中地位的提高和作用的加强。WTO 是对 GATT 在管理范围、成员国承担义务的统一性、贸易政策审议、争端解决机制等方面的完善和发展。在 WTO 主导下的多哈回合谈判是目前涉及议题最广泛,与会成员最多的多边贸易谈判。

《巴厘部长宣言》(即《巴厘一揽子协议》)的达成,标志着搁置了 12 年之久的多哈回合终于获得了初步成果,完成了零的突破。

中国作为发展中国家的代表,在 WTO 中的地位和作用逐渐提高,一方面 WTO 的各项规章制度促进了中国经济的发展;另一方面,中国也为推动 WTO 的完善起到了至关重要的作用。

在今后的发展中,中国仍将继续维护世界多边贸易体制,反对贸易保护主义,进一步推进自由贸易的发展。

关键术语

多边贸易体制、乌拉圭回合、WTO、争端解决机制、多哈回合

拓展阅读

巴里·艾肯格林. 全球失衡与布雷顿森林的教训. 张群群,译. 大连:东北财经大学出版社,2013.

Kyle Bagwell, Robert W Staiger. 世界贸易体系经济学(英文版 2002). 雷达,詹宏毅,等译. 北京:中国人民大学出版社,2005.

黛布拉·斯蒂格. 世界贸易组织的制度再设计. 汤蓓,译. 上海:上海人民出版社,2011.

季铸. 国际贸易导论. 经济科学出版社,2007.

刘光溪. 互补性竞争论:区域集团与多边贸易体制. 2 版. 北京:经济日报出版社,2006.

丘东晓. 自由贸易协定理论与实证研究综述. 经济研究,2011(9).

盛斌. 区域贸易协定与多边贸易体制. 世界经济,1998(9).

石广生. 中国对外经济贸易改革和发展史. 北京:人民出版社,2013.

王新奎. 全球多边贸易体制的未来与中国. 上海:上海人民出版社,2012.

王正毅. 世界体系论与中国. 北京:商务印书馆,2000.

薛荣久,杨凤鸣. 为中国加入 WTO 十周年辩驳:与文"中国在加入 WTO 十周年之际应考虑退出 WTO"商榷. 国际贸易,2011(10).

薛荣久. 世界贸易组织概论. 北京:高等教育出版社,2006.

张幼文,等. 强国策:中国开放型经济发展的国际战略. 北京:人民出版社,2013.

赵春明,仲鑫,朱廷珺. 非关税壁垒的应对及运用. 北京:人民出版社,2001.

周忠海，等．国际经济关系中的法律问题．中国政法大学出版社，1993．

朱廷珺，王怀民，郭界秀，等．国际贸易前沿问题．北京：北京大学出版社，2012．

朱廷珺．区域贸易协定扩散与WTO新角色假说．兰州大学学报(社会科学版)，2012(5)．

Baldwin R. E.Multilateralising Regionalism: Spaghetti Bowls as Building Blocs on the Path to Global Free Trade.The World Ecomomy，2006(11)：1451-1518．

Lim C. L.Free Trade Agreements in Asia and Some Common Legal Problems，in Yasuhei Taniguchi，Alan Yanovich，and Jan Bohanes(eds)，The WTO in the Twenty-First Century：Dispute Settlement，Negotiations，and Regionalism in Aisa. Cambrige University Press，2007：434，445-446，454-455．

Matsushita M，Thomas J. Schoenbaum，Petros C. Mavroidis.The World Trade Organization. 2版．Oxford：Oxford University Press，2006：578．

复习思考题

1. 试简述世界多边贸易体制的发展历程。
2. 与GATT相比，WTO的法律地位具有怎样的特征？
3. 简述非歧视原则，对比国民待遇原则和最惠国待遇原则有何异同。
4. 查阅《巴厘部长宣言》的相关文献资料，试分析多哈回合谈判的新成果对多边贸易体制的影响。
5. 梳理中国加入WTO以来外经贸法律法规和政策修订情况，分析其重大意义。
6. 案例分析。

WTO秘书处在其编著的《贸易走向未来》一书中指出："WTO有时被称为'自由贸易'组织，但这并不完全准确——更确切地说，这是一个致力于开放、公平和无扭曲竞争的规则体制。"这就是对WTO的定位。WTO开宗明义地提出自由贸易宗旨，把贸易自由化作为WTO的基本目标，有关世贸组织建立和负责实施管理的贸易协定与协议中的基本原则都体现了自由贸易的思想。然而，这里的自由贸易是"有节制的自由贸易"。从GATT到WTO的历史进程中我们看到贸易自由与贸易保护在矛盾斗争与协调中谈判了近半个世纪，不断消除与解决贸易壁垒，又不断产生出新的贸易壁垒，不断推进贸易自由的原则又不断规定有关的例外条款和保障措施。在WTO的思维逻辑、谈判过程、具体规则的实际运用中，体现了自由贸易与保护贸易这对矛盾的有效统一和共存，体现了市场开放与适度保护相统一的基本理念。WTO框架内的国际贸易自由和贸易保护是二元博弈、相互制衡与相互兼容的关系。WTO正是在这种博弈中向前发展推动贸易自由化，各成员国也是在此中探寻必要对策，维护国家利益。

(资料来源：WTO秘书处．贸易走向未来．张江波，等译．北京：法律出版社，1999．)

问题：

(1) WTO是个自由贸易组织吗？

(2) 为什么要允许正当贸易保护的存在？

(3) WTO框架下的贸易保护与贸易自由化的辩证关系是什么？

(4) WTO协议的条款很多地方体现了贸易保护的思想，并规定了具体的保护措施。请你进一步查阅资料，寻找这些保护措施。

7. 案例分析。

十年前，在面临诸多困难和严峻挑战的情况下，中国政府在制造业、农业、服务业和知识产权等领域，做出了广泛而深远的承诺，成为WTO的一员。

十年来，中国从一个WTO的新成员，通过不断学习规则、熟悉规则、遵守规则，逐渐成为规则制订的参与者和推动者。在这个过程中，中国政府付出了艰辛的努力，清理了三千多部法律法规和部门规章，平均关税从15.3%降到9.8%，开放了一百多个服务贸易部门。中国企业面对市场不断开放和关税大幅下调的压力，经历了艰难甚至痛苦的调整，在激烈的国际竞争中不断成长。

WTO总干事拉米曾对中国履行承诺作出"A+"的评价，这是对中国的肯定和鼓励。这十年的实践也证明，加入WTO不仅促进了中国经济发展，也更加密切了中国与世界各国的联系，实现了互利共赢。30年前，中国对于全球经济增长的贡献只占3%，而在2009年和2010年则超过50%。WTO在第三次对华贸易政策审议时指出，在应对金融危机期间，中国在刺激全球需求方面"发挥了建设性的作用"，为世界经济稳定"作出了重要贡献"。

目前，国际金融危机的深层次影响还在持续，世界经济受到欧债危机、中东局势动荡、日本大地震等突发因素影响，不确定性增加。全球资金流动性过剩，大宗商品价格上涨，通胀预期的压力加大。中国国内也面临着环境资源约束增强、原材料价格上涨、劳动力成本上升等问题，传统比较优势正在逐步削弱，宏观调控政策更趋稳健。面对新的国际国内形势，"十二五"期间，中国坚持进口和出口并重、吸收外资和对外投资并重，把提高对外开放水平作为转变经济发展方式的新动力。

30年来，出口对中国经济增长的年均贡献率达到20%。目前，外贸直接带动就业人数超过8 000万，其中60%来自于农村。稳定出口不仅关系到我国经济增长、劳动就业，还关系到城乡协调发展、关系到国内消费可持续增长。我们将加快推进结构调整，着力培育参与国际竞争和合作的新优势，努力保持出口稳定增长。

中国进口也是世界经济增长的重要推动力，为缓解世界发展不平衡作出了巨大贡献。2010年，美国对中国的出口增幅是32.2%，欧盟是30.2%，日本是36.6%，都远高于其自华进口增幅。目前，中国是日本、韩国、东盟、澳大利亚、巴西、南非等国和地区的第一大出口市场，欧盟的第二大出口市场，美国的第三大出口市场。今后，我们还将继续增加从最不发达国家和主要贸易顺差来源国的进口，也希望那些对华有较大贸易逆差的国家能够放宽出口管制措施，为促进双边贸易平衡发展营造良好的政策环境。

近年来，中国逐步取消了针对外资企业的一些税收优惠措施，实现了内外资企业"两税合一"，这是市场经济公平竞争的必然要求。前不久，我们公布了外资并购安全审查制度，不设置新门槛或行政许可程序，而是参照世界各国通行做法，使政策更加透明、公正，具有可操作性。我们鼓励自主创新的政策覆盖境内所有企业，适用于依法在中国设立的外资企业。在政府采购领域，我们将采取公开透明的办法，让内外资企业和产品享受平等的待遇。我们继续欢迎外资企业参与中国的改革开放进程，所有内外资企业在中国都一视同仁。

我们还要更加重视"走出去"，推动"引进来"和"走出去"平衡发展。2003年，中国FDI资额仅为28亿美元，到2010年已经增加到590亿美元，相当于当年吸收外资的六成左右。预计未来5～10年，中国将逐步实现资本"进"和"出"的基本平衡。我们也希望一些国家改善投资环境，给予中国企业平等准入待遇，切实保护中国企业、机构和人员的合法权益。

（资料来源：商务部网站，http://www.mofcom.gov.cn/aarticle/ae/ai/201103/20110307455854.html.）

问题：

(1) 结合你所处的时代特征，动态总结中国在加入WTO以来的成就和对世界的贡献。

(2) 根据本章内容，结合本书所介绍的开放型经济新体制的相关知识，跟踪分析中国进一步扩大开放、转变发展方式的重大战略举措和效果，并撰写一篇小论文。

8. 案例分析。

在如何处理WTO与区域贸易协定关系上，法学家提出若干主张，主要有：

第一，"终结者"论。WTO是否可以成为区域贸易协定的"终结者"，就是看WTO能否将全球贸易谈判目标设定为"零关税"和"零非关税壁垒"。

第二,"牧师"论。这是借用宗教词汇Confessor的说法,意即通过忏悔寻求减轻罪恶感。具体建议有:一是,WTO可以提供客观的研究,帮助人们理解区域贸易协定对非成员方的影响;二是,为原产地规则的协调化、标准化和和谐化设立谈判论坛;三是,制定"最佳实践"或模范地区贸易协定,将不同类型的地区贸易协定带来的碎片化的影响降低到最小。

第三,"检察官"论。就是通过强化WTO现有的监督体系,将它转变为"检察官"。GATT第24条决定了WTO如何实现与区域贸易协定之间的相容性。它们必须被通知区域贸易协定委员会,该委员会的报告可以(在一致意见的基础上)得到通过,但并不必就一致性问题作出裁决。2006年7月,WTO通过了关于《区域贸易协定透明度机制》(以下简称《机制》)的决议,用来指导WTO区域贸易协定委员会(CRTA)对WTO成员间达成的区域贸易协定的审议工作。《机制》为WTO成员审议相关区域贸易协定提出了增进透明度的要求。根据该透明度机制,WTO区域贸易协定委员会将依据GATT第24条和GATS第5条对区域贸易协定进行审议。同时WTO贸易和发展委员会将根据授权条款对区域贸易协定进行审议。这标志着WTO对待区域贸易协定的方式由协调为主转向以管理为主。根据此机制,区域贸易协定的成员需要履行的义务主要有预通报义务、通知义务、履行透明度程序义务以及后续通知及报告义务。《机制》还规定了负责执行的机构及对发展中国家的技术支持等问题。

第四,"公共物品"论。该方案主张,把WTO争端解决体系作为区域贸易协定的"公共物品"。这可以近似地理解为,"外包"WTO争端解决程序,可能是为区域贸易协定争端搭建一个"最佳平台"。与前几个方案相比,该方案主张WTO扮演"实施者"角色。解读这个方案背后的逻辑就可以发现,当代区域贸易协定背景下的困难之处在于裁判权之间的冲突,而不在于强制争端解决的失败。由于区域贸易协定会损害WTO争端解决进程,问题就产生了。但是,除非以WTO法律的名义采取不容妥协的立场,否则,至少从国际法信条的角度说,将不会有明确的规定禁止未来的条约高于先前的条约。

法学家指出,该方案实施的前提是解决好三个问题:第一,WTO的争端解决程序能够用来解决某一区域贸易协定的争端;第二,在区域贸易协定争端中,WTO必须明确应当使用哪些规则;第三,必须进行WTO制度再设计,以方便处理区域贸易协定的争端。如此看来,该选择方案仍然需要付出极大的努力才有可能被采纳。

(资料来源:朱廷珺. 区域贸易协定扩散与WTO新角色假说. 兰州大学学报(社会科学版), 2012(5): 152-154.)

问题:上述方案的现实基础在哪里?你认为哪个方案更具有可操作性?多边贸易体制与地区贸易协定是否可以长期共存共融?是否有利于构建我国开放型经济新体制?

9. 案例分析。

"一带一路"倡议是我国从"重陆轻海"转向"陆海统筹",从碎片化布局到整体性规划,构建大陆文明与海洋文明相容并济的可持续发展格局的重要战略举措。2015年2月1日"一带一路"建设工作会议的召开,标志着"一带一路"建设从战略构想进入实质性推进阶段。目前,西部地区已经将"一带一路"作为构建开放型经济新体制的重要立足点和着眼点,并且将对接国家战略规划列为2015年政府工作重点。做好战略统筹、"硬件对接"和"软件衔接",发挥政策组合和政策叠加优势,防止产业同质、"过剩叠加"和"风险聚集",是西部沿线和沿江地区贯彻实施"一带一路"规划的关键环节。

第一,遵循三大规律,发挥政策组合效应

(1) 西部各地研究制定对接"一带一路"建设规划及其政策体系。要按照十八大提出的构建经济、政治、社会、文化和生态文明建设五位一体战略的总要求,围绕扩内需、转方式和调结构的经济工作主线,遵循经济规律谋求科学发展,遵循自然规律谋求可持续发展,遵循社会规律谋求包容性发展。尤其在产业布局、结构调整、环境保护、资源开发、扶贫攻坚、过剩产能转移、企业"走出去"和"引进来"等方面,要善于利用财政、税收、金融和产业政策,发挥好各种政策的组合效应。

(2) 立足新常态,加强宏观调控。一要防止优惠政策过度和无序竞争,陷入产业链低端锁定和"一放就乱"的恶性循环;二要防止新的"过剩叠加",主要是防止制造业产能过剩、新增基础设施利用率不足和房地产供给过剩,因为这三种过剩已经存在,并且造成传统投资收益率下降,在服务业尚未完全打破国内垄断与行政管制藩篱,私人资本尚未大规模进入新的领域投资的背景下,新的"过剩叠加"会拖累经济增长,造成战略失效,或者事倍功半;三要防止高投资造成新的"风险聚集",主要包括企业部门高负债率、房地产泡沫、地方政府债务快速攀升和商业银行不良贷款率上行等。

第二,梳理各种优惠政策,发挥政策叠加优势

2014年4月25日,中央政治局会议在强调推进"一带一路"、京津冀协同发展和长江经济带三大战略的同时,明确指出要"继续支持西部大开发、东北地区等老工业基地全面振兴"。对西部地区来说,政策叠加优势更加明显,包括《西部大开发"十二五"规划》、《关于加快沿边地区开发开放的若干意见》、《沿边地区开发开放规划(2014—2020)》对各省(市、区)赋予的战略任务,国家进一步支持西部地区有关省份(如甘肃、贵州等)经济社会发展的若干意见,以及中央支持西部地区国家级新区建设的优惠政策等,都给予西部地区指向十分明确的倾斜和扶持。西部地区要勤于梳理这些差异化倾斜政策,发挥政策叠加优势,既要保持战略和政策执行的连续性,又要突出时代感和创新性;既要夯实经济基础,打造"西部特色",又要提升竞争优势,打造"中国质量"。

(资料来源:朱廷珺. 西部地区建设"一带一路"的关键环节. 中国国情国力,2015(4).)

问题:

国家推进"一带一路"倡议已经出台了哪些重要政策措施?你的家乡或者你上学所在地区的比较优势是什么?开放度有多高?发展的短板是什么?当地企业跨国经营的能力如何?它是否已经融入了全球价值链体系?利益增长点在哪里?怎样融入"一带一路"倡议,促进贸易互通、人员互通和技术合作?

参 考 文 献

[1] [美]保罗·克鲁格曼,茅瑞斯·奥伯斯法尔德. 国际经济学[M]. 5版. 海闻,蔡荣,郭海秋,译. 北京:中国人民大学出版社,2002.

[2] [美]查尔斯·范 马芮威耶克. 中级国际贸易学[M]. 夏俊,译. 上海:上海财经大学出版社,2006.

[3] [美]丹尼斯·R. 阿普尔亚德,小阿尔弗雷德·J. 菲尔德,史蒂芬·L. 柯布. 国际经济学(第6版)[M]. 赵英军,译. 北京:机械工业出版社,2010.

[4] [美]多米尼克·萨尔瓦多. 国际经济学(第9版)[M]. 杨冰,译. 北京:清华大学出版社,2008.

[5] [美]罗伯特·凯伯. 国际经济学[M]. 原毅军,陈艳莹,译. 北京:机械工业出版社,2003.

[6] [美]迈克尔·波特. 国家竞争优势[M]. 李明轩,邱如美,译. 北京:华夏出版社,2002.

[7] [美]托马斯·普格尔,彼得·H. 林德特. 国际经济学[M]. 11版. 李克宁,译. 北京:经济科学出版社,2001.

[8] [美]亚蒂什·N. 巴格瓦蒂,阿温德·潘纳加里亚,T N 施瑞尼瓦桑. 高级国际贸易学[M]. 王根蓓,译. 上海:上海财经大学出版社,2004.

[9] [美]詹姆斯·格伯. 国际经济学[M]. 4版. 汪小雯,黄春媛,聂巧平,译. 北京:机械工业出版社,2009.

[10] [孟]穆罕默德·易拉赫,[美]罗伯特·恩格尔,[美]查德威克·尼赫尔特,[美]佛安瑞德·萨德瑞赫. 全球化与国际经济[M]. 朱乃肖,译. 北京:中国科学技术出版社,2009.

[11] [瑞]伯蒂尔·俄林. 地区间贸易与国际贸易[M]. 王继祖,译. 北京:首都经济贸易大学出版社,2001.

[12] [英]大卫·格林纳韦. 国际贸易前沿问题[M]. 冯雷,译. 北京:中国税务出版社,2000.

[13] [英]托马斯·孟. 英国得自对外贸易的财富[M]. 袁南宇,译. 北京:商务印书馆,1997.

[14] 安占然. 《国际贸易实务》课程教学中的"角色训练"[A]. 见傅德印主编. 加强教学研究,提高教学质量[C]. 兰州:甘肃人民出版社,2008.

[15] 安占然. 国际商务[M]. 2版. 北京:北京大学出版社,2015.

[16] 安占然. 欧盟对中国实施普惠制毕业条款:原因、影响及对策[J]. 当代亚太,2004(4).

[17] 程大中. 国际贸易:理论与经验分析[M]. 上海:格致出版社,上海人民出版社,2009.

[18] 范立春. 中国与东盟经济合作的互补性分析[J]. 国际经济观察,2010(8).

[19] 冯宗宪. 开放经济下的国际贸易壁垒:变动效应·影响分析·政策研究[M]. 北京:经济科学出版社,2001.

[20] 葛扬,李晓蓉. 西方经济学说史[M]. 南京:南京大学出版社,2003.

[21] 宫占奎,陈建国,佟家栋. 区域经济组织研究[M]. 北京:经济科学出版社,2000.

[22] 国彦兵. 西方国际贸易理论:历史与发展[M]. 杭州:浙江大学出版社,2004.

[23] 国彦兵. 国际经济学[M]. 上海:立信会计出版社,2012.

[24] 海闻,[美]P 林德特,王新奎. 国际贸易[M]. 上海:上海人民出版社,2012.

[25] 胡寄窗. 西方经济学说史[M]. 上海:立信会计出版社,2000.

[26] 胡晓鹏. 微观经济学 理论拓展与应用[M]. 上海:上海社会科学院出版社,2013.

[27] 胡永刚. 贸易模式论[M]. 上海:上海财经大学出版社,1999.

[28] 季铸. 国际贸易导论[M]. 北京:经济科学出版社,2007.

[29] 江小涓. 中国的外资经济:对增长、结构升级和竞争力的贡献[M]. 北京:中国人民大学出版社,2002.

[30] 金哲松. 国际贸易结构与流向[M]. 北京:中国计划出版社,2000.

[31] 李良波. 国际贸易概论[M]. 成都:电子科技大学出版社,2007.

[32] 李群. 管理贸易论[M]. 北京:人民出版社,2004.

[33] 李荣林. 动态国际贸易理论研究[M]. 北京：中国经济出版社，2000.
[34] 李天德. 国际经济学[M]. 成都：四川大学出版社，2002.
[35] 李晓蓉. 西方经济学说史[M]. 北京：北京大学出版社，2014.
[36] 李欣广. 理性思维：国际贸易理论的探索与发展[M]. 北京：中国经济出版社，1997.
[37] 联合国贸易与发展会议. 世界投资报告2002[R]. 北京：中国财政经济出版社，2003.
[38] 凌廷友. 国际贸易理论与政策[M]. 成都：西南财经大学出版社，2013.
[39] 刘光溪. 互补性竞争论[M]. 2版. 北京：经济日报出版社，2006.
[40] 鲁友章，李宗正. 经济学说史[M]. 北京：人民出版社，1986.
[41] 裴小革. 外国经济思想史[M]. 北京：中国财政经济出版社，2000.
[42] 强永昌. 产业内贸易：国际贸易最新理论[M]. 上海：复旦大学出版社，2002.
[43] 阙澄宇，姜文学，邓立立. 国际经济学[M]. 北京：科学出版社，2010.
[44] 丘东晓. 自由贸易协定理论与实证研究综述. 经济研究，2011(9).
[45] 任浩之. 每天读一点世界史(近现代卷)[M]. 成都：四川文艺出版社，2013.
[46] 尚新力. 论亚当·斯密[M]. 北京：中央编译出版社，2012.
[47] 盛斌. 中国对外贸易政策的政治经济学分析[M]. 上海：上海三联书店，上海人民出版社，2002.
[48] 盛斌. 迎接国际贸易与投资新规则的机遇与挑战[J]. 国际贸易，2014(2).
[49] 宋则行，樊亢. 世界经济史[M]. 北京：经济科学出版社，1998.
[50] 孙利平. 2010年中国应对新贸易保护主义的挑战与对策[J]. 经济研究导刊，2010(8).
[51] 石广生. 中国对外经济贸易改革和发展史[M]. 北京：人民出版社，2013.
[52] 佟家栋，周申. 国际贸易学[M]. 北京：高等教育出版社，2003.
[53] 王光艳，龚晓莺. 国际贸易理论与政策[M]. 北京：经济管理出版社，2013.
[54] 王珏. 区域经济一体化：东亚地区的实践[M]. 北京：科学出版社，2015.
[55] 王新奎. 全球多边贸易体制的未来与中国[M]. 上海：上海人民出版社，2012.
[56] 吴建伟. 国际贸易比较优势的定量分析[M]. 上海：上海人民出版社，1997.
[57] 熊性美，戴金平. 当代国际经济与国际经济学主流[M]. 大连：东北财经大学出版社，2004.
[58] 许斌. 国际贸易[M]. 北京：北京大学出版社，2009.
[59] 薛荣久，樊瑛. WTO多哈回合与中国[M]. 北京：对外经济贸易大学出版社，2004.
[60] 薛荣久. 国际贸易政策与措施概论[M]. 北京：求实出版社，1989.
[61] 薛荣久. 世界贸易组织概论[M]. 北京：高等教育出版社，2006.
[62] 姚曾荫. 国际贸易概论[M]. 北京：人民出版社，1987.
[63] 尹翔硕. 国际贸易教程[M]. 上海：复旦大学出版社，2005.
[64] 于永达. 国际经济学新论[M]. 北京：清华大学出版社，2007.
[65] 苑涛. 国际贸易理论与政策[M]. 北京：清华大学出版社，北京交通大学出版社，2011.
[66] 张长伟，周义顺. 从传统到现代西方社会福利观的演变与转型[M]. 北京：中国社会出版社，2013.
[67] 张金水. 应用国际贸易学[M]. 北京：清华大学出版社，2002.
[68] 张幼文，等. 强国策：中国开放型经济发展的国际战略[M]. 北京：人民出版社，2013. [M]. 上海：立信会计出版社，2004.
[69] 张二震. 国际贸易政策的研究与比较[M]. 南京：南京大学出版社，1993.
[70] 赵春明，仲鑫，朱廷珺. 非关税壁垒的应对及应用："入世"后中国企业的策略选择[M]. 北京：人民出版社，2001.
[71] 赵春明. 国际贸易[M]. 北京：高等教育出版社，2007.
[72] 周学明，徐辉，李玉山，韩小蕊. 国际贸易[M]. 北京：中国金融出版社，2013.
[73] 周忠海. 国际经济关系中的法律问题[M]. 北京：中国政法大学出版社，1993.

[74] 朱立南. 国际贸易政策学[M]. 北京：中国人民大学出版社，1996.

[75] 朱廷珺，李宏兵. 异质企业假定下的新新贸易理论：研究进展与评论[J]. 国际经济合作，2010(4).

[76] 朱廷珺. 外国直接投资的贸易效应研究[M]. 北京：人民出版社，2006.

[77] 朱廷珺. 讲授《国际贸易学》需要把握好的几个问题[A]，见傅德印主编. 加强教学研究，提高教学质量[C]. 兰州：甘肃人民出版社，2008.

[78] 朱廷珺. 国际贸易前沿问题[M]. 北京：北京大学出版社，2012.

[79] 朱廷珺，李宏兵. 异质性、双向外包与企业研发决策：理论模型与经验证据[J]. 南开经济研究，2012(3).

[80] 朱廷珺，林薛栋. 全球化下的经济赶超路径探索：基于 D-S 框架[J]. 南开经济研究，2014(4).

[81] 朱廷珺. 区域贸易协定扩散与 WTO 新角色假说[J]. 兰州大学学报(社会科学版)，2012(5).

[82] 朱廷珺，胡静寅，高云虹，等. 西部地区承接产业转移的动力、效率与布局[M]. 北京：人民出版社，2015.

[83] 朱廷珺. 西部地区建设"一带一路"的关键环节[J]. 中国国情国力，2015(4).

[84] Baldwin R. E. Multilateralising Regionalism:Spaghetti Bowls as Building Blocs on the Path to Global Free Trade[J]. The World Ecomomy, 2006(11): 1451-1518.

[85] Lim C. L. Free Trade Agreements in Asia and Some Common Legal Problems, in Yasuhei Taniguchi, Alan Yanovich, and Jan Bohanes(eds), The WTO in the Twenty-First Century: Dispute Settlement, Negotiations, and Regionalism in Aisa[M]. Cambrige University Press, 2007: 434, 445-446, 454-455.

[86] Matsushita M, Thomas J. Schoenbaum, Petros C. Mavroidis. The World Trade Organization[M]. 2nd ed. Oxford: Oxford University Press, 2006: 578.

[87] Marc J. Melitz. The Impact of Trade on Intra-Industry Reallocations and Aggregate Industry Productivity[J]. Econometrica, 2003, 71(6).

[88] Michael R. Czinkota, Ilkka A. Ronkainen, Michael H. Moffett. International Business[M]. Seventh Edition. Cengage Learning, Inc. 2009.

[89] Steve Steinhilber. Strategic Alliances, Three Ways to Make Them Work[M]. Harvard Business School Press, 2008.

[90] Tamer Cavusgil, Gary Knight, John Riesenberger. International Business[M]. Pearson Prentice Hall, 2008.